Mauthausen-Erinnerungen

Schriftenreihe der KZ-Gedenkstätte Mauthausen
Band 4

Stanisław Grzesiuk

Fünf Jahre KZ

new academic press nap

Dieses Buch wurde mit der Unterstützung des © Poland Übersetzungsprogramms, der Polnischen Botschaft in Wien, des Zukunftsfonds der Republik Österreich und des Nationalfonds der Republik Österreich veröffentlicht.

BOOK INSTITUTE
©POLAND

Botschaft
der Republik Polen
in Wien

ZukunftsFonds
der Republik Österreich

NATIONALFONDS
DER REPUBLIK ÖSTERREICH FÜR OPFER DES NATIONALSOZIALISMUS

Mauthausen-Erinnerungen
Schriftenreihe der KZ-Gedenkstätte Mauthausen
Band 4

Herausgeber
KZ-Gedenkstätte Mauthausen
Mitherausgeber der Schriftenreihe
Christian Dürr, Gregor Holzinger, Katharina Kniefacz, Andreas Kranebitter, Ralf Lechner

Redaktion: Gregor Holzinger
Übersetzung aus dem Polnischen: Antje Ritter-Miller
Lektorat: Rafaela Mückler-Liendl

Grafisches Konzept des Covers: Peter Sachartschenko unter Verwendung eines Fotos von Stanisław Grzesiuk (Privatarchiv) und einem Ausschnitt aus dem Cover der polnischen Originalausgabe.

Bibliografische Information der Deutschen Nationalbibliothek
Die Deutsche Nationalbibliothek verzeichnet diese Publikation in der Deutschen Nationalbibliografie; detaillierte bibliografische Daten sind im Internet über http://dnb.de abrufbar.

Die Übersetzung folgt der Originalausgabe, die 2018 unter dem Titel „5 lat kacetu“ im Verlag Prószyński Media in Warschau, erschien.

www.newacademicpress.at

ISBN: 978-3-7003-2167-5

Druck: PrimeRate, Budapest

Inhalt

Gregor Holzinger

„... schlitzohrig, direkt und immer mit Witz, und manchmal mit der Faust und einem Kopfstoß.“

Stanisław Grzesiuk – mit Ironie gegen den Terror

Eine Vorbemerkung

In Polen längst ein Klassiker, waren die autobiografischen Aufzeichnungen von Stanisław Grzesiuk über seine KZ-Haft, die er mehr als ein Jahrzehnt nach der Befreiung und seiner Heimkehr nach Polen verfasste, bis dato in deutscher Sprache nicht erhältlich. Mit dem erstmaligen Erscheinen von „Fünf Jahre KZ“ in deutscher Übersetzung in den Mauthausen-Erinnerungen, der Schriftenreihe der KZ-Gedenkstätte Mauthausen, kann diese Lücke nun geschlossen werden.

Stanisław Grzesiuk, geboren am 6. Mai 1918 in Małków, wuchs im Warschauer Arbeiterviertel Czerniaków auf, wo er sich als Jugendlicher in einer eher rauen Umgebung behaupten musste – eine Erfahrung, die ihm laut eigenen Worten im Konzentrationslager zugutekam, da er sich dadurch bei (meist körperlichen) Auseinandersetzungen durchsetzen konnte.

Der gelernte Elektromechaniker meldete sich nach dem Überfall der Deutschen Wehrmacht auf Polen im September 1939 freiwillig zum Dienst bei der Armee und schloss sich nach der Kapitulation der polnischen Streitkräfte dem Widerstand an. Gezwungen, aus Warschau zu fliehen, da er dort von den deutschen Besatzern wegen Waffenbesitzes gesucht worden war, wurde Grzesiuk nahe Lublin bei einer Razzia aufgegriffen. Gemeinsam mit anderen Polen wurde er daraufhin in einem Transport in das Deutsche Reich verschleppt, wo er bei Koblenz zur Zwangsarbeit in der Landwirtschaft eingesetzt wurde.[1] Nachdem er den Bauern, bei dem er gearbeitet hatte, tätlich angegriffen hatte und von seiner Arbeitsstätte geflohen war, wurde Grzesiuk von der Staatspolizei Koblenz gefasst, wegen „Arbeitssabotage“[2] verhaftet und in weiterer Folge

1 Vgl. Stanisław Grzesiuk: Boso, ale w ostrogach (Warschau 2018), S. 398–402. Ich danke Antje Ritter-Miller für die Übersetzung der betreffenden Teile.

2 Mauthausen Memorial 2.2.7.1., Häftlings-Personal-Karte. Grzesiuk gibt an, von 4. April 1940 bis zum 5. Mai 1945 im Konzentrationslager inhaftiert gewesen zu sein, laut Häftlings-Personal-Karte wurde er jedoch am 26. Mai 1940 von der Staatspolizei Koblenz verhaftet und war ab 20. Juli 1940 im KZ Dachau inhaftiert. Es ist anzunehmen, dass die Zwangsarbeit auf einem deutschen Bauernhof und die Polizeihaft für ihn

in das KZ Dachau deportiert. Wenige Wochen später wurde er am 17. August 1940 in das Konzentrationslager Mauthausen überstellt; am 21. Januar 1941 kam er in das Zweiglager Gusen, wo er bis zur Befreiung am 5. Mai 1945 verblieb.

Durch seinen langen Lageraufenthalt erlebte Grzesiuk sämtliche einschneidenden Änderungen im KZ Gusen: So konnte er nicht nur die unterschiedlichen Etappen der Errichtung des Lagers beobachten – das KZ befand sich noch im Aufbau, als er nach Gusen überstellt wurde, und war zum Zeitpunkt der Befreiung zu einem Großkomplex angewachsen –, sondern auch die verschiedenen Phasen der Zwangsarbeit: von der Arbeit im Steinbruch, wo Grzesiuk als Steinmetz arbeitete, über den Einsatz der Häftlingsarbeit für Rüstungsbetriebe bis hin zur Verlagerung der Zwangsarbeit in die unterirdischen „Bergkristall"-Stollen in St. Georgen.

Er war auch bei allen entscheidenden Ereignissen zugegen, wie etwa der Ankunft der ersten sowjetischen Kriegsgefangenen im KZ-System Mauthausen oder der Lagerquarantäne aufgrund einer Typhusepidemie, und er wurde Zeuge der verschiedenen gezielten Vernichtungsaktionen, die er in all ihrer Drastik beschreibt: die Ermordungen von Häftlingen im Gaswagen, die „Totbadeaktionen", die Selektionen von Kranken und Schwachen im Rahmen der „Aktion 14 f 13", die Vergasung von sowjetischen Gefangenen in einer Baracke, die Tötungen mittels Injektionen durch SS-Ärzte und Sanitäter.

Fünf Jahre lang begleiteten ihn die alltägliche Gewalt, die den Häftlingen im Konzentrationslager widerfuhr, der immerwährende Hunger, die permanenten Erniedrigungen und die allgegenwärtige Todesangst – und dennoch verlor Stanisław Grzesiuk weder seinen Humor noch seinen Mut. Diese beiden Charaktereigenschaften, zusammen mit einer gehörigen Portion Glück, retteten ihm mehr als nur einmal das Leben.

Weder die Brutalität, die SS-Angehörige und Kapos ausübten, noch das tägliche Sterben an Hunger und Krankheiten in seiner unmittelbaren Umgebung konnten seinen Lebenswillen, seinen Optimismus und seine Abenteuerlust abtöten, im Gegenteil: manchmal wirkt es, also ob ihn diese Bedingungen geradezu anspornten, – aus Langeweile, wie er selbst schreibt – die nächste Leichtsinnigkeit zu begehen, durch die er sich in Todesgefahr begab. Wie kaum ein anderer weiß Grzesiuk diese Episoden so humorvoll zu schildern, dass es zeitweilig den Anschein hat, er würde hier von einem einzigen großen Abenteuer erzählen – freilich, nicht ohne dabei die brutale Realität außer Acht zu lassen:

gleichbedeutend mit der KZ-Gefangenschaft waren und er diese Zeit zur eigentlichen Haftzeit im Konzentrationslager hinzuzählte.

Immer dann, wenn man von seinen Abenteuern im Lager gefesselt ist, wird man in die Grausamkeit der Lagerwelt zurückgeholt. Wie beiläufig berichtet Grzesiuk dann von freiwilligen oder erzwungenen Selbstmorden im elektrischen Lagerzaun („Er war in den Stacheldraht getrieben worden“[3]), den als Erschießungen auf der Flucht getarnten Morden („ein Schuss – und der Junge war erledigt“[4]), von Misshandlungen, die zum Tod führten – oder wie dieser durch andere Maßnahmen beschleunigt wurde („als er nach erneuten Schlägen nicht mehr allein aufstehen konnte, wurde er nackt ausgezogen und in den Waschraum getragen und morgens war er eine Leiche“[5]). Und er berichtet von dem damit verbundenen Abstumpfen der anderen Häftlinge, bei dem er sich auch selbst nicht ausschließt: „Einmal kam ich hinzu, als einer der jüdischen Häftlinge, Ingenieur von Beruf, durchdrehte. Er hatte ein hysterisches Lachen und schrie für niemanden verständliche Sätze heraus und kniff sich mit den Fingern ins Gesicht. Wie immer in solchen Fällen wurde er abends in einem Fass ertränkt. Obwohl ich ihn gut kannte, fühlte ich, als ich das sah, nichts weiter als ganz normale Neugier. Ich hatte mich an den Anblick von Verrückten und an den Anblick des Todes schon so gewöhnt, dass das überhaupt keinen Eindruck auf mich machte.“[6] An anderer Stelle schreibt er: „Wie ich bereits erwähnt habe, machte so etwas überhaupt keinen Eindruck mehr auf mich. Die emotionale Abstumpfung für das Leid und den Schmerz anderer kam daher, dass jeder pausenlos an sich selbst denken musste, um Schläge zu vermeiden.“[7]

Grzesiuk überlebte nicht zuletzt deswegen, weil er sich in der KZ-Welt zu behaupten wusste – falls nötig auch mit Gewalt, die er jedoch laut eigenen Aussagen nie gegen Schwächere einsetzte. Für ihn war das Lager „ein Irrenhaus“,[8] in dem man, wenn man überleben wollte, pragmatisch sein musste. Für Sentimentalitäten war kein Platz.

Zwei Prinzipien, die man „verinnerlichen“ musste, waren seiner Ansicht nach für ein Überleben im KZ unabdingbar: „Das erste war, jegliche Arbeit zu vermeiden, das zweite, sich Essen zu organisieren. [...] Arbeit zu vermeiden begann ich allerdings sofort und ich vermied sie bis zum Ende meines Lageraufenthaltes.“[9] Sämtlicher körperlichen Arbeit aus dem Weg zu gehen, sei nicht besonders schwierig gewesen, so Grzesiuk, man habe „es nur mit viel Dreistig-

3 S. 308 in diesem Buch.
4 S. 93 in diesem Buch.
5 S. 285 in diesem Buch.
6 S. 240 in diesem Buch.
7 S. 64 in diesem Buch.
8 S. 243 in diesem Buch.
9 S. 46 in diesem Buch.

keit und Mut machen"[10] müssen. „König der Tagediebe"[11] habe man ihm im Lager genannt, vermerkt er nicht ohne Stolz, denn darin wäre er wirklich Meister gewesen. An einer Stelle beschreibt er, wie sogar ein SS-Mann, der Grzesiuk dabei beobachtete, wie er vorgab, schwer zu schuften, anerkennend sagte: „Schau mal, der kann großartig vortäuschen."[12]

Grzesiuk erzählt Episoden wie diese augenzwinkernd und präsentiert sich gern als das – im wahrsten Sinne des Wortes – schlagfertige „Schlitzohr", als das er sich wohl auch im Leben vor und nach der Lagerhaft ausgab. Bei seinen Schilderungen von zwischenmenschlichen Beziehungen in all ihren Facetten gewährt er auch der Darstellung von Konflikten großen Raum: Dass Gewalt auch bei den Häftlingen untereinander an der Tagesordnung stand, beschreibt er ausführlich, und ebenfalls, wie er sich bei derartigen Konflikten mit seinen legendären Kopfstößen durchsetzte.

Besonders aufschlussreich ist, wie der Autor die veränderten Lebensumstände schildert, die die unterschiedlichen Haftbedingungen und vor allem die verschiedenen Häftlingskategorien mit sich brachten: vom einfachen Häftling in Lumpen, der gegen das Verhungern kämpfte und sich selbst als „Muselmann"[13] bezeichnete, wurde Grzesiuk zum – für KZ-Verhältnisse, wohlgemerkt – wohlgenährten und gut gekleideten Funktionshäftling. Dass diese Verbesserung für ihn überhaupt möglich war, hing, neben seiner berüchtigten „Warschauer Schnauze", vor allem mit seiner musikalischen Begabung zusammen. Schon bald nach der Gründung einer Lagerkapelle, die vor allem Warschauer Lieder darbot, waren Grzesiuk und seine Musikerkollegen im gesamten Lager bekannt und beliebt. Diese Berühmtheit verhalf dem „Bandleader" Grzesiuk zu einem Lebensstandard, der ihm das Überleben im Lager ermöglichte.

Bei allem beinharten Realismus ist „Fünf Jahre KZ" tatsächlich auch ein Buch, bei dessen Lektüre man auch immer wieder herzlich lachen kann ob der Skurrilität der erzählten Episoden und Anekdoten. So z. B. wenn der Autor beschreibt, wie kreativ er und seine Kameraden dabei waren, sich ununterbrochen von der Zwangsarbeit zu drücken und dadurch die SS nicht nur permanent hinters Licht führten, sondern sie dabei auch noch teilweise ganz offen verspotteten – so etwa einen SS-Mann, „der fürchterlich schielte" und vor dem sich niemand fürchtete, „obwohl er oft zuschlug."[14]

---

10 S. 135 in diesem Buch.
11 S. 364 in diesem Buch.
12 S. 119 in diesem Buch.
13 Als Muselmann wurde ein extrem abgemagerter Häftling bezeichnet, der oft kurz vor dem Hungertod war.
14 S. 408 in diesem Buch.

Grzesiuks manchmal durchaus grimmiger Humor zieht sich durch den gesamten Text. Amüsiert berichtet er davon, wie er immer wieder von SS-Angehörigen und Kapos „aufs Maul bekam“, diese Schläge ihn aber nicht brechen konnten. Auch viele seiner Kameraden nahmen die Schläge mit Humor, war es doch, ganz im Sinne von Grzesiuks Pragmatismus, besser, geschlagen als umgebracht zu werden. Manche Szenen muten für jemanden, der sich nie in KZ-Gefangenschaft befand, wahrlich bizarr an, etwa wenn der Autor schildert, wie ein Häftling, der von einem SS-Mann zusammengeschlagen worden war, von seinen Kameraden „wegen seines lustig deformierten Gesichtes“[15] ausgelacht wurde.

Grzesiuks Aufzeichnungen stellen in vielerlei Hinsicht eine Besonderheit dar: Neben dem Witz, der sich durch das gesamte Buch zieht, besticht es auch durch seine schonungslose Offenheit. Grzesiuk gibt intimste Einblicke in den Lageralltag, die anderswo kaum so detailliert zu finden sind. So spricht er beispielsweise das Tabuthema der Homosexualität im Lager völlig offen an und beschreibt neben den aus Not erbrachten sexuellen Diensten junger (oder teilweise sogar noch jugendlicher) Männer an sogenannten prominenten Häftlingen auch echte gleichgeschlechtliche Liebesbeziehungen im Lager. Obwohl er selbst, augenscheinlich einem heteronormativen und eher homophoben Milieu entstammend, damit nichts anfangen kann, beschönigt er, auch was seine Person angeht, nichts und gesteht, dass auch ihm nach geraumer Zeit junge Männer zu gefallen begannen – für ein Buch, dass bereits 1958 in Polen erschienen ist, geradezu skandalös. Auch andere intime Details wie etwa den Stuhlgang von Häftlingen– von „Muselmännern“ bis hin zum besser gestellten Funktionshäftling – spart Grzesiuk nicht aus. Dies schildert er wieder mit seiner für ihn typischen Komik, wenn er angibt, beim Ausscheiden der KZ-Kost würde man stöhnen „wie bei einer Geburt, und mit dem, was dabei schließlich geboren wurde, hätte man fast wie mit einem Stock jemandem den Kopf einschlagen können.“[16]

Bei allem Witz und Humor spart er jedoch die Gräuel, deren Zeuge er wurde, niemals aus und beschreibt den KZ-Kosmos in Details, die für die Lesenden wie aus einer anderen Welt anmuten.

Am Bezeichnendsten hierfür ist eine Szene im Waschraum, die sich in Grzesiuks Gedächtnis eingebrannt hat: „Unter einer Dusche macht ein Deutscher einen anderen fertig, der nackt unter eiskaltem Wasser steht und brüllt und weglaufen will; der andere treibt ihn brüllend wieder unter das Wasser, und

15 S. 476 in diesem Buch.
16 S. 246 in diesem Buch.

hilft mit einem entsprechend dicken Knüppel nach. Auf der einen Seite des Waschraums wäscht sich ein Spanier die Füße und singt laut irgendeine Arie. Auf der anderen Seite wäscht sich ein Pole und betet laut. Und an der Wand, in einer Kiste, die Sarg genannt wird, liegt ein nackter Mensch, der noch lebt, aber bestimmt schon bewusstlos ist – wie ein Fisch schnappt er ab und an nach Luft. Auf dem Bauch des Sterbenden sitzt einer, der ruhig sein Abendbrot isst, das er in kleine Stücke schneidet."[17] In diesem „Irrenhaus" ist der Tod so allgegenwärtig, dass man sich mit ihm arrangiert hat.

Dass dieser Meilenstein der KZ-Literatur nun endlich in deutscher Sprache erscheint, ist auch der Förderung durch verschiedene Institutionen zu verdanken, namentlich dem Zukunftsfonds der Republik Österreich, dem Nationalfonds der Republik Österreich für Opfer des Nationalsozialismus sowie dem Instytut Książki, bei denen wir uns herzlich bedanken. Der Polnischen Botschaft danken wir für die gute Zusammenarbeit, Antje Ritter-Miller für die gelungene Übersetzung, Rafaela Mückler-Liendl für das gewissenhafte Lektorat und dem Grzesiuk-Biografen Bartosz Janiszewski für seine Bereitschaft, ein Vorwort für diese Ausgabe zu verfassen.

Harald Knill und Peter Sachartschenko von new academic press danken wir für die reibungslose und unkomplizierte Zusammenarbeit.

Wir wünschen den Leserinnen und Lesern dieses Buches eine spannende Lektüre dieses Stücks Zeitgeschichte.

17 S. 236 in diesem Buch.

Bartosz Janiszewski

Mit einem Lachen der Freiheit entgegen

Vorwort zur ersten Ausgabe der deutschen Übersetzung von „Fünf Jahre KZ“

Wenn eine Stadt ein Mensch sein könnte, wäre Warschau Stanisław Grzesiuk. Es gibt wohl kaum eine Gestalt, die den Charakter und das Schicksal der polnischen Hauptstadt besser symbolisieren könnte. In der Stadt, die nach dem Warschauer Aufstand vollkommen zerstört war, gab es nichts, weder Menschen noch Gebäude. Grzesiuk half dabei, die Identität der Stadt neu aufzubauen, er wurde zu ihrem Symbol, denn in ihm war all das, was das Wichtigste an Warschau war: Die arme, rüpelhafte, aber fröhliche Jugend der düsteren Stadtbezirke, die Brutalität, der Horror und der Kampf während des Krieges. Und danach die neue sozialistische Ordnung, Leben und Tod, die unheilbare Tuberkulose und die große Karriere. Er war ganz Warschau.

Aus der Sicht unserer heutigen Realität, die wie durch ein Wunder in Frieden besteht, könnte man mit den Ereignissen des kurzen, 44 Jahre dauernden Lebens von Stanisław Grzesiuk die Lebensläufe von über einem Dutzend Personen füllen: die Armut von Warschauer Vorstädten und ihr harter Charakter, das Konzentrationslager, das er zwar überlebte, das ihn aber Jahre später dennoch einholte. Denn die Tuberkulose hatte sich Grzesiuk im Lager geholt. Im Sanatorium verbrachte er letztlich mehr Zeit als in der nationalsozialistischen Gefangenschaft. Hinzu kamen seine plötzliche, von Grzesiuk selbst nicht erwartete, schriftstellerische und musikalische Karriere und tausende Abenteuer. Stanisław Grzesiuk hatte 40 Jahre seines Lebens wie ein vollkommen normaler Mensch gelebt. Gut, er war ein Star der Warschauer Hinterhöfe und bekannt für seine „Kopfstöße“, er war ehemaliger Häftling in Dachau, Mauthausen und Gusen, nach dem Krieg war er Ehemann, Vater, Beamter – aber er war kein Künstler. Zum Banjo griff er nur zu Feierlichkeiten und wenn er ein paar Wodka getrunken hatte. Und zum Federhalter? Nie im Leben!

Zum Schreiben zwang ihn die Langeweile. Die wochenlangen Aufenthalte im Sanatorium für Tuberkulosekranke, zu denen er gezwungen war, konnte er nur aushalten, indem er ein reges soziales Leben führte. Als ihm aber nach einer schweren Operation vier Wochen lang Bettruhe verordnet wurde, machte ihn die Langeweile im Bett geradezu verrückt. Eine Patientin, Janina Preger, Redakteurin eines Verlages, empfahl ihm, gegen die Lageweile vorzugehen und zu schreiben. Sie kannte seine Gabe zu erzählen, denn er schlich sich im Sanatorium manchmal abends in den Flügel für Frauen und erzählte bei Kaffee und Kuchen von seinen Erlebnissen in den Konzentrationslagern auf eine Weise, dass man innerhalb weniger Minuten vor Schwermut und vor Lachen weinen musste.

Als das Manuskript „Fünf Jahre KZ“ in den Verlag Książka i Wiedza kam, waren die Redakteurinnen entsetzt. Stanisław Grzesiuk hatte in jedem Satz mehrere orthografische Fehler gemacht. Nach ein paar Seiten stellten sie jedoch fest, dass sie einen einmaligen Text in der Hand hielten. Die detaillierte, aufrichtige und brutale Beschreibung der fünf Jahre, die Grzesiuk in nationalsozialistischen Lagern verbracht hatte, erregte sofort nach dem Erscheinen ein riesiges Aufsehen.

Das Thema der Konzentrationslager war damals schon recht ausführlich beschrieben worden, niemand jedoch hatte in dieser Form darüber geschrieben. Grzesiuk beschrieb das ganze soziale System in den Lagern, die menschlichen Haltungen, die schlimmste, beinahe tierische Widerwärtigkeit, die Brutalität der Täter, die Rettung der Menschlichkeit, aber auch seine eigene Skrupellosigkeit im Überlebenskampf. Gegen das Buch protestierten andere Häftlinge, Grzesiuk wurden Prozesse gemacht, die Leser aber kauften eine Auflage nach der anderen auf. Man konnte ihm Gnadenlosigkeit bei der Beschreibung von sich und anderen vorwerfen, aber man konnte ihm nicht vorwerfen, die Unwahrheit zu schreiben. Denn die Wahrheit war für ihn der höchste Wert in der Literatur. Er ließ sich nicht Schriftsteller nennen und bestand darauf, einfach das niedergeschrieben zu haben, was er erlebt hatte. Vor Gericht bezeugten mehrere Dutzend Häftlinge der Konzentrationslager Dachau, Mauthausen und Gusen die Authentizität all dessen, was er in seinem Buch beschrieben hatte. Vielen von ihnen hatte Grzesiuk das Leben gerettet.

Das Buch erreichte in Polen riesige Auflagen und machte Grzesiuk zu einem Literaturstar. Autorentreffen mit Lesern verwandelte er in Auftritte, die man heute Stand-Up nennen würde, er war ein Meister des Erzählens. Vor allem aber war sein schriftstellerischer Stil mitreißend. In der grauen Welt der ideologisch korrekten kommunistischen Literatur war Grzesiuk ein bunter Vogel. Seine lebhafte Sprache, der Widerstand leistende Protagonist, der schalkhafte Humor, der ihn selbst in der Zeit des schlimmsten Terrors im Konzentrationslager nicht verließ, weckten Begeisterung.

„Fünf Jahre KZ“ erschien in Polen erstmals 1958. Stanisław Grzesiuk war 40 Jahre alt, als er Schriftsteller wurde. Innerhalb der folgenden vier Jahre schrieb er noch zwei Bücher, die ebenfalls begeistert aufgenommen wurden („Boso, ale w ostrogach“ [Barfuß, aber in Sporen] über das Warschau der Vorkriegszeit und „Na marginesie życia“ [Am Rande des Lebens] über die Jahre, die er im Sanatorium verbrachte) und wurde zum Bühnenstar. Als Musiker war er ebenso bekannt wie als Schriftsteller – oder vielleicht sogar bekannter. Er spielte in den wichtigsten polnischen Konzertsälen, hatte eigene Radiosendungen, seine Interpretationen Warschauer Lieder aus der Vorkriegszeit eroberten nicht nur die Hauptstadt, sondern das ganze Land.

Je bekannter er als Künstler wurde, desto näher war er dem Tod – parallel dazu, wie sich seine Karriere entwickelte, schritt leider seine tödliche Krankheit voran. Die Tuberkulose, mit der er jahrelang zu kämpfen hatte, zerfraß nach und nach seine Lunge. Sogar als er schon so krank war, dass er auf Feiern, Wodka und Zigaretten verzichten musste, sang er noch und stand auf der Bühne. Im Krankenhaus atmete er mithilfe einer Sauerstofflasche, aber er machte pausenlos Scherze, so wie sein ganzes Leben lang.

Die Menschen kannten ihn als Spaßvogel, der selbst den Tod wie einen Kumpel aus der Nachbarschaft behandelte. Viele ehemalige Häftlinge von Konzentrationslagern woll(t)en bis an ihr Lebensende nicht über das sprechen, was sie erlebt haben, nicht einmal mit ihren Nächsten. Grzesiuk erzählte allen vom Lager, oft mit Humor, was manche – unberechtigt – als mangelnde Ernsthaftigkeit werteten. Die, die ihn jedoch besser kannten, wussten, dass die Lagererlebnisse die ganze Zeit tief in ihm saßen, und dass das Erzählen darüber für ihn eine Form war, mit dem Trauma zurechtzukommen.

Eine der letzten Szenen in „Fünf Jahre KZ" erzählt von den letzten Minuten vor der Befreiung. Gerüchte sagten, dass die Amerikaner nicht mehr weit waren und eine Schlacht nach der anderen gewannen. Die Gerüchte sagten auch, dass die SS-Männer die Spuren verwischen und sich aller noch lebenden Zeugen entledigen wollten. Aus dem ein paar Kilometer entfernten Lager Gusen II war lautes Gebrüll zu hören. Wurden dort wieder Häftlinge gemordet? Kurz darauf fuhr ein amerikanischer Panzer durch das Tor. Da verstand Grzesiuk, dass die Häftlinge in Gusen II vor Freude gebrüllt hatten. Er selbst begann zu rennen und zu schreien. Sein ganzes Leben rannte er so. Er war nicht in der Lage Halt zu machen, irgendwo länger zu verweilen. Vielleicht war es sein Warschauer Charakter, vielleicht war es der Tod, vor dem er bis zum Schluss auf der Flucht war.

Nach außen machte Stanisław Grzesiuk jedoch den Eindruck eines vollkommen sorglosen und fröhlichen Menschen. Im Vergleich zu seinen Kameraden hatte er fast keine Traumata, jedenfalls hat er das nicht gezeigt. Außer eines.

Die deutsche Sprache.

Bei meiner Arbeit an der Biografie von Stanisław Grzesiuk fand ich mithilfe seiner Enkelin im Haus der Familie auf dem Hängeboden einen verstaubten Koffer mit Dokumenten, Fotos, Notizen und – wie sich bald herausstellen sollte – auch handschriftliche Manuskripte seiner Bücher. Darunter war die Erzählung „Uraz“ [Trauma], die nie veröffentlicht wurde. Es genügt, die ersten Sätze zu lesen, und man hört auf, sich darüber zu wundern.

Die Leser seiner Bücher konnten verstehen, dass er sich vor dem Krieg mit Rivalen im Stadtbezirk Czerniaków geprügelt hatte, sie konnten ihm die Gewalt im Lager verzeihen, immer waren das moralische Recht, der Überlebenswille und eine höhere Notwendigkeit auf seiner Seite. In der Erzählung „Uraz“ schreibt er offen über seine – wie er es selbst nannte – Besessenheit. Den ersten Monat nach dem Krieg verbrachte er in Schlesien, wo viele Menschen sowohl Polnisch als auch Deutsch sprachen. Die Sprache der Täter aus dem KZ im Munde seiner Landsleute machte ihn rasend. Grzesiuk beschreibt seine Anfälle von Aggression und Gewalt gegenüber zufälligen Personen, die Opfer seiner heftigen Angriffe auf die deutsche Sprache wurden. Sogar die Polizei hatte deshalb gegen ihn ermittelt und einmal wäre er beinahe angeschossen worden. Er wusste, dass das verrückt war und er bemühte sich, sich wie ein normaler Mensch zu verhalten.

Bereits nach seiner Rückkehr nach Warschau ging er einmal in ein Café, in dem der Eigentümer unglücklicherweise Schallplatten mit deutschen Liedern laufen ließ. Stanisław Grzesiuk bat höflich darum, das Repertoire zu ändern. Als der Eigentümer das verweigerte, zog Grzesiuk eine Pistole hervor und zerschoss einfach den Plattenspieler. Bis an sein Lebensende biss er die Zähne zusammen und versuchte, seinen Atem zu beruhigen, wenn ein neuer Bekannter mit seiner Kenntnis der deutschen Sprache angab.

Genau deshalb ist die Herausgabe von „Fünf Jahre KZ“ in deutscher Sprache die beste Ergänzung der Geschichte des Barden von Warschau, die man sich vorstellen kann. Fünfundsiebzig Jahre nach dem Krieg ist die Wahrheit wichtiger als das Trauma. Stanisław Grzesiuks Buch zeigt die Wahrheit und die Wahrheit war für ihn immer das Wichtigste.

Der Autor über das Buch

„Ich habe nie daran gedacht zu schreiben. Einmal habe ich unvorsichtigerweise jemandem versprochen, alle meine Lagererlebnisse aufzuschreiben. Das Versprechen musste ich halten, und so entstand das Buch. Es rekonstruiert am authentischsten und ohne Ausschmückungen meine fünf Jahre im KZ. Diesen Titel habe ich auch für meine Erinnerungen gewählt.

Ich bin mir darüber im Klaren, dass das keine Literatur im engsten Sinne dieses Wortes ist.

Ich wollte auch keinen Roman schreiben. Es ging mir einfach darum zu erzählen, wie und was ich in den Lagern Dachau, Mauthausen und Gusen getan habe, um zu überleben.

Ich rechne damit, dass mein Buch bei vielen Lesern einen gewissen Widerspruch auslösen wird. Schließlich ist das weder ein Martyrium noch eine belletristische Erzählung aus den tragischen Jahren im Konzentrationslager. Ich habe die nackte Wahrheit gezeigt. Die brutale, ehrliche und ungenierte, das Leben im KZ verbildlichende Wahrheit. So war es. Beim Schreiben habe ich auch mich selbst nicht verschont. Ich habe lediglich Zeugnis über die Wahrheit abgelegt, und dies als Dokumentation behandelt. Und das ist mir wohl gelungen."

„Ermutigt Sie dieses schriftstellerische Debüt dazu weiterzuschreiben?"
„Daran habe ich nicht gedacht. Ich würde ungern das Schreiben als meinen zweiten Beruf sehen. Trotzdem bin ich dabei, ein paar Erzählungen aus dem Leben in Warschauer Vorstädten in der Zwischenkriegszeit vorzubereiten. Das werden eher Erinnerungen, denn ich bin selbst Kind einer Warschauer Vorstadt. Wenn diese Erzählungen gedruckt werden, würde ich mich freuen. Wenn nicht, ist das auch kein Drama."

„Hat Ihnen das Schreiben Schwierigkeiten bereitet?"
„Nein. Ich habe so geschrieben, wie ich spreche, und dem Buch den Ton einer Erzählung gegeben."

CER, *Zwei Debüts – Zwei Bücher,*
Zeitschrift „Służba Zdrowia" [Gesundheitswesen] 8. Juni 1958

Wie er ins Lager gekommen ist? Ganz normal. Wegen Waffenbesitzes. Fünf Jahre verbrachte er dort.

„Im Jahr 1955 lernte ich im Urlaub jemanden vom Verlag PIW kennen. Ich erzählte vereinzelte Szenen aus dem Lagerleben. Ermutigt zum Schreiben, machte ich mich fleißig an die Arbeit. Im Sanatorium in Otwock schrieb ich 160 Seiten. Die schickte ich ein.

Ich musste nicht lange auf Antwort warten. Man empfahl mir weiterzuschreiben. Ich schrieb also den nächsten Teil, in einem Atemzug, ohne Korrekturen. Im Sanatorium waren wir zu acht auf dem Zimmer. Am Tage störten mich die Gespräche der Kranken. Deshalb schrieb ich hauptsächlich nachts, dank des Wohlwollens von Dr. Mordyński, der mir erlaubte, eine Lampe an das Bett anzubauen.

Dann packte ich die 660 Seiten handschriftliches Manuskript ein und schickte sie an den Verlag, um einen Vertrag zu machen. Und so wurde ich – von mir selbst vollkommen unerwartet – Schriftsteller.“

Zbigniew Zapert, *Ein kleiner Kaffee mit Stanisław Grzesiuk*, Nachmittagszeitung „Express Wieczorny“ 30. Juni 1958

Die wichtigsten Rezensionen

Hier findet man leidenschaftliche Beobachtung, den Elan eines Chronikers, damit nichts von dem authentischen Zeugnis verloren geht. Dies ist „eine natürliche Geschichte“ der Vernichtungslager, ihrer Ökonomie. Buchhaltung über jede einzelne Zigarette, jede Schüssel Suppe ist eine exakte Abrechnung mit dem Gewissen. Im Übrigen ist das Buch nicht sentimental und es gibt auch keine allgemeineren Betrachtungen. Da ist allein das massive Bild, das die Gestalt einer geballten Faust hat. Viele vulgäre Ausdrücke, aber eine originelle und interessante Geschichte.

Es ist ein spezifisches plebejisches Tagebuch. Vor uns steht ein Mann des Volkes, der dem Lazarillo de Tormes, dem Morolf oder dem Schwejk ähnelt. Seltsamerweise setzt dieses moderne Tagebuch die literarische Strömung der Lausbubengeschichte fort, der urplebejischen Literatur. Der Protagonist repräsentiert trotz seiner „Schelmenhaftigkeit“, zu der er sich bekennt, einen positiven Typen eines Mannes aus dem Volk, der viel Güte und Kraft in sich trägt – trotz seiner ganzen zeitgenössischen Warschauer „Schlitzohrigkeit“.

J.P., *Proza samorodna [Amateur-Prosa],*
Wochenzeitschrift „Życie Literackie“
26. Oktober 1958

„Fünf Jahre KZ“ – das Buch ruft bei den Lesern unterschiedliche Reaktionen hervor. Die einen legen dieses Tagebuch beiseite, weil sie die Beschreibung solch schrecklicher Verbrechen nicht ertragen können. Andere werfen dem Autor Naturalismus vor und halten ihm vor, dass er nicht beschrieben hat, was den moralischen Widerstand der Häftlinge gegen das faschistische, wissenschaftlich ausgearbeitete Todessystem aufrechterhalten hat. Wiederum andere schließen das Buch, nachdem sie es durchgelesen haben, und schweigen nachdenklich.

Alle aber, die diesen erschreckenden Bericht aus dem Abgrund der nationalsozialistischen Hölle gelesen haben, haben ein und denselben Gedanken: Krieg bringt immer die Hölle auf Erden. Nieder mit dem Krieg!

Dieses Buch sollte in jeder Bibliothek erhältlich sein und in jedem Haus; jeder, der lesen kann, sollte es lesen. Es sollte in alle Sprachen übersetzt werden.

Tagebuch aus dem Abgrund der Hölle, Wochenmagazin „Chłopska Droga“
10. August 1958

Grzesiuks Erinnerungen unterscheiden sich von den bereits bei uns erschienenen Büchern dieser Art im Thema und im Charakter. Im Thema, weil sie vom Aufenthalt in bei uns nicht berücksichtigten Lagern handeln: Dachau, Mauthausen und Gusen. Im Charakter, weil alles, was bei uns zu dem Thema in Erinnerungen und Novellen niedergeschrieben wurde, deutlichen literarischen Charakter hatte, während Grzesiuks Tagebuch sich vor allem durch Authentizität auszeichnet. Man könnte es der in den Zwanzigerjahren so modernen Kategorie der Authentizitätsliteratur zuordnen, wie die Tagebücher des Sergeanten der Fremdenlegion, die Erinnerungen von Urke Nachalnik, die Bücher von Sergiusz Piasecki usw., aber ohne die gewisse Künstlichkeit der damals geschätzten Literatur.

Stanisław Zabiełło, *Świat koncentracyjny* [Die KZ-Welt],
Wochenmagazin „Kierunki", 6. August 1958

Warum bleiben in diesem Buch Wertungen so unausgesprochen? ... Ich denke, wir haben es hier mit einem Beispiel für die Unzuverlässigkeit des Naturalismus als schöpferische Methode zu tun. Wir haben hier eine spannende Lektüre vorliegen, das authentische Original – und ihm Gram sein darf nur der, der nicht den Preis für eine Schüssel gekochter Plörre kennt, für ein Stück von einem Papiersack für den verfrorenen Rücken oder einen Tropfen Jodtinktur im Nazi-Abgrund der Hölle. Dennoch ist diese Wahrheit nur eine halbe Wahrheit.

Denn ein Produkt des Naturalismus kann nicht die ganze Wahrheit sein, weil die Wirklichkeit sich nicht aus einzelnen, separaten und voneinander isolierten Fakten zusammensetzt. Zwischen den Fakten gibt es Verbindungen von Ursachen und Folgen. Manche Menschen sind der Meinung, dass es eine Zeit gibt, die einordnet, und eine Geschichte, die bewertet. Im Detail steckt immer auch sein Gegenteil: ein tiefer allgemeiner Sinn.

Und obwohl ich Grzesiuks Buch als ein wertvolles literarisches Dokument bewerte, muss ich dagegen Widerspruch einlegen, dass es mit dem Werken über Lager von Tadeusz Borowski verglichen wird. Dort habe ich nicht weniger Authentizität gefunden, sondern auch Bewertung. Dort fand ich Dinge und Ansichten über Dinge. Hier nicht. Es ist der Naturalismus, der dazu geführt hat, dass mein Freund, der Grzesiuks Buch in drei Nächten verschlungen hat, so wenig von ihm verstanden hat.

Dabei haben wir schließlich auch überlebt, damit andere verstehen.

Ludwik Krasucki, *Podwójne dno miski – czyli granice naturalizmu*
[Der doppelte Boden der Schüssel oder Die Grenzen des Naturalismus],
Tageszeitung „Trybuna Ludu", 20. August 1958

Editorische Notiz

„Fünf Jahre KZ" ist 1958 zum ersten Mal erschienen; die Ausgabe von 1958 ist die Grundlage für die vorliegende Ausgabe.

In dem Archiv, das der Autor hinterlassen hat, ist das handschriftliche Manuskript erhalten. Bei der Vorbereitung der vorliegenden Ausgabe wurde der Text der ersten Ausgabe mit dem handschriftlichen Manuskript abgeglichen.

Von Anfang an liebten die Leser Grzesiuk für seinen unkomplizierten, rauen und schlichten Stil, der unangetastet geblieben ist. Der Autor hat viele Male betont, dass er die deutsche Sprache nicht ertragen konnte und nicht lernen wollte, deshalb wurde entsprechend dem handschriftlichen Manuskript seine phonetische Umschrift der Wörter deutscher Herkunft beibehalten.[1]

Stanisław Grzesiuk war an den Ratschlägen seiner Lektoren sehr interessiert; er musste auch die politische Zensur und die soziokulturellen und sprachlichen Bedingungen seiner Zeiten im Blick haben.

Auf ihr Zureden hin wurden beim ursprünglichen Lektorat des Textes einige Szenen gestrichen. Der Autor war sich der Brisanz des Themas und der Kraft seiner Erzählung bewusst, und stimmte den Streichungen zu. Diese Fragmente wurden in der vorliegenden Ausgabe wieder eingefügt. Sie sind durch Fettdruck gekennzeichnet.

Nicht wieder eingefügt wurden die wenigen Fragmente, bei denen die Streichungen oder Notizen des Autors keinen Zweifel daran ließen, dass er die Absicht hatte, sie zu entfernen.

---

1 Für die deutsche Übersetzung wurde versucht, alle Namen zu recherchieren und die korrekte Schreibweise zu übernehmen; bei manchen war dies leider nicht möglich – in diesen Fällen wurde Grzesiuks Schreibweise beibehalten. (Anm. d. Übers.)

Stanisław Grzesiuk

Fünf Jahre KZ

Hier sind lebende Tote.

(aus der Ansprache des Lagerkommandanten in Dachau)

Vom 4. April 1940 bis zum Tag der Befreiung durch die amerikanische Armee am 5. Mai 1945 saß ich in den Konzentrationslagern Dachau, Mauthausen und Gusen. Als einer der wenigen, denen es gelungen ist, so lange in verschiedenen Lagern zu überleben, werde ich oft gefragt, was ich denn im Lager gemacht hätte, wie ich gelebt hätte, dass ich so viele Jahre durchhalten konnte. Dann erzähle ich verschiedene einzelne Lagerszenen ohne jegliche Ordnung und Reihenfolge der Ereignisse. Oft wurde mir geraten, ich solle alles, woran ich mich erinnere, aufschreiben. Ich habe selbst oft daran gedacht, dass es sich lohnt, es zumindest für meine Kinder aufzuschreiben, damit sie später, wenn sie größer sind, lesen können, was ihr Papa durchlebt hat, als er noch nicht ihr Papa war, **und dass sie auf der Grundlage dieser Erlebnisse lernen würden, Faschismus und Krieg zu hassen.**[1]

Ab 1943 (nach der Niederlage der Deutschen bei Stalingrad) verbesserten sich die Bedingungen in den Lagern. Für den durchschnittlichen Häftling wurde es leichter drei Monate zu überleben als bis 1943 drei Tage. Obwohl sich die Bedingungen verbessert hatten, hatten wir in Gusen – nach Meinung von Leuten aus Auschwitz – erst jetzt Bedingungen, wie es sie in Auschwitz schon 1941 gab. Häftlinge, die in Auschwitz drei Jahre überlebt hatten, waren in Gusen nach drei bis fünf Monaten am Ende. Sie sagten, sie seien bereit, nachts auf den Knien nach Auschwitz zurückzukehren, weil „dort Leben war, hier aber kann ich höchstens Steine essen und es lassen sich keine Kleider organisieren". **In Auschwitz aber konnte man solche Dinge leicht von den Menschen der Transporte organisieren, die sofort nach der Ankunft im Lager vergast wurden.**

In Büchern über das Leben im Lager hat bisher niemand die so bittere Wahrheit geschrieben. Die Leute beschreiben das Lagerleben, aber niemand will von seinem eigenen Leben so genau erzählen, mit Einzelheiten. Es wird beschrieben, dass die Bedingungen schwer waren, dass man das alles überstanden hat, aber niemand beschreibt, was für Menschen die jahrelange Hölle und den Hunger überlebt haben und was sie im Alltag getan haben, um zu überleben.

Im Jahr 1943 berechnete Stanisław Nogaj, ein Journalist aus Katowice, dass von den ersten 10 000 Häftlingen in Gusen noch 314 lebten. Als der Lagerkommandant das erfuhr, sagte er: „Diese Hünen will ich mal sehen – schließlich dürfte ein richtiger Häftling nicht länger als fünf Monate im Lager überleben."

Grundlegend für das Leben im Lager war, nach meinem Verständnis, die maximale Vermeidung von Arbeit und die Beschaffung von Essen; im Prinzip

1 Durch Fettdruck hervorgehoben sind die Fragmente, die aus dem handschriftlichen Originalmanuskript wieder eingefügt wurden. Siehe „Editorische Notiz" am Beginn des Buches.

lässt sich das in einem Satz zusammenfassen: gegen alle Anordnungen der Lagerleitung vorzugehen, denn alle Anordnungen hatten das Ziel, die Häftlinge so schnell wie möglich auszulöschen. Für die Nichtbefolgung von Anordnungen drohten einem Häftling immer Schläge und je nachdem, in wessen Hände er jeweils geriet, der Tod.

Ich würde es so beschreiben: Wer überleben wollte, durfte sich nicht vor dem Tod fürchten, denn wer leben wollte, fürchtete sich vor dem Tod, fürchtete sich davor, Schlägen ausgesetzt zu sein, und hielt sich genauestens an die Anordnungen, wobei er auf ein Wunder und das Kriegsende wartete, dass er freigelassen wird oder dass er durchhält. Wenn ihm dann klar wurde, dass es mit ihm zu Ende ging, war es zu spät für ein Aufbegehren und für so jemanden blieb nur noch das Krematorium.

Dieser rücksichtslose Kampf ums Überleben war oft mit einer Brutalität verbunden, die sich nicht vermeiden ließ, und diese Brutalität war in einem gewissen Grad bei allen vorhanden, die längere Zeit im Lager überlebten. Ich weiß nicht, warum niemand in seinen Erzählungen seine eigene Person mit dieser Problematik verbindet. Die Brutalität im Lagerleben existierte auf Schritt und Tritt.

Ich werde anhand meiner eigenen Erlebnisse beschreiben, wie das Leben eines durchschnittlichen Häftlings bei fünf Jahren Aufenthalt im Lager aussah, und weil es hier nur um das Lager geht, beschreibe ich den Zeitraum von dem Moment an, als ich ins Lager deportiert wurde, und ich schließe mit dem Augenblick der Befreiung des Lagers und der Wiedererlangung der Freiheit.

In meinem Leben im Lager habe ich mich immer bemüht, gerecht gegen andere und gegen mich selbst zu sein, ich habe mich bemüht, niemals etwas zu tun, was sich als Schandfleck auf mein Gewissen gelegt hätte, und von den Menschen als schändliche Tat angesehen werden würde.

Seit Kriegsende sind zwölf Jahre vergangen. Viele Erlebnisse sind in der Erinnerung bereits verwischt. Ich habe viele Namen vergessen, aber ich werde mich bemühen, das, was mir in Erinnerung geblieben ist, zu beschreiben. Weil ich nicht in allen Fällen die Möglichkeit hatte, mit den hier vorkommenden Personen – oder mit den Familien der Toten – in Verbindung zu treten, um zu erfahren, ob sie es wünschen, dass ich sie mit vollem Namen nenne, gebe ich in manchen Fällen nur den ersten Buchstaben an.

Auf dem Weg nach Dachau

Als man mich festgenommen hatte und mich mit einem Gefangenentransport in das Konzentrationslager Dachau brachte, sah die Reise so aus, dass wir am Tage mit einem Gefängniswaggon transportiert wurden, und abends in irgendeine Stadt gebracht und dort für die Nacht in den Gefängnissen untergebracht wurden. Manchmal wurden wir gleich am nächsten Tag weitergeschickt, aber es kam auch vor, dass ich mehrere Tage in einem Gefängnis saß, bevor ich auf die nächste Etappe geschickt wurde. Begleiter meines Weges waren überwiegend deutsche Verbrecher, die in andere Gefängnisse oder zu Verhandlungen gebracht wurden. Das verstand ich nicht genau, weil ich überhaupt kein Deutsch konnte. Das mit der deutschen Sprache war bei mir ein interessantes Problem. Ich wollte sie einfach nicht lernen. Ich empfand Ekel vor ihr und lernte in den fünf Jahren im KZ nur das, was sie mir durch ständiges Wiederholen mit Gewalt eingetrichtert haben.

Als die Deutschen mich in Gewahrsam nahmen – nachdem ich wegen Waffenbesitzes durchsucht worden war – war ich noch nicht einmal 22 Jahre alt (ich wurde am 6. Mai 1918 geboren), und ich verließ das Lager an meinem 27. Geburtstag.

Die Fahrt ins Lager verlief relativ ruhig. Ich wurde nicht geschlagen, Essen bekam ich so viel wie andere Häftlinge, widerlich war nur der Übergang vom Zug zum Gefängnis und vom Gefängnis zum Zug. Dabei wurden wir mit Handschellen aneinander gekettet und zu mehreren und unter starker Eskorte auf dem Fahrdamm am Gehweg entlanggeführt. Beim Aufstellen zum Abmarsch musste man sich entscheiden, wo man sich hinstellte. Wenn man in der ersten Reihe am Gehweg stand, wurden die Handschellen nur an einer Hand angelegt, die andere blieb frei und mit dieser Hand konnte man vom Gehwegrand und gleich daneben vom Fahrdamm Zigarettenkippen auflesen, die man im Gefängnis gegen Essen oder andere Kleinigkeiten eintauschen konnte. Beim Auflesen konnte man vom Wächter einen Tritt oder einen Schlag mit dem Gewehrkolben bekommen, aber das Risiko lohnte sich. Das war das Gute am Marschieren auf der Gehweg-Seite. Das Schlechte war die Zivilbevölkerung, insbesondere Weiber und Kinder, die uns fast immer beschimpften, uns anspuckten und uns mit Abfällen, Steinen und allen möglichen Schweinereien bewarfen, die ihnen in die Hände kamen. Da hatten es diejenigen besser, die auf der Seite zum Fahrdamm liefen.

Eine Strecke fuhr ich im Zug mit einem Jugoslawen im Abteil. Ich weiß noch, dass er Pawel hieß; er wurde als lästiger Ausländer mit dem Gefangenentransport an die Grenze gebracht. Er behauptete, es sei ihm nichts bewiesen worden, und dass sie ihn deshalb zurückschicken würden, weil er auf großem Fuße lebe, und nirgendwo arbeite. Aus seinen Erzählungen ging hervor, dass er ein Tagedieb und Falschspieler war. Wir verstanden uns hervorragend, und während eines ganzen Tages gemeinsamer Fahrt brachte er mir Spieltechniken bei und wie man dumme und naive Leute reinlegte. Er behauptete, sein graues Haar an den Schläfen sei künstlich, weil so ein grauhaariger Mann auf sein Umfeld vertrauenswürdiger wirke. Wir verabredeten, dass ich mir seine Adresse merke und wenn ich es schaffe zu fliehen oder freigelassen werde, ihn in Jugoslawien besuche. Er hielt mich für einen schlauen Jungen, dem leicht alle Tricks beigebracht werden können und dass wir uns dann zusammen durchschlagen würden. Bei der nächsten Etappe wurden wir getrennt und ich habe ihn nie wiedergesehen.

Ich muss erwähnen, dass Pawel kein Häftling war, und als solcher das Recht hatte, sich offiziell Zigaretten und alles zu kaufen, was er nur wollte und was man im normalen Verkauf erwerben konnte. Weil er für mich besondere Sympathie empfand, gab er mir eine Menge Zigaretten und Streichhölzer mit den Worten, dass eine Zigarette im Gefängnis dickes Geld sei, für das ich mir nicht nur Essen, sondern auch verschiedene Erleichterungen erkaufen könnte. Ich war damals Nichtraucher, konnte aber die Zigaretten nicht weiß der Teufel wie lange bei mir behalten, weil mir diejenigen leid taten, die rauchten und nichts zu rauchen hatten, deshalb holte ich ab und zu eine Zigarette und ein Streichholz hervor und ließ sie für die Raucher herumgehen. Und gut so, denn als wir im Lager ankamen, wurde uns alles weggenommen, lediglich der Gürtel für die Hose und ein Taschentuch wurden uns gelassen.

Ein anderer Passagier in unserem Kabuff im Gefängniswaggon war ein Mann im Alter von dreißig Jahren. Weil er gut Polnisch sprach, war ich davon überzeugt, dass er Pole war. Als wir zwischen den Etappen eine Nacht im Gefängnis verbrachten, unterhielten wir uns abends zu dritt, während wir in der riesigen Durchgangszelle umherspazierten.

Weil ich sicher war, dass mein zweiter Begleiter Pole war, fragte ich ihn aus Interesse, aus welcher Region er komme. Auf meine Frage erhielt ich die Antwort:

„Aus der, die ihr weggenommen habt.“

Ich verstand nicht und fragte noch einmal nach. Er antwortete mir mit Spott in der Stimme:

„Aus dem Olsagebiet[2].“ Und zu dem Jugoslawen sagte er:

„Wusstest du, was diese Arschlöcher angerichtet haben, als sie dort einmarschiert sind?“, und an dieser Stelle schickte er ein paar heftige Sprüche an die Adresse der Polen.

Obwohl ich noch so jung war, hatte ich so viel politisches Bewusstsein, dass ich die Annexion des Olsagebiets mit Abscheu betrachtete wie eine Hyäne, die verräterisch nach den Kadaverresten eines Tieres schnappt, das von einem anderen ermordet worden ist. Trotzdem verletzte es meine Nationalgefühle heftig, dass die Sprüche nicht **an die Adresse unserer einstigen Regierung** gesendet worden waren, sondern an alle Polen, doch ich sagte nichts, nur in meinem Inneren keimte der Gedanke auf, ihm das einst heimzuzahlen, bei der nächsten Gelegenheit. In gewissem Maße gab ich ihm in der Frage der Besetzung des Olsagebiets recht, und ich hätte bestimmt bald meine Lust auf Rache vergessen, wenn sich nicht so schnell eine Gelegenheit geboten hätte. Ein paar Minuten nach diesem Gespräch trat er mit der Frage „Hast du was zu rauchen?“ an mich heran und steckte dreist die Hand in meine Jacketttasche, in der ich die Zigarettenkippen aufbewahrte, die ich während der Märsche sammelte. Bevor er mir etwas aus der Tasche ziehen konnte, bekam er so eine Bombe auf die Nase, dass es ihn in die Zellenmitte warf.

„Du Aas“, sagte ich ihm noch, „bloß nicht mit den Fingern in fremde Taschen! Wenn du rauchen willst, dann sag hübsch bitte.“

Aber ich hatte und habe so eine seltsame Natur, dass ich keinen Schwächeren schlagen kann, und wenn ich es einmal tat, dann deshalb, weil ich die Kräfte des Gegners falsch eingeschätzt hatte, und gedacht hatte, er sei stärker und mutiger. So war es auch in diesem Fall. Der Kerl war gewitzt und ich war sicher, dass ich ihn mit meinem Schlag zu einer Rauferei provozierte, und dann würde der Schlauere und Stärkere gewinnen. Der aber kam nicht mehr auf mich zu, sondern stand an der Wand und hielt sich die schmerzende Stelle.

Nach einer halben Stunde ging ich zu ihm, gab ihm was zu rauchen, und erst da erfuhr er, wofür er tatsächlich eine gefangen hatte, obwohl er es dafür, dass er die Hand in meine Tasche gesteckt hatte, auch ein bisschen verdient hatte.

Dieser Vorfall brachte uns einander näher und so verbrachten wir den weiteren Weg, bis wir getrennt wurden, wirklich in einer herzlichen und freundschaftlichen Atmosphäre.

---

2 Beim Zerfall der österreichisch-ungarischen Doppelmonarchie und der Gründung der Staaten Tschechoslowakei und Polen Anfang des Jahres 1919, gerieten die beiden Staaten bezüglich einer genauen Grenzziehung im Bereich des Flusses Olsa in einen direkten militärischen Konflikt, der mit Truppen der jeweils neu aufgestellten nationalen Militäreinheiten unter Einsatz von Artillerie ausgetragen wurde und zu Gunsten der Polen ausging. (Anm. d. Übers.)

In einem kleinen provinziellen Gefängnis – vielleicht war das gar kein Gefängnis, sondern ein größerer Arrest – saß ich mehrere Tage allein. Ich langweilte mich höllisch, lief in der Zelle auf und ab wie ein wildes Tier im Käfig. Das Zellenfenster öffnete nach innen und war ein normales Fenster, mit dem Unterschied, dass die Scheiben matt waren, und das Gitter erst hinter dem Fenster kam. Ich hörte oft, wie sich draußen Leute unterhielten, manchmal waren das junge, fröhliche Stimmen. Bei mir in der Zelle herrschte ein unausstehlicher Gestank vom Abort, den ich nur einmal täglich leeren durfte, und in der Zelle war es unerträglich heiß von der Zentralheizung, und der Abort hatte keinen Deckel.

Als man mich in die Zelle geführt hatte, hatte mich der Wachmann streng gewarnt – mit entsprechender Gestikulation, sonst hätte ich ihn nicht verstanden –, dass ich das Fenster nicht öffnen dürfe, sonst käme ich ins Verlies. Na gut, dachte ich mir, ein Verlies ist auch für Menschen, ich kann es ja versuchen. Ich öffnete das Fenster. Ich schaffte es gerade festzustellen, dass draußen ein Park ist – Menschen habe ich um die Zeit dort nicht gesehen –, da öffnete sich schon die Zellentür und der Wachmann brüllte etwas.

Es ist verständlich, dass ich das Fenster sofort schloss. Als der Wachmann ordentlich herumgebrüllt hatte und wieder weg war, überlegte ich, ob er zufällig gekommen war oder aber gewusst hatte, dass ich das Fenster geöffnet hatte. Um das in Erfahrung zu bringen beschloss ich, das Fenster noch einmal zu öffnen. Ich öffnete es. Und wieder hörte ich gleich, wie der Wachmann schon hinter der Tür stand und aufmachen wollte.

Bevor er es geschafft hatte aufzuschließen, war das Fenster schon geschlossen, er brüllte mich aber noch heftiger an, zeigte auf das Fenster und gab mir mit Gesten zu verstehen, wie schön ich es im Verlies haben werde – und ging wieder.

Jetzt war ich sicher, dass ein Alarm an dem Fenster angebracht war, der beim Öffnen anging und **der Wachmann, wäre er auch der beste Mensch, es nicht lange aushielt, wenn eine Klingel pausenlos läutete, und er nur für seine eigene Ruhe sorgen konnte, indem das Fenster in der Zelle fest verschlossen blieb. Um den Alten nicht mit dem Geklingel zu ärgern, und selbst frische Luft zu haben, beschloss ich, die Alarmanlage zu suchen und, wenn es mir gelingen sollte, sie auszuschalten.** Meine Ahnung bestätigte sich. Als ich den Fensterrahmen ringsherum untersuchte, entdeckte ich kleine Bolzen, die aus dem Rahmen hervorstanden und mit den Fensterhälften verbunden waren.

Weil ich bis zum Krieg beruflich als Elektromechaniker gearbeitet hatte, wusste ich, wie man Leitungen verlegt. Ich wusste, dass sie durch die Tür verlegt werden mussten und dass man dafür den kürzesten Weg nimmt. Auf der Seite des Fensters, auf der ich die Leitungen vermutete, begann ich vorsichtig mit einem Stück Rasierklinge, von denen ich aus Gewohnheit immer welche in der Hosentasche trug – in der, in der man die Uhr trägt, und die deshalb bei keiner Durchsuchung gefunden wurden – die Wand aufzukratzen.

Ich kratzte vorsichtig, um die Klinge nicht abzubrechen, und plötzlich sah ich einen Draht in der Wand. Ich kratzte ihn ringsherum frei und machte damit eine so große Öffnung, dass ich mit dem Finger rankam. Stück für Stück zog ich ihn raus und durchtrennte ihn. Die Trennstelle isolierte ich mit einem Stück Papier, das ich im Strohsack gefunden hatte. Die Öffnung verklebte ich mit zerkautem Brot. Ich rieb mit dem Finger über die Wand und mit dem weißen Staub, der an meinem Finger blieb, überstrich ich die Stelle, die ich mit dem Brot zugeklebt hatte. Als ich damit fertig war, öffnete ich das Fenster und ... niemand kam. Von da an öffnete ich die paar Tage, die ich noch dort war, täglich das Fenster und beobachtete die Menschen und nachts, wenn ich nicht schlafen konnte, schaute ich mir die Bäume, den Schnee und die Sterne am Himmel an. Am Tage horchte ich nur aufmerksam, ob sich meiner Zelle Schritte nähern, doch selbst wenn der Wachmann bereits den Schlüssel ins Schloss gesteckt hatte, schaffte ich es immer, das Fenster zu schließen. Es wundert mich nur, dass ihm die Luftveränderung in der Zelle nicht aufgefallen ist, von schwerer, verpesteter zu sauberer, frischer Luft. Vielleicht hat er ja den Unterschied gemerkt, aber sein Alarm ging nicht an, und er war sich sicher, dass ich in diesen paar Tagen nicht aus dem Gefängnis fliehe.

Einige Tage später musste ich mich von dem Park und dem offenen Fenster verabschieden, weil ich mit ein paar anderen Männern aneinander gekettet zum Bahnhof gebracht wurde.

Der nächste Aufenthalt im Gefängnis dauerte fast zwei Wochen. Als man uns vom Bahnhof ins Gefängnis gebracht hatte, verstand ich aus den Gesprächen der Aufseher, dass im Gefängnis ein Pole ist und dass sie mich zu ihm bringen wollen, damit wir uns nicht langweilen.

Mein Zellenmitbewohner, Władysław Kowalczyk, war ein zwanzig Jahre alter Junge, der für ein paar weggekommene Sachen bei dem Bauern, bei dem er gearbeitet hatte, eingesperrt worden war. Aus seinen Erzählungen erfuhr ich, dass er aus der Nähe von Zduńska Wola stammte, dass er dort auf einem Hof mit Pferden gearbeitet hatte, und zur Arbeit nach Deutschland als Freiwilliger gekommen war und dass in diesem Moment auch seine Mutter gerade dorthin fahren sollte.

Sein Traum war es, einmal Kutscher zu werden, und er ließ sich lang und breit über das schöne Kutscherleben aus.

Damit wir uns am Tage nicht langweilten, mussten wir täglich eine bestimmte Anzahl Papiertüten herstellen. Władek ging die Arbeit überhaupt nicht von der Hand. Im Endeffekt machte ich die Arbeit für ihn, und er putzte jeden Tag die Zelle und leerte den Abort. Auf diese Weise hatten wir einige ruhige Tage. Wenn wir tagsüber Papiertüten bastelten, erzählten wir uns verschiedene Abenteuer aus unserem Leben – ich erzählte von der Arbeit in der Fabrik und vom Leben in Czerniaków[3], und er vom Leben der gnädigen Herrschaften und der Menschen, die am Hof arbeiteten. In seinen Erzählungen kam er oft auf das Thema, wie in Łódź und in der Umgebung von Łódź vor dem Krieg Deutsche verprügelt wurden. Er erzählte von Überfällen auf deutsche Lokale, auf deutsche Schulen und Geschichten dieser Art. Ich antwortete ihm, dass das Blödsinn sei und deutsche Propagandamärchen und dass ich das nicht glaube, weil ich selbst oft in der Nähe von Lublin unterwegs gewesen war, und da gab es sogar ganze Dörfer mit deutschen Kolonisten und ich habe nie gehört, dass dort jemand deshalb geschlagen wurde, weil er Deutscher war.

Eines Tages, als wir wie immer Tüten bastelten und uns über das Leben und das Dasein unterhielten, sagte er, dass es ihm im Grunde egal sei, wer Polen regiert – Polen, Deutsche, Engländer oder Juden – Hauptsache, es gehe ihm gut. Der Rest interessiere ihn nicht. Ein bisschen boshaft antwortete ich ihm darauf, dass wir von solchen Dummköpfen wie ihm in Polen so einige hatten und dass Polen deshalb untergegangen sei. Darauf begann er mir wieder auf idiotische Weise darzulegen, dass er recht hatte. Ich redete mir den Mund fusselig, erklärte ihm, dass er unrecht habe, und er erzählte absichtlich noch größeren Blödsinn, weil er sah, dass ich mich immer mehr aufregte. Schließlich fing er an, die Deutschen stark zu loben, wie sie wirtschaften können, wie sie mit den Juden bei sich aufgeräumt hätten und wie sie jetzt in Polen Ordnung einführten. Ich dachte bei mir, dass Władek verrückt ist, ein Idiot und alle anderen Geisteskrankheiten zusammengenommen. Schließlich, als ich das Gequatsche wirklich nicht mehr aushalten konnte, warnte ich ihn ehrlich, dass er die Klappe halten soll, weil ich ihm sonst draufhaue, und sie dann richtig zu ist.

Aber der quasselt weiter: „Na, weil die Deutschen ...“ – und beendete diesen Satz nicht mehr, weil er vom Schemel flog, von meiner Faust zwischen die Augen getroffen. Ich hatte ihm ordentlich eine gerumst, denn nach einigen Minuten konnte er kaum noch aus den Augen schauen, so waren sie zugeschwollen.

Als er meine Faust zwischen die Augen bekommen hatte, war er zu Boden gegangen, und als er wieder aufstand, klingelte er. Kurz darauf betrat ein Auf-

3 Czerniaków ist ein Stadtteil von Warschau, der sich im Bezirk Mokotów zwischen der Weichselböschung und dem Fluss selbst befindet. (Anm. d. Übers.)

seher die Zelle, ein junger Kerl, und fragte, was passiert war. Was ich hörte, ließ zur Abwechslung mich verrückt werden.

Kowalczyk schnatterte schnell etwas auf Deutsch. Aus einzelnen Wörtern, die ich schon verstand, begriff ich den Sinn dessen, was er sagte. Es sah danach aus, dass er für die Deutschen gesprochen und ich ihn dafür geschlagen hätte.

Der Aufseher kam mit dem riesigen Zellenschlüssel auf mich zu und ich zog mich zurück, weil ich dachte, dass er mir mit dem Schlüssel gleich ordentlich eins überziehen würde. Er schlug mich aber nicht, sondern als er mich bis zu dem Schemel zurückgedrängt hatte, sagte er:

„Setz dich."

Ich setzte mich.

Als der Aufseher die Zelle verlassen hatte, macht Kowalczyk den Mund auf: „Soweit kommt es noch, dass ein Pole mir ins Gesicht schlägt! Wusstest du nicht, warum ich die Deutschen so verteidigt habe? Wusstest du nicht, warum ich dir erzählt habe, wie die Deutschen in Polen geschlagen werden? Das ist mein Blut! Das sind meine Brüder! Meine Mutter ist Deutsche. Und ich weiß nicht, ob der, dessen Namen ich trage, mein Vater ist. Meine Mutter ist Deutsche und ich fühle mich als Deutscher! Das ist mein Blut! Das sind meine Brüder! Ein Pole schlägt mir ins Gesicht!?"

Und immer wieder von vorn. Anfangs war ich ein bisschen verschreckt, und um nicht von dem Aufseher geschlagen zu werden, saß ich still da und gab keinen Mucks von mir, freute mich nur innerlich, als ich sah, wie schön ihm die Augen anschwollen und so einen hübschen violetten Farbton annahmen.

Schließlich hielt ich es wieder nicht aus und sagte: „Du bist mir ein schöner Schlingel. Warte nur, wenn wir uns einmal in Freiheit treffen, dann schneide ich dir den Hals durch."

„Wir begegnen uns ganz sicher nicht", antwortete er.

„Ach ja? Na, dann warte, du Dreckskerl. Noch heute Nacht erwürge ich dich. Bei Gott, du wirst sehen. Heute Nacht erwürge ich dich, damit so ein Dreckskerl nicht auf der Welt herumläuft."

Ich wollte ihm nachts einen ordentlichen Schrecken einjagen, musste aber sehr entschlossen ausgesehen haben, weil dieser Schuft wieder zur Klingel sprang und läutete. Kurz darauf war der Aufseher da und ich verstand, dass er nicht mit mir in einer Zelle sein wollte, weil ich gesagt hatte, ich würde ihn in der Nacht erwürgen. Der Aufseher kam auf mich zu und fragte:

„Ja?"

„Ja", antworte ich.

Er fragte noch einmal: „Ja?"

„Ja", sage ich wieder.

Offensichtlich dachte er, ich hätte ihn nicht verstanden, denn er legte sich selbst beide Hände um den Hals und fragte noch einmal. Da antwortete ich mit viel Elan gleich dreimal:

„Ja, ja, ja!"

Der Aufseher lächelte nur und ging. Nach zwanzig Minuten kam er zurück und brachte Kowalczyk in eine andere Zelle. Ich saß noch zwei Tage allein in der Zelle, meditierte über diesen Vorfall, und dachte nur daran, dass wenn sie ihn auch nach Dachau brächten, ich mich schon darum kümmern würde, ihn für sein „Polentum" zahlen zu lassen.

Als ich dann in Dachau war, schaute ich bis zum Ende meines Aufenthaltes dort, ob ich diesen Holzkopf nicht irgendwo sah, und im Jahr 1947, als ich für ein paar Monate in Łódź war, lief ich herum und fragte Leute, weil ich ihn unbedingt finden wollte, aber es ist mir nicht gelungen.

Bei der nächsten Etappe hatte ich ein kleines Abenteuer, aber ganz anderer Art.

Im Gefängniswaggon fuhr ich in einer Zelle mit einem Deutschen – er hieß Willi –, der seine Strafe für ein gewöhnliches Verbrechen abgesessen hatte und nun weiter fuhr ins Lager. Wir waren zusammen in Dachau, in Mauthausen und in Gusen, und erinnerten uns so manches Mal an diese Geschichte und überlegten, was gewesen wäre, wenn wir damals unser Vorhaben verwirklicht hätten, von dem ich nun erzählen werde:

Als abends der Gefängniswagen ausgeladen wurde, teilte man uns in mehrere Gruppen auf. Die einen Gruppen wurden mit Autos weggebracht, andere wurden in verschiedene Richtungen weggeführt. Ich war in einer Gruppe mit acht Personen, in der auch Willi war. Der Transport fand wie immer in Handschellen statt, auf dem Fahrdamm, und ich war am Rand der Kolonne, um auf dem Weg Kippen aufzulesen. Vom Bahnhof bis zum Gefängnis waren es zehn Minuten. Das war ein kleines Gefängnis, in dem wir nur bis zum nächsten Morgen blieben. Wir saßen dort wie Affen im Käfig, weil die Zellen klitzeklein waren. Es waren Einzelzellen und die Wände dazwischen, wie auch die Giebelwände, waren aus dichtem Maschendraht. Das war einfach ein großer Saal, in dessen Mitte ein riesiger Käfig aus engem Maschendraht stand, so dass die Aufseher uns immer im Blick hatten, und wir uns auch sehen konnten und einander Kippen, Zigaretten, Streichhölzer geben und uns auch miteinander unterhalten konnten.

Als wir ins Gefängnis geführt wurden, fiel mir auf, dass hier alles anders aussieht als in anderen, soliden Gefängnissen. Zur Straße hin war eine kleine Mauer und durch die Pforte, an der ein Wachmann saß, gelangte man auf einen

Hof. Im Gefängnisgebäude, fünfzehn Meter von der Pforte entfernt, war eine Tür, die direkt in die Kanzlei führte, in die unsere Achtergruppe gebracht wurde. Der Aufseher, der uns hingebracht hatte, ging hinaus, und ließ die Papiere für unseren Transport auf dem Tisch liegen. Ein älterer Mann übernahm uns, und fragte uns nacheinander nach unseren Personalien. Vor ihm auf dem Tisch lag eine riesige Pistole, die man hätte greifen können, wenn man sich nur etwas fester über die Barriere gebeugt hätte. In einem bestimmten Moment verließ der Mann, der unsere Personalien aufnahm, den Raum ... in diesem Augenblick schoss ein blitzartiger Gedanke durch meinen Kopf: die Hintertür ist offen, nur ein Mann im Raum, fünfzehn Meter zum Ausgang, wir in Zivilkleidung und ein Wachmann sitzt an der Pforte, der nicht damit rechnet, dass jemand so etwas machen könnte.

Das aufzuschreiben hat lange gedauert, aber der Gedanke war wie ein Blitz. Es stellte sich heraus, dass Willi das Gleiche gedacht hatte. Wir drehten uns beide zur Barriere ... in diesem Moment kam der Aufseher rein. Wir versteinerten, so dass er nichts merkte, den anderen Häftlingen hingegen, die mit uns in der Kanzlei waren, wurde klar, was wir hatten machen wollen, und abends gab es in unseren Käfigen eine lange Diskussion unter den Deutschen zu diesem Thema. **Dieser Zwischenfall war eigentlich kein Zwischenfall, weil es nicht dazu kam, aber der Wille, das zu machen, war da gewesen.**

Meine Reise ging langsam dem Ende zu. Am nächsten Tag übernachteten wir in München. Nach einem Tag im Zug fanden wir uns abends, ohne Abenteuer und wie immer mit Handschellen aneinandergekettet, in Begleitung uns beschimpfender und mit Fäusten drohender Weiber, unterwegs Kippen auflesend, im Gefängnis in München wieder.

In dieses Gefängnis wurden wir etwa zu vierzig Personen gebracht, die meisten waren Deutsche. Es waren auch ein paar Tschechen und einige Polen darunter. Die Deutschen waren normale Verbrecher, die nach dem Absitzen ihrer Strafe im Gefängnis zur Isolierung in Konzentrationslager überstellt worden waren; eigentlich, um erledigt zu werden – so wie alle anderen. Die Tschechen und Polen waren Menschen, die entweder beim Überschreiten der Grenze aufgegriffen, oder solche, die zur Zwangsarbeit nach Deutschland deportiert worden waren und oft bereits nach wenigen Tagen geflohen waren, oder auch Menschen, die meist freiwillig zur Arbeit gefahren und hier mit den Behörden oder dem Bauern in einen Konflikt geraten waren. Eine Stunde nachdem unser Transport angekommen war, wurden noch etwa zwanzig weitere Personen hineingeführt, die mit dem nächsten Transport gebracht worden waren.

Zusammen waren wir über sechzig Personen in einer riesigen Zelle. Ich mischte mich unter die Leute vom zweiten Transport, den Weg zu ihnen öffneten mir meine unterwegs gesammelten Kippen und die letzten Zigaretten, die ich von dem bereits erwähnten Jugoslawen bekommen hatte. Hier schloss ich mit zwei Menschen Bekanntschaft. Das waren der achtzehnjährige Heniek B. aus Krakau und der Schlesier namens Willi, dessen Nachnamen ich schon vergessen habe. Er war Oberleutnant bei der Polnischen Armee, und prägte sich mir später in Gusen unrühmlich ein, weil er als Ältester des Zimmerdienstes Menschen misshandelte. Mir gegenüber verhielt er sich aufgrund unserer alten Bekanntschaft immer in Ordnung, aber ich habe gehört, selbst gesehen und er hat sich auch nicht geschämt mir zu sagen, dass er Menschen prügeln müsse, weil sich sonst nichts mit ihnen anstellen lasse.

Heniek B. hielt bis zum Ende im Lager durch und das Leben hat es so eingerichtet, dass seine Person in meiner Erzählung sehr oft vorkommen wird.

Die Zelle, in der wir untergebracht wurden, war ein riesiger Saal, an dessen Wänden ringsherum Pritschen standen, und in einer Ecke war eine kleine Kabine eingebaut – zu welchem Zwecke sie diente, verstand man leicht anhand des Geruches, der durch den gesamten Saal zog.

Ich, wie immer neugierig auf alles, was ringsherum passierte, begann um die Pritschen zu gehen und die Aufschriften zu lesen, mit denen die ganzen Wände vollgeschmiert waren. Außer den Aufschriften gab es da auch verschiedene originelle Zeichnungen. Unter anderem war da der polnische Außenminister Beck gezeichnet, der mit heraushängender Zunge, mit einem Rucksack auf dem Rücken, nach vorn gebeugt, an einem Wegweiser „Warschau – Bukarest“ mit Kilometerzahl vorbeieilt. Ich konnte mir das Vergnügen nicht verkneifen, mich zu verewigen und schrieb ein kleines Gedicht an die Klowand, ein zu dem Ort passendes, in dem ich Wilhelm und Hitler und alle deutschen Kinder erwähnte. Das Datum schrieb ich ehrlich, der Wahrheit entsprechend, ich unterschrieb allerdings nicht mit meinem Namen, sondern nur mit „Ein Warschauer“.

Abends nach dem Abendbrot wurden Strohsäcke in die Zelle gebracht, auf denen wir jeweils zu zweit schlafen sollten. Weil in der Zelle mehr Menschen waren als auf die im Saal aufgestellten Pritschen passten, wurden ein paar Strohsäcke auf den Boden gelegt. Es wurden nur so viele Strohsäcke ausgegeben, wie gebraucht wurden, einer für zwei Personen, was zum Grund für einen Streit wurde.

Ich und B. hatten uns auf einen Strohsack gelegt. Wir lagen in Kleidern da, weil man uns nichts zum Zudecken gegeben hatte, und unterhielten uns über unsere Erlebnisse seit der Festnahme bis dahin. Wir unterbrachen unser Gespräch, weil in der Mitte des Saals ein kleiner Radau entstanden war, der die Aufmerksamkeit aller auf sich zog.

Unter den anderen Polen war ein junger Mann, der sich bei einem Bauern irgendetwas hatte zu Schulden kommen lassen. Er war geistig unterentwickelt und ziemlich taub. Er hatte keinen Schlafplatz, weil auf dem Strohsack, auf dem noch ein Platz frei war, ein Deutscher lag und ihn nicht raufllassen wollte. Immer wenn sich der Junge hinlegen wollte, beschimpfte ihn der andere auf Deutsch und trat nach ihm. Der aber stand vor dem Strohsack und weinte wie eine Göre.

Ich schaute mir das ein Weilchen an, und ... wurde wütend, und rief:

„Tritt ihn ein paarmal und leg dich hin. Schubs den Drecksack runter und leg dich selbst hin. Was heulst du, du Ochse? Leg dich hin.“

Als er sich als Antwort auf mein Rufen hinlegen wollte, trat der andere ihn wieder und beschimpfte ihn.

Das hielt ich nicht aus. Ich sprang von der Pritsche, als hätte mich jemand aus der Kanone geschossen, und schon war ich bei dem Strohsack. Ich packte den Jungen am Kopf und wollte ihn hinlegen. Der Deutsche fing wieder an, mit den Beinen zu strampeln.

Da ließ ich den Jungen los und nahm mir den Deutschen vor. Ich packte ihn am Kragen, wuchtete ihn von dem Strohsack herunter, trat ihm in die Seiten und in den Bauch, damit keine Spuren blieben, und warf ihn auf andere rauf, die auf dem Boden lagen. Dann legte ich den Jungen auf den Strohsack und kündigte ihm an, dass wenn er den Drecksack jetzt auf den Strohsack lässt, er zur Abwechslung von mir eine gelangt bekommt.

Erst da fiel mir der Lärm im Saal auf. Alle sprachen durcheinander und die Deutschen riefen auch etwas in meine Richtung. Wütend stand ich vor der Pritsche und fragte herausfordernd, ob jemandem etwas nicht gefällt. Der solle lieber aufpassen, sonst bekommt er auch eine rein. Ich sagte das auf Polnisch, weil ich kein Deutsch konnte. Dann legte ich mich auf meine Pritsche. Der Deutsche näherte sich Stück für Stück dem Strohsack und legte sich leise hin. Der Junge sagte nichts, und weil ich inzwischen auch zu mir gekommen war, sagte ich auch nichts, sonst hätte ich noch von den deutschen Häftlingen oder den Aufsehern Prügel bekommen.

Die Nacht verlief ruhig, abgesehen davon, dass wir von Flöhen zerbissen wurden. In den Etappen-Gefängnissen war es sauber gewesen und es hatte kein Ungeziefer gegeben, hier aber bissen sie gnadenlos. Wenn ich einen einfing und tötete, hatte ich den Eindruck, dass auf jeden getöteten Floh hundert andere Flöhe zu seinem Begräbnis kamen und noch schlimmer bissen, als wollten sie den ermordeten Gesellen rächen.

Dachau

Am nächsten Morgen wurden wir auf Gefängnisautos geladen und ins Konzentrationslager Dachau gebracht. Wir waren eingepfercht wie Heringe in einem Fass und es war so stickig und heiß, dass wir kaum atmen konnten. Die Fenster der Autos hatten von außen schräge Dächlein und da waren nur klitzekleine Ritzen, durch die man ein Stück der Fahrbahn und die Beine der Fußgänger sehen konnte.

Als wir in das Auto eingestiegen waren, drängelte ich mich so durch, dass ich die Fenster unter Kontrolle hatte. Ich wollte sehen, wie die Straße aussieht, auf der wir fuhren, und ich hatte direkt frische Luft. Schon nach gut zehn Minuten wurde es im Wagen heiß und stickig, und die, die an den Fenstern standen, verstopften mit sich selbst die wenigen schmalen Ritzen, durch die Luft hätte hereinkommen können. Fast alle schwitzten.

Ein Tscheche begann die Deutschen für ihre Umgangsmethoden mit Menschen zu verfluchen. Der Arme wusste nicht, wie wir anderen auch nicht, was ihm erst noch bevorstand. Ich sah ihn noch lange, er starb erst 1941 in Gusen.

Von München bis Dachau sind es ein paar Dutzend Kilometer, die Fahrt dauerte nicht lange.

Wir wurden vor dem Eingangstor zum Lager ausgeladen und in Zweierreihen aufgestellt. Ich stellte mich neben Heniek B. Es kamen ein paar SS-Männer und ein Mann in Zivil mit einer roten Armbinde und dem Hakenkreuz als Abzeichen am Kragen. Niemand sprach uns an und niemand fragte uns etwas. Wir standen wohl über eine Stunde so da und schauten uns im Gelände um. Durch das Tor konnte man den Appellplatz und die ersten Häftlingsbaracken genau sehen. Damals sah ich zum ersten Mal die gestreifte Kleidung für KZ-Häftlinge. Diese Kleidung fand ich lustig, deshalb stieß ich Heniek mit dem Ellenbogen an, zeigte auf die Leute und sagte:

„Du, schau mal, was für ein Irrenhaus, schau mal, was für verrückte Kleidung."

Schließlich nahmen sich die SS-Männer unserer an. Sie riefen unsere Nachnamen auf, kontrollierten, ob alle da sind. Wenn ein Name aufgerufen wurde, meldete sich der Gerufene und alles lief fabelhaft. Schließlich wurde ein Name gerufen, auf den sich niemand meldete. Der SS-Mann rief den Namen ein zweites Mal – nichts. Ein drittes Mal – keiner meldete sich. Schließlich kam jemand auf die Idee, dass das der Trottel sein musste, den der Deutsche nicht auf seinen Strohsack hatte lassen wollen, immerhin war er ziemlich taub. Es wurde auf ihn gezeigt und da meldete er sich, und der Zivilist mit dem Abzeichen am Kragen schlug ihm links und rechts ins Gesicht.

Mir platzte innerlich die Hutschnur und es juckte mich in den Fingern, hervorzuspringen und ihm ordentlich eins auf den Nischel zu geben, aber etwas hielt mich zurück. Es war nicht Angst, nein. In diesem Moment war ich mir überhaupt nicht darüber im Klaren, dass es mein Todesurteil gewesen wäre, wenn ich so jemanden geschlagen hätte, das wäre Selbstmord gewesen. Ich hatte schließlich überhaupt keine Ahnung davon, was ein Konzentrationslager ist. Ich konnte nicht verstehen, wie man einen unschuldigen Menschen ins Gesicht schlagen konnte.

Als alle Namen verlesen worden waren, wurden wir in ein Büro gebracht, wo unsere Personalien aufgenommen wurden. Noch im Gefängnis hatte Willi mir beigebracht, wie man auf Deutsch Name, Vorname, Geburtsdatum und anderes sagte.

Ich stellte mich an und beobachtete, dass wenn einer nur einen Augenblick mit der Antwort zögerte, der Drecksack ihm mit der Feder übers Gesicht kratzte und Tinte in die Fresse schmierte. Das bekamen natürlich vor allem Polen und Tschechen zu spüren, weil nicht alle Deutsch konnten. So manchem wurde das Maul mit Tinte vollgeschmiert, und das sah aus wie ein bemaltes Osterei. Damit man mir das Maul nicht vollschmieren würde, wiederholte ich in Gedanken pausenlos wie eine gelernte Lektion die Fragen und Antworten.

Ich war ziemlich nervös, und rechnete mir schon aus, wie viele Striche ich abkriegen würde, aber ich kam mit sauberem Gesicht davon.

Als nächstes wurden wir fotografiert.

Hier war wieder eine Falle gestellt. Später fragte ich mich, was für ein Drecksack sich diesen Trick ausgedacht hatte. Das sah folgendermaßen aus: Der Kandidat setzte sich auf einen hölzernen Sessel und legte den Kopf auf eine spezielle Stütze. An dem Apparat stand ein SS-Mann und fotografierte. Neben sich hatte er einen Hebel, so wie die Handbremse im Auto, wenn er ihn hochzog, drehte sich der Sessel mit der Person, die fotografiert wurde. Zuerst kam ein Foto von vorn, der Hebel wurde bedient – der Sessel drehte sich und es kam ein Foto im Halbprofil, wieder eine Drehung, dann das Profil, mit der nächsten Hebelbewegung drehte sich der Sessel in die Ausgangsposition zurück. Wenn der Sessel stehen blieb, sprang der Sitzende hoch, als wäre er von einer Feder hinauskatapultiert worden. Ich schaute zu und sah, dass alle so heftig hinaussprangen, sich umdrehten und den Sitz betrachteten.

Als ich dran war und mich schon zum Fotografieren setzen sollte, fiel mir auf der linken Seite so etwas wie ein Nagelkopf mit etwas Schwarzem in der Mitte auf, wie ein Loch. Der vor mir sprang auf, und ich setzte mich. Der SS-Mann machte das dritte Foto von mir, im Profil, zog den Hebel und der Sessel drehte sich in die Ausgangsposition. Als er auf halbem Wege war, sprang ich runter, drehte mich um ... und das Geheimnis war gelüftet. Aus dem Knopf auf der linken Seite des Sitzes kam eine Nadel heraus, mindestens anderthalb Zentimeter lang, und bevor sich der Sessel ganz auf die Ausgangsposition zurückgedreht hatte, war sie schon wieder verschwunden. Weil die anderen das auch beobachtet hatten, sprangen alle früher hinunter und ich weiß nicht, wie viele noch gestochen wurden.

Bis dahin war alles höflich verlaufen.

Jetzt wurden wir ins Bad gebracht und hier begann der Tanz. Ein wahres Irrenhaus. Geschrei, Prügel, Antreiben. Zuerst musste man seine Zivilkleidung abgeben, die entgegengenommen wurde, wobei jedes Stück genau aufgeschrieben wurde. Dann wurden alle Haare geschoren, wo auch immer man Haare hatte, dann kam das Bad und die Ausgabe der gestreiften Lagerkleidung, Mützen, Schuhe, Unterwäsche und Socken. Von unseren Sachen durften wir nur ein Schnupftuch und einen Gürtel für die Hose behalten.

Ich bekam Sachen, die hätten meinem jüngeren Bruder gepasst, und zwei linke Schuhe, einer groß, einer klein. Der große passte mir, aber der andere war sowohl zu klein als auch für den gleichen Fuß, ich ging also zu dem, der die Schuhe ausgab, und bedeutete ihm, dass er die Sachen austauschen soll. Der schnappte sich den Schuh, den ich ihm reichte und bums, bewarf er mich damit.

Ich lief weg und blieb in gehöriger Entfernung von ihm stehen. Er warf einen anderen Schuh nach mir. Dem konnte ich ausweichen, und als ich ihn aufhob, stellte sich heraus, dass er mir passte, obwohl er ein bisschen anders war. Die Schuhe waren aus Leder, von unten genagelt, wie Militärschuhe. Im Lager tauschte ich dann die Sachen mit einem, der kleiner war als ich und Kleidung bekommen hatte, bei der er die Ärmel und die Hosenbeine hochkrempeln musste. Auf diese Weise hatte ich mich so eingekleidet, dass ich ein bisschen wie ein Mensch aussah, wenn man überhaupt davon sprechen kann, dass man in diesen verrückten Sachen wie ein Mensch aussehen konnte.

Nach der Wasch-, Schneide- und Anziehzeremonie wurden wir ins Lager gebracht und auf die Blocks aufgeteilt. Ich und Heniek B. wurden Block 27, Stube D zugeteilt. Meine Nummer in Dachau war 98... – weiter weiß ich nicht mehr, sie war vierstellig.

Das Lager war so gebaut, dass am Appellplatz die Küche und die Bäder waren, und vom Appellplatz aus eine lange Straße verlief, an der auf beiden Seiten Baracken standen. Auf der rechten Seite waren die ungeraden, auf der linken die geraden Nummern. Insgesamt waren es dreißig Baracken, jede hatte vier Stuben. Jede Stube bestand aus einem Essensraum[4], einem Schlafraum, einem Bad und einem Abort. Alles war vorhanden.

Nach der Ankunft in der Stube wurde jedem ein Platz in einem Spind zugewiesen, darin standen für jeden ein Hocker, der tagsüber auf den Spind gestellt wurde, eine Aluminiumschüssel, ein Teller und ein Becher sowie Messer, Gabel, Löffel, Handtuch, Seife, Geschirrtuch, Schuhbürsten und Schuhcreme zur Verfügung (jeder war für seine Sachen verantwortlich). Das war ein Riesenproblem, weil das Geschirr immer übertrieben sauber sein musste. Es durfte kein Fleckchen darauf zu sehen sein. Wenn die Kontrolle vom Blockältesten oder Stubenältesten gemacht wurde, gab es gleich vor Ort Schläge, wenn aber ein SS-Mann die Kontrolle machte, schrieb er einen Bericht und man bekam eine offizielle Strafe: fünfundzwanzig Schläge mit dem Ochsenziemer auf den Hintern. Sie hauchten auf das Aluminiumgeschirr und wenn unter dem Hauch ein Fleckchen heraustrat, gab es Schläge. Der Spind war innen aus rohem, unbemaltem Sperrholz, so dass man täglich alles innen mit Schmirgelpapier säubern musste; wehe dem, bei dem der Spind nicht so aussah, als käme er geradewegs aus der Produktion. Ein Spind wurde zwei Personen zugeteilt. Der Schlafraum war mit dem Essensraum verbunden. Dort standen eiserne, dreistöckige Betten mit Strohsäcken, die wahrscheinlich maschinell gestopft worden waren, denn ich kann mir nicht vorstellen, dass man einen Strohsack so füllen kann, dass er hart wie ein Brett ist und man darauf schläft wie auf einem Brett. Das Gute daran war, dass man die Strohsäcke morgens nicht zurechtschütteln musste, denn wenn man aufstand, war der Strohsack genauso ordentlich wie am Abend davor.

Auf den Betten hatten wir Decken mit blau-weiß karierter Bettwäsche und die gleiche Bettwäsche war für die Kissen mit Stroh ausgestopft. Die Strohsäcke waren mit weißen Laken bedeckt. Die Bett- und die Unterwäsche wurden wöchentlich gewechselt. Einmal in der Woche nahmen alle Häftlinge ein Bad.

Ich bekam ein Bett ganz oben, in der dritten Etage. Nachts musste ich zum Abort. Ich hatte noch nie in einem solch hohen Bett geschlafen und ich war müde von dem Tag, deshalb schlief ich wie ein Murmeltier und als ich aus dem Bett raus wollte, war ich noch im Halbschlaf. Ich stand so auf, wie man norma-

---

4 In der deutschen Literatur wird der von Grzesiuk als „Essensraum" bezeichnete Raum allgemein als „Aufenthaltsraum" bezeichnet. Grzesiuk hat diesen Raum wahrscheinlich so benannt, weil das Essen einer der wichtigsten Vorgänge im Lager war. (Anm. d. Übers.)

lerweise aus dem Bett aufsteht: Ich ließ die Beine runter und stand auf. Als ich hinunterflog war ich noch immer nicht ganz wach, erst als ich auf dem Boden aufknallte, wachte ich auf. Gut, dass ich nicht mit dem Kopf an eine Kante der Stahlbetten geschlagen war, sonst hätte ich mir ernstere Beulen geholt.

Am nächsten Tag, am Sonntag, wurden nach dem Frühstück alle von dem gestrigen Transport auf den Appellplatz gerufen. Gebracht wurden wir von den Blockschreibern, jeder brachte die Leute aus seinem Block. Wir erfuhren, dass der Lagerkommandant zu uns sprechen soll.

Als wir bereits eine halbe Stunde gestanden hatten, kam der Lagerkommandant endlich. Er war noch nicht alt, klein, in SS-Uniform, mit einem Schiffchen auf dem Kopf. Er sprach zu uns und die Übersetzer arbeiteten sein Gequatsche in polnische und tschechische Sprache um. Er fing ganz angenehm an:

„Hier sind lebende Tote … “

Mir wurde irgendwie seltsam, aber ich dachte mir: „Rede du nur, schließlich ist das Lager für Menschen gemacht, und ich sehe, dass hier so viele von ihnen sitzen und sogar ganz gut aussehen.“

Seine weitere Rede ließ sich so zusammenfassen: Für unser feindseliges Handeln gegen das große Reich seien wir von dem gesunden, schaffenden Volk isoliert worden und müssten nun hier unsere Schuld büßen. Versuche nur keiner zu fliehen, denn aus Dachau sei noch niemand geflohen. Es habe solche gegeben, denen es gelungen sei, über die Wachpostenlinie zu kommen, doch das heiße nicht, dass sie es geschafft haben zu fliehen, denn nach einigen Tagen seien sie gefasst oder bereits tot gefunden worden, weil sie verhungert waren. Und wer geschnappt wurde, an dem sei das Todesurteil vollzogen worden, denn das sei die Strafe für einen Fluchtversuch.

Wir waren hier nicht im Sanatorium, sondern im Konzentrationslager, woran uns die Kapos, die uns über den Appellplatz scheuchten, ständig erinnerten. Das Gescheuche begann um neun Uhr morgens, gescheucht wurde bis sechzehn Uhr. Da war alles dabei: Rennen, Robben, Strecksprünge, Kniebeugen, Gymnastik, Rollen und was sie sich nicht noch alles einfallen ließen. Denn wenn einer müde wurde, kam ein anderer, so dass wir pausenlos über den Platz gescheucht wurden. Wir sahen, wie das Mittagessen in die Blocks getragen wurde, und wir wurden über den Platz gescheucht. Wir sahen, wie die Kessel zurück in die Küche getragen wurden und wir wurden über den Platz gescheucht. Endlich war die Zeit für den Abendappell gekommen und erst da ließ man uns in Ruhe.

Ich muss zugeben, dass die ganze Zeit, als wir über den Platz gescheucht wurden, niemand geschlagen wurde. Einmal trat ein älterer Mann aus dem Glied und sagte mit bittender Miene etwas – ich verstand nur das Wort „Syphilis“. Der Kapo schien ihn um Entschuldigung zu bitten, fragte, warum er vorher nichts gesagt habe, und stellte ihn an die Seite – und der Rest trainierte weiter.

Bereits beim Morgenappell war mir aufgefallen, dass alle Blocks, wenn sie zum Appell und zurück gingen, sangen. Die Straße zwischen den Blocks war breit, so dass mehrere Blocks nebeneinander gingen und alle sangen. Der Spaß bestand darin, dass jeder Block ein anderes Lied sang, so dass daraus ein riesiger Krach entstand.

Die Lieder wurden auf Deutsch gesungen. Weil ich die deutsche Sprache nicht konnte und keines der gesungenen Lieder kannte, war ich der Meinung, dass mich das Singen nicht betrifft, denn der Lärm war sowieso groß genug. Doch es stellte sich heraus, dass dies nicht der Fall war, denn gleich nach dem Gescheuche, als wir nach dem Abendappell in die Blocks zurückgingen, bekam ich irgendwann einen ordentlichen Tritt ins Schienbein und interessanterweise war mir sofort klar, was das bedeuten soll. Und sofort brüllte ich noch lauter als die anderen, und obwohl ich weder den Text noch die Melodie kannte, musste das ganz gut geklappt haben, weil mich keiner mehr trat, denn in diesem riesigen Gebrüll erkannte sowieso niemand, wer was sang.

In den Blocks wurde das Essen so ausgeteilt, dass jede Stube für die Essensausgabe einen Vertrauensmann wählte und wenn man der Meinung war, dass dieser irgendeinen Häftling unter seinen Kumpels bevorzugt, wurde ein neuer gewählt. Zu essen gab es zum Frühstück einen halben Liter schwarzen bitteren Kaffee, der insofern gut war als er warm war; zum Mittagessen etwa einen dreiviertel Liter Suppe und dazu ein paar Kartoffeln mit Schale; zum Abendbrot Brot – einen Laib für drei Personen in den Blocks für die zur Arbeit eingesetzten Häftlinge und für vier Personen in den Blocks für die Häftlinge, die nicht zur Arbeit eingesetzt wurden – und ein klitzekleines Stück Wurst, Margarine, Quark oder Marmelade. Von der Margarine bekam man vielleicht zwanzig Gramm, vom Quark und der Marmelade einen halben Löffel. Fast alle aßen ihre Portion sofort zum Abendessen auf, und zum Frühstück musste der halbe Liter Kaffee reichen. Die Ausgabe des Mittagessens ging so vonstatten, dass tischweise an die Kessel herangetreten wurde, so wie sie im Saal aufgestellt waren. Jeder Tisch hatte seine Nummer und jeden Tag war ein anderer Tisch als erster dran, wobei der, der heute der erste war, am nächsten Tag als letzter dran war. Für Nachschlag gab es eine gesonderte Schlange. Der Nachschlag wurde wiederum nach Spindnummern ausgeteilt, denn die Spinde waren auch nummeriert. Jeden Tag merkte man sich, welcher Spind als letzter Nachschlag bekommen hatte, und am nächsten Tag wurde mit der nächsten Nummer begonnen. Jeden Tag Nachschlag erhielten nur die Blockältesten –

eine Schüssel zusätzlich – und die, die die Stube reinigten – eine halbe Portion. Der Blockälteste nahm auch eine etwas größere Portion Margarine, Marmelade oder Quark, und diese Portionen wurden ihm von dem für die Essensausgabe gewählten Häftling zugeteilt.

Ich beschreibe das alles deshalb, damit man die Bedingungen und Umstände in Dachau im Jahr 1940 in den sogenannten freien Blocks mit der Strafkompanie in dem gleichen Lager und den Lagern Mauthausen und Gusen und den Strafkompanien in diesen Lagern vergleichen kann.

Alle Deutschen in den freien Blocks waren politische Häftlinge mit roten Winkeln[5]. Die Deutschen mit schwarzen Winkeln (Bummelanten[6]) und mit grünen (normale Kriminelle und Verbrecher) waren in der Strafkompanie und wurden so behandelt wie die Juden. Sie wohnten auch mit den Juden in einem Block. Im zweiten Block der Strafkompanie wohnten Häftlinge mit roten Winkeln.

In den freien Blocks war es eine große Sensation, wenn ein Häftling von einem Blockältesten oder Stubenältesten geschlagen wurde, und es wurde viel Aufhebens unter den Häftlingen im Block darum gemacht, wenn ein Blockältester einem Häftling dafür aufs Auge schlug, dass dieser sich widersetzt hatte.

Am nächsten Tag lernte ich einen jungen Mann aus Ostrołęka kennen, der mit seinem Vater hier war. Er hieß Janusz Kempisty. Sein Vater war Gefängniswärter in Ostrołęka gewesen. Die ersten paar Tage in den freien Blocks, bis ich in die Strafkompanie verlegt wurde, spazierten wir nach den Abendappellen zwischen den Blocks und auf der Lagerstraße, die sich abends in eine Spazierallee verwandelte, und Janusz, der schon länger als zwei Wochen im Lager war, weihte mich als erfahrener Häftling in die Lagerdinge ein. Er arbeitete auf irgendwelchen Plantagen. Er erzählte, dass man dort pausenlos arbeiten müsse, selbst wenn es regnete, durfte man die Arbeit nicht unterbrechen. Man hörte nur auf zu arbeiten und kam eher ins Lager zurück, wenn es wirklich heftig regnete, und manchmal kam es vor, dass ein Kapo einen ins Gesicht schlug.

Vor den SS-Männern musste man die Mütze abnehmen, aber das wurde nicht streng befolgt. Man nahm sie dann ab, wenn man auf ihn prallte oder er sich wegen etwas an den Häftling wandte. Wenn er auf dem Fahrrad ein paar Meter abseits vorbeifuhr, nahm niemand die Mütze ab. Einmal aber waren wir

5 Zur leichteren Erkennbarkeit und Zuordnung der Häftlinge trugen diese am Oberarm ihrer gestreiften Kleidung Markierungen, die folgende Informationen enthielten: Häftlingsnummer, Streifen für wiederholte Insassen, Winkel (Nicht-Jude) oder Stern (Jude), Mitglied einer Strafkompanie oder Fluchtverdächtiger. Grundsätzlich wurden die Häftlinge nach einem Farbschema in politische (rot), kriminelle (grün), Emigranten (blau), Bibelforscher (violett), Homosexuelle (rosa) und asoziale (schwarz) Häftlinge unterteilt. (Anm. d. Übers.)

6 „Bummelant" ist ein NS-Begriff. (Anm. d. Übers.)

zusammen unterwegs und nahmen die Mütze vor einem SS-Mann ab, der auf dem Fahrrad fuhr, und Janusz lehrte mich für die Zukunft, dass man vor diesem die Mütze ziehen müsse, weil das so ein Drecksack sei, der sei in der Lage, vom Fahrrad zu steigen und einem in den Hintern zu treten.

In der Woche, in der ich mich in den freien Blocks aufhielt, bekam ich keine Prügel. Dieser Spaß begann erst eine Woche später, als unser gesamter Transport in die Strafkompanie verlegt wurde.

Wie ich schon beschrieben habe, wurden wir am ersten Tag unseres Aufenthaltes im Lager über den Appellplatz gescheucht. Am nächsten Tag wurde ich vormittags der Arbeitskolonne angeschlossen, die bei der Vertiefung irgendeines Tümpels arbeitete, auf dessen Grund Kies lag. Ich musste den Kies mit der Schubkarre an eine andere Stelle bringen. Der Kapo trieb uns zur Arbeit an, indem er fast die ganze Zeit schrie: „Los, los! Schnell, schnell!“ Ich blieb mit der Schubkarre neben ihm stehen und begann ihm zu erklären, dass ich auf Deutsch die Wörter „schnell“ und „los“ nicht verstehe, dass ich nur „langsam“, „essen“ und „schlafen“ verstehe. Als er mich da mit Tritten fortjagte, verstand ich sofort, was die Wörter „los“ und „schnell“ bedeuteten, und als er mich aus den Augen ließ, schloss ich mich der Gruppe an, die Zementsäcke aus dem Magazin trug, das sich in einem Schuppen für einen Hausbau befand, über dreihundert Meter entfernt vom Magazin. Den ersten Zementsack, der fünfzig Kilogramm wog, trug ich mit einem Mal rüber, aber dann tat ich mir selbst leid und beschloss, mich nicht zu beeilen. Bis zur Mittagspause trug ich noch zwei Säcke rüber, weil ich mich gut alle zehn Meter ausruhte, wo auch immer ich einen bequemen Platz zum Ausruhen fand. Wenn ich mich irgendwo hingesetzt hatte, saß ich dort so lange, bis mich ein Kapo oder ein SS-Mann weitertrieben. Ich konnte immer sagen, dass – wenn er mich vorher sitzen gesehen hatte –, ich davor schon drei Säcke getragen hatte.

An diesem ersten Arbeitstag hatte ich nicht mitbekommen, dass nicht alle aus meinem Block zur Arbeit geholt wurden. Aber schon am Nachmittag fiel mir auf, dass andere Blocks dastanden und keiner sie zur Arbeit einteilte, und aus meinem Block alle auseinandergingen, und die, die übrigblieben, verschiedenen Arbeitsgruppen zugeordnet wurden. Es sah danach aus, dass jeder Arbeitende seinen festen Arbeitsplatz hatte und in dieselbe Gruppe und täglich zu derselben Arbeit ging, und dass die ohne Zuteilung, so wie ich, die aber in den Arbeitsblocks wohnten und größere Essensrationen bekamen, den Gruppen zugeteilt wurden, in denen wenig Leute waren. Und sie bekamen vom Prinzip her die schlechteste Arbeit, die keiner mehr machen wollte.

Und so war es auch mit mir. Am Nachmittag stellte ich mich nicht in die Gruppe, die Zement trug, weil das für mich Schwerstarbeit war. Ich stellte es so an, dass ich bei einer noch schlimmeren Arbeit landete, nämlich bei der Vertiefung des Grundes eines kleinen Flusses oder Kanals. Das Flussbett war vielleicht acht Meter breit und man zog bis über die Knie im Wasser stehend mit großen Schaufeln den Schlamm und andere Schweinereien vom Grund hoch und warf sie ans Ufer. Das Wasser war schrecklich kalt, und man konnte nicht rausgehen, weil am Ufer Kapos und SS-Männer entlangliefen und aufpassten, dass jeder arbeitet und keiner aus dem Wasser rauskommt. Nach etwa zwei Stunden Arbeit im Wasser rief der Kapo eine Gruppe Leute zusammen und befahl, dasselbe an einer anderen Stelle zu tun. Auf dem Weg blieb ich am Straßengraben stehen, um meine Hose zurechtzurücken, und die anderen gingen weiter. Ich blieb am Ufer und gleich gesellte sich ein junger Mann aus Łódź zu mir und zusammen begannen wir, den ans Ufer geworfenen Schlamm weiter weg zu schippen. Wir hatten uns selbst Arbeit gesucht, mussten nicht mehr im Wasser stehen und kein Schutzengel bewachte uns. Wir stellten uns darauf ein, auf die Frage, wer das angeordnet hat, zu sagen, es sei einer der Kapos gewesen, und weil sie immer zu mehreren waren, würden sie sowieso nicht herausfinden, wie es wirklich war, sie könnten uns höchstens befehlen, etwas anderes zu tun.

Bei der Arbeit durften wir nicht miteinander reden, aber weil uns keiner überwachte, erzählten wir uns die ganze Zeit verschiedene Dinge. Als ich mich dann über das Wasser beugte, um mit der Schaufel etwas Schlamm rauszuholen, rief er „Pass auf, sonst fällst du rein! ...“ – und in demselben Moment fiel er selbst ins Wasser, hineingeschubst von einem vorbeigehenden SS-Mann. Der hatte gehört, dass Janusz etwas zu mir gesagt hatte, und offensichtlich muss er den Eindruck gehabt haben, dass er mich vor ihm warnen will, und deshalb hatte er ihn ins Wasser geschubst.

Bis zum Abend verlief die Arbeit dann ohne Abenteuer. Am Abend machte mir Janusz Kempisty bewusst, dass es Blocks für die Häftlinge gibt, die nicht zur Arbeit eingesetzt sind. Da beschloss ich, am nächsten Tag das Risiko einzugehen und mich nach dem Appell auf deren Gelände zu schmuggeln.

Im Lager musste man zwei Prinzipien verinnerlichen. Das erste war, jegliche Arbeit zu vermeiden, das zweite, sich Essen zu organisieren. In der Lagersprache bedeutete organisieren einfach stehlen, aber ohne, dass ein anderer Häftling zu Schaden kommt. Zum Beispiel einem anderen Häftling Brot wegzunehmen, das war Diebstahl, aber es aus einem Waggon oder einem Wagen zu nehmen, das war Organisieren.

Futter zu organisieren habe ich erst in Mauthausen gelernt und darüber, wie das vor sich ging, erzähle ich an anderer Stelle. Arbeit zu vermeiden begann ich allerdings sofort und ich vermied sie bis zum Ende meines Lageraufenthaltes.

Innerhalb dieser fünf Jahre konnte ich beobachten, dass die Leute, die frisch aus der Freiheit kamen, aus Angst vor Schlägen mit maximaler Anstrengung arbeiteten und sich kein Essen organisierten. Im Ergebnis waren sie sehr schnell ausgelaugt, und wenn ihnen das auffiel, war es bereits zu spät, sich aus diesem Zustand rauszuholen, weil sie schon zu schwach waren. Ihr Ende war voraussehbar – Krematorium nach drei, vier Monaten.

In Dachau arbeitete ich in den freien Blocks nur einen Tag lang, weil ich schon am nächsten Tag nach dem Appell an das Ende eines anderen Blockes rüber sprang. Das war ein Block mit Häftlingen, die nicht arbeiteten, und ... es klappte. Zur Arbeit ging ich nicht, aber hier kam wieder etwas Neues. Wir mussten uns auf dem Appellplatz aufstellen und Gymnastik machen, wahrscheinlich damit wir uns im Lager nicht langweilten.

In der Mittagspause erfuhr ich, dass ein Teil der nicht arbeitenden Häftlinge Singen lernt, also stellte ich mich nachmittags in die Kolonne, die zum Gesangsunterricht ging. Sie teilten uns in kleine Gruppen von etwa fünfzig Personen ein. Jede Gruppe suchte sich eine Baracke, und in jeder Gruppe war so eine Art Kapo, der uns das Singen beibrachte. Der Unterricht fand im Sitzen statt, und weil der Lehrer auch nicht begeistert war von seiner Funktion, machte er längere Pausen, in denen er uns anwies zu erzählen, wer wofür sitzt, oder er erzählte selbst über das Lager.

Mir wurde ganz seltsam, als er uns erzählte, dass von mehreren Tausend nur noch ein paar Dutzend lebten. Er war ein deutscher Kommunist. Er behauptete, dass Dachau jetzt ein Paradies sei im Vergleich zu dem, was am Anfang war, als hier Kommunisten inhaftiert waren. Er sagte, dass im Moment nur die Strafkompanie sehr schlimm sei. Bis zum Ende meines Aufenthaltes in den freien Baracken habe ich es immer so eingerichtet, dass ich in der Sänger-Gruppe war, und ich habe alles so gedreht, dass ich immer bei demselben Kapo war.

Die Strafkompanie, von der er erzählte, kannten wir nur vom Sehen und das reichte uns schon. Sie befand sich in den Blocks 15 und 17. Wir sahen sie nur, wie sie zur Arbeit losgingen auf einem gesonderten, abgeteilten Gelände, isoliert von den anderen Häftlingen. Wenn sie aus dem Lager losgingen oder zurückkamen, mussten wir weglaufen, zwischen die Baracken, denn wer auf weniger als fünfzig Meter an sie herankam, wurde eingefangen und von der Strafkompanie einverleibt. Oft konnte man sie auch sehen, wie sie eine riesige Walze zogen, mit der die Blockstraße zwischen den Baracken gewalzt wurde. Beim Walzen lief ein SS-Mann mit einem Ochsenziemer neben ihnen und passte auf, dass sie nicht zufällig einen Augenblick verschnauften. Genauso waren die, die zur Arbeit gingen oder zurückkehrten, mit SS-Männern auf Fahrrädern umstellt.

Bis Samstag war ich vor- und nachmittags in der Gruppe, die Singen lernte, also eine ganze Woche. Zur Strafkompanie muss ich noch sagen, dass in der Straße vor ihren Baracken Schranken waren, an die die Häftlinge aus den freien Blocks nicht herantreten durften, und innen, hinter dem Tor, das diese Baracken vom Rest des Lagers abtrennte, waren auch Schranken, denen sich die Strafgefangenen nicht nähern durften.

Wenn Häftlinge auf dem Appellplatz Gymnastik machten, durften sie nicht in die Blocks zum Abort. Seinem Bedürfnis musste man auf dem Appellplatz nachkommen. Diesem Zwecke diente ein tragbarer Abort, der auf dem Platz aufgestellt wurde. Das war ein hohes Gerüst, an dem zwei riesige Bottiche angebracht waren. Auf das Gerüst stieg man über ein paar Stufen, so dass sich die, die auf dem Abort waren, über den Köpfen derjenigen befanden, die auf dem Platz standen. Von dem Abort machten nicht nur diejenigen Gebrauch, die ihre Notdurft verrichten mussten, sondern auch die, die von der Gymnastik gelangweilt waren und ein bisschen verschnaufen wollten. Deshalb standen an dieser Stätte zwei lange Schlangen an, so dass man da eine Stunde anstehen konnte, auf dem Klo aber nur zwei Minuten sitzen durfte. Dort waren extra Leute abgestellt, die mit einer Uhr in der einen Hand und einem Stock in der anderen nach zwei Minuten die Männer wegjagten, indem sie ihnen mit dem Stock eins über den Rücken zogen. Ein größeres Geschäft war kaum in zwei Minuten zu erledigen, weil es wenig zu Futtern gab, diese Notdurft verrichtete man also nur alle vier Tage und ich hatte immer den Eindruck, dass eine Geburt ein Kinderspiel dagegen war, wenn ich das Gestöhne verglich, das man dann hörte.

Da war noch eine Sache im Lager, die die organisierte Misshandlung der Häftlinge zeigte. Die Sache des Schlafes. Wir schliefen von neun Uhr abends bis vier Uhr morgens. Um vier Uhr wurden wir geweckt, der knappe halbe Liter schwarzer, heißer Kaffee wurde ausgeteilt, und draußen warteten wir mindestens zwei Stunden auf den Appell. Bei der schweren Arbeit und der Unterernährung war der fehlende Schlaf eine zusätzliche Quälerei für die Menschen, deshalb versuchte ich ab dem ersten Tag meines Aufenthaltes im Lager bis zum Schluss, immer zu liegen und auch zu schlafen, selbst wenn es nur ein paar Minuten waren. In Dachau legte ich mich immer morgens vor die Baracke und schlief bis wir zum Appell antreten mussten. In Mauthausen nutzte ich jeden günstigen Moment zum Schlafen, aber dort war es mit dem Schlafen schwerer, darüber erzähle ich später. In Gusen schlief ich überall: Im Sommer in arbeitsfreien Momenten, das war nach dem Frühstück, Mittagessen und Abendbrot, auf der Blockstraße, wenn es warm war, und wenn schlechtes Wetter war und im Winter im Block, immer, wenn die Situation es erlaubte. Ich schlief auch im Winter in einer unbeheizten Halle auf dem Bretterboden, immer nach dem Mittagessen, ich schlief auf der Erde mit einem Stein unter dem Kopf, ich schlief auf Steinen, ich schlief immer und überall in den Pausen zwischen dem Essen, dem Organisieren von Essen und dem Vermeiden von Arbeit. Das waren unter anderem die wichtigsten Aspekte beim Überleben, ganz zu schweigen von einer stählernen Gesundheit und Widerstandskraft gegen Krankheiten und die wilde Schläue eines gejagten Tieres. Einer der wichtigen Faktoren war auch die Psyche. Wer psychisch zusammenbrach, war schnell erledigt, weil er dann auf nichts mehr reagierte und ihm alles egal war. Wer so passiv war, ergab sich seinem Schicksal. Er hörte auf, um sein Leben zu kämpfen, weil er nicht daran glaubte, dass man überleben kann, und in diesem Fall konnte er verständlicherweise nicht überleben.

Nach einer Woche Aufenthalt in den freien Blocks rief der Blockschreiber am nächsten Sonntag morgens ein paar Häftlinge zusammen, unter anderem mich und B. Mir fiel sofort auf, dass die aufgerufenen Häftlinge die waren, mit denen ich zusammen in das Lager und in einen Block gekommen war.

Nachdem er uns aufgerufen hatte, brachte er uns zu Block 17 – die Strafkompanie. In Block 17 waren Häftlinge mit roten Winkeln untergebracht, politische Häftlinge. In Block 15 waren alle mit grünen Winkeln – Banditen und normale Verbrecher, und die mit schwarzen Winkeln – Bummelanten und Juden. Wie ich schon erwähnt habe, wurden die Deutschen, die zu den beiden letzten Kategorien gehörten, genauso behandelt wie die Juden und in der Strafkompanie sogar für die Ausführung der schlimmsten Arbeiten eingesetzt.

Das Regelwerk der Strafkompanie unterschied sich von dem der freien Blocks darin, dass man Briefe nur alle drei Monate schreiben und empfangen durfte. Das Rauchen von Zigaretten war absolut verboten. Nach ein paar Tagen in der Strafkompanie sah ich, wie der Blockälteste einen Häftling mit dem Stock erschlug, weil bei ihm ein Blättchen zum Zigarettendrehen gefunden wurde. Man durfte auch nichts aus der Kantine erhalten, während man in den freien Blocks ab und an eine bestimmte Menge Zigaretten, Sauermilch in Pappbechern oder Sacharin bekommen konnte. Aus der Strafkompanie wurde niemand in das Krankenrevier im Lager geschickt. Wer sich krank fühlte und nicht arbeiten konnte, wurde von den Kapos umgebracht, dafür dass er sich vor der Arbeit drückte.

In den freien Blocks wurde man erst in das Krankenrevier aufgenommen, wenn man 39 Grad Fieber hatte. Ich bin einmal durch den Krankenblock gegangen, da sah ich, dass die Kranken ganz erträgliche Bedingungen hatten. Sie lagen in normalen Krankenbetten, hatten Krankenkleidung und Fieberkarten. Angeblich haben sich die Bedingungen in Dachau in den folgenden Jahren enorm verschlechtert; so jedenfalls sah es damals aus, als ich das gesehen habe. In den freien Blocks sagte mir ein Häftling, dass es schwierig sei, in die Krankenstube zu kommen, und dass dort auch schlecht behandelt werde, weil täglich drei bis fünf tote Häftlinge durch das Tor zum Krematorium gebracht würden. Die toten Häftlinge wurden auf Krankenliegen durch das Tor gefahren, sie waren mit einem weißen sauberen Laken bedeckt. In den freien Blocks starb niemand, nur in der Krankenstube. In der Strafkompanie starb auch niemand im Block – sie starben ausgezehrt bei der Arbeit oder liefen, wenn ihnen klar wurde, dass sie erledigt werden sollten, in die Wachpostenlinie, und es gab keinen Tag, ohne dass die Wachposten, die die Strafkompanie umzingelten, mehrere Häftlinge umbrachten.

In den freien Baracken wurde nur bis zum Mittagessen gearbeitet, und die Sonntage waren frei. In der Strafkompanie wurde die ganze Woche hindurch gearbeitet, auch sonntags und an Feiertagen von morgens bis abends. Sonntags wurden wir gleich nach dem Frühstück, das heißt nach dem Kaffee, ins Bad gebracht und dann zur Arbeit. Die Appelle fanden vor unseren Blocks statt. Während der Arbeit durften wir nicht miteinander sprechen und dafür bekam ich viele Male ordentlich Prügel, abgesehen von den normalen Schlägen ins Gesicht.

Am ersten Tag teilte uns der Stubenälteste am Nachmittag Betten und Spinde zu und gab uns Punkte aus schwarzem und aus weißem Material. Die weißen Punkte hatten acht Zentimeter Durchmesser, und die schwarzen vier. In den weißen Punkt wurde der Schwarze eingenäht und so ein Sträußchen nähte man sich an das Oberteil und an die Hosen. Eins auf der linken Seite auf die Brust unter der Nummer, das zweite auf den Rücken und zwei an die Hosen, an den Seiten über den Knien. Manche älteren Häftlinge hatten noch rote Punkte; sie bedeuteten, dass der Besitzer eines solchen Punktes versucht hatte, aus dem Lager zu fliehen. Manche wiederum hatten über dem Winkel einen Streifen in derselben Farbe wie der Winkel. Dieser Streifen bedeutete, dass sein Inhaber sich bereits zum zweiten Mal im Lager befindet.

Dieses Mal kamen Heniek B. und ich in die gleiche Stube.

Mittags kehrten die Häftlinge von der Arbeit zurück zum Mittagessen, und nach dem Mittagessen gingen wir dann alle zusammen zur Arbeit. Unser Arbeitsgelände war von einer Mauer umgeben, so dass niemand aus den freien Blocks uns bei der Arbeit sehen konnte. An dieser Mauer befand sich das Lager mit den Wohnbaracken.

Als wir singen lernten – noch in den freien Blocks – hatten wir von hinter der Mauer oft Schüsse gehört, und wir wussten, dass jeder Schuss den Tod eines Häftlings der Strafkompanie bedeutete. Jeder von uns dachte dann darüber nach, was wohl hinter dieser Mauer geschieht und was die Menschen dort durchmachten. Jetzt lernte ich das alles aus nächster Nähe kennen.

Als wir auf dem Arbeitsgelände mit einem „lustigen Gesang“ auf den Lippen ankamen, wurden wir durchgezählt ... dann kam der Pfiff zur Arbeit. Das, was dann losging, kann man kurz und knapp als Irrenhaus bezeichnen. Unter Gebrüll und Schlägen aller Kapos stoben alle Häftlinge in alle Richtungen auseinander, als ob eine Bombe in die Mitte gefallen wäre oder der Blitz eingeschlagen hätte. Die alten Häftlinge wussten, wohin man eilen musste, was man anpacken musste und an welche Arbeit man sich machen musste. Am nächsten Tag wusste auch ich, was ich machen sollte. An diesem Tag aber begann ich mich wie ein Stock im Eisloch zu drehen und wusste nicht, was ich mit mir anfangen sollte. Ich bekam ein paar Mal Hiebe mit dem Knüppel und schließlich wurden alle Neuen zu einem Haufen Schubkarren gebracht, jeder sollte sich eine Schubkarre nehmen, mit denen wir zur Kiesgrube geführt wurden. Hier ging der Tanz erst richtig los. Als ich mir die Arbeit in der Kiesgrube ansah, musste ich an amerikanische Filme denken, die die Arbeit von Strafgefangenen in Zuchthäusern zeigen.

Die Kiesgrube war ein riesiges Loch mit einer Tiefe von etwa zwanzig Metern. An einer Wand waren von unten bis oben Plattformen angebracht und auf jeder Plattform standen zwei Häftlinge. Ganz unten warfen Häftlinge Kies auf die erste Plattform und so wurde der Kies weiter von einer auf die nächste Plattform geworfen, bis ganz nach oben. Von solchen Ketten gab es über ein Dutzend. Ganz oben luden andere Häftlinge den Kies auf Schubkarren und brachten ihn auf einen von der Grube etwa hundert Meter entfernten Haufen. Dieser Haufen war schon ein großer Berg Kies, deshalb musste man auf darauf gelegten Brettern bis ganz nach oben fahren und erst dort den Kies auskippen. Mit der leeren Schubkarre fuhr man auf dem Kies hinunter, weil das Brett für den nächsten frei gemacht werden musste. Der Transport fand im Laufschritt statt, weil die Kapos pausenlos schrien und schlugen, wenn jemand auch nur für einen Augenblick stehen blieb oder langsamer wurde.

Zu diesen Schubkarren kam ich gleich zu Beginn meiner Zeit in der Strafkompanie. Den ganzen Nachmittag rannte ich redlich mit der Schubkarre hin und her, weil ich sah, wie die Kapos andere schlugen und ich hatte Angst, dass sie mich so schlagen könnten. **Ich überlegte die ganze Zeit nur, wie lange man diese Arbeit durchhält, und ob man sich auf irgendeine Weise sein Schicksal erleichtern kann.**

Seitdem wir im Lager waren, sagten Häftlinge aus Polen, die auch erst kurz zuvor hierher gebracht worden waren, dass wir nur für drei Monate hier sind, für so eine Art Schulung, damit wir nach der Entlassung aus dem

Lager nicht gegen die deutsche Regierung handeln würden, weil man ja schon weiß, was einen erwartet, wenn man ein zweites Mal ins Lager kommt.

Innerhalb eines halben Tages Arbeit mit der Schubkarre bekam ich von dem Kapo ordentlich mit dem Knüppel auf den Rücken, weil ich das Tempo verlangsamt hatte, und ein paar Mal ins Gesicht, weil ich mit anderen Häftlingen gesprochen hatte. Es kam mir jedoch zugute, weil ich mich mit einem Warschauer aus Wola[7] – Władek hieß er – verständigte, und der auf die Frage, was man tun muss, um von den Schubkarren wegzukommen, mir am zweiten Tag morgens sagte, ich solle schnell zu den Kisten mit Spaten rennen, denn die Schubkarren nehmen die, für die keine Spaten übrig bleiben. Diese Spaten waren Schaufeln mit extra gebogenen Griffen. Sie hatten verschiedene Größen und man musste die kleinste ergreifen.

Abends, als wir nach der Arbeit ins Lager zurückkehrten, spürte ich, dass meine Beine ganz weich waren, und ich hatte schon Blasen an den Händen. Wir liefen flotten Schrittes, sangen dabei, was das Zeug hielt. Ich sollte mich schnell davon überzeugen, was passiert, wenn die Kolonne nicht flott lief oder zu leise und schief gesungen wurde. Sie jagten uns dann die ganze Mittagspause hindurch über den Appellplatz. Rennen, Strecksprünge, Rollen, Marschieren und wieder Singen. Nach der Gymnastik gingen wir, ohne einen Augenblick zu verschnaufen, wieder an die Arbeit, und das Mittagessen bekamen wir erst abends, zusammen mit dem Abendessen. Wenn sie uns nach der Arbeit über den Platz jagten, dauerte das bis spät abends, so dass nach dem Exerzieren gleich das Abendessen ausgegeben wurde und man sofort schlafen ging. Auf diese Weise waren wir alle paar Tage bei der Arbeit und bei den Übungen von vier Uhr morgens bis neun Uhr abends auf den Beinen.

An diesem Tag setzte ich mich nach der Arbeit auf meinen Hocker an meinen Platz am Tisch und begann mit der schönsten Beschäftigung des Tages: Brot und eine Portion Wurst zu essen, die wir zum Brot dazu bekamen. Plötzlich sprach mich ein etwa vierzigjähriger Mann an, und zwar in einem Ton, mit dem sich Herrschaften an ihre Dienerschaft zu wenden pflegen:

„Bring mir einen Hocker."

Ich schaute ihn kurz an und aß weiter.

„Bring mir einen Hocker", sagte er zum zweiten Mal.

„Wer bist du denn?", fragte ich ihn.

„Ich bin Priester", antwortete er.

„Na dann hol dir selbst einen", antwortete ich schon mit Ärger in der Stimme.

---

7 *Wola* ist ein Stadtbezirk der polnischen Hauptstadt Warschau. (Anm. d. Übers.)

Ein Aristokrat – verdammt nochmal! Er hatte sich seine gräfliche Manier noch nicht abgewöhnt. Nicht nur als Priester, selbst wenn du Gott wärst, bist du hier, du Hornochse, das Gleiche wie ich, deshalb bediene dich selbst! Obwohl wir bis zum Ende meines Aufenthaltes in der Strafkompanie zusammen an einem Tisch saßen, bat er mich nie wieder um einen Dienst, und die anderen krochen, das sah ich, von selbst dem verehrten Priesterchen ohne Vaseline rein, und überboten einander dabei mit verschiedenen Dienstleistungen. Das Verhalten dieser Leute ekelte mich an, engen Kontakt hatte ich deshalb nur mit Heniek B. und mit Władek. Am gleichen Abend hörte ich, als ich im Waschraum war, wie Heniek sich gegen jemanden wehrte, der ihn von der Waschstelle für Füße wegschubsen wollte. Ich weiß nicht einmal, was da genau passiert ist, ich hörte nur, wie Heniek wütend sagte:

„Hey, du, beruhige dich, sonst ziehe ich dir eine über den Schädel!"

Diese Streitereien kamen dadurch, dass die älteren Häftlinge, die sich schon eingelebt hatten, die neuen für etwas Minderwertigeres hielten und der Meinung waren, alle existierenden Privilegien gehörten ihnen. Aber weder Heniek noch ich ließen uns in die Rolle der Niedrigsten pressen.

Am nächsten Tag wartete ich auf den Pfiff zur Arbeit mit einer Geduld und Wachsamkeit, mit der ein Läufer auf den Startschuss wartet. Auf den Pfiff hin rannte ich als erster zu den Kisten mit den Spaten und ergriff gleich drei. Ich sah sie mir schnell an und gab die größte einem anderen fremden Häftling, und von den beiden kleineren gab ich eine Heniek. An allen darauffolgenden Tagen machten Heniek und ich das so, dass wir beide nach Spaten griffen. Wenn der eine es schaffte, hatte der andere auch einen Spaten, und wenn wir beide welche hatten, konnten wir uns die aussuchen, die für uns am bequemsten waren.

Außerdem fiel mir gleich auf, wie sich die Häftlinge aufstellten, und wo die Kisten sind. Daraus folgte, dass es am besten ist, unter den ersten hundert zu sein, so weit vorn wie möglich und auf der linken Seite am Rand, denn wenn wir auf dem Arbeitsgelände ankamen, machten wir eine Wendung nach links und standen in Fünferreihen. Auf diese Weise stand ich vorn in der ersten Reihe, und die Kisten mit den Werkzeugen standen etwa fünfzig Meter von uns entfernt. Beim Anpfiff hatte ich immer die besten Chancen, einen Spaten zu ergattern und ich musste nie mehr eine Schubkarre nehmen, nur weil ich keinen Spaten abbekommen hatte.

Am nächsten Tag schnappte ich mir also einen Spaten und stellte mich zur Arbeit oben an. Ich lud Kies in die Schubkarren – diese Arbeit war insofern besser, als es hier Momente für Pausen gab, wenn gerade niemand mit einer Schubkarre da war. Diejenigen, die den Kies auf Schubkarren fuhren, versuchten es so einzurichten, dass sie zu dritt ankamen. Dann konnten sie einen

Moment verschnaufen. Hier griffen aber die Kapos oft ein, indem sie mit Schlägen zu verstehen gaben, dass die Auflader sich so hinstellen müssen, dass sie die ganze Zeit etwas zu tun haben und die mit den Schubkarren keinen Stillstand haben. Beim Aufladen arbeitete ich ein paar Tage. Die ganze Arbeit fand in einem so rasenden Tempo statt, unter ständigem Geschrei und Schlägen, dass ich nicht die Möglichkeit hatte, mich umzusehen, was für Arbeiten es noch auf dem Gelände der Strafkompanie gab.

Eines Tages zeigte mir ein deutscher Jude – ein neuer Häftling, der mit einer Schubkarre arbeitete – während ich seine Schubkarre belud, seine Hände, die voller Wunden von aufgerissenen Blasen waren, und bat mich mit leidender Stimme, dass ich ihn zumindest für ein paar Minuten an der Schubkarre vertrete, weil er nicht mehr könne. Ich weiß selbst nicht, wovon ich mich damals leiten ließ, aber ich tauschte mit ihm und lief bis zum Ende des Tages mit der Schubkarre. Als ich Kies holte, erklärte ich ihm, dass er morgen einen Spaten nehmen soll, weil die Arbeit leichter ist. Ich sagte ja schon, dass es ein neuer Häftling war. Neue Häftlinge erkannte man an der neuen und somit sauberen Häftlingskleidung und an der hellen Haut, die Menschen haben, wenn sie länger im Gefängnis waren. Am nächsten Tag schnappte ich mir die Spaten, einen gab ich dem Juden und dann stellten wir uns zusammen zum Beladen der Schubkarren auf. In einem Moment des Durchatmens, als gerade kein Kapo in der Nähe war, holte er aus seiner Tasche ein Viertel seiner Abendbrotration in einem Tuch eingeschlagen hervor. Schnell wickelte er das Brot aus, wollte es mir in die Hand geben und sagte, das sei dafür, dass ich gestern mit ihm getauscht hatte, denn er sei herzkrank und hätte gleich tot umfallen können. Vielleicht hat er das nicht wörtlich gesagt, aber ich konnte schlecht Deutsch und habe das so verstanden. Ich lehnte entschieden ab, das Brot anzunehmen, und erklärte ihm mit allen mir bekannten Wörtern und teilweise mit Zeichen, dass er nicht mehr Brot hat als ich, dass wir beide die gleiche Portion bekommen. Dass er am Vormittag ein Stück Brot besaß, deutete auch darauf hin, dass er ein neuer Häftling war, denn nur die neuen hoben sich in den ersten Tagen ein Stück Brot für das Frühstück auf. Nach kurzer Zeit aber, wenn man Hunger verspürte, aß man das gesamte Brot schon beim Abendessen auf. Doch wer weiß, ob er nicht extra etwas von seinem Brot für mich aufgehoben hatte, um es mir aus Dankbarkeit für meine Hilfe zu geben?

Eines Tages holte mich nachmittags ein Kapo mit meiner Schaufel und stellte mich auf eine Plattform. Ich arbeitete dort bis zum Abend und hatte dann genug. Dort mussten uns die Kapos bei der Arbeit nicht beaufsichtigen. Alle mussten wie Maschinen arbeiten. Die zwei von der tiefer gelegenen Plattform warfen den Kies auf unsere Plattform, und wir zwei mussten es schaffen, den Kies auf die höhere Plattform zu werfen. Man musste sich beeilen, weil die Plattformen schmal waren und wenn man das Tempo verlangsamte, bildete sich ein Haufen und der Kies fiel hinunter auf die tiefer gelegene Plattform – was dann die machten, die unten standen, konnte man sich vorstellen.

Wir waren verpflichtet, täglich zu der uns einmal zugewiesenen Arbeit zu kommen. Ich hielt mich nicht daran, weil ich wusste, dass der Kapo mich nicht suchen würde, schließlich sahen wir uns in der Häftlingskleidung alle so ähnlich. Deshalb stellte ich mich am nächsten Tag auch nicht mehr auf die Plattform, sondern ging ganz nach unten in die Grube. Da verstand ich, warum auf den Plattformen so ein mörderisches Arbeitstempo herrschte. Von ganz unten warfen vier Personen den Kies auf die erste Plattform. Die verausgabten sich nicht sonderlich, trotzdem warfen sie so viel hoch, dass denen, die zu zweit auf den Plattformen standen, die Augen hervortraten vor Anstrengung, und der Kapo, wenn er kam, achtete nur auf die vier unten. Als ich ganz unten war, stellte ich mich ganz an die Wand, grub mit dem Spaten in der Wand und warf den Kies in Richtung Plattform. Schnell merkte ich, dass es Momente gab, die manchmal mehrere Minuten dauerten, in denen nur ich arbeitete und alle anderen standen und nichts taten. Ich begann sie zu beobachten und sah, dass, wenn sie sich an die Arbeit machten, erst eine Gruppe begann, und dann alle anderen einsetzten – da legte ich auch los. Ich sah mich vorsichtig um und nahm wahr, dass wenn alle arbeiteten, am Rande des Loches der Kapo auftauchte. Erst jetzt kapierte ich die Technik dieses Phänomens. Wenn wir nichts taten, stand niemand sorglos da, sondern alle schauten mit angespannter Aufmerksamkeit auf den oberen Rand der Grube und auf die Häftlinge, die auf der gegenüberliegenden Seite der Grube standen. Wenn ich merkte, dass die auf der gegenüberliegenden Seite der Grube plötzlich anfingen zu arbeiten, hieß das, dass sich dem Rand über meinem Kopf ein Kapo oder SS-Mann näherte, es galt also, sich mit ganzer Energie an die Arbeit zu machen. Wenn ich den gegenüberliegenden Rand der Grube beobachtete, sah ich, wie die Mütze eines SS-Mannes oder der Kopf eines Kapos sichtbar wurde. Bevor er bemerkte, was unten vor sich ging, arbeitete ich schon mit ganzer Kraft zu Ehren des Dritten Reiches, und bevor er bis an den Rand kam und hinunter schaute, arbeiteten schon alle. Diese Technik gefiel mir und von da an ging ich jeden Tag hinunter. Die Arbeit unten hatte den Vorteil, dass der Kapo keine Lust hatte, hinunter zu kommen, weil er alles vom Rand aus sah, und wenn er jemanden schlagen wollte, dann befahl er ihm, hinauf zu kommen.

Auf diese Weise musste ich nicht so schuften und wurde bei der Arbeit nicht geschlagen. Schläge bekam ich nur bei den mittäglichen oder abendlichen Strafübungen, die wir alle drei, vier Tage für schlechtes Marschieren nach der

Arbeit und für schiefes Singen beim Marschieren bekamen. Ein Trost war für mich aber, dass ich mich nicht überarbeitet hatte, während andere nach schwerer Arbeit die gleichen Übungen ausführen mussten.

Eines Tages erschien der Kapo überraschend am Rand und erwischte einen Häftling, einen Deutschen, der dastand und nichts tat. In der Mitte des Loches war eine große flache Wasserpfütze. Der Kapo befahl ihm, am Rand stehend, in die Pfütze zu gehen. Er ging rein. Der Kapo befahl ihm, sich hinzulegen. Er legte sich hin, aber so, dass nur seine Beine und Arme im Wasser waren. Der von oben brüllte, dass er sich richtig hinlegen soll, er aber tat nichts. Der Kapo kam über die Plattformen herunter, doch der, der im Wasser stand, wollte sich trotzdem nicht hinlegen. Da kam ein zweiter Kapo runter. Sie befahlen ihm herauszukommen, stellten ihn an den Rand der Pfütze mit dem Rücken zum Wasser und schlugen ihm beide gleichzeitig ins Gesicht. Diesmal stürzte er richtig und fiel ins Wasser. Sie befahlen ihm, sich im Wasser zu wälzen, aber er wollte nicht, sondern erhob sich und stand in der Pfütze. Die Kapos riefen ihn zu sich. Die vorherige Szene wiederholte sich noch einmal, doch dieses Mal, als er stürzte, packte ihn ein Kapo an den Beinen und drehte ihn mit dem Gesicht zum Wasser. Der stützte sich mit den Armen am Grund ab. Da ging der zweite Kapo in die Pfütze, trat von allen Seiten zu, und drückte ihm mit den Füßen den Kopf ins Wasser. Er konnte sich nicht wehren, weil seine Arme sich auf dem Grund abstützten und seine Beine von dem Kapo festgehalten wurden. Es gelang ihnen, ihn ein paar Mal auf den Grund zu drücken. Als sie ihn endlich losließen, taumelte er und sein ganzes Gesicht war blutig von den Tritten und aufgeschürft vom Kies. Die Kapos nahmen ihn mit hinauf und ich weiß nicht, was sie weiter mit ihm gemacht haben.

Etwa drei Tage nach diesem Vorfall erwischte mich ein Kapo, als ich auf den Spaten gestützt dastand. Jetzt geht's rund, dachte ich mir. Und dann ging es los. Der Kapo befahl mir, so wie dem anderen, in die Pfütze zu gehen. Ich ging hinein. Er befahl mir, mich ins Wasser zu legen – ich legte mich hin, und zwar so gern und entschlossen, dass das Wasser nach allen Seiten spritzte, ich legte mich nicht hin, sondern ließ mich richtig reinfallen. Er deutete mir mit der Hand und schrie, dass ich mich vier Mal auf die eine Seite rollen soll – ich rollte mich sechs Mal. Er befahl vier Mal auf die andere Seite – wieder legte ich was drauf und rollte mich sechs Mal. Da befahl er mir, hinauf zu kommen. Ich kletterte rauf und stand vor ihm mit einem Lächeln. Der Drecksack hatte sich, als ich aus dem Loch rauskletterte, so hingestellt, dass ich, um mich vor ihn stellen zu können, ganz am Rand stehen musste, mit dem Rücken zur Grube. Ich spürte, dass er mich nach unten stoßen wollen würde, und dann wäre nur noch ein Fleck von mir geblieben. Ende. Er schaute mich einige Sekunden wortlos an, mit konzentriertem Gesicht. Es war zu sehen, dass er überlegte, was er mit so einem Kerl machen soll, der sich im Wasser sielt und jetzt lächelnd vor ihm steht, als wäre er vollkommen zufrieden mit dem Leben und warte nur auf seine Entscheidungen. Endlich drehte er sich auf dem Hacken um und sagte: „Komm." Wir gingen ein paar Minuten – er vorweg, ich hinter ihm. Schließlich fand er eine Schubkarre und befahl mir, Kies zu transportieren. Ich dachte mir, dass ich ja damit die Arbeit in der Strafkompanie angefangen und jetzt schon ein bisschen Erfahrung hatte, also ruhig mal wieder mit der Schubkarre fahren konnte.

Beim Kiesfahren schaute ich zu, wie ein junger SS-Mann – vielleicht zwanzig Jahre alt – Juden fertigmachte. Ich weiß nicht, wie lange der Spaß schon dauerte, weil ich unten gewesen war. Schüsse fielen jeden Tag mehrere, über ein Dutzend. Es war klar, dass jeder Schuss einen ermordeten Menschen bedeutete, der in die Wachpostenlinie geraten war, aber niemand interessierte sich dafür, wer und warum er die Kugel abbekommen hatte. Jetzt sah ich aus der Nähe, wie ein solches Spiel ablief.

Aus einem tiefen Krater mit steilen Wänden mit einer Höhe von zehn Metern kletterte ein Mann mit einem großen Stein in der Hand. Dieser Krater war wahrscheinlich eine alte Grube, die von gefördertem Kies geblieben war.

Der gelbe Stern auf seiner Brust bedeutete, dass er Jude war. Am Rande der Grube stand mit vor der Brust verschränkten Armen der SS-Mann und wenn der Kopf des Häftlings aus der Grube zum Vorschein kam, trat er dem Herauskletternden Kies und Erde ins Gesicht. Der Häftling kam unter riesiger Anstrengung mit dem großen Stein aus dem Loch heraus, dessen Gewicht sich auf zwanzig bis dreißig Kilo schätzen ließ. Wenn der Häftling aus der Grube herausgeklettert war, schubste der SS-Mann den Stein mit dem Fuß wieder hinunter, und den Häftling stellte er ganz an den Rand mit dem Rücken zum Loch und stieß ihn mit einem Schlag ins Gesicht hinunter. Ich habe es nicht gesehen, aber ich konnte mir vorstellen, wie er nach jedem Stoß hinunter flog. Der SS-Mann stand am Rand und ermunterte ihn, hinauszuklettern, und wenn er aus der Grube hervorkam, begann das Ganze von vorn – mit den Füßen trat er ihm Kies und Erde ins Gesicht, schubste den Stein runter und schickte den Häftling mit einem Schlag dem Stein hinterher. Schließlich stellte sich dieser Mann nach einigen Runden – ich weiß nicht, wie viele es gegeben hatte, bevor ich gekommen war –, nachdem er aus dem Krater hinausgeklettert war, nicht mehr mit dem Ausdruck endgültiger Erschöpfung auf dem Gesicht vor den SS-Mann, sondern lief an ihm vorbei, torkelnd wie ein Betrunkener, in Richtung Wachpostenlinie, die sich an dieser Stelle hinter den Haufen des abgebauten Kieses befand.

Kurz darauf hörten wir einen Schuss und wir wussten, dass dieser Mensch tot ist. Der SS-Mann wählte mit zufriedener Miene einen anderen Juden mit Schubkarre aus und schickte ihn mit der gleichen Methode dem Stein hinterher in die Grube. Dieses Mal kam der Häftling sehr schnell heraus, aber ohne Stein und nicht zu Füßen des SS-Mannes, sondern ein bisschen seitlich, und lief sofort in die Wachpostenlinie. Wieder ein Schuss – der zweite erledigt. Und der SS-Mann? Auf seinem Gesicht war eine Grimasse der Enttäuschung zu sehen, wie bei einem kleinen Kind, mit dem ein anderes Kind nicht spielen will. Er beendete sein Spiel und entfernte sich von uns mit langsamen majestätischen Schritten in ein anderes Gelände.

Ich hatte zur Abwechslung meine Schubkarre hinter einem Kieshaufen abgestellt und ging zum Abort. Dies war der einzige Ort, an dem man ein paar Minuten von Amts wegen verschnaufen konnte. Dort fiel mir auf, dass viele Häftlinge violette Pobacken hatten, dabei hatte ich nie gesehen, dass jemand auf dieses dafür vorgesehene Körperteil geschlagen wurde. Es stellte sich heraus, dass diese Männer amtlich bestraft wurden, das heißt, dass ein SS-Mann oder Blockältester oder Stubenältester im Block offiziell Meldung gemacht hatten für Drückebergerei bei der Arbeit oder für nicht ordentlich gesäuberte Schüsseln oder Becher, und nach ein paar Tagen wurde derjenige in eine spezielle Baracke gerufen, in der ihm die für sein Verschulden angesetzte Strafe verlesen und gleich vor Ort das Urteil vollzogen wurde. Das Urteil – entweder eine Stunde Pfahlhängen oder zwanzig Stockschläge auf den Allerwertesten.

Als ich vom Abort zurückkam, fiel mir ein einsamer Spaten auf, den wahrscheinlich jemand auf dem Weg zu demselben Örtchen wie ich hier versteckt hatte. Ich nahm den Spaten, als wäre er meiner und im Gehen schaute ich mich um, wo ich mich einbringen konnte. Ich fürchtete mich, beim Kies zu arbeiten, weil mich der Kapo wiedererkennen könnte, der mich in der Pfütze hatte baden lassen, und er hätte mich leicht erkennen können, weil ich noch nass war. Da sah ich, dass auf der linken Seite der Grube viele Häftlinge mit Spaten an großen Erdhaufen arbeiteten. Ich sah nur viele große oder kleine Haufen, die die Häftlinge von einem auf den anderen schippten. Wortlos stellte ich mich zu einem großen Haufen, den schon ein Häftling auf eine andere Stelle schippte, und half ihm. Der schaute sich um und als er der Meinung war, dass uns niemand beobachtete, sagte er mit leiser Stimme, dass ich mich zu dem zweiten Haufen stellen und die Erde weiterschippen soll. Ich fragte ihn, was das für eine Arbeit sein und was das werden soll.

„Nichts“, antwortete er. „Hier geht es nur darum, pausenlos zu arbeiten, ob du die Erde von dem Haufen auf diesen da oder umgekehrt wirfst, oder wohin es dir gefällt – das ist egal. Man muss sich nur schnell und pausenlos bewegen und man darf sich nicht unterhalten."

Davon, dass man sich nicht unterhalten durfte, konnte ich mich gleich überzeugen, weil ich ein paar Schläge ins Gesicht bekam, so dass ich jedes Mal hinfiel, gleich darauf bekam mein Gesprächspartner dieselbe Portion. **Ich hatte den Kapo nicht bemerkt, weil er so wie die anderen Kapos nur eine gelbe Armbinde mit der Aufschrift „Kapo" trug, er aber konnte schon von weitem sehen, dass wir miteinander redeten, weil wir uns beim Sprechen ansahen.**

Bei den Erdhaufen arbeitete ich lange und bekam jeden Tag mehrmals, manchmal über ein Dutzend Schläge. Schnell fiel mir auf, dass ein Kapo so lange schlug, bis der Geschlagene mindestens dreimal umgefallen war, also half ich ihm, indem ich – selbst, wenn er mich nicht sehr kräftig schlug – bei jedem Schlag richtig umfiel. Nach dem zweiten Schlag stand ich mit Mühe auf und nach dem dritten Mal schwankte ich. Wer das nicht konnte, wurde so lange geschlagen, bis er wirklich umfiel und nicht mehr aufstehen konnte, weil ein Kapo immer auf die Schläfe schlug. Mit der Zeit erarbeitete ich mir eine Technik, dass ich nicht von dem Schlag fiel, sondern von allein, und das mit so einer Berechnung, dass der Schlag mich erst im Fallen traf. Dadurch war der Kapo zufrieden, dass er jemanden mit einem Schlag umgehauen hatte, und ich bekam einen leichteren Schlag, der dadurch amortisiert wurde, dass ich mich nach hinten fallen ließ. Diese Technik wendete ich in Mauthausen und in Gusen pausenlos an. In Gusen verriet ich mich nur einmal. Ein SS-Mann stellte sich vor mich hin, und ich wusste schon, dass ich eine fange. Er holte aus und ich fiel hin, dabei hatte mich sein Schlag gar nicht getroffen. Es stellte sich heraus, dass die erste Bewegung nur angetäuscht war, und ich den Schlag mit der anderen Hand erhalten sollte. Trotzdem ging es gut, denn als ich hingefallen war, lachte der SS-Mann und schlug mich nicht weiter, sondern befahl mir, mich schnell an die Arbeit zu machen.

Bei der Arbeit an den Erdhaufen lernte ich, so mit dem Spaten zu arbeiten, dass ich mich so wenig wie möglich anstrengen musste, es aber den Kapos nicht auffiel. Weil man niemals wusste, ob ein Kapo hinter einem Erdhaufen stand und einen beobachtete, musste man sich immer bewegen. Viel später, erst in Mauthausen, kam ich zu dem Schluss, dass es besser war, mehrmals täglich fürs Nichtarbeiten etwas mit dem Knüppel oder Schläge ins Gesicht zu bekommen als den ganzen Tag pausenlos zu arbeiten, denn die, die aus Angst vor schlimmen Schlägen schwer arbeiteten, landeten schnell im Krematorium. Wenn man dafür Prügel bekam, dass man sich vor der Arbeit drückte, endete das meist mit dem Tod des Geschlagenen, aber davon wird später noch die Rede sein.

Um mich schnell zu bewegen und mich trotzdem nicht zu überanstrengen und keine wertvolle Energie zu verlieren, wendete ich folgende Methode an: Ich rammte die ganze Schaufel in die Erde, doch dann hob ich sie nicht wie die anderen hoch, denn dann war sehr viel Erde auf der Schaufel, ein ganzer Haufen. Stattdessen holte ich die in der Erde steckende Schaufel mit einer schnellen, energischen Bewegung auf dem gleichen Weg heraus, auf dem ich sie hineingerammt hatte. Auf diese Weise war die ganze Schaufel mit einem halben Zentimeter Erde bedeckt. Diese Erde warf ich mit einer Bewegung auf einen anderen Haufen, so dass die Erde in der Luft auseinanderstob und es von fern so aussah, als wäre viel Erde auf der Schaufel gewesen. Immer wenn ich die Schaufel in die Erde rammte, schaute ich mich unauffällig um, ob nicht ein Kapo in der Nähe war, denn dann waren Schläge garantiert. Wenn einer in der Nähe war, nahm ich die volle Schaufel hoch, wenn er sich entfernte, arbeitete ich wieder nach meiner Methode. Kontrollieren konnte er meine Arbeit nicht, weil keinerlei Ergebnisse zu erreichen waren, sondern nur Erschöpfung. Ich konnte die Erde eine halbe Stunde oder auch eine Stunde von einem Haufen auf einen anderen werfen, und wenn mir langweilig wurde, dann warf ich sie andersherum. Alle schaufelten, wo sie wollten, wie sie wollten und in welche Richtung es ihnen gefiel. Hauptsache schnell und ohne zu verschnaufen, denn dann wurde man geschlagen. Wer jedoch ehrlich arbeitete, wurde auch ab und zu geschlagen, damit er nicht vergaß, wo er war.

Diese Arbeit machte ich lange, denn das war die beste Arbeit auf diesem Gelände. Hier wurde nicht so geschuftet wie beim Kies, man konnte lavieren, um sich nicht zu schlimm zu überarbeiten, und man wurde nur mit der Faust geschlagen, und nicht mit dem Knüppel. Uns beaufsichtigte und schlug nur ein Kapo, der unaufhörlich zwischen den Erdhaufen hin- und herging und pausenlos prügelte. Andere Kapos kamen nicht hierher, weil das so eine Art abgetrenntes Gebiet war, das nicht mit den anderen Arbeitsbereichen verbunden war. Eines Tages kam ein SS-Mann mit einem Kapo und befahl, dass sich alle unter achtzehn melden sollen. Aus unserer Gruppe meldeten sich ein paar, unter anderem Heniek B., den ich gleich am Tag nach meinem Pfützenbad hierher zur Arbeit mit der Erde geholt hatte. Die Jugendlichen wurden auf ein komplett anderes Gelände gebracht. Abends erfuhr ich von Heniek, dass sie eine sehr gute Arbeit in neu gebauten Baracken hatten.

Am nächsten Tag stellte ich mich, ohne mich darum zu kümmern, dass ich schon vier Jahre älter war als die Minderjährigen und dazu auch aussah wie zweiundzwanzig, zur Gruppe der Jugendlichen. Keiner beachtete mich, weil in dieser Arbeitsgruppe auch viele ältere Häftlinge waren. Das waren Facharbeiter: Tischler, Zimmerer, Glaser, Schlosser, Elektriker und andere Spezialisten, die beim Barackenbau arbeiteten.

Als alle an die Arbeit gingen, stellte ich mich auf eigene Faust zu einer Baracke und begann mit der Arbeit, die darin bestand, mit Glasstücken die Barackenwände abzukratzen. Die Baracken hatten bereits Dächer und waren verglast, doch innen waren sie noch leer und ohne Fußboden. Die Innenwände waren bemalt oder eher beschmiert mit einer braunen Flüssigkeit, mit der man hölzerne Masten für Telefonkabel oder elektrische Kabel einschmierte, und die das Holz vor Verrottung und vor Ungeziefer schützen sollte. Unsere Arbeit bestand darin, mit dem Glas die oberste Schicht der Bretter abzukratzen. An der abgekratzten Stelle hatten die Bretter eine hellere Farbe, waren ideal glatt. Ich sah, dass sich an den Barackenwänden Jugendliche in unterschiedlichen Abständen aufgestellt hatten und mit Fensterglasstücken die Bretter abkratzten, ich stellte mich also auch dorthin. Ich stand an einer noch nicht abgekratzten Stelle und begann mit vollem Elan zu kratzen; ich machte das wirklich mit vollem Elan, weil ich Angst hatte, weggejagt zu werden, wenn ihnen auffiel, dass ich nicht zu der Arbeitsgruppe gehörte, wenn sie aber sahen, dass ich mit vollem Elan arbeitete, dann ließen sie mich vielleicht hier. Und so war es auch. Nach kurzer Zeit sah ich, dass sich von der Seite ein Kapo näherte und bei jedem stehen blieb, und gleichzeitig etwas in seinem Notizbuch überprüfte. Da nahm ich ein besonders großes Stück Glas und kratzte, dass die Baracke quietschte und die Späne nur so flogen.

Schließlich kam er zu mir, schaute auf meine Nummer und suchte sie in seinem Heft. Dann sprach er mich auf Polnisch an:

„Warum habe ich deine Nummer nicht?"

An seiner Aussprache erkannte ich, dass er Schlesier war, aber er hatte kein „P" in seinem Winkel.

„Weiß ich nicht", antwortete ich, „gestern habe ich meine Nummer selbst angegeben, offensichtlich haben Sie sie nicht notiert."

Er prüfte noch einmal, schaute mich an, schlug mir dreimal ins Gesicht, schaute auf meine Nummer und notierte sie in seinem Heft. Dann ging er weiter und überprüfte andere, und ich, zufrieden, dass ich nur ins Gesicht geschlagen worden war, machte mich wieder ans Kratzen. **Das war ein bisschen Glück. Ich weiß, dass das ein Zufall war, den die Menschen meistens Glück nennen, denn wäre der Kapo ein Deutscher gewesen, hätte die Sache anders aussehen können. Schließlich konnte ich kein Deutsch, hätte also nichts sagen können, und der Kapo hätte mich entweder in Ruhe gelassen, oder geprügelt und zurückgegeben an meinen vorherigen Arbeitsbereich, wo sie mich für die Flucht von dort hätten fertigmachen können, wie sie täglich andere fertig machten.**

Vor dem Abend kam der Kapo zur Kontrolle, wie viel wir abgekratzt hatten und ... ich bekam Prügel, weil ich zu wenig geschafft hatte. Dabei hatte ich den ganzen Tag anständig gekratzt, aber nachmittags war es dann schwer, weil die Finger schmerzten, so dass ich sie nicht bewegen konnte, und abends konnte ich kaum das Essen in der Hand halten.

Am nächsten Tag war ich nicht mehr so dumm. Ich suchte mir einen Platz, wo schon ein großes Stück der Baracke abgekratzt war. Es ging gut. An diesem Tag musste ich nichts mehr einstecken. In den kommenden Tagen machte ich es immer so. Aber wenn es gut ist, will man es noch besser haben. So war es auch mit mir. Ich kam zu dem Schluss, dass der obere Teil der Baracke auch abgekratzt werden muss. Zu dieser interessanten Schlussfolgerung gelangte ich deshalb, weil ich bereits die Arbeit in der Kiesgrube und beim Erdeschaufeln vergessen hatte; mir war hingegen aufgefallen, dass mir die Beine wehtaten, wenn ich unten kratzte. Um oben kratzen zu können, suchte ich mir einen hohen Bock und arbeitete jetzt im Sitzen. Das Wort „arbeitete“ ist auch nicht das rechte, denn ab dem Moment, als ich bei den teilweise abgekratzten Wänden arbeitete, bewegte ich mich nur ein bisschen und schaute mich um, ob nicht jemand kam und man besser arbeiten musste, und wenn ich mich nicht umsah, genügte es, dass ich mich nur ein bisschen bewegte und alles war gut, denn schließlich standen wir beim Kratzen mit dem Gesicht zur Wand, so dass von weitem niemand sehen konnte, ob ich kräftig oder nachlässig kratzte, schnell oder langsam, ob ich überhaupt kratzte oder mich nur bewegte und für alle Fälle ein Stück Glas in der Hand hielt.

Im Block lernte ich einen Häftling mit dem Nachnamen Koman kennen, aus Łódź, Offizier der Feuerwehr. Nach mehreren Gesprächen mit ihm schlug ich ihm vor, es zu riskieren und am nächsten Morgen in unsere Gruppe zu kommen. Er kam. Er setzte sich auf das eine Ende meines Bockes, und ich auf das andere, und jetzt konnten wir gleichzeitig von zwei Seiten beobachten. Koman arbeitete schon mehrere Tage und keiner hatte ihn darauf angesprochen. Wir einigten uns darauf, es niemandem zu sagen, denn wenn andere erfuhren, dass es so leicht war von schrecklichen Bedingungen zu leichter Arbeit zu wechseln, käme ein Haufen neuer Leute und dann könnte das nur auf eine Weise enden: Alle werden zusammengerufen, es werden so viele ausgesucht, wie gebraucht werden, und den Rest schicken sie wieder zum Kies und zu den Erdhaufen.

Wenn Leute dort arbeiten müssen, dann ist es mir lieber, dass das andere machen, und ich nicht dabei bin. Die Arbeit an den Baracken hatte noch den Vorteil, dass wir uns bei Regen alle in den Baracken unterstellen konnten, während beim Kies und bei den Erdhaufen weitergearbeitet wurde, egal was für ein Wetter war. Einmal nur wurden wir vor einem Gewitter ins Lager gebracht.

Aber das war ein gewaltiges Gewitter mit Wolkenbruch, Blitzen und Finsternis. Ich vermute, dass sie uns ins Lager gebracht hatten aus Angst, dass bei diesem Wetter so mancher versuchen könnte zu fliehen.

Eines Tages, als wir morgens durchgezählt wurden, trat ein Häftling aus der Reihe und ging ruhigen Schrittes in die Richtung, in der – hundert Meter von uns entfernt – eine Pforte in der Mauer war, an der Wachposten standen. Keiner der SS-Männer, die uns zählten, hielt ihn auf, und er ging mit ruhigen Schritten weiter zu der Pforte, die in die Freiheit führte. Zehn Meter vor der Pforte stand ein Wachmann, der auf seinen Anblick hin sein Gewehr auf ihn richtete und ihm befahl zurückzugehen. Der jedoch rief dem Wachmann zu, er solle schießen und gut treffen. Schließlich trafen sie aufeinander. In der einen Hand hielt der Wachmann sein Gewehr, mit der anderen Hand schlug er den Häftling, drehte ihn um und schubste ihn in unsere Richtung. Der Häftling riss sich los und ging wieder langsam und ruhig auf die Pforte zu. Da schoss der Wachmann aus einer Entfernung von drei Schritten ... und der Häftling war erledigt, tot. Wir standen alle in Reih und Glied und beobachteten die Szene, doch ich muss gestehen, dass das damals auf mich keinen Eindruck mehr machte. Wir standen noch immer in den Reihen, als der SS-Offizier mit einem anderen Wachmann kam. Er wechselte den Wachmann aus, der auf den Häftling geschossen hatte. Koman war der Meinung, dieser Wachmann werde hart bestraft dafür, dass er nicht gleich geschossen, sondern es zugelassen hatte, dass der Häftling an ihn herangetreten war, der darauf erpicht gewesen hätte sein können, ihm das Gewehr aus der Hand zu reißen.

An einem anderen Tag – ich saß mit Koman auf dem Bock, gleich neben uns saß Heniek B. auf einem anderen Bock – sahen wir eine Szene, wie ein jüdischer Häftling fertig gemacht wurde. Das ging fünfzig Meter von uns entfernt vor sich. Dieser „Spaß“ dauerte recht lange. Der Häftling musste mit einem großen Stein auf der Schulter entlang einer kurzen Strecke, fünfundzwanzig, dreißig Meter, schnell rennen. An beiden Enden der Strecke standen Kapos mit Knüppeln, und wenn der Häftling vor einem der beiden zu stehen kam, schlug dieser ihn mit dem Knüppel auf den Kopf und den Rücken, und trieb ihn einige Meter vor sich her zu dem anderen Kapo, und dort geschah wieder das Gleiche. Und so immer wieder von vorn, bis der getriebene Häftling fast nicht mehr laufen konnte. Dann konnte er zur Abwechslung nicht mehr wegrennen und bekam noch mehr Schläge ab. Doch er musste die ganze Zeit mit dem schweren Stein in den Händen laufen. Schließlich fiel er hin und konnte nicht mehr aufstehen. Die Kapos versuchten, ihn mit Tritten zum Aufstehen zu zwingen. Er schrie, konnte sich aber nicht erheben. Da bedeckten die Kapos ihn mit Stroh und zündeten ihn an. Der Mann schrie nicht mehr, er brüllte. Als die Kapos sahen, dass er wirklich nicht aufstehen konnte, begannen sie ihn zu löschen, indem sie aus Schubkarren Kies auf ihn kippten. Sie löschten ihn und zogen ihn unter dem Kies hervor, warfen ihn in eine Schubkarre und brachten ihn in unsere Richtung. Anfangs wussten wir nicht wozu. Gleich aber wurde es uns klar. Am Ende unserer Baracke war ein ganz normaler ausgekleideter Brunnen, aus dem man mit Eimern Wasser holen konnte. Dieser Brunnen war nicht mehr als sechs Meter tief.

Die Kapos banden den Häftling, den sie mit der Schubkarre hierhergefahren hatten, an ein Seil, ließen ihn in den Brunnen hinunter und kippten eimerweise Wasser auf ihn. Sie zählten, wie viele Eimer sie über ihm auskippten. Sechsundzwanzig Eimer zählten sie. Nach dem Bad zogen sie ihn heraus, er stand aus eigener Kraft, aber an die Baracke gestützt, er schwankte, und die Kapos sprachen vollkommen gelassen, ruhig und ohne Emotionen oder Aufregung zu ihm. Man hatte den Eindruck, dass sie den Mann vollkommen gelassen umbringen, als gingen sie an die Sache heran wie jeder Fachmann an seine ihm wohl bekannte Arbeit, die er genau und fachgerecht ausführt.

Sie sprachen kurz zu ihm und er nickte als Antwort, und gleich darauf begann er, an die Barackenwand gestützt, in unsere Richtung zu gehen. Da sahen wir, wie schlimm er zugerichtet war. Der Kopf aufgeschlagen, die Finger gebrochen und geschwollen, das Gesicht deformiert, und ein Ohr war ohne Übertreibung so groß wie die Hand eines erwachsenen Menschen – es sah aus wie ein Schweineohr.

Als der Mann unter uns durchgegangen war, wandte ich mich an Koman und B., dass ich wetten könnte, dass er in zwei Minuten nicht mehr lebt, weil ich verstanden hatte, was die Kapos gesagt und er bestätigt hatte. Und tatsächlich, ich sah wie er auf das Ende der zweiten Baracke zuging. Gleich hinter der Baracke war eine kleine Allee, die für die Häftlinge verboten war, denn drei Meter hinter der Allee war schon die Wachpostenlinie. Der Häftling ging langsam, stützte sich an der Baracke ab, als er die Ecke erreichte, bog er hinter die Baracke ab und gleich darauf hörten wir einen Schuss, dann noch einen und ... Ende.

Wie ich bereits erwähnt habe, machte so etwas überhaupt keinen Eindruck mehr auf mich. Die emotionale Abstumpfung für das Leid und den Schmerz anderer kam daher, dass jeder pausenlos an sich selbst denken musste, um Schläge zu vermeiden. Wenn wir von der Arbeit zum Mittagessen oder abends nach der Arbeit zurückkehrten, wusste niemand, ob der Tag „ruhig“ bleiben würde, oder zu der ganzen Hölle bei der Arbeit nicht noch Gymnastik dazukommt, die unter ununterbrochenen Stockschlägen und Tritten der SS-Männer stattfand.

Keiner dort hatte Zeit, sich mit dem Unglück der anderen zu beschäftigen, weil er selbst pausenlos gefährdet war. Hinzu kam die Sorge, ob im Block alles in Ordnung war. Ob das Bett richtig gemacht war, ob das Handtuch gerade hing, ob bei der Spindkontrolle nicht ein kleiner Fleck im Schrank oder auf dem Geschirr gefunden wurde, das heißt im Becher oder in der Schüssel, denn jedes dieser Vergehen wurde gemeldet und dafür bekam man ein paar Tage später Pfahlhängen oder fünfundzwanzig Hiebe auf den Hintern, der danach violett war.

Hinzu kam, dass ich den Hunger zu spüren begann. Das, was ich am Anfang wie eine Art Knappheit empfunden hatte, hatte sich inzwischen in ständigen Hunger verwandelt. Ich stand morgens hungrig auf und bekam nur einen halben Becher schwarzen bitteren Kaffee. Nach dem Mittagessen war ich noch hungriger als vor dem Mittagessen, und abends war ich nach einer ganzen Portion Brot auch hungrig. Wir bekamen nur jeder seine Portion Suppe oder Kartoffeln mit Schale, und der Rest, der in den freien Blocks der Reihe nach verteilt worden war, wurde unter den Kapos, den Stubenältesten, dem Schreiber und dem Blockältesten aufgeteilt. Die Kartoffeln mussten abgepellt werden. Wer es riskierte, die Kartoffeln mit Schale zu essen, setzte sich Schlägen aus, die seiner Gesundheit schaden oder ihn sogar töten konnten.

Einmal traten der Block- und der Stubenälteste einen jungen Mann, der verdorbene Kartoffeln aus dem Abfallkorb genommen hatte, die von der Aristokratie, den Blockältesten, die sich das leisten konnten, weil sie für sich genügend Kartoffeln hatten, weggeworfen worden waren. Sie traten ihn so zusammen, dass der Junge nicht mehr allein aufstehen konnte. Als wir zur Arbeit losgingen, blieb er im Block, und als wir abends in den Block zurückkamen, war er nicht mehr da und ich habe ihn nie wieder gesehen.

Es ist wohl nicht verwunderlich, dass man in diesem Irrenhaus keine Zeit hatte für Mitleid und Mitgefühl für andere.

In der Zwischenzeit hatte ich in der Stube ein paar Jungs kennengelernt und einer von ihnen überredete mich dazu, dass ich anderen das Abkratzen der Wände mit Glas überlasse, und selbst in seine Gruppe komme, die die Aufgabe hatte, mit Spachtelmasse Ritzen und Löcher von eingeschlagenen Nägeln im Inneren der Baracke zuzuschmieren. Seiner Meinung nach war das eine noch bessere Arbeit als das Abkratzen.

Ich war einverstanden und schon am nächsten Tag ging ich in seine Gruppe, und er bemühte sich auf eine für mich geheimnisvolle Weise um eine Dose mit Spachtelmasse und um einen Spachtel für mich. Das war eine recht große Dose, die alle hatten, die in dieser Gruppe arbeiteten. Ich war mit dem Gedanken dorthin gegangen, dass, wenn es mir nicht gefällt, ich wieder kratzen gehe.

Doch ich blieb in dieser Gruppe bis zum Ende meines Aufenthaltes in der Strafkompanie im Konzentrationslager Dachau. Die Arbeit in dieser Gruppe war wirklich großartig. Der Kamerad, der mich dorthin geholt hatte, brachte mir auch bei, wie man arbeiten muss. Ich suchte also in der Wand ein paar Löcher oder eine größere Ritze und stellte mich mit meinem Werkzeug und der Spachtelmasse davor und stand dort so lange, bis ein SS-Mann oder ein Kapo kam. Erst dann begann ich, das Loch zuzuschmieren und wechselte sofort meinen Standort, damit mich derselbe an derselben Stelle nicht ein zweites Mal erwischte.

Wir waren meistens zu zweit unterwegs, weil man so leichter beobachten und sich unterhalten konnte. Mit dem Beobachten war das die gleiche Abmachung wie in der Kiesgrube. Wenn einer – egal wer – zu arbeiten begann, schaute ich mich nicht um, um zu sehen, wer kommt, sondern machte mich gleich an die Arbeit, und erst nach einer ganzen Weile schaute ich mich diskret um, wer uns Angst gemacht hatte. Einmal aber erwischten uns zwei SS-Männer, als wir nichts taten. Wir waren zu fünft – vier Polen und ein Deutscher. Am Anfang bekam jeder von uns ein paar Schläge ins Gesicht, und erst nach diesem Vorspiel begann der „Spaß".

Ich könnte nicht sagen, wie lange das gedauert hat, aber damals kam es mir sehr lange vor. Alles war dabei – Robben, Kniebeugen, Entengang, auf dem Bauch liegen und die Arme heben, und die SS-Männer trieben uns dabei mit Knüppeln und Stiefeln an. Als ich spürte, dass ich nicht mehr lange durchhalte, beendeten sie die Gymnastik, sie stellten sich draußen an der Baracke auf beiden Seiten der Tür mit Knüppeln auf und befahlen uns rauszukommen. Wir standen nah an der Tür und jeder überlegte, wie er herausspringt, um die Knüppel nicht zu heftig abzubekommen. Die SS-Männer brüllten, dass wir schneller machen sollen. Schließlich sprang der erste heraus. Als er von beiden Knüppeln getroffen wurde, heulte er auf, stolperte vorwärts, rannte noch ein paar Schritte und fiel der Länge nach hin. Hinter ihm sprangen der zweite und der dritte heraus. Ich sah, dass sich alle langsam erhoben und sich in Richtung einer anderen Baracke entfernten. Der Deutsche und ich waren noch übrig. Der Deutsche lauerte, hatte aber Angst rauszuspringen, und ich lauerte hinter ihm. Die SS-Männer brüllten, der Deutsche hatte Angst – schließlich schubste ich ihn mit ganzer Kraft durch die Barackentür, aber nicht zwischen den SS-Männern durch, sondern auf den rechts stehenden. Der konnte nicht mehr mit dem Knüppel zuhauen, sondern schubste ihn auf den anderen SS-Mann und bevor der ausholen konnte, war ich, gleich nachdem ich den anderen Häftling rausgeschubst hatte, hervorgesprungen und zwischen ihm und dem SS-Mann durchgerannt. Ich nahm Reißaus, ohne mich umzuschauen, und ich weiß nicht, ob der andere etwas mit dem Knüppel bekommen hat oder nicht, und es hat mich auch überhaupt nicht interessiert. Ich war zufrieden, dass ich nichts abbekommen hatte, denn wenn man was auf den Rücken bekam, war das nicht so schlimm, aber wenn er meinen Kopf getroffen hätte – gute Nacht, ich wäre erledigt.

Nach diesem Vorfall arbeitete ich weiter in derselben Gruppe, aber ich stellte mich niemals mehr dorthin, wo schon mehrere andere Häftlinge standen. Damit mir die Arbeit nicht ausging, trug ich einen Nagel bei mir und wenn mir eine Stelle gefiel, suchte ich nach Löchern zum Zuspachteln, und wenn es keine gab, pulte ich mit dem Nagel den Spachtelkitt von bereits zugespachtelten Ritzen und Löchern heraus, und die Bretter, die an dieser Stelle mit Spachtelkitt verschmiert waren, kratzte ich mit Glas ab und so hatte ich ganz sauber die Arbeit neu auszuführen. Den Nagel und die Glasscherbe trug ich immer in der Tasche und nach der Arbeit ließ ich sie unter meiner Dose zurück. Im Block durften wir nur ein Schnupftuch in den Taschen tragen.

Am ersten Sonntag nach meiner Ankunft in Dachau, an dem Sonntag, als wir auf dem Appellplatz das erste Lagertraining durchliefen, wurden abends Briefe geschrieben. Einer der Häftlinge schrieb mir auf Deutsch einen Brief an meine Mutter. Als ich in der Strafkompanie war, erhielt ich einen Brief von meiner Mutter, in welchem sie – meine lebhafte und impulsive Natur kennend – mich bat, brav zu sein, weil ich dann vielleicht schnell nach Hause dürfte. Meine liebe naive Mamuschka! Sie hatte keine Ahnung, was ein Konzentrationslager war. In dieser Zeit wussten noch wenige Menschen von den Konzentrationslagern.

In den freien Blocks hatte ich ständig Erzählungen darüber gehört, dass das schlimmste deutsche Konzentrationslager Dachau sei. Dass Dachau das älteste Konzentrationslager sei und Hitler hier die deutschen Kommunisten fertig gemacht hatte. Darüber wurde auch in der Strafkompanie gesprochen. Es wurde erzählt, dass die Anführer der deutschen Kommunisten, Thälmann[8], und Gustaw Morcinek[9] hier gewesen waren. Es wurde so viel über die Grausamkeiten dieses Lagers gesprochen, am eigenen Leibe hatte ich schon heftige Erfahrungen gemacht, so dass ich ganz und gar mit denen einer Meinung war, die sich nach einem anderen Aufenthaltsort sehnten. Alle sagten, dass sie gern in jedes andere Lager gehen würden, nur um aus diesem wegzukommen. Egal, was für

8 Ernst Thälmann (1886–1944 im KZ Buchenwald) war ein deutscher Politiker in der Weimarer Republik; von 1925 bis 1933 war er Vorsitzender der Kommunistischen Partei Deutschlands. (Anm. d. Übers.)

9 Gustaw Morcinek (1891–1963) war ein polnischer Schriftsteller, Publizist und Politiker. (Anm. d. Übers.)

ein Lager das wäre, es wäre immer besser als Dachau, ganz zu schweigen von einem Vergleich mit den Bedingungen in der Strafkompanie.

Endlich ergab sich eine Gelegenheit. Am 12. August 1940 wurde während der Arbeit zum Antreten gepfiffen. Wie immer stellten wir uns zum Abmarsch auf. Die SS-Männer, die Häftlinge in schöner, sauberer Häftlingskleidung bei sich hatten, gingen an den Reihen entlang und fragten manche Häftlinge nach ihrem Beruf. Die, die ihnen gefielen, mussten sich an die Seite stellen in einer Entfernung von fünfzig Metern von uns und wurden dort mit Namen und Nummer aufgeschrieben. Durch die Häftlinge ging ein Flüstern, dass für einen Transport in ein anderes Lager ausgewählt werde. Die Gruppe, aus der für den Transport ausgesucht wurde, stand der Gruppe, in der Heniek B. und ich waren, gegenüber. Ich beschloss es zu wagen, mich in die Gruppe derer zu schmuggeln, die für den Transport bestimmt waren, und in einem Moment als die SS-Männer sich entfernten und am linken Flügel unserer Kolonne Häftlinge auswählten, und die Schreiber, die die Ausgewählten notierten, damit beschäftigt waren, sie in eine Kolonne aufzustellen, trat ich ruhigen Schrittes aus der Reihe und ging in Richtung der anderen Gruppe. Auf halbem Wege mischte ich mich unter die, die ausgesucht worden waren, ich wurde notiert und in eine Reihe gestellt. Bevor ich zu der Gruppe gewechselt hatte, die für den Transport vorgesehen war, hatte ich Heniek gesagt, dass ich mich unter sie mischen werde, und dass er, sollte mir das gelingen, es auch riskieren soll, denn wenn wir gleichzeitig gegangen wären, hätten wir erwischt werden können. Als ich in der anderen Gruppe war, gab ich Heniek ein Zeichen, dass er rüberkommen soll. Er zögerte einen Moment, aber dann trat er aus der Reihe und kam ohne Probleme herüber. Als andere sahen, dass uns das gelungen war, begannen sie auch in unsere Richtung zu gehen, aber geschafft haben es nicht viele, weil es zu einem Durcheinander kam. Es sprangen mehrere gleichzeitig hervor. Zwei oder drei gingen zurück – sie waren aufgefallen – einige bekamen Schläge ins Gesicht, ein anderer einen Tritt und so endete die Auswahl für den Transport. Alle wurden zurück an die Arbeit getrieben, und unsere Gruppe, die etwa hundert Mann stark war, wurde zu Block 11 gebracht.

In diesem Block wurden die Häftlinge für den Transport gesammelt. Als man uns dorthin brachte, waren dort schon viele Häftlinge, und innerhalb dieses Tages wurden immer neue Gruppen aus verschiedenen Blocks gebracht. Hier sollten wir eine dreitägige Quarantäne durchlaufen, und es war schon klar, dass wir nach Mauthausen in Österreich fahren würden, und vielleicht auch in ein neues Lager in der Nähe von Mauthausen. Dieses neue Lager hieß Gusen, es war vier Kilometer von Mauthausen entfernt; dort war ich am längsten, nämlich vier Jahre und vier Monate. Alle, selbst die, die in den freien

Blocks für die Häftlinge waren, die nicht zur Arbeit eingeteilt waren, freuten sich, dass sie dieses Lager verließen, denn jedes andere würde besser sein als Dachau. Insgesamt umfasste unser Transport angeblich eintausend und sechsundsechzig Personen.

Bei der dreitägigen Quarantäne herrschte sofort eine andere Atmosphäre. Ein anderer, ein irgendwie erhabener Geist erfasste alle. Die Menschen freuten sich auf die Fahrt. „Jetzt wissen wir, dass wir leben werden“, sagten sie. „Aus anderen Lagern werden viele Menschen nach Hause entlassen, aber von uns wurde noch keiner freigelassen. Wenn man dort bei der Arbeit seine Norm schafft, hackt keiner auf einem herum.“ **Und was für mich interessant war, dass das meistenteils Leute sagten, die in den freien Blocks für die Häftlinge waren, die nicht zur Arbeit eingeteilt wurden. Und die beklagten sich außerdem darüber, dass sie nicht arbeiteten und deshalb weniger Brot bekamen. Sie waren der Meinung, dass in Lagern, in denen alle arbeiteten, die Häftlinge ausreichend Nahrung erhielten. Dieses Mal glaubte ich ihrem Geplapper nicht.**

Nachdem wir dem Transport zugeordnet worden waren, wurden wir automatisch aus der Strafkompanie entlassen und gleich am nächsten Tag rissen wir die schwarzen Punkte ab – das Zeichen für die Strafkompanie. In einem Gespräch mit Willi und Heniek B. sagte ich – und sie gaben mir recht –, dass es dort interessant sein muss, wenn sie uns gestatteten, die schwarzen Punkte abzureißen. Daraus würde sich ergeben, dass dort die Bedingungen für normale Häftlinge in nichts besser sein werden als die in der Strafkompanie in Dachau. Den anderen Häftlingen sagten wir nichts davon, denn das hätte ihr Missfallen erregen können. Wenn wir das außerdem selbst nicht mit Sicherheit wussten, gab es keinen Grund, den Leuten den Augenblick zufriedener Stimmung zu verderben.

Am letzten Tag vor der Abreise wurde einigen aber doch die Stimmung verdorben, und der Grund dafür war ein Transport von Invaliden aus Mauthausen und Gusen. Diese Menschen wurden langsam an unserer Baracke vorbeigeführt. Langsam, weil das nur noch menschliche Skelette waren in zerschlissenen Lumpen, die salbungsvoll Kleidung genannt wurden, und jeder von ihnen trug einen Verband oder einen Gips. Durch den Stacheldraht wurden von uns chaotische Fragen gestellt: woher, wie lange wart ihr dort, wie sind die Bedingungen? Jemand rief, dass wir dorthin fahren, woraufhin manche nur abwinkten und sagten, dass wir uns selbst überzeugen werden. Es verbreitete sich das Gerücht – das das Ziel hatte, die gute Stimmung zurückzubringen –, dass diese Invaliden Häftlinge seien, die bei einer verfrühten Explosion im Steinbruch verletzt worden waren, doch das hellte die Stimmung nicht auf.

Die Leute aus den freien Baracken brachten Zigaretten und Tabak und boten sie den Jungs aus der Strafkompanie an. Janusz Kempisty kam auch zur Baracke und brachte mir ein Päckchen Tabak, Blättchen und eine Schachtel Sacharin. Der gute, liebe Junge. Als wir durch das Tor gingen, stand er vor seinem Block und winkte mir zum Abschied. Ich weiß nicht, ob er den Krieg überlebt hat, aber ich bezweifle es ein bisschen, denn er war jung und unbeholfen.

Am Tage der Abfahrt hielt der Blockälteste unseres Blockes, ein Deutscher mit einem roten Winkel, eine kurze Ansprache und es war zu sehen, dass er sehr bewegt war. Ich vermute, dass er mit seiner Ansprache gegen die Anweisungen verstieß, dass er keine Erlaubnis dazu hatte, denn ich glaube nicht, dass ihm jemand erlaubt hätte, solche Dinge zu sagen. Seine Ansprache lässt sich in wenigen Sätzen zusammenfassen: „Da, wo ihr hinfahrt, ist es am schlimmsten. Schwerstarbeit und Vernichtung erwarten euch. Hier sind die lagerinternen Herren die Kommunisten, dort regieren Verbrecher."

Und zum Abschluss sagte er:

„Vergesst niemals, dass man nicht fallen darf, denn wer fällt, der steht nicht mehr auf."

Am 16. August 1940 erhielten wir morgens unseren Proviant für den Weg – das war ein Stück Wurst und ein halber Laib Brot – und wurden zu einem Nebengleis gebracht. Dort saßen wir fast drei Stunden im Gras und warteten auf den Zug. An diesem Tag war es sehr heiß. Alle hatten Durst, aber nirgendwo war Wasser. Hinzu kam, dass wir vor Langeweile und vor Hunger fast alle unser Brot aufgegessen hatten, und niemand wusste, wie lange die Fahrt dauern würde. Auch ich hatte meine Nahrungsmittel aufgegessen und hatte starken Durst. Doch ich versuchte, nicht daran zu denken, damit sich meine Stimmung nicht verschlechterte. Schlimm für mich war ein Moment, als ein Schnellzug an uns vorbeifuhr, in dem wir Menschen sahen, wie sie in Luxuswaggons reisten und sich an ihrer Freiheit erfreuten. Bevor dieser Zug vorbeifuhr, hatten sich die SS-Männer entlang des Gleises aufgestellt, damit keiner von uns zufällig auf die Idee kommt, vor den Zug zu springen. Das Leben nehmen durfte man sich im Lager, hinter dem Tor aber war das höchst unanständig.

Endlich wurde ein Güterzug bereitgestellt, wir wurden zu fünfzig Personen in jeden Waggon geladen. Wir hörten noch das Scheppern der Eisenstangen, mit denen die Waggons geschlossen wurden ... dann fuhr der Zug an.

Mauthausen

Beim Einladen in den Zug versuchten die Leute, sich so nebeneinander zu stellen, dass Bekannte und Freunde in einem Waggon fahren konnten. Ich stellte mich mit Willi und Heniek B. zusammen.

Quer durch den Waggon waren Bretter ausgelegt worden, auf denen wir saßen. Die, für die es auf den Brettern keinen Platz mehr gab, saßen auf dem Boden an der Wand. Es war sehr eng im Waggon und das einzig Gute an der Fahrt waren die offenen Fenster mit dicken Gittern auf beiden Waggonseiten. Durch diese Fenster kam ausreichend Luft in die Waggons.

Ich muss nicht daran erinnern, dass alle Hunger hatten, denn nur wenige hatten sich ein Stück Brot für den Zug aufgehoben. Alle hatten großen Durst. Während der wenigen Halte liefen die SS-Männer pausenlos neben dem Zug auf und ab. Als bei einem Halt aus unserem Waggon um Wasser gebeten wurde, drohte der SS-Mann damit, dass, wenn wir uns nicht beruhigen, er die Fenster schließen würde. Auf diese Drohung hin beruhigten sich alle und niemand bat mehr um Wasser, **denn wenn er die Fenster geschlossen hätte, dann wären wir, abgesehen davon, dass es im Waggon dunkel gewesen wäre, sicherlich durch den Luftmangel erstickt.**

Endlich hielt der Zug. Die Sonne war bereits untergegangen, doch es war noch ganz hell. Jemand hing sich ans Waggonfenster und las die Aufschrift am Bahnhof: „Mauthausen“. Ein anderer verdrehte den Namen absichtlich und sagte mit unheilvoller Stimme: „Mordhausen“. Im Waggon war Beunruhigung zu spüren – was wohl diese Veränderung für uns bedeuten würde? Ein paar Minuten lang herrschte Stille auf der Station, danach war Gebrüll zu hören, das langsam näherkam. Schreie. Dann war ganz nah in einem allgemeinen Gebrüll das Geräusch von Schlägen zu hören. Wir hörten, wie der Waggon vor uns geöffnet wurde. Geschrei, Schläge, Schmerzensschreie, Getrampel – Stille. Unser Waggon wurde geöffnet. Ich schaute hinaus: In einer gewissen Entfernung von den Waggons stand eine dichte Wachpostenlinie, ein paar SS-Männer mit Gewehren an den Türen – sie schrien alle gleichzeitig. Ich brauchte nicht zu verstehen, was sie schrien, um mir klar zu machen, dass sie befahlen, schnell auszusteigen. Zusammen mit den anderen sprang ich auf den Bahnsteig. Ich bekam einen Schlag mit einem Gewehr in den Rücken, aber ich achtete nicht weiter darauf, weil ich mich die ganze Zeit darauf konzentrierte, auszuweichen, um von den SS-Männern nichts abzubekommen. Die standen

Spalier und wir mussten zwischen ihnen hindurch rennen, um zur Kolonne aufzuschließen. Trotz meiner geradezu akrobatischen Sprünge bekam ich ein paar ordentliche Schläge ab.

In der Kolonne stand ich in der ersten Reihe auf der linken Seite. Auf beiden Seiten standen SS-Männer in einem Abstand von etwa zwei Schritten voneinander. Sie hielten Gewehre in den Händen, bereit zum Schuss. Alle waren sonderbar erregt, mit ihrem Geschrei machten sie den Eindruck, nicht normal zu sein. Als wir nach mehrmaligem Durchzählen endlich aufbrachen, war es schon ziemlich dunkel.

Als wir aus dem Bahnhof heraustraten, begann das Theater. Seitlich standen SS-Männer, einer neben dem anderen, rechts SS-Männer mit Hunden, andere saßen auf Motorrädern und beleuchteten die ganze Kolonne mit Scheinwerfern. Von hinten Autos, die ebenfalls die Kolonne anleuchteten. Zu dieser Dekoration waren andauerndes Gebrüll der SS-Männer, Schläge und Schreie oder Stöhnen der Geschlagenen zu hören. Von Zeit zu Zeit vernahmen wir einen Schuss, mal von vorn, dann von hinten. Ich wusste nicht, ob jemand geflohen war und deshalb geschossen wurde, oder ob jemand gefallen war und sie ihm dabei halfen, schnell in den Himmel zu kommen. Es war keine Zeit darüber nachzudenken. Das Spiel bestand darin, dass an der Spitze der Kolonne eine Gruppe SS-Männer in normalem Schritttempo ging, die hingegen, die an den Seiten und hinten gingen, schlugen uns pausenlos und trieben uns vorwärts. Die Häftlinge, die vorn gingen, durften nicht auf die SS auflaufen, deshalb hielten sie die Kolonne mit aller Macht zurück, während die Geschlagenen und Getriebenen nach vorn drängten. Wir gingen wie eingepferchte Schafe, hingen einander beinahe auf dem Rücken und traten uns auf die Füße. Keiner wollte aus der Kolonne gedrängt werden, denn man hätte dafür mit seinem Leben bezahlen können, dass man angeblich fliehen wollte.

Ich war auch in einer blöden Situation, denn ich war in der Außenreihe. Einen Wegabschnitt lang gingen wir direkt am Ufer der Donau. Das Ufer war sehr hoch, zwischen den Bäumen tief unten war der Fluss zu sehen und zu hören. Ein lästiger, bohrender Gedanke befiel mich: ein Sprung zwischen die SS-Männer, über den Rand und – Hals über Kopf nach unten. Ich hatte keine Ahnung, wie steil das Ufer war, ob dort Bäume wuchsen, ob unten gleich Wasser sein würde, oder ob es bis zum Wasser noch ein Stück wäre. Dann wurde mir bewusst, dass mich die Hunde fangen würden, ich könnte mich verletzen oder mir etwas brechen und würde am Ufer geschnappt werden. Dann kam doch wieder der Gedanke: ein Sprung, ein Meter, sie schaffen es nicht zu schießen, es ist dunkel, ich kann gut schwimmen. Aus diesen Gedanken riss mich die Stimme meines Nachbarn, der rechts neben mir ging.

„Kollege, hilf mir, ich kann nicht mehr.“

Es war ein kleiner, älterer Mann, in dessen Augen wahnsinnige Angst und Erschöpfung zu sehen waren. Er war in einer schlechteren Situation als ich, weil er an den Füßen lockere Holzschuhe mit Leinen hatte, solche hatten alle, die in den Blocks für nichtarbeitende Insassen gewohnt hatten. Der alte, entsetzte Mann tat mir leid. Ich umfasste ihn mit dem rechten Arm, legte seinen Arm um meinen Hals und hielt ihn mit meiner linken Hand. Wir waren kaum ein paar Meter gegangen, als ich einen fürchterlichen Schlag mit einem Gewehrlauf ins Herz bekam. Mir blieb der Atem weg, in meinem Kopf drehte es sich und ... in diesem Moment musste ich an die Worte des Blockältesten in Dachau denken, der gesagt hatte: „Passt auf, dass ihr nicht fallt, denn wer fällt, steht nicht mehr auf.“ Ich weiß selbst nicht, wann ich den Alten losgelassen hatte, ich hatte nur einen Gedanken im Kopf: nicht fallen, nicht fallen, nicht fallen.

Ich könnte nicht sagen, wie viele Schritte ich wie ein Mondsüchtiger ging, nur mit der Kraft des Schwunges und ohne Atem, den ich nicht holen konnte. Endlich ein kurzer, heftiger Atemzug, dann der nächste, noch einer und endlich kam ich nach und nach in den richtigen, normalen Atemrhythmus. Ich schaute zur Seite, aber meinen Alten konnte ich nicht mehr sehen. Entweder war er zurückgeblieben oder, wenn er gefallen war, niedergetrampelt worden.

Mir fiel auf, dass wir zwischen Felsblöcken gingen, die im Scheinwerferlicht schrecklich düster aussahen. Das waren die Steinbrüche, in denen die Lagerhäftlinge arbeiteten. Von diesen Steinbrüchen aus stiegen wir auf einer sehr steilen Treppe mit unförmigen Steinstufen hinauf, von denen es einhundertzweiundneunzig gab oder einhundertsechsundachtzig – ich weiß es heute nicht mehr, obwohl ich beim Hinaufgehen oft die Stufen gezählt habe, um nicht an die Mühe zu denken, die ich aufbringen musste, um die verdammte Wand hinaufzukommen. Ich kann mir vorstellen, wie viel Blut, Schweiß und erschöpfte Menschen die Erbauung dieser Treppen gekostet hat. Auf der einen Seite der Treppe war eine glatte, mit nichts abgesicherte Wand, an der entlang man direkt nach ganz unten in die Steinbrüche rutschen konnte, wobei die Seele direkt in den Himmel kam, und unten blieb der Leichnam als Fladen zurück. Als ich damals das erste Mal hinaufkletterte, schaute ich, bevor ich die Stufen betrat, die vor mir gehenden Menschen an: sie liefen beinahe rechtwinklig zur Wand, wie in den Himmel, denn es war schon so dunkel, dass die Menschen, die in einer gewissen Entfernung an der Wand vor mir gingen, aus meinem Blickfeld verschwanden. Endlich kamen wir oben an. Ich hatte die Treppen ohne besondere Mühe geschafft. Ich war jung, gesund und sportlich. Ich hatte im Verhältnis zu meiner Körpergröße immer wenig gewogen. Im

Jahr 1939 wog ich ohne Kleidung zweiundsechzig Kilogramm bei einer Größe von 1,78 Meter. Als wir oben angekommen waren, waren wir schon fast im Lager. Auf beiden Seiten des Weges standen Baracken. Weiter, auf der linken Seite, eine Steinmauer, ein Turm und ein Tor mit der Aufschrift auf Deutsch: „Arbeit macht frei".

All diese Einzelheiten nahm ich nur nebenbei wahr, weil wir unsere ganze Aufmerksamkeit auf etwas anderes konzentrierten. Bevor wir zum Tor kamen, umzingelte uns eine brüllende Gruppe SS-Männer mit Ochsenziemern und mit Hunden, von denen jeder bereit war, uns zwischen den Zähnen zu zerfetzen. Die SS-Männer, die uns eskortiert hatten, blieben vor dem Tor, und wir wurden von den neuen übernommen, die trunken waren von Tatkraft und Kampfeswillen. Also wurde wieder geschlagen, gebrüllt und vorwärtsgetrieben. Nach dem Schlag, den ich mit einem Gewehrlauf ins Herz bekommen hatte, positionierte ich mich so, dass ich in der Mitte der Reihe war, so dass ich den Schlägen weniger ausgesetzt war.

Das hier war vielleicht eine Irrenanstalt, dachte ich mir. Pass auf, Stasiek, dass sie dich nicht zerbrechen. Keine schlechte Begrüßung. Dachau, die freien Baracken – das war das Paradies gewesen. Hier würde es erst richtig lustig werden.

Hinter uns fuhr ein Lastkraftwagen auf den Platz, aus dem eine Ladung gekippt wurde. Es waren die Häftlinge, die auf dem Weg hingefallen waren. Ob sie lebten oder tot waren – ich weiß es nicht. Ich weiß nur, dass sie dalagen und sich nicht bewegten. Angeblich waren es insgesamt dreißig Personen. Lustig – keine Frage.

Von Beginn des Aufenthaltes im Lager an hat sich in meinem Kopf alles so seltsam eingestellt, dass mich die Grausamkeiten des Lagers nichts angingen, aber meine ganze Natur, meine Energie, mein Scharfsinn und meine Psyche hatten sich auf den Kampf gegen jede Widrigkeit in jeder Situation eingestellt. Ich wunderte mich über nichts und nichts konnte mir Sorgen bereiten. Wenn ich eine aufs Maul bekam, war das für mich auch lustig. Dann lachte ich im nächsten Augenblick und verstärkte meine Wachsamkeit, um weiteren Schlägen aus dem Weg zu gehen. Ich freute mich, wenn ich eine sich nähernde Gefahr rechtzeitig erkannte. Wenn ich harte Arbeit zu verrichten hatte, stellte ich mich ganz auf maximale Sparsamkeit an Bewegungen und Anstrengungen ein und schärfte meinen Riecher dafür, zu einer leichteren Arbeit zu kommen. Jede Situation hielt ich unter den Bedingungen, in denen ich mich befand, für normal. Ich freute mich, wenn es mir gelang, rechtzeitig beiseite zu springen, wenn sie blind drauflos schlugen, auf wen auch immer. Bis zu diesem Moment hatte ich nur ein einziges Mal leise geweint, und zwar so, dass es niemand sah, und der Grund für mein Weinen war der erste Brief meiner Mama, über den ich schon geschrieben habe, und nicht die Lagerbedingungen. An die Schläge hatte ich mich schon so gewöhnt, dass sie gar keinen Eindruck mehr auf mich machten. Ein bisschen Schmerz und sonst nichts. Ich kam zu der Überzeugung, dass man sich an Schmerz gewöhnen kann und man dann aufhört, sich vor Schlägen zu fürchten. So ging es mir. Ich hatte überhaupt keine Angst vor Schlägen. Ich passte nur auf, mich nicht bei Vergehen erwischen zu lassen, für die man umgebracht wurde. Für manche Verstöße wurde geschlagen, für andere getötet – aber sie konnten einen nicht nur aus einem nichtigen Grund töten, sondern auch ohne Grund. Es kam darauf an, wer schlug, womit er schlug und worauf er schlug. Deshalb passte ich auf, dass man mich nicht bei größeren Verstößen erwischte. Diese Methode war in Dachau gut gewesen.

In Mauthausen überzeugte ich mich schnell davon, dass man schlimm geschlagen oder sogar umgebracht werden konnte auch ohne irgendwelche Verstöße, und dass manchmal große Verstöße ungestraft blieben. Eine strenge Regel war nur, diejenigen zu erledigen, die dabei erwischt wurden, wie sie anderen Häftlingen Brot stahlen.

Jetzt also, da wir uns auf dem Appellplatz befanden, beeindruckte mich das wilde Gebrüll der SS-Männer nicht. Sollen sie doch brüllen, dachte ich mir, bis ihnen die Bauchnabel platzen. Mich rührt das nicht, Hauptsache ich werde von keinem Hund angefallen und von keinem Ochsenziemer am Kopf getroffen. Ich kann mir aber vorstellen, wie diejenigen verrückt wurden, die in Dachau in den Blocks für nichtarbeitende Insassen waren und die entweder auf dem Platz Gymnastik gemacht oder Lieder gesungen hatten – und hier sofort in eine solche Hölle stürzten. Ich hatte wenigstens schon die Strafkompanie hinter mir und diese Begrüßung hielt ich für eine neue Nummer im gleichen Theater.

Auf dem Appellplatz wurden wir gezählt, in zwei Gruppen aufgeteilt und in die Blocks 14 und 15 gebracht. Ich kam in Block 14. Die Blocks waren leer, ohne Betten. Die Böden waren mit Stroh ausgelegt, wie für Vieh. Wir erhielten eine Schüssel Suppe und gingen schlafen. Alle legten sich so hin, wie sie waren, in Kleidern, und wo sie wollten. Heniek B. und ich hatten uns im Block wiedergefunden. Ich hatte vorgeschlagen, schnell aufzuessen und einen guten Schlafplatz zu suchen, am besten in der Ecke des Saals, an der Wand, denn dann würden diejenigen, die in der Nacht zur Toilette müssten, nicht über uns drübersteigen. Nachdem wir uns auf das Stroh gelegt hatten, stellte sich heraus, dass noch eine große Gruppe Häftlinge kam, für die Platz fehlte. Ich war gespannt, wo die schlafen sollten. Wäre es zufällig besser gewesen, in dieser Gruppe zu sein, weil ich dann einen bequemeren Schlafplatz gehabt hätte? Aber ich hatte unsere Möglichkeiten unterschätzt. Die Stubenältesten kamen und begannen mit dem Blockältesten, uns mit den Füßen zusammenzuschieben. Alle legten sich auf die gleiche Seite und es stellte sich heraus, dass für alle Platz war. In der Nacht waren Flüche und Geschimpfe zu hören, das an diejenigen gerichtet war, die zum Abort mussten. Sie traten auf die Liegenden, und die wiederum fluchten. Der Rest schlief jedoch einen tiefen, schweren Schlaf nach den Strapazen und Erlebnissen dieses Tages.

Am nächsten Morgen wurden wir auf den Appellplatz geführt. In der Mitte war ein Tisch aufgestellt worden, an dem SS-Männer saßen, und um sie herum wuselten Funktionshäftlinge. Es war leicht zu erkennen, dass es sich um die Lager-Aristokratie handelte, und zwar an den sauberen, hübsch geschnittenen, gestreiften Anzügen und den fülligen Fressen. Die Häftlinge wurden nacheinander alphabetisch aufgerufen. Der jeweils aufgerufene Häftling lief schnell mit der Mütze in der Hand zum Tisch und stand stramm, und die SS-Männer lenkten ihn mit einer Handbewegung auf die eine oder andere Seite. Mir fiel auf, dass auf der einen Seite die jungen und gesunden Menschen standen, und auf der anderen die alten und geschwächten. Ich kam in die Gruppe der gesunden jungen Menschen. Nach der Segregation wurde die zweite Gruppe sofort in Hundertschaften aufgestellt und durch das Tor hinausgeleitet. Wir erfuhren, dass es nach Gusen ging, wo die Bedingungen noch schlechter waren als in Mauthausen, weil das Lager dort erst im Aufbau war und man dort unter sehr primitiven und unhygienischen Bedingungen lebte.

Wir wurden in die Blocks geführt und bekamen ein Mittagessen. Nach dem Mittagessen wies der Blockälteste uns an, dass sich keiner auch nur für einen Augenblick vom Block entfernen dürfe. Ich lief ein paar Minuten lang vor dem Block auf und ab. Es kamen Häftlinge aus anderen Blocks, um zu schauen, ob sie nicht jemanden Bekannten trafen. Einen von ihnen fragte ich, in welchem Block Warschauer sind. Er nannte ein paar Blocks. Er sagte mir auch, dass viele Leute aus Warschau in Block 13 sind, im Nachbarblock. Ich ging mit meinem Informanten zu Block 13. Wir betraten Stube B, in der er mich mit einigen Häftlingen aus Warschau bekannt machte. Ein Blockbewohner hielt eine Mandoline in der Hand, auf der er von Zeit zu Zeit etwas klimperte. Es war zu sehen, dass er nicht spielen konnte. Ich konnte schon damals meisterhaft Mandoline spielen. Ich spielte seit meinem vierzehnten Lebensjahr und seit meinem sechzehnten immer in Kapellen. Ich bat ihn, mir die Mandoline zu geben, und spielte ein paar typische Warschauer Lieder, wie *U cioci na imieninach*[10], *Fredzio*, *A u mnie siup!*[11], und noch ein paar humoristische Melodien.

10 Dt.: Bei der Tante zum Namenstag. (Anm. d. Übers.)
11 Dt.: Bei mir geht's: Hopp. (Anm. d. Übers.)

Alle in der Stube stellten sich um mich herum, lauschten mit Interesse und Genuss den ihnen unbekannten Liedern aus dem Milieu der Schufte und Gauner. Auch der Stubenälteste stand bei mir, wie ich später erfuhr. Es war ein Samstag oder ein Sonntag, denn alle Häftlinge waren im Block, und im Jahr 1940 wurde samstags nur bis Mittag gearbeitet und die Sonntage waren frei.

Ich fühlte mich dort so froh und wohl, dass ich meinen Block vergaß und auch, dass befohlen worden war, sich nicht zu entfernen. Ich spielte dort etwa eine Stunde. Letztlich versprach ich den Jungs, nochmal bei ihnen vorbeizuschauen, und ging zurück in meinen Block 14.

Als ich um die Ecke von Block 13 bog, dachte ich, ich werde verrückt. Vor dem Block war es leer, abgesehen von einer kleinen Gruppe Häftlinge, die vor dem Blockeingang stand. Als ich an die Gruppe herantrat, kam der Blockälteste mit den Worten „da ist der polnische Hund ja endlich“ auf mich zu und das Prügeln ging los. Das waren keine gewöhnlichen Schläge ins Gesicht. Der Blockälteste wollte mich vor Wut ganz offensichtlich umbringen. Er warf mich auf den Boden und schlug mit den Fäusten nur, wenn ich wieder auf die Beine gekommen war, um mich wieder umzuwerfen, und wenn ich lag, trat er zu und versuchte, mit den Füßen auf meinen Brustkorb zu springen. Das sah so aus, dass der Blockälteste, wenn ich hingefallen war, mit Schlägen und Tritten mich in eine Position brachte, die für ihn bequem war, um auf meine Brust zu springen. Wenn ich auf dem Rücken oder auf der Seite lag, versuchte er, mich einen Moment lang in dieser Position zu halten, versuchte selbst schnell hochzukommen und sprang von oben mit beiden Beinen auf mich drauf. Dieses Mal retteten mich meine Sportlichkeit und meine Orientierung, die ich bei meinem zweijährigen Ringsporttraining erworben hatte, und die Routine aus den recht häufigen Schlägereien, in die ich seit meiner Kindheit verwickelt war, als ich vor dem Krieg in Czerniaków aufwuchs. Eine große Rolle für meine Verteidigung – denn es handelte sich lediglich um Verteidigung – spielte, dass ich noch nicht so geschwächt war und die Kraft hatte, mich wegzudrehen. Immer, wenn er hochsprang, machte ich eine plötzliche Körperdrehung, so dass er mit den Füßen auf dem Boden aufkam oder mich nur streifte. Ich aber rappelte mich nach so einer Drehung schnell auf ... und dann wieder das Gleiche – Schläge, Umwerfen, Tritte, ein Sprung, Ausweichen und wieder auf die Beine. Ich spürte, dass ich gar keine Angst hatte. Vielleicht weil ich meine ganze körperliche und geistige Energie auf meine Verteidigung konzentrierte. Es ist ein schreckliches Gefühl, sich vor einer angreifenden Laus schützen zu müssen, die du zerdrücken könntest, aber nicht darfst, **dabei fühlte ich mich durchaus in der Lage, mich ihm zu widersetzen. Ich bin sicher, dass wenn wir die gleichen Rechte gehabt hätten, und ich auch hätte zuschlagen dürfen, er in**

meinen Händen arm dran gewesen wäre. Ich wusste jedoch, wenn ich nur ein einziges Mal zuschlagen würde, dass das mein Todesurteil gewesen wäre – und ich somit ein Selbstmörder.

Irgendwann sprang ein kleiner, schlanker Mann durch ein Fenster von Block 13, rannte auf uns zu und beschimpfte mit scharfer, bellender Stimme den Blockältesten, der mich schlug. Ich stand an der Seite. Der Blockälteste wollte mich wieder angreifen, aber der andere stellte sich schützend vor mich und nahm ihm gegenüber Kampfhaltung ein. Das war derselbe Stubenälteste, der ein paar Minuten zuvor voller Genuss meinem Mandolinenspiel gelauscht hatte. Endlich winkte der Blockälteste ab und ging, und der Stubenälteste von Block 13 nahm alle vor dem Block Stehenden mit in seinen Block. Zusammen waren wir zehn Personen. Als wir vor Block 13 standen, schickte er fünf in die Stube A und die anderen fünf, zusammen mit mir, in Stube B. Der Zufall wollte es, dass unter diesen zehn auch Heniek B. war, der aber in Stube A geschickt wurde.

Der Blockälteste von Block 14 wollte mich kaltmachen, weil in der Zeit, als ich in Block 13 gespielt hatte, die Leute aus unserem Transport auf alle Blocks aufgeteilt wurden. Alle waren aufgeteilt worden, nur die Gruppe der letzten zehn Leute konnte nicht abgeliefert werden, weil einer fehlte – ich. Und ich war zu der Zeit in demselben Block und in derselben Stube, der ich zugeteilt wurde. Ich bekam die Nummer 1008, von einem Toten.

Als wir in Stube B geführt wurden, stand im Flur ein großer junger Mann und fragte:

„Ist jemand aus Warschau?"

„Ja, ich", antwortete ich.

Er gab mir die Hand, und sagte, er sei Stefan Krukowski, aus Żoliborz.

„Und ich bin Grzesiuk Stasiek, aus Czerniaków."

So lernte ich Stefan kennen, der mir der beste Freund war, den ich im Leben hatte; ich kann nicht an ihn denken, ohne gerührt zu sein und ohne Herzlichkeit. Stefan kümmerte sich gleich um mich. Er machte mich mit einem anderen Häftling bekannt – auch namens Stefan. Dieser Stefan Kęszycki war mit ihm im Lager von dem Moment ihrer Festnahme an im Café „Bodega" in Warschau. Er verhandelte mit jemandem, damit ich ein besseres Bett zugeteilt bekam, näher an seinem. Er fragte mich, ob ich in Block 14 ein Abendessen bekommen hatte, und als ich ihm sagte, dass ich keins bekommen hatte, weil ich zu dem Zeitpunkt nicht da war, sagte er dies dem Stubenältesten. Der sprang aus dem Fenster, und kurz darauf durch das Fenster wieder hinein in die Stube und gab mir meine Abendportion Brot und Wurst. Na, dachte ich mir, bisher läuft es fabelhaft. Der Blockälteste von Block 14 hatte mir trotz ehrlichster Absichten keinerlei Verletzungen zugefügt und die paar Tritte und Schläge, die ich spürte, waren nur schmerzhaft, aber ich hatte mir nichts gebrochen.

Die Blocks in Mauthausen waren genauso angeordnet wie in Dachau, das heißt, dass jede Stube aus Essensraum und Schlafraum bestand. Abort und Waschraum waren im Block vorhanden, auf den Betten lag Bettwäsche. Die Spinde im Essensraum wurden zu dritt benutzt. Im Unterschied zu Dachau waren die Baracken niedrig, die Betten aus Holz und zweistöckig, während die in Dachau aus Eisen und dreistöckig gewesen waren. Die Strohsäcke in Dachau waren hart und fest gestopft gewesen, und niemand bewegte sie jemals. Hier waren die Strohsäcke weich, es war nur wenig Stroh darin. Sie mussten hoch aufgeschüttelt sein und es war nicht die kleinste Vertiefung auf der Schlafstatt gestattet. Wenn man in den Saal blickte, mussten alle Strohsäcke auf einer Linie liegen, ideal ausgerichtet. Präzise. Wer sein Bett schlecht gebaut hatte, wurde geschlagen, und abends oder am Samstagnachmittag oder sonntags, das heißt in der Zeit, in der nicht gearbeitet wurde, mussten wir zur Strafe Betten bauen, was manchmal mehrere Stunden dauerte. Nachdem die Betten ideal gebaut worden waren, kam der Stubenälteste Karl herein – der, der mich vor dem Blockältesten von Block 14 beschützt hatte; er prüfte und schlug die, die ihre Betten schlecht gebaut hatten, wühlte alle Betten durch und es ging wieder von vorn los – manchmal über ein Dutzend Mal, bis er uns endlich erlaubte, den Schlafraum zu verlassen.

Karl war ein fürchterlich bösartiges Vieh – er hatte einen roten Winkel, war angeblich Kommunist. Er hatte nur zwei Zähne im Mund und die wackelten. Die Gestapo hätte ihm die Zähne ausgeschlagen, erzählte er. Er hatte seine eigene Methode für uns: Wenn es warm war, hielt er uns den ganzen Sonntag im Block fest und keiner durfte – nicht einmal für eine Sekunde – die Baracke verlassen. Wenn Frost oder Regen war, dann trieb er uns gleich nach dem Frühstück aus der Baracke und ließ uns zum Mittagessen wieder rein, nur um uns danach wieder hinauszutreiben, und erst nach dem Abendappell und dem Abendessen durften wir in der Baracke bleiben. Wenn es regnete, standen wir oft den ganzen Tag um die Baracke herum, flach an die Wand gedrückt, und direkt vor unserer Nase floss Wasser vom Dach und die Füße waren nass. In andere Blocks durfte man nicht reingehen, denn wenn der Blockälteste oder der Stubenälteste oder einer der Kapos einen Fremden in seinem Block antraf, bekam dieser eine ordentliche Tracht Prügel, zur Abschreckung der anderen.

Wenn wir im Block eingeschlossen waren, konnte ich nichts machen, aber wenn Karl uns in den Regen und den Frost hinaustrieb, kam mir meine Fähigkeit zugute, Mandoline zu spielen und ein attraktives Repertoire zu haben. Der

Stubenälteste in Stube A war nicht so ein Verrückter wie unser Karl und der Blockälteste war auch nicht der Schlimmste.

Doch von Stube B durfte man nicht zur Stube A gehen.

Die Mandoline war Eigentum des Blockältesten, aber ein junger Schlesier kümmerte sich um sie, ein fürchterlich eingebildeter und wichtigtuerischer Rotzlöffel, der mich ablehnte, weil ich aus Warschau war, und nur die Intervention meiner Kumpel aus Warschau, die in Stube B wohnten, unter anderem Henryk Kowalczyk, mit dem ich in Frieden lebte, verhinderte, dass unser Streit handgreiflich wurde. Seine Gewichtigkeit kam daher, dass er der Liebling des Blockältesten war, und sich deshalb leisten konnte, sich wichtig zu machen und sogar andere ungestraft zu schlagen, denn niemand wollte das Missfallen des Blockältesten auf sich ziehen, der im Block Herr über Leben und Tod aller Häftlinge war.

Wenn Karl uns hinauswarf, versuchte ich mich mit den Jungs von Stube A zu verständigen, und die ließen mich im Einvernehmen mit dem Blockältesten in ihre Stube, damit ich ihnen etwas vorspielte. Ich nahm immer Stefan Krukowski mit, damit auch er nicht unter der Dachtraufe des Blocks in der Kälte stehen musste. Nach dem Spiel gaben mir die Jungs oft eine Schüssel mit Suppe vom Mittagessen oder ein Stück Brot. Das Essen teilte ich immer mit Stefan genau Hälfte-Hälfte. Wenn Karl uns im Winter sonntags nicht aus der Baracke jagte, lehrte er uns das Bettenbauen, indem wir ohne Mützen und Jacken stehen mussten, während er im Schlafraum alle Fenster herausnahm. Auf diese Weise war es im Schlafzimmer genauso eisig wie draußen, und wir mussten manchmal mehrere Stunden so ausgezogen und mit den verfrorenen Füßen trampelnd und mit von der Kälte steifen Fingern pausenlos die Betten bauen.

Stefan führte mich in das Lagerleben in Mauthausen ein, das sich in vielen Dingen vollkommen von dem Leben in Dachau unterschied. Samstagnachmittags war die Zeit, in der nicht gearbeitet wurde. Dann gab es keinerlei Strafgymnastik, denn diese Zeit war dafür vorgesehen, Ordnung zu machen, die Spinde zu säubern, löchrige Kleidung zu flicken, Knöpfe, Nummern und Winkel anzunähen und die Gesichter und Köpfe aller Häftlinge zu rasieren. Sonntags kontrollierten die Blockältesten, die Stubenältesten und die Kapos beim Morgenappell Sauberkeit und Ordnung und wenn jemand mit zerschlissener Kleidung erwischt wurde, sein Kopf oder Gesicht unrasiert oder die Nummer falsch aufgenäht war, bekam er Schläge, die oft zum Tod führten. Jemand, der so geschlagen und getreten wurde, starb nach einigen Tagen, denn wenn er im Block ordentlich Prügel erhalten hatte, verlor er die volle Konzentration bei der Arbeit. Dann passierte es leicht, dass er bei der Arbeit auffiel und wieder geschlagen wurde, weil er schlecht arbeitete. Und wenn er dann keine Kraft mehr hatte, vom Bett aufzustehen, wurde er nackt ausgezogen und in den Abort oder den Waschraum geworfen und starb dann dort, wobei er manchmal erst noch zwei oder drei Tage dort lag.

Ich erfuhr auch von Stefan über die Unterteilung der Menschen in der Stube in bessere und schlechtere. Die Schlechteren – das war die normale, graue Masse der Häftlinge, ewig hungrig, pausenlos geschlagen, die darum kämpfte, ein kleines bisschen Essen zusätzlich zu bekommen, Schläge zu umgehen, schwere Arbeit zu vermeiden; das waren die, die, wenn sie morgens aufstanden, nicht wussten, ob sie abends noch leben werden.

Die Besseren waren die Blockältesten, die Stubenältesten, der Blockschreiber, die Kapos und der Blockfriseur, zu dessen Pflichten es gehörte, alle oben Erwähnten zu rasieren. Die „Besseren" nahmen sich so viele Schüsseln voll Suppe, wie sie brauchten. Andere durften diese Suppe dann für eine abendliche Portion Wurst oder Margarine kaufen. Sie holten sich die Suppe nicht selbst. Sie ließen sie von ihren Bediensteten holen, die ebenfalls zu einer privilegierten Gruppe gehörten. Wenn es ein besseres Mittagessen gab – Nudeln oder Grütze –, kamen sie mehrmals mit zwei Schüsseln in den Händen, und zwar immer dann, wenn der Kübel zur Neige ging, wenn also die dicke Suppe ausgegeben wurde. Denn wenn es besseres Essen gab, dann rührte Karl fast gar nicht im Kübel und schöpfte mit der Kelle nur von oben. Die ganze Meute der vom Schicksal Auserwählten wartete mit jeweils zwei Schüsseln in den Händen. Wenn die Suppe im Kübel zur Neige ging, gab er ein Zeichen und dann kamen sie alle außerhalb der Reihe zum Essenholen. Wenn das Essen im Kübel aufgegessen war, wurde ein neuer Kübel geöffnet und die Auserwählten, die noch nichts bekommen hatten oder mit den nächsten Schüsseln warteten, stellten sich an die Seite und warteten wieder auf das Ende des Kübels. Die dünne Suppe von oben, oft ohne eine einzige Kartoffel, bekamen die, die in der Schlange standen.

Wir erhielten damals nicht mehr als einen dreiviertel Liter Suppe, von einem Nachschlag war nicht die Rede. Die Aristokraten des Blocks nahmen sich auch einen ganzen Napf voll Margarine, Marmelade und Quark, die wir einmal pro Woche bekamen. Von der Margarine bekamen wir – von dem, was für uns übrigblieb – ein Stück so groß wie eine Streichholzschachtel, und von Marmelade und Quark einen halben, manchmal einen dreiviertel Löffel voll.

Die zweite Klasse der Privilegierten waren die Bediensteten der Hauptaristokratie. Alle, die gut situiert waren, sattgefressen und gut angezogen, wurden im Lager „Prominente" genannt, und Leute, die vor Erschöpfung kaum noch kriechen konnten, die psychisch und körperlich am Ende waren, wurden

„Muselmänner" genannt. Die Blockherrschaften und ihre Bediensteten waren also die Prominenten.

Außer denen waren da noch die jungen Männer, um die sie – die Prominenten – sich kümmerten und die durch diese Fürsorge auch gut angezogen waren, bei leichten Arbeiten untergebracht wurden und Essen hatten, soviel sie wollten. Stefan sagte mir, dass er diesbezüglich einen Verdacht habe. Diese Beobachtung hätte sich ihm aufgedrängt, als, wie er mir erzählte, Karl ihm Nachschläge beim Essen zu geben begonnen hatte, und ihn danach einmal und ein zweites Mal bei verschiedenen Gelegenheiten befummelte. Und als Stefan sich nicht befummeln ließ, hörte Karl auf, ihm Nachschläge zu geben. Außerdem war Stefan dreiundzwanzig Jahre alt, ein Meter zweiundachtzig groß und dünn, vielleicht war der kleine Karl zu dem Schluss gekommen, dass es sich nicht lohnt, so einen Lulatsch zuzufüttern. Erst in Gusen wurde mir die Sache mit der Homosexualität in den Lagern klar und ich verstand damals vieles von dem, was ich mir vorher oft nicht hatte erklären können.

Die nächste Gruppe, die beim Frühstück und beim Mittagessen Nachschlag bekam, waren die Friseure, die samstags alle Häftlinge rasierten, auch die, die die Stube aufräumten und schrubbten, und die, die die feste Funktion hatten, die Essenskübel aus der Küche zu holen und – wenn sie leer waren – auf den Appellplatz zu tragen.

Im Unterschied zu Dachau gab es hier zum Frühstück statt schwarzen Kaffees einen Becher Knochenbrühe, bloß dass der Becher höchstens zu zwei Dritteln gefüllt wurde.

Jetzt werde ich beschreiben, wie ein durchschnittlicher, normaler Tag im Block aussah.

Morgens läutete die Glocke auf dem Appellplatz zum Aufstehen und im selben Moment bellte Karl von der Tür aus:

„Kostträger, raus!"

Die Jungs rannten nur in Hemden hinaus auf den Appellplatz, unterwegs zogen sie sich an. Karl schaltete nach seinem Schrei „Kostträger raus!" das Licht an und sprang wie ein Affe auf die oberen Betten. Er sprang von Bett zu Bett und schlug mit dem Knüppel alle, die es nicht geschafft hatten, in dem Moment, als er das Licht eingeschaltet hatte, auf den Boden zu springen. Dann sprang er hinunter und schlug weiter jeden, den er erwischte. Wenn er sich ausgetobt hatte, ging er in den Essensraum in seine abgeteilte Ecke, in der die Herrschaften wohnten, ihre Bediensteten und ihre Schützlinge, und wir im Schlafraum begannen, die Betten zu machen.

Zuerst waren die dran, die in den oberen Betten schliefen, inzwischen gingen die, die in den unteren Betten schliefen, sich waschen. Die von oben machten ihre Betten zuerst, weil sie dabei mit den Füßen auf den Rand des unteren Bettes traten, also die unten stören und die Betten verknautschen würden. Das präzise Zusammenlegen der Decken fand im Essensraum auf den Tischen statt. Die ordentlich zusammengelegte und eingerollte Decke breitete man über das gemachte Bett aus. Das Laken durfte nicht die kleinste Falte haben, und der Strohsack musste hoch über die Bretter hinausragen. Die zusammengelegte Decke breitete man obendrüber aus und strich sie mit speziellen Latten glatt. Um Schläge für ein schlecht gemachtes Bett zu vermeiden, musste man sich mit zwei glatten Latten zum Bügeln und Glattstreichen des Kopfpolsters und des Bettes ausrüsten. Die Strohsäcke und Kopfteile mussten auf der gesamten Linie aller Betten die gleiche Höhe haben.

Dann stellte sich jeder neben sein Bett, und Karl kontrollierte, wie sie gemacht waren. Ständig waren Schläge mit dem Knüppel oder ins Gesicht zu hören. Ob die Betten gut oder schlecht gemacht waren – es musste jeden Tag ein Dutzend Häftlinge zum ersten Frühstück Schläge bekommen haben, und ganz schlecht war es um jemanden bestellt, der sein Bett wirklich nicht gut gemacht hatte. Der wurde so richtig malträtiert, und für uns alle war garantiert, dass abends oder am Sonntag Bettenmachen geübt werden wird.

Nach dieser ersten Portion Prügel wurde im Essensraum die Morgensuppe ausgegeben. Zuerst traten die Privilegierten an den Kübel, die sich eine ganze Schüssel von ganz oben nahmen, das heißt, mit Fett; danach waren wir dran, und wenn alle bekommen hatten, bekamen die Privilegierten noch eine oder zwei Schüsseln. Wenn die dann genug hatten, sah sich Karl um und mit einer Fingerbewegung rief er die herbei, die ihm gefielen und gab ihnen einen Nachschlag. Die Häftlinge der gesamten Stube standen im Halbkreis, starrten auf Karl und den Kübel, dass ihnen die Augen hervortraten. Wenn Karls Blick bei jemandem stehenblieb, lächelte derjenige so zärtlich, wie man jemanden anlächelt, den man liebt, und hypnotisierte ihn gleichzeitig, damit der seinen Finger bewegte. Dann lief der Gerufene schnell zu ihm und bekam eine zusätzliche kleine Kelle Suppe ausgehändigt. In den ersten Tagen bemühte ich mich, vorn zu stehen, um ihm leicht ins Auge zu fallen, doch dann fiel mir schnell auf, dass das keinerlei Bedeutung hatte. Er wählte langsam und überlegte – und jedem lief das Wasser im Mund zusammen und jeder wollte von ganzem Herzen, dass er derjenige war, den der Stubenälteste mit dem Finger zu sich rief.

Ich wurde nur ein paar Mal zum Nachschlag aufgerufen. Stefan bekam öfter, aber wer auch immer von uns beiden einen Nachschlag bekam, wir aßen ihn immer gemeinsam. Der Nachschlag war überwiegend Stefans eigentliches Essen, denn wenn ihm die Zigaretten, die er in der Kantine erhalten hatte, ausgegangen waren, verkaufte er normalerweise seine Morgensuppe für Zigaretten; er erhielt für sie den Lagerpreis, der sich nach der Anzahl aller im Lager vorhandenen Zigaretten richtete. Manchmal bekam er zwei Zigaretten, manchmal nur eine, aber meistens eine halbe Zigarette, und das war sein Frühstück, es sei denn, wir bekamen einen Nachschlag, von dem er ein paar Schluck trank. Stefan war der Meinung, dass ein halber Napf heißer Flüssigkeit ihm sowieso nichts gab, und rauchen musste er morgens. Ich hatte damals dieses Problem nicht, weil ich gar nicht rauchte. Meine Erklärungen, dass jeder Schluck von jeder Art Essen hier seine Bedeutung hat, waren wirkungslos, so dass ich schließlich aufhörte, ihn überzeugen zu wollen. Wenn der Nachschlag ausgeteilt wurde, standen wir immer hinten und taten so als legten wir wenig Wert auf Nachschlag. Dennoch elektrisierte uns manchmal Karls Gebell: „Stefeki". Das hieß, dass es Nachschlag gab und Stefan zumindest ein paar Schluck heiße Flüssigkeit zu sich nahm. Er bemühte sich, genau zu teilen, ich aber wollte, dass er allein trank oder mir nur ein bisschen gab, symbolisch, schließlich wusste ich, dass er seine Portion bereits geraucht hatte.

Nach dem Frühstück wurden die Näpfe abgewaschen und schnell im Spind Ordnung gemacht, denn für ein schief hängendes Handtuch im Spind konnte man auch ordentlich Prügel beziehen; dann raus aus der Baracke, egal bei welchem Wetter. In dieser Zeit wurden im Essensraum und im Schlafraum die Böden gefegt und gescheuert und am Ende im Bad, im Abort und im Flur. Wenn Karl gut gelaunt war, dann erlaubte er uns manchmal – aber das kam nicht oft vor –, wenn es stark regnete, in der Baracke zu warten, bis es soweit war, dass diese Räume gereinigt waren. Meistens aber wurden wir selbst beim schlimmsten Wetter aus der Baracke getrieben. Eine halbe Stunde vor dem Morgenappell mussten wir bereits vor der Baracke antreten, von wo wir dann in Zehnerreihen aufgestellt zum Appellplatz gingen.

Beim Morgenappell bekam man immer ein paar Schläge in den Nacken oder auf den Rücken, weil alle Funktionäre pausenlos zwischen den Reihen umherliefen und uns an den anderen Blocks ausrichteten, damit alle Reihen gleichmäßig über die gesamte Länge des Appellplatzes aufgestellt waren. Aufs Maul bekam man hier nicht; wenn jemand was abbekam, dann war es Zufall oder er hatte seinen Kopf zu weit rausgestreckt und die Ordnung der Reihe gestört. Denn die Reihen wurden nach den Rücken ausgerichtet, wenn sie also durch die Reihen gingen, schlugen sie von hinten auf den Kopf, den Nacken oder den Rücken.

Wenn sie uns alle ausreichend angeschrien und geschubst hatten, ertönte hinter unseren Rücken ein Brüllen -- ein Brüllen, das gewaltiger war als das der anderen Schreihälse. Das war der Lagerälteste – ein riesiges, gewaltiges

Vieh. Er beendete die Ausrichtung. Er rannte durch fast jede Reihe und trommelte auf die Rücken von allen. Er drückte die Reihen auseinander, tobte vorbei und rannte weiter, um kurz darauf in einer anderen Reihe oder in den Blocks auf der gegenüberliegenden Seite des Appellplatzes aufzutauchen. Und bei uns begann wieder die Ausrichtung mithilfe der Fäuste unserer Blockherrschaft.

Da konnte man nichts machen. Wenn der Lagerälteste kam, dann schlug er alle und ob man etwas abbekam oder nicht, hing lediglich davon ab, welche Wege das Vieh an diesem Tag genommen hatte. Wenn ich sein Brüllen hinter mir hörte, standen mir die Haare zu Berge und dann wartete ich ruhig und angespannt, um auf den Hieb vorbereitet zu sein. Manchmal bekam ich einen, ein anderes Mal fiel der auf mich, der hinter mir stand; das bedeutete, dass er in der Reihe hinter mir wütete und dass die dort Prügel bekamen.

Nach dem Appell kam der Befehl: „In Arbeitsgruppen aufstellen", woraufhin ein großes Chaos entstand, weil jeder in seine Gruppe eilte, um als einer der ersten da zu sein. Es kam zu einer blitzartigen Durchmischung. Worin bestand das Geheimnis, dass die Leute wie verrückt in ihre Arbeitsgruppen eilten?

Es gab sehr gute Arbeit, gute, nicht sehr gute, nicht gute und sehr schlechte Arbeit. Sehr gute und gute Arbeiten waren überwiegend kleine, feste Gruppen und kein Neuer hatte dort Zutritt. Dort beeilte sich niemand, weil sie wussten, dass niemand ihren Platz besetzt. Andere Arbeiten hatten keine feste Aufteilung. Wenn also jemand an eine scheußliche Arbeit geraten war, versuchte er so schnell wie möglich von dort wegzukommen. Wenn er einen halben oder ganzen Tag dort gearbeitet hatte, stellte er sich am nächsten Tag in eine andere Gruppe. Und dadurch stellten sich für eine etwas bessere Arbeit, in der bessere Kapos waren, mehr Leute an, als gebraucht wurden. Wenn sie dreihundert Personen brauchten, und es hatten sich fünfhundertzwanzig hingestellt, dann holten sich die Kapos, die zu wenig Leute hatten, von den dortigen Gruppen so viele, wie sie für ihre Gruppe brauchten.

Und das war das Schlimmste, denn diejenigen, die sich freiwillig dorthin gestellt hatten, waren keine Dummköpfe, die nicht wussten, zu welcher Arbeit sie gingen, sondern solche, die in dieser Gruppe eine feste Funktion hatten, wie: Stellvertreter des Kapos, die kleine Gruppen beaufsichtigten, Lagerverwalter für Werkzeug, Bediensteter des Kapos oder auch notwendige Fachleute. Diejenigen, die angeschlossen wurden, waren für die schlimmsten, schwersten Arbeiten vorgesehen und das war das humane Grundmaterial, das dazu bestimmt war, im Lager den Tod zu finden. Deshalb beeilte ich mich auf den Befehl „In Arbeitsgruppen aufstellen!" immer sehr, damit ich an der Spitze meiner Arbeitsgruppe stand und man mich keiner anderen Gruppe zuteilte.

Denn in dieser Gruppe kannte ich die Arbeit schon und auch die Möglichkeiten, sie zu vermeiden, sprich so zu tun als ob. Wenn sie mich einer anderen Gruppe zuteilten, konnte ich nie wissen, zu was für einer Arbeit ich kam und ob ich beim nächsten Appell nicht einer derjenigen sein würde, der von anderen auf den Schultern ins Lager getragen wird, und zwar als Leiche. Jeden Tag und zu jedem Appell wurde eine Menge solcher Leute getragen, sie absolvierten ihren letzten Appell im Liegen und die Schreie und Schläge, die eng mit dem Appell zusammenhingen, interessierten sie nicht mehr.

Mittags gingen wir zum Essen ins Lager. Dann fand ein Appell statt, genauso wie morgens und abends. Die Appelle unterschieden sich in nichts voneinander. Aufstellen, Schläge und Geschrei – ein Augenblick Stille: die SS-Männer zählten durch. „Mützen ab!“ – und schon meldete der Rapportführer dem Kommandanten seinen Bericht. „Mützen auf! Wegtreten!“

Das Austeilen des Mittagessens fand auf die gleiche Weise statt wie beim Frühstück. Zuerst waren die Privilegierten mit ihren Schüsseln dran, dann wir; wenn es besseres Essen gab, traten die Privilegierten erst an den Kübel, wenn er zur Neige ging. Wenn das Essen verteilt war, nahmen sich die Privilegierten noch ein paar Schüsseln – und wieder rief Karl mit dem Finger diejenigen zu sich, denen er einen Nachschlag zuteilen wollte, und wieder, wenn Stefan oder ich einen Nachschlag bekamen, aßen wir ihn gemeinsam.

Das erinnerte mich an das Ausgabesystem für Mittagessen in Dachau in den freien Baracken, wo von allen gewählte Häftlinge das Essen austeilten und die Nachschläge nach Spindnummern ausgegeben wurden. Das Ziel war eine gerechte Essensverteilung. Am wohl dritten Tag meines Aufenthaltes in Dachau verlangte die Allgemeinheit der Häftlinge vom Blockältesten, die Essensverteiler zu wechseln, weil sie den Eindruck hatten, dass diese ihren Bekannten, die aus dem gleichen Ort wie sie stammten, größere Kartoffelportionen gegeben hätten. Die würde ich jetzt gern sehen, würde gern wissen, was sie zu den hier herrschenden Gewohnheiten sagen würden.

Nach dem Mittagessen spülten wir unsere Schüsseln ab und dann ging es wieder raus aus dem Block an die frische Luft. Wenn es nicht regnete, gingen wir auf den Appellplatz, um uns auf den Befehl hin in unseren Arbeitsgruppen aufzustellen und wieder zur Arbeit zu gehen, bis abends. Abends gab es einen normalen Appell.

Nach dem Appell wurde mit uns auf dem Appellplatz oft das Ab- und Aufsetzen der Mützen geübt. Wir fuchtelten also eine halbe Stunde mit den Mützen, ein anderes Mal eine Stunde und oft sogar zwei Stunden. Es ging darum, auf den Befehl „Mützen ab!“ die Mützen gleichzeitig ans Bein zu schlagen, und beim Befehl „Mützen auf!“ mit einer Bewegung die Mütze aufzusetzen und die

Hände beim Herunterlassen gleichzeitig an die Hosen zu schlagen. Das eigentliche Ziel dieser Übungen war jedoch, uns nach dem ganzen Tag Schwerstarbeit, höchster nervlicher Anspannung, nach Schlägen und Hungern weiter zu quälen. Mir wurde dieses Ziel gleich klar, deshalb legte ich nie den geringsten Wert darauf, diese Bewegungen genau auszuführen, denn ich wusste, dass ich, ob ich das gut oder schlecht mache, sowieso so lange trainieren werde, wie es für diesen Tag vorgesehen war.

Wenn wir vom Abendappell in den Block kamen, erhielten wir das Abendessen, jeder seine Portion Brot und eine Beilage – ein Stückchen Wurst, Margarine, Quark oder Marmelade. Das Brot war bereits geschnitten, es stand auf dem Tisch am Eingang. Wenn man sein Brot erhalten hatte, wurde schwarzer, ungesüßter Kaffee ausgeteilt, eine kleine Kelle in den Becher. Kaffee bekamen wir mehr als von der Morgensuppe, denn für den Kaffee gab es keine Interessenten an Nachschlag, und auch die Privilegierten drängelten sich nicht mit zwei Schüsseln. Das Abendessen wurde still und andächtig verzehrt. Wahrscheinlich denkt keine Betschwester so konzentriert an Gott, wenn sie betet, wie wir an das Brot, das wir aßen. Die meisten legten ein Geschirrhandtuch über ihre Knie oder auf den Tisch, darüber eine Serviette, und erst darauf das Brot. Es ging darum, nicht den kleinsten Krümel zu verlieren. Wenn man sein Brot aufgegessen hatte, sammelte man in der Mitte der Serviette die Krümel zusammen. Es waren sehr wenige, doch allen schien es, sie würden einen großen Verlust erfahren, wenn diese Krümel auf den Boden fallen würden und man sie nicht würde aufheben dürfen. Die Männer aßen unterschiedlich. Die einen aßen so wie Stefan und ich – sie aßen die ganze Portion. Wir schnitten das Brot nicht in kleine Portionen, sondern aßen es als ganzes, so wie es war, und es war uns ein Vergnügen, in ein großes Stück Brot zu beißen. Andere schnitten ihr Brot in dünne Scheiben, spielten damit, machten Häufchen daraus, aßen langsam und hoben einen Teil für den nächsten Tag auf, fürs Frühstück; und manche – aber das waren wirklich wenige – hoben sich sogar etwas fürs Mittagessen auf. Ich aß mein ganzes Brot lieber gleich zum Abendessen. Denn wenn ich den ganzen Tag hungrig war, wusste ich, dass ich nichts zu essen hatte. Ich konnte kein Brot in der Tasche bei mir haben, wenn ich hungrig war. Ich war den ganzen Tag hungrig, und abends, nachdem ich meine Portion gegessen hatte, war ich auch hungrig, aber ich wusste auch, dass ich nichts zu essen hatte und hatte nicht das Problem, auf mein Brot aufpassen zu müssen, damit es mir nicht gestohlen wurde.

Denn obwohl ein Brotdieb, der erwischt wurde, auf schreckliche Weise fertig gemacht wurde und sterben musste, kam Brotdiebstahl dennoch häufig vor. Es wurde denen Brot gestohlen, die mehr davon hatten, als sie brauchten, das heißt, den Privilegierten, oder denen, die sich ihr Brot tage- und nächtelang aufhoben, und wenn so jemand einschlief, dann stahl ihm ein anderer das Brot – und weg war es. Morgens Geschrei, Lärm – Brot gestohlen –, aber das half nichts mehr, denn von dem Brot waren nicht einmal mehr Krümel geblieben. Derjenige, der sein Leben riskiert hatte, um ein Stück Brot zu stehlen, war bereit, es die ganze Nacht hindurch in seinem Bett unter der Decke zu essen, damit morgens keine Spur mehr davon übrig war.

Nach dem Abendessen erlaubte uns der Stubenälteste gnädigerweise den Schlafraum zu betreten. Das war das Zeichen, dass der Abend ruhig verlaufen wird und dass man sich schon ins Bett legen konnte. Oft aber fand vor dem Abendessen vor dem Block Unterricht im Ab- und Aufsetzen der Mützen auf Befehl oder im Block Unterricht im Bettenbauen oder Reinigung der Spinde statt. Manchmal wurde das erst nach dem Abendessen gemacht. **Wenn wir unser Abendbrot gegessen hatten, gab es keine Sorge mehr um das Brot, wenn das Brot aber noch nicht aufgegessen war, hatte man das Problem, was man damit machen sollte. Ich aß mein Brot immer gleich, sobald ich es in die Hände bekam. Bevor ich zum Spind kam, um den Becher rauszuholen, hatte ich meine Portion Wurst schon aufgegessen. Ich schob sie mir einfach ganz in den Mund und ich war sicher, den Geschmack von Wurst im Mund zu haben. Dann nahm ich mir Kaffee und machte mich ans Essen. Wenn es Karl nach dem Abendbrot in den Sinn kam, uns üben zu lassen, hatte ich meistens kein Brot mehr oder ich hatte noch ein kleines Stück, das ich in eine Serviette wickelte und in meine Jackentasche steckte.** Die Entscheidung, dass geübt werden sollte, fiel immer plötzlich. Karl sprang vom Tisch auf, schnappte sich seinen Knüppel und trieb uns zum Schlafraum, prügelte dabei die Letzten. Verloren waren dann die, die sich mit dem Essen so viel Zeit gelassen hatten, denn die waren erst dabei, ihre dünnen Brotscheiben mit ein bisschen Wurst, die wir erhalten hatten, vorzubereiten.

Wenn Karl nach dem Knüppel griff, schlug ich mein Brot in die Serviette ein, auf der es lag, steckte es in die Jackentasche und lavierte so, dass ich möglichst weit weg war von ihm und seinem Knüppel. Wenn er die am Tisch mit dem Knüppel antrieb, lief ich zum Schlafraum, denn die Hinteren bekamen immer ordentlich etwas mit dem Knüppel auf den Kopf und auf den Rücken.

Als es endlich Zeit zum Schlafen war, legten wir unsere Kleider zusammen und unter das Bett und gingen schlafen. Wir schliefen nie gleich ein. Nachdem das Licht gelöscht worden war, begann ein allgemeines Gespräch mit Informationscharakter. Jeder teilte das mit, was er am Tage gehört hatte. Da gab es verschiedene fantastische Nachrichten. Eines der wichtigsten Probleme, das fast täglich besprochen wurde, war die Frage der Erhöhung der Lebensmittelrationen: dass es so viel Suppe geben wird, wie jeder essen kann, und einen halben Laib Brot. Das zweite ebenso wichtige und stets besprochene Problem war die Freilassung. Es wurde besprochen, wer, wann und in welcher Reihenfolge freigelassen werden würde, dass bereits die Papiere zur Abreise vorbereitet werden, dass wir Weihnachten alle zuhause sein werden. Das dritte Problem waren die Nachrichten aus dem Kriegstheater. Mit Deutschland ist es im Frühjahr aus. England, Amerika – sind bestimmt schon ganz nah. Die polnische Armee – eine Großmacht, Sikorski. Revolution in Deutschland, so wie 1918, mit einem Wort – bestimmt, mit Sicherheit, keine Frage. Die Nachrichten waren bei SS-Männern und den Meistern in Zivil aufgeschnappt und an vertraute Häftlinge weitergegeben worden, die es wiederum weitergegeben hatten, bis sie auch bis zu uns gedrungen waren.

Ich glaubte nicht an dieses Gequatsche, doch ich hörte mit Vergnügen zu, so wie man ein für das Ohr angenehmes Märchen hört. Man weiß, dass das nicht wahr sein kann, hört aber gern zu und denkt sich, dass vielleicht in diesem Märchen doch ein kleines Körnchen Wahrheit steckt, denn es war nicht möglich, dass das alles ausgedacht war. Unsere „Abendnachrichten" hatten auch ihren Zweck. Sie hielten die Menschen bei Laune. Sie mobilisierten uns dazu, um unser Leben zu kämpfen. Sie verhinderten, dass die Leute psychisch zusammenbrachen. Halt durch, lass dich nicht unterkriegen, kämpfe um Nahrung, kämpfe darum, dass du dich nicht mit schwerer und auszehrender Arbeit überanstrengst, denn jede Anstrengung bedeutete Verausgabung, den Verlust von einem Löffel Suppe oder einem Stück Brot. Sie werden uns freilassen, du musst nur durchhalten. Wenn sie dich nicht freilassen, muss im Frühjahr der Krieg zu Ende sein – Deutschland verliert und du wirst frei sein, doch bis zum Frühjahr musst du durchhalten. Man darf nicht sterben, wenn die Freiheit bald kommt.

Unsere „Nachrichten" wurden manchmal von einem neuen Exzess von Karl unterbrochen. Er kam leise in den Schlafraum, schaltete das Licht ein und indem er mit dem Knüppel zuschlug, trieb er uns aus den Betten. Er schlug besonders die, die nicht gleich aus den Betten sprangen. Er machte das immer mit viel Lärm und Geschrei, brüllte mit seiner von uns verhassten bellenden Stimme. Er jagte uns aus den Betten und prüfte, ob jemand lange Unterhosen oder unter dem Hemd einen Pullover trug, und arm dran war, wer in langen Unterhosen erwischt wurde. Prügel, fast totgeprügelt. Es ging darum, dass das Schlafen in langen Unterhosen als Vorbereitung auf die Flucht galt und wenn ein SS-Mann eine solche Kontrolle gemacht und jemanden erwischt hätte, hätte der gesamte Block Strafübungen und Schläge bekommen, und der Stubenälteste wäre dran gewesen, weil er nicht auf Ordnung in seiner

Stube geachtet hatte. Das war auch nur eine Form der Quälerei, denn keiner von denen glaubte, dass einer, der in langen Unterhosen oder im Pullover schlief, die Absicht hatte, nachts über die elektrischen Drähte und die Wachpostenlinie zu fliehen.

Als der Winter und mit ihm der Frost gekommen war, schlief ich immer im Pullover und in langen Unterhosen, aber ich zog sie nicht abends an, sondern erst spät in der Nacht, wenn ich wusste, dass keine Kontrolle mehr kam, die allerspätestens eine Stunde, nachdem das Licht gelöscht worden war, gemacht wurde. Ich weiß nicht, wie die anderen das machten, aber wenn die Kontrolle vorbei war, zog ich ohne Angst meinen Pullover und die langen Unterhosen an, denn nie kam nach einer Kontrolle am gleichen Tag noch eine. Stefan machte es genauso wie ich. Unser Vorgehen war immer abgesprochen. Ich hatte jedoch gesehen, dass nach einer Kontrolle, bei der einer, der bei dem „Verbrechen" erwischt worden war und massakriert wurde, andere sehr erschrocken waren, und ich vermute, dass die Angst vor Schlägen für sie allzu groß war, um das Risiko einzugehen und sich in der Nacht anzuziehen.

Warum haben wir es riskiert? Weil das Mistvieh Karl – als schlimmer Frost gekommen war – für die Nacht bei uns die Fenster rausnahm und in seiner *kapówka*[12] unterstellte. Er wusste, dass, wenn er lediglich den Befehl geben würde, die Fenster zu öffnen, wir sie nachts schließen würden, wenn er sie aber zu sich mitnahm, war er sicher, dass wir frieren würden. Anständig war er insofern als er an einem Tag die Fenster auf der einen Seite und am anderen auf der gegenüberliegenden Seite herausnahm. Er achtete auf unsere Gesundheit, dass wir nachts reine Luft einatmeten. Aber dort, wo er und seine Bande schliefen, war es warm und die Fenster waren geschlossen., denn sie hatten im Essensraum ihren gesonderten Raum, abgetrennt von den Muselmännern durch eine Wand. Die bessere Sphäre.

Man muss sich vorstellen, dass uns ein einziger, kleiner, schlanker, zahnloser Mensch mit einem roten Winkel, wie ihn die politischen Häftlinge trugen, so quälen konnte. Ein Mensch, der sich selbst Kommunist nannte – nur er selbst nannte sich so, denn schließlich konnte niemand, außer er selbst, sich für einen Kommunisten halten.

12 „kapówka" ist eine Wortschöpfung der polnischen Häftlinge in Mauthausen und Gusen, und steht hier für den mit Spinden abgetrennten Bereich im „Essensraum", in dem die Kapos, die Blockältesten, die Stubenältesten und deren Gehilfen und Freunde wohnten. In Gusen war die „kapówka" ein gesonderter Raum im Block. (Anm. d. Übers.)

Am ersten Tag, als ich Block 13 zugeteilt worden war, zeigte mir Stefan mein Bett, das nicht weit von seinem im Parterre stand. Unser Übersetzer und Helfer des Blockschreibers – ein Schlesier mit dem Nachnamen Sroka – war ein sehr guter Mann; je nach seinen Beziehungen und Möglichkeiten versuchte er uns zu helfen. Als im Block meine Personalien notiert wurden, gab ich meinen Beruf an: Elektromechaniker, weil ich diesen Beruf tatsächlich gelernt und darin von 1934 bis zum Krieg gearbeitet hatte. Ich wurde der Gruppe der Elektriker zugeteilt und als ich das erste Mal zur Arbeit ging, brachte mich Sroka zu meiner Arbeitsgruppe. Die Elektriker arbeiteten in einer Baracke. Man zeigte mir einen Motor und fragte mich, ob ich ihn umspulen könne.

„Ja, kann ich", antwortete ich.

Trotzdem brachte mich einer aus der Gruppe in ein großes Gebäude, in dem es ein Bad gab. Dort war ein kleiner Raum, in dem sich die Motoren für die Pumpen befanden, die das gesamte Lager mit Wasser versorgten. Sie setzten sich automatisch in Gang, abhängig vom Wasserbedarf. Es waren zwei Motoren, die abwechselnd arbeiteten. Der Unterbau, die Unterlegscheiben und andere vorhandene Teile waren stark verrostet. Ich bekam ein bisschen Schmirgelpapier und sollte die verrosteten Teile säubern. Der, der mich dorthin geführt hatte, ging und ich blieb zurück. Ich reinigte den ganzen Tag lang anständig die Teile.

Am nächsten Tag sollte ich wieder dorthin gehen. Ich ging, aber ich hatte nichts mehr zu reinigen, deshalb setzte ich mich auf den warmen Moter und wärmte mir den Hintern. Ich saß den ganzen Tag so, passte nur auf, mich beim Sitzen nicht erwischen zu lassen, denn ab und an schauten irgendwelche Häftlinge, die Spezialisten waren, vorbei, und manchmal schaute auch der herein, der mich das erste Mal dorthin gebracht hatte. Wenn ich durch die Ritze meiner Tür sah, dass die erste Tür aufging, kletterte ich schnell von dem Motor und schmirgelte den Motor so, als würde mein Leben davon abhängen, dass ich ihn gut reinigte. Das Sitzen auf dem Motor dauerte zwei Wochen. Ich hatte wunderbar meine Ruhe. Ich konnte über verschiedene reale und nicht reale Dinge nachdenken. Eigentlich bestand meine Arbeit nur darin, die Tür zu beobachten, damit mich niemand überraschte und dabei erwischte, wie ich rittlings auf dem Motor saß. Wenn ich allein war und nichts tat, spürte ich den Hunger noch stärker, weil ich Zeit hatte, an ihn zu denken. Eines Tages beschloss ich zu probieren, wie das Öl schmeckt, das für die Pfannen in den Motoren benutzt wurde. Von diesem Öl stand eine Menge in einer Kanne. Maschinenöl war schließlich Fett, nur ein bisschen anders, aber vielleicht ließ sich das trinken. Ich steckte den Finger in die Kanne und dann in den Mund. Nein. Das war nicht gut, ein ekelhafter Geschmack nach Erdöl und weiß der Teufel, was noch. Es wurde mir ihm Hals so komisch, dass ich ordentlich ausspuckte und mich nicht noch einmal an das Maschinenöl wagte.

Nach zwei Wochen, als ich mich morgens beim Appell zu meiner Gruppe stellte, scheuchte der deutsche Kapo mich einfach weg. Deshalb stellte ich mich blind zu irgendeiner anderen Arbeitsgruppe und beendete auf diese Weise meine Karriere als Elektriker, und es begann wieder das Leben in der grauen Masse, der untersten Kategorie für Häftlinge, die niemand brauchte, verurteilt zur schnellen Vernichtung durch Hunger, Schläge und Arbeit, die über ihre Kräfte ging.

An dem Tag, nach dem wir in Block 13 einquartiert worden waren, fiel mir auf, dass beim Mittagessen, das aus einem theoretischen halben Liter Suppe aus Kohl und Pellkartoffeln bestand – theoretisch, weil der halbe Liter Theorie war, und wir in der Praxis wesentlich weniger erhielten –, die meisten ihre Kartoffeln mit Schale aßen und dass sie das ganz offiziell taten und niemand sie dafür tadelte. Also legte auch ich die Kartoffeln in den Kohl und aß sie mit Schale. Nach dem Mittagessen, als wir aus dem Block gejagt worden waren und vor der Baracke standen, hörte ich mit noch größerer Verwunderung, wie Stefan Krukowski prahlte, dass er ordentlich gegessen hatte, „weil ich meine Portion gegessen habe", sagte er, „einen Nachschlag Kartoffeln bekommen habe, und mir danach noch eine Schüssel schöner Schalen organisiert habe und jetzt entspannt den Abend abwarten kann".

Es stellte sich heraus, dass man, um Kartoffelschalen essen zu dürfen, enorme organisatorische Fähigkeiten und Beziehungen am Tisch der Prominenten haben musste. Die Prominenten nahmen sich so viel Essen, wie sie wollten, deshalb pellten sie die Schale grob ab, und legten sie in gesonderte Schüsseln. Eine ganze Masse hungriger Häftlinge kreiste von weitem um diesen Tisch und wenn man den richtigen Moment abpasste, trat man für eine Schüssel mit Schalen an den Tisch heran. Wer so eine Schüssel bekam, wurde von den anderen neidisch angesehen. Wenn jemand zu früh an den Tisch trat, konnte er leicht statt der Schalen was aufs Maul bekommen. Am besten war es, einen Bekannten an diesem Tisch zu haben und wenn der gleich seine Schalen und die seines Nachbarn, zum Beispiel des Stubenältesten sammelte, der noch dicker abschälte, und nach dem Abschälen sich vom Tisch entfernte und selbst die Schalen einem von ihm auserwählten Häftling aushändigte. Stefan und ich bekamen Schalen vom Tisch der Prominenten von Zygmunt Jaczewski aus Warschau. Über Jaczewski werde ich noch gesondert erzählen.

Stefan holte, kurz nachdem er geprahlt hatte, wie er sich an Kartoffelschalen sattgegessen hatte, mit der Geste eines Aristokraten zwei Kohlstrünke aus seiner Jackentasche, gab mir einen und begann selbst, den anderen zu knabbern.

„Strünke habe ich heute auch ergattert", sagte er dabei, „ich bin an einen guten SS-Mann geraten. Er hat nicht geschossen."

Mir fiel auf, dass die meisten ihn bewundernd ansahen. Bald darauf holte auch ich Strünke und rohe Kohlblätter und verstand, was „ein guter SS-Mann" und „er schießt nicht" bedeutete. So mancher Häftling hatte mit dem Leben dafür bezahlt, dass er seinen Hunger mit Strünken stillen wollte. Doch das waren ahnungslose und leichtgläubige Dummköpfe, die einem SS-Mann geglaubt hatten.

Das Ergattern von Strünken ging so vor sich, dass man an den Haufen mit Abfällen, die in der Küche weggeworfen wurden, herangehen musste, dieser Haufen war gute zehn Meter von der Wachpostenlinie und der Stellung des nächsten Wachpostens entfernt. Gleich daneben standen offene Schuppen, in denen sich von niemandem bewachte Stahl-Magazine befanden. Dort lagen verschiedene dicke und schmale Rohre, Stangen, Flacheisen und lauter anderer Stahlmüll. Zwischen einem Schuppen und dem nächsten Wachposten befand sich der Haufen mit den ausgesprochen brauchbaren Abfällen, wie ich das nennen würde. Diese Abfälle lagen einige Meter von der Ecke des Schuppens entfernt, und gute zehn Meter dahinter stand ein Posten mit einem Gewehr. Der an den Strünken Interessierte beugte sich leicht hinter der Ecke des Schuppens hervor und fragte den SS-Mann, ob er es ihm erlaubt, etwas vom Abfallhaufen zu nehmen. Der wiederum antwortete entweder überhaupt nicht, oder erlaubte es, oder erlaubte es auch nicht. Wenn er es nicht erlaubte, war es klar, dass man nicht zu dem Haufen gehen durfte, wenn er es aber erlaubte oder mit gleichgültiger Miene schaute, als hätte man nichts zu ihm gesagt, musste man es riskieren. Man ging sehr langsam, bereit zum sofortigen Rückzug, und wenn man angekommen war, packte man sich schnell einen Strunk in die Tasche. Manchen wurde ihre Gier zum Verhängnis. So ein hungernder Mensch wollte, wenn er schon mal konnte, so viel wie möglich nehmen, der SS-Mann erlaubte es, sagte nichts, man konnte in Ruhe auswählen. Dann ließ er den SS-Mann aus den Augen, der aber wartete nur auf so einen Moment. Schnell riss er das Gewehr hoch, nicht selten warnte jemand hinter dem Schuppen und versteckte sich selbst hinter der Ecke. Ein Schuss – und der Junge war erledigt. Aus gut zehn Metern zu treffen war nicht schwer. Selbst wenn er den Warnruf hörte, schaute er erst, wovor er sich in Acht nehmen soll, und dann war es schon zu spät für die Flucht.

Stefan und ich erarbeiteten einen „wissenschaftlichen" Plan für das Strünke-Holen. So wie andere fragten wir, ob man an den Abfallhaufen herantreten darf. Wenn er schwieg oder es erlaubte, liefen wir mit zur Flucht bereiten lauernden Schritten zum Abfallhaufen. Der Unterschied bestand darin, dass wir dem SS-Mann nicht glaubten und die Strünke tastend aussuchten, wie Blinde, weil wir den Wächter nicht aus den Augen ließen, und dabei erinnerte unsere Position an einen Menschen, der bereit ist zum Start in die andere Richtung, sprich zum Schuppen, zu dem es nicht mehr als sechs Meter waren.

Ein zweiter, ebenso wichtiger Punkt unserer Methode war, dass wir, selbst wenn der Wächter uns ermutigte, es nicht wagten, wenn er das Gewehr unter dem Arm hielt. Das Gewehr aus so einer Position hochzureißen und zu schießen ist schließlich nur ein Moment, wenn er aber das Gewehr über der Schulter trug, auf dem Rücken, musste er erst eine Menge Bewegungen ausführen. Und wenn er schießen wollte, dann war ich, bevor er das Gewehr vom Rücken geholt hatte, schon hinter dem Schuppen. Mehrmals wollten sie auf mich schießen, aber beim ersten Beben ihrer Hand, war ich schon hinter dem Schuppen. Die Schalen gekochter Kartoffeln und die Strünke waren das erste zusätzliche Essen, das ich selbst organisiert hatte.

Stefan und ich teilten jedes ergatterte Essen genau Hälfte-Hälfte, ob das Kartoffelschalen waren, Strünke oder Brotkrusten, Futter- oder Zuckerrüben, oder sogar Apfelgriebse oder eine Weintraube oder eine Zwiebelschicht – wir teilten alles Hälfte-Hälfte. Wenn wir nicht zusammen waren, und einer von uns etwas zu Essen organisiert hatte, dann hob er den Teil für den anderen auf oder suchte ihn, damit dieser es bei der Arbeit essen konnte, oder er brachte es mit zurück ins Lager und dort erhielt der andere seinen Teil.

Die Kartoffelschalen vom Tisch der Prominenten gab uns – wie ich schon erwähnt habe – Zygmunt Jaczewski aus Warschau. Im Jahr 1940 war er etwa vierunddreißig oder sechsunddreißig Jahre alt. Er hatte die Höhere Handelsschule abgeschlossen und war vor dem Krieg ein hohes Tier im Außenhandel gewesen. Er beherrschte vier Fremdsprachen. Den ganzen Aufenthalt in Mauthausen hindurch erging es ihm gut, insofern man überhaupt davon sprechen kann, dass es einem im Lager gut gehen konnte. Jedenfalls erfreute er sich Karls Sympathie, saß an seinem Tisch, bekam so viel Essen, wie er verzehren konnte, aber nur so viel, denn außer den Resten durfte er niemandem etwas geben. Deshalb gab er uns Kartoffelschalen und Knochen, von denen manchmal viele in der Morgensuppe waren. Wenn es zum Mittagessen Suppe gab, bekamen wir nichts zusätzlich, wenn es aber einen halben Liter Suppe und Kartoffeln gab, aßen wir nur die Kartoffeln und warteten mit der Suppe auf die Schalen von Zygmunt. Wenn wir die Kartoffelschalen bekamen, teilten wir sie und gaben sie in die Suppe. So waren sie leichter zu essen, denn die Schalen selbst hatten einen unangenehmen Geschmack und waren trocken – man konnte sich daran verschlucken. Flache Knochen aßen wir ganz, man kratzte mit den Zähnen, bohrte mit dem Messer in sie rein, so dass man am Ende den ganzen Knochen aß, oder nur die harte Oberflächenschicht des Knochens übrigblieb. Als Zygmunt sah, wie die Menschen Knochen aßen, wollte er einmal auch aus Neugier probieren, wie das schmeckt, und brach sich einen Schneidezahn ab. Er gab mir diesen Knochen und sagte, dass er nie wieder einen Knochen in den Mund nehmen werde. Er wusste nicht, der Arme, was ihm noch bevorstand und wie es uns ergehen würde. Mir gefiel an ihm, dass er, wenn er uns Kartoffelschalen oder Knochen gab, dies nicht mit einer Geste tat, als gebe er einem Bettler Almosen, oder mit Verachtung, dass wir so etwas aßen – so wie es andere taten. Er machte das sehr subtil, mit einem Lächeln, als würde er sich bei uns dafür entschuldigen wollen, dass er uns nichts anderes geben kann, sondern nur das. Wir waren über das, was wir von ihm erhielten, sehr froh, denn wenn wir unser ganzes Mittagessen und fast eine ganze Schüssel Kartoffelschalen gegessen hatten, hatten wir zumindest das Gefühl, unseren Magen gefüllt zu haben.

Wenn es im Lager wenige Zigaretten gab und die Raucher nichts mehr zu Rauchen hatten, besorgte ich für Stefan und Jaczewski Zigarettenstummel. Ich machte das so, dass ich am Tage mehrmals um alle SS-Baracken lief. Häftlingen, die nicht bei den SS-Männern arbeiteten, war es verboten, dieses Gelände zu betreten, aber ich betrat es. Ich musste nur schnell gehen, als müsste ich irgendwo hin und hätte es sehr eilig. Mit wachsamem Blick schaute ich mich um, ob mich jemand beobachtete, und wenn ich ein Stück Brot, das aus dem Fenster geworfen worden war, einen Apfelgriebs oder einen Zigarettenstummel erblickte, hob ich das mit einer schnellen Bewegung im Lauf auf, steckte es aber nicht in die Tasche, sondern hielt es in der Hand verborgen und lief schnellen Schrittes weiter. Wenn ich sah, dass ein SS-Mann aus dem Fenster schaute oder mir entgegenkam, hob ich nie etwas auf, denn auf diese Weise hätte ich mich verraten, dass ich Organisator bin und kein Arbeiter für die SS, denn die hatten es nicht nötig, etwas vom Boden aufzuheben. Ich merkte mir nur, wo das lag und kam einige Zeit später wieder zu derselben Stelle.

Es war auch niemand daran interessiert, zwischen den Baracken herumzulaufen. Sie fürchteten sich davor, geschlagen zu werden. Einer, der sich auch nicht fürchtete, war Stefan Krukowski und oft waren wir dort auch zusammen unterwegs. Einmal warf ein älterer SS-Mann uns ein gutes Dutzend Brotkrusten vor die Nase. Ein anderes Mal, als wir schnellen Schrittes gingen, rief uns jemand vom Fenster aus. In solchen Fällen ging Stefan hin, weil er perfekt Deutsch sprach. Es rief ihn derselbe SS-Mann, der zuvor das Brot rausgeworfen hatte. Wir hatten ihn am Fenster gesehen, und er, in der Mitte des Zimmers stehend, hatte gelächelt und mit dem Finger auf das Brot gezeigt, dass das für uns sei. Dieses Mal dachten wir, es würde Prügel geben. Stefan ging hin und der gab ihm eine ganze Menge Weintrauben. Stefan steckte sie schnell ein, damit niemandem etwas auffiel und der SS-Mann keine Probleme bekam. Das war für uns wie im Paradies. Nach unserem Schweinefutter, den Kartoffelschalen und den Kohlstrünken – Weintrauben. Wir spielten oft ein Spiel: Wenn ein SS-Mann mit einer Zigarette oder einem Apfel in der Hand vorbeiging, liefen wir in einem gewissen Abstand hinter ihm her, damit wir die ersten waren, wenn er die Kippe oder den Apfelgriebs wegwarf. Hier musste man mehr Mut haben als andere, und ihm in einer Entfernung folgen, die für andere schon gefährlich gewesen wäre. Bei diesem Spiel und wenn ich zwischen den SS-Baracken herumlief, bekam ich mehrmals Prügel, einmal so richtig ordentlich. Aber alle, die in der Zeit, wenn ich dort unterwegs war, arbeiteten, wurden genauso geschlagen, verloren bei der schweren Arbeit Energie und hatten sich nichts zu essen organisiert. Meine Methode war besser.

Als ich zwischen den Baracken noch allein unterwegs war, teilte ich die Zigarettenstummel zwischen Krukowski und Jaczewski auf. Die schöneren gab ich Jaczewski, weil er immer sagte, wenn er die in Zeitung eingewickelt rauchen müsste, er lieber gar nicht rauchen wollte. Stefan bekam mehr, aber alle kleineren, manche zerknautscht und nass. Ihm machte das nichts aus. Er umwickelte sie mit Zeitung und rauchte sie. Er musste rauchen. Er gab sein Essen weg, nur um rauchen zu können. Wenn ich ihm Zigarettenstummel gab, dann aß er wenigstens sein Frühstück. Ich weiß nicht, warum, aber es ist mir nie in den Sinn gekommen, diese Kippen für Essen zu verkaufen. Ich organisierte Essen, wobei ich mein Leben und meine Gesundheit aufs Spiel setzte, aber wenn ich für Rauchwaren Essen genommen hätte, wäre das für mich gewesen, als hätte ich diesem Menschen mit Krallen ein Stück Leben weggerissen. Das war eine Zeitlang so – später verkaufte ich die Stummel.

Die Rauchwaren bekamen die Häftlinge „auf Kantine". Denjenigen, die von Zuhause Geld geschickt bekamen, wurde es auf ihrem Konto gutgeschrieben. Von Zeit zu Zeit meldeten an einem bestimmten Tag alle, die Geld hatten, dass sie zwanzig Mark in die Kantine geben, denn das war die höchste Summe, die man angeben konnte. Einige Tage später erhielten sie eine bestimmte Anzahl Zigaretten, Zigarren, Blättchen, Schnupftabak und Priem. Beim Abholen der Kantine, die vom Blockschreiber ausgegeben wurde, saßen ein Kapo, der Blockälteste und der Stubenälteste dabei; alle wussten, wozu sie dort saßen und nachdem man seine Ware erhalten hatte, verteilte man mindestens die Hälfte an diese Leute. Das war Gesetz. Wer nichts gab, musste damit rechnen, am nächsten Tag einer schlechteren Arbeit zugeteilt zu werden, oder dass sein Kapo das erfuhr und ihm eine Abreibung gab, so dass, wenn er bis zur nächsten Zigaretten-Ausgabe überlebte, er gern alles abgab, damit sie ihn bloß in Ruhe ließen; hinzu kamen noch lauter Schikanen von den Blockherrschaften, die er übergangen hatte, weil er ihnen nicht ganze Schachteln Zigaretten oder Zigarren angeboten hatte.

Den Rest rauchten sie entweder selbst oder wenn jemand nicht rauchte, verkaufte er es für Essen. Sehr Ungeduldige und Hungrige verkauften sofort und erhielten dann einen sehr schlechten Preis; wer es sich aufhob und wenn ihm die Sachen nicht gestohlen wurden, der erhielt vor der nächsten Ausgabe, wenn bereits wenig zu Rauchen übrig war, einen zehnmal höheren Preis als zu Beginn. Wenn es nichts mehr zu Rauchen gab, rauchten die Leute Schnupftabak und Priem.

Essen organisierten wir uns noch so, dass wir unsere Portion Wurst oder Margarine für eine Suppe verkauften. Stefan hatte jemanden gefunden, dem wir jeden Tag eine Schüssel Suppe für eine Wurst abkauften. Wir kauften zusammen. Damit uns das bisschen Wurst und Margarine nicht verloren gingen, aßen wir die zweite Portion selbst. Vielleicht hätten wir für beide Portionen Suppe gekauft, denn sie waren sehr klein, aber wir konnten nur eine Schüssel kaufen. Das war sowieso schon gut, denn Interessenten für so ein Geschäft gab es sehr viele, Verkäufer aber wenige. Die Verkäufer waren die Aristokraten und die Privilegierten in allen Blocks. Wenn einer oder mehrere jeweils sechs Schüsseln Suppe genommen hatten, dann fraßen sie das schließlich nicht allein auf. Zwei konnte einer auffressen, und den Rest verkaufte er für Wurst und dann hatte er ein gutes Abendessen. Die Suppe holten wir uns erst abends, nachdem wir das Abendessen erhalten hatten. Wir holten sie uns aus anderen Blocks, und bei unseren Prominenten kauften Häftlinge aus anderen Blocks. Sie wollten die Suppe nicht den Häftlingen aus den eigenen Blocks verkaufen, damit das nicht so aussah, dass man abends die gleiche Suppe kaufen musste, die sie einem mittags gestohlen hatten.

Wir kommen nun auf eine gewisse Tagesbilanz. Also morgens – Suppe und zusätzlich ab und an Knochen; mittags – zusätzlich zur eigenen Portion eine Schüssel Kartoffelschalen, und wenn es nur Suppe gab, dann manchmal Knochen; abends – eine Portion Brot, eine halbe Portion Wurst und als zweiten Gang eine halbe Portion kalter Suppe vom Mittagessen. Hinzu kam das Essen, das wir im Laufe des Tages organisierten, also manchmal Strünke, rohe Kohlblätter, Apfelgriebs und ab und an ein Stück Brotrinde. Das ist zusammen schon sehr gut, denn wir hatten viel mehr, als wir normalerweise bekamen.

Später organisierten wir uns auf eine andere, auch gefährliche Weise viel konkreteres Essen – aus den SS-Baracken und den SS-Magazinen, aber darüber an anderer Stelle.

Bei der Organisation von Essen half uns auch Heniek B. Nach unserer Ankunft in Mauthausen wurde er Block 13, Stube A zugeteilt. **Weil er ein hübscher junger Mann war,** kümmerte sich dort Kapo Zaręba um ihn – ein Deutscher mit einem polnischen Nachnamen. Er war im Steinbruch Kapo der Steinmühle, in der die Strafkompanie arbeitete. Er brachte Heniek bei der Arbeit in der Küche unter und wie der mir selbst erzählte, war seine Arbeit nur eine Fiktion. Es ging darum, dass er im Laufe des Tages nicht im Block war, denn das war verboten, aber nach einer Abmachung zwischen Zaręba und dem Kapo aus der Küche, machte Heniek nichts oder aus Langeweile nur das, was ihm gefiel und wie es ihm gefiel. Er hatte saubere, neue und gut passende Kleidung und Essen. Massenweise Essen. Er hatte von Zaręba alles, was es im Lager gab, in unbegrenzten Mengen. Begrenzt waren sie nur von seinem Appetit. Er konnte von allem so viel essen, wie er konnte. Nur war es ihm streng verboten, von diesem Essen irgendjemandem auch nur eine Kartoffelschale abzugeben, woran ihn Zaręba ständig erinnerte. Trotzdem fand Heniek Gelegenheiten, mir eine Schüssel Suppe, ein Stück Brot oder auch ein paar Kartoffeln zu geben. Morgens, wenn man uns nach dem Frühstück aus dem Block jagte, ging ich nie weit weg, sondern drückte mich vor dem Block herum. Wenn ich sah, dass Heniek am offenen Fenster stand und frische Luft schnappte – denn er wurde nicht hinausgejagt, er war ja Zarębas Schützling – stellte ich mich so hin, dass er mich sehen konnte. Dann gab er mir mit der Hand ein leichtes Zeichen und ich ging weiter weg vom Eingang. Kurz darauf kam Heniek herausgerannt und im Schatten stehend, so dass uns niemand erkennen konnte, gab er mir einige, manchmal über ein Dutzend kalte Kartoffeln vom Vortag, die ich wieder mit Stefan Krukowski teilte. Abends schaute Heniek in Stube B vorbei. Er stand in der Tür und blickte in die Stube, als würde er einen der Prominenten suchen. Wenn sich unsere Blicke getroffen hatten, ging er wieder raus, ohne mir ein Zeichen zu geben. Aber so war es verabredet, damit ihn Zaręba nicht erwischte, wenn er Essen verteilte. Ich wusste schon, was das hieß. Ich nahm meine saubere Schüssel und ging in den Waschraum, um sie abzuspülen. Kurz darauf kam Heniek rein mit einem Stapel Schüsseln zum Spülen. Er stellte sich neben mich und in einem Moment, als er sicher war, dass keiner von denen, die es nicht wissen durften, schaute, gab er mir von ganz unten eine Schüssel mit Mittagssuppe und nahm meine leere. Er spülte seine Schüsseln weiter ab und ich lief mit der vollen Schüssel wieder in meine Stube und aß sie zusammen mit Stefan auf. Kaum jemand wusste, dass ich mit Heniek so eng verbunden war, denn damit es niemand merkte, dass er mir half, hatten wir beschlossen, nur so viel miteinander zu reden, wie nötig.

Zu alledem kam noch das Brot, das Stefan für die Zigaretten kaufte, die er in der Kantine erhielt. Ich hatte kein Geld auf meinem Konto. Stefan hatte welches. Aber ich rauchte nicht und Stefan rauchte. Wenn er Zigaretten erhielt, kaufte er immer mindestens zwei Portionen Brot, für das man mit einer Menge Tabakwaren bezahlen musste, weil er sie gleich kaufte, nachdem er sie in der Kantine erhalten hatte. Ich war dagegen. Ich erklärte ihm, dass er jetzt ein paar Packungen Tabak, Zigaretten und auch Zigarren für ein bisschen Brot hergibt, und später mit einer Portion Morgensuppe für eine halbe gedrehte Zigarette bezahlen muss. Aber er machte sich nichts daraus.

„Wenn es Kantine gibt“, sagte er, „muss gegessen werden, und wenn nichts mehr da ist, werden wir uns etwas überlegen.“

Seine Macke war das Kartenspiel. Einmal verlor er gegen Jaczewski beim Pokern alle seine Zigaretten. Gut, dass wir zu diesem Zeitpunkt die zugeteilten Zigaretten, die Stefan in der Kantine bekam, schon unter uns aufgeteilt hatten. Stefan gab einfach die Hälfte der Kantine, die er erhielt, mir, weil er der Meinung war, dass er rauchte, und ich nicht, also war das aus seiner Sicht ungerecht und ich käme zu kurz, deshalb teilten wir die Kantine und jeder machte mit seinem Teil, was ihm gefiel. Von den beim Kartenspiel verlorenen Zigaretten sagte er mir nichts. Mir fiel aber auf, dass er irgendwie zu sparsam rauchte, und schließlich merkte ich, dass er seine Morgensuppe weggab. Er wollte keine Zigaretten von mir nehmen. Er war der Meinung, dass das Kartenspielen seine Sache war – schließlich hätte er gewinnen können und die gewonnenen Zigaretten wären seine gewesen. Er hatte Vergnügen am Spiel, und ich hatte dieses Vergnügen nicht. Ich argumentierte, wenn er für die gewonnenen Zigaretten Brot oder Suppe gekauft hätte, er diese sicherlich nicht allein gegessen hätte, sondern mir auch etwas abgegeben hätte. Er gab mir recht und nahm einen Teil der Zigaretten an, sagte aber, dies sei nur ein Darlehen, das er bei der nächsten Kantine zurückzahlt. Ein guter, lieber Kerl. Ich weiß nicht, ob sich im ganzen Lager ein Zweiter gefunden hätte, der unter diesen schweren Lagerbedingungen, in diesem rücksichtslosen Kampf ums Überleben, wo die Menschen zu wilden, blutsaugenden Bestien wurden, so viele Eigenschaften der Menschlichkeit bewahrt hätte. Wer die Lagerbedingungen im Jahr 1940 nicht kannte, wird Stefans Verhalten niemals richtig beurteilen können. Damals, als wir immer hungrig waren und jeder von uns viel mehr gegessen hätte, als wir aßen.

Wenn ich davon spreche, dass wir uns zusätzliches Essen organisierten, könnte man den Eindruck bekommen, dass – wenn wir zu der Portion, die wir an Essen erhielten, das hinzugaben, was wir zusätzlich organisierten – dann eine vollkommen ausreichende Menge zusammenkam, so dass man nicht hungrig war. Das ist nicht wahr. Unsere ganze Nahrung reichte kaum dafür, dass wir einfach lebten, uns relativ agil bewegen konnten und noch keine geistige Umnachtung hatten. Wir reagierten auf alles schnell, genau und präzise.

Zu dieser Zeit starben massenweise Menschen an Hunger und an Prügeln. Zu jedem Appell wurde eine Masse an Ermordeten getragen oder Menschen, die nicht mehr allein aufstehen konnten. Wenn wir von der Arbeit aus dem Steinbruch zurückkamen – denn damals arbeiteten Stefan und ich in den Steinbrüchen –, lief am Ende eine ganze Karawane mit Toten. Jeder wurde von zwei anderen getragen, die auch schwach waren, denn die stärkeren liefen weg, damit sie nicht eingefangen wurden zum Tragen der leeren, schweren Kessel von der Mittagssuppe oder der Leichen über die verfluchten mörderischen Treppen. Stefan scherzte, dass er schon wie ein Rennpferd aussähe: seine Knie waren dicker als seine Oberschenkel. Sein breiter Brustkorb sah wirklich aus wie ein Korb, alle Rippen standen wie Staken hervor, waren nur mit Haut überzogen. Im Waschraum hatten wir einen Spiegel. Mir fiel auf, dass auch ich eine Entfettungskur durchlief. Ich war für meine Größe immer zu dünn gewesen, jetzt aber war ich nur noch Haut und Knochen.

Unter diesen Bedingungen kann man erst Stefans Verhalten beurteilen, was die Aufteilung der Kantine und der für eine Wurst gekauften Suppe betraf. In sehr kurzer Zeit wurden wir so miteinander vertraut, dass es nichts gab, was seins oder meins gewesen wäre, sondern alles, was es zu essen, anzuziehen und alle anderen Probleme, die es gab, war unseres.

Ich habe mich gefragt, was uns einander so nahegebracht hat. Stefan war ein Intellektueller, Sohn eines Hauptmannes der Polnischen Armee, ein Junge mit Abitur, unmittelbar vor dem Krieg besuchte er eine Fähnrichschule, war sein ganzes Leben lang materiell gut situiert. Ich – Sohn eines Arbeiters, selbst Fabrikarbeiter. Bis zum Krieg wuchs ich unter den schweren Bedingungen des Arbeiterlebens in Warschau in Czerniaków auf. Für mich waren rüpelhafte Randale und Schlägereien, mit denen ich von klein auf vertraut war und an denen ich selbst teilnahm, nichts Neues. Vor dem Krieg war ich nicht nur einmal bei einer Rauferei ordentlich zusammengeschlagen und getreten worden. Das hatte mich gestählt gegen die Prügel im Lager und mich Ausweichtechniken gelehrt. Das schwere Leben von klein auf lehrte mich Lebensraffinesse und dass man sich nicht vor allen und allem fürchten darf. Deshalb fürchtete ich mich auch im Lager vor niemandem und vor nichts. Aber das bedeutet nicht, dass ich mich unnötig gefährdet hätte. Nein. Alles, was ich tat, musste logisch sein, durchdacht, manchmal nicht einmal durchdacht, sondern es musste eine Chance auf Erfolg haben. Ich war einfach ein Draufgänger. Stefan war ein noch größerer Draufgänger als ich und das war unsere erste gemeinsame Eigenschaft, die uns anzog und verband. Wir waren beide Optimisten – die Lagerbedingungen bewirkten keine Schwächung unseres Willens und keinen psychischen Zusammenbruch. Wir nahmen alles so, wie es war, weil wir der Meinung waren, dass wir das nicht ändern konnten, deshalb musste man sich an die Bedingungen anpassen und sich bemühen, das Beste daraus zu machen. Und was noch? Wir hatten beide viel Humor und dafür mochten uns auch die anderen. Dort, wo einer von uns stand oder wo wir zusammen waren, stand gleich darauf eine Gruppe anderer Häftlinge, die mit offenen Mäulern oder lächelnd unserem Gequatsche, unserem Nachgeäffe, unseren Witzen und unseren lustigen Geschichten lauschten. Der Humor verließ uns nie. Darin ergänzten wir uns perfekt, er verließ uns nicht einmal unter noch schlimmeren Bedingungen. Ich war später in Gusen für zwei Dinge bekannt: für meinen Humor und meine Kopfstöße. Aber darüber später. Wie unser Humor aussah, soll wenigstens ein kleines Beispiel zeigen:

Wir fuhren beide mit Schubkarren, um vom anderen Ende des Arbeitsgeländes Kalk zu holen, und bemühten uns, dass die Tour lange dauerte und niemand die Kontrolle über uns hatte. Als wir an den SS-Baracken vorbeikamen, sah ich einen SS-Mann. Ein Tollpatsch wie der brave Soldat Schwejk: eine große Mütze, eine lockere Hose, die Fresse eines Idioten. Wir waren kaum ein paar Meter von ihm entfernt. Ich prustete los und sagte zu Stefan:

„Schau mal, was für eine Kreatur. Wenn ich dem mit der Faust auf den Kopf klopfe, ramme ich ihn bis zu den Ohren in die Erde."

Ich sagte das und schaute ihn dabei an. Er bemerkte das, rief mich und winkte mich mit der Hand zu sich. Ich stellte die Schubkarre ab, stellte mich vor ihn hin und nahm meine Mütze ab wie vor Gott. Und dieser Vergleich brachte mich erneut so zum Lachen, dass ich lächelnd vor ihm stand. Er fragte mich etwas, aber ich verstand ihn nicht, ich antworte nicht, sondern rief Stefan herbei. Als er da war, fragt der SS-Mann ihn lächelnd etwas – Stefan lächelte auch.

„Er fragt dich", erklärte Stefan, „worüber du so lachst."

„Sag ihm, dass ich seit ich ein Kind bin, so lache."

Kaum hatte Stefan das wiederholt, bekam ich eine gescheuert. Ich taumelte und sprang in dem Moment beiseite, als er mir in den Hintern treten wollte. Er traf nicht, schleuderte sein Bein aber so, dass ihm seine Mütze vom Kopf fiel. Ich schnappte mir meine Schubkarre und kichernd entfernte ich mich schnell, und hinter mir lief langsam und majestätisch der lange und schmale Stefan. Dieser Vorfall machte uns an diesem Tag noch eine Menge Freude, denn immer, wenn wir daran dachten, mussten wir lachen.

Der meiner Meinung nach wichtigste Faktor, der uns so eng miteinander verband, war das Wesen, das uns beiden zu eigen war. Beide waren wir sicher, dass uns der andere in keiner Situation hängen lässt. Es gab zwischen uns nicht den leisesten Verdacht, dass der andere ihn betrügen könnte. Als wir getrennt arbeiteten, war es so, wenn es einem von uns gelang, etwas zu Essen zu organisieren, und wenn es die kleinste, bedeutungsloseste Kleinigkeit war, dann bewahrte er es so lange auf, bis wir wieder zusammenkamen und dann aßen wir es gemeinsam. Wenn wir gemeinsam etwas riskierten, war der Mut des einen wie Doping, obwohl keiner dem anderen in dieser Hinsicht nachstand. Abends besprachen wir immer den Verlauf des gesamten Tages, wir tauschten unsere Erfahrungen aus, analysierten verschiedene Vorfälle, zogen Schlüsse aus manchen Dingen darüber, wie man vorgehen muss, was man machen muss, wie man sich in verschiedenen Situationen verhalten muss. Ich werde hier nicht unsere Gespräche aufführen. Nur ein Beispiel will ich bringen.

Einmal hielt mich ein SS-Mann an, als ich zwischen den Baracken herumlief. Er fragte mich, was ich hier mache. Ich verstand und sprach schon recht viel Deutsch, deshalb wollte ich ihm erklären, in welcher Gruppe ich arbeite, und entsprechend meiner Sprachkenntnisse seine Fragen beantworten. Am Ende des Gesprächs wurde ich mehrmals ordentlich ins Gesicht geschlagen und als ich hinfiel, trat er mir noch dazu in die Seiten. Als wir den Vorfall analysierten, kamen wir zu folgendem Schluss:

Wenn man die Sprache schlecht spricht, darf man sich auf keine Gespräche auf Deutsch einlassen, denn man kann mehr Prügel beziehen, als man bekommt, wenn man nichts sagt. An dieses System hielt ich mich bis zum Ende meines Aufenthaltes im Lager, obwohl ich später diese Sprache schon ganz gut konnte. Gut sprechen habe ich nie gelernt. Ich hasste diese Sprache, ich verspürte Ekel vor ihr, und ich merkte mir nur das, was durch das ständige Hören von allein in meinem Kopf hängen blieb. Spanisch und Russisch sprach ich besser als Deutsch.

Was gab mir diese Methode? Wenn mich ein SS-Mann, ein Kapo oder auch der Blockälteste etwas fragte, antwortete ich „Niz verstejn“. Das Wort „nichts“ auf Polnisch gesprochen, sagte schon allein, dass ich in Wirklichkeit nur ein deutsches Wort konnte: „verstehen“. Ich bekam dann nur der Form halber eine aufs Maul oder einen Tritt und wurde davongejagt. Wenn die Sache ernster war, wurde ein Dolmetscher gerufen. Wenn der dem Dolmetscher etwas auf Deutsch sagte, verstand ich die Frage schon und hatte einen Moment Zeit – bevor der Dolmetscher die Frage für mich wiederholte – über die Antwort nachzudenken. So konnte man mich nicht so leicht mit einer Fangfrage überraschen. Das bedeutete nicht, dass ich auf diese Weise immer Schläge vermeiden konnte, aber überwiegend funktionierte diese Methode.

Ein zweites Beispiel:

An einem Sonntag wurde ich bei einer normalen Straßenrazzia zur Arbeit an einem Graben eingefangen, der einen Meter tief war, und von der Donau in

Richtung Lager verlief. Ich hatte mich einfangen lassen wie ein dummer Hund vom Hundefänger. Ich hatte gesehen, dass ein paar Leute wegrannten. Ach, sollten sie doch rennen, dachte ich mir, das ist unnötiger Energieverlust. Es stellte sich heraus, dass ich noch viel mehr Energie verlieren würde, als ich dann einen halben Tag lang beim Ausheben des Grabens arbeiten musste. Von da an ist es fast nie mehr gelungen, mich für solche Arbeiten einzufangen. Wenn ich merkte, dass ein paar Leute irgendwohin flohen, dann lief ich mit, und zwar so, dass ich die Fliehenden einholte. Erst als niemand mehr weglief, fragte ich, was passiert war. Es wurde zur Arbeit eingefangen oder blind drauflos geschlagen, zum Beispiel auf Leute in Gruppen bei einem Handel oder auch bei irgendeiner Gelegenheit Essen zu erhalten. Wenn ich bei der Arbeit den warnenden Ruf „Wasser!“ oder „agua“ (auf Spanisch) hörte, begann ich so zu arbeiten, als würde ich es für mich selbst tun. Erst einen Moment später, wenn mir niemand vor die Augen kam, schaute ich mich, während ich weiter arbeitete, diskret um, wer Grund für den Alarm gewesen war. Es gab solche, die, wenn sie eine Warnung hörten, aufstanden und schauten, wer da kam. Wenn das ein SS-Mann oder Kapo war – schließlich wurde nur vor denen gewarnt – und der sah, dass so ein Schaf dastand und schaute, vermöbelte er ihn so, dass der noch lange daran dachte und es eine Warnung für andere war, dass man anständig und ergiebig zu arbeiten hat. Damit man so schnell wie möglich durch den Schornstein des Krematoriums in den Himmel kommt, zu Ehren des Deutschen Reiches.

An dem Tag, als der Kapo mich aus der Gruppe der Elektriker verjagt hatte, stellte ich mich zu einer großen Arbeitsgruppe, und weil sich schon alle aufgestellt hatten, stand ich am Ende. Es stellte sich heraus, dass aus dieser Gruppe Leute für andere Arbeiten abgezogen wurden. Ich wurde abgezogen und einer der schlimmsten Gruppen zugeteilt, die beim Bau von Garagen arbeiteten. Damals standen die Garagengebäude schon, und wir legten den Hof mit Steinen aus. Auf den Boden wurden riesige Felsen gelegt, darüber kleinere Steine, dann noch kleinere, die schon aus der Steinmühle kamen, und obendrauf ganz kleine, wie grober Sand – aber das war dann später. An diesem Tag und vielen anderen darauffolgenden Tagen wurden erst die größten Steine ausgelegt und ich sollte einer von denen sein, die diese schwere Arbeit ausführen sollten. Dort gab es zwei Kapos, abgesehen von ein paar Gehilfen. Die Kapos waren Matucha und Ślezak – deutsche Verbrecher. Die Arbeit dort unterschied sich nicht von der Arbeit in der Strafkompanie in Dachau. Gebrüll der Kapos, Schreie der Geschlagenen, Schläge mit Knüppeln, mit einem Wort – es war lustig. Ich hatte schon ein paar ordentliche Schläge mit dem Knüppel abbekommen. Plötzlich bemerkte Matucha, dass ich einen Moment lang stand, und wollte mich mit der Keilhaue schlagen. Ich sprang weg, und er warf die Keilhaue nach mir, doch ich schaffte es auszuweichen und nur der Schaft traf mich am Bein. Er lief mir nicht hinterher, zeigte mir nur mit Gesten, dass ich die Steine vom Auto runterrollen sollte. Die Autos kamen pausenlos und man musste schnell die Steine hinunterwerfen, um Platz für die nächsten Autos zu machen. Ich kletterte auf ein Auto, auf dem schon vier Personen arbeiteten. Wenn wir ein Auto abgeladen hatten, nahmen wir uns das nächste vor. Das Abladen besorgten die anderen, und ich half ihnen nur ein bisschen. Schließlich hatte ich schon enorme praktische Erfahrungen in der Strafkompanie, ich wusste, wie man arbeiten musste. Ich beugte mich über einen Stein, stützte meine Arme darauf und ... schaute mich um, ob keiner der Kapos zu uns schaute. Wenn nicht, stand ich in dieser Position und beobachtete die zwei, manchmal drei Kapos, die an verschiedenen Stellen standen. Ich drehte meinen Kopf wie ein Wellensittich, aber das kostete mich weniger Mühe als die schweren Steine hinunterzuwuchten. Wenn einer von ihnen sich in unsere Richtung drehte, zog ich den Stein zum Rand – wenn er sich wieder wegdrehte, ließ ich den Stein wieder los. Wenn er länger schaute, dann wuchtete ich einen Stein runter und machte mich an den nächsten – ich sah mich wieder um – wenn keiner von ihnen schaute, tat ich nichts. Beim Herausziehen eines Steins hatte ich mir den Finger verletzt. Ich sah, dass neben mir auf dem Auto ein Häftling auf die gleiche Weise verletzte Finger hatte. Ich arbeitete in Ruhe, ohne Nervosität, ohne Angst, jede Bewegung abwägend. Der andere aber arbeitete nervös. Auf seinem Gesicht waren große Müdigkeit und Angst zu sehen. Ja, einfach Angst. Er arbeitete mit ganzer Kraft, um nur nicht aufzufallen und geschlagen zu werden. Dummkopf, dachte ich mir, der wird schnell müde und wird verschnaufen müssen, und wenn er dann erwischt wird, dann verprügeln sie ihn und geben ihm darüber hinaus eine schwerere Arbeit, für die er vielleicht keine Kraft mehr haben wird. Und das wird dann ein Grund für erneute Schläge sein ... und dann ist der Wechsel zum Krematorium ziemlich wahrscheinlich. Bei so einer Arbeit und mit der Ernährung hält man nicht lange durch. Ich erinnerte mich schließlich noch an meinen ersten Arbeitstag in der Kiesgrube in der Strafkompanie, wie mir die Beine weggeknickt waren, als wir von der Arbeit zurückkamen. Aber solche wie er wurden gebraucht, damit solche wie ich Arbeit vermeiden konnten. Er arbeitete in seiner Angst für mich und für sich, denn wenn alle hätten so arbeiten wollen wie ich, dann hätten wir dieses Auto den halben Tag nicht ausgeladen, **und es musste innerhalb von fünfzehn Minuten entladen sein.** Bloß, dass mich das nicht interessierte und ich mir darum keine Sorgen machte. Wenn sie prügelten, dann entweder alle oder den, den sie erwischten, weil er nichts tat. Ich bemühte mich, mich nicht erwischen zu lassen, **wenn wir aber alle Prügel bekamen, dann bekamen auch die welche, die gut gearbeitet hatten, und ich hätte insofern einen Vorsprung, als, selbst wenn sie uns einer noch schlimmeren Arbeit zuteilen würden, ich dabei nicht negativ auffallen würde, denn wenn es notwendig war, konnte ich schuften, weil ich nicht so erschöpft wäre wie die anderen.** Schnell kalkuliert: Es ist nur erforderlich, die Angst zu beherrschen. Denn diese Angst setzt sich schließlich unbewusst durch und versucht einen zu beherrschen.

In einem Moment, als die Kapos beschäftigt waren und recht weit weg von uns zusammenstanden, beschloss ich, von den Garagen zu einer anderen Arbeit zu wechseln. Angst hatte ich wohl, denn das war das erste Mal und ich wusste nicht, was kommt, wenn ich diesen Arbeitsplatz verließ. Mit wem ich zurück ins Lager komme. Hier war ich schließlich gezählt worden und meine Nummer war notiert. Als ich bei den Elektrikern gearbeitet hatte, war mir jedoch aufgefallen, dass, wenn wir zum Lager zurückkehrten, die einen Gruppen, in denen zu viele Leute waren, in andere Gruppen gegeben wurden, in denen zu wenige waren – also müsste das gutgehen. Dieser verschreckte Mann tat mir leid, deshalb sagte ich zu ihm:

„Das ist eine Arbeit für Idioten, lass uns verschwinden!"

„Aber ich habe Angst", antwortete er.

„Na, dann krepiere doch auf diesem Wagen, was kümmert es mich. Ich verschwinde."

Die Kapos standen weiter konzentriert da und beachteten uns nicht. Ich sprang vom Auto und ging schnellen Schrittes zur Treppe und dann die Treppe hinauf. Ich rannte nicht zu schnell, denn das hätte Aufmerksamkeit erregen können. Hätten sie mich erwischt, wäre ich tot. Als ich oben war, überlegte ich, was ich weiter tun sollte. Doch beim Überlegen ging ich flott weiter, ohne zu wissen, wohin und wozu. Ich kannte das Gelände nicht, schließlich hatte ich in den ersten zwei Wochen bei den Elektrikern die ganze Zeit in einem kleinen geschlossenen Raum ohne Fenster gehockt und keine Ahnung gehabt, was um mich herum auf dem Arbeitsgelände vor sich ging. Ich spürte, dass ich nicht fragen durfte, dass man nicht stehen und sich nicht umschauen durfte. Ich musste schnell gehen, so als hätte ich ein bestimmtes Ziel. Als ich an einer Gruppe vorbeiging, erblickte ich einen herumliegenden Spaten. Ich hob ihn auf und schon war er meiner. Ich und der Spaten zusammen, das bedeutete schon etwas. Jetzt würde es leichter werden, Anschluss an eine größere Gruppe zu finden. Ich wusste schon, dass mit dem Spaten nur gegraben wurde, und dass das die beste von den schlimmsten Arbeiten war.

Endlich schloss ich mich einer größeren Gruppe an, die in der Erde grub. Das waren Aushebungen für die Fundamente für neue Gebäude und Baracken. Eine kinderleichte Arbeit im Vergleich zum Garagenbau. In Ruhe, ohne Gebrüll und ohne ständige Schläge grub man in der Erde. Ab und an bekam man mit dem Knüppel eins über den Rücken oder ins Gesicht, damit es uns nicht zu langweilig wurde, doch diese Schläge waren nicht gefährlich. Der Kapo schlug, um nicht aus der Übung zu kommen und damit die Häftlinge nicht auf die Idee kamen, dass es ihnen im Lager gutgehen könnte.

Abends fiel mir auf, dass in der gleichen Stube auch der Mann wohnte, mit dem ich vormittags zusammengearbeitet hatte. Es war ein unscheinbarer Mann und deshalb war er mir vorher nicht aufgefallen. Nach dem Abendessen fragte ich ihn, wo er nachmittags gearbeitet hatte.

„Bei den Garagen", antwortete er.

„Hast du gesehen, wie ich verschwunden bin?"

„Habe ich, aber ich hätte Angst gehabt."

„Und wo stellst du dich morgen zur Arbeit auf?"

„Ich gehe wieder dorthin, denn wo soll ich sonst hingehen?"

Das ist wirklich ein Trottel, dachte ich, dabei hat er ein recht intelligentes und sympathisches Gesicht.

„Was bist du von Beruf?", fragte ich ihn verwundert.

„Ich bin Priester."

Na klar, verdammt. Ein Tollpatsch in Lebensfragen.

„Lange versteckst du dich hier nicht. Wenn sie dich innerhalb eines Monats nicht totschlagen, dann hast du außerordentliches Glück."

Und er war nach diesen Worten von mir nicht beleidigt, war nicht verärgert, wurde nicht wütend, sondern antwortete mit großem Groll in der Stimme, dem Groll eines Menschen, dem das Schicksal Unrecht angetan hatte:

„Ja, Kamerad. Ich bin wirklich sehr ungeschickt. Ich kann nicht einmal mein Bett allein bauen. Ich gebe jeden Tag fürs Bettenbauen meine Wurst ab."

Er tat mir leid und gleichzeitig wühlte mich das innerlich auf. Wie konnte man Essen von jemandem nehmen dafür, dass derjenige ungeschickt war? In meinem Verständnis war das offizieller Diebstahl von Essen. Die ersten Schläge gab es immer morgens für schlecht gebaute Betten; dieser Mann gab aus Angst vor Schlägen sein Essen weg. Wer so arbeitete wie er, und noch einen Teil seiner Essensration abgab, ohne sich zusätzlich etwas zu organisieren – einen Monat gab ich ihm, mehr nicht. Länger würde er nicht durchhalten. Wütend fragte ich ihn, wem er diese Würste gibt. Er zeigte mir einen riesigen, schielenden Kerl, den ich schon gesehen hatte. Er war von Beruf Maurer. Ich ging zu ihm und frage mit einer Stimme voller Wut, wie er von dem anderen fürs Bettbauen Wurst nehmen kann. Ich war in einer Stimmung, dass, wenn er sich groß aufgeregt hätte, es zwischen uns zu einer Schlägerei hätte kommen können. Aber er antwortete nur verwundert:

„Aber er gibt sie mir doch selbst. Ich muss ihm ja das Bett nicht bauen."

„Wirst du auch nicht. Ich mache es für ihn ohne Wurst."

Ich fragte den Priester, ob er Zigaretten hat.

„Ich habe noch vier Zigarren."

„Rauchst du?"

„Nein."

„Nimm morgen früh deine Zigarren in der Jackentasche mit zum Appell, gib Acht auf mich und stell dich zur Arbeit dorthin, wo ich mich hinstelle."

Morgens sprangen wir nach dem Appell schnell zu der Gruppe, in der ich am Tag zuvor gearbeitet hatte. Wir wurden nicht abgezogen und gingen zur Arbeit. Aber es ist nicht leicht, so jemandem beizubringen, sein Verhalten in Abhängigkeit von den Bedingungen zu ändern. Als alle auseinandergetreten waren, nahm ich schnell meinen Spaten, und er blieb ohne ein Arbeitswerkzeug und irrte umher wie ein Stock im Eisloch, und wusste nicht, was er tun sollte. Es ist klar, was kam: Er fiel dem Kapo direkt ins Auge, und der fragte ihn, ob er hier neu sei.

Ich ging zu ihnen und sagte ihm, er soll eine Zigarre rausholen. Ich nahm ihm die Zigarre aus der Hand und mit den Worten „Das ist mein Kamerad" gab ich dem Kapo die Zigarre, und ihm meinen Spaten in die Hand, damit er was hatte, womit er arbeiten konnte. Der Kapo nahm die Zigarre und ging weg. Ich musste lachen, als ich daran dachte, dass ich, als ich ihm die Zigarre gegeben hatte, gesagt hatte: „Das ist mein Kamerad." Das hatte keinerlei Bedeutung, das Argument war dieses Mal die Zigarre. Das war der Typ Klein-Kapo, nicht aus der Verbrecher-Kategorie, den Herrschern im Lager. Er hatte nicht oft die Gelegenheit, etwas von den Häftlingen zu erhalten, weil seine Gruppe aus Muselmännern bestand, die selbst nichts hatten. Wenn mein „Schützling" ihm nicht ins Auge gefallen wäre, hätte er sich für die vier Zigarren Brot kaufen können. Tja, das war jetzt vorbei. Aber er war trotzdem froh, dass er jetzt eine leichte Arbeit hatte.

Ich suchte mir einen Spaten und ging zum Arbeiten zu ihm. Ich wollte mit ihm reden, etwas über sein Leben erfahren, was für Bedingungen man vor dem Krieg gehabt haben musste, um so – höflich gesagt – ungeschickt zu sein.

Es stellte sich heraus, dass mein Schützling Józef Szubert hieß, vierunddreißig Jahre alt war, Schlesier und in Wodzisław Śląski Priester gewesen war. Nach Mauthausen war er aus Dachau mit demselben Transport wie ich gekommen. In Dachau war er im Block derer gewesen, die nicht für die Arbeit eingeteilt waren. In diesen Blocks mussten die Betten nicht gebaut werden. Es genügte, die Decke halbwegs darüber auszubreiten. Auf diese Weise begann eine der seltsamsten Freundschaften. Ich – Arbeiter, ein bisschen ein Lausbube, nicht gläubig – gewann die Freundschaft eines Intellektuellen, eines – so nenne ich das – langweiligen Menschen und Priesters.

Ich war seit meinem vierzehnten Lebensjahr nicht praktizierender Katholik. Ich glaubte an keinerlei Glaubensdogmen, doch ich hatte an eine höhere Kraft, an einen Gott, eine Kraft, die alles auf der Welt lenkt, geglaubt. Im Lager, als ich diese Mörderhölle sah, hörte ich vollkommen auf zu glauben. Andere, die von sich meinten, nicht zu glauben, entflammten im Lager plötzlich in einer großen Liebe zu Gott. Ich bewegte bei der Arbeit Kopf und Augen und umging auf diese Weise Schläge, andere beteten und sahen nicht, was um sie herum geschah. Erst wenn sie mit dem Knüppel eins auf den Kopf bekamen, kamen sie zu sich, oder hatten dafür gar keine Zeit mehr, sondern fuhren in den Himmel mit einem Gebet auf den Lippen. Vor und nach dem Krieg habe ich nie so viel geflucht wie im Lager. Manchmal schimpften sie alle zusammen mit mir: „Halt's Maul, was fluchst du denn so?!" „Betet ihr doch für euch und für mich, und ich werde für mich und für euch alle fluchen", antwortete ich dann.

Als ich einmal vor Wut die ganze Welt und alles um sie herum verfluchte, hielt Szubert es nicht aus und fragte mich:

„Stasiek, fürchtest du denn Gott gar nicht?"

„Glaubst du etwa daran, dass es Gott gibt? Dann sag mir, wo ist er? Hier ist er bestimmt nicht. Hier kommen nicht einmal Vögel hergeflogen. Wozu auch?"

„Gott ist überall", antwortete Szubert.

„Ach ja? Selbst wenn er hier ist, dann nicht in solchen Klamotten wie wir, der Regen tropft ihm nicht auf den Kopf und niemand schlägt ihn mit einem Knüppel auf den Rücken. Wenn es Gott gibt, dann soll mich in dieser Sekunde der Schlag treffen, denn freiwillig gehe ich nicht in den Draht."

Ich erinnere mich, dass es zu diesem Zeitpunkt gerade zwei Wochen lang pausenlos geregnet hatte. Nass bis auf den letzten Faden kehrten wir von der Arbeit ins Lager zurück. Wir zogen uns nackt aus. Draußen wrangen wir unsere Sachen aus. Die nassen Kleider kamen unters Bett und wir in die Betten. Morgens zogen wir die nassen Kleider an und es ging wieder durch den Regen zur Arbeit. Konnte man da zornig werden? Konnte man. Konnte man da alles und alle, Gott eingeschlossen, verfluchen? Konnte man. Deshalb fluchte ich pausenlos und es freute mich, wie die anderen sich fürchteten, dass Gott sie für mein Lästern bestrafen könnte, als könnte Gott mehr als Regen machen, der uns zwei Wochen lang täglich durchnässte.

Ich hatte ein außerordentliches Talent zum Fluchen. Das kann ich nicht wörtlich beschreiben, denn die Ausdrücke, die bei mir bei jeder Gelegenheit an der Tagesordnung waren, eignen sich nicht zum Aufschreiben, und viele Menschen würden sie vielleicht nicht verstehen, weil sie in keinem Wörterbuch vorkommen. Szubert arbeitete daran, mir das Fluchen abzugewöhnen, aber das half nichts. Ich gebe folgendes Beispiel:

Vier von uns schieben einen großen Wagen mit Erde. Drei schieben, und der vierte hängt sich an den Wagen und drei müssen ihn ziehen. Ich hielt ihm eine längere Rede darüber, wann, wo und wie man Däumchen drehen kann. Ich sagte ihm, wenn der Wagen fahren soll, wir ihn zusammen schieben müssen. Am Spaten oder wenn du allein etwas transportierst, kannst du Däumchen drehen, wie es dir gefällt. Kurz darauf sehe ich, wie er wieder am Wagen hängt.

„Na, nun schieb aber, du!“, und ich hielt mich zurück, weil ich nicht fluchen wollte.

Das wiederholte sich mehrmals. Schließlich hielt ich es nicht mehr aus und schickte ihm einen kunstvollen Spruch hinüber.

„Stasiek, warum fluchst du?“, rief Szubert.

Und der andere schob anständig, nachdem er den Spruch zu hören bekommen hatte.

„Siehst du, Józef, es gibt solche ...“, hier kamen die entsprechenden Wörter, „... Menschen, die keine andere Sprache verstehen ...“, und so weiter. Ein wahres Geflecht aus Wörtern der gehobenen und nicht gehobenen polnischen Sprache. „Na, schau, Józef, wie ordentlich er jetzt schiebt. Als ich es ihm zehn Mal höflich gesagt habe, hat er es nicht verstanden.“

Seitdem im Jahr 1938 nach dem Tod meines Vaters ein Priester sich geweigert hatte, den Sarg zu begleiten, weil dort rote Fahnen dabei waren, hasste ich Priester. Ich hatte den Priester nicht gebraucht, mein Vater auch nicht, weil er nicht gläubig war, aber ich hatte den Priester auf die Bitte meiner gläubigen Mutter bestellt. Ich entschied damals schnell: wenn er nicht mitgehen will, dann soll er mir gestohlen bleiben – die Fahnen kommen mit. Aber seit diesem Moment hasste ich Priester, während sie mir vorher vollkommen gleichgültig gewesen waren und ich sie lächerlich gefunden hatte. Dieser Priester hatte damals ein Seelchen, also mich, dazu „bekehrt“, den Klerus zu hassen. Szubert aber zog mich mit seiner Ungeschicklichkeit an. Ich hatte mit ihm Spaß und gleichzeitig das Pflichtgefühl, mich um ihn kümmern zu müssen. Ich wusste, wenn ich aufhörte, mich um ihn zu kümmern, würde er umkommen. Ich hätte mich dann in einem gewissen Maße schuldig an seinem Tod gefühlt. Wenn er es sich mit mir durch irgendeine schlechte Tat verdorben hätte, wenn er im Lager für die Beichte Nahrung von den Häftlingen genommen hätte, Brot oder

Wurst – wie das fast alle Priester taten, oder zumindest die, die ich kannte –, wären mir die Hände nicht mehr gebunden gewesen.

Aber er war vollkommen vergeistigt. Er glaubte an das, was er tat, und trotz unserer unterschiedlichen Überzeugungen gefiel mir das an ihm. Meine Fürsorge für ihn hatte keinen materiellen Charakter. Organisierte Lebensmittel teilte ich nur mit Stefan Krukowski, mit niemandem anderen, Szubert gab mir auch nichts. Ein paar Mal wollte er, wenn er Brot für die in der Kantine erhaltenen Zigaretten gekauft hatte, mir ein Stück geben, aber ich lehnte ab, denn ich hatte sowieso mehr zu essen als er, und er arbeitete trotz all meiner Lektionen immer anständig. Der Plan war, ihn bei einer leichteren Arbeit unterzubringen. Und meine Rolle war es, so zu wirbeln, dass er vor unnötigen und vermeidbaren Schlägen bewahrt wurde. Wie sah das in der Praxis aus?

Wie ich bereits erwähnt habe, arbeiteten wir beim Schieben von Wagen. Ein Wagen wurde von vier Personen geschoben und alle schoben von hinten. Ich beobachtete immer aufmerksam das Gelände, um schnell zu erspüren, woher Gefahr drohte. In einem bestimmten Moment huschte zwischen den Schuppen auf der linken Seite, noch weit vor uns, die Silhouette eines SS-Mannes mit Knüppel in der Hand vorbei. Er ging zum Bahngleis. Es war klar, dass wir am Gleis auf ihn treffen würden. Wenn er besser mit der rechten Hand arbeitet, dann wird er zuschlagen, wenn er auf der linken Seite des Wagens steht. Szubert und ich schoben den Wagen von der linken Seite. Wortlos gab ich ihm ein Zeichen, dass er auf die rechte Seite kommen soll. Ich selbst rutschte auf der rechten Seite nach vorn, und Szubert schob von hinten auf der rechten Seite. Wir schoben die Wagen in Gruppen von zehn bis fünfzehn Personen, einer nach dem anderen. Ich hatte es richtig erspürt. Vor uns trat der SS-Mann hervor und schlug nacheinander alle, die beim Schieben an ihm vorbeigingen. Er drosch auf alle ein, die auf der linken Seite gingen, und ich ging rechts und Szubert ging auch rechts. Als ich auf die rechte Seite gewechselt hatte, hatte ich gewusst, dass, wenn er zuschlagen würde, er die auf der linken Seite schlagen würde – und trotzdem habe ich sie nicht gewarnt, denn wenn einer es abkriegen musste, dann lieber die anderen, und nicht ich. Wenn ich vorher jemanden gewarnt hätte, hätten alle auf der rechten Seite sein wollen. Es wäre zu einem Durcheinander gekommen und dann hätten wir alle noch mehr Prügel bezogen, denn dann hätte er einen Grund gehabt, so aber schlug er nur aus Vergnügen und um sich und uns Abwechslung ins Leben zu bringen.

Wenn ich sah, dass es bei der Arbeit brenzlig wurde, schnappte ich mir Józef bei der Hand und wir verschwanden. Er hatte immer Angst, aber er glaubte an meinen Glücksstern und an meine Raffinesse. Er glaubte auch daran, dass Gott uns behütet und dass uns jedes Kunststück gelingt. Ich wiederum riet ihm, mehr darüber nachzudenken, was er tat, wenn er leben wollte. Als sich Szubert nach einigen Tagen endlich bei einer erträglichen Arbeit eingerichtet hatte, ging ich meiner Wege, lebte auf meine Weise, anders als die anderen.

Im Herbst wurde Stefan zur Strafarbeit in den Steinbruch geschickt, kurz darauf wurde auch Szubert dorthin überstellt. Das ist schlecht, dachte ich mir. Bestimmt trifft er wieder auf die schlimmste Arbeit und es kann sein, dass er dort totgeschlagen wird. Ich sollte recht behalten. Abends beklagte er sich bei mir darüber, in was für einer schrecklichen Gruppe er gelandet war. Er war in die Gruppe gekommen, die eine Seilbahn über dem Steinbruch baute. Der Kapo war dort ein Verbrecher, der es immer so drehte, dass er in seiner Gruppe Leute hatte, die Kantine bekamen. Er hatte sich ihre Nummern notiert und aus welchen Blocks sie kamen. In den Blocks prüfte er, wer Zigaretten erhalten würde und am Ausgabetag forderte er sie auf, ihm die ganze Ration zu geben. Wer seine Ration nicht hergab, konnte sicher sein, sich ein paar Tage später im Krematorium wiederzufinden. Wer das Pech hatte, einen Goldzahn zu haben und bei ihm zu arbeiten, verlor diesen Zahn schnell. Wenn er ihn nicht freiwillig hergab, dann riss der Kapo ihm einige Tage später selbst den Zahn raus, damit er sich aber nicht beschweren konnte, brachte er ihn vorher um. Bei diesem Widerling war Szubert gelandet. Das war schlecht. Man musste ihn dort rausholen. Und da begann schon das Unglück: Der Kapo hatte festgestellt, dass Szubert Kantine bekam und ihm schon gesagt, dass er tot sein werde, wenn er sie nicht hergäbe. Szubert hatte gesagt, er werde sie ihm geben. Das war gut, weil er zumindest bis zum Ausgabetag relative Ruhe haben würde und sicher sein konnte, dass ihn der Kapo nicht umbrachte, um die Kantine nicht zu verlieren!

Am dritten Tag von Szuberts Arbeit in den Steinbrüchen wandte ich mich an den Blockschreiber Sroka, dass er mich zur Arbeit in den Steinbrüchen einteilen sollte. Er schaute mich an wie einen Verrückten – oder eher wie eine Leiche, denn jeder, der im Steinbruch arbeitete, hätte sein halbes Leben dafür gegeben, um dort rauszukommen. Er riet mir ab, aber ich sagte ihm, dass es mir um Szubert ging, deshalb war er am Ende einverstanden. Er sagte, dass er mir helfen werde, wenn ich wieder raus wollen würde.

Man kann fragen, woher ich diese Achtung bei Sroka genoss. Ich beantworte das mit einem Satz: Das Spiel auf der Mandoline und mein Humor, der mich nie verließ, zeigten schon ihre Wirkung, so dass ich im Block leichter als andere verschiedene Sachen erledigen konnte.

Am nächsten Tag stellte ich mich in die Gruppe, in der Szubert arbeitete. In den Steinbruch gingen wir auf einer riesigen Treppe hinunter, und auf einer anderen, schmaleren Treppe gingen wir wieder hinauf – und dort bohrten wir uns in die Erde und die Steine, bereiteten das Gelände vor für den Bau eines Turmes für den Aufzug der Seilbahn, die die Steine aus dem Steinbruch zur Bearbeitung transportieren sollte.

Die Arbeit war lustig – man wusste nie, wie viel man wofür mit dem Knüppel bekam.

Zum Mittagessen gingen wir hinunter und nach dem Mittagessen wieder hinauf. Nach der Arbeit antreten, hinunter und wieder hinauf auf den Haupttreppen zum Lager. Auf diese Weise gingen wir dreimal täglich die große Treppe hinauf.

Am nächsten Tag fehlte nicht viel und ich wäre eine echte Leiche gewesen, zerquetscht zu einem Fladen. Am Nachmittag, als bis zum Arbeitsende noch eine Stunde blieb, kam zu unserem Kapo ein Meister in Zivil, nahm ihn beiseite und redete mit ihm. Nach dem Gespräch schrie der Kapo laut: „Sportstunde für die Polen!", und legte vier Personen fest, die die Tragen schultern sollten. Darauf wurden Erde oder Steine getragen, so eine Art Kasten, der an zwei Stielen festgemacht war. Unter den ersten vier war auch Szubert. Ich dachte mir, wenn das eine Sportstunde werden soll, es ein ordentliches Gehetze werde, und Szubert zusammenbrechen und das Tempo nicht halten können würde. Und bei der Arbeit zu stürzen war sehr ungesund, es konnte sein, dass man nicht mehr aufstand. Einen Moment zögerte ich, dann ging ich hin, schob Szubert beiseite und stellte mich selbst an seinen Platz an der Trage hinten. Und dann ging der Sport los. Vor Abschluss der Arbeit mussten wir ein Kabel, das in die Felswand gelegt worden war und abends eine Explosion auslösen und damit eine Absenkung der Wand auf der gesamten Höhe herbeiführen sollte, mit Erde zuschütten. Die Erde trugen wir auf den Tragen aus einer Entfernung von etwa fünfzig Metern die ganze Zeit im Laufschritt und neben der Steinbruchwand. Die Wand war mehrere Dutzend Meter hoch und an dieser Stelle vollkommen senkrecht. Wir trugen im Laufschritt die Erde herbei, und der Kapo rannte mit uns und schlug uns pausenlos mit dem Knüppel auf Rücken, Arme, Kopf und ins Gesicht. Wir stellten die Trage auf den Boden, damit andere sie mit Erde befüllen konnten, und der Kapo schlug uns in der Zeit. Wir beugten uns schnell über die Trage und schnappten sie uns, ohne zu schauen, ob noch aufgeladen wurde. Ein, zwei Spaten Erde ins Gesicht und auf den Kopf und im Laufschritt ganz am Rand, und der Kapo hinter uns prügelte pausenlos.

Nach einigen Minuten wurde mir klar, dass ich das keine Stunde durchhalte. Er schlägt mich tot, dachte ich. Gut, aber dich, du Verbrecher, trifft auch der Schlag und mir wird es angenehmer sein, in so einer Gesellschaft in den Himmel zu gehen.

Der Kapo war klein. Ich beschloss, ihn, wenn er auf meiner Höhe sein würde, um die Taille zu fassen und mich nach hinten fallen zu lassen. Sollte es gelingen, knallen wir zusammen auf den Grund des Steinbruchs, und da würde ein feuchter Fleck von uns bleiben, Schluss, Aus, Ende. Ich lauerte, aber immer, wenn er schlug und an mir vorbeilief, war er ein bisschen zu weit weg und ich fürchtete, dass, wenn ich ihn packen würde, er sich mir entwinden würde, schließlich war er ein starkes, wohlgenährtes Rindvieh. Ich weiß nicht, wie das ausgegangen wäre, denn plötzlich – Stopp. Er schickte uns zurück an die Spaten und legte die nächsten vier fest, mit denen er dasselbe wie mit uns machte, sie antrieb und pausenlos schlug. Danach hetzte er noch zweimal vier Leute. Von diesen sechzehn Leuten mussten drei ins Lager zurück getragen werden. Ich hatte Beulen von dem Knüppel, und mein ganzer Kopf und mein Gesicht waren blutverschmiert. Szubert war davongekommen. Der Kapo hatte ihn in keine Gruppe mehr eingeteilt. Dieses Mal war ich dem Tode entkommen.

Am nächsten Tag, als wir schon vor Arbeitsschluss hinunter in den Steinbruch gegangen waren, stellte sich heraus, dass wir mindestens eine Stunde zu früh hinuntergekommen waren. Der Kapo stand noch oben. Wir wussten nicht, was wir machen sollten, deshalb standen wir zusammen und warteten auf den Arbeitsschluss. Es tauchte ein SS-Mann auf. Als wir ihm erklärten, warum wie hier standen und nichts taten, befahl er uns, Steine aus der Mühle auf einen Kipper zu laden. Als wir die Steine aufluden, fiel ein Verbrecher-Kapo über uns her – riesig, rothaarig, mit Zahnlücken. Er hatte einen Spatenstiel in der Hand, mit dem er uns auf den Kopf schlug. Allen – auf den Kopf, auf den Kopf, auf den Kopf – und rannte weiter. Da hörten alle wie auf Kommando auf zu arbeiten, und alle nahmen ihre Mützen ab und befühlten die schmerzende Stelle, ob da eine Beule kommt oder nicht. Ich befühlte meinen Kopf auch durch die Mütze – da war eine Beule, sogar eine ordentliche, aber ich ließ den Kapo nicht aus den Augen. Er schaute nicht zurück und verschwand aus meinem Blick, hinter einen nahestehenden Schuppen. Ich war so wütend auf diesen Kapo, dass, obwohl er schon weg war, ich weiter in die Richtung schaute, in die er gegangen war, hinter den Schuppen. Und was sehe ich da? Ganz unten, einen halben Meter über der Erde, schob sich etwas hinter dem Schuppen hervor. Der rote Schopf des Kapos. Dass er rot war, dachte ich mir nur, denn aus dieser Entfernung war es schwer, Haarfarben zu erkennen. Ich konnte mir denken, dass er, fest an den Boden gedrückt, beobachtete, was wir machten. Das war ein mir gut bekannter Trick aus Spielen in meiner Kindheit: Wenn ich hinter einer Ecke beobachten wollte, legte ich mich auf den Boden und dann war es schwieriger, mich zu entdecken. Als ich ihn erblickte, und auch sah, dass keiner von uns etwas tat, dachte ich mir, dass er prügeln würde. Ich schaute, wo Szubert war und was er machte. Ich ging zu ihm, gab ihm ein Zeichen und zog ihn diskret in Richtung der Wagen, und er nahm seine Mütze vom Kopf und sagte:

„Mein lieber Gott – wofür hat er mich geschlagen?"

„Ja, frag ruhig Gott, dann zieht er dir noch eine über und bringt dich um. Komm hinter die Wagen, er wird nochmal zuschlagen."

Auf der anderen Seite der Wagen war ein langer und großer Steinhaufen. Wir gingen zwischen den Wagen durch als wollten wir die Steine von der anderen Seite der Wagen aufladen. Einen Augenblick später sprang das rothaarige Vieh hervor und begann mit seinem Spatenstiel wieder seine Operation an den Köpfen, so dass aus unserer Gruppe wieder vier hinauf getragen werden mussten. In dieser Zeit, als der Kapo prügelte, versteckten wir beide uns hinter dem Steinhaufen und taten so, als ob wir uns daranmachten, Steine aufzuladen. Der Kapo bemerkte uns nicht. Ich weiß nicht, aber wenn er uns bemerkt hätte, wäre uns das vielleicht nicht sehr bekommen.

In dieser Zeit arbeitete Stefan dort, wo mit Keilen große Steine zu kleinen gespalten wurden. Er arbeitete bei einem Meister in Zivil. Dadurch war er den Prügeln von Kapos nicht so ausgesetzt. Hier hing mehr davon ab, ob ein Zivilist ein Mensch oder ein Vieh war. Zivilisten schlugen auch, aber diesen lobte Stefan, dass er ein guter Kerl war.

Stefan fragte ihn, ob er noch einen in seine Gruppe aufnehmen würde, woraufhin er nickte. Szubert hatte Angst, ich überredete ihn, dass er hingehen soll, dass er nur aufpassen soll, dass ihn der Kapo nicht wiederfindet. Um mich hatte ich keine Angst. Ich wusste, dass ich mich nicht einfangen lasse, außerdem spürte ich, dass er mich nicht suchen würde, weil er schon wusste, dass ich keine Kantine bezog. Gleich am nächsten Tag, nachdem ich Szubert dorthin gefolgt war, hatte er mich gefragt, ob ich Kantine beziehe. Als ich ihm sagte, dass ich keine habe, versprach er mir, das in meinem Block zu überprüfen, und wenn er feststellen sollte, dass ich ihn belogen habe, ich noch lange an ihn denken werde.

Und wie ich es vorausgesehen hatte, so kam es auch. Der Kapo suchte nach Szubert in allen drei Steinbrüchen – ich sah ihn mehrmals, wie er von einer Gruppe zur anderen lief und sich dort die Leute ansah, die klein waren. Er suchte Szubert, aber Stefan sorgte dafür, dass er ihn nicht fand. Nach gut zehn Tagen begegneten sie sich zufällig. Der Form halber schlug der Kapo Szubert ins Gesicht und auf diese Weise brachen die zwischen ihnen existierenden Beziehungen für immer ab. Danach bat ich Sroka, mich wieder einer Arbeit oben zuzuteilen.

Im Oktober und im November wurden einige Schlesier nach Hause entlassen. Zweimal die Woche wurden Gruppen von dreißig bis vierzig Personen entlassen. Eines Tages wurde Szubert zur Entlassung aufgerufen, doch es kam nicht dazu, weil ... er hatte auf dem Schulterblatt ein Furunkel und wurde angewiesen zuzunehmen, weil er zu dünn war. Er wurde ins Krankenrevier – das Lager-Krankenhaus – überwiesen. Dort wurde er aufgepäppelt und sein Furunkel entfernt. Schließlich wurde er aus dem Krankenrevier entlassen, aber zu dieser Zeit waren die Entlassungen abgeschlossen und es wurde niemand mehr nach Hause geschickt.

Während Szubert auf dem Revier war, waren alle Geistlichen nach Dachau überstellt worden. Szubert machte sich Sorgen, dass er vergessen worden war. Ich riet ihm, sich in der Nähe der Schreibstube herumzudrücken und wenn er den Rapportführer treffen würde, ihn anzusprechen. Das tat er auch und nach drei Tagen wurde er beim Morgenappell aufgerufen. Ich wusste, dass er nach Hause durfte. An diesem Tag arbeitete ich oben und drückte mich in der Nähe des Tores herum, um ihn in Zivil zu sehen. Als ich zum wiederholten Mal in der Nähe des Tores vorbeilief, sah ich Józef, wie er dort stand. Im Pelzmantel, mit Hut in der Hand, neben ihm ein Koffer.

„Machs gut, Józef! Pass auf dich auf!“, rief ich durch den Draht.

Daraufhin schlug er diskret ein Kreuz und sagte leise:

„Stasiek, ich werde dich nie vergessen.“

„Red nur“, dachte ich. „ich weiß schon, wie die, die rauskommen, die nicht vergessen, die hiergeblieben sind.“

Dieses Mal irrte ich mich. Szubert verließ das Lager in der ersten Dezemberhälfte. Einige Tage später erhielt ich schon das erste Geld von ihm, und zwar so viel, dass ich bis zum Ende meines Aufenthaltes im Lager auf meinem Konto eine ordentliche Summe Geld hatte. Noch vor Weihnachten erhielt ich von ihm ein Paket mit Lebensmitteln, und nach Weihnachten das zweite, in Gusen das dritte, das vierte aber wurde mir nicht ausgehändigt. Jedes Jahr erhielt ich von ihm ein Paket mit Kleidung und als man 1943 Pakete in unbegrenzter Anzahl schicken durfte, bekam ich wöchentlich zwei Pakete, jedes um die zwei, drei Kilogramm schwer. Diese Pakete hatten solche Inhalte, dass man nichts aus ihnen stehlen konnte und ich sie immer ganz ausgehändigt bekam. Szubert sorgte dafür, dass mir eine Mandoline nach Gusen geschickt wurde, die der Beginn einer Musikgruppe war. Ich erhielt viele Pakete von fremden Menschen aus Schlesien. Aus Wodzisław Śląski schickten mir Gertruda Glormes und Emilia Tatuś jeden Monat ein Paket. Andere schickten mir aus Rybnik, aus Piekary und anderen Orten Pakete, manchmal erhielt ich aus einer Ortschaft mehrere Pakete, doch der Absender war auf jedem Paket ein anderer. Szubert hatte die Versendung dieser Pakete veranlasst.

Er half auch meiner Mutter und meiner Schwester. Sie erhielten monatlich von ihm mehrere Dutzend bis mehrere Hundert Mark. Manchmal fragte ich mich, was er wohl darüber dachte, dass ein Jahr vergangen war – und ich lebte, zwei Jahre – und ich lebte, drei Jahre – ich lebte, vier Jahre – ich lebte immer noch und schließlich tauchte ich nach fünf Jahren, am 10. Juli 1945 bei ihm in Katowice auf. Er erkannte mich. Dabei war es damals nicht leicht mich zu erkennen, denn obwohl ich erst siebenundzwanzig Jahre alt war, schätzte mich niemand, der mich nicht kannte, auf nicht weniger als zweiundvierzig, fünfundvierzig Jahre.

Józef Szubert zeigte, dass er sich daran erinnerte, wer ihm im Rahmen seiner Schläue und Fähigkeiten geholfen hatte. Das konnte man von anderen Geistlichen nicht sagen.

Kapo der Steinmetze in Mauthausen war Emil, ein Schlesier, der schon mehrere Jahre im Lager saß. Er war der große Beschützer der Geistlichen. Er kümmerte sich auch um Priester B., der aus der gleichen Ortschaft stammte, in der Emils Frau und sein Sohn wohnten. Priester B. versprach Emil immer, dass, wenn er freigelassen werden würde, er sich um seine Frau kümmern und seinen Sohn unterrichten werde. Als B. entlassen wurde, bat Emil ihn, ihm seine Handschuhe dazulassen. Er weigerte sich und sagte, dass er, wenn er das Lager verlässt, schließlich Handschuhe brauchen werde. Krukowski erzählte mir noch in Mauthausen und wiederholte das dann schon in Warschau mehrmals, dass Emil sich über B. beklagt hatte. Als Emils Frau B. besuchte, um etwas über ihren Mann zu erfahren, sprach der überhaupt nicht mit ihr, sondern wies an, sie wegzujagen und nicht mehr zu ihm vorzulassen. Das ist vielleicht eine von manchen Menschen verstandene Dankbarkeit dafür, dass ihnen das Leben gerettet wurde! Denn in diesem Fall kann ich ganz sicher sagen, dass Emil den Geistlichen, um die er sich kümmerte, das Leben gerettet hat. Sie haben nichts tun müssen, wärmten sich bloß am Feuer in den Schuppen, in denen die Steinmetze arbeiteten, und bekamen von Emil auch noch Futter. Sie waren keiner schweren Arbeit und keiner Prügel ausgesetzt, und mussten nicht hungern. Solchen Menschen wie Szubert begegnete man selten. Ich habe bereits davon gesprochen, dass Szubert uneigennützig Beichten abnahm. Andere nahmen fürs Beichten eine Portion Wurst, Margarine oder ein halbes Brot. So waren die Preise.

Als ich Szubert 1949 besuchte und wir im Gespräch auf das Thema kamen, versuchte Szubert sie zu verteidigen und sagte, „die wollten doch auch leben“.

„Wolltest du etwa nicht leben?“, fragte ich ihn. „Warum also hast du das nicht so gemacht? Warum hast du nichts genommen?“

Er hat mir diese Frage nicht beantwortet.

Ich weiß nicht, warum die, die das Leben im Lager genau und in allen Einzelheiten beschreiben, nie dieses Thema aufgegriffen haben. Vielleicht, weil alle, die das Leben in Lagern beschreiben, erst ab 1943 dort waren. Einer, Gustaw Morcinek, hat fünf Jahre lang in verschiedenen Lagern gesessen – der Rest waren „Millionäre", wie die älteren Häftlinge geringschätzig diejenigen nannten, die spät ins Lager gekommen waren. Sie wurden „Millionäre" genannt, weil sie ellenlange Nummern hatten, während die älteren Häftlinge kurze Nummern hatten. Als ich Laffittes Buch *Die Lebenden* las, in der er das Leben in Mauthausen beschrieb, in das er 1943 im Sommer oder im Herbst überführt wurde, musste ich an einer bestimmten Stelle herzlich lachen. Er schrieb – ich weiß nicht, ob das wörtlich so war, wie ich es zitiere, aber der Sinn ist derselbe. Er schrieb also: „Nach drei Wochen kamen die ersten Lebensmittelpakete und das wurde höchste Zeit, denn manche von uns begannen schon zu schwächeln."

Ich glaube es, dass sie zu schwächeln begannen, aber ich musste über die drei Wochen lachen. Wir hatten fast drei Jahre auf die Pakete gewartet, offiziell durfte man nur ein ein Kilogramm schweres Päckchen zu Weihnachten erhalten. In Mauthausen erhielten nur die Schlesier 1940 öfter Pakete. Wenn jemand die Vorschriften umging und mehr Pakete schickte, war es möglich, dass der Häftling sie erhielt. In meiner Erzählung wird die Rede davon sein, welchen Durchbruch im Lagerleben die Pakete bedeuteten, die ich geschickt bekam.

Ich bin weit vom Thema abgekommen, aber da ich jetzt schon begonnen habe, mein Zusammenleben mit Józef Szubert zu beschreiben, will ich das Thema auch zu Ende bringen.

In der Zeit, als ich mit Szubert bei den Wagen zusammenarbeitete, verschwand ich oft bei der Arbeit, traf mich mit Stefan und wir gingen los und machten Jagd auf Zigarettenstummel, Apfelgriebse und Strünke. Stefan war in seiner Waghalsigkeit so weit gegangen, dass er im Laufe des Tages in den Wachtürmen der kleinen Wachpostenlinie schlief, die in der Nacht um den Wohnbereich des Lagers aufgestellt wurden, und die wir Taubenschläge nannten. Wenn niemand in der Nähe war, kletterte er über die Leiter in so einen „Taubenschlag" und schlief. Ich wusste das und wenn ich meinte, dass sich die Mittagszeit näherte oder das Ende des Arbeitstages, trieb ich mich in der Nähe herum und im richtigen Moment, wenn die Luft „rein" war, warf ich kleine Steinchen an den Taubenschlag. Wenn Stefan klopfte, hieß das, dass er nicht mehr schlief, sondern sich durch eine Ritze zwischen den Brettern umschaute und gleich herauskommen würde. Das war ein schlimmer Moment für mich, denn ich hatte immer Angst, dass er erwischt wird. **Gefährlich war es nur beim Rein- und Rausklettern, denn wenn er drinnen saß, war er sicherer als alle anderen Häftlinge. Schließlich kam es niemandem in den Sinn, dass sich so ein Teufelskerl gefunden hat, der dort zum Schlafen reinkletterte.** Einmal wollte Stefan im Stroh schlafen. Er kletterte auf den Dachboden des Gebäudes, in dem sich das Krematorium befand. Dort arbeitete seine Arbeitsgruppe. Die Jungs wussten, dass er im Stroh sitzt und passten auf, um ihn rechtzeitig zu warnen, wenn ein SS-Mann oder Kapo hinaufgehen sollte. Doch sie konnten ihn nicht warnen. Ein rothaariger und schrecklich polternder SS-Mann kletterte über das Gerüst aufs Dach, durch ein kleines Fenster im Dach auf den Dachboden und traf direkt auf Stefan. Er packte ihn, brachte ihn hinunter und begann, Fragen zu stellen: Name, Vorname, woher er kam.

„Was bist du von Beruf?"

„Während des Krieges war ich Beamter."

„Und vor dem Krieg?"

„Fähnrich der Polnischen Armee."

„Hast du im Krieg gekämpft?"

„Habe ich."

„Wo?"

Er sagte ihm, wo.

„Hast du gegen Deutsche gekämpft?"

„Habe ich."

„Hast du auf Deutsche geschossen?"

„Habe ich."

„Hast du Deutsche geschlagen?"

„Habe ich."

„Dann werde ich dich jetzt schlagen."

Er schlug Stefan so, dass er in den Schlamm fiel, denn an diesen Tag war nach dem Regen ein riesiger Moder. Und im Schlamm ging es weiter: runter, kriechen, runter, kriechen, und wieder Schläge, und wieder runter und kriechen. Stefan war schon zu einem Haufen Schlamm geworden, aber der SS-Mann hetzte ihn weiter.

Ich lief an ihnen vorbei, wie immer schnellen und entschlossenen Schrittes, wie jemand, der es sehr eilig hat und der weiß, wohin er geht und wozu. Ich sah, wie Stefan auf dem Bauch durch den Schlamm rutschte. Ich wusste noch nicht, wobei er erwischt worden war. Ich lief zu einem Ziegelhaufen, warf einen Teil der Ziegel auf den Boden und machte mich daran, sie wieder aufzusammeln. Ich wollte einen Grund dafür haben, an dieser Stelle zu stehen, um beobachten zu können, wie der Rothaarige Stefan schlug und wie das ausgehen würde. Als die Prügel und das Kriechen im Schlamm zu Ende waren, verkrochen Stefan und ich uns in einer Ecke, wo wir mit einem Stock versuchten, zumindest den gröbsten Schlamm von seinen Kleidern zu entfernen, und Stefan erzählte mir, wobei er erwischt worden war. Wir kamen zu dem Schluss, dass der Wachturm geeigneter war, aber dort gab es kein Stroh und es wurde immer kälter. Dafür, dass er im Stroh geschlafen hatte, bekam Stefan noch eine offizielle Strafe: auf dem Prügelbock fünfzehn Stockhiebe auf den Hintern und bis zwölf Uhr nachts vor dem Turm stehen.

Nach einer Zeit begann die Arbeit an den Wagen mich zu langweilen, ich schloss mich einer Gruppe an, die eine riesige Walze zog. Wir walzten Garagen, dieselben, bei denen ich Szubert kennengelernt hatte. Die Steine waren schon gelegt und mussten nun mit der Walze festgestampft werden. Die Walze wurde von vierzig Personen gezogen. An den Seiten der Walze waren Drahtseile angebracht, die durch die Stangen gefädelt waren. Wir standen zu zweit an den Stangen, zehn Pärchen auf jeder Seite, und zogen die Walze, mit den Bäuchen an die Stange gestützt. Ich dachte daran, dass man nie schwer arbeiten darf, denn jede Bewegung und Anstrengung bedeutete unnötigen Energieverlust. An der Walze arbeitete ich so, dass ich mich stark über die Stange beugte und auf ihr hing, aber nicht zog. Niemandem fiel das auf. Einmal nur gingen zwei SS-Männer an uns vorbei, und der eine zeigte auf mich und sagte zu dem anderen:

„Schau mal, der kann großartig vortäuschen."

Diese Worte übersetzte mir mein Partner an der Stange, dem ich beigebracht hatte, wie er das machen soll. Ich musste es ihm sagen, weil unsere Stange gleichmäßig aussehen musste. Nach dieser Bemerkung des SS-Mannes überlegte ich, woran er erkannt hatte, dass ich vortäuschte zu arbeiten. Dann kapierte ich es. Meine Beine hatten mich verraten. Mit dem ganzen Oberkörper war ich nach vorn gebeugt wie bei einer riesigen Anstrengung, aber meine Beine waren gerade, wie beim normalen Gehen, und nicht angespannt und eher nach hinten gestreckt, wie das bei einer großen Anstrengung hätte sein müssen. Als ich das verstanden hatte, zog ich immer dann anständig, wenn eine Gefahr in meiner Nähe war.

Unser Kapo war ein Schlesier: Śniegoń Senior, denn sein Sohn war auch da, Śniegoń Junior. Sie hatten keinen Winkel mit dem Buchstaben „P", was bedeutete, dass sie als Deutsche galten. Śniegoń Junior arbeitete beim Tischler. Er hasste die Deutschen und schlug jeden, der ihm in den Weg kam. Kein anderer durfte sich das erlauben, denn einen Polen hätten sie umgebracht, wenn er es gewagt hätte, einen deutschen Häftling zu schlagen. Dafür war sein Vater –

Śniegoń Senior – ein Vieh. Er lief mit einem Knüppel herum und prügelte. Er beschimpfte uns auch pausenlos: „Ihr polnischen Arschlöcher, ihr polnischen Intellektuellen, ich werde euch beibringen, wie man arbeitet“, und mit dem Stock, mit dem Stock schlug er über unsere Rücken, es war bequem für ihn, uns zu schlagen, weil wir beim Ziehen weit nach vorn gebeugt waren. Als wir die Garagen quer walzten und die Walze bis zu den Treppen zogen, mussten wir auf die Treppe raufgehen. Es war unbequem zu ziehen, weil wir rückwärts die Treppe hinaufgehen mussten. Einmal, als wir die Walze schon bis an die Treppe herangezogen hatten, fiel ein SS-Mann über uns her, der gerade herunterging. Er schlug jeden, den er mit Händen und Füßen erreichte. Alle rannten auseinander, und als er an mir vorbei war, sagte ich auf Polnisch und mit vollkommen normaler und ruhiger Stimme, damit ihm das, was ich sagte, nicht verdächtig vorkam:

„Geht aus dem Weg, das Vieh kommt.“

Als ich das gesagt hatte, blieb der SS-Mann, der bereits ganz unten war, stehen, schaute sich um und durchleuchtete uns nacheinander mit den Augen. Offensichtlich verstand er Polnisch und wollte, indem er uns anschaute, herausbekommen, wer das gesagt hatte. Doch als er mich anblickte, sah ich ihn so gleichgültig an, wie eine Kuh einen Zug, und er bekam nicht heraus, wer das gesagt hatte und ging weiter.

An einem anderen Tag, als ich meine Notdurft verrichten musste, hockte ich mich zwischen Ziegelstapel, die vom Garagenbau übrig geblieben waren. Ein vorbeigehender SS-Mann überraschte mich dabei, wie ich mich mit einem Ziegelstapel „unterhielt“. Wie der mich verprügelte! Er prügelte, prügelte und prügelte. Anfangs mit den Händen, und am Ende schlug er mit einem Ziegel. Mit einem Ziegel zu schlagen ist unbequem, deshalb konnte er mir nicht wehtun, ich passte nur auf, dass er mich nicht am Kopf traf. Schließlich kehrte ich verletzt und blutend zu meiner Stange an der Walze zurück. Ich kam zurück und lachte. Ja, ich lachte, als wäre es das Natürlichste der Welt. Die Jungs dachten sicherlich, dass ich entweder von Natur aus blöd oder von diesen Schlägen verrückt geworden war, denn Fälle des Verrücktwerdens im Lager kamen recht oft vor. Schließlich hielt einer es nicht mehr aus und fragte mich:

„Und worüber lachst du, du Spinner?“

„Worüber ich lache? Darüber, dass der so blöd ist. Er denkt, dass nur er schlagen wird. Vielleicht kommt bald die Zeit, dass auch ich zuschlagen werde. Na, aber dann werden sie erst sehen, wie man richtig prügelt.“

Das sagte ich nicht mehr lachend, sondern mit großem Hass in der Stimme.

Nach ein paar Tagen war die Arbeit an der Walze zu Ende. Hätte sie länger gedauert, hätte ich mich verdrückt. Sie war unbequem für das Organisieren von Essen. Es war schwierig, sich den ganzen Tag ziellos im Lager herumzutreiben. Man musste eine Basis haben und sich nur einige Male im Laufe des Tages zum „Mittagessen“ loseisen. An den Stangen arbeitete man zu zweit. Wenn einer weg war, dann konnte der andere allein nicht ziehen und es fiel sofort auf, wer fehlte. Und Śniegoń konnte mit dem Knüppel ordentlich zuschlagen. **Als diese Arbeit abgeschlossen war, wurde uns befohlen, die Walze in das Kontrollhäuschen am Weg bei der Schranke zu bringen. Als wir uns dem Gefälle näherten, wurden Steine unter die Walze gelegt, und wir befestigten unsere Stangen hinten und sollten, nachdem die Steine weggenommen worden waren, die Walze langsam über den steilen Weg hinunter gleiten lassen. Das Gewicht der drei Meter hohen Walze wurde jedoch unterschätzt. Wir stemmten uns alle anständig dagegen, damit uns die Walze nicht wegrutschte, aber sie entglitt uns. Sie raste hinunter, wurde immer schneller. Wir gaben alle einen schrecklichen Schrei von uns, denn unten auf dem Weg arbeiteten mehrere Häftlinge, und die Walze raste direkt auf sie zu. Sie liefen auseinander. Einer stürzte auf den Weg, aber glücklicherweise längs, und nicht quer. Ein geistesgegenwärtiger Bursche. Er sprang nicht vom Boden auf, denn dafür war keine Zeit mehr, sondern kurz vor der Walze machte er eine plötzliche Drehung zur Seite, auf den Rücken, zur Seite und wieder auf den Bauch, und die Walze raste ohne Übertreibung zehn, zwanzig Zentimeter an ihm vorbei. Wir atmeten erleichtert auf. Die Walze kam vom Wege ab und raste die Wiese hinunter und in ein kleines Waldstück hinein, wobei sie einige Bäume mitnahm. Keiner schlug uns dafür, denn das war nicht unsere Schuld. Obwohl sie uns sonst auch schlugen, ohne dass wir an etwas Schuld hatten. Sie schickten uns nicht hinunter, um die Walze aus dem Wald zu holen. Um dorthin zu gehen, hätten sie uns mit einer Gruppe SS-Männer begleiten müssen, denn die Walze war hinter die Wachpostenlinie gerast.**

Ich musste mir wieder eine neue Arbeit suchen. Jetzt schloss ich mich keiner Gruppe mehr an. Stefan Krukowski arbeitete in der Gruppe der Maurer, und ich machte mich „selbstständig“, jagte und lebte auf eigene Faust. Morgens stellte ich mich in irgendeine Gruppe und machte mich sogleich davon. Das lief folgendermaßen ab:

Wenn wir auf dem Arbeitsgelände angekommen waren, teilte sich die mehrere hundert Personen zählende Gruppe auf den Befehl „In Arbeitsgruppen formieren“ in viele kleine Gruppen. Wenn sich die Kapos die entsprechende Anzahl Leute zusammengesucht hatten, führten sie sie in ihre Arbeitsbereiche und schrieben dort vor Arbeitsbeginn die Nummern auf, damit niemand aus der Gruppe davonlief. Meistens war ich, bevor die Gruppe, der ich mich angeschlossen hatte, am Arbeitsplatz ankam, nicht mehr da. Der beste Moment, um sich von der Gruppe zu lösen war, wenn alle Gruppen zu ihren Arbeitsplätzen auseinandergingen. Der Kapo der Gruppe stand an der Spitze und führte die Gruppe. Ich bemühte mich meistens hinten zu gehen. Wenn die Gruppe losging, blieb ich unter irgendeinem Vorwand einen Augenblick stehen, versuchte aber nicht mehr, meine Gruppe einzuholen, sondern ging dorthin, wo ich meinen festen Treffpunkt mit Stefan hatte, und dann machten wir uns zusammen auf die Wanderung, um uns Futter zu organisieren.

Stefan hatte seine feste Arbeitsgruppe, aber die hatte einen sehr guten Kapo, der, wenn er konnte, seinen Leuten erlaubte, sich Futter organisieren zu gehen. Nicht immer gelang es mir, mich rechtzeitig aus der Gruppe zurückzuziehen, aber selbst, wenn meine Nummer schon notiert worden war, lief ich fort, nur einmal, als ich schon im Glied vor dem Abmarsch ins Lager zum Mittagsappell stand, rief der Kapo meine Nummer auf.

„Tausend acht!", rief er.

Ich trat aus dem Glied. Er kam zusammen mit einem SS-Mann zu mir.

Er schrieb meinen Namen und meinen Block auf, der SS-Mann schlug mir ein paarmal ins Gesicht – und ich trat zurück ins Glied. Als ich weg gewesen war, hatten sie noch einmal die Nummern überprüft, ob keiner fehlte, und nur ich hatte gefehlt. Die anderen fürchteten sich vor den Schlägen, die für Abwesenheit bei der Arbeit drohten, deshalb arbeiteten sie schwer und wurden pausenlos geschlagen, ich aber arbeitete nicht und konnte nur dann geschlagen werden, wenn man mich erwischte, aber mich zu erwischen war damals schon ziemlich schwierig. Ich riskierte es immer wegzukommen bevor die Nummern notiert wurden und es ist mir fast immer gelungen.

Ich lief über das ganze Gelände mit schnellen und entschlossenen Schritten. Wenn ich einen SS-Mann oder Kapo sah, entfernte ich mich nicht in die andere Richtung, sondern lief direkt auf sie zu. Immer, wenn ich gefragt wurde, was ich hier mache, antwortete ich: „Niz verstejn", „Abort", „zurik Abort" oder „Kommando", „Kapo" – dazu eine unbestimmte Handbewegung, was bedeuten sollte, dass der Kapo mich mit etwas beauftragt hat, dass ich irgendetwas holen sollte oder dass ich zu meiner Gruppe zurückging, oder dass ich zu einer Gruppe gehe, jedenfalls bedeuteten die Wörter „Kommando" und „Kapo", dass ich vollkommen in Ordnung bin. Meistens wurde mir befohlen zu verschwinden, manchmal bekam ich was aufs Maul oder einen Tritt, aber schließlich erhielten die, die arbeiteten, viel mehr Schläge.

Wenn ich mich morgens von der Gruppe abgesondert hatte, lief ich schnell zum Treffpunkt mit Stefan. Wir mussten uns beeilen, damit uns keiner das Futter vor der Nase wegschnappte. Denn wir machten Jagd auf Abfalleimer mit Essen aus den Baracken der SS-Männer. Nach dem Auseinandertreten zur Arbeit nahmen die Arbeiter des Schweinestalls einen Wagen mit Schubkarren und fuhren los, um die Abfalleimer mit Essen aus den Baracken einzusammeln. Wir mussten uns schnell organisieren, bevor die Abfalleimer eingesammelt wurden. Die SS-Männer kippten die Essensreste vom gesamten Tag in einen Marmeladeneimer, der im Bad stand. Hier musste man viel Mut haben. Man musste in die Baracke hineingehen, in den Waschraum, den Eimer nehmen und wieder rausgehen. Manchmal war niemand auf dem Flur und im Bad, dann riskierte man nichts. Öfter aber konnte man um diese Uhrzeit, wo aufgestanden und gefrühstückt wurde, dort manchmal sogar mehrere SS-Männer antreffen. Vorteilhaft war, wenn der Schweinestallwagen nicht direkt vor dem Barackeneingang hielt, denn hier waren die Wege schmal, sondern seitlich auf der Hauptstraße stand, so dass die, die im Waschraum waren, nicht sehen konnten, ob die Abfalleimer von Leuten aus dem Schweinestall geholt wurden, oder von Leuten wie uns. Auf der Jagd nach den Abfalleimern ist mir nie aufgefallen, dass jemand auf der Straße gestanden und mit uns in dieser Sportdisziplin konkurriert hätte. Nur der Schweinestall konkurrierte mit uns, doch diese Konkurrenz war nicht echt, weil die das offiziell machten und es zu ihren Pflichten gehörte. Beim Abholen der Abfalleimer bekam ich nur zweimal Prügel. Einmal von einem, und ein anderes Mal von mehreren, die mit mir wie mit einem Ball spielten. Ich mied diese Baracken danach, aber in die anderen ging ich weiterhin.

Mit den Abfalleimern gingen wir meistens ins Offizierskasino, das noch gebaut wurde. Wir krochen in den Keller, manchmal unter der Bühne hindurch in einen Raum voller Baumaterial und verschiedenem Gerümpel. Dort versteckten wir uns und konsumierten in Ruhe dieses erstklassige Essen, das aus den Resten der SS-Verpflegung vom Vortag bestand. Darunter waren die Morgensuppe, Brotreste, Gemüse, Kartoffeln, Fleisch, Kaffee – alles zusammen Essen bester Qualität und hoher Quantität. Nur dass das alles vermischt und kalt war. Für den Fall, dass wir es nicht gleich essen konnten, hatten wir geheime Konservendosen, die einen Liter fassten, in denen wir die Reste aufbewahrten und sie vor dem Mittagessen oder am Nachmittag aßen. Nach dem Essen machten wir uns auf die Suche nach einem Dessert, das aus gefundenen Apfelgriebsen bestand, und nach etwas zum Rauchen für Stefan. Aber das nur, wenn er keine Zigaretten mehr hatte. Nach so einem Essen bedauerten wir bloß, dass es uns doch nicht so oft gelang, so einen Eimer zu organisieren.

Neben dem Offizierskasino, das noch im Bau war, stand eine Baracke, in der sich ein Lebensmittellager befand, das die Küche, die für die SS kochte, mit Produkten versorgte. Wenn wir keinen Abfalleimer ergattern konnten, drückten wir uns in der Nähe des Magazins herum. Im Hausflur des Magazins stand in der Ecke ein kleiner Kasten, in den Abfälle geworfen wurden. Sehr oft konnte man daraus mehrere, manchmal ein Dutzend komplett vergammelte Äpfel oder abgeschnittene vergammelte Stücke herausholen. Man musste nur in den Hausflur gehen und sie herausholen, wofür, wenn man erwischt wurde, auch Schläge drohten. Obwohl ich Angst hatte, ging ich doch immer hinein und griff zu, als gehörte es mir. Einmal fand ich dort einen riesigen rohen Fischkopf – ich nahm ihn mit und wollte ihn roh abknabbern, aber das ging nicht so recht, ich wusste nicht, was ich von diesem Kopf essen sollte, weil sich nichts abbeißen ließ, und am Ende warf ich ihn mit Bedauern weg. Einmal aber hat es mich an diesem Kasten schlimm erwischt. Ich fand darin viel Papier, das dick mit Quark beklebt war. Mit diesem Papier waren innen große Quarkfässer ausgelegt, die für die SS-Männer bestimmt waren. Ich riss das Papier an mich. Schnell knüllte ich es kräftig mit den Händen zusammen, um die Packung zu verkleinern. Ich machte eine Kehrtwendung und stieß mit einem SS-Mann zusammen, der gerade in das Magazin hineinging. Als er sah, was ich in der Hand hatte, brachte er mich mit meiner Packung in den Keller des Offizierskasinos. Er befahl mir, das Papier beiseite zu werfen und fing mit dem Prügeln an. Anfangs prügelte er normal, mit den Fäusten ins Gesicht, und trat ruhig und systematisch zu. Langsam aber entwickelte er Leidenschaft für seine Beschäftigung, wurde tollwütig. Er griff einen Knüppel, der dicker war als ein Tischbein und drosch damit auf mich ein, wo er mich traf. Er stieß mich zu Boden und schlug weiter auf mich ein. Er prügelte mit Schaum vorm Mund und schrie mich besinnungslos an. Als ich sah, dass er Schaum vorm Mund hatte und mit dem Knüppel drosch, dachte ich, dass er wahnsinnig geworden ist und mich umbringen wird. Ich habe keinen Moment lang gedacht, dass das anders ausgehen würde. Es gab SS-Männer, die sich verpflichtet hatten, jeden Tag zehn zu ermorden. Und sie taten das – die Rechnung musste stimmen. Auf dem Rücken liegend drehte ich mich so, dass er meinen Kopf nicht treffen konnte. Ich drehte mich immer mit den Beinen zu ihm, und er schlug dorthin, wo er mit seinem Knüppel herankam. Als ich keinerlei Hoffnung mehr hatte, dass ich mit dem Leben davonkomme, warf er den Knüppel nach mir und lief schnell aus dem Keller hinaus. Dieses Mal war ich mit dem Leben davongekommen. Es tat mir nur um das Papier mit dem Quark leid, das schon jemand weggenommen hatte. Diejenigen, die gesehen hatten, wie er mich geschlagen hatte, sagten, dass sie aus seinem Gestammel verstanden hatten, dass während der Kriegshandlungen in Polen sein Bruder ermordet worden war und dass er jetzt dafür Polen ermorden werde.

Dieser Vorfall hielt mich nicht davon ab, wieder in den Kasten zu schauen. Kurz darauf stieß ich wieder auf Papier mit Quark. Dieses Mal versteckten wir uns – damit uns niemand erwischte – in einem tiefen Loch hinter dem Offizierskasino, das mit einer schweren Holzklappe bedeckt war. Wir teilten das Papier und mit kleinen Brettchen, die wir bei uns hatten, und die uns normalerweise dazu dienten, die Kübel von der Morgen- und Mittagssuppe auszukratzen, kratzten wir den Quark von dem Papier. Wir hatten ein außergewöhnliches Festmahl. An die drei Stunden saßen wir in diesem Loch. Schwer zu sagen, wieviel Quark das war, aber ich glaube, dass wir jeder mindestens ein Kilogramm gegessen hatten. Wir hatten uns sattgegessen.

Ich habe die kleinen Brettchen erwähnt, mit denen wir das Papier abkratzten. Mit diesen Brettchen kratzte man die Kübel aus, die nach dem Frühstück und nach dem Mittagessen in der Nähe des Appellplatzes abgestellt wurden. Die Kostträger hatten so viel zu essen, dass sie die Kübel nicht auslecken mussten. Deshalb durften wir mit unseren Brettchen die Innenwände des Kübels abkratzen, an denen Essensreste klebten. So ein Brettchen war aus hartem Holz gemacht, es war glatt und zehn mal vier Zentimeter groß. Die Kübel, die auf dem Appellpatz standen, auszukratzen, war verboten, und man konnte dafür Prügel beziehen, aber ich hatte gesehen, dass viele Häftlinge solche Brettchen hatten und auf den Moment lauerten, in dem man zu einem Kübel gehen und ihn auskratzen konnte. Hier konnte man Schläge vermeiden, denn wenn sich ein Kapo näherte, rannte der erste, der ihn bemerkte, weg und alle rannten ihm hinterher. Wenn einer so ein Muselmann war, dass er keine Kraft hatte wegzurennen, bekam er eine aufs Maul oder wurde getreten. Bei diesen Kübeln bekam man nicht viel Prügel, aber die Ausbeute war auch nicht groß. Unsere tägliche Ausrüstung, mit der wir zur Arbeit gingen – ich spreche von Stefan und von mir –, war dieses Brettchen und ein Löffel ohne Stiel, damit er nicht so viel Platz in der Hosentasche wegnahm. Eines Tages, als wir keinen Erfolg hatten bei der Jagd und uns schon anschickten, zu „unserer" Arbeit zurückzugehen, fiel uns ein Kübel vor dem Fenster des Häuschens auf, das am Eingangstor zum Lager stand. In dem Häuschen hatte ein SS-Mann Dienst, der alle aufschrieb, die vom Lager zum Arbeitsgelände gingen und zurückkamen. Das Fenster war niedrig, so dass das Gesicht des SS-Manns, der in dem Häuschen saß, auf Fensterhöhe war. Der Kübel stand direkt vor dem Fenster. Wir überlegten, ob er leer war, oder ob etwas drin war. Wir kamen zu dem Schluss, dass er nicht leer war, und dass sicherlich Essensreste darin waren, die aus der SS-Küche hergetragen worden waren, und nun darauf warteten, von den Leuten, die im Schweinestall arbeiteten, abgeholt zu werden. Wir hatten ein bisschen Angst, den Kübel zu nehmen, andererseits wussten wir, dass sich Dreistigkeit auszahlt. Wir liefen ein paar Mal in der Nähe vorbei, so dass der SS-Mann in dem Häuschen uns nicht bemerkte. Alles schien in Ordnung zu sein. Es war niemand zu sehen, der zu diesem Kübel gepasst hätte. Plötzlich sagte Stefan: „Jetzt!“ und lief direkt auf den Kübel zu, und ich ihm hinterher.

Wir gingen an das Häuschen heran und zogen vor dem SS-Mann die Mützen – denn er hätte etwas an uns auszusetzen haben können, hätten wir die Mützen nicht abgenommen – und ohne ein Wort schnappten wir uns den Kübel an den Griffen. Er war schwer. Jetzt trugen wir ihn selbstsicher, als gehöre es zu unserer Pflicht, den Kübel zu tragen, hinter das Offizierskasino in den Graben, der dort ausgehoben war. Als wir den Kübel geöffnet hatten, bestätigte sich unsere Ahnung. Im Kübel befanden sich Kartoffeln mit Roten Rüben vermischt, ein dicker Brei. Der Kübel mit einem Fassungsvermögen von fünfzig Litern war voll. Nachdem wir uns ein paar Minuten lang vollgestopft hatten, riefen wir irgendeinen fremden vorbeilaufenden Muselmann herbei. Kurz darauf schloss sich noch jemand an, dann noch einer und noch einer, so dass wir am Ende wohl zu acht oder zu zehnt waren. Futter war genug da, fünfzig Liter und dazu noch dick wie Kleister. Alle waren mit Essen beschäftigt, aber wir routinierte alte Hasen wussten, was es zu tun galt. Wir aßen, ließen aber das Gelände nicht aus den Augen. Ständig stand einer von uns auf, schob seinen Kopf ein Stückchen aus dem Graben hinaus und schaute sich nach allen Seiten um, ob uns nicht eine Gefahr drohte. Ich bemerkte einen SS-Mann, der in unsere Richtung ging. Er war noch so weit weg, dass er uns nicht sehen konnte. Wir beobachten ihn, ob er nicht in eine andere Richtung umschwenkte – nein, er kam direkt auf uns zu. Wir krempelten unsere Mützen um, packten sie mit Essen voll und ohne etwas zu sagen, entfernten wir uns durch den Graben, damit der SS-Mann uns nicht sah. Kurz darauf prügelte er die anderen schon. Sie bekamen ein bisschen was auf ihre mit Essen vollgestopften Mäuler, und zweien befahl er, den Kübel zurückzutragen.

Einmal war ich mit Stefan zusammen auf der Jagd. Als wir auf das Lagertor zugingen, trafen wir auf eine Kolonne von Blockältesten, die aus der Küche die Abendportionen mit Wurst in die Blocks trugen. Sie standen in Zweierreihen. Als wir uns der letzten Zweierreihe näherten, begannen sie, die Kisten mit den Portionen zu schultern, weil das Tor schon aufgegangen war und sie gleich reingehen sollten. Als wir bei der letzten Zweierreihe angekommen waren, streckte Stefan – der riesig war – seine Pranke aus, steckte sie in die Kiste mit den Würsten und holte vier Stück auf einmal heraus; eine steckte er sich sofort ganz in den Mund, die anderen drei steckte er sich in Ruhe in die Jackentasche. Im ersten Moment war ich erschrocken, doch dann schaute ich mich schnell in alle Richtungen um, ob jemand das gesehen hatte. Ich bin sicher, dass ein Blockältester, der in diesem Moment seine Kiste vom Boden hochhob, es bemerkt hatte, doch Stefan lächelte und zwinkerte ihm schelmisch zu und wir gingen weiter. Als wir das Tor hinter uns gelassen hatten, gab Stefan mir zwei Würste und aß selbst seine zweite Portion.

Ein anderes Mal waren wir zwischen den SS-Baracken unterwegs. Auf dem Fensterbrett der letzten Baracke fiel uns eine zwei Fäuste große, schöne Tomate auf. In der Baracke beim Fenster unterhielten sich die SS-Männer. Ich weiß nicht, wie das geschah, aber eine unbedeutende Bewegung meiner Hand und schon war die Tomate in meiner Hand und kurz darauf in meiner Tasche. Stefan bewunderte mich, dass ich keine Angst gehabt hatte, die Tomate vor den Augen der SS-Männer zu nehmen, und ich bewunderte ihn dafür, dass er keine Angst gehabt hatte, die Würste aus der Kiste zu holen; in dem einen wie in dem anderen Fall hätten sie uns, wenn sie uns erwischt hätten, totgeschlagen. Wenn nicht beide, dann mit Sicherheit den, der zugegriffen hatte.

Stefan drang einmal auf der Jagd nach Futter mit einem Marmeladeneimer in den Garten der SS vor, um Tomaten zu holen. Er wollte den Nebel ausnutzen, der an diesem Morgen sehr dicht war. Als der Eimer schon voll war, erwischte ihn der Kapo der Gärtner. Er schlug ihn nicht, sondern notierte seine Nummer und nahm ihm die Tomaten ab. Der Kapo wusste, was er tat. An diesem Tag wurden Zigaretten ausgegeben. Abends ging Stefan zu ihm und bat ihn, ihn nicht zu melden. Er gab ihm zehn Zigarren und der Kapo zerriss den Zettel mit der Nummer. Es gab noch andere Gelegenheiten, zu denen man mit ein bisschen Glück und Schläue etwas essen konnte. Solche glücklichen Gelegenheiten waren dann, wenn ein SS-Mann einen bat, Kohlen zu holen. Eine lächerliche Sache, aber den Wärtern der SS wurden Kohlen für das Heizen ihrer Baracken in einer Menge zugeteilt, die nicht ausreichte. Sie wandten sich an uns, ob wir ihnen Kohlen holen könnten. Sie durften sich selbst keine Kohlen holen, und die Kohlen lagen weit weg von ihren Baracken. Sie wurden ihnen in speziellen Kisten gebracht. An mich wandte sich nur einmal einer, dass ich ihm Kohlen bringen sollte. Ich brachte vier solcher Kisten und bekam dafür von ihnen fünf große Brotrinden. Ich war hungrig, deshalb aß ich eine sofort und vier brachte ich ins Lager, um mit Krukowski zu teilen, der damals schon in den Steinbrüchen arbeitete. Nach dem Abendappell gab ich Stefan zweieinhalb Rinden – für mich hatte ich anderthalb übriggelassen, weil ich eine bereits bei der Arbeit gegessen hatte. Diese Art der Organisation wäre gut gewesen, wenn es sicher gewesen wäre, dass man jeden Tag etwas verdient. Sicherer war es aber, dass man etwas mit dem Knüppel bekam, wenn man sich in der Nähe der SS-Baracken herumdrückte. Da waren mir meine Organisationsmethoden lieber.

Einmal verdiente ich mir eine Portion Brot dafür, dass ich unseren Prominenten in der Stube ein pornografisches Märchen erzählte. Das ist ein Märchen über eine gewisse Prinzessin. Der Autor soll Aleksander Fredro[13] sein, dieses Märchen hatte ich auswendig gelernt, als ich in die siebte Klasse der Allgemeinen Schule gegangen war. Es aufzusagen dauerte fünfzehn Minuten.

In diesen beiden Fällen hatte ich mein Brot ganz ehrlich verdient, so wie ich auf ehrliche Weise an Essen kam, das ich von den Prominenten unseres Blockes dafür erhielt, dass ich für sie auf der Mandoline spielte und ihnen drollige Lieder vorsang, typische Warschauer Lieder, humoristische Lieder.

Einmal fand ich eine gefrorene kleine Kohlrübe, sie war so eingefroren, dass sie härter als ein Knochen war. Einen Knochen konnte ich ganz mit den Zähnen abknabbern, aber diese Kohlrübe nicht, so dass ich sie schließlich mit großem Bedauern wegwerfen musste.

Einmal ist es mir gelungen, heiße Quetschkartoffeln mit einem scharfen Gewürz zu erbeuten, die von deutschen Häftlingen, die für die SS arbeiteten, dieser zum Frühstück gebracht wurden. Ich kam hinter dem Offizierskasino hervor und sah, dass die, die den Kübel mit Essen für die SS trugen, hinter der Baracke verschwanden. In diesem Moment trat ein anderer Häftling mit einem Marmeladeneimer an sie heran und lud sich Kartoffeln in den Eimer. Ich lief schnell zu ihnen, riss meine Mütze vom Kopf, hockte mich hin, legte meine Mütze auf meine Knie und steckte beide Hände in den Kübel, nahm eine Ladung Kartoffeln und warf sie in meine Mütze. Mein Verhalten hatte sie überrascht. Als ich die Kartoffeln bereits in die Mütze geworfen hatte, bekam ich so eine Bombe auf die Nase, dass mir erst hell und dann schwarz vor den Augen wurde. Ich packte meine Mütze und rannte weg. Sie verfolgten mich nicht und haben mir meine Beute auch nicht weggenommen, weil sie dabei selbst hätten erwischt werden können. Als ich die Kartoffeln in den Keller trug, stellte sich heraus, dass Stefan Essensabfälle erbeutet hatte. Zuerst aßen wir die kalten Abfälle und zum Nachtisch hatten wir gute, heiße Kartoffeln. Dass mir von dem Schlag die Nase schmerzte, hatte in diesem Fall keinerlei Bedeutung.

Ich habe noch nicht erzählt, dass es uns manchmal gelang, rohe Kartoffeln zu ergattern, die wir in ungelöschtem Kalk kochten. Bei den Gruben mit Kalk, den wir transportierten, war ein Schuppen mit ungelöschtem Kalk. Wenn er gebraucht wurde, versuchten wir, ungelöschten Kalk auf die Schubkarren zu laden und in diesem Kalk kochten wir die Kartoffeln. Wir kochten sie in Marmeladeneimern. Auf den Grund des Eimers streute man eine dünne Schicht Sand, darauf eine Schicht Kalk, auf den Kalk eine Schicht Kartoffeln bis ganz nach oben, dann wieder eine Schicht Kalk, und ganz oben wieder eine Schicht

13 Aleksander Fredro (1793–1876) war ein polnischer Dramatiker, er gilt in Polen als einer der bedeutendsten Autoren von Komödien. (Anm. d. Übers.)

Sand. Der volle Eimer wurde mit Wasser aufgegossen, mit dem Deckel verschlossen und alles zusammen wurde in einer Ecke im Keller in die Erde eingegraben. Wir vergruben den Eimer deshalb, damit uns keiner dabei erwischte, wenn der Kalk gelöscht wurde, und die Kartoffeln kochten. Dieses Verfahren war besser als das Backen, denn gebackene Kartoffeln roch man schon von Weitem und backen oder kochen auf dem Feuer war genauso, als würde man seinen Hintern für Schläge herausstrecken. Nach einer halben Stunde, wenn die Luft „rein" war und uns keine Gefahr drohte, holten wir die Kartoffeln aus dem Eimer. Sie waren wunderschön gekocht, nur dass man sie jetzt nicht mehr mit der Schale essen konnte, weil an der Pelle noch Kalk war, der beim Abpellen die Haut an den Händen verätzte, aber darauf gab keiner Acht.

Eines Tages gelang es mir, viele gekochte Kartoffeln zu erbeuten. Sonntags wurden die Kartoffeln zum Mittagessen nicht von Männern aus dem jeweiligen Block geholt, sondern wir wurden zwischen den Blocks einfach eingefangen. Ich war wütend auf mich, dass ich mich so dumm hatte einfangen lassen, aber in der Küche erlaubte man uns, ein paar Kartoffeln vom Boden aufzuheben, die beim Einfüllen in die Kübel danebengefallen waren, und zu essen, da dachte ich, dass ich sogar mehrmals täglich zur Küche gehen könnte. Als wir zu fünft mit den Kübeln hinausgingen, waren noch nicht viele Leute in der Küche gewesen. Sie gingen zu fünft hinein, trugen die Kübel hinaus und stellten sich damit an das Ende der Kolonne. Ich öffnete den Deckel einen Spalt breit und holte ein paar Kartoffeln heraus, die ich durch den Hosenschlitz in meine Hosenbeine gleiten ließ, die ich immer unten mit einer Schnur abgebunden hatte. Es gefiel mir, dass das niemandem aufgefallen war, deshalb holte ich wieder einige Kartoffeln heraus. Als andere das sahen, begannen sie ebenfalls Kartoffeln aus ihren Kübeln herauszuholen und sie sich in die Hosenbeine oder in die Jackentaschen zu packen. Da lud ich mich auch so voll, dass ich beide Hosenbeine bis zu den Knien voll hatte. Mehr konnte ich nicht nehmen, sonst hätte ich nicht gehen können. Aber jetzt lief etwas schief. Mein Vorbild wirkte. Alle begannen dreist und mit Krawall, Kartoffeln herauszuholen. Einige hatten schon von den Blockältesten, die uns bewachten, Prügel bekommen, und andere bedienten sich weiter. Ich spürte, dass das nicht gut ausgehen würde, aber ich konnte die Kartoffeln nicht mehr rausholen, weil die Blockältesten pausenlos hin und her rannten, prügelten und schließlich Ordnung in die Kolonne brachten. Das geht nicht gut aus, dachte ich.

Als wir auf den Appellplatz kamen, stellte die Spitze der Kolonne die Kübel ab, und vorn verstellten ihnen ein paar Blockälteste den Weg und befahlen ihnen zu warten. Das war schlecht – es bedeutete Leibesvisitation. Und hier kam die Rettung von allein: der, mit dem ich den Kübel trug, war schwächer als ich und hatte keine Kraft mehr, den Kübel bis zum Ziel zu tragen, die Beine knickten ihm ein und der Kübel schleifte ein paar Mal auf dem Boden. Plötzlich kam mir ein Gedanke: die Kartoffeln auskippen! Als der Kübel wieder mit dem Boden auf die Erde kam, ließ ich auf meiner Seite los, aber so, dass ich den Kübel nach vorn riss. Der Kübel kippte um und die Kartoffeln kullerten weit auf den Platz. Die Leute waren wie vom Blitz getroffen. Die, die ihren Kübel schon abgestellt hatten, warfen sich auf die Kartoffeln, und die, die hinten gegangen waren, stellten ihre Kübel dort ab, wo sie standen, und begannen auch, Kartoffeln aufzusammeln. Die Blockältesten fielen wie Furien über die Menge her und schlugen ausnahmslos alle, wobei sie mit den Füßen auf die Menschen und die Kartoffeln traten, doch die, die sie auflasen, kümmerte das nicht. Als der Kübel umgekippt war und das Durcheinander begonnen hatte, lief ich sofort weg zum Block, gab Stefan ein Zeichen und wir luden die Kartoffeln aus und versteckten sie im Bett. Einige Minuten später begann vor unserem Block ein Lärm. Das waren die Blockältesten, die diejenigen schlugen, die wegrannten. Sie fielen in die Stube ein und schauten, wer hier einer von denen gewesen sein konnte, die dieses Durcheinander fabriziert hatten. Wen sie schlugen, den schlugen sie – aber es waren bestimmt viele darunter, die abends ordentlich aßen.

Ich sage abends, weil wir die Kartoffeln erst nach dem Abendessen aßen. Wenn ich sie vorher gegessen hätte, hätte mir niemand geglaubt, dass ich sie mir von meiner Mittagsportion aufgehoben hatte, und abends hätte ich sie für meine Wurst vom Abendessen kaufen können.

Auf diese Weise organisierten Stefan und ich uns 1940 im Konzentrationslager Mauthausen Essen. Im Block – Kartoffelschalen mit Heniek B.s Hilfe und Tausch von Würsten gegen Suppe. Bei der Arbeit: Strünke, Abfälle von den SS-Baracken und Abfälle aus dem Lebensmittelmagazin der SS. Später kamen noch andere hinzu, auch gefährliche und noch riskantere Wege, aber darüber werde ich gesondert erzählen.

Andere organisierten sich auch Essen, doch sie begannen erst damit, als sie schon vor Hunger am Sterben waren. Muselmänner, die keine Kraft mehr hatten zu gehen. So jemandem fiel es schwer, sich etwas zu organisieren, weil er schon bis an seine äußersten Grenzen ausgezehrt war. Er dachte nicht mehr klar und logisch und hatte nicht einmal die Kraft zu fliehen, wenn ihm Gefahr drohte. Beispielsweise kletterte er auf einen Wagen mit Kohl, der vor der Küche stand, und nahm sich einen Kohlkopf, ohne darauf zu achten, dass der, der den Wagen bewachte, ihn sah. Das endete damit, dass sie ihm den Kohl wegnahmen und ihn auch noch verprügelten. So jemand reagierte nicht auf die Schläge, aber später, nachdem er geschlagen worden war, konnte er nicht arbeiten, was ein Grund für erneute Schläge war und schließlich war er eines Tages am Ende. Wenn es ihm gelang, mit dem Kohlkopf davonzukommen, drohte ihm Durchfall, an dem zu dieser Zeit die Leute massenweise starben. Von unseren Kameraden starb als erster Stefan Kęszycki an Durchfall – der, mit dem mich Stefan Krukowski bekannt gemacht hatte, als ich zu Block 13 kam. Diese Menschen machten sich aus Angst vor Schlägen nicht daran, sich Essen zu organisieren. Sie arbeiteten ehrlich, um nicht aufzufallen und um Schläge zu vermeiden. Sie wollten bis zum Kriegsende oder bis zur Entlassung nach Hause durchhalten. Schließlich wurde pausenlos von Entlassungen geredet, und die Mehrheit glaubte, dass bis zum Sommer 1941 der Krieg bestimmt schon zu Ende wäre. Wozu also riskieren, sagten sie, die machen einem entweder die Gesundheit kaputt oder bringen einen um; ich will aber überleben, ich will nach Hause zurückkehren, zu meiner Familie. Es ist eben hart. Es herrscht Hunger, ja, es herrscht Hunger, aber die paar Monate übersteht man irgendwie – und sie ackerten, und ackerten über ihre Kräfte, und aßen nur so viel, wie ihnen zugeteilt wurde. Sie wollten überleben und fürchteten sich, ihre Gesundheit oder ihr Leben zu riskieren, und sie wussten nicht, dass sie auf diese Weise auf dem Weg zum Krematorium waren. Wenn so jemandem endlich klar geworden war, wie das alles aussah, war es meistens zu spät: Weder war er gesund, noch hatte er die Kraft sich aufzuraffen. Meistens aber warteten die Menschen bis zum Schluss und erst, wenn jemand das erste Mal von der Arbeit zurückgetragen wurde, weil er nicht mehr selbst gehen konnte, sah er, dass das das Ende war. Doch dann blieben ihm nicht mehr als ein paar Tage, weil er täglich zur Arbeit gehen musste, und schließlich wurde er eines Tages dann als Leiche zurückgetragen.

Einmal sah ich auf der Toilette zwei Spanier, die nebeneinandersaßen. Der eine schälte Kartoffeln und aß sie roh, der andere hob die Schalen auf und aß sie. Es kam mir seltsam vor, dass die Menschen rohe Kartoffeln aßen. Damals hatte ich keine Ahnung davon, wie viele rohe Kartoffeln ich noch essen würde. Als ich sie sah, musste ich lachen. Ich dachte mir – der eine ist der Aristokrat und der andere der arme Schlucker. Genauso war es mit den Knochen. Der Aristokrat knabberte das Fleisch ab, nicht sehr gründlich, und gab den Knochen seinen Bediensteten. Die knabberten die Fleischreste sorgfältig ab und gaben den bereits vollkommen nackten Knochen ihren Kameraden, und die aßen den Knochen. Solche Knochen bekamen wir von Zygmunt Jaczewski und wir aßen sie ganz auf.

Das Organisieren von Essen – das war die erste grundlegende Bedingung, die die Chance gab, den Tag zu überleben. Eine zweite, ebenso wichtige Bedingung für die Existenz im Lager war die Fähigkeit, sich vor der Arbeit zu drücken, und das nicht nur vor schwerer Arbeit, sondern vor jeder, selbst vor der leichtesten Arbeit.

Man musste in sich einen Ekel vor der Arbeit entwickeln, und zwar so einen Ekel, dass man bereit war, jedes Risiko einzugehen, auf jeden Schlag gefasst zu sein, Hauptsache man arbeitete nicht.

Als die Arbeit an der Walze zu Ende war, schloss ich mich keiner festen Gruppe mehr an, sondern stellte mich in die erstbeste und entfernte mich immer, bevor der Kapo sich unsere Nummern aufschrieb. Dann traf ich mich mit Stefan und wir organisierten uns Essen.

Das durfte nicht den ganzen Tag dauern. Wenn alle Möglichkeiten erschöpft waren, mussten wir trotzdem etwas tun. Stefan ging, solange es warm war, in die Wachtürme schlafen, und später schloss er sich einer Maurer-Gruppe an, die in den Kellern des Offizierskasinos arbeitete.

Ich ging einen anderen Weg. Ich muss gestehen, dass ich Angst hatte, in den Wachtürmen zu schlafen. Ich wusste, wenn sie einen dort erwischen, kann einen nichts mehr vor dem Tod retten. Stefan ließ sich nicht überzeugen. Er war der Meinung, dass dort das beste Versteck ist, dass man nur beim Rein- und Rausklettern gut aufpassen muss. Ich suchte mir aus unserer Stube drei Kameraden aus – Marian Krysiak und Zbyszek K. waren aus Łódź, und Leon Cerak aus Bydgoszcz. Keiner von ihnen lebt mehr. Marian Krysiak starb in Mauthausen und Zbyszek K. und Leon Cerak starben in Gusen. Leon Cerak sprach gut Deutsch. Weit draußen, wo in der Nähe niemand arbeitete, ragten aus einem Graben Stapel von Zementrohren mit einer Länge von einem Meter und einem Durchmesser von etwa fünfzehn, vielleicht achtzehn Zentimetern hervor, die dort abgelegt worden waren. Die drei hatten sich so wie ich abgesondert und standen bei diesen Rohren, und ich schloss mich ihnen an. Manchmal kamen auch Krukowski und B. dazu, um zu reden und mit uns zusammen zu arbeiten. Leon Cerak war auch ein richtiges Schlitzohr. Das begann so:

Wir trafen uns einmal auf der Straße, um ein bisschen zu reden, wir blieben bei den Rohren stehen. Damit unser Herumstehen niemandem verdächtig vorkam, stand jeder auf einer Seite des Stapels. Mir fiel eine lange, dicke Stange auf, die neben dem Stapel lag, ich hob sie auf und schob sie in ein Rohr, damit man es, wenn es darauf ankam, anheben konnte – und so abgesichert unterhielten wir uns. Wie ich schon sagte, gab es in der Nähe keinerlei Arbeiten, deshalb war das Gelände leer, ab und zu ging ein SS-Mann oder ein Häftling dort in Richtung Baracken entlang. Wir hatten die ganze Straße im Auge, entlang des Drahtes, der das Lager umzäunte, und das Gebiet bis zu den Baracken. Hier konnte uns niemand hinterrücks überraschen. Uns wurde schnell klar, welchem Zweck die Rohrpyramiden dienen konnten. Wir holten uns Marian Krysiak und Zbyszek K.

dazu, suchten uns eine zweite Stange und standen so ganze Tage bei den Rohren. Wenn wir von weitem einen SS-Mann erblickten, begannen wir mit der Arbeit, die darin bestand, die Pyramide zu erhöhen. Mit ermunternden Ausrufen „Hooo-hopp! Hooo-hopp!“ hoben wir das Rohr mithilfe der Stange höher und bauten damit den Stapel höher. Wenn die Gefahr vorbei war, nahmen wir ein gutes Dutzend Rohre herunter, damit im Fall der Fälle welche zum Hinauflegen bereitlagen. Es ist kaum zu glauben, aber wir standen mehrere Wochen bei diesen Rohren und keiner von uns hat Prügel bekommen. Einmal nur interessierte sich ein SS-Mann für uns. Er schaute uns an die zehn Minuten bei der Arbeit zu, trat heran und fragte, zu welcher Gruppe wir gehören.

„Kanal-Kommando, die Gruppe, die die Kanäle aushebt“, antwortete Leon Cerak.

Wir wussten, dass es so eine Gruppe gab, und die Antwort hatten wir vorbereitet.

„Und was macht ihr hier?“, fragte er weiter.

„Wir sollen Rohre holen.“

Doch der ging nicht weg, sondern stand weiter da. Die Rohre zum Hochheben waren alle, deshalb befahl Leon, die Rohre auf die Stangen zu nehmen und loszumarschieren. Wir gingen am Draht entlang in Richtung Wohnbaracken der SS, und der SS-Mann ging ein paar Schritte hinter uns. Wir waren schon an der Küche, dem Krematorium, den Garagen und der Kommandantur vorbeigegangen, und er ging uns weiter hinterher. Schließlich konnten wir mit den Rohren nicht einmal um das Lager herumgehen und zum Ausgangsort zurückkehren, deshalb flüsterte ich Cerak, der neben mir lief, leise zu, dass wir die Rohre hinter dem Offizierskasino abwerfen sollten. Vielleicht klappte es. Ich meinte den Graben, in den wir mit dem Kübel voller Essen, den wir vor dem Tor mitgenommen hatten, hineingegangen waren.

Erleichtert atmeten wir auf, als der SS-Mann zwischen die Baracken abbog. Hinter dem Kasino verschnauften wir und gingen mit den Rohren zurück zu unserem Platz.

Die Gespräche, die wir an den Rohren stehend führten, drehten sich überwiegend um Kulinarisches. Es wurde besprochen, wie verschiedene Gerichte zubereitet werden, in denen Fett die Hauptrolle spielte. Gespräche über das Essen waren bis zum Ende die ständigen Gespräche der hungrigen Menschen. Und sie sprachen nicht nur darüber, sondern manche bemühten sich um Papier und Bleistift und schrieben sich auf, wie sie verschiedene Gerichte zubereiten würden. **Zbyszek K. unterhielt uns damit, dass er von dem Leben nach dem Tod erzählte, das nicht so aussehe, wie die Religion es sagt, sondern in dem Menschen steckten astrale Kräfte, die weiter existieren. Er**

sagte, dass er sich für dieses Wissen sehr interessiere, und weil wir übrigen drei zur unwissenden Masse, zu den Arbeitern gehörten, lauschten wir sogar mit Interesse seinen Ausführungen.

Nach einigen Wochen, an einem Sonntagmorgen, wurden Leute eingefangen, die bis mittags arbeiten mussten. Als wir am Montag zur Arbeit kamen, waren unsere Rohre verschwunden. Sie waren am Sonntag auf Autos weggefahren worden. Wir hatten keine Arbeit. Es war uns gut gegangen zu viert, es war also schade, unsere Gruppe aufzulösen. Wir beschlossen, uns umzuschauen und bis zu Mittag eine angemessene Arbeit zu finden.

Dieses Mal fand Zbyszek K. Arbeit für uns. Unweit von unserem vorherigen Arbeitsplatz stand die Elektriker-Baracke und dahinter war ein offener Schuppen. Das waren zwei Seitenwände, die an der Baracke standen, und ein Dächlein. Eine Vorderwand gab es überhaupt nicht. In diesem Schuppen standen in Kisten Isolatoren aus Porzellan. Als wir das erste Mal dort hineingingen, hatten wir Angst vor dem, was dabei herauskommen würde. Am zweiten Tag war die Angst schon kleiner und nach vier Tagen gingen wir ganz normal zur Arbeit. Unsere „Arbeit“ im Schuppen bestand darin, dass wir aus den Brettern und Deckeln der Kisten Regale bauten, auf die wir verschiedene Installationen stellten, jeder von uns hielt einen Isolator in der Hand, und in der anderen ein bisschen Holzwolle, die sich in den Kisten befand zum Schutz der Isolatoren vor dem Zerbrechen, und mit dieser Holzwolle „reinigten“ wir die Isolatoren – nur dann, wenn sich eine Gefahr näherte. Bei dieser Arbeit mussten wir uns ein bisschen bewegen, weil unser Schuppen sich direkt an einem Weg befand, den viele Leute entlanggingen. Der Arbeitsplatz, den wir uns ausgesucht hatten, war hinsichtlich des Verkehrs wie die Innenstadt einer Großstadt im Vergleich zum vorherigen Arbeitsplatz bei den Rohren, wo lediglich ein paar Mal am Tage jemand vorbeigekommen war. Die Baracke der Elektriker war eine von vielen Baracken, in denen sich verschiedene Werkstätten befanden, in die oft SS-Männer kamen.

Seltsam kam uns nur das Verhalten des Kapos der Elektriker vor, der von den wilden Bewohnern, die sich in seinem Raum eingenistet hatten, wissen musste, uns aber gar nicht anfasste. Manchmal lief er vorbei, verhielt sich aber so, als wären wir nicht da. Dasselbe machten andere Leute aus der Elektriker-Gruppe. Diese Isolatoren brauchte niemand, denn obwohl manche Kisten vernagelt waren, lagen zerschlagene Isolatoren aus anderen Kisten in einem großen Chaos auf dem Boden. Die, die einzeln herumlagen, stellten wir auf unsere Regale, und den Rest legten wir in eine Ecke auf einen schönen Haufen und dann dauerten die Gespräche über das Leben eines jeden von uns in der Freiheit wieder zwei Wochen lang. **Wir hatten verabredet, dass jeder von uns ei-**

nen guten Witz oder eine spannende Episode aus seinem Leben erzählt, aber viel Zeit verbrachten wir mit Speisekarten für verschiedene fetthaltige und leckere Gerichte.

Erst hier wurde mir so richtig bewusst, dass das Vermeiden von Arbeit gar nicht so schwer ist, dass man es nur mit viel Dreistigkeit und Mut machen muss. Kurz darauf verstand ich das und wendete eine verbesserte Methode an, bei der ich in Bewegung war. Sie war schwieriger zu fassen und dadurch sicherer und gab gleichzeitig die Möglichkeit, sich etwas zu organisieren, weil man ständig seinen Aufenthaltsort wechselte und niemandem ins Auge fiel.

Bei den Isolatoren standen wir wohl mehr als zwei Wochen bis eines Tages vor dem Mittagessen ein älterer SS-Mann zu uns kam und fragte, was wir hier machen.

„Wir reinigen die Isolatoren", antwortete Leon Cerak.

„Wer ist euer Kapo?"

„Ich", antwortete Leon ruhig.

„Bleibt so stehen und rührt euch nicht vom Fleck", sagte der SS-Mann. Er selbst ging um die Ecke des Schuppens und wir hörten, wie er an das Barackenfenster klopfte und den Kapo rief. Da liefen wir um die andere Ecke und ... rannten los. Er merkte, dass wir flohen und brüllte: „Stehenbleiben! Stehenbleiben!" und knüpfte seine Pistolentasche auf. Also kamen wir zurück. Da fragte er den Kapo der Elektriker, der aus der Baracke herausgekommen war, was wir hier machen. Der zuckte mit den Schultern und sagte, dass er nichts von uns wisse, dass er uns zum ersten Mal sähe. Das musste ein guter Mann gewesen sein, weil er nicht sagte, dass wir hier schon so lange herumstanden.

Der Kapo ging in seine Baracke und der SS-Mann begann uns zu bearbeiten. Mit mir begann er. Er berührte mich mit dem Finger an der Brust und befahl mir, die Jacke und das Hemd auszuziehen. Er steckte seine Hand rein und holte ein Büschel Holzwolle heraus. Wieder steckte er die Hand rein – noch ein Büschel. Und noch einmal, und noch einmal. Als nächstes holte er mir unter dem Hemd Papp- und Papierstücke von Zementsäcken heraus. Immer, wenn er seine Hand reinsteckte und etwas herauszog, schlug er mir ins Gesicht – zwei, drei, vier Mal. Und wieder die Pfote unters Hemd – da ist Papier, wieder was ins Gesicht und weiter gesucht und wieder zugeschlagen. Endlich hatte er alles herausgezogen und nahm sich den nächsten vor. So bearbeitete er uns alle vier. Dann brachte er uns ins Zementmagazin. Wir hörten das Signal zum Antreten zum Mittagsappell. Der SS-Mann nahm einen Spatenstiel in die Hand und gab nacheinander jedem von uns, die wir uns über Zementsäcke legen mussten, zehn Schläge auf den Hintern.

Das Signal zum Appell bewahrte uns vor schlimmeren Schlägen, denn er musste sich beeilen, damit wir es zum Aufstellen schafften. Andernfalls hätten alle zum Appell Gruppierten auf uns warten müssen. Tja – im Schuppen war es gut gewesen, aber das war zu Ende und aktuell waren wir wieder „arbeitslos".

Um nicht aufzufallen, mussten wir uns zu irgendeiner Arbeitsgruppe stellen und schwer arbeiten oder uns eine neue „Arbeit" suchen. Es ist wohl verständlich, dass ich mich für die Arbeitslosigkeit und die Arbeitssuche entschied. Dieses Mal war unser „Kommando" zerfallen und jeder von uns suchte auf eigene Faust Arbeit. Zbyszek K. und Marian Krysiak hatten die „Arbeitsprinzipien" schon gut verstanden und konnten getrennt agieren.

Nach ein paar Tagen ging es mit Marian Krysiak zu Ende. Sein rechtes Bein begann zu schmerzen und an seinem Oberschenkel bildete sich eine stark entzündete Verhärtung. Er ging ins Krankenrevier und zwei Tage später wurden schon seine Kleider in den Block gebracht. Das bedeutete, dass er tot war. Ich glaube nicht, dass er an dem Schmerz im Bein gestorben ist. Es sah danach aus, dass er ermordet wurde, denn am Tag, nachdem er ins Krankenrevier gegangen war und einen Tag bevor seine Sachen gebracht wurden, sah ich ihn, wie er durch den Draht aus dem Fenster schaute, von Weitem wechselten wir ein paar Worte. Er sagte mir damals, dass es ihm sehr schlecht gehe, aber sein Aussehen wies nicht darauf hin, dass er schon am nächsten Tag eine Leiche sein würde.

Ich habe erzählt, wie ein SS-Mann uns unter den Hemden Papier, Pappe und Holzwolle hervorgezogen hatte. Als ich über die Arbeit bei den Isolatoren berichtete, habe ich nicht erwähnt, dass es die ganze Zeit hindurch sehr kalt war und fast pausenlos fiel wenig, aber lästiger Regen. Wir hatten nur Unterwäsche und dünne gestreifte Kleidung, die man, wenn sie nass geworden war, nach dem Ausziehen in eine Ecke stellen konnte und die so steif stehenblieb. Um sich wenigstens teilweise vor der Kälte zu schützen, steckte, wer konnte, unter seine Kleidung Papier von Zementsäcken oder Pappstücken. Das Papier von den Säcken war besser, weil man bei einem großen Stück ein Loch reinmachte und es über den Kopf anzog, dann bedeckte das Papier die Brust, den Rücken und die Schultern. Die Sache hatte nur einen Fehler – bei Berührung knisterte das Papier. Bei den Appellen liefen die Blockältesten, die Stubenältesten und die Kapos durch die Reihen und berührten jeden mit der Hand. Wenn das Papier knisterte, bezahlte der Häftling dafür mit Schlägen und oft mit solchen Schlägen, dass er seine Gesundheit und manchmal sein Leben verlor. Dennoch nutzten die, die die Möglichkeit hatten, einen Zementsack zu ergattern, ihn zum Schutz vor der Kälte und vor Regen.

Außer dem Papier steckten wir noch Pappe und ganze Büschel Holzwolle unter das Hemd, die wir auf Brust und Rücken verteilten. Täglich bevor wir ins

Lager hineingingen zum Mittags- und Abendappell legten wir unsere zusätzliche Kleidung ab, um beim Appell nicht erwischt zu werden. Es lohnte sich für uns nicht, unsere Gesundheit oder unser Leben zu riskieren und in Papierhemden zum Appell zu gehen, weil es sehr wahrscheinlich war, erwischt zu werden.

Nachdem unsere Gruppe zerfallen war, arbeitete ich allein. Morgens sonderte ich mich wie immer ab, machte mit Stefan Jagd auf Essen und dann nahm ich den Spaten, den ich versteckt hatte, und suchte mir einen Arbeitsplatz. Den Spaten versteckte ich deshalb, damit ich mir nicht jeden Tag ein Arbeitsgerät suchen musste.

Ein paar Tage lang stellte ich mich zu einem großen Sandhaufen. Die Arbeit bestand darin, den Sand, der in einer dünnen Schicht um den Haufen herum lag, hinaufzuwerfen. Es ist klar, dass ich mir diese Arbeit selbst ausgedacht habe, damit der Sand nicht vergeudet wird. Das war keine gute Arbeit, weil der Sand von allen Seiten sichtbar war und man sich, wenn auch langsam, doch bewegen musste. Außerdem war der Haufen hoch und die andere Seite war nicht zu sehen, so dass mir jeden Augenblick von der anderen Seite jemand direkt vor die Nase springen konnte.

Dieses Mal kamen mir beim weiteren Vortäuschen Stefan Krukowski und ein Zufall zur Hilfe. Eines Abends kamen ein paar Typen in weißen Schürzen in unsere Stube, wie sich herausstellte waren sie Sanitäter des Reviers. Sie befahlen uns, die Hosen aufzuknöpfen, die Hemden hochzuheben und sahen sich nacheinander unsere Bäuche an. Sie hatten schon eine Menge Leute angeschaut und einige zur Seite gestellt. Sie suchten nach einem Ausschlag auf den Bäuchen. Stefan hatte gehört, dass es sich um Krätze handelte, die im Lager aufgetaucht sei. Ihm war sofort klar, dass das eine Möglichkeit zur Erholung war. Schnell berieten wir und beschlossen zu versuchen, in die Gruppe der Krätzekranken zu kommen. Es gelang. Man hatte uns nicht ausgesondert, aber wir haben so herumlaviert, dass wir in der Gruppe der Ausgesonderten standen. Als die Kontrolle abgeschlossen war, wurden unsere Nummern aufgeschrieben und wir wurden zu Block 14 gebracht. Es stellte sich heraus, dass aus dem gesamten Lager eine ganze Stube zusammengekommen war. Uns wurden Strohsäcke zugeteilt, ein Strohsack für zwei. Ich lag mit Stefan auf einem und neben uns legte sich Stefan Boruciński, ein junger, sehr braver Mann aus Piastów bei Warschau. Sein Leben war jedoch nicht lang, denn einige Tage, nachdem er Block 14 verlassen hatte, wurde er erschossen. In diesem Block aber hatten wir die ganze Zeit über ein angenehmes Leben. Nicht einmal für einen Augenblick durften wir den Block verlassen, um die Krätze nicht zu verbreiten. Die Appelle fanden im Block statt, und dann lagen wir den ganzen Tag in

Hemden und langen Unterhosen auf den Strohsäcken und verbrachten die Zeit mit verschiedenen Erzählungen. Die ganze Woche lang mussten wir uns täglich nackt ausziehen und uns gegenseitig mit einer Salbe einschmieren. Am letzten Tag bekamen wir ein warmes Bad, unsere Sachen wurden uns wiedergegeben und wir wurden zurück in die Blocks geschickt. In dieser Woche hatten wir uns gut erholt und aufgewärmt. Urlaub, Ferien. Stefan hatte das gut erspürt, denn die ganze Woche lang hatte es geregnet. Nur an Essen hatte es uns gefehlt, denn hier konnten wir uns nichts organisieren.

Als wir zur Arbeit zurückkehrten, überredete mich Stefan, dass ich versuchen sollte, in seine Gruppe zu kommen. Kapo Vinzenz – ein Österreicher mit einem schwarzen Winkel – sei ein guter Kerl und würde mich sicher aufnehmen. Ich ging hin. Ich hatte schon an die zwei Stunden ehrlich gearbeitet, um ihm zu gefallen, als ich dem Kapo auffiel.

„Was? Neu?", fragte er.

„So ist es, neu", antwortete ich höflich und bescheiden und sah ihn mit einem freundlichen Lächeln an.

„Dann komm mal mit."

Ich ging mit ihm in einen Keller, der Kapo nahm ein Brett und sagte zu einem anderen Deutschen:

„Halt seinen Kopf fest."

Der nahm meinen Kopf zwischen seine Beine, und der Kapo schlug mich fünf Mal mit dem Brett und sagte, dass ich das dafür bekommen hätte, weil ich ohne Erlaubnis zu ihm gekommen sei. Er jagte mich fort, so dass ich auf meine Weise arbeiten ging. Abends sagte mir Stefan, dass er mit Vinzenz gesprochen habe, ihn gebeten habe und ich mich also am nächsten Tag ruhig in seine Gruppe stellen könnte.

Auf diese Weise kam ich in Vinzenz' Gruppe und war mit Stefan zusammen. Wir arbeiteten damals bei der Zementierung und stellten verschiedene Trennwände in den Kellern des Offizierskasinos auf. In den gleichen Kellern, in denen mich kurz zuvor ein SS-Mann mit dem Knüppel hatte umbringen wollen. Stefan und ich hatten die Aufgabe, den Maurern Kalk zu liefern, den wir auf Schubkarren aus einem Loch holten, das sich in einer ziemlichen Entfernung von unserem Arbeitsplatz befand. Vinzenz sagte, dass es ihn nicht interessiert, wie und was wir machen, Hauptsache die Maurer beschweren sich nicht, dass sie keinen Kalk haben, aber die Maurer arbeiteten auch sparsam, damit ihnen die Arbeit für längere Zeit reichte, denn schließlich war das eine Arbeit unter einem Dach.

Unsere Gruppe bestand zusammen mit dem Kapo aus dreizehn Personen, darunter drei Deutsche und neun Polen. Der Kapo Vinzenz war um die dreißig

Jahre alt, mittelgroß, stämmig, kräftig, gut gebaut, ein Mensch mit einem sehr guten Charakter. Diese fünf Schläge mit dem Brett, die ich von ihm zur Begrüßung bekommen hatte, waren die einzigen, die ich je von ihm erhielt. Er schlug niemanden. Nur einmal schlug er einen Deutschen, seinen Stellvertreter, dafür, dass der die Kartoffeln, die Vinzenz abends für seine Gruppe organisierte, ungerecht verteilt hatte. Dank seiner Bemühungen bekamen wir abends oft von der Küche fast einen halben Kübel Kartoffeln, die er selbst verteilte. Er verteilte gerecht. Wir traten nacheinander an den Kübel und wenn wir Kartoffeln erhalten hatten, stellten wir uns wieder hinten an. Wenn der erste zum zweiten Mal vor dem Kübel stand, sagte er, dass er schon bekommen hatte. Dann gab der Kapo kleinere Portionen aus, aber auch allen. Einmal geschah es, dass er irgendwohin musste, so dass er seinem Helfer befahl, die Kartoffeln zu verteilen. Der gab sie so aus, wie die Kapos eben Kartoffeln austeilten. Jedem ein paar Kartoffeln, den Rest für sich und die anderen Deutschen. Die Jungs waren so eine Aufteilung nicht gewohnt, und lehnten sich auf. Daraufhin schlug er einem von uns ins Gesicht. Zu dieser Szene kam Vinzenz hinzu.

„Was ist los?“, fragte er.

Wir sagten es ihm. Keinen der Deutschen, die mehr Kartoffeln bekommen hatten, rührte Vinzenz an, aber seinem Gehilfen nahm er alle Kartoffeln ab und gab sie uns. Nachdem die Kartoffeln verteilt waren, begann er ihn vollkommen ruhig und ohne Aufregung zu schlagen. Der bekam eine ordentliche Tracht Prügel und wir freuten uns, weil keiner von uns ihn mochte, an diesem Tag besonders, weil er uns beim Essen benachteiligt hatte. Am nächsten Tag hatte Vinzenz keinen Stellvertreter mehr, weil er den bisherigen fortgejagt hatte.

Als wir bei Vinzenz arbeiteten, bemühten wir uns weiter um Essensabfälle, die wir für uns allein hatten, aber der Kapo brachte manchmal einen Kübel mit Frühstück von den SS-Männern in den Keller mit. Das war meistens eine Knorr-Suppe (aus Brühwürfeln) oder eine Sagosuppe. Er verteilte diese Suppe an alle. In der Ecke bewahrten wir in einer Holzkiste leere Konservenbüchsen auf, in die er uns die Suppe einfüllte. Bei der Jagd auf Abfälle gelang es Stefan und mir einige Male, einen Kübel mit Frühstück mitzunehmen, aber den gaben wir Vinzenz, damit er den Inhalt unter allen aufteilte. **Der Waschraum befand sich fast gegenüber der Eingangstür, und der Kübel mit dem Frühstück stand tiefer im Flur und die SS-Männer taten sich selbst aus dem Kübel Suppe auf. Wenn uns jemand erwischt hätte, wie wir den Kübel nehmen, hätten wir sagen können, dass wir die Kübel in die Küche bringen, denn wir brachten die Kübel, nachdem wir sie in unserem Keller geleert hatten, tatsächlich in die SS-Küche.**

Als wir in den Kellern des Offizierskasinos arbeiteten, hatten wir es nicht weit zum Lebensmittel-Magazin der SS. Jetzt gehörten alle Reste, die in die Kiste geworfen wurden, uns. Jedes Mal, wenn wir Kalk geliefert hatten, überprüfte einer von uns, was Neues weggeworfen worden war. Außer der Kiste fanden wir noch eine neue Variante, Essen aus dem Magazin zu organisieren. Zum Magazin kamen oft Autos mit Vorräten, die ausgeladen werden mussten. Die Häftlinge, die im Magazin arbeiteten, waren Prominente, die nicht allein ausluden, außerdem waren sie wenige, so dass der SS-Mann, der das Auto bewachte, jeden, der ihm in die Hände fiel zum Tragen der Produkte vom Auto in das Magazin einteilte. Uns musste er nicht einfangen, wir meldeten uns freiwillig. Und jetzt ging der Spaß erst los. Die verschiedenen Artikel mussten in unterschiedliche Bereiche des Magazins getragen werden. Wir nahmen alles, was man in den Mund stecken und essen konnte – Grütze, Erbsen, Reis, Haferflocken, Äpfel. Diese Produkte steckten wir meistens in unsere Taschen. Natürlich machten wir das so, dass es niemandem auffiel, denn sonst gab es Schläge. Wenn wir dann recht viel in den Taschen hatten, war es Zeit sich abzuseilen, so dass es niemand merkte, denn manchmal wurden nach dem Ausladen diejenigen, die die Produkte getragen hatten, durchsucht und so manches Mal hatte einer, bei dem etwas in den Taschen gefunden worden war, ordentlich Prügel bezogen.

Es war leicht, sich abzuseilen, wenn kein SS-Mann am Auto stand. Oft aber stand so eine Blindschleiche am Auto und beobachtete, wie die Entladung voranging. Dann kamen Stefan und ich zusammen aus dem Magazin und bogen mit schnellen Schritten Richtung Kellereingang ab. Wir versuchten nicht, uns zu verstecken, sondern als wir an dem SS-Mann vorbeigingen, zogen wir ordentlich unsere Mützen und gingen schnellen Schrittes weiter. Unsere ruhige Haltung und unsere Selbstsicherheit führten ihn dann in die Irre.

Ich muss zugeben, dass es uns an Frechheit und Dreistigkeit nicht fehlte. Ich sah oft, wie andere sich abseilten. Wenn so jemand aus dem Magazin herauskam und sah, dass der SS-Mann in eine andere Richtung schaute, bog er zur Seite ab, und oft sah er sich noch um, ob er nicht gesehen wurde. Wenn der SS-Mann so einen sah, wusste er gleich, was los war, rief ihn zurück, kontrollierte, was er in den Taschen hatte, schlug ihn und befahl ihm weiterzuarbeiten. Scheinbar ist es leichter, einzeln zu verschwinden, aber in diesem Fall war es doch leichter, wenn zwei gleichzeitig verschwanden, allerdings nur mit Dreistigkeit. So wie wir das taten. **So ein von Gott Auserwählter kam nicht darauf, dass dort, wo alle vor Angst vor ihm zitterten, es auch solche geben kann, die mit vollen Taschen so ruhig weggehen.** Dieser Trick funktionierte immer. Die gestreifte Sträflingskleidung half uns dabei, weil der SS-Mann genau hinschauen musste, um jeden zu erkennen.

Manchmal konnte man nichts organisieren und dann war es bedauerlich, mit leeren Taschen das Magazin zu verlassen. Einmal trugen wir Haferflocken in Papiersäcken. Es waren nicht mehr viele Säcke zum Tragen übrig geblieben und die Taschen waren leer. Die Säcke waren leicht und wir trugen sie auf der Schulter. Ich trug einen Sack und blieb absichtlich an der Schwelle hängen und als ich stolperte, schlug ich mit ganzer Kraft mit dem Sack auf den Boden. Er flog auseinander. Die Haferflocken kippten aus. Ich bekam Schläge ins Gesicht, aber von den Haferflocken nahmen sich alle etwas, und das beinahe offiziell, weil nur die sauberen Haferflocken von oben eingesammelt wurden, den Rest überließen sie uns.

Ein anderes Mal trugen wir Kartons mit kleinen Margarinewürfeln. Stefan hielt das nicht aus. Er ging mit einem Karton auf der Schulter voraus, und ich sah, wie er mit der anderen Hand versuchte, den Karton zu öffnen. Der Karton wollte nicht nachgeben. Er zog kräftig daran und ... alles fiel auseinander. Stefan bekam auch Schläge ins Gesicht, doch beim Einsammeln steckte er einen Würfel ein und ich zwei, obwohl der SS-Mann uns bewachte. Als wir die Margarine in unseren Taschen hatten, entfernten wir uns auf die uns eigene dreiste Art zu unseren Kellern.

Abends wurden Kartoffeln ausgegeben, was uns auf eine neue Idee brachte. Nach dem Abendessen, wenn die verschiedenen Gruppen Nachschlag verteilten, war es schon fast ganz dunkel. Vinzenz organisierte für uns zwei, drei Mal die Woche Essen. An den anderen Tagen gingen wir mit unseren Schüsseln auf den Appellplatz und traten an fremde Kübel heran. Wir stellten uns in andere Gruppen und weil es vollkommen dunkel war, gelang es uns oft, einen Nachschlag zu erhalten. Doch das war sehr gefährlich. Wenn ich überhaupt an einen fremden Kübel herantrat, dann tat ich das mit großer Angst. Hier konnte man leicht sein Leben lassen und so mancher hat für diesen Sport mit dem Leben bezahlt.

Konkurrenzlos war hier Stefan Krukowski. Obwohl auch ich ihm hierbei in nichts nachstand, bewunderte ich ihn, wenn ich sah, wie er sich ruhig und ungerührt in eine fremde Schlange stellte, Essen nahm, ruhig wegging und ein paar Schritte vom Kübel stehend in Ruhe aß.

An einem Sonntag mussten zweihundert Personen zu irgendeiner Arbeit gehen. Zu dieser Arbeit hatte man Freiwillige aufgerufen und ihnen gutes Essen versprochen. Wir arbeiteten nicht gern, deshalb meldeten wir uns nicht, wir waren der Meinung, dass eine Schüssel Essen das nicht ausgleicht, was wir den ganzen Tag über bei der Arbeit verloren. Am Nachmittag kehrten diese Menschen zurück, gingen in ihre Blocks und kurz darauf fanden sie sich mit ihren Schüsseln auf dem Appellplatz zusammen. Aber dann geschah folgendes: Bei der Arbeit waren zweihundert gewesen, und mit den Schüsseln auf dem Platz standen an die fünfhundert Personen. Die Kapos hatten dies vorausgesehen und die Nummern all derer notiert, die gearbeitet hatten. Die Kübel wurden gebracht und der Spaß begann. Ein Kapo rief die Nummern auf, der zweite überprüfte sie, der dritte teilte das Essen aus. Das war die Mittagssuppe der SS, und später stellte sich heraus, dass in anderen Kübeln Kartoffeln mit Soße waren. Wer aufgerufen wurde, trat hervor, seine Nummer wurde kontrolliert und er bekam eine Portion Essen. Der Kapo las die Nummern allerdings schneller, als der dritte austeilte, so dass sich vor den Kübeln eine Schlange bildete. Als in der Schlange bereits mehrere Personen standen, verloren sie den Überblick, und da schlossen sich andere an und die Schlange wurde sofort länger. Daraufhin kamen Knüppel ins Spiel und alle Anstehenden wurden auseinandergetrieben, und es wurde wieder mit dem Aufrufen begonnen. Einen Augenblick später kam es zu der gleichen Situation – kurze Schlange, lange Schlange, Schläge und wieder von vorn. Damals hatte ich Angst, an den Kübel heranzutreten, Stefan aber ging zweimal hin und bekam einmal Suppe und beim zweiten Mal Kartoffeln, die wir zusammen aßen. Stefan hatte den Zyklus verstanden: Aufrufen – kleine Schlange – große Schlange und Schläge, wenn also noch die vorherige Schlange geschlagen wurde und alle auseinanderrannten, dann ging Stefan hin, stellte sich in Ruhe vor den Kübel und in dem Moment, da der neue Zyklus begann, bekam er als Erster Essen. Die anderen, die nicht gearbeitet hatten, aber Essen bekommen wollten, traten erst dann an den Kübel heran, wenn das Chaos begann, doch dann bekamen sowohl die mit dem Knüppel, die gearbeitet hatten, als auch die, die nicht gearbeitet hatten, und nach den Schlägen wurden weitere Nummern vorgelesen, das heißt, viele von denen, die gearbeitet hatten, bekamen statt Essen Prügel, und viele, die nicht gearbeitet hatten, so wie Stefan, bekamen Essen.

Unsere Arbeit war leicht. Stefan und ich hatten berechnet, dass eine normale Runde mit Kalk eine halbe Stunde dauern müsste, bei uns aber dauerte sie mehr als anderthalb Stunden. Wir machten drei Runden bis zu Mittag und zwei bis drei am Nachmittag. Wir fuhren einen Weg, der wie eine Serpentine die Baracken und Gärten der SS umgab, die von dieser Seite mit einer hohen Stützwand umzäunt waren, von den Baracken aus war dieser Weg also nicht zu sehen. Häftlinge gingen diesen Weg überhaupt nicht, denn zu den Löchern mit Kalk führte noch ein anderer Weg. Wir hatten diesen gewählt, weil er besser war, länger, von Häftlingen nicht benutzt, so dass wir hier vor allem morgens viele Apfelgriebse und Zigarettenstummel finden konnten. Mit leeren Schubkarren auf dem Weg zum Kalk verschnauften wir nie. Wir gingen langsam, majestätisch und schauten uns nach allen Seiten um, ob nicht etwas herumlag, was man in den Mund stecken konnte. Am meisten fanden wir morgens bei der ersten Runde, denn dann lag dort alles, was am Abend zuvor und am Morgen dieses Tages weggeworfen worden war. Aber bei den nächsten Runden konnte man auch noch etwas finden. **Wenn wir mit dem Kalk zurückfuhren, hielten wir in jeder toten Ecke an und standen dort so lange, bis uns jemand aufscheuchte. Wenn hinter einer Kurve eine „Angst" hervorkam, fuhren wir mit dem Kalk so weit, bis sie hinter der nächsten Kurve verschwand, dann blieben wir wieder stehen und standen so lange, bis uns wieder jemand aufscheuchte. Wenn wir die tote Zone hinter uns hatten, fuhren wir zur Basis, und machten sehr kurze Pausen.** Manchmal, wenn Regenwetter war, machten wir die Runden schnell und verschnauften im Keller. Wenn wir unsere Runde liefen, und Vinzenz uns Frühstückssuppe organisierte, bekamen wir nach unserer Rückkehr unseren Teil, den er für uns in die leeren Konservendosen abgefüllt hatte.

Einmal, als alle Zigaretten rauchten, stand ich am Kellereingang Schmiere. In einem gewissen Moment sah ich Schuhe mit Schäften schnell die Treppe hinunterlaufen, und über den Schuhen wurde nach und nach ein SS-Mann sichtbar. Als ich seine Schuhe gesehen hatte, rief ich warnend: „Woda![14] ...". Ich hörte eine Bewegung hinter mir – alle waren auseinandergerannt und hatten die Zigaretten ausgedrückt. Der SS-Mann aber blieb neben mir stehen und fragte: *Was ist woda? Was ist woda?* Und, rums, knallte er mir eine mit der einen Hand, mit der anderen, und noch einmal, und noch einmal. Er hat meine Fresse damals ordentlich bearbeitet, aber ich war froh, dass er die Jungs nicht beim Rauchen erwischt hatte, denn das hätte mit Prügel für alle geendet, und Vinzenz, der dabeistand und mit ihnen geraucht hatte, wäre sicherlich in die Strafkompanie gekommen – und es wäre schade um ihn gewesen, weil das ein guter Kerl war. Einmal fiel mir auf, dass er nichts zu rauchen hatte und ich sagte es Stefan. Wir beschlossen, ihm eine Packung mit sechs Zigarren zu geben. Er wollte sie erst nicht annehmen, obwohl er nichts zu rauchen hatte. Schließlich nahm er sie, bat uns aber, niemandem etwas zu sagen.

Zu selben Zeit kamen Stefan, Heniek B. und ich zu dem Schluss, dass man eigentlich die Flucht wagen konnte. Ich werde nicht beschreiben, was für Pläne und verschiedene Fluchtvarianten wir hatten. Fakt ist, dass wir ernsthaft darüber nachdachten und wahrscheinlich wäre es dazu gekommen. Als wir so weit waren, dass wir uns Zivilkleidung besorgen wollten – wir wollten sie

---

14 woda" bedeutet auf Polnisch „Wasser". (Anm. d. Übers.)

durch ein vergittertes Fenster aus dem Magazin stehlen, in dem unsere Zivilkleidung aufbewahrt wurde –, erinnerten wir uns daran, dass uns oft gesagt worden war, im Falle der Flucht eines Häftlings werde seine ganze Familie festgenommen und komme ins Lager. In Warschau hatte ich vor meiner Festnahme selbst einige Fälle gesehen, in denen ganze Familien festgenommen worden waren, wenn derjenige, den sie einsperren wollten, nicht anzutreffen war. In zwei mir bekannten Fällen stellten sich die Gesuchten, doch die Familien wurden trotzdem nicht freigelassen. Das entschied darüber, dass wir den Gedanken aufgaben.

Zu dieser Zeit, als das Flucht-Vorhaben in uns heranreifte, machte Stefan Krukowski mich mit seinem Kumpel Stefan W. aus Warschau bekannt, der am Tag zuvor von Gusen zu uns überstellt worden war. Stefan freute sich, dass er seinen Freund traf, mit dem er vom Moment seiner Verhaftung an zusammen gewesen war: in Pawiak, beim Transport, in Sachsenhausen und in Mauthausen. Später war W. nach Gusen überstellt worden, und jetzt wieder nach Mauthausen. Ich sah, wie sehr sich Stefan über diese Begegnung freute und wie viele gemeinsame Themen sie hatten. Um sie nicht zu stören, ging ich meiner Wege und ließ sie allein. Abends erzählte mir Stefan, was W. für ein prima Junge war.

Eine halbe Stunde nachdem das Licht gelöscht worden war, als nach unseren „Lagernachrichten" bereits Ruhe eingetreten war und sich alle zum verdienten Schlaf zurechtgelegt hatten, trat der Stubenälteste Karl in den Saal und rief laut: „Krukowski!" Ich schaute zur Tür und sah in der beleuchteten Tür zum Essensraum SS-Uniformen. Da ist was faul, dachte ich mir. Ich wusste, dass sie nachts meistens dann kommen, wenn sie jemanden fertigmachen wollen. Stefan ging nur in Hosen, Hemd und Schuhen. Vom Essensraum hörte ich laute Stimmen und Schläge. Erst nach einer Stunde kam Stefan zurück und legte sich ins Bett. Er war schlimm geschlagen worden. Bis in die Morgenstunden kam Karl fast stündlich in die Stube und überprüfte, ob Stefan im Bett war. Erst am Morgen erfuhr ich von Stefan, dass sie von ihm verlangt hatten zuzugeben, wann und mit wem er aus dem Lager fliehen wollte. Stefan gab es nicht zu, deshalb schlugen und traten sie ihn und hängten ihn an den Händen an die Decke. Er hing dort nicht lange, denn auf die Frage eines SS-Mannes an Karl, wer seine Kumpel wären, lachte dieser und sagte, dass Stefan einen Kumpel habe, aber dass der sich auf eine Flucht vorbereiten sollte, darüber könne man nur lachen. Dann rief er Stefan Kęszycki in den Essensraum, der mit Durchfall zu kämpfen hatte. Er war schrecklich dünn und hatte keine Kraft mehr zu gehen.

Nach einer Woche, als wir von der Arbeit zurückkamen, sagte uns Karl, dass Kęszycki tot war. Karl hatte ihn die letzten zwei Tage allein im Block gelassen, damit er in seinem Erschöpfungszustand nicht zur Arbeit gehen musste. Ein sonderbarer Kerl war der Stubenälteste. Ein schreckliches Vieh und ein Verbrecher, manchmal aber hatte er menschliche Züge. Schließlich wusste er genau, dass ich Stefans Freund war, aber er hatte es nicht gesagt, sondern den sterbenden Kęszycki genannt und auf diese Weise den Wahrheitsgehalt der Information darüber, dass Stefan mit seinen Kumpel fliehen wollte, infrage gestellt. Von der Freundschaft, die uns mit Heniek verband, wusste niemand. Wir hielten das geheim, damit der Kapo Zaręba keinen Verdacht schöpfte, dass Heniek Freunde hatte, denen er Essen geben könnte, das er für sich erhalten hatte.

Karl schaute jede Stunde nach Stefan, weil er dem SS-Mann versprochen hatte, dass er auf ihn aufpassen werde, damit er nicht flieht und sich nichts antut. Hätte Karl sich nicht verpflichtet, hätten sie Stefan gleich mitgenommen, so wie er war, ohne Jacke, und hätten ihn an den Turm am Lagertor gebunden.

Wir zerbrachen uns den Kopf darüber, wer gesungen hatte. Von uns dreien keiner. Vielleicht hatte einer von uns dreien gegenüber jemandem irgendetwas über unsere Pläne erwähnt? Nein. Also wer? Wer? Keine Ahnung.

Am nächsten Morgen ging Stefan nicht zur Arbeit, weil er vor der Lagerkommandantur stehen sollte. Ich war den ganzen Tag angespannt. Ich wusste nicht, was mit Stefan war. Was sie machen würden. Wenn sie ihn quälten, dann konnte er einknicken und mich und Heniek preisgeben. Dann gäbe es wieder Prügel, nach der man, wenn man sie überlebte, in die Strafkompanie überstellt würde – und die Strafkompanie bedeutete Tod, nur dass man nicht gleich starb, sondern sich eine Zeitlang quälen musste, bevor sie einen zum Krematorium trugen.

Als wir abends ins Lager zurückkehrten, sah ich Stefan angekettet vor dem Turm stehen. Es war noch nicht klar, was mit ihm war. Nach dem Abendessen sagte mir Jaczewski, dass alles gut sei, Stefan hatte nichts gesagt, und am Turm würde er bis zehn Uhr abends stehen müssen. Jaczewski hatte das vom Stubenältesten erfahren, der ein paar Worte mit Stefan gewechselt hatte, als er das Tor passiert hatte, auf dem Weg in die Küche, um die Abendportion Wurst zu holen. Weil die SS-Männer sich im Block nach Stefans Kameraden erkundigten, hielten wir uns alle drei voneinander fern.

Erst am nächsten Tag bei der Arbeit erzählte mir Stefan alles. Im Block hatten ihn die SS-Männer geschlagen und ihm befohlen zuzugeben, dass er die Flucht plante. Sie hatten ihm gedroht, ihn zu erhängen. Sie hängten ihn auf, aber nur an den Händen. Nach dieser Züchtigung spuckte er eine lange Zeit Blut. Am nächsten Tag fand die weitere Untersuchung beim Lagerkommandanten statt. Stefan gab nicht zu, die Flucht geplant zu haben. Daraufhin wurde eine Gegenüberstellung angeordnet. Endlich würde er erfahren, wer gesungen hatte. Hereingeführt wurde ... Stefan W. Der Kommandant fragte ihn, wobei er auf Krukowski zeigte:

„Ist das der, der fliehen will?"

„Ja, das ist er", antwortete W.

Da schaute der Kommandant W. lange an und fragte ihn, ob er Pole sei.

„So ist es, ich bin Pole."

„Du bist ein Schwein, kein Pole", antwortete der Kommandant und befahl ihm zu gehen.

Dann fragte er Stefan wieder, ob er die Absicht hatte zu fliehen. Stefan verneinte. Er sagte nur, dass er mit W. gesprochen hatte, und als sie darüber gesprochen hatten, wie hart das Leben war, hatte der gefragt, was er machen wollte, er hatte ihm geantwortet, dass er es nicht wisse. Er würde fliehen, wenn die Flucht möglich wäre, aber daran sei nicht einmal im Traum zu denken, weil die Flucht nicht möglich sei. Der Kommandant sagte Stefan, dass er über solche Themen nicht einmal nachdenken dürfe. Für Gespräche darüber könnte er ihn in die Strafkompanie schicken.

Nach diesem Gespräch stand Stefan ohne Essen bis zehn Uhr abends angekettet an der Wand. Karl hob ihm aber sein Mittagessen und sein Abendbrot auf, das er nach seiner Rückkehr in den Block aß.

Eine Woche später wurde er beim Abendappell aufgerufen und bekam als offizielle Strafe auf einem speziellen Prügelbock fünfzehn Schläge mit dem Ochsenziemer auf den Hintern. Dieser Bock war so gemacht, dass Arme und Beine mit Schnallen an ihm festgemacht wurden und über die Hüften ein Riemen gespannt wurde, und dann schlugen sie auf den ordentlich herausgestreckten Hintern. Nachdem Stefan fünfzehn Schläge bekommen hatte, musste er wieder am Turm stehen bis zehn Uhr abends ohne Abendessen, aber er wurde nicht mehr an die Wand gekettet.

Stefan erzählte mir, wie das Gespräch mit W. wirklich verlaufen war. Das war, als er ihn mir vorgestellt hatte und ich sie dann alleingelassen hatte, damit sie reden konnten. Sie hatten darüber gesprochen, dass es hier so hart war und auf die Frage von W. „Was willst du machen?", hatte Stefan geantwortet:

„Entweder sterbe ich hier oder ich verschwinde."

„Wie denn, du willst allein verschwinden?"

„Vielleicht nicht allein, aber vielleicht zu zweit, zu dritt."

Nach diesem Gespräch hatte W. einen SS-Mann angesprochen und ihm gesagt, dass in Block 13 einer ist – Krukowski –, der mit seinem Kameraden aus dem Lager fliehen will. Daraus hatte sich alles Weitere ergeben.

W. erklärte seinen Kameraden, er habe dies aus Angst vor den Konsequenzen getan, die alle Häftlinge im Falle der Flucht eines Einzelnen tragen müssten. Er brachte ein Beispiel von der Flucht von Nowak aus Gusen, nach der ein schreckliches Massaker angerichtet wurde. Viele Häftlinge wurden damals umgebracht und noch mehr wurden geschlagen und verletzt. Dieser Nowak wurde nach vier Tagen gefasst. Er war in Mauthausen mit uns in einem Block gewesen, allerdings in Stube A. Kurze Zeit später war er in der Nacht erwischt worden, wie er anderen Häftlingen Brot gestohlen hatte. Er wusste, dass sie morgens anfangen würden, ihn umzubringen und dass er im Laufe des Tages würde sterben müssen, deshalb verließ er noch in der Nacht die Baracke, eingehüllt in eine dunkle Decke und so versuchte er hinter dem Schweinestall durch die Drähte zu kommen. Doch es gelang ihm nicht. Der Strom brachte ihn um, als sein Kopf bereits auf der anderen Seite war. Das war ein alter Mann, aber ein mutiger. Er wusste, dass er sowieso sterben würde, deshalb wollte er noch die letzte Chance nutzen.

Seit dieser Geschichte bekam W. immer, wenn ich ihn traf, ein paar wahre Worte von mir zu hören:

„Was, du lebst noch, du ... Du wirst sterben, du Vieh, die Freiheit wirst du nicht mehr erleben, und wenn du sie erlebst, erlebe ich sie auch, und dann schneide ich dir die Kehle durch."

In Gusen bekam er jedes Mal, wenn ich ihm begegnete, von mir die gleichen Portionen. Im Sommer 1941 sah ich ihn, da war er sehr schwach und muss kurz darauf gestorben sein, weil ich ihn dann nicht mehr gesehen habe. Manchmal, wenn er so ein Sträußchen von mir erhielt, wiesen mich andere zurecht, wie ich zu einem schwachen Menschen so sprechen konnte. Dann erzählte ich die Geschichte mit Stefan. Ich habe ihn nie geschlagen, weil er immer schwächer war als ich. Er hätte ein schweres Leben mit mir gehabt, wenn wir beide bei bester Gesundheit gewesen wären. Da hätte ich immer eine Gelegenheit für eine Schlägerei gefunden und ich glaube, dass ich immer gewonnen hätte.

Kurz nach dieser ganzen Geschichte wurde Stefan krank. Durchfall. Der Durchfall, an dem die Leute im Lager massenweise starben. Die einzige Rettung war dann, zwei, drei Tage lang weder zu essen noch zu trinken. Aber kaum jemand konnte sich zu solchen Strapazen durchringen. Wenn ein Durchfall-Kranker zwei volle Tage lang nicht aß und keinen Tropfen Wasser trank, erholte sich der Körper und am dritten Tag konnte er zum Frühstück schon zwei, drei trockene Brotrinden essen, zu Mittag eine halbe Portion Suppe und abends eine ganze Portion Abendbrot – aber das erst am dritten Tag. Zwei Tage lang absolut nichts. Diesen Durchfall bekam man vom Hunger und von der Entkräftung und, wie die genaue Beobachtung zeigte, wenn man schlimm verprügelt worden war. An diesem Durchfall war Stefan Kęszycki gestorben, und jetzt war Stefan daran erkrankt.

Einige Tage später fiel es ihm schon schwer zu gehen und ich stützte ihn auf dem Weg zum Appell, zur Arbeit und von der Arbeit zurück. Bei der Arbeit stellte Vinzenz ihn mit einem Spaten in eine Ecke und wies ihn an, nichts zu tun. Er solle sich nur bewegen, wenn ein SS-Mann den Keller betrat. Er selbst wärmte im Feuer Ziegel auf, wickelte sie in Lappen und ließ sie Stefan auf seinen Bauch legen. So ein charakterstarker, mutiger und zu allem entschlossener Kerl wie Stefan hatte aber nicht die Kraft, mit dem Rauchen aufzuhören oder zumindest kein Essen für Rauchwaren zu verkaufen. Es stellte sich auch heraus, dass er gar keine Kraft dazu hatte, zwei Tage lang nicht zu essen. Während Stefan im Keller saß, organisierte ich Essen und brachte es ihm. Ich konnte ihn nicht belügen und es allein essen, andererseits konnte ich ihn nicht davon überzeugen, nicht zu essen, denn es waren entweder faulige Äpfel, oder kalte Essensabfälle, dabei hätte er eigentlich gar nichts essen dürfen. Wenn ich ihm diese kalten Abfälle gab, war mir klar, dass ich ihm den Todesstoß versetze, doch ich hätte es mir nicht verzeihen können, wenn ich das von mir organisierte Essen vor ihm versteckt und allein gegessen hätte.

Es ging so weit, dass ich ihn beim Appell stützen musste. Er war groß, entsetzlich dünn, die Kleider hingen an ihm wie an einem Kleiderständer – trotzdem lächelte er immer, hatte Humor und Witz.

Obwohl es noch nicht sehr kalt war, zitterte er pausenlos. Die Sache war klar – er würde sterben und in ein paar Tagen ginge es auf den letzten Weg ins Krematorium und von dort aus durch den Schornstein in die Freiheit. Als Stefan beim Appell vor Kälte zitterte, schaute einer, der vor uns stand, ihn an und sagt mit einer Stimme voller Mitgefühl:

„Mein lieber Gott, wie wir leiden. Aber Christus hat auch gelitten."

„Und ist nicht nach Hause zurückgekehrt", antwortete Stefan und lächelte dabei ironisch.

An diesem Tag wurde ich abends durch die Unterstützung von Zygmunt Jaczewski von Karl zum Kostträger ernannt. Eine gute Funktion, mit der verbunden war, dass man zusätzliche Essensportionen erhielt. Ich sollte die Funktion ab dem nächsten Morgen ausführen.

Am selben Abend wandte sich Krukowski mit der Frage an mich, ob ich zufällig eine Rasierklinge hätte.

„Habe ich."

„Gib sie mir."

„Wozu?"

„Ich werde mir heute Nacht die Adern aufschneiden."

„Du bist verrückt", sage ich.

„Nein, nicht verrückt", antwortete Stefan, „schau mal, ich weiß, dass ich sterbe. Morgen, vielleicht übermorgen werde ich nicht mehr gehen können, dann werfen sie mich in den Waschraum oder in den Abort und da werde ich noch zwei, drei Tage lang krepieren. Dann kommt einer, weil er mal muss, stellt sich rittlings über mich und macht sein Geschäft oder schiebt mich mit dem Fuß weg und wird mich noch beschimpfen, dass sie mich nicht woanders hingelegt haben, sondern direkt vor seine Füße.“

Denn tatsächlich lief so das Sterben im Lager ab. Entweder brachten sie einen bei der Arbeit um oder legten einen – wenn man nicht mehr allein stehen konnte – nackt in den Waschraum, meistens aber in den Abort. Man erhielt kein Essen mehr und wartete auf diese Weise auf den Tod. Oft waren diese Menschen noch bei Bewusstsein, hatten nur keine Kraft sich zu bewegen. Öfter aber beendeten sie ihr Leben im bewusstlosen Zustand.

Ich versuchte, Stefan davon zu überzeugen, den Gedanken an Selbstmord aufzugeben. Aber wahrscheinlich tat ich das nicht überzeugend genug, denn als er mich fragte, ob ich an seiner Stelle anders vorgehen würde, gab ich ihm recht und gab ihm die Rasierklinge, um die er mich gebeten hatte. Es war schlimm, den herzlichen Freund zu verlieren, und dann auch noch einen Freund, den ich unter den schweren Lagerbedingungen gewonnen hatte. Ich war die ganze Nacht über nur im Halbschlaf – jedes Stöhnen, jeder Seufzer weckte mich. In dieser schlaflosen Nacht hörte ich, wie die Menschen in der Nacht im Schlaf ächzten. Jedes Ächzen, das ich hörte, ernüchterte mich. Ich setzte mich im Bett auf und horchte aufmerksam, von welcher Seite es kommt. Wenn das Stöhnen von der Seite kam, wo Stefan schlief, schien es mir, dass es mit ihm schon zu Ende war. Dann kam wieder ein Stöhnen. Wer war das? War das erst jetzt er und vorhin hatte ein anderer gestöhnt, oder andersherum? Ich quälte mich die ganze Nacht hindurch, hatte aber nicht den Mut aufzustehen und zu schauen, ob Stefan noch lebte oder schon tot war.

Morgens, als das Signal zum Aufstehen erklang, schrie Karl an der Tür „Kostträger raus!“, und sprang schon auf den oberen Betten herum und schlug mit dem Knüppel. Ich zog mir meine Hose und Schuhe an, nahm die Jacke und die Mütze in die Hand und los ging es zum Essenholen. Im Vorbeigehen warf ich einen Blick auf Stefans Bett und sah, dass er sich aufsetzte zum Aufstehen. Ich freute mich, dass er lebte. Ich dachte mir, dass ihn bestimmt Angst befallen hatte oder er beschlossen hatte, korrekt zu sterben, so wie die anderen – im Abort. Meistens wurden so schwache Leute bei der Arbeit fertig gemacht. Stefan drohte das nicht, weil unser Kapo ein guter Mensch war und sich um jeden von seinen Leuten kümmerte. Somit war es klar, dass Stefan sein Leben im Abort beenden würde.

Nachdem ich das Essen hergetragen hatte, baute ich mein und Szuberts

Bett. **Als ich Kostträger wurde, hatte ich wenig Zeit zum Bettenbauen. Damals begann ich, Szubert das Bettenbauen beizubringen, aber gut hat er das bis zum Ende seines Aufenthalts im Lager nicht gelernt. Bis zum letzten Tag legte ich ihm die Decken auf dem Tisch im Essensraum zusammen, und er legte sie auf das Bett, und am Ende glättete ich ihm mit den Brettern, die wir Bügel nannten, das ganze Bett, damit es keine Falten hatte und aus den anderen Betten nicht hervorstand.** Als der Stubenälteste mit der Essensausgabe begann, war ich schon im Essensraum. Erst jetzt konnte ich mich davon überzeugen, was das Kostträger-Sein für eine einträgliche Funktion war. Beim Verteilen der Suppe von der Oberfläche des Kübels rief Karl unter anderem die Kostträger auf und ich bekam eine Portion Suppe von oben. Als nächstes bekam ich meine eigentliche Portion. Nachdem das Frühstück verteilt worden war, und man schon beim Nachschlag war, wurden wieder die Kostträger aufgerufen – das war bereits die dritte Portion – und in jedem Kübel ließ Karl noch mindestens einen halben Liter Suppe und oft einen Haufen Knochen übrig, was wieder einen Liter Essen aus zwei Kübeln bedeutete. Die Morgensuppe musste man von weit her holen, aus der Küche, die Mittagssuppe und den Abendkaffee vom Appellplatz, die Kübel trug man immer auf den Appellplatz zurück. Mit dem Mittagessen war es ähnlich. Die eigene Portion, Nachschlag und über einen halben Liter im Kübel. Zu Mittag gab es nur zwei Kübel, weil die meisten Leute aus dem Block in den Steinbrüchen arbeiteten und ihr Mittagessen dort vor Ort aßen. Für einen Menschen war das sehr viel Essen.

Ich teilte mit Stefan alles. Am ersten Tag sagte mir Stefan nach dem Frühstück, dass er sich nicht die Pulsadern aufgeschnitten hatte, weil er abends, als er vor diesem Eingriff beten wollte, eingeschlafen sei und die ganze Nacht geschlafen hatte. Er vermutete, dass die Krankheit vorüber sei, denn die ganze Nacht über hatte er nicht das Bedürfnis gehabt, zum Abort gehen zu müssen. Ich bat ihn wieder, zum Frühstück nicht viel zu essen, aber er, ausgezehrt von der Krankheit und hungrig, bestand darauf, alles zu essen, was ihm zustand. Als sich herausstellte, dass die Krankheit tatsächlich vorbei war, gab ich fast alles, was mir durch meine Funktion zukam, Stefan und für mich selbst nahm ich nicht mehr als ein Viertel. Alles, was ich ergattern konnte, gab ich ihm. Wir wussten, dass er in einem Zustand der Erschöpfung war, aus dem man schwer herauskam, und deshalb war alles darauf ausgerichtet, ihn aus diesem Zustand herauszuholen.

Kostträger war ich kaum ein paar Wochen, aber das genügte schon, um Stefan wieder auf die Beine zu stellen. Obwohl es schon sehr kalt war, lief er lächelnd umher, mit hervorgestreckter Brust und offenem Kragen und rief:

„Wem ist kalt, mir ist nämlich nicht kalt! Wem ist kalt, mir ist nämlich nicht kalt!“

Er lachte selbst darüber, wie er noch vor einigen Wochen, als es noch ganz warm war, pausenlos vor Kälte gezittert hatte.

In der Zeit als ich Kostträger war, vernachlässigten wir unsere Organisationsmethoden nicht. Erstens um nicht aus der Übung zu kommen, und zweitens schafften wir es, alles aufzuessen, und wenn wir mehr hatten, konnten wir es jemandem geben. Oft gaben wir die Morgen- oder Mittagssuppe Józef Brzeziński. Er war älter als wir, ein Lehrer aus Tomaszów Mazowiecki. Er erzählte uns oft von seiner Arbeit, darüber, dass er zusammen mit seiner Frau ehrenamtlich in einer Organisation namens „Ein Tropfen Milch“ tätig gewesen war. Er erzählte von seinem Kind – ich weiß nicht mehr, ob es noch sehr klein war, als er festgenommen wurde, oder ob es erst nach seiner Festnahme auf die Welt gekommen war. Das war ein sehr guter Mensch. Er arbeitete in den Steinbrüchen.

Diesem Brzeziński waren Mitte Januar die Füße schrecklich erfroren und er wurde ins Revier aufgenommen. In dieser Zeit wurden am 24. Januar 1941 alle Polen und Spanier nach Gusen geschickt. Von den Polen blieben nur ein paar Fachleute zurück und die, die transportunfähig waren, das heißt die Kranken, die auf dem Revier waren. Die aus dem Revier, die gehen konnten, wurden zum Transport überwiesen. Von ihnen erfuhr ich, als wir uns bereits zum Rausgehen aufgestellt hatten, dass Brzeziński gerade umgebracht worden war – dafür, dass er das Bett beschmutzt hatte, weil er selbst gar nicht mehr gehen konnte und ihm niemand geholfen hatte, zum Abort zu gehen. Alle waren beschäftigt gewesen, die einen damit, Leute zum Transport hinauszutreiben, andere lavierten, um nicht hinausgetrieben zu werden – und ihm wurde nicht rechtzeitig geholfen und er machte ins Bett, wofür er mit dem Leben bezahlen musste.

Brzeziński fragte uns oft, warum wir ihm Essen gaben. Schließlich würde er uns niemals etwas geben können, wofür wir ihm hätten dankbar sein können.

„Nimm, nimm, wenn du es angeboten bekommst, und frag nicht. Muss man nur geben, damit man etwas zurückbekommt? Denk nicht darüber nach, wofür, sondern iss, wenn dir gegeben wird“, sagten wir.

Doch wir wussten, wofür wir ihm Essen gaben.

Noch vor Stefans Krankheit war uns aufgefallen, dass Brzeziński für Zigaretten einige Portionen Brot gekauft hatte, die er im Spind aufbewahrte. Wir wussten, dass man für Brotdiebstahl mit dem Tod bezahlt, trotzdem beschlossen wir, ihn um ein bisschen Brot zu erleichtern. Wir machten ab, dass ich das Brot herausnehme, weil mein Spind näher an Brzezińskis Spind war. Stefan hatte seinen Spind auf der gegenüberliegenden Seite, deshalb hätte er leicht auffallen können, wenn ihn jemand an diesem Spind gesehen hätte. Gesagt, getan. Als recht viele Leute im Essensraum waren, öffnete ich den Spind als wäre es meiner gewesen und entnahm den Stoffbeutel, in dem er seine Vorräte aufbewahrte. Darin waren eine Portion Brot und nicht mehr als dreißig Gramm Schmalz, das er offensichtlich für Zigaretten von jemandem gekauft hatte, der ein Paket erhalten hatte. Wir gingen weit weg von unserem Block, aßen das Brot und das Schmalz auf, und den Beutel und das Papier vom Schmalz vergruben wir in einem Sandhaufen. Später beklagte sich Brzeziński bei mir, dass ihm jemand sein Brot und das bisschen Schmalz gestohlen hatte. Aber er machte keinen Lärm darum, weil er wusste, dass ihm das nicht helfen würde – und außerdem war er von Natur aus ein ausgeglichener Mensch. Das Brot, das ich Brzeziński gestohlen hatte, war das einzige Essen, das ich im Lager jemals einem Häftling gestohlen habe. Einmal habe ich noch einem Deutschen eine Schüssel mit Kartoffeln gestohlen, aber dabei ging es mir um die Schüssel und nicht um die Kartoffeln. Der Deutsche, dem ich die Schüssel gestohlen hatte, war ein Prominenter und ein Schwein, und ich fügte ihm kein Leid zu, als ich seine Schüssel stahl, sondern machte einen boshaften Scherz, der Grund zu Freude für die anderen Häftlinge wurde.

Einem anderen Häftling Brot zu stehlen war immer und für jeden die risikoreichste Art und Weise an Essen zu kommen. Das war auch eine brutale Tat gegenüber einem Mithäftling. Ich kenne diesen Schmerz, weil auch mir im Jahr 1941, in der Zeit des für mich größten Hungers, Brot gestohlen wurde.

Ich habe schon erzählt, dass, wenn jemand dabei erwischt wurde, wie er einem anderen Häftling Brot stahl, dies sein Todesurteil war. Das begann damit, dass so jemand gleich, nachdem er erwischt worden war, vom Blockältesten, vom Stubenältesten oder vom Kapo verprügelt wurde. Sie prügelten abwechselnd. Wenn der eine nicht mehr konnte, übernahm der andere. In den Prügelpausen übergossen sie ihn mit über zehn Eimern Wasser. Wenn nur einer prügelte, ging er nach einer Portion Prügel in den Block, um zu verschnaufen, und befahl dem Delinquenten zu warten und nirgendwohin zu gehen. Nachdem er sich ausgeruht hatte, begann der Blockälteste wieder zu prügeln, zu treten und ihn mit Wasser zu übergießen. Wenn jemand so geprügelt worden war, dass er sich nicht mehr erheben konnte, traten sie ihn und schlugen ihn mit Stöcken. Sie wollten ihn damit zum Aufstehen zwingen. Wenn er aber hartnäckig liegen blieb, traten sie ihn so lange, bis sie sicher waren, dass er wirklich nicht mehr aufstehen konnte. Dann wurde er ausgezogen und nackt im Abort auf die Kacheln gelegt.

Wenn er die Prügel überstand, wurde der Dieb an diesem Tag zur Arbeit in die Steinbrüche geschickt. Wenn er oben arbeitete, wurde aus dem Block ein Häftling ausgeschlossen, und an dessen Stelle wurde der eingesetzt, der an diesem Tag fertig gemacht werden sollte. Die Kapos in den Steinbrüchen waren informiert, um wen und worum es ging. Sie kamen um ihn herum zusammen, zeigten auf ihn, riefen ihn aus dem Glied heraus, schlugen ihn ein bisschen und informierten ihn, dass sie ihn unten im Steinbruch fertigmachen würden.

Im Steinbruch, sobald die Häftlinge durchgezählt worden waren, wurde der Delinquent aufgerufen, ein Kapo nahm ihn mit sich mit und dann begann der Spaß. Der Kapo legte ihm einen großen Stein auf die Schulter und befahl ihm zu rennen, und er selbst rannte hinter ihm und schlug ihn pausenlos mit einem Stock, der dünn wie ein Finger war. Dünn war er deshalb, damit er nicht zu schnell starb. Er sollte sich quälen und bewusst sterben, auch damit die anderen ein ausreichend abschreckendes Beispiel hatten, auf welche Weise man für Brotdiebstahl stirbt. Das war genau das Gleiche, was im Block vor sich gegangen wäre. Der Gequälte rannte immer langsamer, wand sich vor Schmerzen von den Schlägen, schrie, manchmal bat er um Erbarmen, und schließlich fiel er hin und hatte keine Kraft mehr aufzustehen. Dann wurde er systematisch getreten, eine Stelle nach der anderen, und schließlich wurde er in irgendeine Pfütze oder in den Schnee geworfen, wenn es nass war, und abends wurde er als Leiche ins Lager zurückgetragen. Wenn er noch lebte, wurde er nackt ausgezogen und in den Abort gelegt. Zu so einem Ende kam es jedoch nur dann, wenn ein Häftling sehr hartnäckig war und sich nicht selbst das Leben nehmen wollte. Meistens, wenn er schon sehr schlimm zugerichtet war und wusste, dass sie ihn umbringen werden, ging er von allein in den Draht, und in den Steinbrüchen in die Wachpostenlinie. Es gab solche, die, wenn sie beim Brotstehlen erwischt wurden, nicht warteten, bis sie zu schlagen anfingen, sondern gleich in den Draht gingen.

Einmal, als wir unser Abendbrot bezogen, fehlte für den letzten die Portion Brot. Karl verdächtigte Krukowski, dass er zwei Portionen genommen hatte. Er kontrollierte seinen Spind, unter dem Spind und obwohl er nichts fand, begann er Stefan zu schlagen. Er befahl uns, dass sich keiner von der Stelle bewegte. Wir standen alle an unserem Platz, und Stefan wurde verprügelt. Karl schlug ihm ins Gesicht, und bei jedem Schlag knallte Stefan mit dem Kopf gegen den Spind. Plötzlich rief jemand:

„Oh! Hier ist es!“

Alle schauten zu ihm. Es stellte sich heraus, dass der, der zweimal Brot genommen hatte, es nervlich nicht ausgehalten hatte und in der Zeit, als die Aufmerksamkeit von allen auf Stefan und den Stubenältesten gerichtet war, hatte er das Brot loswerden wollen, das er bei sich hatte. Er bückte sich und legte das Brot unter den Spind, doch jemand hatte es gesehen und gerufen. So sahen alle, wie er das gemacht hatte. Das Ende war klar – Krematorium.

Interessant war der Kampf des Stubenältesten mit einem Dieb. Schlitzohr gegen Schlitzohr. Der eine stellte Fallen, der andere umging sie schlau und stahl immerfort Brot aus den Spinden der Prominenten. Der abgegrenzte Teil, in dem die Prominenten schliefen, befand sich im Essensraum. Nachts wurden dort die Spinde mit Tischen verstellt. Um an einen Spind heranzukommen, musste man den Tisch wegziehen, und dabei konnte Lärm entstehen, oder zumindest ein Geräusch, das jemand, der in der Aristokratenecke schlief, hören konnte. Morgens stellte sich heraus, dass Brot gestohlen worden war, obwohl die Tische an ihrem Platz standen. Karl hatte auch „Alarmklingeln" angebaut. Das wurde so gemacht, dass oben in den Spind ein Messer reingesteckt wurde, und unter das Messer wurde eine Schüssel gestellt. Das Messer wurde mit der Schneide oben zwischen Spind und Spindtür gesteckt. Von außen war es nicht zu sehen, aber wenn jemand den Spind öffnete, fiel das Messer in die Schüssel und es gab ein großes Klirren. Auf diese Weise wurde so mancher Anfängerdieb geschnappt. **In Gusen gab es auch so einen Spezialisten, der den Spind so öffnen konnte, dass das Messer nicht herunterfiel. Er stahl längere Zeit hindurch, schließlich wurde er erwischt. Da befahl ihm der Blockälteste, vor allen zu zeigen, wie er das gemacht hatte. Er steckte das Messer rein und befahl ihm, den Spind so zu öffnen, dass es nicht klirrte. Er machte das sehr schlau. Auf halber Höhe drückte er die Tür tief nach innen, den unteren Teil bog er zu sich und bewegte ihn hin und her, während er den oberen Teil der Tür weiter nach innen drückte. Auf diese Weise entstand oben an der Tür eine minimale Bewegung in beide Richtungen, und diese kleine Bewegung der Tür führte dazu, dass die Messerschneide langsam herauskam. Bereits nach einigen Bewegungen war die Messerspitze zu sehen. Nach weiteren Minuten kam das Messer noch weiter heraus, und als es so weit hervorstand, dass man es mit den Fingern greifen konnte, hielt er es mit der einen Hand fest und mit der anderen öffnete er den Spind. Gute Arbeit, aber ich hätte das ohne längeres Training nicht probiert. Dieses Mal endete es wie immer.**

Die „Klingel", die Karl eingebaut hatte, brachte auch keinen Erfolg – das Brot verschwand weiterhin. Ein schlauer Dieb. Er umging alle Fallen. Wir wussten von diesem stillen Kampf zwischen Karl und dem Dieb und versuchten vorauszusehen, wer das nächste Spiel gewinnen würde. Wir wussten, dass verschiedene Fallen aufgestellt wurden, aber wir wussten nicht, was für Fallen das waren. Das Brot verschwand, das hieß, dass der Dieb aktiv war und sich über die Schläue des Stubenältesten lustig machte.

Es dauerte recht lange, aber schließlich wurde er erwischt. Dieses Mal hatte Karl eine gute Falle gestellt – die Idee war geradezu teuflisch. Es hatte nicht viel gefehlt und Stefan wäre mit dem Dieb zusammen erwischt worden. Als Dieb erwies sich ein junger Mann, der über Stefan schlief. Er schien ein Trottel zu sein, der nicht einmal bis drei zählen konnte. An dem Tag, an dem er den Kampf gegen Karl verlor, hatte er Stefan gebeten, ihm das Bett zu bauen, weil er in einer Angelegenheit in einen anderen Block müsse. Als er zurückkam, wollte er Stefan ein Stück Brot dafür geben, dass er ihm das Bett gebaut hatte. Stefan nahm es nicht an und sagte, dass er für so einen kleinen Gefallen kein Brot von ihm nehmen werde. Als sich dann alle im Essensraum versammelt hatten, um zu frühstücken, ließ Karl uns antreten und zählte durch, ob alle da waren. Dann ging er das Glied entlang und befahl uns allen, den Mund weit zu öffnen. Ich dachte, dass Karl verrückt geworden war, denn was soll er denn in unseren Mäulern sehen können. Er ging an mir vorbei, er ging an Stefan vorbei, er ging noch an einigen vorbei. Als er bei dem jungen Mann ankam und ihm in den Mund sah, schlug er ihm sofort ohne eine Erklärung ins Gesicht. Er erledigte ihn nach allen Regeln der Kunst.

Dann erfuhren wir, wie er ihn gefasst hatte.

Jeden Tag hatte er als Köder Brot in die Spinde getan. Der Trick bestand darin, dass in diesem Brot ein zerbröselter Grafitstift war. Es war klar, dass der Dieb das Brot in der Nacht isst, er also den Grafitstift nicht bemerken würde. Die Diebe aßen das Brot gleich, nachdem sie es gestohlen hatten, weil es irgendwelche unsichtbare Zeichen haben konnte, an denen der Eigentümer sein Brot hätte erkennen können. Was wäre wohl gewesen, wenn Stefan von ihm ein Stück Brot, das mit Grafitstift gefüllt war, angenommen hätte? Schließlich aßen wir alles zusammen, und im Glied standen wir so, dass ich der erste war, hinter mir Stefan, und erst als fünfter oder sechster hinter Stefan stand der eigentliche Dieb. Karl hatte ihn nach nichts gefragt, sondern gleich zugeschlagen. Vielleicht hätte man es geschafft, das zu erklären, bevor er einen umgebracht hätte, andererseits hätten wir nicht gewusst, worum es geht und was wir hätten erklären sollen. Aber da alles so verlaufen war, wie es sein sollte, war es nicht notwendig, weiter über die Sache nachzudenken.

Obwohl wir viele Male Zeugen gewesen waren, wie ein Essensdieb fertig gemacht wurde, stahlen wir Brzeziński Brot. Wir hatten jedoch die moralische Zufriedenheit, dass wir ihm seinen Verlust mit hohem Überschuss ausglichen.

In den Konzentrationslagern wurde versucht, in den Menschen alle menschlichen Gefühle auszulöschen, sie zu demütigen, bereits zu Lebzeiten eine Leiche aus ihnen zu machen. Ich muss gestehen, dass ihnen das gelungen ist. Insbesondere die Intellektuellen knickten ein. Das waren überwiegend Menschen, die nie ums Überleben hatten kämpfen müssen. Hier, wo sie plötzlich vollkommen andere, sehr schwere Bedingungen hatten, waren sie hilflos. Viele wertvolle Menschen starben durch ihre Unfähigkeit, unter schweren Bedingungen zu leben. Viele von denen, die überlebten, hatten dies oft Menschen zu verdanken, die vor dem Krieg zur „untersten" Schicht gehört hatten.

Wenn ich sage, dass im Lager die Gefühle der Menschen stumpf gemacht wurden, denke ich daran, mit welcher Gelassenheit und Gleichgültigkeit man die Not und den Tod anderer Menschen sah. Jeder war mit sich selbst beschäftigt, mit der Sorge darum, eine Stunde, einen halben Tag, einen Tag und eine Nacht zu überleben. Man konnte jederzeit ermordet werden. Die Menschen wurden böse und missgünstig zueinander. Um jede Kleinigkeit entbrannten Streit und Schlägereien. Der Stärkere schlug den Schwächeren, schubste ihn, nahm ihm das weg, was er haben wollte.

Ich hatte auch unzählige Streite, aber ich habe fast nie einen Schwächeren geschlagen, ich habe auch nie aus einer Funktion heraus jemanden geschlagen, denn die einzige Funktion, die ich in fünf Jahren im KZ hatte, war die Funktion des Kostträgers, die ich für einige Wochen bekleidete. Manchmal konnte man mit einer Kleinigkeit, mit einem kleinen Gefallen jemanden für sich gewinnen. Ich muss sagen, dass wir im Block und bei der Arbeit viele uns freundschaftlich gesinnte Leute hatten. Der Grund dafür waren unser draufgängerischer Charakter, unser Humor, der uns nie verließ, das Wohlwollen gegenüber Schwächeren und die Kampfeslustigkeit gegenüber denen, die sich uns in den Weg stellten. Wenn mir ein Stärkerer etwas antat, und ich wusste, dass ich nicht in der Lage war, ihn zu schlagen oder dass ich ihn nicht schlagen durfte, dann schickte ich so jemandem zumindest einen schönen Warschauer Spruch, so dass er beim nächsten Mal keine Lust mehr hatte, sich mir in den Weg zu stellen, weil er wusste, dass ich nicht nachgeben werde.

Der Stubendienst-Älteste, Heniek hieß er, kam aus Warschau, schlug mir einmal ins Gesicht und schubste mich aus dem Schlafraum. Er stieß mich so, dass ich stürzte. Na! Da bekam er aber einen ganz schönen Spruch von mir zu hören, den ich mit der Warnung beschloss, dass ich ihm den Kopf abreißen werde, wenn ich ihn in der Freiheit treffe.

„Wir treffen uns ganz bestimmt nicht", antwortete er mir.

Tatsächlich werden wir uns nicht begegnen. Ein paar Wochen später wurde er erschossen.

Ein anderes Mal hatte mich ein Schlesier, zu dessen Pflichten es gehörte, den Flur im Block zu putzen, in den Regen hinausgetrieben. Er bekam ebenfalls ein paar Sprüche. Ich war zufrieden, weil ich ihn zur Weißglut gebracht hatte. Als wir dann in Reih und Glied vor dem Block standen und gleich der Morgenappell beginnen sollte, stellte er sich neben mich. Als er mich erkannte, begann er zu meckern:

„Da ist ja der Halbwüchsige! Hat mich so beleidigt. Dabei könnte ich dein Vater sein."

„Eine Eule bekommt keine Falken", antwortete ich. „Keine Chance. Du müsstest wesentlich schlauer sein, um so einen Sohn zu haben."

Im ersten Moment war er sprachlos. Als er endlich was sagte, stellte sich heraus, dass ihn die Eule und der Falke am meisten wütend gemacht hatten. Das konnte er mir nicht verzeihen. Ich warnte ihn, dass ich ihn zurückhaue, wenn er mich schlägt, und obwohl ich ein Muselmann war, spürte ich, dass ich ihn schaffen würde.

Weihnachten ging man in ganzen Blocks zum Essenholen. Jede Mahlzeit wurde von einem anderen Block geholt. Als wir an der Reihe waren, machten Stefan und ich uns wie gewöhnlich für diese Zeit aus dem Staub und als der gesamte Block in die Küche ging, um die Kübel zu holen, spazierten wir zwischen den Blocks umher und passten auf, dass uns niemand unnötigerweise bemerkte. Wir sahen, dass sich so wie wir gut ein Dutzend Leute aus unserem Block versteckte. Als das Essen bereits geholt war, schlossen wir uns unauffällig denen an, die aus der Küche kamen. Im Block sagte Karl uns, dass der Blockstand nicht gestimmt hatte und dafür unser Block zur Strafe morgen den ganzen Tag das Essen wird tragen müssen, es sei denn, dass sich die, die sich abgeseilt hatten, stellen und eine Strafe bekommen. Ich hatte nicht die geringste Absicht mich zu stellen, aber ich schaffte es gar nicht, darüber nachzudenken, als Stefan bereits aus dem Glied getreten war. Wenn er, dann ich auch. Nur wir zwei waren hervorgetreten. Karl ließ uns dreihundert Kniebeugen machen – danach fühlte ich mich überhaupt nicht müde. Ich hätte noch zweihundert machen können, aber Karl, der sah, dass er uns damit gar nicht kaputtgemacht hatte, befahl uns, andere Übungen zu machen: auf den Zehenspitzen stehen und sich dabei mit den Händen vom Boden hochstützen. Nach ein paar solchen Bewegungen wurde mir klar, dass man das nicht so oft machen kann. Ob ich zehn oder hundert mache – wenn ich noch Prügel bekommen sollte, bekäme ich sie sowieso, dann würde ich zumindest nicht so geschafft sein, denn wer weiß, was er noch für uns vorgesehen hatte. Nach ein paar Bewegungen legte ich mich bäuchlings auf den Boden und stützte mich nicht hoch. Karl schrie, dass ich die Übung weitermachen sollte, und ich wollte scheinbar, konnte aber nicht. Er trat mir ein paar Mal in die Seiten und ... ließ uns in Ruhe. Gut, dass ich mich nicht habe quälen lassen.

Als wir vor den Block traten, fielen ein paar schreiend über uns her, warum wir nicht mitgekommen waren, die Kübel zu holen. Unter den Schreienden waren drei, die so wie wir in dieser Zeit zwischen den Blocks unterwegs gewesen waren. Da wurde ich böse. Ich hielt ihnen das vor, und noch anderes und einer wedelte mir mit der Hand um die Nase. Das hielt ich nicht aus und gab ihm mit der Faust eine aufs Auge. Ein zweiter kam angesprungen – er bekam eine mit dem Kopf, der dritte und vierte ebenfalls. Sie schrien weiter, aber mit ihren Händen blieben sie weg.

In der Zeit als Stefan krank war, ging ich nicht Kalk holen, weil die Maurerarbeiten bereits abgeschlossen waren, und es war zu spüren, dass unsere Gruppe schon bald den Befehl bekommen würde, etwas anderes zu tun. Eine Zeitlang machte jeder irgendetwas, damit kein SS-Mann aufmerksam wurde. Stefan saß im Keller und ich trug auf einer Trage Trümmer aus dem Keller. Die Trage trug ich zusammen mit einem deutschen Zigeuner. Das war ein Kerl mittlerer Größe, gemästet und stark wie ein Bär. Ab und an ließ er mich mit der Trage allein zurück, ging selbst weg und kam längere Zeit nicht zurück. Ich wusste nicht, wohin er gegangen war und wann er zurückkommen würde, deshalb blieb ich immer bei der Trage, und Vinzenz fragte alle paar Minuten, wo er war. Einmal, als er zurückkam, beschimpfte ihn Vinzenz. Der Zigeuner ging wütend zu der Trage und hob sie hinten hoch. Ich stand vorn und als ich mich hinunterbeugte und die Trage hochhob, drückte er sie vor Wut nach vorn. Es war offensichtlich, dass er mit mir Streit suchte. Als er mir mit der Trage in den Hintern stieß, stolperte ich, ließ die Trage los und stürzte. Ich raffte mich auf und schlug dem Zigeuner mit der Faust ins Gesicht. Er erstarrte. Selbst stark wie ein Bär, hatte er nicht erwartet, dass ich ihn schlagen würde. In diesem Moment standen plötzlich Vinzenz und zwei andere Deutsche, die wegen etwas zu ihm gekommen waren, neben uns. Die ziehen mir jetzt eins über, dachte ich, und schaute angespannt, was jetzt passieren würde. Der Zigeuner und ich standen nebeneinander und sie sagten lachend irgendetwas zu ihm, sie lachten und zeigten auf mich. Stefan, der in unserer Nähe war, sagte mir später, dass sie lachten, weil der Zigeuner mit mir nicht fertig wurde. Dass ich, obwohl ich so schmal war, ihn geschlagen hatte. Ich verstand nichts von ihren Gesprächen und ließ mich überrumpeln. Der Zigeuner antwortete ihnen und packte mich im selben Moment mit einer Hand am Hals. Ich packte ihn am Arm und zog ihn weit zur Seite, so dass wir stürzten und einen Moment lang über Kreuz auf dem Boden lagen. Stefan kam mit dem Spaten und obwohl er krank war, wollte er mir beistehen und fragte:

„Brauchst du Hilfe? Soll ich ihm mit dem Spaten eins überziehen?“

Ich antwortete, während ich den Zigeuner weiter an den Armen festhielt:

„Lass mal, der ist dumm."

Mit einer schnellen Drehung kam ich nach oben und sprang auf die Beine, ich packte ihn an der Jacke und zog sie ihm über den Kopf und schränkte damit die Bewegung seiner Arme ein und mit dem Fuß trat ich ihm mindestens dreimal ins Gesicht. Da reagierte Vinzenz, der unserem Kampf die ganze Zeit zugesehen hatte. Er packte mich und zog mich weg. Der Zigeuner stand mit blutendem Gesicht auf, und mein rechter Schuh war auch voll Blut. Meine Lederschuhe, in denen ich aus Dachau gekommen war, waren an der Unterseite mit Nägeln besetzt. Es stellte sich heraus, dass ich ihm keine schlimmen Wunden zugefügt hatte, aber ihm mit einem Nagel übers Gesicht gefahren war. Am Kinn, auf der Nase und auf der Stirn hatte er Schürfwunden. Als er aufgestanden war, holte er ein Stück Papier und einen Bleistiftstummel aus seiner Jackentasche, trat näher an mich heran, aber nicht zu nahe, denn da ich nicht wusste, wozu er zu mir kam, war ich auf einen weiteren Kampf eingestellt, er warf einen Blick auf meine Nummer und wollte sie aufschreiben. Daraufhin drohte ihm Vinzenz, hielt ihm seine Faust unter die Nase, befahl ihm, sich verbinden zu lassen und dort zu sagen, dass er die Treppe hinuntergefallen sei. Wenn er etwas anderes sagen oder sich bei jemandem über mich beklagen würde, würde er ihn fertigmachen. An diesem Tag machten nach dem Abendappell ein paar Zigeuner Jagd auf mich. Ich hätte schlimm ausgesehen, wenn sie mich so allein eingefangen hätten. Zwei Wochen lang verließ ich den Block nicht allein. Wenn ich irgendwohin ging, dann immer in Begleitung von mindestens zwei Kameraden. Ich sah diesen Zigeuner noch in Gusen, und später wurde er ein Muselmann und ich verlor ihn aus den Augen. Bestimmt ist er umgekommen. Er hatte für immer auf der Stirn, der Nase und am Kinn weiße Flecken – eine Erinnerung an unsere Schlägerei.

Auseinandersetzungen hatte ich im Lager recht oft. Hier will ich nur ein paar Beispiele nennen. Einmal wurde ich von zwei Brüdern angegriffen. Sie stammten aus Łódź. Ich zog mich nicht zurück. Bei der Schlägerei überraschte uns ein SS-Mann. Da hakte sich der eine bei mir ein und wir wollten einvernehmlich weitergehen, aber der SS-Mann hielt uns auf und fragte, warum wir uns geschlagen haben. Der eine Bruder konnte Deutsch und antwortete, dass wir nur Spaß gemacht hätten, und um zu dokumentieren, dass es stimmt, was er sagt, legte er mir mit einem freudigen Lächeln seinen Arm um den Hals – und ich ihm auch, obwohl ich im Gesicht noch ihre Fäuste ordentlich spüren konnte. Der SS-Mann gab jedem von uns eine Ohrfeige und einen Tritt in den

Hintern und ließ uns in Ruhe, und wir gingen jetzt wirklich einvernehmlich zusammen weiter. Die Jungs gefielen mir. Ich habe mich mit ihnen sehr gut vertragen und mit ihnen in Kameradschaft gelebt. Einer von ihnen starb in Mauthausen, der andere 1941 in Gusen.

Auf ähnliche Weise lernte ich Mietek Rączka aus Będzin kennen. Wir trugen Kübel mit Kaffee. Er war viel kleiner als ich, so dass der Kübel auf seiner Seite näher am Boden war, wodurch ich die größere Last zu tragen hatte und der Kübel an meinen Knöchel stieß. Ich bat ihn mehrmals, dass er den Kübel höher tragen soll, und wie zum Trotze beugte er sich noch weiter zur Seite, sodass der Kübel auf seiner Seite fast den Boden berührte. Schließlich machte mich das wütend, so dass ich zornig sagte:

„Richte dich auf und trag so, wie es sich gehört, sonst brate ich dir eins über."

„Ach ja? Na, dann los!", antwortete er und stellte den Kübel ab.

Ich ebenso und schon war der Streit perfekt. Wir schafften es nicht, uns ordentlich zu schlagen, weil die anderen sich einmischten und es nicht zuließen, dass wir uns prügelten. Wir trugen die Kübel weiter, aber so, dass mit mir einer trug, der genauso groß war. Das war meine erste Begegnung mit Mietek. Nach diesem Vorfall fanden wir Gefallen aneinander und erlebten zusammen noch viele verschiedene Geschichten. Ihm habe ich es zu verdanken, dass ich anfing zu rauchen. Wie oft habe ich ihn dafür verflucht, obwohl der Junge im Herbst 1941 umkam. Jeden Morgen drückte er mir eine halbe selbstgedrehte Zigarette in die Hand. Er tat das ehrlichen Herzens, aber nach einer Woche suchte ich mir schon selbst etwas zu rauchen, und in Gusen, wo es nichts zu Rauchen gab, jagte ich einem Stück Zigarettenstummel hinterher. Ich hatte nicht die Kraft, mit dem Rauchen aufzuhören. Im Herbst 1940 hatte ich angefangen zu rauchen und erst im Herbst 1952 hörte ich auf, als ich schon wusste, dass ich wegen meiner Tuberkulose an der Lunge operiert werden muss.

Ich war wie die sprichwörtliche Medaille, die zwei Seiten hat. Die eine Seite der Medaille war die Streitsucht. Ich wich nie einem Streit aus, wenn jemand mit mir Streit suchte und das kein Muselmann war, der nicht mehr aus eigener Kraft stehen konnte. Die andere Seite war meine Hilfsbereitschaft, die ich allen erwies, die mir gefielen oder die mich mit etwas gewinnen konnten. Diese beiden gleichzeitig auftretenden Eigenschaften waren für mich charakteristisch während meines gesamten Aufenthalts im Lager.

Deutlich drückte sich dies in meinem Verhältnis zu Pater Szubert aus. Ich bemühte mich, ihm zu helfen, ohne dafür etwas zu bekommen außer eines freundschaftlichen Blicks von ihm. Wenn er mir hätte versprechen wollen, was er alles für mich tun wird, wenn er entlassen wird, wäre ich von ihm enttäuscht gewesen, weil ich das für eine Art Köder gehalten hätte, der mich ermuntern soll, so viel wie möglich von mir zu geben, um mir den versprochenen Preis zu verdienen.

Ein anderer Fall. Ein junger Mann aus Poznań. Ich kannte ihn kaum. Er war groß und schon sehr dünn. Eines Tages beklagte er sich abends bei mir, dass er einige Kameraden auf der Stube habe, aber keiner von ihnen ihm die Füße waschen wolle. Morgen gehe er ins Revier und wenn er schmutzige Füße habe, dann werden sie ihn schlagen, dabei könne er sich überhaupt nicht bücken, deshalb schaffe er es allein nicht.

„Komm mit in den Waschraum, ich wasche sie dir“, sagte ich.

Ich wusch ihm ordentlich die Füße und hatte – interessanterweise – den Eindruck, einen Toten zu waschen, obwohl wir uns die ganze Zeit unterhielten. Am nächsten Tag morgens, als er ins Revier gehen sollte, brachte er mir fast seine ganze Portion Brot, die er am Abend zuvor bekommen hatte. Ich weigerte mich, es anzunehmen. Doch er bestand darauf, dass ich es nehme, weil er es sowieso nicht essen könne. Wenn er essen könnte, hätte er es schon gestern aufgegessen. Seine Kameraden würden schon seit gestern um ihn kreisen und warten, dass er ihnen sein Brot gebe, aber er habe es ihnen nicht gegeben, weil keiner von ihnen ihm die Füße gewaschen hat, ich aber habe ihm die Füße gewaschen, obwohl ich für ihn fremd war.

„Übrigens“, sagte er, „ich habe eine Lungenentzündung, ich sterbe sowieso in ein paar Tagen, du aber kannst die Portion gebrauchen.“

Ich nahm es an und er war einige Tage später – so wie er es vorausgesehen hatte – nicht mehr am Leben.

Ich habe viele ähnliche Fälle erlebt, aber ich will nur noch von zweien erzählen.

Am 1. November fiel Schneeregen. Wir arbeiteten an diesem Tag beim Transport von Kohlen auf Schubkarren von einer Stelle zu einer anderen und trugen leichte Häftlingsbekleidung für den Sommer, darunter nur ein Hemd. Um nicht zu erfrieren, fuhren wir mit den Kohlen schnell oder ich schippte, um mich aufzuwärmen, die Kohlen mit dem Spaten. An diesem Tag erfroren mir die Hände, im Frühjahr bekam ich an den Fingern Wunden. Abends wurde uns dickere Häftlingskleidung für den Winter und Mützen und Handschuhe ausgeteilt, die aus dünnem Material gemacht waren und die Hände überhaupt nicht vor Kälte schützten – grüne Pullover mit Ärmeln, Ohrenschützer und gestreifte Wintermäntel. Mäntel bekamen nur die, die in den Steinbrüchen arbeiteten und manche Fachleute und alle Deutschen. Aus der Tatsache, dass alle Deutschen Mäntel bekamen, schlussfolgerte ich, dass es weniger Mäntel gab als Menschen, dass sie aber in den Blocks nach einer besonderen Zählweise zugeteilt wurden. Als die Mäntel ausgegeben wurden, schummelten Stefan und ich uns – scheinbar unwissend, was vor sich geht – in die Gruppe, die im Steinbruch arbeitete, und erhielten Mäntel. Die Mäntel wurden vom Blockältesten ausgegeben und der wohnte in der anderen Stube, konnte also nicht wissen, wo wir arbeiteten.

Einige Tage nachdem die Mäntel ausgegeben worden waren, arbeitete ich in einer Grube, wo ich Erde in Eimer füllte, und ein Deutscher – der, der von Vinzenz Prügel bekommen hatte, weil er die Kartoffeln nicht gerecht verteilt hatte – zog den Eimer hinauf, kippte die Erde aus und ließ den Eimer wieder hinunter, damit ich ihn füllte. Nach einer Weile ging er irgendwohin und sagte mir, dass ich auf ihn warten solle, da er bald wiederkäme. Ich setzte mich auf den umgekippten Eimer und wartete. Als mir das nach einer halben Stunde unangenehm wurde, kletterte ich aus der Grube hinaus, um mich ein bisschen in der Welt umzuschauen. Da blieb ein Häftling – Franek Mańkowski, ein Landwirt aus Pommern – aus unserem Block bei mir stehen, um ein bisschen zu plaudern. Er wendete meine Arbeitsmethode an, lief durch das ganze Lager und arbeitete, wann er wollte und wenn er eine gute Arbeit sah. Er hatte keinen Mantel. Er beklagte sich, dass er keinen Mantel erhalten hatte und dass es bei den Morgenappellen schon sehr kalt war. An einem Haken, gleich bei der Grube, in der ich arbeitete, hing der Mantel des Deutschen, der weggegangen war. Ich nahm den Mantel und gab ihn Mańkowski.

„Hier, nimm ihn, der ist von einem Deutschen. Ich bin nicht dafür zuständig, auf seinen Mantel aufzupassen.“

Franek zog den Mantel an – er passte. Wir überprüften nur, ob er nicht ein besonderes Merkmal hatte. Dabei fanden wir in den Manteltaschen viele Brotrinden – die hatte er bestimmt von den SS-Männern erhalten. Ich überließ Franek ein paar Brotrinden, den Rest steckte ich in meine Tasche und ging in den Keller. Dort erzählte ich Stefan alles. Wir aßen schnell die Brotrinden, damit wir sie nicht bei uns hatten, falls es wegen dem Mantel zu einer Hetzjagd kommen sollte.

Nach einer Weile kam mein Deutscher und fragt mich, wo sein Mantel sei. Ich verstand wie immer nichts und Stefan war unser Übersetzer. Ich sagte, er solle ihm sagen, dass ich nicht so lange in dem Loch hatte sitzen können, ohne etwas zu tun, und deshalb in den Keller gegangen war. Aber wo sein Mantel sei? Schließlich habe er mir gesagt, ich solle ihn bewachen. Tatsächlich, als er weggegangen war, hatte er mir gesagt, ich solle auf seinen Mantel aufpassen. Ich sagte Stefan, er solle ihm antworteten, dass ich nicht dafür zuständig sei, auf seinen Mantel aufzupassen – außerdem, als ich die Grube verlassen habe, habe ich überhaupt keinen Mantel gesehen. Jemand muss ihn genommen haben, als ich noch in der Grube war.

Und so hatte Franek Mańkowski einen Mantel und ein paar Brotrinden, und Stefan und ich Brotrinden und die Genugtuung, dass ich diesem Deutschen, den wir nicht mochten, einen Streich gespielt und unserem Mann einen Dienst erwiesen hatten.

Im Jahr 1941 wurde Mańkowski in Gusen nachts dabei erwischt, wie er Brot stahl. Sie stellten ihn für den Rest der Nacht vor den Stacheldraht auf dem Appellplatz. Ich erfuhr es früh am Morgen. Das war ein Sonntag, deshalb war der Appell später. Ich ging hin, um ihn zu sehen. Er stand barfuß, ohne Jacke und Mütze, mit dem Gesicht zu den Drähten, und sah sich oft um, ob er jemanden Bekannten sah. Als er mich erblickte, fragte er, was er tun soll.

„Werfen sie dir Diebstahl vor oder haben sie dich erwischt?“, fragte ich.

„Sie haben mich in einem anderen Block erwischt, weil ich zum Stehlen in einen anderen Block gegangen bin.“

„Na, dann bringen sie dich um.“

„Was soll ich also tun?“, fragte er wieder.

„Geh in den Draht“, sagte ich ihm. „Das ist das einzige, was dir bleibt, dann wirst du dich zumindest nicht quälen.“

„Ja, das muss ich tun. Tschüss, Stasiek, mach's gut!“, sagte er vollkommen ruhig, so als würde jeder von uns in einen anderen Block gehen, und fasste mit den Händen an die Drähte. Für einen Moment wurde er steif, dann erschlaffte er und Rauch kam aus seinen Händen und seinem Kopf. Der Wachposten hinter den Drähten schoss noch aus der Nähe auf ihn – aus mit Mańkowski. Der Wachposten schoss auf jeden, der in die Drähte ging, damit später im Bericht nicht stand „Selbstmord des Häftlings“, sondern „erschossen beim Fluchtversuch“.

Die zweite Geschichte mit einem Mantel war anders. Es gab starken Frost und die, die am Anfang keine Mäntel bekommen hatten, hatten weiterhin keine. Bei der Arbeit kam ich mit einem jungen Mann in Berührung, der zum Aufwärmen mit den Füßen stampfte und die Arme um sich schlug. Aus dem Gespräch erfuhr ich, dass er aus Poznań kam und achtzehn Jahre alt war. Er hatte keinen Mantel und klagte, dass er fürchterlich friere.

„Weißt du“, sagte er zu mir, „beim Appell habe ich so gefroren, dass ich sicher war, dass ich tot umfalle. Und ich würde so gern meine Mutter nochmal sehen.“

Ich sah, dass er Tränen in den Augen hatte, die er heimlich wegwischte.

„Warum organisierst du dir keinen Mantel?“, fragte ich.

„Wie kann man sich denn einen Mantel organisieren?“

„Komm mit, ich zeige es dir.“

Wir liefen los. Wir liefen schnell, um nicht zu frieren. Ich lief vorweg, er hinter mir. Als wir an den Baracken vorbeigingen, die im Bau waren, sah ich einen Mantel an einem Barackenbalken hängen. Auf dem Dach arbeiteten Schreiner – Deutsche. Ohne auch nur einen Moment stehenzubleiben, nahm ich im Marsch den Mantel herunter und lief im normalen Tempo weiter, den Mantel hielt ich vor mir. Hinter der ersten Kurve gab ich ihm den Mantel, damit er sich ihn überzog, und erst hinter dem Offizierskasino schauten wir den Mantel auf Merkmale durch. Ein Merkmal fanden wir unten an der Ecke auf dem Futter – mit einem Kopierstift war mit großen Zahlen die Nummer des Mantelbesitzers hineingeschrieben.

„Und jetzt?", fragte er voller Angst.

„Na, nichts. Wir reißen das raus!" – und ich riss die ganze Ecke des Futters heraus und riet ihm, seine Nummer unter den Kragen zu schreiben, nicht auf das Futter, sondern auf das Material – das ließ sich schwieriger entfernen.

In diesem Zeitraum kam es zu zwei verschiedenen Vorfällen, die ich, obwohl sie in keiner Weise miteinander verbunden sind, als beschreibenswert empfinde. Das sind Episoden, die ich mir gemerkt habe, weil sie so anders waren als das Alltagsleben.

In Dachau waren nur Polen, Deutsche und wenige Tschechoslowaken. Als wir nach Mauthausen gebracht worden waren, war für mich die Anwesenheit von Spaniern neu, die im Lager allgemein „Araber" genannt wurden. Sie wohnten gesondert und waren vom Rest des Lagers durch Stacheldraht getrennt. Sie durchliefen eine Quarantäne. Das waren Spanier, die in verschiedenen französischen Lagern interveniert gewesen waren; nach der Besetzung Frankreichs durch die Deutschen wurden sie zur Vernichtung in Konzentrationslager gebracht. Sie bekamen keine Mützen, deshalb hatten manche von ihnen farbige Tücher um den Kopf gebunden. Sie und wir durften uns dem Draht, der uns voneinander trennte, nicht nähern. Weil sie nichts zu rauchen hatten, versuchten sie, von uns Zigaretten für Brot zu kaufen. Für eine Portion Brot bekamen sie viel weniger Zigaretten, als man dafür in unseren Blocks bekommen konnte. Für sie war deshalb der Preis höher, weil es gefährlich war, an den Stacheldraht heranzutreten, denn es waren Wachen aufgestellt, die die Aufgabe hatten, niemanden an die Drähte zu lassen. Als es einmal an einem Sonntagvormittag stark regnete und der Stubenälteste uns ausnahmsweise nicht aus dem Block gejagt hatte, kamen Stefan und ich zu dem Schluss, dass es gut wäre, sich an einem Feiertag etwas zu gönnen: den Spaniern ein paar Zigaretten verkaufen – und wir essen ein bisschen was. Ich erklärte mich bereit, an den Stacheldraht heranzugehen. Es regnete stark, so dass sich die, die aufpassen sollten, sicherlich in irgendeiner Ecke versteckt hatten, um nicht nass zu werden. Ich steckte den Kopf aus dem Block hinaus, schaute mich um

– keiner zu sehen. Aus dem letzten Fenster der Baracke der Spanier schauten ein paar Köpfe heraus. Das waren die, die auf Draufgänger von unserer Seite warteten und etwas zum Tausch mitgebracht hatten. Wir verständigten uns von Weitem über Gesten – ich zeigte ihnen mit den Fingern, wie viele Zigaretten ich für eine Portion Brot gebe. Einer war einverstanden. Kurz darauf kam er aus der Baracke und wir rannten gleichzeitig zum Stacheldraht und tauschten die Ware. Als ich das Brot bereits in der Hand hatte, hörte ich einen Warnruf, so dass ich keine Zeit verlor, um zu schauen, wer mich rief, sondern schnell in den Block floh. In der Stube gab ich sofort Krukowski das Brot. Gleich hinter mir stürzten zwei Deutsche in die Stube, die mich verfolgt hatten. Ich stand nahe an der Tür, deshalb tasteten sie mich ab, ob ich Brot bei mir hatte. Sie tasteten noch zwei andere ab. Aha, na gut, das hieß, dass sie nicht wussten, wer ihnen davongerannt ist. Wenn sie gewusst hätten, dass ich das war, hätten sie mich sofort verprügelt. Sie fragten, wer von uns weggerannt war. Ich machte wie immer ein dummes Gesicht und tat so, als würde ich nichts von dem, was sie sagten, verstehen, und der Stubenälteste sagte ihnen, dass gerade niemand in die Stube gekommen war oder sie verlassen hatte. Sie gaben es auf, den Schuldigen zu finden und gingen, um Jagd auf andere zu machen. Ich war vorher schon öfter an den Draht herangegangen und es war mir immer gelungen, aber dieses Mal hatte nicht viel gefehlt und sie hätten mich geschnappt und ... verprügelt.

Bei so einem Tausch konnte man seine Zigaretten gut verkaufen, aber auch leicht verlieren. Denn man konnte beim Austausch gefasst oder vom Käufer betrogen werden. Nicht nur einmal war es so gewesen, dass einer die Zigaretten erhalten hatte, aber das Brot nicht gab, sondern mit den Zigaretten und dem Brot in seinen Block floh. Der Verkauf von Brot für Zigaretten war unter diesen Bedingungen gleichzusetzen mit dem direkten Weg in den Himmel, aber wir hatten keinerlei Skrupel. Wenn jemand unbedingt sterben wollte, dann bitte sehr – ich würde ihn bei diesem erhabenen Vorhaben nicht stören. Im Himmel muss es wahrscheinlich besser sein als im Lager, weil von dort noch keiner weggelaufen ist.

Tja, im Lager war kein Platz für Dummköpfe, solche, die nicht ums Überleben kämpfen konnten oder wollten. Wer nicht kämpfen wollte, sollte in Ruhe sterben. Die helfende Hand musste denen gereicht werden, die klug kämpften, aber nicht zurechtkamen. Im Lager mussten massenweise Menschen sterben, was machte es also für einen Unterschied, ob der, der nicht kämpfte und angesichts dessen sterben musste, in zwei Monaten oder in einem starb? Es wunderten mich auch nicht diejenigen, die im Zustand der endgültigen Erschöpfung noch Brot für Zigaretten verkauften. Aber nur die. Denn jemand, der sich gut hielt, hatte die Chance zu überleben. Aber einer, der keine Kraft zum Sprechen mehr hatte, starb sowieso ein paar Tage später.

Ich war 1944 in Gusen Zeuge so eines Tausches. Der Käufer konnte nicht mehr sprechen, aber verhandelte darum, zwei Zigaretten für das Brot, das er in den Händen hielt, zu bekommen.

„Eine gebe ich dir", sagt der Verkäufer.

„Gib mir zwei, gib mir zwei", konnte der kaufende Muselmann kaum aussprechen.

„Nein, ich gebe dir nur eine."

„Zwei", sagte der andere hartnäckig.

Da mischte ich mich ein:

„Friss lieber dein Brot, du Ochse, statt es für Zigaretten zu verkaufen. Hat keine Kraft zu quatschen, aber rauchen, verdammt noch mal, rauchen will er."

Ich sah schon den Tod in seinen Augen.

Da brachte er mit Mühe Worte heraus und antwortete mir ruhig:

„Was soll ich denn machen – schließlich werde ich in zwei, drei Tagen krepieren. Ich will rauchen und ich will essen. An diesem Stück esse ich mich sowieso nicht mehr satt, aber dann kann ich zumindest richtig rauchen."

Ich gab ihm recht. Und ich gab ihm drei Zigaretten und ließ ihn sein Brot in meiner Gegenwart aufessen. Er aß es blitzschnell.

Ein paar Tage bevor wir nach Gusen überstellt wurden, wurde ein neuer Transport mit Spaniern gebracht. Für unsere Bedingungen sahen sie imposant aus. Sie waren gut genährt, in khakifarbenen Militäruniformen, mit Rucksäcken und Decken. Sie wurden vor Block 14 aufgestellt, so dass wir durch die Fenster unseres Blockes mit ihnen sprechen konnten. Sie sahen uns verwundert an. Sie wussten nicht, wo sie gelandet waren und wozu. Sie aßen aus Konservendosen und Schokolade, die sie aus ihren Rucksäcken holten. Die, die Französisch konnten, rieten ihnen, ihre Vorräte aufzuessen, und wenn sie das nicht konnten, an andere zu verteilen, weil sie ihnen sowieso weggenommen würden. Die einen glaubten es nicht, die anderen teilten mit unseren Jungs. Einige Stunden später waren sie bereits gebadet, in gestreifte Sträflingskleidung gesteckt und denen angeschlossen worden, die die Quarantäne durchliefen. Alles, was sie besessen hatten, wurde ihnen weggenommen, so wie es allen anderen weggenommen worden war. Das einzige Zeichen, das von ihnen blieb, waren Zwei-Liter-Messdosen, die in Gusen Häftlingen zum Gebrauch gegeben wurden, wenn es keine anderen Schüsseln mehr gab. Am 24. Januar 1941 wurden zusammen mit allen Polen auch alle Spanier nach Gusen geschickt.

Ein paar Tage bevor wir nach Gusen wechselten, wurden im Kleidermagazin kaputte Schuhe ausgewechselt. An meinem rechten Schuh war die ganze

Spitze abgerissen, so dass Wasser hineinkam, obwohl ich das Loch mit einem Lappen zugestopft hatte. Ich ging zum Magazin, um meine Schuhe auszutauschen. Es stellte sich heraus, dass sehr viele Leute ihre Schuhe austauschen wollten. Als ich mich vor dem Magazin herumdrückte, kam ich mit einem anderen Häftling ins Gespräch, dessen linker Schuh kaputt war. Obwohl ich noch nicht am Ausgabefenster gewesen war, an dem die Schuhe ausgetauscht wurden, erzählte ich ihm, dass wenn ein Schuh kaputt ist, er nicht ausgetauscht wird. Es müssen beide kaputt sein.

„Ich würde dir meinen guten Schuh geben, aber er hat mich schon gesehen, es kann sein, dass er sie mir dann jetzt nicht austauscht. Geh du lieber, dann tauschen sie sie dir aus."

Er gab mir seinen rechten Schuh, der in Ordnung war, und ich gab ihm meinen rechten, und wir gingen in aller Ruhe auseinander. Einen Moment später hörte ich, dass das Magazin schon geschlossen wurde und keine Schuhe mehr ausgetauscht wurden. Ich floh in meinen Block, damit mich der nicht fand, mit dem ich meinen Schuh getauscht hatte. Jetzt hatte ich wieder gute Schuhe, obwohl sie zu verschiedenen Paaren gehörten; für den anderen machte es keinen großen Unterschied, ob er einen oder zwei kaputte Schuhe hatte.

In Mauthausen, und später in Gusen, durften bis 1942 im Krematorium Verstorbene vor der Verbrennung von ihren Angehörigen angesehen werden. Zu Beginn meines Aufenthaltes in Mauthausen, noch bevor Stefan bei Vinzenz zu arbeiten anfing, drückten wir uns drei Tage lang beim Anlegen der SS-Gärten herum. Auf diesem Gelände gab es einen Abstieg unter die Erde zu irgendeinem Kanal. Wir überlegten, ob man auf diesem Weg nicht versuchen könnte zu fliehen. Dieses Gelände befand sich dicht an der Straße, über die Zivilpersonen gebracht wurden, die hergekommen waren, um ihre verstorbenen Nächsten zu sehen. Wenn jemand gestorben war, wurde die Familie telegrafisch über dessen Tod informiert. Wenn jemand den Leichnam sehen wollte, antwortete er telegrafisch und dann wurde mit dem Verbrennen gewartet, bis die Familie ihn gesehen hatte. Gleich am ersten Tag, als ein SS-Mann einen Mann und drei Frauen in tiefer Trauer den Weg entlangführte, dachte ich mir, dass diese Reisegruppe zu einem Toten unterwegs ist. Ich flüsterte Stefan zu: „Pass auf, ich werde jetzt was sagen!", und extra laut begann ich etwas zu ihm zu sagen. Als der SS-Mann, der vorneweg ging, an uns vorbeigegangen war, fragte ich so, als würde ich weiter zu Stefan reden:

„Woher kommt ihr?"

Darauf antwortete die Frau, die am Schluss ging:

„Grüße aus Częstochowa."

Ich freute mich, dass mir dieser Trick gelungen war. Es stellte sich aber heraus, dass ich mich zu früh gefreut hatte. Fünfzehn Minuten später kam der SS-Mann zu mir und ohne ein Wort haute er mir aufs Maul und ohne etwas zu sagen, ging er weiter. Offensichtlich konnte der Scheißkerl Polnisch. Es ging das Gerücht um, dass der SS-Mann, der Familien zu einem Verstorbenen brachte, die weinende und verzweifelte Familie mit sehr bewegter und trauriger Stimme tröstete. Wir überlegten, was das für ein Künstler sein musste, der sich so verstellen konnte.

Später erfuhr ich, wie das in Gusen vor sich ging. Das erzählte uns unser Kamerad Słomiany – vor dem Krieg Eigentümer der Hafenkneipe in Danzig –, der zu dieser Zeit im Krematorium arbeitete. Seine Erzählung nahmen wir mit viel Gelächter auf. Es ging meist folgendermaßen vor sich:

Das Krematorium erhielt einen Zettel, dass diese oder jene Nummer zur Ansicht ausgestellt werden sollte. Sie suchten in dem riesigen Stapel an Leichen, die im Aufbewahrungsraum des Krematoriums auf die Verbrennung warteten. Endlich fanden sie irgendwo den Leichnam, der gebraucht wurde, aber man konnte ihn nicht zeigen, denn das Gesicht war massakriert.

„Oh, hier ist eine Leiche, die sieht ganz gut aus!", rief einer und zog aus dem Leichenhaufen eine hervor, die noch halbwegs aussah. Das Gesicht – wenn blaue Flecken drauf waren – wurde mit Kreide eingerieben. Wenn der Mund offenstand, wurde das Kinn mit einem Stöckchen gestützt. Sie legten den Leichnam in eine Kiste, die den unteren Teil eines Sarges ersetzte, und stellten ihn aus.

Die Gebeine wurden in einem kleinen, extra zu diesem Zwecke aufgestellten Häuschen ausgestellt, das aus zwei kleinen Räumen bestand. In dem ersten Raum waren die, die gekommen waren, um den Toten zu sehen, und in dem zweiten, dem größeren, war der Tote allein, ausgestellt auf einem großen hölzernen Podest. Die Räume waren voneinander abgetrennt durch eine geschlossene Tür mit einer verglasten Öffnung im oberen Teil, durch die man den Leichnam sehen konnte. Der Tote war mit einem weißen Laken bis unter das Kinn bedeckt und der Kopf lag nicht erhöht – die Leiche lag weit oben und vollkommen flach, so dass man durch die Scheibe nur ein Stück vom Kinn und die Nasenspitze sehen konnte. Deshalb konnte man einen anderen Leichnam ausstellen oder drei Familien schauten sich denselben Leichnam an, manchmal sogar jemanden, der eine andere Nationalität hatte. An den Haaren konnte man nichts erkennen, weil uns jede Woche mit dem Rasiermesser die Köpfe rasiert wurden. Manche drückten ihre Verwunderung darüber aus, dass derjenige sich nach dem Tod so sehr verändert hatte.

Dieses Gebäude war mir gut bekannt, weil ich in der Nähe gearbeitet hatte und es mir so manches Mal als Schutz vor dem Regen oder der Arbeit gedient hatte. Die Besucher wurden immer von dem gleichen SS-Mann geführt und so wie man schon darüber in Mauthausen erzählt hatte, tröstete er die Familien mit trauriger und leidender Stimme nach einer bestimmten festgelegten Formulierung, die er immer wiederholte:

„Ja, es ist schade um ihn, er war ein guter Mensch, er hat gut gearbeitet. Alle mochten ihn. Doch wozu klagen – Weinen hilft nun nicht mehr. Wir haben getan, was in unserer Macht stand, um ihn zu retten. Wir haben die besten Ärzte aus Linz, aus Wien geholt, aber das hat er sich selbst zuzuschreiben, weil er nicht auf die Ärzte gehört hat. Bei hohem Fieber hat er das Fenster geöffnet und keine warmen Pantoffeln angezogen, wenn er zum Abort musste. Da ist es kein Wunder, dass das so zu Ende gegangen ist."

Die Familie schaute, weinte – ein Dummkopf glaubte vielleicht, dass es wirklich so gewesen war, wie der SS-Mann gesagt hatte –, sie ließen die mitgebrachten Blumen da und fuhren zurück nach Hause, um dort auf die Urne mit der Asche zu warten. Vielleicht dachten sie, dass das die Asche ihres Toten ist. Aber in Wirklichkeit war das menschliche Asche, die mit einer Schaufel aus einem riesigen Aschehaufen hinter dem Krematorium von den verbrannten Menschen genommen wurde. Wer hätte sich da abgemüht mit der Aussonderung und Verschickung der richtigen Asche. Es genügte, dass es Menschenasche war, sollten ruhig andere um sie weinen.

Oft war es so, dass ein Leichnam von zwei oder drei Familien am gleichen Tag besucht wurde. Der Leichnam war immer derselbe, es wechselten nur die Familien, die zu Besuch kamen, und der SS-Mann benutzte immer die gleiche Formulierung über die Behandlung und die Nichtbefolgung ärztlicher Anweisungen.

Wenn die Familie fort war, versteckte die Belegschaft des Krematoriums die zurückgelassenen Blumen unter der Plane des Wagens, mit dem der Leichnam gebracht wurde, und verkauften sie abends für Zigaretten an Blockälteste oder Kapos, damit diese sie wiederum im Lager ihren im Freudenhaus „amtierenden" Damen schenken konnten. Einmal passierte es, dass sie es nicht schafften, die Blumen wegzuräumen, und schon eine andere Familie kam, um den Leichnam zu sehen. Nachdem sie die tröstende Formulierung des SS-Mannes gehört hatten, fragten die Verwandten, was da für Blumen lagen. Woraufhin der ruhig antwortete, dass diese Blumen der Lagerkommandant geschickt habe, weil er den Verstorbenen sehr gemocht hatte. Weil er dienstlich verreist sei, habe er nicht selbst kommen können und habe deshalb die Blumen geschickt.

Im Herbst 1940, so etwa ab November, kamen Lebensmittelpakete. Sie wurden nach vorheriger Kontrolle zur Gänze den Häftlingen ausgehändigt, an die sie gerichtet waren, doch in den Briefen, die man nach Hause schrieb, durfte man die Pakete nicht erwähnen. Man durfte sich nicht für die Pakete bedanken, nicht um Pakete bitten und überhaupt nichts schreiben, was eine Bestätigung der Annahme gewesen wäre. Zur selben Zeit wurden einige Gruppen Schlesier entlassen. Die Mutigeren unter ihnen begannen, anderen Häftlingen Pakete zu schicken oder die Familien anderer Häftlinge darüber zu informieren, dass die Pakete den Häftlingen ausgehändigt wurden, obwohl auf den Briefen, die sie nach Hause schickten, ein Regelwerk abgedruckt war, in dem unter anderem stand, „Lebensmittelpakete dürfen nicht geschickt werden. Im Lager gibt es eine Kantine, in der man alles kaufen kann". Diejenigen, die Pakete erhielten, waren Objekt des Neides aller anderen Häftlinge, und sie selbst wurden, wenn sie das Paket in den Händen hielten, zu fürchterlich bösen, hungrigen Hunden, die bereit waren, sich auf jeden zu stürzen, der sich auch nur in die Nähe ihres Futters wagte. Das ist keine Übertreibung.

Manche, von denen gab es aber sehr wenige, boten ihrem engsten Nachbarn oder einem Kameraden einen Pfefferkuchen oder ein ganz kleines belegtes Brot an. Alle anderen behielten den ganzen Paketinhalt, den sie auf dem Tisch ausgebreitet hatten, für sich und knurrten alle an, die sich ihnen näherten.

Ich erinnere mich noch genau, wie nach der Verteilung der Pakete drei aus unserer Stube zurückkamen und sich auf dem Tisch die Produkte ansahen, die sie erhalten hatten. Unter den dreien waren zwei Brüder, von Beruf Richter. Mit den wildesten Worten vertrieben sie alle, die sich aus Neugier näherten, um zu schauen, was sie bekommen hatten, oder zu fragen, was ihnen geschickt wurde. Ich stand weiter weg, mit dem Rücken an meinen Spind gelehnt und sah mir neugierig diese Szene an. Ich sah die Augen derjenigen, die Pakete erhalten hatten, sie klebten an den Produkten, voller Freude, dass sie endlich etwas menschliches und gehaltvolles essen werden. Ich sah auch die Augen derjenigen, die als Kameraden oder Bekannte aus der gleichen Ortschaft das Paket ansehen wollten. Diese Augen drückten Hunger und Verlangen aus, obwohl die Münder verschiedenes sagten, ließen die Augen nicht von den Paketen ab. Das ist so schrecklich, dachte ich mir, schließlich unterschieden sich diese Menschen in diesem Augenblick in nichts von Tieren und wenn nicht die Angst vor dem Tod und der große Wille gewesen wäre, am Leben zu bleiben, das man für Diebstahl von Essen verlor, wer weiß, ob sie sich nicht wie hungrige Hunde um Knochen gebissen hätten.

Ich sah mir das an und mir wurde fürchterlich traurig zumute, dass Menschen in einen solchen Zustand der Verrohung geraten können. Da trat Józef Brzeziński an mich heran und fragte, warum ich so traurig sei. Ich antwortete ihm nicht, sondern summte nur den Refrain des Liedes „Weißt du, wie Einsamkeit schmerzt?", und weiter konnte ich nicht mehr, weil ich es nicht aushielt und fürchterlich zu weinen begann. Ich wollte es zurückhalten, aber da wurde mein Weinen zu einem Schluchzen, das mich schüttelte, und es vergingen mehrere Minuten, bis ich mich beruhigte.

Brzeziński gab mir, als ich ihm sagte, warum ich weinte, recht. Und während ich weinte, erklärte er mir – er war älter als ich –, dass das die Lagerbedingungen machten, dass es das Ziel der Lager sei, die Menschen, bevor sie vor Hunger und Erschöpfung starben, zu Dreckskerlen zu machen, sie zu demütigen, ihnen alles zu nehmen, was menschlich ist.

Das war bei mir nur ein kurzer Zusammenbruch. Einige Minuten später war ich wieder ich selbst und es kam mir selbst seltsam vor, dass ich so aus ganzem Herzen geweint hatte. Wütend dachte ich, dass es sich nicht lohnt, Dreckskerle zu bemitleiden; wenn jemand ein Dreckskerl ist, dann hatte er offensichtlich von Geburt an diesen Kern, und so jemanden zu bemitleiden hat keinen Zweck; es hatte keinen Zweck, mit ihnen Mitgefühl zu haben.

Als Szubert entlassen worden war, bekam ich schon nach etwa zwei Wochen das erste Paket von ihm. Es kam kurz vor Weihnachten und am 24. Dezember erhielt ich das zweite und ein Paket von meiner Mutter. Ich öffnete das Paket von meiner Mutter und es hätte nicht viel gefehlt und ich hätte wieder angefangen zu weinen. In dem Paket war ein Kilogramm Vollkornbrot. Vor Weihnachten war unseren Briefen nach Hause ein Zettel mit der Information beigelegt worden, dass uns zu Weihnachten ein Lebensmittelpaket geschickt werden darf – meine Mutter schickte mir deshalb ein Kilo Brot. Dieses Paket informierte mich darüber, in welcher Lage meine Mutter und meine Schwester sich befanden, wenn sie nur das schicken konnten.

Stefan erhielt zu Weihnachten ebenfalls zwei ein-Kilo-schwere Pakete und ein Paket mit Kleidung. In dem Paket mit der Kleidung waren zwei Wollpullover. Ein Skipullover mit einem Schalkragen, der zweite war ein schwarzer Rollkragenpullover. Er hatte für die beiden Pullover sofort viele Interessenten, die dafür gut bezahlen wollten. Den Rollkragenpullover aber gab er mir, und den Skipullover behielt er.

Stefan arbeitete im Steinbruch beim Umdrehen von Steinen. Von dieser Arbeit waren seine Lappen, hochtrabend Handschuhe genannt, vollkommen zerfleddert und er litt schrecklich an den Händen, die ihm einst eingefroren waren. Von den Rauchwaren, die Stefan aus der Kantine bekam, gab er mir die Hälfte ab. Ich beschloss, für diese Zigaretten warme Handschuhe für ihn zu kaufen. Ich kaufte zwei vollkommen verschiedene Handschuhe, aber sie waren aus Wolle und warm. Ich werde nie vergessen, welche Freude ich ihm damit bereitet habe. Er freute sich wie ein Kind darüber und wollte nicht glauben, dass sie für die Zigaretten gekauft worden waren, die er mir abgegeben hatte. „Das war dein Anteil und davon stand mir nichts zu. Ich rauche meinen Teil auf und du kannst deinen aufessen“ sagte er.

Es war für mich unvorstellbar, mir für diese Rauchwaren Brot zu kaufen und es allein aufzuessen. Ich bewahrte die Rauchwaren immer so lange auf, bis sie Stefan ausgingen. Ich bot ihm welche an, wenn ich sah, dass er Essen verkaufen könnte. Und wenn wir mit Sicherheit wussten, an welchem Tag wieder Zigaretten ausgegeben werden, kaufte ich für das, was mir übriggeblieben war, Essen. Das hatte insofern sein Gutes, als ich kurz vor der Kantine für eine bestimmte Anzahl Zigaretten vier Mal so viel Essen bekommen konnte, als nach Erhalt der Kantine. In der Kantine bekam man auch Schnupftabak und Kautabak, sogenannten Priem. Ich hatte gesehen, dass vor allem viele Schlesier Priem im Mund hatten und schwarze Spucke spuckten, weil der Priem mit einer schwarzen klebrigen Schmiere angereichert war. Später trockneten sie den ausgelutschten Tabak, schnitten ihn klein und machten daraus Zigaretten. Wenn es überhaupt nichts mehr zu rauchen gab, rauchten manche auch Schnupftabak. Mein Nachbar, der neben mir schlief, holte, nachdem das Licht gelöscht worden war, alles, was er in der Kantine bekommen hatte, ins Bett. Er zählte auf, was er für zwanzig Mark alles bekommen hatte. Als er sagte, dass er Priem bekommen hatte, fragte ich, was das sei, weil ich sah, dass manche es im Maul hatten, und ich nicht einmal wusste, wie das schmeckt.

„Hier hast du, schau mal“, sagte er und drückte mir in der Dunkelheit einen Priem in die Hand. „Wickle es aus und beiß ein Stück ab.“

Ich wickelte es aus, biss ab und schluckte die Spucke herunter. Es brannte mir im Mund, es bildete sich viel Spucke und ich spürte, dass ich mich übergeben muss. Ich spuckte das Stück aus, fluchte und schnippte den Rest Priem weg. Ich traf einen Schlesier, Muszalski. Der begann, auf Schlesisch denjenigen zu verfluchen, der ihn beworfen hatte, aber als er kurz darauf das Stück fand und erkannte, dass es Priem war, freute er sich und lobte den guten Mann, der ihm Priem hatte zukommen lassen.

„Da stecke ich mir einen halben Priem gleich auf einmal in den Mund.“

Wer keinen Priem brauchte, sollte ihn ihm geben. Kaum jemand benutzte welchen, er aber könnte ohne ihn nicht leben. Später erzählte mir jemand, dass Priemkauen genauso eine Sucht ist wie Rauchen. Bald sollte ich mich selbst davon überzeugen, weil ich in Gusen so richtig zu rauchen begann, und wenn die Rauchwaren alle waren, begann ich Priem zu saugen und fühlte mich richtig schlecht, wenn ich keinen hatte. Erst einer meiner guten Kameraden, Stasiek Kornacki, hielt mich davon ab, dieser neuen Sucht zu verfallen. Er nahm mir einfach den Priem weg, wusch ihn aus,

trocknete ihn, schnitt ihn klein und wir rauchten ihn an Stelle von Zigaretten. Schließlich war das Tabak, der nach dem Waschen nur etwas schwächer war als normaler Tabak.

Das erste Weihnachtsfest stand vor der Tür. Es war bereits allen klar, dass es keine kollektiven Entlassungen geben würde. Am Heiligen Abend kaufte Stefan für Zigaretten einen Laib Brot. Ich weiß nicht mehr, wieviel er gab, aber er bezahlte es teuer. Wir hatten also einen Laib Lagerbrot, einen Laib Brot von Zuhause und fast die ganzen Pakete von Szubert und Stefans Paket. Alle Produkte hatten wir in unseren Strohsäcken versteckt, denn trotz der drohenden Todesstrafe gab es Fälle von Diebstahl aus den Spinden. Ich bin mir nicht sicher, ob das nicht unsere Blockherrschaften waren, denen niemand etwas geschickt hatte, denn sie wollten auch Kuchen fressen und besseres Fett als Margarine, die sie uns stahlen. Alle unsere Lebensmittel hoben wir bis Weihnachten auf. Am Heiligabend setzten wir uns, nachdem das Abendessen ausgeteilt worden war, zu Tisch. Wir erwarteten, dass Karl oder ein SS-Mann uns an diesem Tag einen Streich spielen würde – Gymnastik, Betten bauen oder vielleicht Strafexerzieren. Aber sie taten nichts dergleichen. Unsere Prominenten hatten Karl gebeten, uns keine Streiche zu spielen. Beim Abendessen teilten die Häftlinge miteinander die Oblaten[15], die manche in ihren Paketen erhalten hatten. Ich hatte auch in dem Paket von Szubert eine Oblate erhalten. Wir verabredeten, dass wir an diesem Tag das Abendessen in einem größeren Kreis zu uns nehmen.

Wir luden Leon Cerak, Mietek Rączka und Franciszek Opas zu unserem Festmahl ein – sie hatten von Zuhause noch keine Weihnachtspakete erhalten. In unsere Schüsseln legten wir Plätzchen, Bonbons und ein gutes Dutzend kleine belegte Brote von dem hausgemachten Brot mit hausgemachtem Schmalz und Wurstwaren. Als der Moment kam, an dem die Leute an den Tischen Weihnachtswünsche austauschten, kam es zum allgemeinen Zusammenbruch. Viele begannen zu weinen, andere saßen da mit Gesichtern von Verurteilten kurz vor dem Vollzug des Urteils. Lediglich Zygmunt Jaczewski bewahrte die Fassung. Er rief dazu auf sich zu beruhigen, warf ein paar Witze in die Runde, ging mindestens für einen Augenblick an jeden Tisch, schließlich rief er dazu auf zu singen und begann selbst als erster. Die anderen taten es ihm nach und die Trauerstimmung ging vorüber.

Wir an unserem Tisch teilten die Oblate und aßen das vorbereitete Essen.

---

15 Die Weihnachtsoblate ist ein dünnes, knuspriges Gebäck aus Wasser, Mehl und Stärke, verziert mit Darstellungen von Jesus und Maria. Sie wird in Polen traditionell am Heiligen Abend vor dem Essen untereinander geteilt, wobei man sich viel Glück für das kommende Jahr wünscht. Sie ist Zeichen der Liebe und des Friedens. (Anm. d. Übers.)

Jeder nahm sich aus den Schüsseln Plätzchen, Brote und Bonbons. Wir machten das ruhig, langsam, ohne die Nervosität hungriger Menschen, mit Kultur. Ich weiß nicht, was die anderen in dieser Zeit dachten, ich dachte daran, wenn von diesem Essen dreimal so viel da wäre, ich das alles hätte allein aufessen können. Ich denke, dass andere dasselbe gedacht haben, doch trotzdem tat sich keiner damit hervor, dass er mehr gegessen hätte als die anderen. Nach dem Abendessen holte Stefan noch die Hälfte des Brotes, das er für Zigaretten gekauft hatte, und wir aßen es allein auf.

An unserem gemeinsamen Abendessen nahm Franciszek Opas teil. Das war ein älterer Mann aus Konin, oder aus der Nähe von Konin. Er sagte uns, er sei Gemeindevorsteher gewesen. Er war im Herbst mit einem kleinen Transport von Häftlingen aus Polen gebracht worden. Sie wurden in Zivilkleidung gebracht. Opas unterschied sich von den anderen darin, dass er einen riesigen Bart und Haare hatte. Als sie vor der Kommandantur standen, kamen die SS-Männer zusammen, um seinen Bart anzusehen. Ich arbeitete damals mit Stefan bei Vinzenz, so dass wir mehrmals mit den Schubkarren in der Nähe vorbeiliefen, um sie uns anzusehen. Nach dem Abendappell wurden ein paar von ihnen unserem Block zugeteilt, unter anderem auch Opas. Erst jetzt, im Block, sahen sie aus wie Menschen, denn als sie vor der Kommandantur gestanden hatten, kamen sie uns fürchterlich lächerlich vor in ihren zivilen Hüten, Mützen und mit Haaren. Mit diesem Transport kam auch Tadeusz Marcysiak aus Inowrocław, mit dem ich mich später anfreundete und mit dem ich bis heute in Kontakt stehe. Opas – ein Mensch mit rechtschaffendem Charakter – gefiel uns und wir hingen an ihm. Er erzählte uns von seiner deutschen Gefangenschaft im vorangegangenen Krieg, sagte aber auch, dass unsere derzeitige Gefangenschaft unvergleichlich schlimmer sei. Gelassen ertrug er die Bedingungen des Lagerlebens. Er war der Meinung, dass man mit Sanftmut und bei ehrlicher Ausführung der Lageranweisungen den Krieg überleben kann. Für uns war klar, dass Opas die Freiheit nicht mehr erleben würde, wenn der Krieg länger als bis zum Frühjahr andauerte. Er wurde schnell schwächer. Er betete ständig und ermunterte mich dazu, es ebenfalls zu tun. Wenn wir aus den Steinbrüchen mit einem Stein auf der Schulter ins Lager zurückkehrten, sagte er, dass er beim Hinaufgehen der Treppe bete und dann fiele ihm das Treppensteigen leichter, weil er dann nicht an die Treppen denke, sondern an Gott. In Gusen trafen wir uns noch einige Male. Einige Wochen später sah ich ihn, als ich von der Arbeit zurückkam, am Fenster. Er sagte, er sei krank, sie hätten ihn im Block gelassen. Auf seinem Bauch hatte sich ein großes Geschwür gebildet und das wurde der Grund für seinen Tod. Als ich ihn ein paar Tage später abends besuchen wollte, erfuhr ich, dass er tot war.

Als die Schlesier entlassen wurden, wurden zur gleichen Zeit Warschauer erschossen. Angeblich waren nach Mauthausen Vertreter der Gestapo aus Warschau gekommen, hatten sich die Akten angesehen und Todesurteile unterschrieben, die hinter dem Lagerstacheldraht, auf dem Arbeitsgelände vollzogen wurden. Bei der Nivellierung des Geländes für den Bau von Baracken war ein Hügel in Höhe von drei Metern entstanden und an diesem Hügel wurden die Exekutionen vollzogen.

Es schien als hätten sie das absichtlich so gemacht, dass die Entlassungen und Erschießungen am gleichen Tag stattfanden. Am Vormittag liefen die Blockschreiber über das Arbeitsgelände und riefen Nummern zum Töten auf. Denn die, die entlassen werden sollten, waren am Abend zuvor informiert worden, dass sie am nächsten Tag nicht zur Arbeit gehen und sich rasieren sollten. Morgens, nach dem Bad, nach den ärztlichen Untersuchungen und nachdem sie ihre Zivilkleidung angezogen hatten, die zuvor gereinigt und gebügelt worden war, ließ man sie sich vor der Barackentür der Kommandantur aufstellen. Diese Baracke stand senkrecht zur Straße, die wir entlanggingen, und sie hatte zwei Eingänge. Vor dem ersten Eingang, näher an der Straße, stand eine Gruppe, die etwa vierzig Häftlinge zählte, die in der Zeit, in der wir auf dem Abendappell stehen, sterben würden. Sie standen traurig da, schweigend, bewegungslos, mit hängenden Köpfen. Sie waren irgendwie klein, geschrumpft, unbeholfen. Und zehn Meter von ihnen entfernt, vor dem zweiten Eingang, stand eine Gruppe, die etwa genauso viele Personen zählte. Eine freudige Gruppe, lachend, mit vor Freude hoch erhobenen Köpfen. Schließlich würden sie in ein paar Stunden frei sein. Was ging sie es an, dass zu der Zeit, wenn sie zum Bahnhof in Mauthausen gebracht werden, die neben ihnen schon tot sein werden? **Und warum auch sollte sie das Schicksal der anderen beunruhigen? Schließlich hatte bis zu diesem Tag auch jeder von ihnen jede Stunde sterben können, und bestimmt lebten viele von denen, die jetzt hätten entlassen werden können, nicht mehr.** Wir, die wir weiter im Lager blieben, machten uns auch nichts daraus. Schade war es uns ein bisschen um die Kameraden aus unserer Stube und um die, mit denen wir zusammengewachsen waren. Wenn ein Muselmann starb, war es vorher schon klar, dass er in ein paar Tagen in den Ofen kommt, hier aber wurden uns oft gesunde Menschen entrissen, die in voller Kraft standen und sogar gut genährt waren. Unserem Stubenältesten töteten sie fast alle seine Schützlinge. An ihre Namen erinnere ich mich nicht mehr. Ich erinnere mich nur noch an Henio Kowalski, Zbyszek Lajchert, Stefan Boruciński, Zygmunt Jurkowski und Wacek Radecki. An Zbyszek, Zygmunt und Wacek erinnere ich mich genau, weil wir gut miteinander gelebt hatten und uns mochten.

Zygmunt Jurkowski und ich führten abends oft lange Gespräche. Er hatte einen kranken Magen, deshalb aß er nie frisches Brot, sondern nur welches vom Vortag. Wenn er frisches Brot erhielt, schnitt er es in mehrere Teile, damit es schneller trocknete, und aß es erst am nächsten Tag abends. Ich bewunderte ihn immer für seinen starken Willen, dass er hungrig war, aber das Brot, das er bei sich hatte, nicht aß. Er erzählte mir oft von seiner Frau und seiner Tochter, die damals fünfzehn oder sechzehn Jahre alt war. Eines Tages überredete ich ihn, mit zu simulieren und nach meiner Methode zu arbeiten. Nachdem wir uns von unserer Gruppe abgeseilt hatten, fand ich schnell eine passende Arbeit. Wir kletterten mit den Spaten in irgendeinen kurz zuvor ausgehobenen Graben. Er war so tief, dass nur unsere Köpfe hervorstanden, aber das genügte schon, dass wir nichts machen mussten, außer aus dem Graben zu schauen, sich in alle Richtungen umzusehen, ob Gefahr in Sicht war. Nach einer Weile näherte sich eine Gefahr – ein Häftling in eleganter Sträflingskleidung war von weitem zu sehen, wie er auf uns zukam. Das war der Schreiber der Lagerkanzlei. Er blieb in unserer Nähe stehen und rief ein gutes Dutzend Nummern auf. Zygmunt ergriff meine Hand. Ich sah ihn an, er war weiß wie eine Wand.

„Er hat mich aufgerufen", sagte er. „Stasiek, wenn du überlebst, sag meiner Frau und meiner Tochter, wie ich umgekommen bin, sie wohnen in Warschau, Hrubieszowska-Straße."

Erst dann rief er zurück, dass er da ist, kletterte aus dem Graben und ging mit. Am Nachmittag kletterte ich nicht mehr in den Graben, sondern drückte mich in der Nähe der Kommandantur herum, um zu sehen, wer von meinen Bekannten auf welcher Seite stand. Das machte ich immer, wenn Erschießungen vorgenommen wurden. Ich ging dann schnellen Schrittes die Straße entlang und schaute, ob ich in beiden Gruppen Bekannte sah. Später kam ich auf eine bessere Idee: Ich lud Ziegel auf die Schubkarre und machte in der Nähe der Baracke eine Pause oder kippte die Schubkarre aus und legte die ausgekippten Ziegel wieder hinein. In dieser Zeit konnte ich manchmal ein paar Worte mit den Verurteilten wechseln.

An diesem Tag stellte ich mich auch mit der Schubkarre hin. Ich sah ein paar Bekannte. Es war schwer, sie zu erkennen, denn sie standen mit weit hinunterhängenden Köpfen da. Dafür waren die, die entlassen werden sollten, voller Bewegung und hielten ihre Köpfe hoch. Zygmunt Jurkowski stand am Rande der Gruppe, sah mich und so wie Szubert, als er abfuhr, segnete er mich, indem er ein Kreuz schlug. Im Jahr 1946 war ich in der Hrubieszowska-Straße, doch ich erfuhr, dass die Familie in die wiedergewonnenen Gebiete ausgereist war und niemand ihre neue Adresse kannte.

Zbyszek Lajchert wurde beim Mittagsappell aufgerufen, offensichtlich hatten sie ihn am Vormittag nicht finden können. Ein paar Minuten vor dem Antreten, als ich bereits in die Richtung lief, wo wir antreten sollten, um an irgendeine Gruppe angeschlossen zu werden und mit ihr zusammen ins Lager zu gehen, war mir Zbyszek aufgefallen, wie er rannte.

„Wohin so eilig, Zbyszek?“, rief ich.

„Die Scheiße jagt mich!“, antwortete er lachend und rannte in Richtung Abort. Beim Appell stand er in der Reihe vor uns. Nach dem Appell wurden ein paar Nummern aufgerufen, unter anderem die Nummer von Zbyszek Lajchert. Als er aufgerufen wurde, rief er: „Hier!“, und drückte uns schnell nacheinander die Hand. Er verabschiedete sich von uns.

„Mach dir keine Sorgen, Zbyszek, vielleicht ist gar nichts“, sagte einer von uns.

„Ich weiß schon Bescheid, was das ist“, antwortete Zbyszek und lief dorthin, wo die Nummern ausgerufen wurden. An diesem Nachmittag stand in der Gruppe, die auf den Tod wartete, nur Zbyszek mit hoch erhobenem Haupt da.

Einer unserer Kameraden, der zu diesem Zeitpunkt im Revier war, sagte, dass durch das letzte Fenster der Baracke, in der er lag, zu sehen war, wie die Häftlinge erschossen wurden, und dass er, ohne selbst gesehen zu werden, alle Exekutionen beobachtet hatte. Sie wurden einzeln erschossen. Alle, die erschossen wurden, verhielten sich ruhig. Einmal nur verlor ein junger, vielleicht achtzehnjähriger Mann, die Nerven. Er riss sich los, warf sich vor die Füße der SS-Männer und flehte um Erbarmen. Die zu Erschießenden mussten vor der Exekution Schuhe, Jacke und Hemd ausziehen. Nur in Hosen traten sie an den Erdhügel heran und knieten nieder, mit dem Rücken zum Erschießungskommando. Der, der mir das erzählte, kannte Lajchert gut, über den erzählt wurde, dass er Oberleutnant bei den Luftstreitkräften gewesen war. Angeblich hatte er mit den SS-Männern verhandelt, dass sie ihm erlauben zu stehen, nicht zu knien, und mit dem Gesicht zum Erschießungskommando. Ein SS-Offizier trat an ihn heran und nach einem kurzen Gespräch mit ihm ging Zbyszek langsam zu dem Wall und wurde so wie die anderen erschossen, kniend.

Wacek Radecki kannte ich von Beginn meines Aufenthaltes in Mauthausen. Das war ein junger Mann aus Warschau, aus Mariensztat. Ich mochte ihn sehr, weil das ein ähnlicher Typ war wie ich. Lebhaft, lustig, mutig und ein großes Schlitzohr. Ich hatte das Gefühl, dass das bei ihm künstlich war, und mehrmals sagte ich zu Stefan, dass meiner Meinung nach Wacek mehr das Schlitzohr spielt und wohl gar nicht so ein großer Frechdachs war, wie er tat. Eines Tages wurde auch er aufgerufen. Als ich mit einer Schubkarre voller Kies in der Nähe der Baracke hielt, sah ich Wacek Radecki. Er stand am Rande der Gruppe und sprach laut jeden Bekannten an, den er auf der Straße vorbeigehen sah. Alle standen ruhig da, still, mit weit hinunterhängenden Köpfen, Wacek aber stand aufgerichtet und lächelnd. Als er mich erblickte, rief er:

„Na, Stasiek, mach's gut, ich fahre nach Warschau – in so einer Büchse!“, und er zeigte mit den Händen, wie groß die Büchse sein würde, in der er nach Warschau fahren würde. Er lachte dabei, als freute er sich auf ein spannendes Abenteuer.

Ich legte den Finger auf den Mund und bat ihn, nicht so laut zu schreien.

„Was sollen sie mir denn noch tun? Dafür werden sie mich nicht umbringen, sonst haben sie heute Abend niemanden mehr, auf den sie schießen können.“

Ich hatte Angst, dass sie mich beim Gespräch erwischen, deshalb nahm ich die Schubkarre und ging weiter. Nach einer Weile lief ich zurück und blieb wieder an der gleichen Stelle stehen. Radecki sprach wieder zu mir, aber jetzt redete er leiser. Er hatte verstanden, dass sie ihm zwar nichts mehr tun können, er aber damit mich in Gefahr bringt. Er sagte mir noch, dass ich ihn nicht vergessen soll, dass ich den Jungs sagen soll, dass Wacek nicht so leicht zu erschrecken ist, dass er sich überhaupt nicht vor dem fürchtet, was ihm abends geschehen wird – an dieser Stelle ließ er einen entsprechenden Spruch an die Adresse der Deutschen los.

„Hörst du, was ich dir sage?“, rief er.

„Ich höre es“, sagte ich und nickte.

Er hatte mich gefragt, ob ich ihn höre, weil ich so neben der Schubkarre stand, dass ich in eine andere Richtung schaute, nicht zu ihm, damit, falls ein SS-Mann aus der Baracke gekommen wäre, dieser nicht dachte, dass er mit mir spricht. Zum Schluss sagte er mir, ich solle weiterfahren, denn wenn jemand sieht, dass ich so lange hier stehe, würden sie mich schlagen. Er sprach die ganze Zeit mit ruhiger Stimme, dem typischen Dialekt von Leuten, die in Warschauer Vorstädten aufgewachsen sind. Da dachte ich, dass ich mich mit meiner Einschätzung geirrt hatte. Er erwies sich als toller und charakterstarker Kerl.

Unter denen, die erschossen wurden, waren auch Häftlinge aus Gusen. In Gusen war man der Meinung, dass all die, die nach Mauthausen gebracht wurden, nach Hause entlassen wurden. Morgens wurde eine bestimmte Menge Leute aufgerufen und nach Mauthausen gebracht. Das waren Schlesier und Warschauer. Bevor wir nach Gusen kamen, hatte dort niemand gewusst, dass sie in Mauthausen getrennt wurden, die Warschauer wurden vor die eine Tür gestellt, die Schlesier vor die andere, und während des Appells gingen die einen zum Bahnhof und die anderen zum Wall zur Erschießung.

Die Exekution selbst fand nach dem Abendappell statt. Während des Appells beobachteten wir genau das Tor, um zu sehen, wenn sie unsere Jungs brachten. Unser Block stand in der Nähe des Tores und es war leicht, Bekannte zu erkennen, weil sie in einer Reihe liefen, im Gänsemarsch. An der Spitze lief das Exekutionskommando mit Gewehren, dann die Häftlinge und am Schluss die SS-Männer der Kommandantur. Wir sahen uns die Kolonne an, um unsere Kameraden das letzte Mal zu sehen. Als sie vorbeigeführt wurden, war in unseren Reihen ein Flüstern zu hören: „Der und der ist der Vierte, der der Siebte, der der Achte …“, usw. solange bis sich alle verzählt hatten. Nach dem Appell standen wir so lange auf dem Platz, bis die Gewehrsalven verstummten. Wir zählten mit. Nach der vierten Salve sagte eine leise Stimme im Glied: „Der und der – aus.“ Nach der siebten; „Der – aus.“ Nach der achten: „Der – aus.“ Und viele bekreuzigten sich nach jeder Salve heimlich.

Kein Warschauer konnte sich damals seines Lebens sicher sein. Jeder erwartete, dass er eines Tages aufgerufen und vor die Baracke der Kommandantur gestellt wird. So ein Ende fürchteten nur die nicht, die durch eine ganz normale Razzia auf der Straße ins Lager gekommen waren. Sie wussten, dass für sie kein solcher Tod vorgesehen war. Sie sollten sich noch lange quälen, bis es endlich soweit sein würde, dass sie vor Hunger, durch Prügel und Erschöpfung durch übermenschliche Arbeit langsam sterben würden.

Sah man sich die Menschen an, war zu sehen, dass nur wenige Individuen der Tod von Mithäftlingen bewegte, die anderen verhielten sich gleichgültig. Mich bewegte auch vieles nicht. Wenn ich eine Salve hörte, die einen Kameraden aus dem Block umbrachte, bestand das ganze Erleben darin, in diesem Moment den Namen des Ermordeten auszusprechen.

Eines Tages teilte mir nach dem Abendappell der Blockschreiber mit, dass ich morgen früh nicht zur Arbeit gehen werde, weil ich zum politischen Verhör in die Kommandantur vorgeladen bin. Ich sollte mich abends ordentlich waschen, ich wurde rasiert und am nächsten Tag brachte mich der Blockschreiber nach dem Morgenappell zum Verhör. Ich betrat einen Raum, in dem sechs Personen saßen – drei SS-Männer und drei Leute von der Gestapo. Sie sahen mich an, stellten ein paar kleine Fragen und schickten mich an die Arbeit. Am nächsten Tag wurde mir wieder gesagt, dass ich zum Verhör gehen soll. Wieder waschen, rasieren, Schuhe putzen. SS-Männer und Gestapo in der gleichen Zusammensetzung. Mir war dieses Verhör gleichgültig. Ich wusste, dass sie mich nicht entlassen, und dass sie mich erschießen können. Ich hatte nur ein bisschen Angst, dass sie mich vorher noch schlagen würden, denn während beider Verhöre lagen zwei Ochsenziemer und zwei Pistolen auf dem Tisch.

Das Verhör begann. Vor dem, der die Fragen stellte, lagen irgendwelche Papiere, in denen manche Sätze mit einem roten Stift unterstrichen waren. Die

Fragen waren für mich unverständlich. Es wurde nach verschiedenen Leuten, Namen und Orten gefragt, die ich nicht kannte. Ich wurde gefragt, ob ich Hrubieszów kenne.

„Kenne ich“, antwortete ich.

Wie oft ich dort gewesen sei? Gar nicht. Woher ich es dann kenne? Von der Landkarte.

„Von der Landkarte kenne ich die ganze Welt“, antwortete der Gestapomann.

Na, dann bist du in dieser Hinsicht nicht klüger als ich, dachte ich mir. Es übersetzte ein SS-Mann, der gut Polnisch konnte.

Als das Gespräch zu Ende war, kehrte ich zur Arbeit zurück. Stefan und Vinzenz fragten, was die von mir gewollt hatten. Ich erzählte ihnen alles im Detail. Vinzenz zeigte mit dem Finger auf mich, dass ich schwarz bin. Das sollte bedeuten, dass ich unseren Herrschaften nicht gefalle, und dass sie mich kaputtmachen werden. Vinzenz sagte mir das ganz deutlich.

„Das ist mir egal“, antwortete ich mit gelangweilter Stimme.

Ich wusste nicht, dass dieser Satz bei Vinzenz eine solche Reaktion hervorrufen würde. Er sprang auf, lief zu mir, packte mich an der Jacke, schob sein Gesicht an meins heran und sagte wütend:

„Was? Dir ist das egal? Hast du Familie? Hast du eine Mutter, eine Schwester, einen Bruder?“

„Habe ich“, antwortete ich.

Er ließ mich los und sprach weiter:

„Dir kann alles egal sein, aber schließlich würde deine Mutter weinen – und willst du denn, dass deine Mutter weint – was bist du denn für ein Sohn?“

Als er meine Mutter erwähnte, schämte ich mich. Ich hatte mich bemüht, nie an Zuhause zu denken, an die Freiheit und darüber, dass es auf der Welt so viele freie Menschen gibt, denen nicht jede Stunde der Tod droht, und Vinzenz hatte mich mit seiner Entgegnung daran erinnert, dass irgendwo dort, weit weg von mir, im für mich vielleicht nicht mehr erreichbaren Warschau, meine Mutter, meine Schwester und mein Bruder lebten ...

Innerhalb der darauffolgenden zwei Wochen lauschte ich vormittags, ob im Lager Leute herumliefen und Nummern aufriefen oder ob meine Nummer beim Mittagsappell aufgerufen wurde. Und die Tage vergingen wie alle anderen davor, das heißt, das Hauptziel war, Essen zu organisieren, sich vor Arbeit zu drücken und das Gelände wachsam zu beobachten, um nicht mit einem Stock oder der Faust Schläge ins Gesicht zu bekommen.

Ich wurde nicht aufgerufen. Es war beschlossen worden, dass ich keinen schnellen und leichten Tod verdient habe. Ich wurde verurteilt zu einem langsamen Sterben und zu ständiger Angst vor dem Tod, doch in meinem Falle hatten sie sich geirrt. Angst vor dem Tod hatte ich nicht, sondern ich war immer darauf vorbereitet, ihn zu empfangen. Und den größten Streich habe ich ihnen damit gespielt, dass trotz ihrer ernsten Absichten, mich zu töten, ihnen das nicht gelungen ist, und dass ich, wenn auch mit Tuberkulose, noch lebe. Ich lache und scherze oft darüber, dass ich im Prinzip schon seit 1940 auf Kredit lebe. Nach allen Regeln und im Lager existierenden Normen, hätte ich bereits 1940 sterben müssen. Im Lager war unser Traum, die Freiheit zu erleben, nach Hause zu kommen, die Familie zu sehen, sich ordentlich zu waschen, sich ordentlich satt zu essen, sich in saubere Bettwäsche zu legen, einzuschlafen – und zu sterben. Aber das waren Träume in Gusen, wo wir im Dreck lebten, in Ungeziefer, mit Geschwüren, Krätze, Flechten und auf Bettstellen ohne Bettwäsche schliefen. Aber darüber erzähle ich an anderer Stelle.

Als unsere Gruppe mit der Arbeit in den Kellern unter dem Offizierskasino fertig war, behielt Vinzenz uns weiter alle bei sich. Er suchte uns Arbeiten, die oft gar nicht und niemandem nützlich waren. Er sagte uns nur, dass wir stehen und aufpassen sollten, dass uns niemand erwischt. Es wurde uns eine große Gruppe Spanier zugeteilt. Für eine Gruppe von zwanzig Spaniern, die mit Spaten irgendwelche Erdarbeiten ausführten, bestimmte Vinzenz Stefan Krukowski zu seinem Stellvertreter. So wurde Stefan zu einem kleineren Kapo befördert. Zu seinen Pflichten gehörte es – wie bei jedem anderen Kapo – aufzupassen und zu schlagen. Vinzenz selbst machte das nicht, sondern stellte Stefan hin, der sich dafür auch nicht eignete. Er war nur ein paar Stunden Kapo. Ich hatte freie Hand, lief mit schnellen Schritten durch das ganze Lager. Als ich nach einiger Zeit bei Stefan und seinen Spaniern stehenblieb, waren da nicht mehr als vierzehn.

„Sie laufen mir auseinander wie Kakerlaken", sagte Stefan.

In diesem Moment verließ ein Spanier vollkommen ruhig die Gruppe und entfernte sich. Stefan rannte ihm hinterer, hielt ihn auf und versuchte ihn zurückzuholen. Und in der Zwischenzeit gingen die anderen in alle Richtungen auseinander, so dass ihm nur noch der blieb, den er festgehalten hatte, und der bestand darauf, woanders hinzugehen. Als Stefan sah, dass keiner mehr da war, winkte er ab und ließ den letzten auch in Ruhe.

Ich schlug ihm vor, mit mir zusammen über das Gelände zu gehen. Als wir bereits zwei oder drei Runden gedreht hatten, wurde Stefan von einem SS-Mann gerufen, der es auf Stefan abgesehen hatte. Das war derselbe, der ihn in Sachen Flucht in die Mangel genommen hatte. An mir hatte er nichts auszusetzen, nur an Stefan. Er fragte ihn, was er hier mache.

„Ich suche meine Leute", sagte Stefan.

„Und wo sind deine Leute?"

„Ich weiß nicht, sie sind alle auseinandergerannt."

„Na, dann brauchst du sie nicht mehr zu suchen. Mach dich an die Arbeit und morgen gehst du in die Steinbrüche arbeiten."

Am nächsten Tag, gleich nach dem Appell, suchte er Stefan auf und brachte ihn in die Gruppe, die in den Steinbrüchen arbeitete. So kam Stefan in die Steinbrüche und ich blieb oben allein.

Als der SS-Mann Stefan in die Steinbrüche geschickt hatte, war er der Meinung, dass dieser dort nicht lange durchhalten würde. Er hatte sich mit seinen Berechnungen aber geirrt. Stefan hat überlebt und bis heute sind wir genauso gute Freunde wie im Lager. Unsere Befürchtungen entstanden dadurch, dass er immer etwas an Stefan auszusetzen hatte, wenn er ihn im Lager traf. Offensichtlich hatte er ihn sich gut eingeprägt. In dem Zeitraum, als die Erschießungen stattfanden, holte er Stefan einmal in die Kommandantur und fragte ihn nach der Stimmung unter den Häftlingen, insbesondere kam er immer wieder auf das Thema, was die Häftlinge über die Schüsse dachten, die abends zu hören waren, und was sie über diejenigen sagten, die sie vor der Kommandantur stehen sahen. Stefan antwortete ihm, dass diese Menschen schließlich nach Hause fahren würden, weil es bereits einige Nachrichten von den Familien über die Rückkehr von Häftlingen gegeben habe. Und die Schüsse während des Appells? Das waren die SS-Männer, die übten, auf lebendige Ziele zu schießen.

Tatsächlich fanden zu dieser Zeit solche Übungen statt – SS-Männer schossen auf einen Hund, der an eine lange Kette gebunden war. Nach den ersten Schüssen zerrte der Hund wie wahnsinnig an der Kette. Die erschossenen Hunde mussten von Häftlingen vergraben werden. Es wurde eine Grube ausgehoben und wieder zugeschüttet, wenn aber jemand auf die Idee gekommen wäre, diese Grube wieder aufzugraben, hätte er feststellen müssen, dass der Hund verschwunden war. Denn das Graben und Zuschütten fand vollkommen korrekt statt, aber der Hund wurde in Teile zerschnitten und unter den Kleidern ins Lager getragen und entweder dort für Brot verkauft, oder manche hatten selbst die Möglichkeit ihn zu backen oder auch zu kochen.

Kurz nachdem Stefan in die Steinbrüche gegangen war, folgte auch ich Szubert dorthin – damit sie ihn nicht gleich totschlugen. Ein paar Tage später kehrte ich nach oben zurück und drei Tage nach Szuberts Abreise nach Hause wurde ich in die Steinbrüche überstellt und arbeitete dort dann bis zum Ende meines Aufenthaltes in Mauthausen, bis zum 24. Januar 1941.

In den ersten Januartagen 1941 wurde Block 13 aufgeteilt. Wir alle wurden anderen Blocks zugeteilt, und in Block 13 wurde ein neuer Häftlingstransport untergebracht. Ich kam zu Block 11, Stefan zu Block 7 und Heniek B. wurde Block 8 zugeteilt.

Erst jetzt konnte ich mich davon überzeugen, was alles in der Macht eines Stubenältesten stand. Mein neuer Stubenältester – ich erinnere mich nicht an seinen Namen – war ein Engel im Vergleich zu Karl. Er schlug auf die Fresse, schrie herum, überwachte das Bettenbauen, aber er hatte nicht diese Hinterhältigkeit, mit der uns Karl grundlos bei schönem Wetter im Block und bei Regen und Frost draußen bleiben ließ. Den ersten Zahn, den ich verlor, schlug mir dieser Stubenälteste aus, weil ich seinen Bediensteten geschlagen hatte. Ich legte morgens im Essensraum auf dem Tisch die Decken für mein Bett zusammen. Als ich meine Decke bereits zusammengelegt hatte und sie nur noch hätte einrollen müssen, trat ein junger Mann an den Tisch, der ohne eine Erklärung meine Decke auf den Boden wischte mit den Worten „jetzt bin ich dran" und seine Decke auf den Tisch warf. Daraufhin schlug ich ihm wortlos mit dem Kopf gegen das Gesicht, legte mit der Faust nach, fegte seine Decke auf den Boden und begann in Ruhe meine Decke zusammenzulegen. Ich bemerkte nur, dass ich dem „Söhnchen" – denn so wurden solche Jungs für alles genannt – Nase und Lippen aufgeschlagen hatte, denn sein Gesicht war blutig. Einen Augenblick später war der Stubenälteste bei mir und – wieder wortlos – knallte mir mehrmals mit der Faust ins Gesicht, schlug mir einen Zahn aus und ging weg. Na, bitte schön, das nennt man „sich wortlos verstehen". Jeder dachte sich seinen Teil und jeder wusste, wofür er eingesteckt hatte. **Ich bedauerte nur, dass ich es dem Stubenältesten nicht genauso heimzahlen konnte, aber ich hatte noch nicht die Absicht zu sterben, und einen Stubenältesten zu schlagen, war wie Selbstmord zu begehen.**

Unser Stubenältester hatte eine Mandoline. Jemand sagte ihm, dass ich gut auf dem „Holz" spiele. Ich spielte auf die Bitte des Stubenältesten hin einige Male lustige Warschauer Lieder. Der Stubenälteste verstand kein Polnisch, ich sah jedoch, dass er mit Vergnügen zuhörte und mich beim Spielen nicht aus den Augen ließ.

Ich verdächtigte ihn keiner Hintergedanken, denn schon als Kind hatte ich mich nicht mit Schönheit versündigt und im Lager hatte ich keinen Fall, dass einer der „Herren", von denen bekannt war, dass sie Jungs mochten, mir nachgestellt hätte. Viele meiner Nächsten haben mir erzählt, dass, bevor sie mich kennenlernten, sie sich vor mir gefürchtet hatten wegen meines Aussehens und meines Blickes. Allein für meinen Bick habe ich nicht nur einmal von den Deutschen Prügel bekommen. Ich hasste sie mit jeder Zelle meines Körpers und mit jedem Nerv. Vielleicht war ich mir selbst meines Blickes nicht bewusst, ich wusste nur, dass mich Hass und Rachegelüste zum Bersten brachten, wenn ich einen Deutschen ansah. Es kam vor, dass ich einen vorbeigehenden SS-Mann, einen Kapo oder einen anderen Verbrecher ansah, und der, wenn er mich anschaute, auf mich zuging und mir grundlos ins Gesicht schlug.

Wenn ich gespielt hatte, gab der Stubenälteste mir immer Brot oder eine Schüssel Suppe, und manche Prominente legten auch noch etwas dazu. Das Essen teilte ich mit Stefan Krukowski.

Mitte Januar ordnete der Lagerkommandant wegen Faulheit bei der Arbeit einen Hungertag an. An einem Sonntag wurde uns überhaupt kein Essen ausgeteilt. Es ist eine schreckliche Strafe, Essen unter Bedingungen wegzunehmen, unter denen von dem Essen so wenig vorhanden ist, dass die Menschen langsam vor Hunger sterben. Alle saßen den ganzen Tag hindurch trübsinnig da. Die Aristokraten im Lager hatten gewisse Brotvorräte, außerdem waren sie nicht am Verhungern. Sie hatten vorher wissen müssen, dass es kein Essen geben würde, denn fast alle hatten in ihren Schüsseln Suppe vom Samstag, und schließlich hoben sie nie Suppe bis zum nächsten Tag auf, sondern verkauften sie am gleichen Tag abends für eine Portion Wurst oder für Zigaretten. Abends bat der Stubenälteste, dass ich ihm etwas auf der Mandoline vorspiele. Hungrig – wie ein herrenloser Hund – spielte und sang ich drollige Lieder und lachte dabei lustig. Ich sprach ein paar witzige Monologe und brachte die Leute in gute Stimmung. Als ich fertig war, gab der Stubenälteste – was für eine Freude – mir eine volle Schüssel Suppe. **Er holte sie aus dem Spind und stellte sie vor mich auf den Tisch und sagte, ich solle essen. Ein kurzer Gedanke: essen, weil er es befiehlt. Ich werde mich vor Stefan rechtfertigen können, dass ich allein gegessen habe. Aber im selben Moment schämte ich mich schon für meinen Gedanken. Ich bat einen Häftling, dem Stubenältesten zu übersetzen, dass mein Bruder in Block 7 wohnt und dass ich die erhaltene Suppe mit ihm teilen möchte. Er war einverstanden und lobte mich dafür, dass ich an meinen Bruder dachte.** Ich ging mit der Schüssel zu Stefan und wir aßen zusammen aus einer Schüssel. Wir aßen, indem wir abwechselnd einen Löffel voll nahmen – einmal er, einmal ich, gerecht.

Seitdem sah ich sehr deutlich, dass ich noch eine Möglichkeit hatte, Essen zu organisieren. Mit Spielen und Singen und mit meinem unverwüstlichen Humor.

Zur selben Zeit begann Kapo Zaręba – derselbe, der B. half – wieder ein Sentiment für Stefan zu empfinden. Er ließ Stefan jeden Tag mittags zur Mühle kommen, wo er Kapo war, und gab ihm zwei Schüsseln Suppe. Eine aß Stefan auf, die zweite nahm er mit und sagte, sie sei für später, und diese Suppe gab er mir. Im Steinbruch hatten wir keine Essensreste und kein Magazin, deshalb bezogen wir das Essen aus anderen Quellen.

Ich hatte keine Angst vor dem Steinbruch. Als ich fest der Arbeit im Steinbruch zugeteilt wurde, war es mir nur um das Lebensmittelmagazin schade, wo ich immer etwas zu essen organisiert hatte. Stefan arbeitete weiter beim Drehen der Steine für die Meister zum Vermessen, und ich kam am ersten Tag in den zweiten Steinbruch.

Der Steinbruch in Mauthausen bestand aus drei Steinbrüchen und der Mühle, die einzeln stand. Ich wurde einer Gruppe zugeteilt, die große Steine auf Autos verlud. Wir luden die Steine auf Tragen, die von zwei oder vier Häftlingen benutzt wurden. Riesengroße Steine trugen wir zu viert. Jeder von uns schnappte sich einen Griff, wir trugen den Stein zum Auto, hoben ihn unter riesiger Anstrengung hoch und stießen ihn auf das Auto. Andere Häftlinge legten die Steine auf dem Auto zurecht. Die Arbeit war sehr schwer, dazu wurden wir ununterbrochen mit Knüppeln geschlagen und die Kapos brüllten „Tempo, Tempo! ..." Wenn man einen Stein auf das Auto hinaufgewuchtet hatte, musste man rennend den nächsten holen. Sie schlugen uns während wir die Steine auf die Trage luden, beim Tragen und während wir sie auf das Auto wuchteten. Ein Irrenhaus, dachte ich, ich werde doch nicht unter solchen Bedingungen arbeiten, umso mehr als ich nicht darum gebeten hatte, ins Lager zu kommen, also brauchte ich das auch nicht zu machen. Stefan hatte eine gute Arbeit, deshalb musste er nicht so taktieren wie ich. Beim Drehen der Steine arbeiteten nur vier bei einem Meister, man musste also außergewöhnliches Glück haben, dass einer von ihnen krank wurde oder starb, um seinen Platz einnehmen zu können. Im Vergleich zu anderen Arbeiten, war diese außergewöhnlich leicht und ruhig, weil ein ziviler Meister nicht darauf aus war, Häftlinge umzubringen, so dass die Kapos auch weniger schlugen.

Schnell nutzte ich den ersten günstigen Moment und schon sahen sie mich da nie wieder. Anfangs ging ich zu Stefan, damit er mir etwas rät, doch er sagte mir nichts Neues. Dass ich mit einem Werkzeug in der Hand durch die Steinbrüche gehen kann, das wusste ich selbst, und uns fiel nichts anderes ein.

Als ich schnell vor mich hin lief, fiel mir eine einsam herumstehende Schubkarre auf. Oh, das ist etwas für mich, dachte ich mir. Jetzt war ich nicht mehr allein, sondern in Begleitung einer Schubkarre, die mich wie ein Schild vor Schlägen schützte. Ich fuhr durch das ganze Gelände, besuchte alle Winkel und Ecken und fand bei der Gelegenheit einige Kameraden. Bei dieser Wanderung stieß ich auf einen alten, kleinen Schuppen, verschlossen mit einem verrosteten Schloss, und ich beschloss, meine Schubkarre für die Nacht und für die Mittagessenszeit dahinter zu verstecken. Von der Schubkarre trennte ich mich bis zum Ende meines Aufenthaltes in den Steinbrüchen nicht mehr. **Im Winter war die Arbeitszeit kürzer als im Sommer. Wir gingen erst zur Arbeit, wenn** es schon hell genug war, und kehrten zurück, wenn es noch hell genug war. Dies wurde so gehandhabt aus der Angst heraus, dass jemand fliehen könnte. Denn wenn es dunkel war, hätte so manchen ein Fluchtversuch reizen können. Ich war in der Lage, mir den Tag so zu organisieren, dass mir überhaupt nicht langweilig war. Morgens, nachdem wir in die Steinbrüche hinuntergegangen waren, wurden wir gezählt und auf den Befehl „In Arbeitsgruppen aufstellen", stellte sich jeder in seine Gruppe. Ich stellte mich auch zu einer Gruppe und seilte mich ab, sobald wir zu unserem Arbeitsplatz losgingen. Ich lief schnell zu „meinem" Schuppen, nahm meine Schubkarre und machte mich mit ihr auf einen Rundgang durch die Steinbrüche. Noch bevor alle an ihren Arbeitsplätzen angekommen waren, lief ich in Richtung Mühle, an das Ende des Arbeitsgeländes, wo sich ein kleiner geschützter Platz befand. Dieser Platz war voller Holz. Das waren riesige Wurzeln und Baumstümpfe, die vollständig mit Schnee bedeckt waren, so dass wenn jemand zum ersten Mal auf den Platz kam, er nur einen riesigen Schneehaufen sah. Ich weiß nicht, wie hoch die Schicht dieser Wurzeln war, denn bis zum Ende meines Aufenthalts hatten wir uns nicht bis zum Grund durchgearbeitet. Diesen Platz hatte ich entdeckt, indem ich einmal beschlossen hatte, hinter einem anderen Häftling hinterherzufahren, der auch eine Schubkarre schob, da zwei besser aussehen. Als ich hinter ihm war, fragte er mich, ob ich auch Holz holen fahre.

„Ja, ich hole Holz", antwortete ich und damit er nicht anfangen würde mich zu examinieren, fragte ich als erster, für wen er das Holz holt.

„Für uns", antwortete er.

„In welchem Steinbruch arbeitest du?", fragte ich wieder.

„Im zweiten."

„Und ich im ersten und ich bringe den Steinmetzen Holz", log ich, aber diese Lüge brachte mich auf den Gedanken, dass man ihnen tatsächlich Holz bringen könnte. Und so entdeckte ich einen guten Arbeitsplatz für mich und Erholung. Ich organisierte mir eine Keilhaue, mit der ich miteinander verflochtene Wurzeln und Stümpfe aus dem Schnee schlug. Diese Arbeit war gut, weil ich dabei niemandem unterstand und nur dann arbeitete, wenn ich wollte, und nur so viel, wie ich wollte. Wenn großer Frost war, machte ich mehr und hackte und lud Holz auf die Schubkarre, um warm zu werden.

Dieses Holz brachte ich zu den Steinmetzen, die im Schuppen arbeiteten. Sie freuten sich immer, wenn sie sahen, dass ich Holz brachte, denn damit war es in den Steinbrüchen sehr schwierig. Ich durfte dann länger im Schuppen sitzen und mich am Feuer aufwärmen. Manchmal legte ich ein paar Pellkartoffeln vom Vortag in die Glut, die ich morgens von Heniek B. bekommen hatte. Es war schön, ein paar gebackene heiße Kartoffeln zu essen.

Der Kapo der Steinmetze war Emil – der, über den ich geschrieben habe, dass er sich um die Priester kümmerte. Das war ein sehr guter Mensch; er wusste, dass ich das Holz bringe, und er gab mir auch manchmal ein paar Kartoffeln oder einen halben Liter Suppe. Wenn mir im Schuppen langweilig wurde, fuhr ich wieder los, Holz holen. Vor dem Mittagessen versteckte ich die Schubkarre und die Keilhacke hinter dem Schuppen und ging auf Zuckerrübenjagd.

Auf der Hauptstraße der Steinbrüche fuhren zivile Autos mit Rüben. Jeder Konvoiwagen wurde von einem SS-Mann mit einem Knüppel in der Hand bewacht. Um die Zeit, da die Autos mit den Rüben vorbeifuhren, stellten sich viele Häftlinge an die Strecke. Die einen taten so, als würden sie etwas tun, andere warteten am Abort. Wenn die Wagen auftauchten, konzentrierten sich alle mit kämpferischer Wachsamkeit. Der Angriff auf die Autos begann in der Nähe des Aborts. Eine Gruppe „Jäger" umzingelte langsam den Wagen und in einem bestimmten Moment erspürte einer den passenden Zeitpunkt für sich, er sprang auf den Wagen, griff zwei, drei Rüben und rannte weg. Gleich nach ihm warfen sich andere auf das Auto, und der SS-Mann schlug alle mit dem Knüppel. Diese Rüben aßen Stefan und ich erst abends im Block. In dünne Scheiben geschnitten aßen wir sie mit Brot. Von den Rüben selbst konnte man nicht viel essen, denn obwohl sie sehr süß waren, hatten sie gleichzeitig etwas Bitteres und brannten in der Kehle.

Auf ein Signal hin liefen alle in den ersten Steinbruch und stellten sich in mehreren Kolonnen vor der Reihe mit den Essenskübeln auf. Die, die Essen erhalten hatten, gingen auf die andere Seite, damit niemand ein zweites Mal nehmen konnte. Eine zweite Portion bekamen sowieso nur kleine Gruppen mit Fachleuten. Wir näherten uns nie diesem geschlossenen Kreis, weil wir keine Chance auf einen Nachschlag hatten, und es mir überhaupt kein Vergnügen bereitete, dabei zuzuschauen, wie andere sich vollfraßen. Der Verkauf von Suppe gegen Wurst fand hier genauso statt wie oben. Nach dem Mittagessen wurde aus der *kapówka* eine Suppe nach der anderen herausgereicht. Diese Suppen kauften verschiedene Bekannte, die verschiedenen Kapos dienten, die Suppe ausgaben, und abends brachten sie ihm ihre Portion Wurst. Die Möglichkeit, immer Suppe kaufen zu können, konnte man Glück nennen, weil jeder gern eine gekauft hätte, aber nur wenige aus der Häftlingsmasse diese Möglichkeit hatten. Stefan und ich kauften oben, in den Steinbrüchen suchten wir also keine Verkaufsquelle mehr. Wir kauften nur eine Suppe, weil wir davon ausgingen, dass man wenigstens ein kleines bisschen Fleisch essen musste und wenn uns das ausgegeben wurde, bedeutete das, dass wir es brauchten. Wenn es uns gelang, zwei Suppen für beide

Würste zu kaufen, kauften wir sie nur an einem Tag, an dem wir Rüben organisiert hatten. Wenn das Mittagessen zu Ende war, gingen wir auf ein Signal des Kapos alle hinter einen großen Felsen, und kurz darauf kam es in allen drei Steinbrüchen zu Explosionen. Wiederholt wurden abends Felsen gesprengt, wenn wir noch beim Appell waren. Nach den Sprengungen wurden wir immer mit Geschrei und mit Schlägen an die Arbeit getrieben. Ich ging zu meiner Schubkarre und begann wieder mit meiner „normalen“ Arbeit. Wenn starker Frost war, brachte ich Holz, wenn er weniger stark war, brachte ich den Steinmetzen ab und an Holz, doch ich wärmte mich nicht mehr im Schuppen auf, sondern inspizierte die Steinbrüche.

Meine „Arbeit“ kannten inzwischen alle Kameraden aus dem Block, die in den Steinbrüchen arbeiteten, und sie nannten mich den „Gauklerkönig“. Sie warnten mich immer, dass ich mit diesem Spiel aufhören solle, weil ich sonst schließlich erwischt und umgebracht werden würde. Sie waren der Meinung, dass man nicht lange vorgaukeln kann zu arbeiten. Weil diese Methode sehr gefährlich war und dafür der Tod drohte, gab es nur wenige, die daran interessiert waren, sie anzuwenden, denn schließlich wollten alle leben und überleben und nach Hause zurückkehren, deshalb suchten sie sich lieber eine leichtere und ruhigere Arbeit, statt sich so zu gebärden wie ich. Die leichten Arbeiten waren allerdings auch sehr schwer, man konnte eins mit dem Knüppel bekommen und jeden Moment einer anderen, schwereren Arbeit zugeordnet werden in einem verrückten Tempo und bei ständigen Schlägen. Und bei einer solchen Arbeit konnte man jederzeit umgebracht werden. Es genügte der richtige Schlag auf den Kopf, der einen betäubte und unfähig machte, im erforderten Tempo zu arbeiten, und das war das Ende – sie schlugen einen so lange, dass man entweder abends als Leichnam ins Lager getragen wurde, oder nach diesen Schlägen sein Gleichgewicht nicht wiederfand und erneut für Ineffizienz bei der Arbeit geschlagen wurde und nach ein paar Tagen erledigt war.

Aber meine Arbeitsmethode war nur theoretisch gefährlich im Vergleich zu anderen. In der Praxis war sie besser. Ich arbeitete, wann ich wollte und machte, was ich wollte. Ich musste nur pausenlos wachsam sein, wachsam wie ein wildes, gejagtes Tier, denn in einem Augenblick der nachlassenden Wachsamkeit hätte ich schon erwischt werden können. Ich musste alles sehen, was in meiner Nähe und weit weg von mir vor sich ging. Meine Augen bewegten sich pausenlos in alle Richtungen. Wenn ich von Weitem etwas sah, das gefährlich sein konnte, regte ich mich, gab vor zu arbeiten, oder entfernte mich in eine andere Richtung. Wenn die Gefahr nah war, floh ich nicht, sondern ging ihr entgegen. Wenn ich ein paar Arbeitsplätze besucht hatte, musste ich für eine Weile verschwinden, denn wenn derselbe SS-Mann oder Kapo mich mehrmals mit einer leeren Schubkarre gesehen hätte, hätte ihm das verdächtig erscheinen können, und wenn er zufällig hätte überprüfen wollen, zu welcher Arbeitsgruppe ich gehörte, wäre ich dran gewesen, weil meine Nummer in keiner Gruppe notiert war. Deshalb fuhr ich zu meinem Platz, um Wurzeln und Baumstümpfe zu holen. Nach dem Mittagessen fuhr ich noch eine Stunde, vielleicht ein bisschen länger, mit der Schubkarre, aber ich beobachtete schon, ob sich nicht die Feldküche mit heißem schwarzen Kaffee näherte. Wenn starker Frost war, gab man uns ein halbes Tässchen davon aus. Ich, der nicht zurück an die Arbeit musste, war, während der Kaffee ausgeteilt wurde, die ganze Zeit bei der Feldküche. Ich wärmte mir die Hände an dem heißen Kessel, ab und an trank ich eine neue Portion Kaffee, und als sie weiterfuhren, stützte ich mich mit der Hand an den Kessel und tat so, als würde ich beim Schieben helfen. Die, die den Kessel bedienten, lernten mich schnell kennen, und jagten mich nicht weg, weil sie der Meinung waren, dass ich ihnen beim Schieben der Feldküche half, und ich wickelte sie mit meinem Humor ein und indem ich muntere, lustige Anekdoten und Witze erzählte. Wenn sie den Kaffee ausgegeben hatten, kehrten sie zurück zur Basis, die sich in einem Schuppen befand, wo die Feldküche aufbewahrt und der Kaffee vorbereitet wurde. In der Basis wurde der Kessel komplett geleert und dann erhielt ich oft von ihnen eine ganze Schüssel Kaffeesatz. Ich weiß nicht, wieviel es nützte, Kaffeesatz zu essen, ich weiß nur, dass er mir das Gefühl gab, satt geworden zu sein und meinen Magen gefüllt zu haben. Dass ich bei der Feldküche mitlief, dass ich mit Humor und Witz glänzte, hatte das Ziel, das Wohlwollen der Küchenbelegschaft zu gewinnen, denn Interessenten für Kaffeesatz gab es mehrere. Es gab auch mehr Kaffeesatz, aber die erste Schüssel war für einen Häftling, der immer dann auftauchte, wenn die Feldküche in den Schuppen zurückkehrte, die zweite Schüssel für mich, als leisen und inoffiziellen Gehilfen, und den Rest gaben sie nach Gutdünken aus.

Nachdem ich den Kaffeesatz gegessen hatte, nahm ich die Schubkarre nicht mehr zur Hand, weil ich wusste, dass in einer halben Stunde schon Arbeitsschluss sein würde. Es war noch zu früh zum Einräumen der Werkzeuge, deshalb ging ich zum Abort und versuchte, hier etwa fünfzehn Minuten zu verbringen. Wenn es im Abort leerer wurde, war das das Zeichen dafür, dass in ein paar Minuten Arbeitsschluss sein würde. Ich ging dann in den ersten Steinbruch auf den Sammelplatz und hielt mich in der Nähe großer Steinhaufen auf, um auf das Signal zum Antreten einer der ersten bei den Steinbrüchen zu sein, einen guten Stein zu erwischen und mich in die erste oder zweite Hundertschaft zu stellen.

Jeden Tag, wenn wir von der Arbeit zurückkehrten, musste jeder von uns einen Stein hochtragen. Die Steine für den Ausbau des Lagers wurden den ganzen Tag lang von Autos transportiert, und die paar hundert Steine, die wir tragen mussten, waren eine verschwindend geringe Anzahl im Vergleich zum Bedarf. Es ging darum, uns noch mehr zu quälen. Die verdammten Treppen hinaufzugehen kostete mich mehr Anstrengung als der ganze Arbeitstag. Dabei hatte ich fast nichts getan. Wie schwer musste der Aufstieg also erst für die sein, die den ganzen Tag unter Stockschlägen hart gearbeitet hatten. Ich versuchte, vor dem Antreten der erste auf dem Platz zu sein, um einen passenden Stein zu erwischen. Ein passender Stein war einer, der groß war, aber wenig wog. Bevor wir ins Lager losgingen, liefen die Kapos und SS-Männer an den Reihen entlang und kontrollierten, wer welchen Stein auf der Schulter hatte. Wenn ihnen irgendein Stein zu klein vorkam, bekam der Häftling Ohrfeigen und musste einen Stein nehmen, der selbst auf ebenem Gelände schwer zu tragen war. Ich fiel einmal mit einem Stein auf. Ich wurde ins Gesicht geschlagen und der Kapo zeigte mir einen Stein, den ich tragen sollte. Ich trug ihn nur auf den ersten Stufen und legte ihn dann auf einer Stufe elegant ab, fürchtete aber, dass einer der Kapos sehen könnte, dass ich ohne Stein ging. Seitdem suchte ich mir einen großen und flachen Stein aus. Wenn ich so einen Stein auf dem Rücken hatte, dann verdeckte er mir meistens den ganzen Kopf, obwohl er kaum ein paar Zentimeter dick und ziemlich leicht war. Am wichtigsten war die Überprüfung unten, bevor es losging. Wenn wir losgegangen waren, mischte sich keiner mehr ein.

Einmal machte ein SS-Mann ein drolliges Spiel. Als die erste Hundertschaft bereits ganz oben war, begannen einige SS-Männer, die ganz oben auf der Treppe standen, die Häftlinge zu schlagen und sie damit nach unten zu jagen. Die anderen Hundertschaften liefen noch hinauf, während die von vorn, die geschlagen wurden, Hals über Kopf nach unten rasten. Alle ließen ihre Steine fallen. Die Steine rollten hinunter und blieben erst an den Hindernissen liegen, die aus Menschenhaufen bestanden. Die Treppe grenzte auf der einen Seite an eine Felswand, auf der anderen war ein Abgrund. Zwischen der Treppe und dem Abgrund war ein ein Meter breiter Pfad, doch es war furchtbar, auf ihm zu gehen, weil man in den Abgrund fallen konnte. Als aber dieses Durcheinander entstand, gelang es mir, mich von den Treppen auf diesen Pfad zu schieben und mich erst dann langsam hinunter gleiten zu lassen. Das ganze Chaos fand auf der Treppe statt. Am schlimmsten traf es die, die an der Wand hinunterliefen, denn unten drehte sich die Treppe leicht nach links, so dass die von den Häftlingen abgeworfenen Steine gegen die Wand schlugen, dann weiter nach unten rasten, bis sie auf ein menschliches Hindernis stießen und liegenblieben. Auf dem Pfad, auf dem ich mich nach unten bewegte, rutschten mehrere Personen hinunter, trotzdem waren zwischen uns große Abstände. Ich rutschte hinunter, indem ich seitlich ging, mit dem Rücken zum Abgrund. Nach vorn gebeugt, hielt ich mich am Rand der Treppe fest. Als wir alle wieder unten waren, erfuhren wir, dass man uns hatte wieder „hinuntergehen" lassen, weil wir zu kleine Steine hinauf getragen hatten. Wir nahmen größere Steine und wieder begann der Marsch hinauf, der dieses Mal ruhig verlief, mit dem Unterschied, dass am Ende mehr Personen getragen und gestützt wurden, denn beim „Hinuntergehen" waren Verletzte dazugekommen.

Erst in Mauthausen und später in Gusen erfuhr ich, was das sprichwörtliche „österreichische Wetter" bedeutet. Vier Jahreszeiten innerhalb von vierundzwanzig Stunden. Im Mai gab es Raureif auf den Dächern, und im Februar arbeiteten wir nachmittags ohne Hemden. In der zweiten Januarhälfte brannte die Sonne bei wolkenlosem Wetter so stark, dass der Schnee auf den Treppen schmolz und regelrechte Wasserströme hinunterflossen. Wenn wir morgens aufstanden, war es noch ordentlich dunkel und man traute manchmal seinen Augen nicht – Frost, Schneetreiben und knöchelhoher Schnee. Das Wasser, das im Laufe des Tages hinuntergeronnen war, war über Nacht gefroren und darüber lag eine Schicht Schnee. Und jetzt begann erst der Spaß. Manche von uns gingen zur Arbeit in Schuhen mit Ledersohlen, die mit Nägeln beschlagen waren, andere in dicken Holzschuhen, durch die man nicht spürte, worauf man stand. Wenn einer ausrutschte, glitt er mit hoher Geschwindigkeit auf dem Hintern nach unten. Auf dem Weg nahm er ein paar Personen mit und dann glitten sie als Gruppe hinunter. Oft war das wie ein Staffellauf: Einer glitt so weit, bis er auf einen anderen traf, an dem er anhielt; aber nun glitt wiederum der andere hinunter und versuchte, auf Menschen zuzulenken, um anhalten zu können. Es gab welche, die aus Angst davor, sich zu verletzen, sich auf Blechschüsseln setzten, die sie täglich mit zur Arbeit nahmen, sie an den Henkeln festhielten und hinunterfuhren wie auf kleinen Schlitten, und dabei andere unterwegs umfuhren.

Einmal morgens, auf dem Weg zur Arbeit, als wir noch nicht bei der Treppe angekommen waren, verließ ein Häftling das Glied und ging zur Seite, in Richtung Wachposten. Als er bei ihm angekommen war, bog er seitlich ab und ging weiter, und erst kurz darauf begann er zu rennen. Er lief in Richtung des kleinen Waldes. Die Kolonne wurde gestoppt, und alle SS-Männer, die uns eskortierten, schossen auf den Fliehenden, der von niemandem getroffen wurde und vor den Augen aller weiterrannte. Drei SS-Männer verfolgten seine Spur. Damit sie ihn leichter jagen konnten, warfen sie ihre Mäntel ab und rannten in Hosen und Hemden mit hochgekrempelten Ärmeln. Uns wurde befohlen, schnell hinunter zu gehen, und als wir unten waren, wurde uns unter Geschrei und Schlägen befohlen, uns in den Schnee zu legen, mit dem Gesicht nach unten und regungslos liegen zu bleiben. Wir legten uns hin, und die SS-Männer und Kapos liefen über uns drüber und drückten denen, die den Kopf zu hoch hielten, den Kopf mit den Füßen in den Schnee, und traten die, die sich bewegten. **Als Stefan und ich uns hinlegten, schoben wir den frischen, weichen Schnee beiseite, legten die Arme unter den Kopf, sprachen leise miteinander und kamen zu dem Schluss, dass wir den ganzen Tag so liegen könnten. Wir wunderten uns über diejenigen, die wie Schafe ihre Köpfe hoben. Schließlich gab es nichts Spannendes zu sehen, aber wenn sie erwischt wurden, dass sie den Kopf hoben, dann bekamen sie dafür ein paar ordentliche Tritte in die Seiten und die Fresse wurde ihnen mit den Füßen in den Schnee gedrückt. Als mir das Liegen langweilig wurde, kam der Befehl, dass wir uns erheben sollten, wir wurden durchgezählt und sollten an die Arbeit gehen. Wir hatten fast eine Stunde gelegen und weil damals kein großer Frost war, hörte ich von keinen Erfrierungsfällen.** Der, der geflohen war, war ein normaler Selbstmörder, der direkt auf den Wachposten zugegangen war, damit dieser ihn erschießen sollte. Weil aber der Wachposten nicht reagiert hatte, war er geflohen. Schließlich konnte er nicht an einen SS-Mann herantreten und ihn bitten gut zu schießen. **Als die Wachposten wieder aufgestellt worden waren und der Flüchtige eingefangen oder umgebracht worden war, kam der Befehl, wieder an die Arbeit zu gehen.**

Als ich erzählt habe, dass ich mich vor Arbeitsschluss in der Nähe des Sammelplatzes aufhielt, um in der ersten oder zweiten Hundertschaft zu sein, ging es mir darum, einen entsprechenden Stein zu ergattern, den ich nach oben tragen musste. Doch das war nicht der wichtigste Grund für mein Vorgehen. Als ich einmal erst in die letzten Hundertschaften geriet, wurde uns befohlen, die Kübel von unserem Mittagessen ins Lager zurückzutragen. Ein leerer Thermos-Kübel wog fünfundzwanzig bis dreißig Kilo, weil sie aber in der Küche zu wenig von den leichten hatten, hatten sie eine gewisse Anzahl an schweren ausgegeben. Wenn wir mit einem so unhandlichen Gewicht gingen, blieben wir zurück, so dass uns die Kapos mit Knüppeln vorwärtsscheuchten, damit wir an die Kolonne anschließen. Als ich oben angekommen war, spürte ich weder Hände noch Füße, deutlich spürte ich hingegen meine Schultern und den Rücken, auf die ich ordentlich mit dem Stock bekommen hatte.

Jetzt war ich klüger, was die Kübel betraf, aber noch immer dumm und unerfahren in verschiedenen anderen Dingen. Ich ließ mich nicht mehr zum Kübeltragen einfangen, hatte aber Erbarmen mit einem Häftling, der gestürzt war, als er zum Antreten gerannt war. Ich blieb einen Moment bei ihm stehen, um zu schauen, was mit ihm ist. Als einige, die zum Antreten rannten, über ihn drüber liefen, half ich ihm hoch und wollte ihn an die Seite bringen, aber ein Kapo fing einen anderen rennenden Häftling ein, brachte uns ans Ende der Kolonne und befahl uns, ihn ins Lager zu bringen. Unten stand er noch irgendwie auf den Beinen, aber die Treppe hochgehen konnte er nicht. Seine Beine knickten ein und er konnte nicht einmal eine einzige Stufe nehmen. Wir mussten ihn zu zweit auf den Schultern hinauftragen. Wir gingen ganz am Ende der Kolonne, gejagt von den Knüppeln der Kapos. Die Augen traten uns vor Anstrengung hervor. Die Treppe war sehr steil. Seitlich konnte man nicht gehen. Und wenn man normal ging, war der eine immer viel weiter oben als der andere, und von hinten wurde pausenlos mit Stöcken geschlagen. Von solchen wie uns gab es mehrere. Jeden Tag wurden aus den Steinbrüchen dreißig, vierzig Sterbefälle getragen und diese Kolonne wurde „Karawane" genannt. Wenn wir auf dem Appellplatz standen, und die „Karawane" einlief, zählten wir manchmal, wie viele getragen wurden. Meistens waren es dreißig bis vierzig. Das waren solche, die innerhalb des Tages erledigt worden waren, oder Geschwächte, die nicht mehr auf eigenen Beinen stehen konnten und manchmal schon mehrere Stunden vor Arbeitsschluss auf dem Haufen mit den Toten gelegen hatten. Sie alle wurden im Laufe des Tages in der Nähe des Sammelplatzes auf einen Haufen gelegt. Der, den ich trug, hatte den ganzen Tag bei der Arbeit durchgehalten. Bestimmt hatte ihn die Angst vor Schlägen durchhalten lassen. Aber als er zum Sammelplatz rannte, trat Entspannung ein und dann kam plötzlich der Zusammenbruch. Als wir ihn ins Lager trugen, war er schon bewusstlos. Nie wieder machte ich mich daran, einen toten Menschen zu tragen und ich ließ mich auch nie wieder einfangen. Seitdem mied ich Ermordete und Kranke, die nicht mehr gehen konnten. Jemand musste sie ins Lager tragen, aber warum sollte ich sie tragen? Es gab so viele andere. Wenn sie nicht wegrennen konnten, dann sollten sie doch tragen. Dem Toten war es egal, wer ihn trug, und die Stunden eines Lebendigen, der keine Kraft mehr hatte zu gehen, waren gezählt.

Ich erinnere mich, wie der Junge, der über mir schlief, erledigt wurde. Ein Rabauke aus Łódź. Vertrocknet wie eine Bohnenstange war er, konnte kaum noch gehen und schon seit einigen Tagen wurde er täglich von der Arbeit in den Steinbrüchen zurückgetragen. Wenn er zu Abend gegessen und geschlafen hatte, hatte er morgens so viel Kraft, dass er zur Arbeit hinuntergehen konnte, aber abends wurde er wieder getragen. An dem Tag, als sie ihn umbrachten, baute er sehr lange sein Bett, deshalb konnte ich meines nicht bauen, weil er mit den Füßen auf dem Rand von meinem entlanglief und meinen Strohsack und die Decken zerknautschte. Ich besserte einmal nach, ein zweites Mal, und schließlich schlug ich ihm mit der Hand gegen sein Bein und sagte ihm, dass er endlich fertig werden solle. Na, daraufhin warf er mir so eine meisterhafte Beleidigung an den Kopf, dass meine ganze Familie darin vorkam, er verlas mir meine Geburtsurkunde und drohte mir, wenn er mir mit dem Bügel, sprich mit der Leiste zum Glattstreichen des Bettes, eins überzieht, dann ... usw. Ich ließ ihn in Ruhe und wartete, bis er mit dem Bettenbauen fertig war. Ich hätte anders mit ihm gesprochen, wenn er stärker gewesen wäre. An diesem Tag wurde er abends als Leiche zurück ins Lager gebracht. Ich fragte die Jungs, die mit ihm zusammengearbeitet hatten, ob er natürlich gestorben war oder jemand nachgeholfen hatte. In den Himmel geholfen hatte ihm ein SS-Mann mithilfe des Griffes von einer Keilhacke. Und zwar war er dafür, dass er zu langsam gearbeitet hatte, von dem SS-Mann ein paar Mal mit dem Stock geschlagen worden. Daraufhin hatte er den SS-Mann angesehen und voller Wut gesagt:

„Wenn ich dich in Freiheit erwische, dann werde ich dir, du H...sohn, zeigen, wie man prügelt!"

„Was hat er gesagt? Was hat er gesagt?", fragte der SS-Mann.

Und da hatte ein junger Tscheche, der mit ihm arbeitete, seine Worte auf Deutsch wiederholt. Der SS-Mann schnappte sich den Griff einer Keilhacke, drosch ihm damit auf den Kopf und brachte ihn an Ort und Stelle um.

Als Stefan und ich uns schon ganz gut in den Steinbrüchen organisiert hatten, wollte das Pech, dass Stefan Phlegmone am Bein bekam. An diesem Tag konnte er von morgens an nicht gehen. Sein Bein entzündete sich und schwoll an. Wir wussten, dass das Phlegmone waren, denn das war eine häufige Krankheit im Lager, die angeblich so wie der Durchfall, durch Unterernährung entstand. Sie entstand an Stellen, an denen man geschlagen worden war. Genaueres kann ich darüber nicht sagen, weil ich nie selbst Phlegmone hatte. Stefan wurde ins Revier aufgenommen und ich blieb wieder allein. Ich konnte Stefan nicht besuchen, weil der Zutritt zum Revier verboten war. Als ich aber für das erste Geld, das ich von Pater Szubert erhalten hatte, Zigaretten und Tabak bekam, beschloss ich, es zu riskieren und auf irgendeine Weise zu Stefan zu kommen. Ich steckte alle Zigaretten und den Tabak in meine Taschen und ging in Richtung Revier. Zu meinem Glück war die Pforte geöffnet. Angstvoll ging ich hinein. Hier fühlte ich mich nicht so sicher wie auf dem Arbeitsgelände. Ich fragte einen Kranken, der aus dem Fenster schaute, ob er wisse, wo Krukowski sei und dass er Phlegmone hätte. Er zeigte mir, in welcher Baracke die Chirurgie war. Ich ging langsam an der Baracke für Chirurgie entlang. In ein Fenster steckte ich meinen Kopf und schaute hinein. Ich sah einen Kranken, der auf einem Tisch lag und auf dem Gesicht eine Narkosemaske hatte. Um ihn wuselte ein anderer Häftling in einem weißen Kittel herum. Na bitte – Hygiene.

Als ich so zusah, kam ein SS-Mann in einem weißen Kittel und mit einer Zigarette zwischen den Zähnen in das Zimmer. Er ging zu dem Kranken, deckte dessen Bein auf und steckte ihm eine Lanzette in den Körper. Der Kranke brüllte fürchterlich. Er war noch nicht richtig eingeschlafen. Der SS-Mann nahm die Lanzette schnell in seine linke Hand und fast professionell, wie ein Boxer, schlug er dem Kranken mit ganzer Kraft gegen den Kiefer. Der Kranke war sofort still. Die manuelle Narkose hatte geholfen. Der SS-Mann legte die Zigarette weg und ... ich bekam eins aufs Maul, dass mir schwarz vor den Augen wurde. Den ausgeschlagenen Zahn spuckte ich auf dem Rückweg zur Pforte aus, die ich blitzschnell erreichte. Als ich den Schlag erhalten hatte, schaute ich nicht einmal, wer mich geschlagen hatte, sondern rannte, was meine dünnen Beine hergaben, zur Pforte. Ich wusste, dass jemand, der mit so einer Kraft schlug, das Recht hatte zu schlagen, und ich wollte mit so einem keine nähere Bekanntschaft machen. Der Zahn machte mir keine Sorgen, obwohl das der zweite ausgeschlagene Zahn innerhalb von etwa zwei Wochen war. Ich sorgte mich nur darum, wie ich Stefan die Zigaretten und den Tabak zukommen lassen könnte. Schließlich bat ich Jaczewski um Hilfe. Ich weiß nicht, wie er das machte, aber Stefan erhielt alles, quittierte den Erhalt, wobei er alles aufzählte.

Am nächsten Tag, es war der 24. Januar 1941, gingen wir nicht zur Arbeit. Es war bereits klar, dass an diesem Tag ein großer Transport nach Gusen gehen würde. Alle machten sich vor, dass sie nicht dabei sein würden, denn alle wussten, dass in Gusen wesentlich schlechtere Bedingungen herrschten. Mauthausen war ein altes Lager, ein organisiertes, aber Gusen wurde erst aufgebaut. Wir wussten, dass es dort kein Wasser geben würde, keine Toiletten und keine Betten, aber dafür viel Ungeziefer, Läuse und Flöhe. Wenn in Mauthausen jemand eine Laus bei sich fand, wurden seine Kleider, seine Decken und seine Bettwäsche gleich zum Dampfen gegeben, und der Häftling geschoren, rasiert und gebadet. Dort aber wurde nichts getan, um das Ungeziefer zu vernichten.

Die Bedingungen in Mauthausen konnte man ein Paradies nennen im Vergleich zu Gusen, so wie man die Bedingungen in Dachau ein Paradies im Vergleich mit Mauthausen nennen konnte. (Ich spreche hier natürlich nicht von den Bedingungen in der Strafkompanie in Dachau, sondern von den Bedingungen für die durchschnittlichen Häftlinge, die in den sogenannten „freien Blocks" lebten.)

Ich bedauerte es, Mauthausen zu verlassen, weil ich hier alles kannte, dort aber bekam ich es mit einer großen Unbekannten zu tun, mit der einzigen Überzeugung, dass es schlimmer wird. Ich bedauerte es auch, dass ich von Stefan getrennt wurde, der als Kranker, unfähig zum Transport, in Mauthausen blieb. Es stellte sich heraus, dass alle Polen und Spanier nach Gusen kamen, und nur ein paar Dutzend Polen blieben, die als Fachleute unentbehrlich waren: Tischler, Schlosser, Elektriker und Steinmetze. Alle anderen – ab nach Gusen. Uns wurden die Mäntel, die Lagerpullover und Handschuhe und Ohrenschützer abgenommen und eine Abendportion Brot ausgeteilt. Wir mussten auf dem Appellplatz antreten und ... Abmarsch nach Gusen. Dieses Mal wurden wir nicht geschlagen wie auf dem Weg nach Mauthausen. Wir gingen still und ruhig. Auf dem Weg trafen wir keine Zivilisten. Selbst als wir an Wohnhäusern vorbeigingen, war niemand zu sehen. Nur in einem Haus am Weg sah ich durch das Fenster in der Tiefe des Zimmers eine Frau, die zu uns schaute und es war deutlich zu sehen, dass sie weinte, weil sie sich mit einem Tuch über die Augen wischte.

Gusen

Jetzt bin ich in Gusen. Allein, ohne Stefan. Leon Cerak, Mietek Rączka, Heniek B. und ich – wir halten zusammen.

Kapo Zaręba hatte wie ein Löwe darum gekämpft, Heniek B. in Mauthausen zu behalten, aber trotz seines wirklich großen Einflusses, ist ihm dieses Kunststück nicht gelungen und Heniek ist mit uns zusammen hierhergekommen. Ich habe jedoch den Eindruck, dass Heniek seine Karriere in Gusen seiner Empfehlung zu verdanken hat. Das Wichtigste war der Anfang. Später musste er allein zurechtkommen und man muss sagen, dass er wunderbar zurechtkam und ich verdanke ihm so viel, dass ich mit nichts im Leben meine Schuld bei ihm abzahlen könnte. Seine Hilfe bestand in täglich einer Schüssel Lagersuppe. Das war zu wenig, um zu leben, aber diese Schüssel Suppe hatte große Bedeutung in der Ganzheit des organisierten Essens. Heniek tat dies leidenschaftslos, es machte ihm nicht die geringste Mühe, etwas für mich übrig zu lassen oder zu organisieren. Er lebte für sich und ich denke, ich irre mich nicht, wenn ich sage, dass er in sich selbst verliebt war. Der Erfolg im Lager, der nicht von beruflichen Fähigkeiten oder einem hervorragenden Sinn für Organisatorisches kam, sondern dank Unterstützern, **denen Jungs mit einem schönen und glatten Gesicht gefielen,** stieg ihm zu Kopf. Im Lager definierte sich „klug" durch die Menge an Essen im Magen und das Körpergewicht. Wer viel zu essen hatte, der war sehr klug. Die Art und Weise, mit der Heniek mir die Schüssel Suppe gab, war für mich hässlich, so dass ich oft trotz Hungers nichts von ihm nehmen wollte, wenn er aber nach ein paar Tagen fragte, warum ich nicht mehr komme, und mir mit herzlichem Ton ein paar Schimpfwörter an den Kopf warf, ging ich wieder zu ihm ans Fenster, um Suppe zu holen. Darüber werde ich noch einmal schreiben im Zusammenhang mit verschiedenen Situationen im Lager. Jetzt kann und muss ich noch einmal sagen, dass Henieks Hilfe für mich unbezahlbar war und der Verdruss, den er mir manchmal bereitete, war eine riesige Null im Vergleich zu dem, was ich von ihm erhielt. Ich weiß nicht, ob unter freiheitlichen Bedingungen eine Form der Dankbarkeit existiert, die die dort entstandene Schuld ausgleichen könnte. Mir kommt es so vor, dass ich immer, bis zu meinem Tode, sein Schuldner sein werde und all derer, die mir im Lager in irgendeiner Form geholfen haben. Und wenn diese Menschen mir das schlimmste Leid antun würden, bliebe für mich die Erinnerung an die Hilfe, die ich von ihnen in der einen oder anderen Form erhalten habe, wichtiger. Ich erinnere mich an jede Schüssel Suppe und an jedes Stück Brot.

Wir standen mehrere Stunden auf dem Appellplatz, bis man uns aufgeschrieben und entschieden hatte, was mit uns geschehen soll und wo wir untergebracht werden. Wir mussten in dünner Kleidung auf dem Appellplatz stehen, ohne Pullover, Mäntel, Handschuhe und Ohrenschützer, damit wir schneller ins Gras beißen. Wir vier wurden Block 18 zugeteilt, Stube B, und hier wurden uns neue Nummern gegeben. Die neue Nummer in Gusen, die mich markierte, war 8420, und ich erhielt sie am 24. Januar 1941. Bis zur Zahl fünfzehntausend wurden die Nummern nacheinander vergeben. Dann wurden die Nummern der Toten vergeben. Und im Jahr 1943 wurde eine zentrale Kartei für alle Außenlager von Mauthausen angelegt und es wurden neue Nummern vergeben. Damals bekam ich die Nummer 43429. Das Lager Gusen I nahm etwa zehntausend Menschen auf, später Gusen II – etwa fünfzehntausend. Zusammen etwa fünfundzwanzigtausend.

Ich sah mir alles neugierig an und stellte fest: ein Provisorium. Elektrifizierte Stacheldrähte an Holzpfählen. Das Eingangstor war wie die Einfahrt auf einem armen Bauernhof. Der Appellplatz auf nackter Erde. Kein einziger Gehsteig, überall Dreck, Chaos, Erdhaufen, Matsch. Baracken auf Pfählen. Die Baracken in Mauthausen waren Hühnerställe gewesen im Vergleich zu den Baracken in Dachau, aber die Baracken in Gusen waren Pferdeställe im Vergleich zu Mauthausen. Ganz anders gebaut. Hier gab es keinen Essensraum und keinen Schlafraum. Es gab keine Spinde, es gab keine Tische, es gab keine Betten, es gab keine Bettwäsche, es gab keinen Platz für einen Waschraum, es gab keine Stelle für einen Abort. Jede Stube bestand aus einem großen Raum, der sogenannten *kapówka*, dem Ort, wo die Blockherren wohnten – der Blockälteste, der Stubenälteste, der Blockschreiber und die diplomierten Kapos mit einem Kapo-Abzeichen am Ärmel –, und einem riesigen, nackten, vollkommen leeren Saal, der die halbe Baracke ausmachte. Die Strohsäcke lagen in der Mitte des Saals auf mehreren Haufen. Auf jedem Haufen lag eine gewisse Anzahl an Decken – zwei Decken auf einem Strohsack. Um die Baracke herum, an den Wänden, waren Bretter angebracht und das war das Regal für die Schüsseln. Unter jeder Schüssel war ein Nagel eingeschlagen, an dem die Handtücher aufgehängt wurden.

Diese Handtücher waren für uns ein ewiger Kummer, und für die Blockherrschaften eine Nahrungsquelle. Jeden Tag wurden uns abends dreißig bis vierzig Portionen Wurst weggenommen als Strafe für nicht ordentlich zusammengelegte und aufgehängte Handtücher. Sie gingen davon aus, dass ein Stück

Wurst niemandem etwas gibt; ob wir es essen oder nicht, so oder so würden wir bald am Ende sein, wenn aber einer zehn Portionen gebratene Wurst mit Kartoffeln aß, dann hatte er etwas davon. Das wurde ganz offen so gehandhabt. Der Ofen befand sich gleich an der Tür zum Kapo-Zimmer, wir durften uns ihm aber nicht nähern, denn dafür bekam man solche Schläge, dass derjenige, der es versucht hatte, nicht mehr die Gelegenheit bekam, es ein zweites Mal zu tun. Um den Ofen aber wuselten die Bediensteten unserer Herrschaften. Sie brieten unsere Würste, uns musste der Geruch genügen. Wir konnten nicht sagen, dass wir von der Wurst nichts abbekommen hatten, denn der schöne Duft war schließlich auch etwas. Jeden Tag wurden sie uns weggenommen und das war nicht etwa so organisiert, dass sie jeden Tag jemandem anderen die Wurst wegnahmen. Weggenommen wurde willkürlich. Manchmal nahmen sie dem einen eine Woche lang keine Wurst weg, dann wieder vier Tage nacheinander, und dazu – damit wir auch ganz sicher waren, dass die Handtücher schlecht zusammengelegt und aufgehängt waren – mussten wir vor dem Block Strafexerzieren, wobei so mancher Kopf unter einem Knüppel aufplatzte und so mancher starb aus diesem Grund frühzeitig. Wenn wir von der Arbeit zum Abendbrot zurückkehrten, dachte jeder nur daran, ob ihm heute die Wurst weggenommen wird und ob es Strafexerzieren geben wird.

Das Brot aufzuteilen war eine gesonderte Zeremonie. Wir erhielten einen Laib Brot für drei oder vier Personen. Das Brot wurde von einem zerteilt, der es meistens in vier Stücke schnitt, und wenn das Brot für drei war, teilte er ein Viertel noch einmal in drei Teile. Alle sprachen sich darüber aus, von welcher Portion man etwas wegnehmen und zu welcher man etwas hinzulegen muss. Viele hatten eine Waage. Eine Waage war ein Stock mit einem Loch in der Mitte, an dessen beide Enden jeweils eine Schnur mit einem spitzen Stock gebunden war, der zum Wiegen in das Brot gesteckt wurde. Wenn das Brot geteilt war, drehte sich einer um, die anderen schauten auf das Brot, damit es keinen Betrug gab, und einer der übrigen berührte mit dem Finger eine Portion und fragte:

„Für wen ist diese?“

„Für Władek“, antwortete der, der sich umgedreht hatte.

„Für wen ist die?“

„Für mich.“

Und die dritte blieb für den dritten. Das Brot zu essen war wie ein Gebet. Kein Krümelchen wurde verschwendet. Manche genossen es richtig. Sie machten kleine belegte Brote aus dem Brot und dem Stück Wurst, wickelten das in einen Lappen, trugen es auf der Brust, damit es ihnen niemand stahl, und aßen es erst, wenn sie im Bett lagen. Ich aß meine Wurst sofort, nachdem die Portionen verteilt worden waren. Zwei Bissen und weg war die Wurst – und ohne Wurst bestand auch nicht die Versuchung, Zigaretten zu kaufen. Ich legte das Brot in meine Mütze und aß die ganze Portion, ohne es zu schneiden, und die Krümel fegte ich auch in meine Mütze und aß sie. So war ich sicher, dass mir keiner ein Stück Brot stehlen konnte. Und trotzdem wurde mir in der Zeit, als ich Hunger litt, zwei Mal Brot gestohlen, und ein drittes Mal dann 1944 als ich bereits andere versorgte. Das erste Mal wurde mir im Dezember 1941 Brot gestohlen. Als ich mein Brot erhalten hatte, rannte ich ans Ende der Stube, legte das Brot vor meine Nase auf mein Bett und zog meinen Mantel aus. Als ich den Mantel nach hinten warf, huschte mir eine Hand vor der Nase vorbei und das Brot war weg. Ich borgte mir damals eine Viertel-Portion und das war mein ganzes Abendessen.

Das zweite Mal wurde mir aus der Manteltasche im März 1942 Brot gestohlen. Damals aber empfand ich den Verlust des Brotes nicht als so schlimm, weil ich an diesem Tag von Heniek eine gehäufte Schüssel mit Pellkartoffeln bekommen hatte, in der auch ein paar grob geschälte Schalen von Kartoffeln lagen, die er selbst gegessen hatte. **Die Kartoffeln legte ich in meine Mütze, und die Schalen wollte ich weggeben, deshalb sah ich mich nach Bekannten um. Von der Seite trat einer an mich heran und bat mich, ihm die Schalen zu geben. Ich verweigerte sie ihm. Als er wegging, fiel mir auf, dass das Brot in der Manteltasche weg war. Nicht schlecht, oder? Er hatte keine Schalen bekommen, da hatte er sich eben das Brot genommen. Aber damals empfand ich den Verlust des Brotes nicht mehr als so schlimm, weil ich meine Portion Kartoffeln und dazu eine volle Mütze von Heniek bekommen hatte.**

Gelernt ist gelernt. Ich selbst mopste mir alles, was mir gestohlen worden war. Ich stahl nur kein Brot – mit einer Ausnahme, die ich beschrieben habe. Mir wurden Mütze, Mantel und Handschuhe gestohlen – wenn ich den Verlust bemerkte, hängte ich das nie an die große Glocke. Diebstahl war an der Tagesordnung, und wenn ich Krach gemacht hätte, dass mir zum Beispiel die Mütze gestohlen worden war, hätte ich mir in meiner Stube keine mehr „organisieren" können. Außerdem, wenn ich dann eine „organisiert" hatte, ging ich schnell zu meinen Bekannten in einen anderen Block und tauschte sie sogar gegen eine schlechtere – aber keiner in der Stube erkannte nun mehr bei mir sein Eigentum.

Mit dem Tod wurde im Lager nur der Diebstahl von Essen bestraft. Alles andere war erlaubt und es interessierte niemanden. Als ich 1943 in Block 3 kam, erhielt ich keine Schüssel, die beiden Decken, die ich auf dem mir zugeteilten Bett fand, setzten sich aus acht zerrissenen Stücken zusammen. Es lohnte sich nicht, mit dieser Sache zu irgendjemandem zu gehen. Durch das Fenster organisierte ich mir aus einem anderen Block zwei gute Decken. Wir schliefen auf Strohsäcken, die auf dem Boden der gesamten Stube ausgebreitet waren, einer neben dem anderen, ohne Durchgänge. Ich schlief neben Mietek Rączka. Wenn einer von uns in der Nacht aufstehen und zur Toilette musste, weckte er den anderen, bevor er ging, damit dieser auf seinen Platz aufpasste. Derjenige, der blieb, zog die Beine an und streckte die Arme mit den Ellenbogen nach vorn aus, damit der Platz von dem, der weggegangen war, nicht aufgefüllt werden konnte. Wenn man über die Köpfe und Körper der anderen zurück an seinen Platz ging, musste man den Namen seines Komplizen halblaut rufen, und kehrte auf diese Weise an seinen Platz zurück. Wenn der, der zurückgekommen war, sich wieder hingelegt hatte, ging der andere. Zu dieser Zeit musste ich nachts zwei Mal zur Toilette gehen, aber es gab auch welche, die gingen sechs Mal. Im Jahr 1942 ging ich dann schon vier Mal innerhalb einer Nacht, mit der Genauigkeit einer Uhr alle zwei Stunden. Das letzte Mal ging ich immer ein paar Minuten vor dem Wecken. Zum Abort waren es ein paar Dutzend Meter. Man durfte keine langen Unterhosen oder Hosen überziehen. Man durfte nur Schuhe und Jacke überziehen oder – wer hatte – einen Mantel. Das sah so aus, dass man barfuß durch die Stube lief, in Jacke, mit Schuhen in den Händen. Die Schuhe durfte man erst hinter der Tür anziehen. Zum Abort rennen und zurück, auf der Schwelle die Schuhe wieder ausziehen und schlafen gehen. Nicht selten kam es beim Marsch zum Abort zu Abenteuern. Wenn es kalt war, wollte jeder so schnell wie möglich hin- und zurückrennen. Die meisten Menschen im Lager trugen statt Schuhen Holzpantoffel, die laut auf die Steine schlugen. Unsere Aristokraten lauerten dann im Flur und schlugen die, deren Holzpantoffel geklopft hatten. Ein Blockältester, der sich darüber ärgerte, dass ihn das Klopfen nicht schlafen ließ, brachte einen Häftling um, der vor dem Fenster vorbeilief, und den anderen, die das gesehen hatten, sagte er, er werde genauso jeden umbringen, der ihn beim Schlafen stören würde. Dieser Vorfall war für meinen Kameraden Bohdan Zalewski, heute Sprecher beim Polnischen Radio, Anlass, ein lustiges Gedicht zu schreiben. Es trug den Titel *Die Leiche in Holzpantoffeln*[16] und erzählt davon, wie ein Häftling mit dem Klopfen seiner Holzpantoffel den Blockältesten weckt, wie der Blockälteste ihn umbringt, und wie sich dann die Leiche am Blockältesten rächt, indem sie nächtelang mit den Holzpantoffeln klopft. Fürchterlich geschlagen wurden die, die dabei erwischt wurden, wie sie unterwegs urinierten, und zurückkehrten, ohne je beim Abort angekommen zu sein. Dabei erwischten mich einmal zwei Kapos im Februar 1942. Sie schlugen mich gar nicht, sondern zerrten

16 Der Originaltitel lautet „Trup w trepach“. (Anm. d. Übers.)

mich in den Waschraum, zogen mich nackt aus und stellten mich für zehn Minuten unter die kalte Dusche. Ich dachte, dass sie mich erledigen werden, denn das war eine der vielen Methoden, jemanden zu erledigen: eine Dusche, und wenn man zusammenbrach, dann mit dem Kopf voran ins Fass – und Ende. Ich spürte, dass nicht mehr viel fehlte, und ich umkippen würde. Ein widerliches Gefühl, wenn man bei Frost unter einer eiskalten Dusche steht. Als sie mich endlich davonjagten, klemmte ich meine Sachen unter den Arm und nackt und barfuß rannte ich schnell in den Block. Ich hatte Angst, dass sie ihre Meinung ändern könnten und ihr Spiel mit mir weitertreiben wollten. Ich kroch unter die Decken, legte den Mantel, die Hose und die Jacke obendrauf, trotzdem zitterte ich noch lange vor Kälte, bevor ich wieder einschlief. Morgens stand ich auf und ganz normal, als wäre nichts geschehen, ging ich zur Arbeit. Es wäre schlimmer gewesen, wenn sie mich in Sachen geduscht hätten, denn dann hätte ich in nasser Kleidung zur Arbeit gehen müssen.

Wenn ich nachts raus musste, lag ich vorher da und lauschte, wie die anderen gingen. Ich hörte, dass einer ging: er war weg. Wieder ging einer weg. Jemand kam zurück: er war schon in der Stube. Jetzt konnte ich auch gehen. So sah das normale Rausgehen aus. Oft aber war es so: ich lauschte, jemand ging, kam in den Flur. Rumms! – ein Schlag mit einem Stock war zu hören und – Eeech! – ein tiefes Stöhnen. Ein anderer kam zurück – das gleiche. Oh, oh, Stasiek, geh jetzt nicht, sonst bekommst du auch was mit dem Stock. Einer der Dreckskerle – ein Kapo, ein Stubenältester oder ein Blockältester – hatte sich mit einem Knüppel in den Flur gestellt und amüsierte sich. Er arbeitete nicht, so dass er am Tage ausgeschlafen hatte, und nachts nicht schlafen konnte und Unterhaltung suchte. Aber ich musste auf die Toilette. Im Bett – durfte man nicht, dafür brachten sie einen mit Sicherheit um. In die Schüssel durfte man nicht, weil sie einen auch umbrachten, und davor befahlen, es auszutrinken. Aber schließlich gab es Schuhe – Holzschuhe oder Klompen, ganz aus Holz, die nichts aufsogen. Also in einen Schuh. Als ich das zweite Mal aufwachte, und der Spaß vorbei war, ging ich. Hinter der Schwelle kippte ich den Schuh aus und rannte zum Abort.

Eines Tages kam ein großer, stattlicher Kapo in unsere Stube; er rief Heniek B. auf. Eine Stunde später kam Heniek und sagte, er werde ab morgen in der der SS-Bekleidungskammer arbeiten. Bevor er ging, bat er den Blockältesten, mir seine Mittagssuppe zu geben. Dieses Mittagessen teilte ich mit Mietek Rączka. Heniek wurde sofort Aristokrat. Allein, dass sich ein bekannter und einflussreicher Kapo um ihn kümmerte, verschaffte ihm schon Privilegien im Block. Nach vier Tagen wurde er offiziell in Block 7 verlegt. Das war der Block der Prominenz, in dem die Häftlinge wohnten, die für die SS arbeiteten. Das waren Schneider, Schuster, Friseure, das Stubenpersonal der SS-Baracken, Köche und Kellner, die Arbeiter des Magazins und des örtlichen Krankenhauses für die SS. Kurz darauf wurden sie zu Block 1 und 2 verlegt und das war bis 1945 der Block der Lageraristokratie. Sie hatten unvergleichlich bessere Existenzbedingungen als die graue Masse der Häftlinge, die zur Vernichtung bestimmt war. Sie waren nie hungrig, waren elegant und warm angezogen, niemand schlug sie und als wir noch auf Strohsäcken im Dreck und zwischen Ungeziefer schliefen, hatten sie bereits Betten mit sauberer Bettwäsche. Im Frühjahr 1941 wurden in allen Blocks Betten aufgestellt, aber Bettwäsche wurde uns nie gegeben.

Als Heniek in Block 7 gewechselt war, aß ich immer schnell mein Mittagessen, wusch meine Schüssel aus und rannte zu ihm, um mir seine Mittagsportion abzuholen, die er mir durch das Fenster reichte. Mit dieser Schüssel voll Suppe lief ich zurück in den Block und aß sie zusammen mit Mietek. Dieses gemeinsame Essen dauerte fast einen Monat lang. Eines Tages, als ich mit der vollen Schüssel in den Block kam, und unterwegs ein paar Löffel gegessen hatte, machte Mietek mir eine Szene, dass ich Suppe aß, bevor wir sie aufgeteilt hatten. Da sagte ich ihm, dass Heniek mir die Suppe gab, er war hingegen der Meinung, dass das für uns beide war. Da mischten sich andere in unser Gespräch ein und hielten Mietek vor, dass er in der Zeit, wenn ich Suppe holen ging, und er einen Nachschlag bekam, er ihn schnell selbst aufaß. Abends fragte ich Heniek B., ob er die Suppe für uns beide gibt, oder nur für mich. Er antwortete mir, dass ihm Rączka egal sei, und wenn ich wolle, könne ich ihm alles geben oder nichts, das würde ihn nicht mehr interessieren. An diesem Tag hörte ich auf, mit Mietek zu teilen und diese tägliche Suppe von B. war die einzige feste Lebensmittelhilfe im Jahr 1941 und in der ersten Hälfte des Jahres 1942. Ich spreche von ständiger Hilfe, denn ich versuchte hier und da noch ein bisschen Essen zu ergattern.

Im Frühjahr 1941 lernte ich einen Maurer aus Warschau kennen, das war Ignac Wysmułek von der Wiśniowa-Straße. In Gusen war er auch Maurer, und die Maurer bekamen jeden Tag einen Essenskübel zusätzlich, so dass auf jeden von ihnen zwei, drei Schüsseln kamen. **Er selbst aß außer der Portion, die er im Block erhielt, noch zwei Portionen – eine gab er mir, die andere verkaufte er für Zigaretten, von denen es zu dieser Zeit im Lager noch viele gab.** Er teilte seine Zigaretten mit mir; das heißt nicht, dass er so teilte wie Stefan Krukowski in Mauthausen – wenn wir zusammen waren, rauchten wir einfach zusammen. Abends, nachdem das Licht gelöscht worden war, deckten wir uns mit den Decken bis über die Köpfe zu und rauchten Zigaretten. Für dieses Spiel drohte der Tod, wenn uns jemand von der Blockwache erwischt hätte.

Einmal schrie irgendein Depp aus vollem Halse: „Jemand raucht! Es riecht nach Zigarettenrauch. Die ganze Stube wird bestraft werden.“ Es war uns zu schade, sie auszumachen, deshalb steckten wir die Köpfe unter die Decke und rauchten unsere halben Zigaretten auf. Eines unserer Spiele, nachdem das Licht gelöscht wurde, war das Läusefangen. Man schob die Hand unter das Hemd und suchte Läuse. Es kam vor, dass man einmal die Hand hineinschob und schon zwei oder sogar drei Läuse rausholte. Ignac und ich passten gut zueinander, wir machten zusammen Rabatz und ließen uns von niemandem den Weg verstellen. Aber was gut ist, hält nie lange an. Nach einem Monat wurde Ignac Wysmułek in ein anderes Lager gebracht und ich musste mir wieder einen Kameraden suchen. Und Essen.

Die einzige ständige Hilfe war die tägliche Suppe und von Zeit zu Zeit ein Stück Brot von Heniek B. Mit meinem Humor, dem Erzählen von Witzen, Scherzen, Monologen und eines pornografischen Märchens machte ich mir viele Freunde und wurde – wie man so sagt – unter den Häftlingen berühmt. Eines Tages war ich umgeben von einer Gruppe Häftlinge, denen ich Anekdoten erzählte. Darunter waren mehrere Muselmänner, einige von der Prominenz und ich in der Mitte – auch ein Muselmann, aber voller Humor – erzählte mit der entsprechenden Mimik und Gestik Witze. Als wir dann nach einer Weile auseinandergingen, sagte ein Prominenter zu mir, ich solle einen Moment warten, und holte aus dem Block eine Portion Brot für mich. Dabei sagte er, er könne mir nicht jeden Tag etwas geben, weil er einen anderen mit ernähre, aber zweimal die Woche könnte er mir etwas geben – und er tat es, sehr lange. Das war Józef Kowaczyk aus Sosnowiec, ein ehemaliger Matrose, und im Lager Mitarbeiter in der Küche.

Viele Bekanntschaften mit der Prominenz knüpfte ich dank Heniek. **Er wohnte im Prominenz-Block und hatte dort viele Kameraden. Weil man nur auf dem Appellplatz rauchen durfte, konnte man dort alle Raucher treffen. Heniek stand immer in Gesellschaft der „Aristokratie“ und ich stand mit ihm zusammen.** In dieser Gruppe schloss ich eine herzliche Freundschaft mit Tadzio Kiełbasa, der aus der Ortschaft Koza im Landkreis Bielsk stammte. Er gehörte im Lager zum Stubenpersonal, putzte die Zimmer der SS-Offiziere. Tadzio steckte mir oft ein Stück Brot oder eine Schüssel Suppe zu.

Die Zeit, die frei war von Arbeit und Strafexerzieren, verbrachte ich bis zum Sommer 1942 immer in der Nähe der Prominenz-Blocks. Anfangs war das Block 7, später Block 2, und am Ende Block 1. Wenn man sich in der Nähe dieser Blocks herumdrückte, bekam man die Möglichkeit, Zigarettenstummel zu rauchen, und manchmal gab B. oder jemand anderer eine halbe oder sogar eine ganze Zigarette, eine Schüssel Essen, ein Stück Brot, oder auch ein Stück Gemüsewurst, die in der Kantine ausgegeben wurde. Ich wusste immer, dass der Zigarettenstummel ganz sicher mir gehören würde, wenn ich den rauchenden Tadzio Kiełbasa traf. Im Lager gab es gar keine Rauchwaren mehr. Nachdem uns gleich nach unserer Ankunft in Gusen Rauchwaren ausgegeben worden waren, erhielten wir die nächsten Zigaretten erst zu Weihnachten 1941 – zehn französische Zigaretten pro Person. Hinter jedem, der Zigaretten rauchte, gingen mehrere Muselmänner, die darauf lauerten, dass er den Rest aus der Zigarettenspitze rauspustete, auf den sich alle warfen. Im Jahr 1941 bekam man für eine Zigarette ein halbes Brot. Nicht einmal die Blockältesten und die Kapos hatten Zigaretten. Es hatten nur die welche, die bei der SS arbeiteten – es hatte also B. welche und Kiełbasa auch. Rauchwaren ergatterte ich auch dadurch, dass ich mich morgens bei der SS-Kantine herumdrückte. Ich wusste, dass vormittags ein paar Häftlinge zum Aufräumen der Kantine zusammengerufen wurden. Das erste, was ich tat, nachdem ich die Kantine betreten hatte, war, dass ich die Aschenbecher in meine Hosentasche ausleerte und die Kippen vom Boden auflas.

Ich machte auch Jagd auf Hundefutter, das in Kübeln aus der Lagerküche gebracht und in die Nähe des Hundezwingers gestellt wurde. Das war ein Fressen! Überwiegens dicke Grütze in Knochenbrühe und mit Fleisch gekocht, der einzige Fehler dieses Essens war, dass da viel Sand drin war. Angeblich soll man Hunde so füttern. Ich hatte allerdings den Eindruck, dass sie den Sand extra hineintaten, damit die Häftlinge den Hunden nicht das Fressen stahlen. Mich störte der Sand nicht, und wenn viel mehr Sand drin gewesen wäre, hätte mich das auch nicht abgeschreckt. Die größte Angst war die Angst vor einem SS-Mann, der einen an den Kübeln erwischen konnte. Es ist mir ein gutes Dutzend Mal gelungen, dieses Futter wegzuschnappen, und nur einmal erwischte mich ein SS-Mann. Er schlug mich so mit dem Knüppel, dass ich schon dachte, meine Knochen wären gebrochen. **Die Jagd auf das Hundefutter war deshalb gefährlich, weil man dort weder stehen konnte, noch sich herumdrücken, denn dort waren immer viele SS-Männer und selbst wenn man schon Futter aus dem Kübel herausgefischt hatte, war da immer die Angst, dass man damit auf einen SS-Mann trifft, denn es war leicht zu erkennen, was man trug, schließlich war mein Eimer bis obenhin mit Essen gefüllt. Man musste mit dem Eimer weit weggehen und erst an einer Stelle essen, wo sicher war, dass man nicht erwischt wird. Andere waren auch nicht dumm. Wenn ich einen Eimer trug, fanden sich gleich zwei, drei Komplizen, denen man ein bisschen von dem Futter abgeben musste, weil sie sich vor Hunger auf einen stürzen konnten und dann wäre das alles für die Katz gewesen. Das sah so aus, dass einer sich etwas in eine alte Dose füllen lassen wollte, dann** wollten die anderen auch, dann begann das Durcheinander und endete damit, dass das Futter auskippte, jemand ein bisschen in seine Büchse auffing, die anderen mit Löffeln vom Boden aßen und dabei gleichzeitig mit den Füßen darauf herumtraten. Den Eimer von der Marmelade hatte ich immer irgendwo in der Nähe des Hundezwingers versteckt und wenn ich sah, dass das Futter schon gebracht worden war, lauerte ich auf den richtigen Moment, um an die Kübel heranzugehen, bevor die Belegschaft des Zwingers das Futter zu den Hunden brachte.

Wenn ich zum Aufräumen der Kantine eingesetzt wurde, arbeitete ich für die paar Zigarettenstummel schließlich nicht mehrere Stunden. Dort musste gefegt und der Boden und die Tische geschrubbt werden. Wenn ich die Zigarettenstummel hatte, seilte ich mich mit meiner Methode ab, und nahm als Andenken einen Marmeladeneimer mit. Mit dem Eimer war es leichter, sich zu bewegen, weil ich auf jemandes Frage sagen konnte, dass ich Wasser, Sand, Kalk oder Kohle für die SS-Männer hole, und der Eimer nutzte mir später beim Organisieren von Hundefutter.

~~Über verschiedene Bekanntschaften lernte ich [redacted][17] kennen, dessen Person eine genauere Besprechung erfordert. [redacted] war ein Briefträger aus Warschau und arbeitete im Lager als Schneider in der Werkstatt für die SS. Er wohnte im aristokratischen Block 2, wo er Kostträger war. Dort wohnten Häftlinge, die in Arbeitsgruppen waren, wo sie genug besseres Essen bekamen. Manche von ihnen nahmen Essen mit in den Block, um es anderen zu geben (zum Beispiel Heniek B. gab es mir), und es gab viele, die dieses Essen überhaupt nicht haben wollten. [redacted], als Kostträger, hatte also viel Essen zu seiner Verfügung, das er unter den ihm bekannten Häftlingen verteilte ... Er machte darum so viel Aufhebens, dass er bis heute in den Augen der meisten Lagerinsassen als Philanthrop und Wohltäter gilt, wenige aber wussten, wie diese Hilfe von der anderen Seite aussah. Das war nämlich so:~~

~~Wenn ein neuer Transport ins Lager kam, nahm [redacted] einige Brotstücke und ein paar Zigaretten und ging zu diesen Menschen. Er sprach mit ihnen, fragte sie aus, wie lange sie im Lager sind, woher sie kommen – und suchte Leute aus Warschau. Dem einen gab er ein Stück Brot, dem anderen eine Zigarette und dem dritten sagte er, er solle zu Block 2 kommen, dann finde er vielleicht noch~~

17 Das gestrichene Fragment erschien in der ersten Ausgabe 1958, aber gleich nach dem Erscheinen wurde Grzesiuk von [redacted] wegen Verleumdung und Diffamierung verklagt. Die Sache endete vor Gericht. Unerwartet kam es zur gütlichen Schlichtung des Streits – [redacted] zog die Anklage zurück und Stanisław Grzesiuk verpflichtete sich, in weiteren Ausgaben dieses Fragment zu streichen. Diese Verfügung hinterließ er auch seiner Ehefrau in Form einer schriftlichen Notiz.

ein bisschen Essen. Sonntags begann mittags das Theater. Ein Haufen Muselmänner vor Block 2. [redacted] bringt eine Schüssel hinaus und gibt sie einem seiner ständigen Schützlinge, er holt die nächste, gibt sie einem anderen und so trägt er mehrere Portionen heraus. Jedes Mal, wenn er rauskommt, rennen die, die zum Schluss gekommen sind, zu ihm in der Hoffnung, dass sie etwas abbekommen, und immer bekommen sie zu hören: „Wartet noch." Schließlich kommt [redacted] mit einem Kübel und dann beginnt der Radau. Alle drängeln. Manche rufen:

„Herr [redacted]!"

Er beruhigt sie mit dem Finger und ruft aus der Masse diejenigen auf, denen er eine halbe Schüssel Suppe geben will. All diese Menschen kamen jeden Tag in der Hoffnung, dass sie ab und an eine halbe Schüssel Suppe bekommen. Wenn einer von ihnen manchmal eine Suppe bekam, lobte er [redacted] Güte – und diese Art und Weise, wie er die Suppe ausgab, war die hauptsächliche Reklame für ihn.

Wie aber sah seine Hilfe in Wirklichkeit aus?

So nämlich: [redacted] machte Reklame für sich, und gleichzeitig suchte er nach Leuten, die er gebrauchen konnte. Das Grundlegende, das ihn interessierte, war die materielle Situation des Häftlings in Warschau. Wenn er erfuhr, dass das ein gut situierter Häftling ist, dessen Familie vermögend ist, begann er, ihn anständig zu ernähren. Er gab ihm jeden Morgen eine Suppe, eine Schüssel Mittagssuppe und oft noch ein Stück Brot. Diese Hilfe genügte, um am Leben zu bleiben. Nach zwei, drei Wochen begann er im Gespräch zu jammern, dass „wir noch etwas zu essen haben, aber meine Familie dort leidet Hunger, die Armen, sie haben nicht einmal das, was wir hier haben" – und weiter in diesem Ton. Dann schlug so jemand vor, dass man schließlich seiner Familie Bescheid geben könnte – „sie könnten helfen, zum Beispiel aus Dankbarkeit für die Hilfe, die ich hier von dir erhalte". [redacted] war einverstanden und wenn der Tag kam, an dem Briefe geschrieben wurden, bot er selbst an, einen Brief zu schreiben, in dem er auf die verabredete Weise die Familie dieses Jungen zu seiner Frau schickte. Auf der anderen Seite schrieb er in seinem Brief seiner Frau über die Familie desjenigen, dem er half und … schon war der Kontakt zwischen den Familien in Warschau hergestellt. Wenn jemand die Herstellung des Kontaktes verweigerte, hörte [redacted] Hilfe auf.

Ich vermute, dass [redacted] über die Häftlinge, die 1940 nach Hause entlassen wurden, seine Frau darüber informierte, wie sie vorgehen soll. Die Arbeitsgruppe der Schneider, in der [redacted] arbeitete, bügelte ihnen ihre zivilen Anzüge und angeblich (so sagt Stasiek M., über den noch viel zu erzählen sein wird) nähte er ihnen in die Kleidung Briefe an seine Frau ein.

Ich gehörte zu der Gruppe derer, die für [redacted] Reklame machten. Ich lungerte oft vor dem Block herum und wartete, ob etwas für mich abfällt. Ich aß die Portionen von Heniek B. und wartete, was noch reinkommt. Oft brachte ein Bekannter Suppe für einen seiner Schützlinge raus. Er trat raus, schaute sich um, und wenn er seinen Schützling nicht sah, gab er die Suppe jemand anderem, und wenn ich dann vor dem Block stand, gab er sie mir. So bekam ich ein paar Mal Essen von [redacted] Eines Tages, als ich hungrig wie ein Hund vor Block 2 stand, trug [redacted] eine Schüssel nach der anderen heraus. Er hatte schon einige gebracht, holte noch eine und begann, Namen aufzurufen. Er rief einen – keiner meldete sich, er rief einen zweiten – keiner meldete sich, auch der dritte und der vierte meldeten sich nicht. Da fragte ich ihn:

„[redacted], hast du nicht was für mich?"

Er antwortete mir mit so einer Wut, als hätte ich ihm ein Unrecht angetan:

„Für dich gibt es nichts und wird es auch nichts geben."

Vor Schreck musste ich mich setzen, denn ich hatte so etwas nicht erwartet. Warte nur, Dreckskerl, dachte ich, ich werde ein bisschen herumschnüffeln. Und ich begann zu suchen. Und ich stieß vielleicht nicht auf alles, aber auf ausreichend, um seine Pseudophilanthropie und Wohltätigkeit zu demaskieren. Diejenigen, die regelmäßig von ihm Hilfe bekamen, mussten dafür nämlich teuer bezahlen. Hier ein paar Beispiele:

Die Mutter von Stanisław M. wohnte in Warschau, sie hatte zwei Häuser und einen Gemüse- oder Obstgarten. Sie nahm [redacted] Tochter zu sich und zahlte seiner Frau monatlich eine bestimmte Summe und gab ihr Obst und Gemüse. Im Jahr 1943 schrieb M.s Mutter, dass sie den Anforderungen von „Tante Roma" nicht gerecht werden kann. M. brauchte seine Hilfe nicht mehr. Ich riet ihm, seiner Mutter zu schreiben, dass sie im Falle irgendwelcher Forderungen die Hilfe sofort abbrechen soll. Die Suppe für M. holte ich immer ab.

Eines Tages, als ich zu [redacted] kam, um die Suppe zu holen, brüllte er: „Es gibt keine Suppe mehr!" Ich lachte, weil ich verstand, dass er einen Brief von seiner Frau erhalten hatte, in dem diese ihm schrieb, dass M.s Mutter sich widersetzt hatte. Als ich 1946 M.s Mutter in Warschau besuchte (er selbst ist nicht nach Polen zurückgekehrt), erzählte sie mir, dass [redacted] Frau sie terrorisiert hatte, indem sie ihr gesagt hatte, dass, wenn sie nicht das bekomme, was sie brauche, sie an ihren Mann schreiben werde, und der aufhören würde, ihren Sohn zu ernähren und dieser dann Hungers sterben werde. Frau M. sagte mir, dass Frau [redacted] immer gesagt habe: „Mein Mann hat geschrieben, dass ich, wenn er zurückkehrt, aussehen muss wie ein Äpfelchen."

Die Familie von Stefan L. nahm [redacted] Sohn zu sich und half ebenfalls mit Geld. Als L. 1942 in ein anderes Lager überstellt wurde, schrieb er dies an seine Familie und die stellten die Hilfe ein. [redacted] beklagte sich über die Undankbarkeit der Leute und zeigte mir den Brief, in dem seine Frau ihm beschrieb, wie sie von der Familie L. behandelt worden war. L. hatte in Warschau eine Fabrik für Filterhülsen gehabt.

Bronek J. verrenkte sich lange, weil er seine Familie nicht mit [redacted] Frau bekannt machen wollte. Diese war mehrmals zu J.s Familie gekommen, hatte aber nichts erreicht, so dass [redacted] aufhörte, ihm Suppen zu geben. Eines Tages brachte er in einem Kübel eine Menge Suppe hinter die Baracke. Ringsherum ein Haufen Muselmänner. Bronek stand an der Seite. [redacted] verteilte, als Reklame für sich.

„Bist du Pole? Hier hast du."

„Bist du Pole? Hier hast du."

„Bist du Pole? Hier hast du."

Nur J. war kein Pole und bekam nichts, weil seine Familie sich nicht von Frau [redacted] hatte terrorisieren lassen. Von mir spreche ich schon gar nicht, weil ich in seinen Augen nicht einmal ein Mensch war. Ich war ein Arbeiter, von dem er weder damals noch nach dem Krieg irgendetwas erwarten konnte – und er sagte immer, dass er im Lager sich sein Leben so einrichten muss, dass er später im Leben nicht mehr werde arbeiten müssen.

Für Stefan C. endete die Hilfe, als er wie durch ein Wunder aus dem Ausland ein Paket mit Kleidung erhielt, in dem gute Schuhe mit Schäften waren. [redacted] gefielen diese Schuhe und er sagte klar, dass Stefan C. ihm die Schuhe geben solle für die Suppen, die er bekam. Weil er sich als nicht so dankbar erwies, endete die Hilfe.

Ch. (an den Vornamen erinnere ich mich nicht) kriegte ihn mit Beziehungen zu hochgestellten Personen aus der Vorkriegsregierung. Er erzählte verschiedene Geschichten von der Jagd, von Sauforgien, was er für Dinger gedreht hatte, und in diesen Erzählungen waren Minister, Generäle und andere Würdenträger einfach Wacio, Edzio, Kazio – Kumpel eben. Und damit ließ sich der Schafskopf kriegen – aber das war meine Rache für sein „Für dich gibt es nichts und wird es auch nichts geben.". Ich hetzte Ch. auf und sagte ihm, was [redacted] für ein Typ ist. Er wickelte [redacted] so um den Finger, dass dieser ihm selbst das Essen in den Block brachte. Ch. drückte sich nicht wie ein Muselmann vor dem Block herum, um eine Schüssel Suppe oder ein Stück Brot zu ergattern. Ch. starb im Lager.

Nach dem Warschauer Aufstand hetzte ich einen Jungen auf und der sagte [redacted], dass seine Eltern in Warschau in der Nowy-Świat-Straße vier Mietshäuser besitzen. Wenn ein neuer Transport kam, ging [redacted] hin und ich ging auch. Er, um neue Kandidaten zu finden, und ich, um ihm jemanden vorzusetzen. Ich setzte ihm mehrere Personen vor, bis er mitbekam, dass er verschaukelt wurde.

Außerdem erzählte ich meinen Kameraden und Bekannten von [redacted] Methode. Manche glaubten mir nicht, unter anderem glaubte mir Józek Kowaczyk nicht. Nach einer Weile gab er mir recht. Er hatte [redacted] beobachtet und einmal sein Gespräch mit einem jungen Mann mitgehört, der mit einem neuen Transport gekommen war. [redacted] fragte ihn aus, in welcher Straße er gewohnt hatte, wovon der gelebt hatte, wie es seinen Eltern geht. Als er erfuhr, dass der Junge arm ist, dass seine Eltern von der Hand in den Mund leben, wurde aus der Hilfe für ihn nichts.

„Schau mal, Junge“, sagte der, „ich würde dir gern helfen, aber ich kann nicht allen helfen. Komm zu meinem Block, dann werde ich dir manchmal etwas geben können.“

Und das war alles. Noch einer zum Reklame machen, denn der würde bestimmt kommen, und wenn er ein- oder zweimal etwas abbekommen hat, dann hoffte er schon, dass das anhalten würde.

Tadzio T. (einige Tage nachdem er freigekommen war, wurde er durch einen unglücklichen Zufall von seinem Kameraden, Staszek Nowocin aus Radom, erschossen), beklagte sich einmal, dass er am Anfang des Aufenthaltes in Gusen, als es [redacted] schlecht gegangen war, und er selbst viel Essen organisierte, [redacted] geholfen habe, und jetzt, da er Hunger und [redacted] ausreichend Essen habe, tue dieser so, als würde er ihn nicht kennen.

Schließlich platzte im Herbst 1943 die Bombe. Ich hetzte einen Scheißkerl auf, dessen Vater angeblich Hauptmann der Polnischen Armee war. Ich sagte ihm, wie er vorgehen soll, und dieses Stinktier sagte alles [redacted] An einem Sonntag traf ich, als ich mit Kameraden unterwegs war, [redacted] zusammen mit diesem Kleinen. Er rief mich zur Seite, rief diesen Mistkerl heran und fragte mich, was ich dem gesagt habe – mit einem Wort: Es kam zur Gegenüberstellung.

„Ich habe das gesagt, was dieser Scheißkerl dir gesagt hat“, antwortete ich.

„Und du darfst sowas sagen?“

„Darf ich, weil das alles wahr ist. Zeig mir einen, dem du ständig uneigennützig hilfst.“

Da fing er an zu schreien.

„Du Schuft, du zerstörst meinen Ruf – mich kennt das ganze Lager!“

„Und ich habe dich, du Dreckskerl, als Erster kennengelernt.“

Er wollte mir an den Kragen. Sie hielten ihn fest, und der versuchte sich loszureißen und rief weiter:

„Lasst mich zu ihm, lasst mich zu ihm – ich schlage ihm alle Zähne aus der Fresse!“

Schließlich machte mich das auch wütend, und ich rief den Jungs zu:

„Lasst ihn los, verfluchte Sch..., soll er es probieren – ich kann auch Zähne ausschlagen!“

~~Sie ließen ihn los, aber er griff mich nicht an. Er drohte mir nur, dass er es mir noch zeigen werde, und rief noch:~~

~~„Was hast du für Beweise dafür, dass ich das mache?"~~

~~Ich begann, Beweise zu suchen, und fand welche. Als neuen Trottel begann~~ [redacted] ~~einen jungen Mann aus Warschau zu bearbeiten. Er hieß Maciek S., sein Vater besaß Garagen und Reparaturwerkstätten für Autos in Warschau in der Przemysłowa-Straße. Die Methode war so wie immer, ein bisschen Suppe und Brot – jammern über die schweren Bedingungen zu Hause, die Erklärung zu helfen seitens des jungen Mannes.~~ [redacted] ~~half ihm dabei, den Brief zu schreiben, der Brief geht an den Blockschreiber – und hier fing ich ihn ab und der Brief ging nicht nach Warschau, sondern wurde zum Beweis für~~ [redacted] ~~Methoden. Den zweiten Brief fing ich auch ab (ich hatte die Gelegenheit) und schließlich erklärte ich S., wer dieser~~ [redacted] ~~ist, und er verzichtete auf die Hilfe, im Übrigen bekam er schon Lebensmittelpakete.~~

~~So sah der Philanthrop und Wohltäter~~ [redacted] ~~von innen aus und so sahen die meisten aus, die man Suppe für die anderen aus den Blocks herausbringen sah. Es gab wenige, die so waren wie Heniek B., die etwas gaben und dafür nichts haben wollten. Andere gaben für verschiedene Dienstleistungen wie Wäschewaschen, Stopfen, Schuhe putzen. Wieder andere zahlten für verschiedene Gegenstände, die in den Paketen geschickt wurden. Noch andere machten es so wie~~ [redacted]~~, und wieder andere schlossen Kaufverträge auf dem Papier, in denen einer dem anderen sein Haus überschrieb, die Mühle, so und so viel Morgen Land oder irgendeinen anderen Besitz – und sogar Eheverträge. Und wieder, wie immer im Leben, waren die oben, die das ganze Leben lang gut situiert waren, und der arme Mensch war auch hier, im Lager, am Ende der Schlange, denn es gab nur wenige, die uneigennützig halfen.~~ [redacted] ~~ist in diesem Falle nur ein Symbol; durch ihn habe ich eine bestimmte Gruppe Leute beschrieben und die Beziehungen, die im Lager herrschten.~~

Eine kurze Zeit hindurch organisierte ich mir mit Leon Cerak und Mietek Rączka auf eine interessante Weise etwas zu essen. Jeden Abend ging einer von uns in die Küche zum Kartoffeln-, Karotten- oder Kohlrübenschälen. Das Schälen dauerte manchmal bis drei Uhr morgens. Wenn einer zur Toilette wollte, musste er seine Jacke und seine Mütze beim Wächter an der Tür lassen, damit er nicht wegläuft. Wenn in einer Nacht Mietek Rączka Dienst hatte, und er sah, dass das Schälen in einer halben Stunde beendet sein würde, gab er vor, zur Toilette zu müssen, kam aber in unseren Block (er wohnte in einem anderen Block) und weckte mich und Cerak. Wir zogen uns an und gingen in die Küche zum Kartoffelschälen (wir gingen ohne Jacke und Mütze). Meistens war das Schälen nach fünfzehn bis zwanzig Minuten zu Ende, aber es kam auch vor, dass wir noch anderthalb Stunden schälen mussten. Dafür gab es am Ende ein Fest – Nachschlag. Und zwar verschlangen wir jeder drei Schüsseln Suppe. Es wurde alles ausgegeben, was noch vom Vortag in der Küche war. Manchmal war das schon ein bisschen sauer, aber wer achtete schon auf so eine Kleinigkeit. Beim Kartoffelschälen konnte man ein paar rohe Kartoffeln essen. Aber wenn wir Karotten oder Kohlrüben schälten, ließen sie uns nicht aus den Augen, und grundsätzlich wurde jeder durchsucht, der zur Toilette ging, ob er nicht zufällig ein Stück Kohlrübe hinausträgt. Denn Kohlrüben waren eine Delikatesse, Karotten auch. Rohe Kartoffeln aß man auch mit Vergnügen, aber die schmeckten doch mit Brot besser.

Ich habe auch Menschen gesehen, die Lehm aßen – eine spezielle Sorte, die angeblich bei blutigem Durchfall helfen sollte. Aber ich glaubte nicht daran, denn diejenigen, die bei Durchfall Lehm aßen, zogen schnell ins Krematorium um. Die mit dem Lehm habe ich nur im Jahr 1941 gesehen. Offensichtlich hatten sie sich davon überzeugt, dass das nichts bringt, und hatten aufgehört, Lehm zu essen. Aber Braunkohle wurde immer gegessen und noch 1944 sah ich, wie bei den Kohlehaufen Wachposten standen, und Muselmänner – ohne sich etwas daraus zu machen, dass sie mit Knüppeln geschlagen wurden – über die Kohlen herfielen, sich zwei, drei Stücke schnappten und im Weglaufen genüsslich hineinbissen. Die Menschen aßen auch Schuhputzpaste. Das war eine farblose, geleeartige Paste, die in der Kantine in großen Schachteln ausgegeben wurde. Eigentlich war das keine Paste, sondern ein Schuhfett. Ich habe das einmal probiert, aber es hat mir nicht geschmeckt. Oh ja, Kartoffeln, Kohlrüben, Futterrüben, Löwenzahnblätter, Weißen Gänsefuß, Sauerampfer, Beinwell – das alles aß ich roh, wenn es mir bloß in die Hände fiel, aber über diese Fälle, über die Organisation und das Risiko, das damit verbunden war, erzähle ich später.

Am 13. November 1941 wurde beim Appell festgestellt, dass ein Häftling fehlte. Das war eines der sogenannten unangenehmen Lagererlebnisse. Sie hielten uns auf dem Appellplatz bis ein Uhr nachts fest. Das war bald nachdem sie uns in Holzpantoffeln und Sommerkleidung in den Schnee gejagt hatten und an dem Tag (am 1. November) waren Winterkleidung und Schuhe ausgeteilt worden. Der Schnee war weg und an diesem Tag war es vollkommen trocken, aber es wehte ein fürchterlich starker und kalter Wind, und wir standen auf dem Appellplatz stramm, und die Blockältesten, die Kapos und die SS-Männer richteten pausenlos die Reihen aus und schlugen dabei alle nacheinander. Unterdessen suchten die SS-Männer mithilfe von Hunden auf dem Arbeitsgelände nach dem Flüchtigen. Es war klar, dass derjenige, der fehlte, sich irgendwo auf dem Arbeitsgelände versteckt hatte, um in der Nacht durch die Wachpostenlinie hinauszukommen. Wenn eine Flucht festgestellt worden war, wurden die Wachposten um das Dreifache verstärkt und standen drei Tage und Nächte pausenlos. Wenn in dieser Zeit der Flüchtige nicht gefunden wurde, wurden die Wachposten für die Nacht abgezogen und am Tage standen sie dann in der gewöhnlichen Anzahl und schossen auf die Häftlinge vor Wut über die durchgestandenen Nächte und die zurückgehaltenen Freigänge. Die alten Häftlinge wussten das und hielten sich nach jedem Fluchtversuch von den Wachpostenlinien fern, von den neuen Häftlingen aber ging so mancher Dummkopf zu einem Wachposten, der ihn gerufen hatte, und wurde „beim Fluchtversuch" erschossen.

Bei diesem Stehen konnte man nach zweiundzwanzig Uhr beobachten, wie welche wie ein Holzklotz zu Boden fielen. Diejenigen, die vor Erschöpfung und Kälte ohnmächtig wurden, wurden zur Seite gezogen, und der Spaß mit dem Ausrichten der Reihen ging weiter. Ein Schuss – alle atmeten erleichtert auf, sie hatten den Ausreißer gefangen, Ende des Strammstehens. Aber nein – es stellte sich heraus, dass da nur jemand in die Stacheldrähte gegangen war. Eine Viertelstunde später wieder ein Schuss – wieder nur der Stacheldraht. Eine Selbstmörder-Epidemie – verdammt. Wir standen noch oft so, unter den schlimmsten Bedingungen, und nie gingen so viele Dummköpfe in den Stacheldraht wie damals.

Unser Block stand in der Nähe des Stacheldrahtes. In einem bestimmten Moment sagte mein Nachbar im Glied: „Ich gehe." Er trat aus dem Glied und ging in Richtung Stacheldraht. Er bog ein wenig hinter die Baracke ab ... ein Schuss und Schluss. Und oben auf den Steinbrüchen waren die Lichter vieler Laternen zu sehen, die sich in alle Richtungen bewegten. Sie suchten nach dem Flüchtigen. Endlich ein Schuss aus der langen Wachpostenlinie – und nach ein paar Minuten der Befehl, in die Blocks auseinanderzugehen.

Obwohl ich mich kaum noch auf den Beinen hatte halten können, war ich als einer der ersten im Block, schnappte mir meine Schüssel und lief zurück zu Block 2 zu B., um mir meine Suppe abzuholen. Ich fürchtete, dass er sie morgens wegkippen könnte, wenn er seine Schüssel für den Kaffee brauchte.

Ich hatte die Suppe aufgegessen, bevor ich bei meinem Block angekommen war; ich hatte Brot bekommen, das ich bis auf den letzten Krümel aufgegessen hatte, obwohl es spät in der Nacht war, damit es mir niemand stehlen konnte – und ab in die Heia, denn um fünf Uhr musste man wieder aufstehen.

Ich habe hier die Art der Ernährung in Gusen beschrieben, die bestimmte Eigenschaften der Regelmäßigkeit und Kontinuität hatten. Es gab noch andere Möglichkeiten, Essen zu ergattern, aber das war eher sporadisch, nur von Fall zu Fall, und darüber werde ich im Laufe meines Berichtes über das Alltagsleben in Gusen sprechen.

Dieses Leben lief für mich so bis zum Sommer 1942. Ab dem Sommer 1942 begann die vierte Etappe des Lagerlebens. Die erste war der Aufenthalt in Dachau, die zweite in Mauthausen, die dritte in Gusen bis zum Sommer 1942 und die vierte vom Sommer 1942 bis zum Ende des Aufenthaltes, das ist bis zum 5. Mai 1945.

Den Aufenthalt in Gusen könnte ich auch in mehrere Teile unterteilen. Der erste – von Januar bis Mai 1941 – das war die Zeit als ich frei herumlief, als ich mein eigener Kapo und Arbeiter war. Der zweite Zeitraum von Mai bis August 1941 war die Arbeit bei der Bahnverbindung Gusen-Linz. Von August bis September Isolation im Lager – Typhus. Ab September 1941 bis Mai 1944 Arbeit in den Steinbrüchen als Steinmetz. Von Mai bis August 1944 – Strafarbeit in den Tunneln, und ab August 1944 bis Mai 1945 – Steyr-Werke.

Zuerst also die erste Etappe, Januar bis Mai 1941.

In den ersten Tagen in Gusen wurden wir nicht zur Arbeit geschickt. Nach drei oder vier Tagen wurde damit begonnen, und wir wurden in Gruppen zum Steinetragen oder zu anderen Arbeiten eingeteilt. Wenn man vermeiden wollte, zur Arbeit geschickt zu werden, hatte man eigentlich nur eine Möglichkeit: Flucht zwischen die Blocks in dem Moment, als der Morgenappell vorbei war. Wenn der Rapportführer dem Lagerkommandanten Meldung machte, standen die Häftlinge barhäuptig da. Nach Abschluss des Rapports kam das Kommando: „Mützen auf!“, und dann gleich das nächste: „In Arbeitsgruppen aufstellen!“ In diesem Moment rannte ich zwischen die Blocks und sauste ans andere Ende des Lagers. Wenn man diesen Moment verpasste, konnte man nicht mehr ins Hinterland des Lagers entkommen, denn nach Appellschluss verstellten die Blockältesten die Durchgänge zwischen den Blocks und passten auf, dass keiner vom Appellplatz weglief. Von denen, die eine Flucht nach hinten riskierten, gab es nur ein paar oder ein Dutzend, denn für diesen Spaß drohte der Tod, so dass sich die einen fürchteten, die anderen hatten feste Arbeitsplätze, und wieder andere standen zu weit von den Baracken entfernt und schafften es nicht mehr zu fliehen. Nach Appellende gingen die Blockschreiber, die Friseure und manche Blockälteste gleich in ihre Baracken um aufzupassen, dass ihnen nichts gestohlen wird, so dass es insofern gefährlich war, sich zwischen den Baracken zu verstecken, weil im Falle dessen, dass ein Diebstahl aufgedeckt wurde, diejenigen, die im Lager herumlungerten, dafür hätten büßen können.

Wenn die Arbeitsgruppen zur Arbeit losgegangen waren und die Reste vom Appellplatz zwischen die Blocks gingen, war es leichter, sich versteckt zu halten. Alle, die nicht arbeiteten, kehrten in die Blocks zurück; die Lieblinge der Blockältesten, die Kranken mit Arbeitsbefreiung – solche Glückspilze gab es –, Kranke, die sich beim Arzt vorstellen sollten, Kranke, die darauf warteten, verarztet zu werden und die, die die Lagergassen reinigten. Oft stellte ich mich in die Kolonne mit mehreren Hundert Personen, die darauf warteten, dass ihre Geschwüre, Wunden, Verletzungen und Erfrierungen versorgt wurden. Ich hatte Erfrierungen an den Händen, und an einem Finger hatte sich mir eine große, tief faulende Wunde geöffnet. Diese Wunde bot mir die Grundlage dafür, in der Gruppe der Leute stehen zu dürfen, die auf die Versorgung von Wunden warteten, aber diese Methode gab ich schnell auf, weil sie drei Mal vom Ende der Schlange drei Viertel der Leute abzogen und zum Steinetragen jagten, und einmal jagten sie einfach alle an die Arbeit. Zur Wundenversorgung war ich nur ein paar Mal ... das war nicht schön. Ich sah fürchterliche, faulende Wunden. Jemand stellt sein Bein auf einen Hocker, und der Pfleger stieß ihm eine lange Metallspitze mit Gaze an der Spitze unter die Haut. Der Patient heulte auf vor Schmerz, bewegte aber das Bein nicht. Schreien durfte man, aber wenn sich jemand bewegte oder etwas wegzog, bekam er ein paar Mal aufs Maul oder in den Bauch und dann vergaß er, was ihm eigentlich wehtat und stand ruhiger da. Mir schmierten sie nur eine Salbe drauf und verbanden mich. Der Finger eiterte bis Juni, bis B. sich schließlich im Krankenrevier der SS um eine Salbe bemühte, mit der die Wunde innerhalb kurzer Zeit verheilte und vernarbte.

Als es mir einmal nicht gelang, zwischen die Baracken zu fliehen, stellte ich mich auf den Appellplatz zu einer Gruppe von Häftlingen, die zum Arzt gehen wollten. Wir standen dort zu mehreren Dutzend. Noch vor dem Abmarsch der Häftlinge zur Arbeit kam ein SS-Mann zu unserer Gruppe und führte die erste Selektion durch. Er spazierte vor uns auf und ab und bewertete nach Augenmaß, wer hier krank sein könnte. Die Hälfte der Leute scheuchte er weg und der Rest wurde, nachdem die Häftlinge zur Arbeit abmarschiert waren, zum Revier gebracht. Das war in den ersten Märztagen und morgens war es noch ziemlich kalt. Wir sollten uns nackt ausziehen und uns in der Nähe unserer Kleidung in einer Reihe aufstellen. Als wir dann länger als eine halbe Stunde nackt dagestanden hatten, kamen einige Krankenpfleger zu uns heraus, wohlgenährt und in neuer sauberer gestreifter Häftlingskleidung. Es waren auch Polen dabei, zumindest die, die ich gehört habe. Als sie an uns herantraten, begann die Voruntersuchung – oder vielleicht war das sogar schon die Hauptuntersuchung, genau weiß ich das nicht, weil ich weggelaufen bin.

„Was hast du?“, fragte ein Sanitäter den ersten Kranken.

„Ohrenschmerzen.“

Und da haute er ihm aufs Ohr, sodass der Kerl gleich mit der Nase in der Erde steckenblieb.

„Und was hast du?“, fragte er den zweiten.

„Ich habe Durchfall.“

Der Sanitäter haute ihm mit der Faust in den Bauch.

„Wie viele Tage?“

„Drei.“

Bumm, bumm, bumm – jetzt bekam er drei Bomben mit der Faust in den Bauch. Er fiel hin. Da stellte der Sanitäter ihm seinen Fuß vors Gesicht und befahl ihm, seinen Pantoffel zu küssen. Der Kranke wollte nicht. Da begann der andere Sanitäter, ihm in die Seiten zu treten, und der erste schob ihm weiter seinen Fuß hin. Schließlich wollte er ihn doch küssen, da zog der den Fuß weg und befahl weiter, ihn zu küssen – und der andere trat zu. Ich sah mir das an und im Krebsgang, im Krebsgang lief ich zu meinen Kleidern, nahm sie ... schnell weg! – ab zur Pforte. Erst als ich das Gelände des Krankenreviers verlassen hatte, zog ich mich zwischen den Blocks an und ins Krankenrevier ging ich erst wieder im August 1944, aber unter anderen Voraussetzungen.

Als es ein bisschen wärmer wurde, krochen Cerak und ich morgens, um nicht eingefangen und geschlagen zu werden, zusammen in einen Schuppen, in dem stapelweise Sargunterteile lagen, in denen die Leichen ins Krematorium getragen wurden. Das war aristokratisch, denn bald darauf wurde der Krematoriumswagen eingeführt, der morgens zu den Blocks fuhr und die Leichen einsammelte. Sie wurden an Armen und Beinen gepackt, und mit Schwung auf die Ladefläche geworfen und der ganze Haufen sofort zum Krematorium gefahren.

Die sogenannten Halbsärge lagen umgedreht, mehrere übereinander. Wir bemühten uns um Papier von Zementsäcken, das wir unter den Truhen auslegten, und wenn wir uns morgens zwischen den Baracken abseilten, krochen wir unter diese Truhen und lagen dort bis zum Mittagsappell. Morgens nach dem Appell verstellten die Blockältesten die Durchgänge, und nach dem Mittagessen kamen die Häftlinge – auf ein Signal – auf den Appellplatz und stellten sich zur Arbeit auf. Zu diesem Zeitpunkt gab es schon viele, die sich im Hinterland des Lagers versteckten, aber auch die Lagerwache war nicht dumm. Sie wussten davon und liefen vom Stacheldraht über alle Gassen und jagten uns aus allen Löchern und Gässchen heraus, wobei sie mit ihren Knüppeln alle schlugen, die sie fassen konnten. Deshalb gelang es mir am Nachmittag seltener, der Arbeit zu entkommen. Eine Zeitlang halfen mir die Särge. Wenn ich mein Mittagessen aufgegessen hatte, noch bevor das Signal zur Arbeit gegeben wurde, bemühte ich mich schon, unauffällig in meinen Schuppen zu kommen und wieder unter einen Sarg zu kriechen. **Ich hörte dann, wie andere flohen, wie die Jäger brüllten und sie schlugen, aber das interessierte mich nicht mehr. Ich erholte mich in Ruhe nach dem „guten" Mittagessen. Aber solche Schlitzohren fanden sich mehrere und der Spaß begann gefährlich zu werden. Bis es eines Tages passierte.**

An diesem Tag gelang es mir nicht, mich morgens abzuseilen. Erst nachmittags kam ich ins Lager und da erfuhr ich, dass die Jungs unter den Särgen erwischt und zwei totgeschlagen worden waren. Der Schlupfwinkel war verbrannt und ich fürchtete mich nun, mich unter den Särgen zu verstecken.

Wenn es warm war, konnte man – wenn man im Lager blieb – mit den SS-Männern und den Blockältesten Katz und Maus spielen. Wir standen meistens vor den Baracken und suchten mit offenen Hemden oder in langen Unterhosen nach Läusen, während wir genau das Gelände beobachteten. Wenn sich eine Gefahr näherte, rannten alle zusammen in eine andere Gasse. Es genügte, dass ein paar Häftlinge hinter einer Baracke hervorgerannt kamen und schon schlossen sich ihnen die anderen an und alle liefen zusammen weg. Schlimmer war es, wenn es regnete. Die Toilette und die Waschräume waren geschlossen und die Baracke durfte man nicht betreten. In der Baracke waren immer einige Häftlinge, die es geschafft hatten, beim Arzt vorstellig zu werden und für ein paar Tage eine Arbeitsbefreiung zu bekommen. Sie waren so krank, dass sie es vor ihrem Tod meistens nicht schafften, alle freien Tage auszukosten. Sie setzten sich auf einen Hocker in eine Ecke der Stube und warteten auf den Tod.

Ein paar Mal ist es mir gelungen, mich in den Block zu schmuggeln und unter diese Muselmänner zu mischen. Ich setzte mich zu ihnen und saß nach vorn gebeugt, bewegungslos, so wie sie. Und wieder ging das so lange bis ich erwischt wurde. Das war in Block 14, als ich mit Wysmułek durch dick und dünn ging. Eines Tages schob ich mich, als es regnete, in den Block und saß unter den Muselmännern. Wie immer fingen alle Läuse und Flöhe. Ein Häftling hielt den Pullover in den Händen und hob ihn ständig an sein Gesicht. Was machte er? Ich schaute genauer hin und sah, dass er die Läuse mit den Zähnen tötete.

„Was machst du?", frage ich. „Tötest du die Läuse mit den Zähnen?"

„Was soll ich denn machen? Ich muss mich doch gegen sie wehren, sonst fressen sie mich auf, schau mal, wie meine Hände aussehen", und er zeigte mir seine Hände. Sie waren fürchterlich geschwollen und voller Wunden – Erfrierungen.

In diesem Moment erklang der Schrei des Stubenältesten: „Achtung!". Die SS kam in die Stube. Alle mussten strammstehen und die Mützen abnehmen – und die SS-Männer begannen zusammen mit dem Stubenältesten die Arbeitsbefreiungen vom Krankenrevier zu kontrollieren. Ich schob mich an die Seite und wollte zu denen wechseln, die bereits kontrolliert worden waren. Mein Manöver wurde vom Stubenältesten – ein Tscheche, ein noch junger Kerl, schlank und jähzornig – bemerkt. Er schlug pausenlos. Er packte mich, stellte mich vor die SS-Männer und fragte nach dem Zettel. Ich spiele den Idioten, dass ich nicht weiß, welchen Zettel er meint. Gleich bekam ich von dem SS-Mann eins aufs Maul. Ich schaffte es nicht einmal, richtig zu taumeln, als ich fast im gleichen Moment von der anderen Seite vom Stubenältesten eine einfing und wieder, und noch einmal, und noch einmal. Ich wollte durch die Tür weglaufen. Der Stubenälteste packte mich, stellte mich wieder entsprechend hin und wieder schlugen sie mir fast gleichzeitig von beiden Seiten ins Gesicht. Schließlich wurde ich mit heftigen Fußtritten vom Stubenältesten aus der Baracke geworfen. Bald darauf wurde ich in Block 32 verlegt, aber dem Tschechen vergaß ich das nicht, so dass im Jahr 1943, als ich zur Aristokratie gehörte, und er Muselmann war, ich ihm so manches Mal auf Warschauer Mundart die Zeit in Erinnerung rief, in der er ein Dreckskerl gewesen war. Oft hatte ich Lust, ihm die Fresse zu polieren, aber ich brachte es nie fertig, einen schwächeren und schutzlosen Menschen zu schlagen. So manchen von denen, die mich in den ersten Jahren geschlagen hatten, hätte ich in den Jahren schlagen können, als ich wohlgenährt war – so mancher bekam auch eine aufs Maul, aber nur die, die meiner Kondition entsprachen. Aber einen zu schlagen, der Muselmann geworden war und kaum allein gehen konnte, das konnte ich mit meinem Gewissen nicht vereinbaren. So einem schickte ich nur bei jeder Gelegenheit Wünsche zur raschen Befreiung durch den Schornstein des Krematoriums, mit der Erinnerung an seine „Verdienste“, zu denen ich ihn beglückwünschte.

Im Lager war damals ein großes Chaos. In jeder Arbeitsgruppe gab es feste Gruppen, bessere und die schlimmsten, in denen es keine festen Mitglieder gab, sondern für die immer vor dem Abmarsch zur Arbeit ausgesucht wurde.

Von Januar bis Mai lernte ich fast alle von den schlimmsten Arbeitsgruppen kennen. Nie arbeitete ich in einer länger als einen halben Tag. Von den schlimmsten war noch die beste Arbeit das Steinetragen, weil man sich dabei am leichtesten abseilen konnte.

Zygmunt Jaczewski war in den ersten Tagen in Gusen Übersetzer in den spanischen Blocks, weil er gut Französisch sprach. Als die Spanier aber auf alle Blocks aufgeteilt worden waren, war er ohne Arbeit und musste beim Steinetragen mitmachen. Als ich zum Steinetragen kam, bemühten wir uns in einer Gruppe zu sein, denn wir waren in viele Gruppen geteilt – jede bestand aus fünfzig Personen und hatte ihren Kapo. Und bei den Steinstapeln standen schon „diplomierte“ Kapos, mit Winkeln, die beim Hochnehmen der Steine mit Knüppeln schlugen und kontrollierten, ob jeder einen entsprechend großen Stein hatte. Wer einen kleinen Stein hatte, bekam mit dem Stock und es wurde ihm ein solcher Stein auf die Schulter gewuchtet, dass der darunter in die Knie ging, und wenn er ihn nicht stemmen konnte, dann begann der Spaß, der entweder damit endete, dass der Häftling an Ort und Stelle erledigt wurde oder nach ein paar Stunden starb.

Auf diese Weise wurde mein Bettnachbar erledigt. Er hieß Lacher, ein Schlesier, mit dem ich in Mauthausen in einer Stube gewesen war. Er war in einer anderen Steinträger-Gruppe, aber ich ging mehrmals an ihm vorbei und sah, wie sie ihn schlugen und mit einem Stein vorantrieben, unter dem er zusammensackte. Verschwitzt und mit hervorstehenden Augen versuchte er, mit dem Stein aufzustehen, sackte aber nach ein paar Schritten immer wieder zusammen und wurde dann wieder von den Kapos geschlagen. In der Nacht röchelte er lange. Ich schlief ein und als ich wieder aufwachte, hörte ich ihn nicht mehr röcheln. Bestimmt war er gestorben. Ich fasste ihn an und er war kalt. Na, dachte ich mir, du bist jetzt im Himmel, und da brauchst du die Decke nicht mehr. Ich nahm seine Decken, wickelte mich in sie ein und schlief bis zum Morgen. Erst am Morgen gab ich Bescheid, dass der Leichnam aus meinem Bett genommen werden muss. In der Nacht hätte ich wegen so einer Kleinigkeit niemanden wecken dürfen, denn wer weiß, ob es am Morgen dann nicht zwei Leichen gegeben hätte – der Stubenälteste hätte mich dafür umbringen können, wenn ich ihn in der Nacht geweckt hätte.

Wer das Tragen von großen Steinen vermied oder von der Gruppe wegging, dem drohte dafür hier genauso der Tod wie überall. Ich knüpfte eine kollektive Zusammenarbeit mit Jaczewski an. Wir versuchten, jeder zwei kleinere Steine zu nehmen und gleich nachdem wir losgegangen waren, entledigten wir uns jeder eines Steines, indem wir ihn von der Aufschüttung hinunterwarfen. Das sahen nur einige Häftlinge, aber der Kapo, der vorn ging, sah es nicht, und auch nicht die, die bei den Steinhaufen waren. Auf dem Weg gab es keine Kontrollen mehr, nur auf der Strecke scheuchten uns die Kapos manchmal aus Spaß mit Knüppeln. Wenn wir so mit den Steinen liefen, erzählten Jaczewski und ich uns verschiedene Geschichten aus dem Lager und aus der Freiheit. Obwohl sich für ihn die Bedingungen verschlechtert hatten, hatte er den Humor nicht verloren. Er erzählte mir seine Träume, aus denen hervorging, dass man sich um ihn bemühte und er bald auf freien Fuß kommen werde.

Ich hatte vor, ein Tagebuch über unsere Lagertoiletten zu schreiben, die erst gebaut wurden und immer geschlossen waren. Und wenn sie offen waren, wurden nur jeweils zwei Personen hineingelassen, obwohl es etwa zehn oder zwölf Klosetts gab. Das Tagebuch sollte so aussehen:

„Montag. Ich will scheißen – der Abort ist geschlossen. Dienstag. Ich gehe zum Abort – geschlossen. Mittwoch. Wie gestern. Donnerstag. Inzwischen schwer auszuhalten, ich gehe zum Abort – geschlossen. Freitag. Ich kann nicht mehr aushalten, der Abort ist geschlossen. Samstag. Ich brauche ihn nicht mehr – ich habe eingeschissen!!!!!!" Hier müssen unbedingt viele Ausrufezeichen hin.

Solche und ähnliche Gespräche führten wir, um uns die Zeit zu vertreiben. Mit den Aborten war es wirklich lustig. Sie waren nur dann geöffnet, wenn niemand im Lager war, aber es durften nur zwei Häftlinge rein. Und morgens und mittags, und oft auch abends, waren die Toiletten geschlossen. So war es mehrere Monate lang, später waren die Toiletten Tag und Nacht geöffnet, für alle. Man durfte sich nur nicht auf das erste Klosett setzen, das für die Blockältesten, die Stubenältesten, die Kapos und die Blockschreiber bestimmt war und so mancher, der das nicht wusste, bekam heftig auf den Kopf, wenn er es sich erlaubte, sich mit seinem durchschnittlichen Arsch auf das aristokratische Scheißhaus zu setzen.

Mit Jaczewski trug es sich angenehm, weil die Organisation des Tragens gut war und er in der Lage war, interessant über seine Saufeskapaden und Auslandsreisen zu berichten, aber der Nachteil bestand darin, dass man dennoch die Steine tragen musste und Stockschlägen ausgesetzt war.

Und die beste Art und Weise, sich abzuseilen war, auf die Toilette zu gehen. Wer zur Toilette ging, setzte eine Runde aus, und alle gingen weiter, aber wenn man zurückkam, schloss man sich meist der Gruppe wieder an und trug weiter Steine. Die Menschen hatten Angst, sich von der Arbeit abzuseilen – sie wussten nicht, was sie weiter machen sollten. Ich ging in die Gegend beim Hundezwinger und der Kantine – dort fand ich entweder etwas oder eben nicht, und dann versuchte ich, ins Lager reinzukommen.

Die Toilette, zu der wir gingen, war eigentlich keine Toilette, sondern ein riesiges Loch in Form eines Trichters, in den auch Küchenabfälle geworfen wurden. Die Häftlinge erledigten hockend ihre Notdurft – hinten –, vorn aber pulte man mit dem Finger im dicken Matsch, der aus der Küche hierhergetragen wurde und aus diesem Matsch zog man Möhrenscheiben heraus, manchmal noch mit ein bisschen Grün daran. Das waren Abfälle aus der SS-Küche. Wenn nichts in Reichweite war, rückte man – ohne die Nebenbeschäftigung beendet zu haben, das heißt das Erledigen seiner Notdurft – zwei Schritte weiter und pulte weiter mit dem Finger im Matsch. Alle, die dorthin kamen, machten das Gleiche. Man musste nur aufpassen, dass man den Finger nicht in die Scheiße steckte, die manchmal von einer frischen Schicht Matsch bedeckt war. Man musste vorsichtig suchen und nur in der Hocke, mit hinuntergelassenen

Hosen, denn sonst bekam man Schläge mit dem Stock von dem, der aufpasste, dass dort keiner lange sitzt. Als ich eine halbe Jackentasche mit Karotten gefüllt hatte, verließ ich diese Stätte auf der Suche nach einer Pfütze, in der ich die Abfälle abspülen konnte, und dann aß ich sie, indem ich ein Stück nach dem anderen aus der Jackentasche hervorzog. Als die Zeit des Organisierens von Hundefutter vorbei war, und ich nichts organisiert hatte, ging ich an meine Stelle, an der ich eine Heugabel versteckt hatte und stellte mich an einen großen Misthaufen in einer Gegend, in der keine Arbeitsgruppen waren. Das war der feste Platz, an dem Franek Falandysz „Dienst schob", ein Junge vom Lande, der mir einmal seinen Arbeitsplatz gezeigt hatte. Ich wusste immer, dass ich ihn hier finde. Wir standen bei dem Mist und bewegten uns nur dann, wenn ein SS-Mann vorbeikam. Dieser Ort war insofern gut, als sechzig Meter von uns entfernt in der Erde Futterrüben verbuddelt waren und wenn keiner die Gasse entlangkam, konnte man einen Sprung in die Futterüben wagen. Wir wagten diese Sprünge oft, jeder auf eigene Faust, und meistens gelang es mir, eine oder zwei Futterrüben zu ergreifen. Damals lagen noch ein bisschen Schnee und dünnes Eis auf den Pfützen, und der Boden war nur leicht an der Oberfläche gefroren. Das erste Mal, als ich einen Sprung in die Futterrüben machte, sackte ich mit dem Bein bis übers Knie im Schlamm ein, der unter der leichten Schneeschicht und der dünnen Eisschicht war. Später wusste ich, wo ich entlanggehen musste, trotzdem ging mir jedes Mal der Matsch bis über die Schuhe. Aber man wusch sich den Schlamm in einer Pfütze von den Schuhen und Hosen. Was in die Schuhe hineinging, trocknete, aber die Futterrübe hatte ich und wenn ich sie in Scheiben geschnitten hatte, trug ich einen Teil ins Lager, um ihn mit Brot zu Abend zu essen, und einen Teil aß ich gleich auf dem Arbeitsgelände.

Eine ähnliche Methode wie ich wandte Leon Cerak an. Man muss ihm zugestehen, dass er gut trickste, dass er mutig war und ein großer Vorteil für ihn war, dass er gut Deutsch sprach. Als wir zusammen zum Steinetragen eingeteilt wurden, verabredeten wir uns, wo wir uns treffen, und dann tricksten wir zusammen weiter. Unser Treffen verabredeten wir meistens in der Toilette des Steinbruchs in Gusen – denn es gab drei Steinbrüche: Gusen, Kastenhofen und Oberbruch –, diese Stelle war weit weg von der Strecke der Steinträger (die Steine wurden im Steinbruch Kastenhofen getragen). Dieser Abort war eine lange Stange, angebracht über einem kleinen Bächlein. Ein Deutscher bewachte ihn, ein verdammter Muselmann. Er konnte kaum auf den Beinen stehen. Er stand und stand und plötzlich begann er zu brüllen: „Schneller, schneller, weg, weg!", und scheuchte mit dem Stock diejenigen auf, die seiner Meinung nach zu lange saßen. Er prügelte sie mit dem Stock und während er sie vertrieb, rief er, dass sie nicht gekommen seien, um ihre Notdurft zu verrichten, sondern um sich auszuruhen. Trotzdem war das noch der beste Ort sich zu treffen und Leon Cerak und ich verabredeten uns oft dort.

Wenn wir uns trafen, versuchte ich nicht mehr, Essen zu ergattern. Ich wollte nicht, dass er meine Wege kannte, denn es gab zu viele Interessierte und dann hätte ich nicht mehr solche Möglichkeiten gehabt. Unsere Zusammenarbeit bestand darin, während der Arbeitszeit ins Lager zu kommen, offiziell, durch das Tor. Er war mutig, aber er hatte keinen Partner für diese Sportart, denn alle fürchteten sich davor das Risiko auf sich zu nehmen, mich aber schreckte das nicht ab. Wir machten uns also auf die Suche nach der entsprechenden Ausrüstung, mit der man ins Lager hineingehen konnte. Oftmals waren das Tragen, auf denen wir irgendwelches Baumaterial oder Kohlen transportierten. Cerak meldete am Tor, dass zwei Häftlinge Kohlen in die Küche tragen ... und sie ließen uns immer ohne Hindernis rein. Wenn wir ins Lager reingekommen waren, liefen wir mit den Kohlen zur Küche, schütteten sie auf den Kohlehaufen, die Trage ließen wir hinter der Küche und selbst versuchten wir zusammen mit anderen, die im Lager waren, zwischen den Baracken Begegnungen mit SS-Männern und Lager-Herrschaften zu vermeiden, und befassten uns in ruhigen Augenblicken mit dem Einfangen von Läusen und Flöhen aus der Unterwäsche.

Eines Tages, als Cerak und ich freie Tragen suchten, trat ein Kapo an uns heran und nahm uns mit in den Steinbruch Gusen. Er befahl uns, in einem Werkzeugschuppen Ordnung zu machen. Als wir damit fertig waren und es in dem Schuppen nichts mehr zu tun gab, befahl uns ein anderer Deutscher an „unsere Arbeit" zu gehen. Als wir auf dem Weg zu unserem Ausgangspunkt waren, holte uns der Kapo ein und gab uns ordentlich aufs Maul dafür, dass wir von der Arbeit weggelaufen waren. Cerak schaffte es, ihm zwischen den Schlägen zu sagen, dass uns gesagt worden war, wir sollten gehen. Er hörte auf zu schlagen und nahm uns mit in seine Bude. Dort saßen zwei Deutsche. Er fragte den einen, ob er uns gesagt hätte, wir sollten gehen, und der bejahte das. Das war unser Glück. Schließlich hätte uns dieser Teufel umgebracht, wenn der andere verneint hätte, und das kann ich deshalb sagen, weil er schrecklich wütend wurde, als er die Bestätigung hörte. Er begann, den Deutschen mit Fäusten zu schlagen. Schließlich schnappte er sich einen dicken Stock, zu zweit legten sie ihn über eine Bank, einer setzte sich auf seinen Kopf und drehte ihm die Arme nach hinten, und der andere schlug und schlug und hörte erst zu schlagen auf, als der ganze Stock zerbrochen war, und der Geschlagene, als er hinausging, so taumelte, als hätte er mindestens einen Liter Wodka getrunken. Wir schau-

ten dieser Exekution zu und mir standen die Haare sogar auf dem Hintern zu Berge und auf dem Kopf. Das war ein Massaker und keine Prügel.

Einmal wurden wir bei heftigem Regen zur Arbeit geschickt. Als sie uns zur Arbeit losgejagt hatten, war die Kleidung schon nass bis auf den Körper. Der blödeste Moment ist der, wenn man die ersten Wassertropfen spürt, die vom Kragen über den nackten Rücken nach unten fließen. Danach ist alles egal. Wir machten uns einen Spaß daraus, uns auf die nassen Schultern zu klopfen. An diesem Tag war es sehr kalt – das waren erst die ersten Märztage. Bei der Arbeit bewachte uns keiner, also tat auch niemand etwas. Die SS-Männer und die Kapos hatten sich in den Ecken und Schuppen untergestellt, und wir mussten im Regen herumlaufen, weil man sich nirgendwo mehr unterstellen konnte. Wo auch immer ich einen Schuppen oder eine Dachtraufe fand, standen dort schon Kapos und jagten alle mit Knüppeln und mit Prügel fort. Plötzlich fühlte ich, dass mir so komisch wird, irgendwie leer im Kopf … und ich geriet aus dem Gleichgewicht – einmal, zweimal und ein drittes Mal. Mir wurde klar, dass etwas mit mir nicht stimmte. Ich war schwächer geworden. Cerak war damals nicht bei mir, und wenn ich jemanden versuchte zu überreden, ins Lager zu gehen, hatten alle Angst. Schließlich gelang es mir, einen zu überreden, eine Leiche, die im Schlamm lag, ins Lager zu tragen. Wir nahmen sie auf die Schultern und trugen sie durch das Tor ins Lager. Als der SS-Mann uns etwas fragte, sagte ich nur ein Wort: „Kapo" – und zeigte auf den Toten und auf das Lager. Das sollte bedeuten, dass ein Kapo uns befohlen hatte, ihn ins Lager zu tragen. Er ließ uns durch.

Im Lager legten wir den Leichnam vor den Waschraum und ich versuchte mein Glück im Block – es klappte. An diesem Tag vertrieb der jähzornige Tscheche niemanden aus der Stube. Die Methode der vollkommenen Sprachunkenntnis wandte ich bis zum Ende meines Lageraufenthaltes an. Deutsch sprach ich nur in Gesprächen mit Kameraden oder wenn ich irgendein Geschäft machte, aber wenn jemand ein Problem mit mir hatte, ein Blockältester, ein Kapo oder ein SS-Mann, verstand ich nie etwas. Das half viel. Denn wenn ich den Idioten spielte, bekam ich höchstens etwas aufs Maul und das war alles.

Außerdem hasste ich diese Sprache und konnte nur so viel, wie sich mir über die Jahre durch ständige Wiederholung eingeprägt hatte. Ich gab mir nicht die geringste Mühe, mir irgendein Wort zu merken. In den Jahren 1944–1945, als ich zu einem Deutschen sagte – damals schon auf Polnisch – „ich verstehe nicht", äffte der mich boshaft nach:
„Verstehe nicht, verstehe nicht! Wie viele Jahre lebst du im Lager?", fragte er mich.

„Viereinhalb."
„Und über all diese Jahre hast du kein Deutsch gelernt?"
„Und wie viele Jahre sitzt du mit Polen im Lager?"
„Auch Viereinhalb."
„Und warum hast du über all diese Jahre kein Polnisch gelernt? Hier sind mehr Polen als Deutsche, und ich spreche sowieso besser Deutsch als du Polnisch. Wenn ich etwas von dir will, spreche ich mit dir Deutsch, aber wenn du etwas von mir willst, sprich Polnisch mit mir oder such dir einen Dolmetscher."

Bis heute werde ich, wenn ich diese Sprache höre, verrückt und bin in der Lage, eine unzurechnungsfähige Handlung in Bezug auf die Person vorzunehmen, die diese Sprache spricht. Tja – ein psychisches Trauma, das mir bis zum Tod bleiben wird.

Ein paar Mal landete ich bei scheußlichen Arbeiten. Zwei oder drei Mal wurde ich eingefangen und sollte bei den Pumpen, die das Lager versorgten, Tragen mit Kies transportieren. Da war so ein wahnsinniger Kapo, der uns keine Sekunde in Ruhe ließ. Wir gingen in einer Gruppe und er ging pausenlos hinter uns und schlug uns pausenlos mit einem dicken Stahlstock. Das war nicht lustig. **Den halben Arbeitstag hindurch wurde man schrecklich geschlagen, einen halben Tag deshalb, weil keiner da jemals wieder von allein hinging, es sei denn, dass er zufällig wieder eingefangen wurde. Sich abzuseilen war schwierig, weil wir als ganze Gruppe gingen, immer zwei an einer Trage und er ging immer mit uns. Sogar zur Toilette und man konnte nicht fort, weil er diese Dinge auf Befehl erledigen ließ, wenn wir bei den Pumpen waren. Der Befehl lautete: „Wer mal muss, kann hier seine Notdurft verrichten!", „Ende, an die Arbeit." Ich hütete mich wie der Teufel vor dem Weihwasser davor, in diese Gruppe zu kommen.**

Es gab noch eine Gruppe, vor der ich weglief wie vor dem Tod. Diese Arbeit wurde im Lager verniedlicht „kleine Hölle" genannt – aber das war wohl mehr als eine kleine Hölle.

Man arbeitete auf der Baustelle für die Steinmühle, aber zu dieser Zeit wurde eigentlich erst ein riesiges und mehrere Dutzend Meter tiefes Loch gegraben für die zukünftigen Fundamente der Steinmühle, die mehrere Etagen unter und mehrere Etagen über der Erde hatte. Zu dieser Arbeit marschierten jeden Morgen und Nachmittag einhundertfünfzig Häftlinge und es kamen etwa einhundert zurück. Der Rest wurde von diesen Hundert als Leichen, Bewusstlose oder schwer Geprügelte getragen. Sich von dieser Arbeit abzuseilen war sehr schwierig und eine misslungene Flucht bedeutete den sicheren Tod. Die Arbeit an diesem Ort bedeutete auch fast den Tod. Dieses ganze Arbeitsgelände war mit einer Wachpostenkette umstellt, bestehend aus deutschen Häftlingen, jeder mit einem soliden Knüppel in der Hand. Wenn jemand versuchte wegzulaufen und geschnappt wurde, schlugen ihn die Kapos mit Knüppeln – vor den Augen aller, zur Abschreckung – bis sie ihn umgebracht hatten. Und wenn es jemandem gelang zu fliehen und dann bei Arbeitsschluss – mittags oder abends – beim Zählen einer fehlte, bekam jeder von denen, die Wache gestanden hatten, mit dem Stock fünfundzwanzig Schläge auf den Hintern. Keinem taten sie leid, aber sie bemühten sich, gut aufzupassen, denn beim Aufpassen mussten sie nicht schwer arbeiten und wurden nicht geschlagen. In dieser Gruppe von einhundertfünfzig Personen arbeiteten wohl nicht mehr als hundert, der Rest waren Kapos, Wachposten und Antreiber. Von den Arbeitenden wurden etwa fünfzig Personen zu jedem Appell ins Lager getragen, das heißt mittags und abends.

Die Arbeit dort war so organisiert, dass schwerer, nasser Lehm aus dem Loch hinausgetragen wurde – auf Brettern ohne Geländer – und zu einer hundertfünfzig Meter entfernten Aufschüttung gebracht wurde, von der aus Unebenheiten im Gelände nivelliert wurden. Eine Gruppe arbeitete im Loch – die Arbeit war ein bisschen besser. Sie gruben dieses Loch und warfen den Lehm in die Mitte des Loches, wo wiederum einige Häftlinge standen, die den Lehm denen auf die Tragen warfen, die ihn hinaustrugen. Manche liefen nur mit Knüppeln umher und schlugen pausenlos, damit die Leute gut und schnell arbeiteten. Schlimmer war die Arbeit derer, die den Lehm tragen mussten. Sie waren ununterbrochen in Bewegung. Ihre Runde sah so aus, dass sie, nachdem sie den Lehm von den Tragen geworfen hatten, rennend zu dem Loch zurückhetzen mussten – denn von hinten schlug ein extra dafür abgestellter Antreiber. Man lief auf Brettern in das Loch und musste rennend durch das Spalier derjenigen, die in dieser Zeit die Trage beluden. Das Rennen bot die Chance, dass zwei oder drei es nicht schafften, ihre Ladung auf die Trage zu werfen und diese somit leichter war. Diejenigen, die die Trage transportierten, bemühten sich, so schnell wie möglich durch das Spalier zu rennen, und die, die aufluden, bemühten sich, so viel wie möglich auf die Trage zu laden, denn wenn ein Kapo sah, dass auf der Trage wenig Lehm war, bekamen die Auflader eine zusätzliche Portion Schläge und einige mussten zum Tragen wechseln.

Mit den vollen Tragen gingen wir auf anderen Brettern hinauf. Auf den Brettern schlug niemand mehr, aber hier drohte die Gefahr, hinunterzufallen, weil die Bretter rutschig, nass und mit Lehm verschmiert waren. Wenn jemand hinunterfiel, stand unten schon ein Magier, der ihn erledigte. Nein, er schlug ihn nicht, um ihn umzubringen. Er schlug ihn nur, damit der aufstand und an die Arbeit ging – und wenn er sicher war, dass der, der heruntergefallen war, nicht mehr in der Lage war aufzustehen, zog er ihn zu dem Haufen mit den anderen und ... wartete auf den nächsten Patienten. Wenn man oben angekommen war, musste man schnell die Strecke zur Aufschüttung zurücklegen, denn alle fünfundzwanzig Meter stand ein Antreiber mit einem Stock und schlug diejenigen, die an ihm vorbeiliefen. Endlich die Aufschüttung. Dort stand ein Häftling mit einem Spaten und holte damit den Lehm von den Tragen, der kleben geblieben war, und ein zweiter Häftling, der in der Zeit diejenigen schlug, die die auf die Seite gedrehte Trage hielten.

Drei Mal war ich dort – und dreimal bin ich weggelaufen. Jedes Mal mussten mich die Wachposten der „kleinen Hölle" gesehen haben, aber ich führte sie damit in die Irre, dass ich eine riesige Last trug. Ich nahm immer von hinter dem Stacheldraht einen schweren Balken, den ich so trug, dass ich fast einknickte. Den Wachposten kam es nicht in den Sinn, dass sich jemand aus der „kleinen Hölle" mit einem schweren Balken auf dem Rücken absondern würde. Sie dachten bestimmt, dass jemand aus einer anderen Arbeitsgruppe auf der Suche nach einem Balken, den er brauchte, in dieses Gelände vorgedrungen war. Soviel über die „kleine Hölle" – über die einzige Arbeit, vor der ich mich wirklich fürchtete, weil dort pausenlos der Tod zu spüren war.

Ein paar Mal landete ich auch bei der Arbeit im Steinbruch Kastenhofen, wo der Oberkapo Krudzki war, ein Deutscher mit polnischem Nachnamen, im Lager „Tiger" genannt. Er hatte einen Gehilfen, den „Jungen Tiger", einen Polen, an dessen Namen ich mich nicht erinnere, der genauso ein Verbrecher war wie Krudzki. Vom Aussehen her war das ein sehr netter und attraktiver junger Mann, angeblich Fähnrich in der Polnischen Armee. Krudzki war ein Mann mit dem Aussehen und dem Blick eines Verbrechers, der niemals lächelte. Ab und an kam er aus seiner Bude raus und lief herum auf der Suche nach jemandem, den er umbringen würde. Der Ausgewählte wurde in seine Bude geführt und dort brachte er ihn um. Wir wussten nie, wen er bei seinem Rundgang auswählte. Wenn er sich näherte, begannen alle energisch zu arbeiten, um nicht seine Aufmerksamkeit auf sich zu ziehen. Erst später habe ich erfahren, wer seine Opfer waren. Er hatte seine Schoßhündchen unter den Häftlingen und die verrieten ihm, wer von den Häftlingen Goldzähne hatte. Und die erledigte er mithilfe des „Jungen Tigers" und wurde so zum Besitzer der Goldzähne. Für dieses Gold kaufte er sich Vergnügen, die für die Häftlinge nicht zugänglich waren, wie Wodka, gutes Essen und die „Liebe" von Frauen. Er hatte dort seinen vertrauten Meister, der ihm alles mitbrachte. Nachmittags brachte eine Frau dem Meister das Essen und wenn er aß, wobei er vor der Bude saß und beobachtete, ob sich ein SS-Mann näherte, „amtierte" sie unterdessen in der Bude mit dem „Tiger".

Ein paar Mal kam ich auch in die Arbeitsgruppe von Kapo Stanisław Stroński, ein Schlesier, der eine große Leidenschaft für das Umbringen von Menschen hatte. Nach dem Krieg wurde Stroński in Katowice vom Gericht zum Tode durch Erhängen verurteilt. Er hat viele Häftlinge umgebracht, doch ich weiß nicht warum, aber als ich bei ihm arbeitete, hat er mich nie geschlagen; ich hatte eher das Gefühl, dass er mich für meinen Humor mochte. Sicherheitshalber aber versuchte ich, seine Gruppe zu meiden – und außerdem versuchte ich sowieso Arbeit zu vermeiden.

Zweimal begab es sich, dass ich im Umkreis der SS-Baracken arbeiten musste: einmal wurden die Gässchen mit kleinen Steinen aufgeschüttet, und beim zweiten Mal wurden kleine Plätze zwischen den Baracken ausgehoben, auf denen Blumenbeete entstehen sollten. **Beim ersten Mal stürzte sich eine wilde Herde SS-Männer auf uns und rollte über uns hinweg wie ein rasender Zug. Ich fiel nur hin, über manche wurde drüber gelaufen, und dem blinden Hubert aus Czuszów zerschlugen sie dabei seine Brille mit dicken Gläsern, und er sah ohne diese Brille fast nichts, so dass ich ihm helfen musste, ins Lager zurückzukommen. Ein paar Tage später sah ich, dass er bereits eine andere Brille trug, die er sich von irgendeiner Leiche organisiert hatte.**

Die Arbeit in den Gärten war insofern unangenehm, als es den ganzen halben Tag lang (ich kehrte nie zu der gleichen Arbeit zurück) regnete. Im Jahr 1944 erinnerte mich Władysław Latkiewicz, ein Lehrer aus Żywiec, mit dem ich zusammen in der gleichen Steinbruchhalle arbeitete, an diesen halben Tag. Er sagte in einem langsamen und phlegmatischen Ton:

„Stasiek, ich werde dich nie vergessen. Nicht, weil du jetzt – wohlgenährt und mit schief sitzender Mütze – immer lustig und humorvoll bist. Sondern ich erinnere mich, wie wir 1941 hinter den Baracken der SS im Regen gearbeitet haben, bis über die Knöchel im Matsch stehend. Die einen weinten, die anderen fluchten und wieder andere beteten – und du stehst da und singst banale Lieder. Ich habe dich damals zum ersten Mal gesehen und mir dich eingeprägt. Damals dachte ich: Worüber freut der sich denn so, schließlich wird er in einem Monat abkratzen. Ich erinnere mich sogar, was du damals gesungen hast: *U cioci na imieninach*[18].

Ich erinnere mich auch an diese Szene. Wir arbeiteten im Regen. Der Kapo stand unter der Dachtraufe und wenn er jemandem die Fresse polieren wollte, rief er ihn zu sich, polierte ihm die Fresse und schickte ihn wieder an die Arbeit. Ich schippte mit dem Spaten den Matsch und sang im Takt einen humo-

18 Dt. Bei der Tante zum Namenstag. (Anm. d. Übers.)

ristischen Tango. Und zwar – ein Spatenstich und „Bei der Tante zum Namenstag", ein Spatenstich – „gibt's Wodka und zwei Flaschen Wein", ein Spatenstich – „Hering, Pfannkuchen und Schweinefleisch", ein Spatenstich – „kommen Gäste und es ist fein". Denn dort war es wirklich fein. Läuse, Flöhe, Filzläuse (woher? – das weiß ich selbst nicht), Krätze, Flechten über die halbe Fresse, Geschwüre – acht, zehn Stück auf einmal – und pausenlos geschlagen – das war ich. Nach Läusen suchte man jeden Tag, allein in meinem Hemd fand ich um die achtzig Stück. Ich bekämpfte sie durch ständige Kontrolle der Wäsche und der Decken, aber es kamen immer wieder neue. Wenn man eine umgebracht hatte, kamen fünfhundert zum Begräbnis und alle bissen. Ich ging zum Verbandwechseln und bat um einen Verband, und wenn sie mir keinen geben wollten, „organisierte" ich mir selbst einen. Jeden Morgen legte ich mir ein Stück des Verbandes um den Hals, so dass die Enden unter dem Hemd lagen, eins auf der Brust, das zweite auf dem Rücken. Wenn ich dann bei der Arbeit war oder nicht bei der Arbeit, so nach zwei Stunden, nahm ich den Verband vorsichtig ab, auf dem es nur so von Läusen und Flöhen wimmelte. Fast alle Läuse waren raufgeklettert. Wenn ich mein Hemd untersucht hätte, hätte ich höchstens ein paar oder ein Dutzend gefunden.

Mit den Flöhen war das Spektakel größer. Davon gab es Millionen. Sie sprangen in der Stube herum, im Abort, zwischen den Blocks und auf dem Appellplatz. Ganze Armeen. Nachts stellten wir Schüsseln mit Wasser unter die Betten, in denen morgens eine ganze Schicht ertrunkener Flöhe schwamm. Wenn man sein Hemd aufknöpfte, hörte man psch, psch – und sie platzten heraus wie eine Fontäne, und wenn ich mein Hemd auszog, drehte ich es gleich auf die linke Seite. Es waren so viele, als hätte jemand Mohn über das Hemd gestreut. Flöhe suchte man nicht. Ich nahm mein Hemd am Kragen und schüttelte die Flöhe mit der Hand hinunter. Wir hatten im Block einen Juden, angeblich war er Redakteur beim „Abendexpress", an seinen Namen erinnere ich mich nicht – der wurde von Läusen regelrecht aufgefressen. Er wollte sie nicht töten. Als wir ihn endlich antrieben und er in seinem Pullover zu suchen begann, zählte er nur bis achthundert, dann wurde er wütend und zählte nicht mehr, sondern tötete sie. Filzläuse wurde ich los durch das Abrasieren aller Behaarung und das Einreiben mit Petroleum, das mir Kameraden besorgten und für das ich ein Stück Brot geben musste. Eine Flechte hatte sich über meine halbe Fresse ausgebreitet – die ganze rechte Seite – und juckte wie verrückt. Eine Zeitlang rieb ich sie mit Eigenurin ein, das hatte man mir geraten, später mit Schmiere, die aus Zigarettenspitzen herausgekratzt wurde – das brannte, schließlich verschwand sie mit einer Salbe, die wieder Heniek B. aus dem SS-Revier besorgt hatte.

Krätze hatte das ganze Lager. Nur die Prominenz aus dem Aristokraten-Block hatte sie nicht, denn die mieden den Kontakt mit den Muselmännern und erhielten vom SS-Revier eine Salbe gegen Krätze. Sie wurde ihnen ausgegeben, weil sie schließlich unter den SS-Männern arbeiteten, und die hatten Angst, dass ihnen die Häftlinge Läuse und Krätze einschleppen. Uns wurde nichts gegen die Krätze gegeben – manche hatten Wunden von der Krätze; da setzten sich dann wieder die Läuse fest – und schon hatte man Läusesucht. Ich hatte keine Läusesucht und auch keine Krätzewunden. Warum, das weiß ich selbst nicht genau, vielleicht weil ich mich nie wie besessen kratzte, denn ich war mir darüber im Klaren, was bei solchen Wunden drohte. Und ich verjagte in jedem freien Augenblick Läuse und Flöhe.

Endlich kam die Zeit – wohl im Juni –, da fässerweise Salbe gegen Krätze ins Lager gebracht wurde. Abends nach dem Abendbrot wurden wir nackt vor den Block getrieben, wir stellten uns in Reihen auf, und die „Blockherren" trugen uns mit Holzlöffeln die Salbe vorn und hinten auf. Jeder rieb den Rücken dessen ein, der vor ihm stand, und vorn rieb sich jeder selbst ein. So wurde die Krätze im Grunde liquidiert – wenn man sich einige Tage eingesalbt hatte. Später kam sie noch ab und an, aber seitdem war so viel Salbe da, dass jeder sie jederzeit bekommen konnte. Das nutzte ich im Herbst 1941, als wir jeden Tag unter freiem Himmel gebadet wurden, aber darüber erzähle ich an anderer Stelle.

Geschwüre – es gab keinen, der sie nicht hatte. Geschwüre hatten wohl all diejenigen, die in der Kälte und im Regen arbeiteten, und dazu hungrig waren. Ich hatte acht bis zehn, manchmal zwölf. So mancher ist an Geschwüren gestorben. Bei manchen habe ich fantastische Geschwüre am Hinterkopf gesehen. Sie wurden im Prinzip ein paar Tage später ins Krematorium getragen. „Onkel" Opas wurde von einem riesigen Geschwür auf dem Bauch getötet. Solche schrecklichen Geschwüre hatte ich nicht, ich hatte mittelgroße. Sie nisteten sich meistens an den Schulterblättern, unter den Achseln, auf der Taille, in der Nähe der Leisten und auf den Pobacken ein. Die auf den Pobacken und auf den Schulterblättern wurden oft von den Kapos aufgeschlagen. Die anderen drückten wir selbst aus. Sehr oft, wenn es nach dem Abendessen keinen „Sport" gab, ging ich mit Cerak hinter die Baracken und dort drückten wir einander reife Geschwüre aus. Ich drückte sie Leon aus und er mir. Das – nein, das ist noch nicht reif. Das – zu früh. Das – ja, das geht. Und dann drückte man es, dass es knackte und der Eiter nur so spritzte. Man wischte es mit irgendwelchen schmutzigen, alten Lappen ab, durch die hindurch man es griff und den Stiel des Geschwürs herauszog. Bis heute wundert es mich, dass sich das nicht entzündet hat. Zwei Bekannte starben an Geschwüren, die sich ihnen am After gebildet hatten. Ich hatte nur einmal so ein Mistvieh am linken Bein – außen, fünfzehn Zentimeter über dem Knie. Ich konnte weder laufen noch mich bücken und wusste selbst nicht mehr, was ich damit machen soll. Es saß tief, deshalb konnte man es nicht ausdrücken. Die Lösung kam von selbst. Beim Appell musste man strammstehen und nach deutscher Methode mussten die Hände an die Hosennaht gelegt werden. Der Appell dauerte sehr lange, deshalb stand niemand die ganze Zeit so. Alle richteten sich auf und nahmen diese Haltung dann ein, wenn sich ein SS-Mann näherte. Ich stand meistens in der letzten, in der zehnten Reihe. An diesem Tag stand ich da, hatte mein Knie entspannt und hörte nicht, dass von hinten ein SS-Mann kam. Der wollte mir gegen die Hand treten – dafür, dass ich sie nicht richtig hielt – und mit ganzer Kraft trat er mir fünf Zentimeter tiefer, genau auf das Geschwür. Mir wurde schwarz vor Augen, süß im Hals, ich taumelte auf die Kameraden, die in der neunten Reihe standen – ich dachte, ich werde ohnmächtig. Schließlich ging das vorbei und da spürte ich, dass mein Hosenbein nass war.

Nachdem das Brot ausgehändigt worden war, besorgte ich mir einen großen Lappen, setzte mich hinter die Baracke und drückte das aufgeschlagene Geschwür ganz aus. Der Eiter lief wie aus einem Wasserhahn. Ohne zu übertreiben kann ich sagen, dass mindestens ein halber Liter herauslief. An dieser Stelle blieb mir am Bein für immer eine Vertiefung. Als ich es ganz ausgedrückt hatte, lächelte ich vor Freude, weil ich an den SS-Mann dachte, der mich getreten hatte: „Du würdest toben, Dreckskerl, wenn du wüsstest, was für einen Dienst du mir damit erwiesen hast." Sonst tat ich nichts gegen die Geschwüre und als sie im Sommer alle verschwanden, bekam ich sie auch nie wieder, bis auf eines.

Es gibt eine Erzählung von Maupassant, in der er einen jungen Mann beschreibt, der zum Doktor fährt, und es stellt sich heraus, dass in seinem Ohr ein Floh sitzt. Wer diese Novelle liest, lacht über den Geiz des jungen Mannes, über seine Dummheit, dass er mit so einer Kleinigkeit zum Doktor fährt. „Kleinigkeit" – ich könnte so eine Kleinigkeit meinen Feinden wünschen. Da kann man doch verrückt werden. Das rattert im Ohr wie ein Maschinengewehr. Das Vieh bleibt im Ohrenschmalz stecken und zittert offensichtlich vor Angst, und im Kopf hämmert es, als würde einer mit dem Presslufthammer arbeiten. Als ich zum ersten Mal einen Floh im Ohr hatte – nachts –, wusste ich nicht, was ich tun sollte. Ich pulte mit dem Finger im Ohr, dann mit einem Strohhalm – und das Mistvieh knurrte in meinem Kopf. Endlich kam mir die einzig – wie sich herausstellte – richtige Idee: ihn zu ersaufen. Ich ging ins Bad, goss mir Wasser ins Ohr – so wie man manchmal beim Baden Wasser ins Ohr bekommt, dass man auf dieser Seite taub wird. Ich hielt den Kopf etwa eine Viertelstunde schief – der Floh ertrank. Noch zweimal hatte ich einen Floh im Ohr, aber sofort, als ich im Kopf das Maschinengewehr spürte, lief ich ins Bad und ade – der Floh war tot. Ich dachte mir damals, dass das eine gute Methode sei, alles loszuwerden, was lebendig ist (außer Wasserwesen) und was für uns ärgerlich und unangenehm ist. Deshalb war offensichtlich das Ertränken die grundlegende Methode, Muselmänner zu töten, die den Herren aufgefallen waren.

In der Zeit, die ich jetzt beschreibe, wurde ich in Block 1 verlegt. Damals war Block 1 noch nicht der Block für die Prominenz. Die Lageraristokratie wohnte in Block 7. In Block 1 blieb ich nicht lange, aber in Erinnerung ist mir geblieben, dass ich vom Stubenältesten einige Male ordentlich Prügel mit einem Tischbein bekommen habe. Das war Feliks Jakubowski, ein Bauer vom Dorf, der sich mir den ganzen Lageraufenthalt unrühmlich ins Gedächtnis einprägte als einer der schlimmsten polnischen Verbrecher – so wie Stanisław Stroński, Stanisław Kołeczko, Bronisław Ott und auch Karol Szmidt, der noch der beste von allen war.

In dem Bett neben mir lag ein Dorflehrer – an seinen Namen erinnere ich mich nicht –, den Jakubowski fertig machen wollte. Der Lehrer hatte den Fehler, dass er nachts einnässte. Jakubowski kam jeden Morgen mit dem Knüppel in unsere Ecke der Stube und verpasste ihm eine ordentliche Tracht Prügel. Er mache das planmäßig, ohne Wut, sogar mit einer gewissen Zufriedenheit. Eines Tages sagte er ihm, während er ihn schlug, dass er ihn innerhalb einer Woche erledigen werde. Ab diesem Tag schlug er ihn jeden Morgen unabhängig davon, ob er in der Nacht eingenässt hatte oder nicht. Am vierten Tag weinte dieser Mensch nach den morgendlichen Schlägen und sagte zu mir:

„Ich weiß jetzt, dass er mich töten wird. Wenn du überlebst, sag den Menschen, wie mich Jakubowski getötet hat, obwohl ich es nicht verdient hatte."

Wie angekündigt schlug Jakubowski ihn am siebten Tag so lange und heftig, dass er keine Kraft mehr hatte zur Arbeit zu gehen, und als wir mittags ins Lager zurückkamen, war der Lehrer eine Leiche, die nackt im Waschraum auf den Transport zum Krematorium wartete.

Im April 1941 wurden Block 6, 7 und 8 abgetragen und an dieser Stelle mit dem Bau von einstöckigen gemauerten Blocks begonnen, die erst 1944 fertiggestellt wurden; die Prominenz wurde in Block 1 verlegt, und wir in Block 32. Mir wurde ein Bett unten am Rande der Stube zugeteilt. Mir fiel auf, dass in der Mitte der Stube oben ein Bett frei war, im Gang am Fenster. Das beste Bett, weil man darauf sitzen konnte, während man auf denen in der Mitte und unten nur liegen konnte. Oben war es immer wärmer, und das Fenster diente zur schnellen Flucht, wenn in der Stube geprügelt wurde. Zwar war das riskant, aber das Beste war, dann durchs Fenster zu verschwinden. Riskant war es nur deshalb, weil es unklar war, welche Strafe angewendet wird, wenn jemand dabei erwischt wird – sie hätten einen auch umbringen können. Aber das drohte so oft und auch ohne irgendeinen Grund, dass ich mich daran schon gewöhnt hatte und was auch immer ich tat, ich dachte nie daran, ich wusste nur, dass sie mich eines Tages entweder für „ein Vergehen" oder für nichts, ohne irgendeine Schuld umbringen werden, einfach weil jemandem meine Fresse nicht gefiel, insbesondere meine Augen.

Aber ich wollte über den Aufenthalt in Block 32 schreiben. Ich belegte also auf eigene Faust – so machte man das – das obere Bett. Jemand sagte zu mir, dass da jemand anderer kommen soll – deshalb legte ich mich hin und wartete auf den anderen, der mich von diesem Bett hätte vertreiben wollen. Ich konnte nicht weggehen, schließlich war das keine Wohnung, in die man nach der Vermietung seine Möbel reinstellt und sie mit dem Schlüssel abschließt. Das einzige Möbelstück hier war ich. Wäre ich weggegangen und hätte meine Mütze, meine Schuhe oder meine Jacke dort gelassen, hätte ich nach meiner Rückkehr nichts mehr vorfinden können. Schließlich kam der Nachbar vom Bett nebenan. Verwundert fragte er, ob ich hier für immer bin, denn sein Kamerad solle hierherkommen. Ich antwortete ihm höflich, dass ich hier für immer bin, sein Kamerad müsse deshalb an seinem Platz bleiben, und ab heute könne ich sein Kamerad sein. An dieser Stelle gab ich ihm mit Schwung die Hand, stellte mich vor, er sich mir auch ... und wir waren wirklich die ganze Zeit bis zum Ende des Aufenthaltes im Lager hindurch gute Kameraden. Er hieß Stanisław Kornacki, war Lehrer aus Łęczyca, stammte aus Łódź. Nachdem ich die Sache so erledigt hatte, konnte ich ruhig mein Bett zurücklassen und die Baracke verlassen, weil man ein bereits belegtes Bett nicht mehr belegen durfte. Ich hatte ein freies Bett belegt, weil dessen vorheriger Bewohner an diesem Tag als Kranker ins Revier „zur Erledigung" aufgenommen worden war.

Block 32 war insofern unbequem als er weit weg war von den Toiletten und den Waschräumen, denn diese waren noch nicht fertiggestellt. Eine Toilette und ein Waschraum kamen auf drei Baracken statt auf eine, so dass sowohl zum Waschen als auch für den Rest ein Massenandrang war; in die Waschräume und Toiletten der anderen Blocks durfte man nicht gehen, dafür waren Schläge sicher. Zu unserem Waschraum und den Toiletten waren es etwa zweihundert Meter, zum Waschen musste man ohne Hemd gehen, gleichgültig wie das Wetter war, und nachts durfte man zur Toilette nur Mantel und Schuhe anziehen. Manche mussten diesen Weg sechs bis acht Mal in einer Nacht gehen. Ich stand vier Mal auf. Wenn ich das vierte Mal gegangen war, wusste ich, dass ich es nicht mehr schaffe, mich im Bett aufzuwärmen. **So manches Mal läutete es, wenn ich auf der Toilette war oder auf dem Rückweg von der Toilette.**

Der zweite Nachteil von Block 32 war, dass man mit jeder Zigarette bis zum Appellplatz laufen musste, das heißt durch das ganze Lager. Für Rauchen in der Nähe der Baracke drohte der Tod und in der Baracke war Rauchen überhaupt nicht denkbar. **Manche riskierten es und rauchten in der Nähe eines Blocks oder hinter einem Schuppen. Da gab es kein Licht, so dass die Kapos, insbesondere morgens, wenn es dunkel war und nach dem Frühstück alle aus der Baracke gejagt wurden, oft unter den Häftlingen herumliefen und prüften, ob sie eine brennende Zigarette sahen. Wer erwischt wurde, bekam eine ordentliche Tracht Prügel und zum Abschluss einen Salto Mortale in einen tiefen Graben mithilfe eines Faustschlages. In einen Graben, aus dem niemand allein herauskam, weil er zu tief war und senkrechte Wände hatte. Der Graben war an einer Stelle ausgehoben worden, an der kurz darauf eine Badeanstalt entstand. Ich rannte jeden Morgen auf den Appellplatz, nicht unbedingt deshalb, weil ich Angst hatte, sondern weil ich dort etwas zu rauchen von den mir bekannten Prominenten organisieren konnte. Wenn das ein größerer Stummel war, preschte ich wieder zurück ans andere Ende des Lagers, holte Kornacki und dann gings wieder auf den Appellplatz – zum Rauchen. Dadurch bekam ich mehrmals eins aufs Maul, denn wenn die Blocks sich bereits vor ihren Baracken zum Appell aufgestellt hatten, drängelte ich mich durch die Reihen, um zu meinem Block zu kommen. Unterwegs traf ich oft einen, der seinen Block aufstellte, so ein gutmütiger, der mir ohne Wut eins aufs Maul gab oder einen Tritt, damit ich ihn nicht störte, und weiter seins machte. Wenn ich bei meinem Block angekommen war, stellte sich oft heraus, dass er bereits aufgestellt war, dann konnte ich auch Prügel einstecken dafür, dass ich mich spät anschloss, aber diese Schläge waren nicht schlimm, eher eine Formalität und um nicht aus der Übung zu kommen.**

Um die Rauchwaren stand es immer schlechter. Die Muselmänner rauchten alles, was sich rauchen ließ und ein klein wenig Nikotin enthielt. Ich, der ich auch auf dem besten Weg war, ein Muselmann zu werden – denn meine Beine waren schon an den Knien dicker als an den Oberschenkeln –, tat dasselbe. Man rauchte Schnupftabak. Aus Papier machte man eine Art Trichter, füllte den Mist hinein und rauchte. Das machte einen schweren, süßen Rauch – und es qualmte wie der Samowar in der Wilanowska-Bahn. Es wurde auch Kautabak geraucht. Manche trockneten ihn mit der ganzen Schmiere, mit der er durchtränkt war – das war verdammt stark. Manche wickelten ihn aus, wuschen ihn, trockneten, zerkleinerten und rauchen ihn erst dann. Ich verbrauchte Kautabak auf rationale Weise – ich nahm ein Stück in den Mund und behielt es drin, während ich dabei pausenlos spuckte; dann trocknete ich es, zerkleinerte es und rauchte es. Ich gewöhnte mich so ans Tabakkauen, dass es mir zu fehlen begann, so wie das Rauchen – da hörte ich auf, ihn zu kauen und wusch ihn vor dem Rauchen. Geraucht wurden auch Reste aus Zigarettenspitzen. Wir machten uns Drähte, die am Ende plattgeschlagen wurden, damit sie wie ein Bohrer funktionierten, und mit diesem Draht reinigte man anderen die Zigarettenspitzen, und das, was herausgezogen wurde, rieb man mit Papier ab, das wiederum zusammengerollt wurde und dieses Papier rauchte man dann wie eine Zigarette. Das war auch furchtbar stark. Manche zerschnitten Zigarettenspitzen aus Holz in vier Teile und kratzten mit einem Stück Glas innen eine ziemlich dicke Schicht Holz heraus, die mit Nikotin gesättigt war. Das waren kleine Späne, die man wie Tabak zu einer Zigarette drehte und rauchte. Viele kauften Rauchwaren gegen Brot oder gegen die abendliche Portion Wurst – die lebten nicht lange. So „schlau" war ich nicht mehr als drei Mal gewesen, als Kornacki und ich uns zusammen Rauchwaren für eine Wurst kauften und die andere Wurst gemeinsam aßen. Über manche wunderte ich mich nicht einmal. Einmal sah ich einen Muselmann, dem der Tod aus den Augen schaute, und der seine Wurst für Rauchwaren verkaufte und verhandelte, damit ihm der Verkäufer eine selbstgedrehte Zigarette mehr gab.

„Zwei, zwei", sagte der Verkäufer.

„G-i-b-d-r-e-i", bat der Käufer und hatte keine Kraft mehr zu sprechen.

„Friss lieber was, du Dummkopf", sagte ich zu ihm, „du kannst dich kaum auf den Beinen halten, und verkaufst noch dein Fressen gegen was zu Rauchen."

„Kamerad", antwortete er mir, „ich kratze sowieso in ein paar Tagen ab, und ich will essen und ich will rauchen. Diese Wurst rettet mich sowieso nicht, dann rauche ich zumindest eine."

Er hatte recht.

Tadeusz Faliszewski – ein Sänger aus Warschau – machte sich einmal einen schönen Spaß. Das war zu der Zeit, als selbst die Blockältesten nichts zu Rauchen hatten. An einem Sonntagvormittag ging er auf dem Appellplatz herum, wo zu diesem Zeitpunkt eine Menge Leute waren, und rief laut „Wer will eine Zigarette? Wer will eine Zigarette?". Alle sahen ihn schief an und lächelten und dachten, dass sie nicht reinfallen auf den Spaß, den er sich macht. Als er bereits ein Dutzend Mal gerufen hatte, ging ich zu ihm und sagte spaßeshalber:

„Tadzio, ich will."

Er holte aus seiner Tasche ein Zigarettenetui hervor und bot mir die einzige Zigarette an, die in diesem Etui war. Da kamen alle Prominenten, die in der Nähe waren, angerannt und riefen:

„Gib mir auch eine, mir auch, mir auch!"

„Was?“, sagte er. „Jetzt? Und ich laufe hier schon seit einer halben Stunde herum und rufe »Wer will eine Zigarette?« – da hat sich keiner gemeldet! Ihr habt wohl gedacht, dass Faliszewski verrückt geworden ist, nicht wahr? Jetzt habe ich keine mehr. Ich hatte nur eine abzugeben.“

Und während er das sagte, zog er aus seiner Jackentasche eine Zigarette hervor, die er sich mit Grazie anzündete, und die Gesellschaft ging auseinander.

An einem Sonntag traf ich vor Block 1 Tadzio Kiełbasa mit einer selbstgedrehten Zigarette im Mund.

„Tadzio, lass mir was zu rauchen übrig.“

Ich konnte mein Glück kaum glauben, denn er schenkte mir fast die ganze Zigarette. Sie war erloschen.

„Aber pass auf!“, sagte Tadzio, „Die ist stark. Das ist keine Keule, das ist eine Kanone.“

Mir fiel auf, dass der Tabak dunkelgrün war. Ich bat jemanden um Feuer und zündete sie an. Ich zündete sie an und ... konnte nicht einmal danke sagen, weil es mir die Sprache verschlug, und zwar so, dass die Zigarette wieder erlosch und ich erst nach einem langen Husten wieder normal atmen konnte. Ich nahm noch einen Zug, inhalierte aber nicht mehr so tief – trotzdem spürte ich, wie es mir die Kehle zudrückte. Mit der glühenden Zigarette lief ich zu ein paar Jungs und frage einen, ob er mal ziehen will, aber nur einmal. Ich dachte mir, wenn er einmal ziehen darf, dann nimmt er einen tiefen Zug. Und so war es auch – er zog und erstarrte. Der fünfte zog schon, als der erste erst zu husten anfing, und jeder von ihnen hatte – als ich sagte, dass er nur einmal ziehen soll – versucht, so viel Rauch wie möglich einzuatmen.

Als ich eines Tages nichts zu rauchen hatte, lief ich mit einer Pfeife zwischen den Baracken umher. Wer weiß, vielleicht kann ich eine Zigarette organisieren, vielleicht ein bisschen Tabak. Und da traf ich einen Kameraden mit Tabak.

„Lass mich meine Pfeife stopfen“, bat ich ihn.

Er holte eine Schachtel mit Tabak hervor und stellte sie hin, damit ich mir was nehmen konnte. Da nahm ich einmal, zweimal, dreimal, viermal. Schließlich fragte er:

„Wieviel Tabak passt denn in diese Pfeife?“

„Jetzt ist sie voll“, antwortete ich. Und ich hatte sie so gestopft, dass ich einmal Tabak in die Pfeife und einmal neben die Pfeife in meine Hand gesteckt hatte, einmal in die Pfeife, einmal neben die Pfeife.

Als er schließlich gemerkt hatte, dass recht viel in sie hineinpasst, war meine Pfeife bereits gestopft und ich hatte für drei weitere Tabak in der Hand. Tja, sowas musste man eben manchmal machen.

Ein weiterer Nachteil des Blocks 32 waren das ständige Exerzieren und Mützen auf- und absetzen nach der Arbeit und am Sonntag. Der Blockälteste, an seinen Namen erinnere ich mich nicht – ein dicker, stämmiger Österreicher – war verrückt in diesem Punkt und auch was das Marschieren betraf. Er trainierte uns mit Pfiffen, um sich das Maul nicht fransig zu reden. Ein Pfiff – Mützen runter. Ein Pfiff – Mützen auf. So ging das stundenlang. Wenn er es satt hatte, rief er jemanden aus dem Block und befahl ihm zu pfeifen. Stubenältester war bei uns der Kapo des Oberbruchs, Heidemann, ein über zwei Meter großer Kerl, ein Verbrecher, der bei der Arbeit mit einem Knüppel mit einem großen Knauf herumlief. Wenn er den einem über den Kopf zog, konnte er ihn damit gleich umbringen. Er war fürchterlich bösartig – aber darüber später. Er vertrat oft den Blockältesten beim Pfeifen. Wenn ihm das Mützenabsetzen langweilig wurde, jagte er uns zwischen den Blocks hin und her. Ein Pfiff – marschieren, zwei Pfiffe – kehrt marsch und zurückmarschieren, drei Pfiffe – im Laufschritt marsch. Hinzu kam oft Gymnastik, die erweitert wurde durch Schläge und Tritte von allen im Block zum Schlagen Berechtigten, das heißt den Kapos, den Stubenältesten und dem Blockschreiber. Wenn nicht vor dem Block exerziert wurde, dann gab es im Block Betten-Bau-Lehrgänge und Exekutionen an denen, die angeblich schlecht gebaut hatten. Immer Beschäftigung, immer Chaos, immer Schläge.

Eine Szene im Waschraum, in den ich nach dem Abendessen ging, um meine Füße zu waschen, hat sich mir tief eingeprägt.

Unter einer Dusche macht ein Deutscher einen anderen fertig, der nackt unter eiskaltem Wasser steht und brüllt und weglaufen will; der andere treibt ihn brüllend wieder unter das Wasser, und hilft mit einem entsprechend dicken Knüppel nach. Auf der einen Seite des Waschraums wäscht sich ein Spanier die Füße und singt laut irgendeine Arie. Auf der anderen Seite wäscht sich ein Pole und betet laut. Und an der Wand, in einer Kiste, die Sarg genannt wird, liegt ein nackter Mensch, der noch lebt, aber bestimmt schon bewusstlos ist – wie ein Fisch schnappt er ab und an nach Luft. Auf dem Bauch des Sterbenden sitzt einer, der ruhig sein Abendbrot isst, das er in kleine Stücke schneidet. Ich dachte, das sei sein Kamerad, der ihm bei Sterben beistehen will, deshalb fragte ich:

„Ist das dein Kamerad?"

„Nein, nur im Block ist so ein Chaos, dass ich hier wenigstens in Ruhe mein Abendbrot essen kann."

Als es wärmer wurde, wurden allen im Lager die Schuhe, die Socken und die Mützen abgenommen. Sie wurden nur denen gelassen, die für die SS arbeiteten – den Aristokraten in Block 1 – und denen, die weit außerhalb des Lagers arbeiteten. Alle anderen bekamen für die Füße Holzschuhe mit Leinen über den Fußspitzen. Schuhe wurden erst wieder am 1. November ausgegeben, nach einem widerlichen Arbeitstag, weil es in der Nacht zum 1. November wadenhoch geschneit hatte. Im Laufe des Tages war der Schnee geschmolzen und zu Matsch geworden. Als wir abends von der Arbeit zurückkehrten, liefen viele barfuß, trugen die Holzschuhe in den Händen, alle noch in Sommerkleidung, das heißt in dünner Sträflingskleidung, dünnen Hemden und dünnen Unterhosen und in ... Holzschuhen. Der Abendappell zog sich in die Länge, weil die Leichen mit Autos ins Lager gefahren wurden, und immerfort fehlte noch einer, und es wurden irgendwo in Löchern oder in Gräben Tote gefunden. Erst abends wurden uns warme Sachen ausgegeben – rote Hosen (jugoslawische Breeches), dunkelblaue Jacken, gestreifte Mäntel und Schuhe mit Holzsohlen. Aber wer an diesem Tag gestorben war, der hatte davon nichts mehr. **Ich arbeitete damals schon im Steinbruch bei Heidemann im Oberbruch. Im Schnee und in Holzschuhen stand ich nur bei den Morgen- und Abendappellen und auf dem Weg zum Steinbruch und zurück. Sobald wir in unserem Schuppen angekommen waren, umwickelte ich meine Füße mit Papier von Zementsäcken und arbeitete den ganzen Tag unter einem Dach. Heidemann machte sich einen interessanten Spaß. Lang, schmal, mit einer Keule in der Hand, trieb er Muselmänner an. Er trieb einen immer so lange an, bis der einen Holzschuh verlor. Dann ließ er ihn in Ruhe, hob zufrieden den Holzschuh auf, betrachtete ihn mit Affenneugier und warf ihn in der Nähe seiner Bude einen mehrere Dutzend tiefen Abgrund hinab, zu dessen Grund es keinen Weg gab ... und suchte sich den nächsten zum Antreiben aus. Wir beobachteten das durch einen Schlitz in unserem Schuppen.**

Strümpfe wurden uns nie mehr ausgegeben. Bis zum Ende meines Aufenthaltes im Lager gab es nie mehr einen Bezug von Strümpfen. Im Winter umwickelten wir die Füße mit Papier und Lumpen, und als ich dann Prominenter war, hatte ich ausreichend Sachen für mich und auch noch für andere.

Mützen wurden uns nach zwei Monaten ausgegeben – sie mussten sie ausgeben, weil die Häftlinge aus dem Lager ein Irrenhaus gemacht hatten. Sie hatten sich Mützen aus Papier gebastelt. Ich schreibe „sie“, weil ich damals schon beim Bau der Bahn hinter dem Lager arbeitete, also Schuhe und Mütze hatte, und vor Diebstahl fürchtete ich mich nicht, weil keiner von denen, die innerhalb des Lagers arbeiteten, das Recht hatte, eine Lagermütze zu tragen. Papiermützen gab es die mannigfaltigsten. Die Leute bewiesen viel Schläue und Ideenreichtum; es gab Konfederatka-Mützen, Zylinder, was auch immer man wollte. Wenn sie zur Arbeit ausrückten, versteckten sie die Mützen. Hinter dem Tor wurde aus den Kolonnen eine bunte Maskerade-Menge. Die Leute bastelten sich deshalb Mützen, weil denjenigen, die in der Sonne ohne Mützen arbeiteten, die Köpfe anschwollen und sie Hirnhautentzündungen bekamen. Schließlich wurden uns jeden Samstag die Köpfe mit dem Rasiermesser geschoren.

Das mit dem Rasieren war auch ein ordentlicher Spaß. Am Samstagnachmittag begann im Waschraum das Rasieren von Gesichtern und Köpfen. Die Jungs hatten sich Taschenmesser gebaut, die sie schärften, und damit sie nicht zu lange im Waschraum saßen, rasierten sie sich gegenseitig. Wenn jemand Wunden auf dem Kopf und im Gesicht hatte, war klar, dass er sich mit einem Messer rasiert hatte. Die, die rasierten, hatten – so wie auch die, die die Stuben reinigten – die ganze Woche hindurch Vorrang beim Essensnachschlag und niemand beklagte sich darüber. Außerdem musste man samstags seine Sachen flicken, Knöpfe, Nummern und Winkel annähen. So mancher bezahlte mit dem Leben für einen nicht angenähten Knopf oder eine schief aufgenähte Nummer oder einen Winkel, denn wenn ein SS-Mann so etwas sah, schlug er dem Blockältesten auf die Fresse, weil der nicht auf Ordnung geachtet hatte. Wenn dieser dafür ein paar als Abschreckung umgebracht hatte, passten die anderen schon auf, dass beim sonntäglichen Appell alles in Ordnung sein würde, und der Blockälteste nichts aufs Maul bekam.

Ein Sonntag im Monat war zum Briefeschreiben vorgesehen. Diejenigen, die gut Deutsch konnten, schrieben für die, die kein Deutsch konnten. Lange Zeit hindurch waren die Briefe sehr lakonisch: „Ich bin gesund und es geht mir gut. Die Briefmarken und das Geld habe ich erhalten, wofür ich mich bedanke. Ich küsse Euch – Eurer Stasiek Grzesiuk.“ Und das war alles. So ging das bis Herbst 1941. Später und dann bis zum Ende durfte man mehr schreiben – eine ganze Seite auf einem speziellen Briefformular. Wer nicht schrieb „Ich bin gesund und es geht mir gut“, bekam fünfundzwanzig auf den Arsch und für mehrere Monate Schreibverbot. Deshalb riskierte das niemand und alles lief entsprechend der Aussage des Kommandanten, dass es „im Lager nur Gesunde und Tote“ gäbe. Ab 1943 schrieb ich jeden Monat zwei, drei, vier Briefe. Das machte ich so, dass ich Leute (Polen) suchte, die niemanden hatten und an niemanden schrieben. Für eine Portion Brot kaufte ich von ihnen das Recht, einen Brief schreiben zu dürfen. Der Absender war so und so, sein Geburtsdatum, die Nummer und der Block, und der Adressat der, an den ich schrieb – also mein Bruder, meine Cousins oder auch Pater Szubert. Der Inhalt war mit meiner Hand geschrieben und für sie verständlich und unterschrieben mit „Stasiek“. Der, der zensierte, hätte sich nun genau den Vornamen des Absenders merken müssen, damit ihm aufgefallen wäre, dass der Brief mit einem anderen Vornamen unterschrieben ist. Doch sie konzentrierten sich ganz auf den Inhalt – dabei verschickte ich die Briefe und erhielt die Antworten auf meinen Namen. Fabelhaft, nicht wahr? Zu dieser Zeit war es verboten, persönliche Dinge zu besitzen, außer einem Gürtel für die Hose und einem Schnupftuch. Täglich wurden auf dem Appellplatz Durchsuchungen vorgenommen, bei der Arbeit, und insbesondere nach dem Abendappell in den Blocks. Die Jungs versteckten alles, was sie für wertvoll oder nützlich hielten, in verschiedenen Löchern. Sie versteckten es in den Baracken, zwischen den Brettern der Betten, in den Strohsäcken, in der Nähe der Baracken in Sandhaufen – doch überall fanden die Scheißkerle es. Die ersten Durchsuchungen erbrachten einen ganzen Berg an Gerümpel: Papier, Schnüre, Briefe von Zuhause – und Taschenmesser, auf die sie besonders Jagd machten. Das war ein Problem beim Zerteilen von Brot, denn Messer zum Schneiden bekamen wir nicht, aber ein Laib Brot war für drei oder vier Personen. Die nächsten Durchsuchungen brachten geringere Ergebnisse, und als schon fast keiner mehr etwas hatte und sie trotzdem etwas fanden, schlugen sie. Ich hatte beschlossen, ein kleines Taschenmesser mit einem Griff aus Perlmutt bei mir zu behalten. Es überstand alle Durchsuchungen. **Es wurde auch so durchsucht, dass sie uns alle aus dem Block hinausjagten und aufpassten, dass keiner verschwindet, und in dieser Zeit durchsuchten sie mit der ganzen Horde den Block, die Betten, die Strohsäcke und alle möglichen Stellen, wo man irgendetwas verstecken konnte. Wenn sie mit der Durchsuchung des Blocks fertig waren, mussten wir uns nackt ausziehen und einzeln in die Stube gehen, und in der Tür wurde kontrolliert, ob wir etwas in den Händen oder im Mund haben. Als wir alle in der Baracke waren, wurden unsere Kleider durchsucht. Alle paar Minuten wurde irgendeine Nummer aufgerufen und die verehrte Nummer bekam Schläge auf den nackten Körper dafür, dass sie sich erlaubt hatte, etwas in ihren Kleidern zu haben. Mir lief es auch kalt den Arsch hinunter und ich spürte schon, wie sie mich schlagen, weil ich in meinen Kleidern mein Taschenmesser versteckt hatte.** Ich hatte es im Reisverschluss in der Hose versteckt. Oben am Hosenschlitz hatte ich ein Stück vom Futter aufgetrennt und durch dieses Loch ließ ich das Messer hineinrutschen. Als ich in den Steinbrüchen arbeitete, fragte mich einmal ein Vertreter des Kapos, ob ich nicht ein Taschenmesser hätte. Das war Heniek Dworzaczek aus Warschau – kein schlechter Typ, denn im Grunde schlug er die Leute nicht, die er bewachte. Er brauchte das Messer für irgendetwas, ich holte es also aus dem Hosenschlitz heraus und gab es ihm. Als er sah, wie niedlich das Messer war, nahm er es und gab es nicht mehr zurück. Auf meine Bitte hin, dass er es zurückgeben soll, drohte er mir mit dem Stock und sagte, er gebe es nicht zurück, weil ich gar kein Taschenmesser haben dürfe. Dworzaczek erkrankte bald darauf an Tuberkulose, aber er wurde nicht erledigt, weil er sich selbst meldete als „Versuchskaninchen" zur Untersuchung der Wirkung von irgendwelchen neuen Medikamenten gegen Tuberkulose. Er lebte noch eine Zeitlang und hatte das Recht, das Revier zu verlassen und ins Lager zu gehen. Sein Gesicht war übersät von Pusteln. Immer wenn ich ihn sah, begrüßte ich ihn mit einem bravourösen Spruch und erinnerte ihn an mein Taschenmesser.

Zu dieser Zeit, also von Februar bis Mai 1941, wurden alle Juden erledigt. Es waren nicht viele. Ich kannte die meisten, weil sie in Block 14 gewohnt hatten, zu der Zeit, da ich auch dort wohnte. Als ich dann in Block 32 wohnte, besuchte ich oft Block 14, um die Jungs zu sehen, die ich kannte. Einmal kam ich hinzu, als einer der jüdischen Häftlinge, Ingenieur von Beruf, durchdrehte. Er hatte ein hysterisches Lachen und schrie für niemanden verständliche Sätze heraus und kniff sich mit den Fingern ins Gesicht. Wie immer in solchen Fällen wurde er abends in einem Fass ertränkt. Obwohl ich ihn gut kannte, fühlte ich, als ich das sah, nichts weiter als ganz normale Neugier. Ich hatte mich an den Anblick von Verrückten und an den Anblick des Todes schon so gewöhnt, dass das überhaupt keinen Eindruck auf mich machte. Dabei hatte ich ihn gut gekannt, unsere Betten waren nicht weit voneinander entfernt gewesen und wir hatten oft miteinander geredet.

Die Juden arbeiteten beim Heraustragen von Unrat aus dem Krankenrevier, denn damals gab es keine Aborte im Revier. Es gab nur Gerüste, unter denen Fässer standen, und diese Fässer wurden von den Juden außerhalb des Lagers in ein großes Loch entleert. Viele Häftlinge beneideten sie um diese Arbeit. Im Prinzip waren unter ihnen keine Muselmänner zu sehen. Sie waren kräftig und gesund, weil sie im Revier die Möglichkeit hatten, sich Essen zu organisieren. Schließlich wurde dort täglich eine große Anzahl Häftlinge umgebracht und für die Toten wurde im Laufe des Tages die ganze Zeit Essen bezogen. Nur dass so mancher Jude aufgrund seiner Arbeit ein Bad im Loch mit dem Unrat nehmen musste, wenn er dort von den Kapos mit besonders viel Humor, die sich mit so einem lustigen Spaß die Zeit vertrieben, hineingeschubst wurde.

Schließlich kam der Moment, dass auf irgendjemandes Befehl alle Juden erledigt wurden. In Gusen waren wohl nicht mehr als dreißig. Sie wurden umgebracht, indem sie stundenlang in kaltem Wasser baden mussten. Schließlich blieb nur einer übrig. Das war ein Gepäckträger aus Legionowo bei Warschau – ein kleiner, stämmiger Kerl, den ich ebenfalls persönlich kannte. Den konnten sie einfach nicht fertigmachen. Ich weiß nicht, warum damals nicht die brutaleren Methoden angewendet wurden, die man später einsetzte, noch im Jahr 1941, wie das serienmäßige Ertränken in Fässern oder die Ermordung von ganzen Menschengruppen in den Steinbrüchen innerhalb eines halben Tages. Hier wurde scheinbar auf Reinheit geachtet und sie wurden jeden Tag gebadet, bis alle „eines natürlichen Todes“ gestorben waren. Nur der Gepäckträger wollte nicht sterben. Ich erinnere mich nicht genau an die Daten dieser Vorfälle, ich weiß aber, dass es damals noch ordentlich kalt war – Ende März oder Anfang April. Er musste zwei Stunden unter der eiskalten Dusche stehen, und er ging nach der Dusche ruhig in den Block und ihm war nichts anzumerken. Nachdem er einige Tage lang so gebadet worden war, verschwand er. Die Jungs sagten, er sei mit einer Gruppe Häftlinge nach Mauthausen zurückgeschickt worden – aber ich bin sicher, dass sie ihn einfach nachts in einem Fass ertränkt haben.

Einmal habe ich gesehen, wie eine solche Exekution vor sich ging. Als ich nachts zur Toilette ging, sah ich, dass im Waschraum ein schwaches Licht brannte. Das war eine Petroleumlampe, wie man sie auf Pferdewagen benutzte. Sie hatten das elektrische Licht nicht eingeschaltet. Ich schaute durch die obere Scheibe in der Tür hinein. Der Kandidat stand nackt, gekrümmt in einer Ecke, und zwei Personen füllten mit Marmeladeneimern ein Fass mit Wasser. Sie taten das alles in absoluter Stille. Offensichtlich war bereits ausreichend Wasser im Fass, denn gleich schnappten sie ihn, steckten ihn mit dem Kopf voran in das Fass und hielten seine Beine fest. Als sie ihn losgelassen hatten, rauchten sie in Ruhe eine Zigarette, kippten das Fass um und die Leiche schwamm wie ein Hering mit dem Wasser zusammen heraus, und ich ging zur Toilette, weil ich Angst hatte, dass sie mich erwischten, wenn ich weiter zusah. Man weiß ja nie, was solchen Viechern in den Sinn kommt. Man musste sich gar nichts zu Schulden kommen lassen, um getötet zu werden. Einmal prallte ein Muselmann, als er den Waschraum verließ, mit einem Kapo zusammen und beide fielen in den Matsch. Der Kapo schlug und trat ihn vor Wut, schließlich zerrte er ihn in den Waschraum, zog ihm die Sachen aus, stellte ihn in die Ecke und spritzte so lange Wasser aus dem Schlauch auf ihn, bis der Arme vor Schwäche hinfiel – dabei hatte er sich schon ohne so ein Bad kaum auf den Beinen halten können. Als er auf dem Boden lag, steckte der Kapo ihn mit dem Kopf voran in ein Fass und er war erledigt.

Dieser Kapo – van Lozen oder van Loosen, weiß der Teufel, wie er sich schrieb – war der schlimmste Verbrecher in Gusen, dem nachgesagt wurde, er habe eigenhändig mehr als fünftausend Menschen umgebracht; er war sogar in der Lage, jemanden in einem Eimer zu ertränken. Ich hatte selbst einmal gesehen, wie er in seinem Schuppen einen Menschen ertränkt hatte. Er hatte Gehilfen – einen Tschechen und einen Spanier. Den, den ich gesehen habe, ertränkte er mit dem Tschechen. Der „Passagier“ wurde auf eine Bank gelegt.

Der Tscheche saß auf seinem Rücken und drehte ihm die Arme nach hinten, und van Loosen drückte ruhig seinen Kopf ins Wasser. So ertränkten sie ihn.

Und wie sah ein normaler Tag im Lager aus?

Um fünf Uhr früh aufstehen – die, die oben liegen, bauen das Bett, die die unten liegen, gehen in den Waschraum, dann umgekehrt: die von oben gehen in den Waschraum, die von unten bauen ihr Bett. In den Waschraum musste man ohne Hemd gehen – unabhängig davon, welche Jahreszeit und was für ein Wetter war.

Im Waschraum stand das „Vieh“, das all denen, die in Hemden kamen, erklärte, dass man das nicht dürfe. Mir hatte er das auch einmal erklärt – und seit diesem Tag lebe ich mit einer gebrochenen Nase, weil ich was aufs Maul bekommen habe, und als ich gestürzt war, hatte ich als Nachschlag ein paar Tritte ins Gesicht bekommen. Meine Nase ist nie wieder zusammengewachsen – weil man sie nicht gelassen hat. Ständig bekam ich wieder eins auf die Nase, so dass bis heute, wenn ich sie bewege, die gebrochenen Knorpel knacken. Aus dem Waschraum ging man nass zurück in den Block und trocknete sich mit Handtüchern ab, die zu einem guten Dutzend in der Stube auf einer Leine hingen. Ein Dutzend auf mehrere hundert Personen und eigentlich waren das nicht einmal Handtücher, sondern nur quadratische dünne Lappen, die wir in Dachau zum Auswischen der Blechnäpfe bekommen hatten. Als Seife erhielten wir – einmal für eine lange Zeit – ein Stück oder ein halbes Stück „Lehm“; eine Seife, die überhaupt nicht schäumte. Und Wäschewechsel war einmal alle drei, vier Monate. In den kommenden Jahren häufiger – alle sechs Wochen. Nach dem Waschen folgte meist die Kontrolle der Betten und manuelle Auszahlung an diejenigen, die ihr Bett schlecht gebaut hatten. Nach der „Auszahlung“ mussten alle in die Stube und die Suppe wurde ausgegeben, von der wir etwas mehr als einen Viertelliter bekamen. Es hätte ein halber Liter sein müssen, aber was hätten dann die ganzen Prominenten gegessen, die Blockältesten, ihre Gehilfen und andere Schoßhündchen, die im Dienste der Herren standen?

Draußen trank man die paar Schluck Suppe aus und egal, wie das Wetter war, warteten wir draußen auf den Appell. Wenn es regnete, konnte man von Glück reden, wenn das „Vieh“ den Leuten gestattete, in die Toilette und den Waschraum zu gehen, denn meistens verschloss es sie – es musste dort, bevor wir zum Appell losgingen, Ordnung machen. Wenn es uns aber hineinließ, standen wir unheimlich dicht gedrängt, bis das Signal zum Antreten zum Appell ertönte. Beim Aufstellen in Zehnerreihen ständiges Schlagen – ins Gesicht, in den Bauch oder in den Rücken – je nachdem, von welcher Seite einer von denen kam, die uns ausrichteten. Nach Abschluss des Appells kam das

Kommando: „In Arbeitsgruppen aufstellen!“, und dann ... ein Irrenhaus. Alle Kapos schlugen mit ihren Knüppeln alle, die sie in die Finger bekamen, das alles bei einem höllischen Geschrei. Der Abmarsch zur Arbeit trat erst dann ein, wenn es bereits ganz hell oder der Nebel verschwunden war – wegen der möglichen Flucht von Häftlingen. Deshalb dauerte die Arbeit im Winter kürzer als im Sommer.

Wenn wir dann auf dem Arbeitsgelände waren, kam das gleiche Kommando: „In Arbeitsgruppen aufstellen!“, und wieder das gleiche Chaos und Schläge wie auf dem Appellplatz. Mittags Abmarsch ins Lager und Mittagsappell – alles genauso wie morgens –, dann Schläge und Aufstellen. Nach dem Mittagessen Aufstellen zur Arbeit – und hier ging es ohne Schläge, weil die Leute nach und nach kamen und sich zu ihren Arbeitsgruppen stellten. Nach Ausmarsch zur Arbeit wieder alles so wie am Morgen und dann wieder Abendappell – wie jeden Abend.

Nach dem Appell wurde uns draußen die Suppe ausgegeben. Zwischen den Blocks wurden Kübel und Blechnäpfe aufgestellt und jeder, der eine Suppe erhalten hatte, ging auf die andere Seite des Kübels – und hinter allen ging einer, der darauf aufpasste, dass keiner sich hinten anschloss. Es hätte sich einer aus einem anderen Block oder aus dem gleichen anschließen können, wenn er den Block einmal umrundet hätte. Wer dabei erwischt wurde, hatte die Bescherung. Bei uns gab es weniger Blechnäpfe als Leute, so dass die, die als erstes bekommen hatten, ihre heiße Suppe blitzschnell essen mussten, denn wenn die Blechnäpfe alle waren, wurden sie denen weggenommen, die aßen, ohne dass darauf geachtet wurde, ob diese schon aufgegessen hatten oder nicht. **Ich musste das jeden Tag machen, um schnell bei B. meine zweite Suppe zu holen. Ich bemühte mich, beim Essenholen immer am Anfang der Kolonne zu sein. Ich ging mit dem Blechnapf fast bis an den Stacheldraht, an die Ecke unserer Baracke. In einem bestimmten Moment verschwand ich hinter der Ecke und rannte auf dem Gehsteig, der entlang der Baracke verlief, zu Block 1.**

Ironie des Schicksals. Block 1 war der erste links vom Appellplatz, und mein Block 32 war der letzte rechts am Ende des Lagers. Wenn ich am Block 1 angekommen war, wartete ich, bis Heniek die Suppe herausbrachte. Oft bekam ich auch noch etwas von anderen bekannten Prominenten aus diesem Block. Ich stand immer schon mit sauberem Blechnapf bereit. Später wartete ich nicht mehr vor Block 1, sondern ging ans Fenster und Heniek reichte mir die Suppe und ich ihm den sauberen Napf.

Als im Lager feste Arbeitsgruppen und eine genaue Kontrolle am Tor eingeführt wurden, fanden zweimal täglich Appelle statt, das Essen wurde

zur Arbeit gebracht und noch später gab es nur einen Abendappell, und zwar nur für diejenigen, die im Lager waren, das heißt für die Blockherren, die Schichtarbeiter, die nachts in der Rüstungsindustrie arbeiteten, und die Drückeberger, zu denen zu dieser Zeit auch ich gehörte. Der Generalappell aller Häftlinge fand nur einmal wöchentlich statt, sonntagmittags. Es kostete mich viel Mühe und Bitten, dass B. sich einverstanden erklärte, die Suppe für mich bis abends aufzuheben, denn seine Gruppe ging immer zum Mittagessen ins Lager. Den Blechnapf mit der Suppe bewahrte er unter seinem Bett auf, und abends gab er sie mir. Wenn wir so manches Mal wegen irgendeiner Unordnung bis spät nachts auf dem Appellplatz festgehalten wurden, war immer das erste, was ich tat, nachdem wir in die Blocks abtreten durften, mir die Suppe bei Heniek abzuholen, und wenn das nicht mehr klappte, dann rannte ich morgens gleich nach dem Wecksignal zu ihm. Bei dem Hunger, den ich aushalten musste, war der Verlust eines Blechnapfes voll Suppe ein schwerer Verlust.

Aber wir gingen selten nach dem Appell in Ruhe in die Blocks und bekamen gleich das Abendessen. Denn – wie ich bereits erwähnte – uns wurde stundenlang „beigebracht", auf dem Appellplatz zu marschieren oder die Mützen abzusetzen, Betten zu bauen, Geschirr zu spülen, in den Decken oder Strohsäcken nach Läusen zu suchen, Gymnastik im Block zu machen, und wieder Waschen oder Leibesvisitationen oder Durchsuchen der Strohsäcke. Das alles war immer damit verbunden, dass man mit Knüppeln aufs Maul, auf den Arsch und sonst wohin geschlagen wurde.

Wenn wir dann in den Betten lagen, kam ein neues Spiel. Aus der *kapówka* kamen der Blockälteste und der Stubenälteste mit den Kapos heraus und gaben das Kommando: „Füße zeigen!" Sie kontrollierten, ob die Füße sauber waren. Weil wir von den ständigen Kontrollen der Füße wussten, wuschen sich alle vor dem Schlafen die Füße, wenn die Zeit es gestattete, aber es genügte, nur für den Rückweg die Schuhe anzuziehen, und schon war wieder eine Spur an den Füßen. Bevor man ins Bett ging, säuberte man sich die Füße noch mit Spucke, und trotzdem mussten viele bei der Kontrolle in den Waschraum rennen, um die Füße noch einmal zu waschen. Wer schmutzige Füße hatte, bekam ein paar Schläge ins Gesicht, einen Tritt und musste seine Füße waschen. Eine lustige Komödie, denn sie jagten uns nur in Hemden und barfuß in den Waschraum. Ich erinnere mich, wie ich einmal mit Schlägen so schnell rausgetrieben wurde, dass ich es nicht schaffte, meine Schuhe zu schnappen. Es stellte sich heraus, dass alle, die zum Waschen hinausgejagt wurden, barfuß waren – und draußen war Matsch bis über die Knöchel. Ich wusch mir meine Füße ordentlich – und wie – und kam in den Block mit bis zu den Knöcheln mit Matsch beschmierten Füßen. Und so ging ich ins Bett. Die Kontrolle ging unterdessen weiter und die, die kontrollierten, wussten, dass wir mit Füßen voll Matsch in die Betten gingen.

Nachts war auch keine Ruhe. Entweder wurden die geschlagen, die auf die Toilette gingen, oder die, die auf dem Weg zum Abort pinkelten, oder es wurden auch Exekutionen an denen vorgenommen, die in der Dunkelheit irrtümlich in die *kapówka* gingen statt in den Flur, denn die Türen waren nebeneinander. Diese „Verbrecher" wurden gleich in der Nacht als Beispiel für andere hingerichtet, damit sie nicht in die *kapówka* „klauen kamen". Sie wurden an Balken gehängt, die Hände auf den Rücken gebunden, und geschlagen. Sie wurden wieder vom Balken abgenommen und weiter geschlagen, so dass die Knüppel zerbrachen, und so einer war am Morgen bereit für das Krematorium. Ich habe viele solche Exekutionen gesehen, aber weil ich nicht an dem Balken hing und geschlagen wurde, machte ich mir nur darum Sorgen, dass ich bis morgens nicht ausgeschlafen sein würde, und am Morgen wieder der ganztägige Spaß auf mich wartete. Als mein Nachbar mich einmal fragte, wofür der dort geschlagen wurde, antwortete ich ihm, dass ich es nicht weiß und dass es mich nicht interessiert. „Lass mich in Ruhe", sagte ich wütend, „ich will schlafen, die lassen einen hier nicht einschlafen." Während ich das sagte, zog ich mir die Decken über den Kopf und kurz darauf war ich schon eingeschlafen. Und die Exekution ging weiter, denn morgens sah ich im Abort die Leiche liegen.

Nach so einer Nacht, wo einen außerdem Flöhe und Läuse bissen und man ein paar Mal zur Toilette musste, kam wieder ein Tag wie jeder andere. Man wusste nie, ob man in einer Stunde noch leben würde. Erschöpft von der schweren Arbeit, geschlagen, hungrig, von Läusen, Flöhen und Filzläusen, von Flechten, Geschwüren und Krätze ausgezehrt – das war ich, Tausende solche wie ich, und unter diesen Tausenden waren Individuen, deren Leben im Lager anders verlief.

In den ersten Maitagen erfuhren wir, das am kommenden Sonntag die Blocks mit Giftgas ausgesprüht werden sollten, um die Läuse und Flöhe zu bekämpfen. Um vier Uhr in der Nacht wurden wir geweckt und nackt auf den Appellplatz getrieben. Ich habe bereits über das österreichische Wetter geschrieben. Jetzt war es genauso. In den ersten Mainächten war nachts Raureif auf den Dächern und am Tage war große Hitze. Die Menschen auf dem Appellplatz stellten sich eng zusammen, so dass sie sich berührten. Am schlimmsten war es für die, die an den Seiten standen. Das war ein unaufhörliches Gequetsche, denn die, die außen standen, wollten in die Mitte, und die in der Mitte hielten einander fest, um nicht nach außen gedrängt zu werden. Morgens wurde es dann warm und man konnte normal herumlaufen. Aber dann wurde es wiederum heiß und auf dem Appellplatz war kein einziges schattiges Plätzchen für solche wie mich und Tausende andere, mir ähnliche Muselmänner, denn die schattigen Stellen waren besetzt von den wichtigsten Prominenten. Als die Sonne unterging, wurde es wieder kalt. In der Nacht – Raureif auf den Dächern und wir standen immer noch auf dem Platz, ohne Essen, ohne einen Tropfen Wasser, einmal in der Kälte, dann wieder in der Sonne und dann wieder in der Kälte. In der Nähe wurde aus einer Baracke ein Pissoir gemacht. Man pinkelte einfach auf den Boden und dort entstand eine riesige Pfütze. Die andere Notdurft erledigte man in zwei große Fässer, über denen ein entsprechendes Gerüst aufgestellt worden war. Die Muselmänner mussten das nicht nutzen, denn sie mussten normalerweise einmal alle drei bis vier Tage, und das ging kaum. Dabei stöhnte man wie bei einer Geburt, und mit dem, was dabei schließlich geboren wurde, hätte man fast wie mit einem Stock jemandem den Kopf einschlagen können.

Wir standen von vier Uhr morgens bis acht Uhr morgens am nächsten Tag. Sitzen kam nicht infrage, denn der Appellplatz war mit Schotter bedeckt, also mit grob gemahlenen Steinen, die uns in unsere dünnen Hintern piekten. Am schlimmsten litten die Kranken vom Revier, die in Laken auf den Appellplatz hinausgetragen worden waren. Das gab einen gewissen Schutz vor der Kälte in der Nacht und vor der Sonne am Tage, aber die Steine drückten sich durch die Laken genauso in ihre Körper wie in unsere ohne Laken. Wir konnten uns hinhocken, uns auf unsere Hände setzen, stehen oder gehen, aber diese Leute lagen so viele Stunden an einer Stelle ohne Essen, Trinken und ohne irgendwelche Hilfe, denn schließlich interessierte sich die ganze Zeit hindurch niemand für sie. Erst nach dreizehn oder vierzehn Uhr wurde das Gas in den Block gelassen und die Gässchen mit Chlor bestreut.

Vor dem Sonnenuntergang öffneten sie in den Baracken Türen und Fenster – Schluss mit der Giftgas-Behandlung. Bestimmt lassen sie uns in ein, zwei Stunden in die Baracken. Es war schon zu sehen, wie die Blockältesten und die Kapos zu ihren Blocks gingen und durch die Fenster ihre Kleidung herausholten. Das gleiche machten die Prominenten aus Block 1 und 2 – aber da preschten andere normale Häftlinge zu den Fenstern in der ersten Barackenlinie und ... es war wie im Irrenhaus. Die SS-Männer, die Blockältesten und die Kapos waren schon angezogen und hatten Knüppel in den Händen, mit Geschrei und Schlägen trieben sie alle zurück auf den Appellplatz ... und hielten uns dort bis acht Uhr morgens fest. Ihre Kleidung zu schnappen, ist nur wenigen gelungen, die durch das Fenster herankamen, und nur welchen in der ersten Barackenreihe.

Ich hatte auch auf eine Möglichkeit gelauert, meine Sachen herauszuholen. Nach langem Lavieren gelangte ich schließlich unbemerkt zu meinem Block 32. Ich wollte einfach in die Stube hineingehen, aber dann spürte ich den Gasgeruch, deshalb ging ich wieder raus, holte tief Luft und rannte zu meinem Bett, das sich, wie ich schon geschrieben habe, in der Mitte der Stube befand. Ich schnappte mir meine Sachen vom Bett, meine Schuhe von unter dem Bett und rannte zurück zur Tür. Schon fast an der Tür wurde mir der Atem knapp und ich sog die vergiftete Luft ein. Mir wurde schwindlig, aber schon im nächsten Moment war ich an der frischen Luft. Ich versteckte mich hinter der Treppe, die zum Block führte und zog mich in Ruhe an. Als ich angezogen war, mischte ich mich unter diejenigen, die ebenfalls angezogen waren. Kurz darauf wurde es dunkel. Diejenigen, die nackt waren, hielten sich wieder wie eine Schafsherde zusammen – und ich spielte Verstecken mit den SS-Männern, die über den Platz liefen und die einfingen und schlugen, die angezogen waren. Ich zog mein Hemd aus und brachte es Kornacki, der später sagte, dass er nie gedacht hätte, dass ein Hemd so warm sein kann. Ich suchte mir eine entsprechende Stelle, wo ein paar Angezogene auf dem Boden lagen. Ich drängte mich zwischen sie und schlief einfach, und als mein Körper taub wurde, lief ich ein bisschen auf dem Platz herum und legte mich wieder hin.

In der Nacht fühlte ich mich etwas unwohl – so ein Rauschen im Kopf, Übelkeit, ich fühlte mich irgendwie benommen. Endlich wurde mir klar, was mit mir ist. In der Jackentasche hatte ich Tabak von einer kleingeschnittenen Zigarre gehabt, die ich von irgendeinem Prominenten bekommen hatte, und ein paar Mal in Papier geraucht hatte, das ebenfalls die Giftgas-Behandlung in einer Tasche mitgemacht hatte. Ich hatte einfach den Rauch von mit Gas durchtränktem Tabak eingeatmet. Bis zum Morgen rauchte ich nicht mehr und das blöde Gefühl verging. Morgens, nachdem das Frühstück ausgegeben worden war, durften wir uns in die Betten legen und – welche Ironie! – jede Stunde wurden wir hochgejagt und es wurde geprüft, ob jemand vom Gas vergiftet worden war. So sorgten sie sich um unser Leben und unsere Gesundheit.

Um elf Uhr wurden alle wieder auf den Appellplatz hinausgetrieben, der inzwischen dick mit Chlor oder einem anderen weißen Pulver bestreut worden war. Wir wurden mit unseren Blechnäpfen hinausgejagt und auf dem Platz wurde uns ein frühes Mittagessen ausgegeben. Spinat oder irgendein anderes Kraut. An diesem Tag brach ich den Rekord meines Lebens im Fressen: von elf Uhr an bis vierzehn Uhr dreißig aß ich elf und eine halbe Schüssel von der übersäuerten Suppe. In den Blechnapf passten anderthalb Liter. Ich pfiff mir elf und eine halbe Schüssel rein, so dass ich das Futter in der Kehle spürte und ... ich hatte immer noch Hunger. Das war das Mittagessen für Sonntag, und um dreizehn Uhr dreißig begannen sie mit der Ausgabe desselben Essens, nur dass das das Mittagessen für Montag war. Erst abends wurde Brot ausgegeben.

So endete die erste Giftgas-Behandlung im Lager und ab dem nächsten Tag begann das „normale" Leben – insofern angenehm, als man nicht mehr von Flöhen und Läusen gebissen wurde. Als bald darauf auch die Krätze liquidiert wurde, und ich meine Flechte loswurde, und die Erfrierungswunde am Finger und die Geschwüre mir auch weniger zu schaffen machten, war das schon eine große Erleichterung in diesem verrückten alltäglichen „Leben".

Einige Tage nach der Giftgas-Behandlung, am 13. Mai 1941, kam Ziereis – der Kommandant aller Lager in Österreich – in unser Lager. Er amtierte fest in Mauthausen. Nach dem Appell kroch er auf eine Erhöhung, auf der er die Meldungen entgegennahm. Ich sage „kroch", weil er so richtig betrunken war, und folgendermaßen zu uns sprach:

„Schweinehunde, gottverfluchtes Volk", damit waren wir gemeint, die Polen, denn damals waren im Lager nur ein paar Hundert Deutsche und Spanier, ein paar Dutzend Tschechen und der ganze Rest waren Polen. Also: „Schweinehunde, gottverfluchtes Volk! Ich gehe durch das Gelände und sehe, dass keiner arbeiten will, dass kein Arbeitstempo herrscht. Wenn ihr nicht arbeitet, streiche ich euch das Futter und in zwei Wochen seid ihr alle krepiert. Hat der Misthaufen verstanden?"

„Jawohl!", brüllten wir.

„Hundevolk, gottverdammtes, Mützen ab!"

Wir setzten alle die Mützen ab. Na, das hätte man sehen müssen, was in den nächsten paar Tagen los war. Am nächsten Tag kamen alle Blockältesten, Stubenältesten und alle dienstfreien SS-Männer mit Knüppeln zur Arbeit. Es war eine Mörderhölle – die Menschen wurden massenweise umgebracht. Von einer Gruppe mit fünfzig Häftlingen, die vor den SS-Baracken den Boden verlegten, kam keiner aus eigener Kraft ins Lager zurück; es gab dort viele Leichen und der Rest war schwer verletzt. Ich umging das Massaker, weil ich, wie ich bereits geschrieben habe, damals auf der Baustelle der Bahngleise arbeitete. Bei dieser Arbeit spielten nur unsere Kapos verrückt: der Deutsche Kepke und die Polen – Stanisław Kołeczko, Unteroffizier aus Poznań, und Bronisław Ott, Gefängnisaufseher aus Turek bei Kalisz, und die ganze Meute ihrer Vertreter und Gehilfen, die immer gern zuschlugen. Das war die schlimmste Arbeitsgruppe, in der ich für längere Zeit arbeitete. Ich spreche hier nicht von der „kleinen Hölle", wo es schlimmer war, aber das war keine Arbeit, sondern eine Mörderhöhle, und dort wurden jeden halben Tag die Leute ausgewechselt.

In der Gruppe, die beim Gleisbau arbeitete, waren hundertfünfzig Leute und jede Woche verschwanden etwa fünfzig und an deren Stelle kamen andere. Die, die verschwanden, waren Leute, die bei der Arbeit „gestorben“ waren, im Block oder, wer mehr Glück hatte, der ging zum Sterben ins Krankenrevier.

Von unserem Block wurden hundertfünfzig Personen der Arbeit beim Bau der Bahnlinie zugeteilt. Es wurden nur die nicht genommen, die eine feste Arbeitszuteilung hatten und darüber hinaus Facharbeit ausführten, wie zum Beispiel Steinmetze, Schlosser, Tischler usw. Ich war sogar froh über diese Zuteilung, weil wir außerhalb des Lagers arbeiteten. Auf dem Lagergelände arbeiteten wir nur kurz, weil wir nur das letzte Stück der Gleise legten und die Bahnrampe. Dann arbeiteten wir außerhalb des Stacheldrahtes. Anfangs arbeiteten wir gleich hinter dem Lager und Stück für Stück bewegten wir uns in Richtung St. Georgen. Erst bei der Arbeit stellte sich heraus, dass das eine der schlimmsten Arbeitsgruppen ist. Viele Kapos, einer schlimmer als der andere, mit dem Oberkapo Kołeczko an der Spitze. Ein Kapo war dabei – ein deutscher Zigeuner –, ein mächtiger Kerl, der schon in Dachau in der Strafkompanie mit mir zusammen gewesen war. Da war er einer von denen gewesen, die genauso behandelt wurden wie die Juden, hier aber war er gleich Kapo geworden. Dieser Dreckskerl lief mit einem dicken Gummikabel herum und schlug pausenlos damit. Er schlug zu und freute sich, wenn der Geschlagene sich krümmte und vor Schmerz das Gesicht verzog. Er lächelte und fragte nach jedem Schlag auf Polnisch: „Tut es weh?“

Auch ich bekam viele Male von ihm Schläge, als ich aber merkte, dass er nach seinem eigenen Gutdünken schlug, und nicht etwa für Übertretungen oder Faulheit bei der Arbeit, arbeitete ich nur, wenn er bei uns stand, wenn er uns zusah. Der mit dem Kabel war nur Gehilfe des Kapos; der eigentliche Kapo für unseren Abschnitt war der Deutsche Kepke. Im Grunde war er gar kein schlechter Kerl. Er wurde nur fuchtig, wenn er einen SS-Mann in der Nähe sah, dann zeigte er, was er für ein guter Kapo ist.

Gefährlich war er wirklich, wenn er einen Wutanfall bekam. Wer ihm dann in die Hände fiel, dem erging es schlecht. Er schlug demjenigen mit dem Knüppel auf den Kopf – und das war’s. Er war kein Sadist, er folterte nicht, er quälte nicht, er schlug einfach einmal zu, aber gut, so dass der Häftling sich nicht lange quälte. Ich hütete mich vor ihm, so gut es ging, vorsichtshalber, um ihm nicht ins Auge zu fallen; es war mir lieber, dass er mich nicht einmal vom Sehen kannte. Einmal hatte ich nur meiner Beobachtungsgabe zu verdanken, dass er mich nicht tötete. Keinen Augenblick lang, nie und nirgendwo, vergaß ich, dass man sich in alle Richtungen umschauen musste, um rechtzeitig sich nähernde Gefahren wahrzunehmen. So war es auch damals. Wir waren zu fünft an einem Wagen mit Erde, der uns aus den Gleisen gefallen war. Damals hatte ich noch keine Übung, denn in späteren Jahren konnte ich so einen Wagen allein auf die Gleise stellen. Wir legten uns alle unter den Wagen und riefen:

„H-o-o-o-o-o-p! H-o-o-o-o-o-p!"

Und der Wagen bewegte sich nicht von der Stelle, weil jeder zusah, dass die anderen sich anstrengten. Ich rief auch „Ho-o-o-o-o-op!", aber dabei schaute ich mich um und sah, dass Kepke mit einem kurzen scharfen Spaten in der Hand aus der fünfzig Meter entfernten Bude rausgesprungen war. Offensichtlich hatte er uns durch das Fenster beobachtet und war schon wütend. Ich tauchte sofort ab unter den Wagen und versuchte scheinbar, den Wagen anzuheben, in dem ich ihn von unten zog. Über mir war ein Durcheinander zu hören, jemand fiel um, ich spürte etwas Nasses – und als ich unter dem Wagen hervorkam, war ich ganz mit Blut bespritzt, und neben dem Wagen lagen zwei, die Kepke gerade umgebracht hatte. Dem einen hatte er den Spaten auf den Kopf geschlagen, dem anderen in den Hals – und ihm war die Wut bereits vergangen. Er brachte eine lange Stange, legte einen dicken Balken quer über das Gleis, ein Ende der Stange legte er hinten unter den Wagen, das andere Ende drückte und schob er zur Seite und schon stand der Wagen mit einer Seite auf dem Gleis. Die gleiche Operation führte er auf der anderen Seite durch und stellte allein den mit Erde beladenen Wagen auf das Gleis, und wir standen unterdessen daneben und schauten uns seine Arbeit an. Als er den Wagen raufgestellt hatte, rief er zwei neue, die er unserem Wagen zuteilte, und ging selbst in Ruhe zu seiner Bude.

Ein anderes Mal hat er mich vollkommen eiskalt verdroschen. In einer großen Gruppe trugen wir auf den Schultern ein großes Bahngleisteil zusammen mit den Schwellen. In dieser Gruppe waren fast nur Spanier, die es so an sich haben, dass sie klein sind. Ich bin eins achtundsiebzig groß, so dass ich mich beim Tragen nicht aufrichten konnte, und wenn ich schon leicht gebeugt lief, musste ich mich noch tiefer hinunterbeugen, damit die Schulter direkt an einer Schwelle anlag, ich sie aber nicht trug. Von hinten trat mir ständig jemand in den Hintern, an dem ich einige Geschwüre hatte. Ich konnte mich nicht umdrehen, deshalb rief ich nur:

„Welcher Hurensohn tritt mich da?"

„Einer von den Arabern", rief einer von hinten auf Polnisch, „wenn wir anhalten, zeige ich ihn dir."

Als er mir ihn während einer kurzen Verschnaufpause zeigte, ging ich ruhig hin, gab ihm einen Kopfstoß und schlug ihm dabei zwei Zähne aus. Als ich sah, dass er nichts sagte, ging ich weg. Nachdem ich ein paar Schritte gegangen war, rief von hinten jemand warnend „Ej!“. Automatisch machte ich, ohne mich umzusehen, einen Sprung zur Seite, und an der Stelle, an der ich vor einem Moment gestanden hatte, rammte der Spanier einen Spaten in die Erde. Dieser Schlag hatte meinem Kopf gegolten und ich war ihm regelrecht unter der Schippe weggesprungen. Er hätte mich sofort umgebracht, so wie Kepke die beiden am Wagen. Daraufhin gab ich ihm noch ein paar gute treffsichere und ... Kepke stand neben uns und fragte, was los war. Der Spanier konnte kein Deutsch und ich auch nicht, also nahm Kepke uns mit in seine Bude; den Spanier führte er hinein, und mich ließ er vor der offenen Tür warten. Er befahl ihm, sich über einen Hocker zu legen, und mit einem dicken quadratischen Knüppel gab er ihm zehn Schläge auf den Hintern. Der schrie, als würde ihn jemand schlachten, und mir lief es eiskalt den Rücken hinunter und den Hintern, weil ich an meine Geschwüre dachte. Dann jagte er den Spanier raus, und rief mich hinein, ich bekam die gleiche Portion. Er zerknallte mir alle Geschwüre, aber ich habe keinen Pieps von mir gegeben.

Man kann sich daran gewöhnen, geschlagen zu werden, so dass das einen nicht mehr beeindruckt, und der Schmerz hört auf, Schmerz zu sein. Ich konnte nur nicht vorhersehen, wo, wann und von wem und wofür ich den Schlag erhalten würde, der mich tötet – alle anderen Schläge waren Kleinigkeiten, etwas, was untrennbar verbunden war mit dem Alltagsleben. Manchmal prahlte einer, dass er einen sehr guten Tag hatte, weil er den ganzen Tag über nur vier Schläge mit dem Knüppel erhalten hatte.

Als wir mit der Arbeit dann ein bisschen vom Lager weggingen, musste ich bei der Regulierung eines Grabens in der Nähe des Lagers arbeiten, die Hauptgruppe arbeitete bereits in der Nähe der Straße. Sie mussten sich tief in die Erde hineingraben, um dort einen Graben für die Gleise vorzubereiten, denn an der Straße war ein etwa fünfzehn Meter hoher Berg, der schroff an der Chaussee endete. Die Arbeit an dem Graben war besser als andere, weil wir dort nur wenige waren und keinen Kapo über uns hatten. Die Ränder des Grabens gruben wir langsam. Wir zogen die gute Arbeit in die Länge.

Die zweite gute Seite dieser Arbeit war der Beinwell, der an dem Graben wuchs. Wenn wir den Spaten herauszogen, schauten wir, ob da Beinwell war. Wenn da welcher war, spülten wir ihn im Graben aus und aßen ihn. Die Kameraden sagten, Beinwell sei sehr gesund, für mich war das einfach etwas, was man essen konnte. Ich aß dort auch Löwenzahn – so ein Kraut, es wird auch Pusteblume genannt –, bitter, aber ein richtig gutes Futter. Ich aß auch Weißen Gänsefuß, das waren große Sträucher, aber ich riss nur die Spitzen ab und aß sie wie den Beinwell und den Löwenzahn einfach roh. Das abgerissene Kraut steckte ich mir in die Taschen und von Zeit zu Zeit, wenn kein SS-Mann oder

Kapo in der Nähe waren, trennte ich in der Tasche ein paar Blätter ab, die ich zu einer Kugel drehte und steckte sie mir unbemerkt in den Mund.

Mit den Kräutern musste man vor allem aufpassen, dass Ott das nicht sah, denn er prügelte dafür fürchterlich. Einmal fand ich auf der Erde ein paar Getreideähren, die ich im Laufen aufhob, ich bröckelte ein paar Körner heraus und steckte sie in den Mund. Als ich an Bronisław Ott vorbeirannte, rief er mich zu sich. Als ich an ihn herantrat, bellte er:

„Was frisst du?"

„Roggen", antwortete ich und zeigte ihm ein paar Körner, die ich noch in der Hand hatte.

Wie er mich da verprügelte, trat und demütigte. Ich weiß nicht, wie es kam, dass er mich nicht umbrachte.

Ott schlug mit Berechnung, mit Vergnügen. Es gab einen Fall, dass ein SS-Wachposten ihn erschießen wollte, als der gesehen hatte, wie er einen Menschen umbrachte – er schaffte es, hinter einen Erdhaufen zu springen. Er war jung, kräftig, elegant und gutaussehend. Er musste morden. Einmal brachte er seinen Kameraden um, den er lange Zeit ernährt hatte, dafür dass dieser die von ihm erhaltene Suppe an der „Börse" für Zigaretten verkauft hatte.

Einmal, als wir bereits in Reih und Glied standen vor der Rückkehr ins Lager, bewegte ich, ohne zu wissen, dass Bronek schon zählte, meinen Kopf. Als er mir da gleichzeitig auf den Kiefer und in den Magen schlug, wand ich mich auf dem Boden ohne Atmen zu können. Später fragte ich ihn:

„Bronek, warum schlägst du die Menschen so?"

„Ich habe schlagen gelernt und das macht mir Spaß", antwortete er, „denn, wenn ich nicht schlage, werde ich nicht mehr Kapo sein und dann werde ich geschlagen. Ich will aber überleben und nach Hause zurückkehren."

„Wenn du zurückkehrst, wird dir das Leben in Freiheit angenehmer sein als im Lager. Hast du nie darüber nachgedacht, dass dich ein rachsüchtiger Typ mit einer Stange in der Hand besuchen kommen könnte und sagt: »Zur Erinnerung!« Und dir den Kopf einschlägt?"

„Willst du mir Angst machen?"

„Was kann ich dir schon für Angst machen – schließlich bin ich nur ein Muselmann und vielleicht krepiere ich schon in einem Monat. Ich habe es nur so gesagt."

Am nächsten Tag rief er mich nachmittags zum Nachschlag.

„Ich will nicht", antwortete ich.

„Los, nimm!", bellte er.

Er wird schlagen, dachte ich und nahm den Napf, aber ich setzte mich auf den Boden und aß nicht, sondern wartete, um das Essen jemandem zu geben – das sollte meine Gemeinheit sein.

„Friss!“, brüllte er.

Oho, das war jetzt nicht mehr so schön – ich aß schnell auf und während ich aß sagte er, in der Gegenwart von allen:

„Denk bloß nicht, dass ich Angst vor dir habe. Ich habe dir deshalb was gegeben, weil du der erste bist, der so mit mir gesprochen hat. Denn alle anderen sagen immer nur »lieber Bronek, guter Bronek, lieber Bronek, guter Bronek« – dabei weiß ich genau, was die Hurensöhne sich denken.“

Am Tage der Befreiung wurde Bronisław Ott von den Häftlingen ermordet.

Das Mittagessen war zu dieser Zeit schrecklich mager. Über zwei Monate lang bekamen wir Salatblätter, die in Wasser gekocht waren, ohne ein winziges bisschen Fett, ohne Salz und ohne Kartoffeln, denn im Lager gab es für uns keine Kartoffeln. Wenn ich meine Mittagsportion erhalten hatte, hielt ich mit dem Löffel die Blätter fest und trank das Wasser aus dem Blechnapf, dann aß ich vier, fünf Löffel Salat – mehr nicht. Und so ein Essen wurde uns pausenlos gegeben und ohne irgendeine Veränderung über zwei Monate hinweg. Da half die „Suppe“, die ich abends von Heniek B. bekam, auch nichts mehr – gut, es waren immerhin zwei Suppen am Tag, nicht nur eine. Deshalb aß ich auch Löwenzahn, Weißen Gänsefuß, Sauerampfer und Beinwell. Am Nachmittag wurde jedem ein halber Becher Kaffee ausgegeben. Wenn der Kaffee ausgeteilt war, bekam ich oft eine Schüssel Kaffeesatz von ihnen – Kaffeesatz ist auch Essen.

Einmal betrat ich die *kapówka*. Ich wusste, dass sie sich Essen kochten. Die Bude war vollkommen leer, aber da ich ihre Methoden kannte, suchte ich nach einem beweglichen Brett im Fußboden – und wurde fündig. Unter dem Fußboden fand ich Schalen von rohen Kartoffeln und ein paar kleine Kartoffeln. Ich steckte sie mir in die Jackentasche und aß sie später nach und nach.

An einer bestimmten Stelle verliefen die Bahngleise über ein Kartoffelfeld. Das Grün stand gute zehn Zentimeter über der Erde. Wir arbeiteten barfuß. Cerak und ich schoben einen Wagen. In der Nähe des Gleises waren die Kartoffeln schon ausgerissen, aber wir riskierten es und entfernten uns ein paar Meter seitlich vom Wagen und dort griff ich mit dem nackten Fuß das Grüne, zog es heraus und lief wieder zum Wagen. Ich warf das Grüne in den Wagen, und die halbe Kartoffel, die dranhing, steckte ich in die Tasche. Wir aßen sie mit der Schale, weil keine Zeit war, sie abzuschälen und es war schade um die Schale. Es genügte, die Kartoffel an den Hosen abzureiben.

Beim Kartoffelholen musste man sehr vorsichtig sein, weil das Gleis von beiden Seiten mit SS-Wachposten umstellt war, die uns beobachteten, während sie in einer Entfernung von zweihundert Metern auf Hochsitzen saßen.

Hierfür drohte nicht Prügel, sondern Ermordung, denn wenn einem Wachposten etwas nicht gefiel, rief er den Häftling zu sich und erschoss ihn mit seinem Gewehr für einen „Fluchtversuch".

Mich rief einmal so ein Rindvieh zu sich. Ich tat so, als würde ich nicht hören und nicht verstehen, was er meint. Ein anderer Häftling drehte meinen Kopf in seine Richtung und sagte, dass mich der SS-Mann rufe.

„Dann geh selbst hin", sagte ich zu ihm, „ich habe es nicht eilig in den Himmel."

Da kapierte auch er, was hier drohte. Der SS-Mann sagte ihm, er solle prüfen, was ich im Mund habe – ich hatte Priem im Mund, Kautabak. Als der andere antwortete, das sei nur Priem, sagte er mir, ich solle zu ihm kommen, damit er selbst sehen kann. Ich ging nicht hin. Sogleich sagten die einen den anderen, dass dieser SS-Mann heute Lust hätte, jemanden zu erschießen, und alle passten auf, dass sie nicht zu dicht an ihn herankamen.

Viel Löwenzahn wuchs an der Straße, an unserer Strecke, die wir zur Arbeit entlanggingen. Jeden Morgen und jeden Abend versuchte ich, ein paar Büschel zu pflücken. So manches Mal bekam ich einen heftigen Tritt oder eins mit dem Gewehrkolben von dem SS-Mann, der neben uns lief, aber überwiegend gelang es mir. Von den Kräutern, die ich morgens pflückte, spülte ich die dicke Schicht Staub in einer Pfütze ab und aß sie, und wenn ich abends welche pflücken konnte, spülte ich sie schön im Waschbecken aus und aß sie mit Brot zum Abendessen.

Nicht alle SS-Männer prügelten. Einmal ist es mir passiert, als wir uns schon zum Abmarschieren auf dem Platz aufgestellt hatten, dass der neben mir stehende SS-Mann – ein älterer Mann – Bonbons lutschte. Plötzlich schob er mir ein paar Bonbons in die Tasche, die ich erst im Lager aß. Als wir an der Straße arbeiteten, suchten wir jeden Morgen, sobald wir zur Arbeit auseinandergegangen waren, inmitten der Schwellen, Schubkarren, Spaten und in anderen Ecken nach Päckchen mit Essen, die abends oder in der Nacht von der hiesigen Bevölkerung dort versteckt wurden. Die Päckchen waren nicht groß, aber es waren sehr viele. Meistens zwei Scheiben Brot mit etwas darauf – Butter, Käse, Honig, Schmalz, Aufschnitt. Ich habe den Eindruck, dass nicht alle von diesen Päckchen wussten, weil die meisten gleich an die Arbeit gingen, und nur eine kleine Gruppe nach Päckchen suchte – vorsichtig, damit die Kapos nicht merkten, was man da finden konnte.

Als Kapo Kołeczko einmal einen Häftling in der Nähe der Straße mit einem Knüppel schlug, begann ein Zivilist, der die Straße entlang ging, den Kapo zu beschimpfen. Er drohte mit seinem Krückstock und schrie, wie man denn einen Menschen mit einem Knüppel schlagen könne. Da bekamen die Kapos den

Befehl, nicht mehr an der Straße zu schlagen. Wenn er jemanden eins überziehen wollte, dann brachte er ihn in die Bude oder hinter einen Erdhaufen und schlug ihn erst dort. Ich weiß nicht, ob das schlechter oder besser für uns war, denn hier gab es keine zufälligen Schläge, wo man zwei, drei Mal mit dem Stock bekam, denn wenn man erst im Schuppen dran war, dann war es heftig. Ich bekam nur einmal im Schuppen Prügel, und zwar so schlimm, dass ich dachte, es ist aus mit mir.

Und das war so:

Als ich zusammen mit anderen in der Nähe der Straße arbeitete beim Umgraben eines Berges, trafen wir – sehr tief – auf einen heidnischen Friedhof. Das waren Urnen, um die herum große Steine lagen. In der Erde waren keinerlei Steine, wenn ich also unter dem Spaten einen Stein spürte, war klar, dass dort eine Urne ist. Unser Gruppenleiter war ein SS-Mann, der verrückt war in puncto Urnen und ich nannte ihn deshalb „Müllsammler“. Ich arbeitete damals beim Beladen von Autos mit Erde. Als ich die erste Urne entdeckte, schob ich vorsichtig die Steine beiseite und als sie bereits teilweise offengelegt war, sah das unser SS-Mann. Sofort zog er alle von dieser Stelle ab, schlug ringsherum Pflöcke in die Erde, die er mit einer Schnur verband, und sagte, dass niemand über die Schnur treten und nichts berühren dürfe. Und er selbst ging irgendwo hin.

„So ein »Müllsammler« ... verdammt noch mal“, sagte ich zu den Jungs. „Wartet mal, ich pinkle ihm da rauf.“

Gesagt, getan und als ich gerade gut dabei war, sprang der „Müllsammler“ hinter einem Erdhaufen hervor und packte mich. Er schlug mich nicht, sondern rief Kołeczko und befahl ihm, mich zu schlagen. Und Kołeczko – damit niemand behaupten kann, er führe Befehle ungern aus – verdrosch mich so, dass ich noch lange daran denken musste. Er schlug mich mit einem kleinen dicken hölzernen Pfahl, und schlug von oben, wo er traf. Ich schützte nur meinen Kopf, denn wenn einer dieser Schläge, die ich erhielt, meinen Kopf getroffen hätte, hätte ich nichts anderes mehr erlebt außer dem Krematorium. Ich dachte, er hätte mir die Knochen gebrochen, aber ich hatte dort, wo er mich geschlagen hatte, nur Blutergüsse in den verschiedensten Farbtönen. **Das verleidete mir ganz und gar nicht die Urnen und dafür, was ich später mit den Urnen tat, hätte mich der „Müllsammler“ bestimmt umbringen lassen. Ich fand noch ein paar Urnen, aber sie bekamen von mir keine Urnen mehr. Wenn ich auf Steine traf, zerschlug ich alles, lud es schnell auf den Wagen und los gings zur Müllkippe. Einmal, als niemand in der Nähe war, war ich neugierig, was denn in so einem Tontöpfchen drin ist. Ich legte eine Urne schön offen, sie war ganz klein, vielleicht zwei Liter Fassungsvermögen.**

Vorsichtig schlug ich sie auf und begann, in dem Inhalt zu wühlen. Da war Erde, die wahrscheinlich die Asche eines Toten war. Es lagen Kleinigkeiten darin, aber sie zerfielen, als ich sie berührte. Schließlich schlug ich fester, alles fiel auseinander und da fand ich eine in Gänze erhaltene Haarnadel und ein Armband, sie waren erdfarben, wie vom Rost – und leicht. Die Haarnadel war etwa acht Zentimeter lang und hatte ein Köpfchen, das man mit der Form eines Schlangenkopfes vergleichen kann. Als ich ein bisschen stärker drückte, zersprang die Haarnadel in ein Dutzend Stücke. Das gleiche machte ich mit dem Armband – dann warf ich das alles auf den Wagen und los gings zur Müllkippe. Vom „Müllsammler" hatte ich noch ein Andenken. Als wir von einem entlegenen Abschnitt ein paar Minuten vor Arbeitsschluss zum Sammelplatz kamen, schlug er uns mit dem Knüppel. Wir rannten auseinander. Er warf einen Stein nach mir, der mich nicht direkt traf, sondern an einen anderen Stein knallte und beim Abprall mir gegen das linke Schienbein schlug. Ich hatte nur eine Schürfwunde, aber an dieser Stelle entstand eine eiternde Wunde, die ein Jahr lang nicht verheilte. Erst im Herbst 1942 verheilte sie endgültig, aber die Narbe bleibt mir mein ganzes Leben.

Der „Müllsammler" trug immer ein Fernglas bei sich, durch das er von einem Hügel an der Straße einen Großteil des Arbeitsgeländes beobachtete. Als wir noch in der Nähe des Grabens arbeiteten, weit weg von der Straße, kam es eines Tages zu einem lustigen Spektakel. Nach einem langen Regen arbeiteten wir zu zehnt in einer Gruppe, wobei wir bis zu den Knöcheln im Schlamm versanken. Wir hatten keinen Kapo bei uns. Eine halbe Stunde vor Feierabend spülte ich meine Schuhe im Wasser ab, zog meine Jacke über und wartete auf den Pfiff. Dasselbe machten zwei andere Häftlinge. Plötzlich sehe ich von der Straße den „Müllsammler" auf uns zukommen. Ohne jemandem etwas zu sagen, zog ich meine Jacke wieder aus, trat mit den Schuhen richtig in den Schlamm, ich nahm den Spaten in die Hand und schippte wieder den Schlamm auf einen Haufen. Er kam, schaute sich um und schlug dem einen in die Fresse. Als er fertig war, sah er sich wieder um – und haute dem anderen in die Fresse. Als er damit auch fertig war, sah er sich wieder um – und wusste nicht, wen er schlagen sollte. Er ging von einem zum anderen und sprach mit sich selbst: „Wo ist der dritte, wo ist der dritte?" Der dritte – das war ich. Er hatte uns vom Hügel aus durch sein Fernglas beobachtet und drei Personen gesehen, die sich die Schuhe abspülten. Die anderen hatte er an den sauberen Schuhen erkannt, und obwohl sie gearbeitet hatten, bekamen sie Prügel – und dann suchte er das dritte Paar saubere Schuhe. Aber ich hatte geahnt, warum er zu uns kam – und deshalb hatte ich meine Schuhe im Schlamm wieder schmutzig gemacht.

Nach den Schlägen, die ich für das Bepinkeln der Urne erhalten hatte, hatte ich große Lust, meine Hand unter den Wagen zu legen, so dass mir mindestens die Hälfte der Finger abgeschnitten werden würde. Dann wäre ich ins Revier gekommen und auf diese Weise dieser Arbeit entkommen. Wenn ich beim Graben mit den Gleisen auf Augenhöhe war und die Waggons losfuhren, zogen die sich drehenden Räder meinen Blick und meine Hand an – dieser Gedanke ließ mich für ein paar Tage nicht los. Gut, dass ich es nicht getan habe, denn schon bald – im Herbst – wurden alle Invaliden erledigt, alle Kranken und Muselmänner.

Ein anderer „Magnet“, der mich anzog, war der Damm über einem Graben an der Straße. Wir verlegten dort damals Grasnarben auf dem Gefälle des Erdaushubes und säten Gras. Oben war die Wachpostenlinie. Ganz am Rand war ein Pfad und gleich neben dem Pfad wuchs hoch Roggen, einen halben Kilometer von uns entfernt war der Wald. Oh, wie mich dieser Roggen und der Wald anzogen, ich dachte daran, wie ich fliehen würde, und wenn ich nicht geflohen bin, dann wieder nur aus demselben Grund, für den ich mit Krukowski die Flucht aus Mauthausen aufgegeben habe – meine Familie hätte festgenommen werden können als Rache für meine Flucht. Um mich hatte ich keine Angst. Es war Sommer – draußen gab es Früchte, Beeren, Getreide, und unterwegs stehlen hätte ich auch gekonnt. Und wenn sie mich gefasst hätten, wäre das Ende einfach schneller gekommen, denn schließlich hatte ich nie daran geglaubt, dass ich überleben und noch einmal die Freiheit sehen würde. Ich war froh, als sie mich endlich an einen anderen Abschnitt überstellten, wo es nicht mehr so einfach gewesen wäre zu entkommen, und so war Schluss mit der Versuchung.

Ein misslicher Moment für mich war es, als ich an den Gebäuden vorbeiging, die am Weg standen. Als ich das erste Mal den Geruch von Mist wahrnahm, sog ich ihn mit so einem Vergnügen ein, mit dem ich in Freiheit den wunderschönsten Parfümgeruch nicht eingesogen hätte. In den Häusern sah ich durch die offenen Fenster Möbel, an den Wänden hängende Teller, Blumen auf den Tischen und nicht nur einmal sagte ich zu meinen Nachbarn im Glied, dass ich ganze fünf Jahre meines Lebens dafür geben würde, wenn sie mir erlauben würden, eine halbe Stunde in so einer Wohnung zu sitzen.

Beim Bau der Bahngleise arbeitete ich in allen Arbeitsgruppen – und überall sparte ich maximal an meinen Kräften, indem ich versuchte, so wenig und so langsam wie möglich zu arbeiten. Schließlich wurde ich entlarvt von Kołeczko, Ott und allen Gehilfen wie Franek Szmidt aus Poznań, Czesiek Baranowski und noch zwei, deren Namen ich vergessen habe, und die mich am meisten geschlagen haben. Denn Kołeczko und Ott hatten befohlen mich zu schlagen, wenn ich langsam arbeitete. Ein paar Mal bekam ich Prügel von Szmidt, aber es stellte sich heraus, dass er ein guter Kerl war, und mich ganz klar auf den Befehl von Kołeczko schlug. Kurz darauf half er mir sehr und sagte selbst, dass er dies deshalb getan hätte, weil er sich nicht verzeihen konnte, mich geschlagen zu haben. Der Beste von der ganzen Bande war Czesiek Baranowski (er lebt und ist in Polen). Er schrie uns so manches Mal an, und wenn ich trotzdem keinen Willen zeigte, mich schneller zu bewegen, schlug er mich leicht mit dem Stock, und flüsterte leise:

„Bewege dich, verdammt nochmal! Kołeczko schaut uns zu und hat befohlen, dich zu schlagen!"

Er war später Kapo einer anderen Arbeitsgruppe, und trotzdem hat sich nie jemand über ihn beklagt und niemand konnte über ihn sagen, dass er ein Scheißkerl oder ein Schwein war. Er war ein guter Kerl und ich versuchte immer, in seine Gruppe zu kommen.

Genau in der Woche, als der Krieg gegen Russland ausbrach – am Sonntag –, standen wir vor Block 32, bereit zum Abmarsch zum Morgenappell. Es kam zu den üblichen Schlägen beim Ausrichten der Reihen. In derselben Reihe wie ich stand ein Lehrer aus Bydgoszcz (ich erinnerte mich noch lange an seinen Namen, doch dann habe ich ihn vergessen). Er war krank, deshalb stand er so, dass er mit den Beinen ausgerichtet war, aber mit dem Oberkörper aus der Reihe hervorragte. Das war nicht wichtig, denn kurz darauf, wenn wir zum Appellplatz losgehen würden, wäre sowieso ein großes Durcheinander entstanden. Als Ott ihn sah, schlurfte er leise in seine Richtung und riss ihn mit einem gewaltigen Schlag nach oben. Als er umfiel, schlug er mit dem Kopf auf die Bordsteinkante – und stand nicht mehr auf. Zwei Stunden später war er tot, er starb, ohne das Bewusstsein wiedererlangt zu haben, und Ott lief mit einem Gesicht herum, als hätte der ihm ein persönliches Leid zugefügt. Einen Moment später hörte ich, wie Kołeczko zu ihm sagte:

„Bronek, was machst du denn! Es ist Krieg gegen Russland. Wenn sich etwas ändert, bringen dich die Leute um."

„Dann soll der Hurensohn richtig stehen, wie es sich gehört, in der Reihe."

Das war seine Antwort nachdem er einen Menschen umgebracht hatte.

Zu dieser Zeit waren die Leute von einer Psychose des kollektiven Betens befallen. Sie kamen abends in großen Gruppen zusammen – wenn Ruhe war – am Ende der Stube und beteten. Ich hingegen ging sonntags gern zu einem Block, in dem ein Lehrer aus dem Gedächtnis ganze Kapitel von Sienkiewicz' *Trilogie* zitierte. Er bot mehrere Kapitel an, und die Leute wählten eins aus und er konnte eine Stunde lang so daraus zitieren, als würde er das Buch vorlesen.

An einem Sonntag sah ich vor der Küche ein lustiges Spiel. Der Küchen-

chef legte auf die Treppe vor die Küchentür eine große Kohlrübe, und versteckte sich selbst in der Küche. Wenn ein Interessent auf die Kohlrübe zurannte, kippte er einen Eimer Wasser auf ihn, dann warf er die Kohlrübe in die Horde der Glotzer, und zwar so, dass er sie kräftig auf den Boden donnerte. Die Kohlrübe zersprang in mehrere Teile und die Muselmänner warfen sich als Horde auf sie. Da versuchte der SS-Mann wieder, sie mit Wasser zu übergießen. Er legte eine neue Kohlrübe hin und versteckte sich in der Küche. Ich ging zu den Baracken und lief bis zur Ecke der Küche. Als der SS-Mann gerade einen mit Wasser übergoss, rannte ich schnell hin, schnappte mir die Kohlrübe und lief weg. Der SS-Mann sprang in meine Richtung, kippte mir den Eimer Wasser hinterher, aber traf nur ein bisschen meinen Rücken und die Hose, ich aber hatte eine recht große Kohlrübe ergattert.

Es war schon August. Bei der Arbeit hatte sich nichts verändert. Täglich Arbeit, täglich Schläge, und ich war ständig auf der Flucht vor der Arbeit und immer auf der Jagd nach Essen. Nachmittags wurde uns ein halber Becher Kaffee ausgegeben – ich schloss engere Bekanntschaft mit denen, die den Kaffee kochten. Wenn sie den Kaffee ausgegeben hatten, bekam ich von ihnen oft den Kaffeesatz – Kaffeesatz ist auch Essen.

Schließlich kam der Tag, der der letzte Tag meines Lebens sein sollte. Ott gab mir einen kurzen Spaten in die Hand und befahl mir, harten Lehm zu schippen, und stand selbst mit einem Stück von einem Spatenstiel, der ihm zum Schlagen diente, bei mir und ich schippte den Lehm, und er schlug mir von Zeit zu Zeit in Ruhe, aber systematisch, mit diesem Knüppel auf den Rücken, wobei er bei jedem Schlag sagte:

„Na, dir werde ich es zeigen, du wirst mir nicht mehr entwischen."

Ich hielt die Schläge von Mittag bis zum Feierabend aus. Als bei Arbeitsschluss abgepfiffen wurde, brach Ott das Spiel ab, und sagte nur zum Abschied:

„Morgen kommst du ins Krematorium."

Als ich in der Reihe stand, wurde ich ohnmächtig und die Kameraden brachten mich, indem sie mich stützten, so ins Lager. Hier stand ich während des Appells nicht mehr in der Reihe, sondern saß hinter den anderen, wie die, die schon erledigt waren, und die ich selbst jeden Tag gesehen und im Geiste immer für Tote gehalten hatte.

Nach dem Abendbrot fühlte ich mich besser – aber ich wusste, dass Bronek mich am nächsten Tag sowieso erledigen würde. Ich beschloss, in den Draht zu gehen, ein Augenblick, und man ist erledigt. Ich ging schon die Allee entlang, die man nicht überschreiten durfte. Ich sah schon, wie der Posten hinter den

Drähten das Gewehr abnahm, um – wenn ich bereits in die Drähte gegriffen haben würde – den Häftling beim „Fluchtversuch“ zu erschießen. Da dachte ich mir, dass ich es vielleicht überlebe, und dass ich mich dann würde rächen können, wenn ich aber im Stacheldraht umkomme, wer würde mich dann rächen? Da kehrte ich um.

Am nächsten Tag, als wir uns schon nach dem Appell in Arbeitsgruppen aufgestellt hatten, zählte Ott die Reihen, kam zu mir und sagte:

„Heute kommst du ins Krematorium.“

Na, Stasiek, dachte ich, es ist aus mit dir. Dieser Gedanke machte keinen großen Eindruck auf mich. Ich nahm das als etwas Normales und Natürliches. Und da kam das sogenannte Quäntchen Glück. Wir standen auf dem Platz und das Tor öffnete sich eine Stunde lang nicht, zwei Stunden – und schließlich kam der Befehl: alle in die Blocks. Was war los? Typhus im Lager. Lagersperre – Ausgangsverbot in das Gelände außerhalb des Lagers.

Das Lager war sechs Wochen lang geschlossen. Nur wenige Gruppen, die innerhalb des Lagers arbeiteten, gingen zur Arbeit. Wir bekamen zu dieser Zeit als diejenigen, die nicht arbeiteten, kleinere Essensrationen. Die, die zur Arbeit gingen, bekamen normale Portionen.

Ein paar Tage lang ging ich zum Einmieten von Kartoffeln, aber das sparsame Arbeiten war mir schon ins Blut übergegangen und selbst wenn ich hätte gut arbeiten wollen, hätte ich es nicht mehr gekonnt. Einmal ging ich mit Leon Cerak zur Kartoffelernte und wir fanden sofort eine gute „Arbeit“. Wir krochen unter ein Auto und holten zum Schein die Kartoffeln unter dem Auto hervor, damit sie nicht unter den Rädern zerquetscht wurden. Bei der Gelegenheit konnten wir essen, soviel wir wollten. Ich aß damals mindestens zwei Kilogramm rohe Kartoffeln am Tag. Nach ein paar Tagen war diese Arbeit zu Ende. Danach bekam ich einen fürchterlichen Durchfall, der längere Zeit anhielt. **Das war nicht einfach nur Durchfall. Wenn es losging, musste ich sofort zum Abort rennen, und vom Appellplatz ließen sie einen bis zum Nachmittag nicht zwischen die Blocks zu den Toiletten gehen. Ich machte es täglich so wie damals, als ich während der Giftgasbehandlung meine Kleider geholt hatte ... Anlauf und im Laufschritt zwischen den Blocks hindurch. Zum Abort und brüten. Ich erinnere mich nicht mehr, wann und wie das aufhörte. Das Wichtigste für mich war, dass ich die ganze Zeit hindurch nicht einmal in die Hosen gemacht hatte, wie das anderen ziemlich oft passiert ist.**

In dieser Zeit half mir Franek Szmidt aus Poznań mit dem Essen – der, der mich auf Befehl von Kołeczko ein paar Mal geschlagen hatte. Ich erhielt täglich von ihm eine halbe Suppe, manchmal mehr, und ab und an ein Stück Brot. Es half mir auch Józef M. aus Tarnowskie Góry, der neben mir schlief. Während der

Sperre hatte er im Revier zu arbeiten begonnen. Dort hatte er genügend Essen, aber er durfte es nicht heraustragen. Doch er riskierte es und versuchte täglich, in seiner Jackentasche einen Becher dicke Suppe hinauszuschmuggeln, die er mir gab. Als die Sperre vorbei war, blieb er im Revier und wurde in Block 1 verlegt, in den Block der Prominenten. An jedem Sonntag bekam ich von ihm eine Schüssel Suppe. Im Sommer 1942 musste er die Volksliste[19] unterschreiben und wurde nach Hause entlassen. Eine Woche zuvor war er vernommen worden und beklagte sich bei mir, dass sie ihn sicher erledigen werden – und nach einer Woche kamen dann die Liste und die Entlassung.

„Was sollte ich machen?“, fragte er mich. „Hätte sich jemand gefunden, der es abgelehnt hätte zu unterschreiben? Sonst hätten sie mich doch umgebracht.“

Und so war es tatsächlich. Ab 1943 verweigerten manche die Unterschrift.

Schließlich kam der Tag, an dem man wieder zur Arbeit gehen musste.

Wir standen beim Morgenappell. Ich dachte mir, dass ich wieder zur Arbeit beim Gleisbau gehen muss, und dass da wieder Ott und Kołeczko sein werden – und ich wandte mich an Heidemann, an den langen Verbrecher aus dem Oberbruch, ob er nicht Leute braucht.

„Was willst du denn machen?“

„Ich möchte Steinmetz sein.“

„Oh ja, mir sind zwei Steinmetze gestorben, nimm noch jemanden mit und komm.“

„Jaruga, komm zum Langen als Steinmetz!“, rief ich (Jaruga war Richter von Beruf).

„Gut“, antwortete er.

Bronek Ott sagte, als er das sah, ironisch:

„Na, da hast du aber einen Gönner gefunden!“

„Besser bei ihm als bei dir!“, antwortete ich ihm boshaft.

Ab diesem Tag begann für mich eine neue Epoche – die Arbeit als Steinmetz im Steinbruch. Ich war bis zum 1. Mai 1944 Steinmetz, bis zu dem Moment, als fünfzig Steinmetze wegen allzu geringer Arbeitseffizienz hinausgeworfen wurden. **Aus dieser Gruppe wurden dreißig Personen zur Arbeit bei der Steinmühle eingeteilt, und zwanzig für den Tunnelbau. Ich war in der Gruppe, die zu den Tunneln überstellt wurde. Am ersten Tag im Oberbruch wurde ich in einen kleineren Steinmetzschuppen geschickt, in dem nicht mehr als zwölf Steinmetze arbeiteten. In dem anderen, größeren Schuppen arbeiteten etwa zwanzig Personen.**

19 Die Deutsche Volksliste teilte die Bevölkerung in den von Deutschland im Zweiten Weltkrieg annektierten Teilen Polens in Gruppen mit unterschiedlichen Rechten. (Anm. d. Übers.)

Mit Beginn dieser Arbeit endeten für mich im Prinzip die Schläge bei der Arbeit. Man bekam Schläge im Block, beim Antreten, beim Strafexerzieren, aber es kam kein gedankenloses und grundloses Schlagen bei der Arbeit mehr vor. Steinmetze sind Fachleute, die eine schwere, aber oft auch künstlerische Arbeit an Granit ausführten. Denn die Steinbrüche in Gusen, das war nur harter Granit. Der zweite große Vorteil dieser Arbeit war, dass wir unter einem Dach, in Schuppen arbeiteten. Dass wir nicht dem ganztägigen Regen, dem Sturm und dem Frost ausgesetzt waren, obwohl in den Wänden Ritzen waren, obwohl im Dach Schornsteine waren, die die Funktion von Ventilatoren hatten, und durch die Schnee ins Innere fiel. Wir hatten auch kleine Öfen, an denen man sich aufwärmen konnte. Man konnte auch verschnaufen. Und Schläge bei der Arbeit konnte man nur vom Langen bekommen, wenn er unvermittelt in den Schuppen reinplatzte und sah, dass jemand saß oder rauchte. Er konnte nicht allzu viel prügeln, denn unser Schutz war der Meister, ein Zivilist. Um jemandem zum Steinmetz zu machen, brauchte man mindestens ein Jahr, deshalb durfte der Meister dem Kapo keinen derartigen Luxus erlauben wie das Ermorden von Steinmetzen, denn das war kein Arbeiter, der mit dem Spaten arbeitete. Steinmetze waren in Freiheit überwiegend Beamte und Professoren gewesen, es war auch ein Kleriker dabei; Arbeiter sah ich dort fast überhaupt nicht. Später waren auch Arbeiter dabei, in den Hallen der Steinbrüche Kastenhofen und Gusen.

In meinem Schuppen hatte ich es mit betender Gesellschaft zu tun, die fast den ganzen Tag, bei der Arbeit, halblaut kollektiv betete – das waren Gebete und verschiedene Litaneien. Das machte mich wütend, aber ich wollte mich nicht mit ihnen anlegen, denn sie hätten mir irgendeine Schweinerei antun und mich aus der Arbeit schmeißen können. *Nec Hercules contra plures,* sagt ein Sprichwort. Und es stimmt. Am Anfang ging mir die Arbeit schlecht von der Hand; man spitzte die Steine mit einem Hammer, der anderthalb Kilogramm wog, und glättete die Randschläge mit einem Hammer, der ein Kilogramm wog. Ab 1943 spitzte ich mit einem zwei Kilogramm schweren Hammer, und glättete mit einem anderthalb Kilogramm schweren. Und wenn es mich packte, konnte ich mit einem Hammer, der zwei-drei-viertel Kilogramm schwer war, spitzen. Stasiek M. brachte mir bei, dass man schnell und gut arbeiten musste – nicht, um viel zu schaffen, sondern um sich viel auszuruhen. Denn wer nicht schnell und gut arbeiten konnte, musste viel mehr arbeiten, um die Norm zu schaffen.

Die Norm in der Lagerkalkulation betrug dreißig Mark monatlich. Für jeden Stein gab es eine Zeichnung mit einer Kalkulation und einem Preis. Wenn ich die Norm geschafft hatte, bekam ich einen Bezugsschein für zwanzig Zigaretten. Wenn ich sechzig Mark geschafft hatte, erhielt ich Bezugsscheine für vierzig Zigaretten. Es gab solche Idioten, die so viel wie möglich verdienen wollten. Ich nicht. Wie immer. Meine Norm war zweiunddreißig, vierunddreißig, sechsunddreißig Mark. Das hing oft von den Steinen ab, die ich für die Arbeit bekam. Wenn ich zum Beispiel siebenundzwanzig Mark gemacht hatte, und Steine für acht Mark erhielt, dann musste ich sie bearbeiten. Als sich für mich die Lebensbedingungen verbesserten, kaufte ich mir einfach bearbeitete Steine. Zum Beispiel hatte ich für achtzehn Mark Steine bearbeitet – und das Monatsende kam, ich aber hatte keine Lust zu arbeiten. Dann kaufte ich mir für einen Laib Brot Steine für fünfzehn, sechzehn Mark und schrieb sie auf mein Konto.

Für die Bearbeitung der Steine erhielt man eine Zeichnung. Wenn der Stein fertig war, nahm der Obermeister, ein Zivilist, ihn ab und unterschrieb die Zeichnung, dass der Stein bearbeitet und abgenommen ist. Diese Zeichnung übergab ich dem Hallenschreiber, und der schrieb das auf mein Konto – aber niemand schrieb die zugeteilten Steine auf. Auf diese Weise konnte jemand, der seine Norm geschafft und noch einen Stein zusätzlich bearbeitet hatte, ihn für Brot oder Zigaretten verkaufen und solche Steine kaufte ich. Anfangs war ich Steinmetz im Oberbruch, und dann in Gusen in kleinen Schuppen, und später in der großen gemauerten Halle 19. Im Jahr 1943 trickste ich mit Tadzio Starczewski aus Warschau. Einen Monat lang schrieben wir die Steine auf sein Konto, im nächsten auf meins. Eine Anwesenheitsliste wurde dort nicht geführt. Ich hätte zum Beispiel krank sein können oder man hätte mich zur Arbeit im Lager lassen können. Weder der Kapo noch der Meister kannten unsere Namen, und rausschmeißen konnten sie einen nur, wenn sie wussten, dass man monatelang unter der Norm arbeitete.

Ich will jetzt nur über das Phänomen Arbeit schreiben. Andere Dinge und Fälle, die in dieser Zeit im Lager vor sich gingen, beschreibe ich an anderer Stelle.

Ein Nachteil dieser Arbeit war, dass man auf dem Arbeitsgelände kein Essen organisieren konnte, so dass man als zusätzliches Essen nur das hatte, was man sich abends und sonntags im Lager organisierte.

Die Bude des Langen befand sich in der Nähe unserer Schuppen, fast ganz am Rand des Abhanges. Eigentlich befand sich der Steinbruch, in dem gesprengt und Steine gespalten wurden, weiter weg und wir hatten mit ihm keinen direkten Kontakt. Nur morgens und abends beim Antreten, und mit denen, die die Steine zur Bearbeitung brachten. Auf unserem Zipfel gingen Treppen nach unten, waren unsere Schuppen, ein Schuppen ohne Wände für die Straßenpflasterer, die Bude des Langen und der Abort. Den Abort hatte der Lange direkt am Rand des Abhanges aufstellen lassen – wahrscheinlich aus Gemeinheit – und wenn ich auf der Stange saß, hatte ich den Eindruck, dass ich in der Luft hänge über einem mehrere Dutzend Meter tiefen Abgrund. Immer mit dem Gefühl, dass diese paar dünnen Bretter abbrechen könnten. Außerdem zog es pausenlos am A.; es konnte überall windstill sein, aber da zog es. **Um zum Abort zu kommen, musste man einen schmalen Pfad zwischen dem Felsen und der Bude des Langen entlanggehen. Einen anderen Weg gab es nicht. Auf dem Abort durften nur zwei Personen gleichzeitig sein. Wenn ein dritter kam, kam der Lange aus seiner Bude und warf Steine nach ihnen und verjagte alle. Beim Wegrennen mussten sie an ihm vorbei und jeder bekam zum Abschluss eins aufs Maul und einen Tritt. Der Lange wusste, wie viele auf dem Abort sitzen, denn ein Fenster von seiner Bude ging zum Abort raus. Eine schlimme Gemeinheit war, dass man erst nach elf Uhr auf den Abort gehen durfte und schlecht bestellt war es um einen, der dort früher erschien, und andererseits gab es Schläge, und vielleicht den Tod für die, die beim Verrichten der Notdurft zwischen den Steinen erwischt wurden.**

Im Schuppen des Langen kam es zu verschiedenen Transaktionen und Machenschaften, es wurde gutes Essen gekocht, aber nie wurde er von irgendjemandem erwischt. Das machte die geografische Lage, wie wir das nannten. Der Lange stellte Wachposten auf, einen an der Ecke unseres Schuppens und den zweiten an der Halde. Es war ihre Pflicht aufzupassen, wer zu uns kommt. Die Wachposten hätten mit dem Leben bezahlt, wenn es einem SS-Mann gelungen wäre, den Langen zu überraschen. Der Oberbruch war höher gelegen und es gab nur zwei Wege dorthin – die Treppen und die Straße für die Autos. Beide Zugänge standen unter ständiger Beobachtung von oben. Die Treppe hinauf zu gehen dauerte etwa eine Viertelstunde, wenn man die Straße nahm, dauerte es noch länger, weil sie durch den Lagerhof und den Steinbruch führte. Die Kommandanten und andere SS-Männer fuhren manchmal mit den Motorrädern direkt bis vor die Bude … und … Durchsuchung. Wenn sich aber so einer schon weit unten zeigte, wusste der Lange, dass sie zu ihm kamen, und er schaffte es immer, alles zu verstecken, was ihm hätte schaden können. Über den Charakter des Langen soll folgender Fall erzählen:

Er hatte sich einen jungen Spanier ausgewählt, der schön singen konnte. Er befahl ihm zu singen, würgte ihn dabei am Hals und mit einer Affenneugier schaute er dabei in sein Gesicht und seine Augen. Er wiederholte dieses Spiel mehrmals täglich. So amüsierte er sich eine Woche lang, bis er ihn schließlich wirklich erwürgte. Einmal gingen wir zur Arbeit und es sah nach Regen aus – nachdem er uns durchgezählt hatte, befahl der Lange uns nicht, an die Arbeit zu gehen, sondern stellte sich selbst unter das Dach der Straßenpflasterer und hielt eine Rede. Er sagte, dass man arbeiten muss, was man darf, was man nicht darf, wie er strafen werde – und alle paar Sekunden hob er den Kopf und wunderte sich, dass es noch nicht in Strömen goss. Dann gingen ihm die Themen aus. Er schaute sich um, ging in die eine Richtung, in die andere Richtung – wieder schaute er sehnsüchtig nach oben – und begann seine Belehrungen von vorn. Schließlich begann es zu gießen. Der Lange, schon froh, quatschte noch ein paar Minuten – und als er sah, dass wir vollständig durchnässt waren, gab er den Befehl, an die Arbeit zu gehen.

Als ich im Oberbruch arbeitete, beobachtete ich zweimal, wie ein Schafbock einen SS-Mann stieß. Auf einem nahegelegenen Bauernhof gab es eine Schafherde mit einem Bock, dem die Häftlinge beigebracht hatten zu stoßen. Unser Leiter war ein SS-Mann, den wir wegen seiner Art zu gehen „Schwan“ nannten. Einmal stand er bei den Straßenpflasterern und erklärte ihnen etwas. Die Hände hatte er auf dem Rücken verschränkt und beim Sprechen wankte er nach vorn. In diesem Moment kamen die Schafe aus dem Schuppen. Als der Bock sah, wie der SS-Mann schwankte, schüttelte er seinen Kopf, leckte sich das Maul, holte Schwung ... und knallte ihm mit dem Kopf in den Hintern. Der SS-Mann flog nach vorn, stolperte, sprang über die Steine, drehte sich wutentbrannt um und griff schon nach seiner Pistole, als er sah, dass es ein Bock war, der sich wieder die Lippen leckte und zu einem neuen Angriff ausholte, aber da hatten die Häftlinge ihn schon im Lauf eingefangen und weggetrieben. Wir hatten die Szene durch die Ritzen unseres Schuppens beobachtet. Ein anderes Mal weideten die Schafe unten an den Gleisen der Bahn, die Mauthausen mit Gusen verband. Mit dieser Bahn wurden die in Gusen von unseren Steinmetzen bearbeiteten Steine zum Polieren gebracht. Das war während der Mittagspause und alle saßen draußen vor dem Schuppen. Einer der Kollegen rief uns zum Rand der Halde und zeigte uns, dass neben den Bahngleisen ein SS-Mann mit einem kleinen weißen Bündel in der Hand entlangging. „Passt auf, gleich wird der Bock ihn stoßen.“ Und tatsächlich – als der SS-Mann an den Schafen vorbeigegangen war, rannte der Bock ihm hinterher und rammte ihn von hinten mit dem Kopf in die Kniekehlen. Er stürzte, das Bündel fiel ihm aus den Händen, seine Mütze fiel hinunter. Er griff nach seiner Pistole, der Bock rannte auf ihn zu, er haute ab, der Bock hinterher. Schließlich begann er, Steine nach dem Bock zu werfen und vertrieb ihn. Er setzte seine Mütze auf, schaute auf das Bündel, winkte ab und ging weg. Wir überlegten, was er getragen hatte. Schließlich ließ ich mich die Halde hinuntergleiten und sah, dass es zerbrochene Eier in einem Schnupftuch waren, die sich der SS-Mann offensichtlich auf dem Bauernhof organisiert

hatte. Mit dem Schnupftuch ging ich nun über die Treppe zurück, und dieses Schnupftuch diente mir noch lange. So sah es bei der Arbeit bis Mitte Januar aus.

Die Häftlinge, die in den Steinbrüchen arbeiteten, wohnten in extra dafür organisierten sogenannten Kastenhofen-Blocks – Block 4 und 5. Unser Steinbruch gehörte auch zu dieser Gruppe, deshalb wurde ich in Block 4, Stube B verlegt. In diesem Block, der für dreihundert Personen vorgesehen war, waren achthundertsechzig Häftlinge untergebracht. Es wurden zusätzliche Betten hineingestellt, hineingepresst bis an die Grenzen der Möglichkeiten, und in jedem Bett wurde zu dritt geschlafen. Wenn wir nach der Arbeit in den Block gingen, war es unmöglich, sich zu bewegen. In der Stube B war ich nur eine Woche lang – doch innerhalb dieser Woche bekam ich vier Mal mit einem Gummikabel auf den nackten Arsch. Die Kapos und Stubenältesten scheuchten uns jeden Abend früher als notwendig in die Betten, und dann holten sie uns wieder heraus und gaben jedem fünf Schläge auf den Hintern. Für nichts, einfach so, zum Spaß. Und das jeden Abend.

Ich beklagte mich bei den Steinmetzen aus Stube A und die machten mich mit ihrem Kapo des Zimmerdienstes bekannt – mit Feliks Leśniczak, einem Drogisten aus Ostrów Wielkopolski – und der bemühte sich darum, dass ich gleich am nächsten Tag in die Stube A verlegt wurde. Feliks Leśniczak war ein durch und durch herzensguter Mensch, der viel Gutes für die Menschen getan hat. Wir freundeten uns an und ich war ihm immer dankbar für diese Verlegung. Später bekam ich so manches Mal von ihm einen halben Napf Suppe. Den Weg zu den Menschen, ihren Herzen und ihrer Gunst ebneten mir mein Humor, meine lustige Art und die typische Warschauer Lebensart – schlitzohrig, direkt und immer mit Witz, und manchmal mit der Faust und einem Kopfstoß. Meine Bekannten sagten immer, „Stasiek ist ein typisches Warschauer Kind“ – und deshalb fiel es mir vielleicht leichter, etwas zu organisieren, was andere durchschnittliche Häftlinge nicht organisieren konnten. Zum Beispiel die Verlegung von Stube B nach Stube A.

Die Enge im Block dauerte nicht lange – die Menschen starben schnell und bereits nach einem Monat schliefen wir zu zweit. Es wurden alle zusätzlichen Betten entfernt, und schon nach zwei Wochen schliefen viele von uns einzeln im Bett – so wie ich, weil eines Tages mein Bettnachbar von der Arbeit zurückgetragen und nach dem Appell nackt in den Waschraum gelegt wurde. Morgens war er bereit fürs Krematorium.

Zu dieser Zeit begann im Lager das Massenmorden von Muselmännern. Vor allem das Duschen. Es waren bereits Duschen gebaut worden, in denen gleichzeitig mehrere hundert Personen duschen konnten. Betonfußboden, Duschen

– nur warmes Wasser gab es nicht, kein Dach und keine Wände. Eine kalte Dusche unter freiem Himmel, und zwar jeden Abend, fast bis November. Mit einem Wort – Fertigmachen. Und das bedeutete, dass man sich schützen musste. In Block 32 versteckte ich mich ein paar Mal unter dem Bett, aber das war gefährlich, denn hätten sie mich erwischt, hätten sie mich umbringen können. Ich kam auf eine andere Idee, die ich mit Cerak anwandte (Leon Cerak aus Bydgoszcz, von der Stepowa-Straße, starb 1942 beim Gleisbau). Wir rieben unsere Hände mit Schuhcreme ein und wenn sie uns nackt unter die Dusche jagten, zeigten wir unsere Hände und sagten, dass wir uns mit Salbe eingerieben hätten, weil wir Krätze hätten. Das war bereits nachdem die Krätze liquidiert worden war, aber es gab noch recht oft Fälle, dass wieder jemand Krätze bekam. Als ich in Block 4 wohnte, floh ich in die Keller der neu gebauten Blocks, die an den Stellen der vorherigen Blocks 6, 7 und 8 aufgestellt wurden. Sie waren noch im Bau und die Fundamente waren kaum fertig.

Oftmals aber gelang es mir nicht zu fliehen und ich musste duschen gehen. Manchmal warteten wir zwanzig Minuten und mehr nackt – manchmal im Regen – um für ein paar Minuten unter die kalte Dusche zu gehen. Manche wollten nicht gehen. Die wurden von den Kapos mit Knüppeln und Gebrüll gescheucht. Ein einziges Irrenhaus. Hier hatte ich eine andere Methode, die viele anwendeten. Ich lief als einer der ersten in die Mitte der Badeanstalt und stellte mich genau in die Mitte des Quadrates zwischen die Duschen. Die Entfernungen waren so, dass das Wasser mich nur ein bisschen bespritzte. Erst beim Rausgehen rannte ich unter der letzten Dusche hindurch, um meinen Körper und den Kopf nass zu machen, denn ich hatte gesehen, wie sie diejenigen schlugen und duschten, die mit trockenem Kopf und Körper herauskamen. Dann rannte ich in den Block, zog mein Hemd über und kroch unter die Decken. Denn Handtücher und Seife wurden für diese Duschen nicht ausgegeben.

Der Lagerkommandant Chmielewski fragte eines Morgens den Lagerschreiber als wir auf dem Appellplatz standen:

„Wie viele Tote haben wir bis heute?“

Als der ihm antwortete, lachte er laut auf und sagte mit Genugtuung:

„Immer schön waschen, immer schön duschen – ha, ha, ha!“

Und das war der Sinn der Duschen – auszehren und auf diese Weise die Sterblichkeit steigern. Angeblich hatte sich das SS-Mann Jentzsch – so wurde sein Name ausgesprochen – ausgedacht. Ein Dreckskerl! Er jagte, schlug, ließ einen duschen, duschen und nochmal duschen. **Als wir eines Tages in Reih und Glied vor dem Block standen, baute er sich vor uns auf, ließ uns ein bisschen Gymnastik machen, und dann befahl er uns zu stehen ohne ein Zittern und verbot es, mit den Augen zu blinzeln. Wer blinzelte, bekam**

Schläge. Ich hätte nie gedacht, wie unangenehm es sein kann, ohne Lidschlag auszuharren. Ich blinzelte dann, wenn Jentzsch einen anderen fürs Blinzeln schlug.

Ich weiß noch, wie ein paar von uns sonntags vor dem Block standen. Wir standen stramm und setzten die Mützen ab, als Jentzsch mit dem Fahrrad vorbeifuhr. Er hatte eine brennende Zigarette in der Hand. Als er an uns vorbeifuhr, warf er die Zigarette so, dass diese mich an der Brust traf und auf den Boden fiel. Keiner rührte sich. Eine Provokation. Als er ein paar Meter weitergefahren war, drehte er sich um und sah, dass ich mit Verachtung die von ihm geworfene halbe Zigarette mit dem Fuß wegschnippte. Das war in der Zeit des größten Tabak-Hungers. Ein Häftling wollte sie aufheben. Da kam Jentzsch zurück und schlug ihn so, dass er wohl den nächsten Tag nicht erlebte. Die Jungs trugen den Massakrierten gleich in den Waschraum.

Als sie damit fertig waren, die Bewohner der Blocks zu duschen, in denen die Arbeitenden wohnten, wurde damit begonnen, die Invaliden zu baden, die in verschiedene Blocks gruppiert wurden. Sie wurden im November und im Dezember gebadet – zweimal täglich für anderthalb bis zwei Stunden. Die Abflüsse wurden verstopft, sie legten sich so ins Wasser, dass nur ihre Köpfe hervorstanden, und badeten – Sauberkeit über alles. Nach jedem Bad blieb ein Teil im Wasser – Leichen. Die anderen gingen in den Block und dort wurden sie von niemandem geschlagen, keiner quälte sie, sie bekamen ihre Essensration, und am nächsten Tag wurde wieder vormittags und nachmittags gebadet. Nach drei Wochen hatten sie alle „fertiggebadet". Die Invaliden-Blocks waren leer – bereit, neues Material aufzunehmen, das im Krematorium verbrannt werden konnte.

Die Auswahl der „Invaliden" sah so aus, dass wir am Sonntag nach dem Appell alle auf dem Appellplatz standen, und der Lagerkommandant nahm mit seinem ganzen Gefolge, aus SS und den Lagerherren bestehend, eine genaue Durchsicht vor. Er nahm dafür einen Block. Er ging langsam durch die Reihen und zeigte mit dem Finger auf schwache Menschen, die zu Muselmännern geworden waren. Am Ende gingen der Blockälteste und der Blockschreiber und notierten die Nummern derjenigen, auf die der Kommandant gezeigt hatte. Wenn er ein Glied durchgesehen hatte, trat dieses zehn Schritte vor und dann wurde das nächste Glied durchgesehen. So wurden alle Blocks durchgesehen und so viele Muselmänner ausgewählt, dass sie zwei Blocks eng belegten. Die Leute aus diesen Blocks, die vorher dort waren, wurden in andere Blocks verlegt.

Im Lager wurde gesagt, dass die Invaliden nach Dachau geschickt und dort behandelt werden sollen. Es gingen verschiedene fantastische Versionen um. Dass das eine Intervention des Internationalen Roten Kreuzes sei, ein Ultimatum Englands und viel anderer Blödsinn. Als die erste Gruppe „gebadet" wurde, war allen klar, was „Invaliden“ sind und wie sie behandelt werden – und dann war niemand mehr daran interessiert, Invalide zu werden, wie es bei der ersten Selektion der Fall gewesen war. Da hatte es viele gegeben, die sich selbst gemeldet hatten. Bei diesen Selektionen konnte ich kein Schlitzohr mehr sein – hier durfte ich nur mit wichtigem Gesicht stehen, gestrafft, lächelnd, um gesund auszusehen, zufrieden und arbeitsfähig, und im Geiste zittern und erleichtert aufatmen, wenn der Kommandant an meiner Person vorbeiging, wenn er schon den nächsten ansah, und nicht mit dem Finger auf mich gezeigt hatte. Und dann war wieder unklar, für wie lange, denn später wurde nicht mehr beim Appell ausgesucht, sondern beim Ausmarschieren zur Arbeit herausgefischt. Am Tor stand eine Hundertschaft Menschen, die diejenigen ersetzten, die von den SS-Männern aus den Reihen gezogen wurden. Hier fischten sie Verwundete heraus und die, denen anzusehen war, dass sie kaum noch gehen können. Die aus den Gliedern Ausgesuchten wurden sofort in den Invaliden-Block überstellt und „gebadet“.

An einem Sonntag machten sich die SS-Männer einen Spaß, den sie „Lauf um dein Leben“ nannten. Sie wählten an die einhundertfünfzig Personen als „Invaliden“ aus. Sie stellten sie in Fünferreihen auf und so, wie sie standen, mussten sie etwa fünfzig Meter rennen. Wer keine Kraft hatte, stolperte oder stürzte, wurde in die Gruppe nebenan überwiesen – wer gut gerannt war, wurde in seinen Block entlassen. Man hätte sehen müssen, wie diese Menschen rannten – wie Pferde auf einem Pferdemarkt, den Kopf nach oben, barfuß, um mit den Holzschuhen nicht zu stolpern. In einer Fünferreihe sah ich einen Bekannten, einen älteren Schuster, wie er rannte und dabei die Beine hoch in die Luft warf. Sie ließen ihn laufen, er überlebte und kam frei. Er arbeitete später in der Schusterei des Lagers. Ich fühlte mich noch stark, obwohl ich sehr dünn war – bei einer Größe von ein Meter achtundsiebzig wog ich achtundfünfzig Kilogramm –, so dass ich nie sicher war, ob ich nicht einem von denen, die Jagd auf „Invaliden“ machten, ins Auge fallen würde.

Im Frühjahr 1942, als ich schon in den Steinbruchhallen in Gusen arbeitete, wurde eines Morgens eine Menschenjagd veranstaltet. Alle, die sich zum Arzt gemeldet hatten, wurden herausgefischt, und wenn ihnen welche für die Anzahl, die sie sich sicher gesetzt hatten, fehlten, holten sie sich den Rest aus den Reihen. Von der Hintertür unser Steinmetz-Bude aus war der ganze Appellplatz zu sehen. Die Herausgefischten standen auf dem Platz. Um zehn Uhr kam Kommandant Chmielewski, um sie anzusehen. Als er herantrat, nahmen alle die Mützen ab. Und da sagte Czesiek Cichocki aus Poznań – ein Kamerad, auch Steinmetz, der neben mir stand – etwas auf Latein, was bedeuten sollte: „Die Todgeweihten grüßen dich.“ Beim Mittagessen waren sie schon nicht mehr da. Sie waren ins Revier gebracht worden, in einen Winkel, der mit einem großen Zaun abgetrennt war, und Kapo van Loosen bespritzte sie so lange mit Wasser aus dem Feuerhydranten, bis er alle getötet hatte.

Dieses Ertränk-Spiel wurde bis zum Spätsommer 1942 getrieben. Im Jahr 1942 kam unser Blockältester Adi – in Block 5 – täglich nach dem Abendläuten in die Stube und rief einen Häftling heraus, den er mit sich nahm, ohne dass dieser sich anziehen sollte, nur im Hemd. Einen zweiten holte er aus der anderen Stube und brachte sie zur Badestelle, die zu dieser Zeit schon ein Dach und Wände hatte, und dort ertränkten sie sie in Fässern. Der Blockälteste jedes Blockes musste jeden Tag zwei Personen zum Ertränken bringen und sie selbst ertränken. Weil das für ihn zu anstrengend war, suchte er sie nur aus, und sie ertränkten abwechselnd. Einen Tag der Blockälteste, dann der Stubenälteste, der andere Stubenälteste und der Blockschreiber. Im Prinzip wählte der Blockälteste die Schwächsten aus. Aber wer hätte es ihm verboten, einen mitzunehmen, der ihm mit etwas unangenehm aufgefallen war oder der ihm aus irgendeinem Grund nicht gefiel? Wir wussten, dass sie abends Häftlinge ertränkten. Alle, die schwach waren, zitterten jeden Abend vor Angst, dass sie heute an der Reihe sein könnten. Diesem Schicksal konnte man nicht entkommen. Da half auch keine Schläue mehr.

Noch im Herbst 1941, vor der Selektion zum „Baden", wurden Invaliden zur Abreise nach Dachau notiert. Freiwillig. Damals ließen sich viele notieren. Von meinen Bekannten meldeten sich Jurek Łuczko und Zbyszek K. aus Łódź – derselbe, der sich mit mir zusammen in Mauthausen vor der Arbeit gedrückt hatte. Einmal kam Zbyszek nachts zu mir, gab mir seine Pfeife, sein Taschenmesser und andere Kleinigkeiten, und sagte, dass sie ihn morgens umbringen werden, weil sie ihn dabei erwischt hatten, wie er einem Toten einen Goldzahn herausgeholt hatte. An die große Glocke gehängt hatte es ein anderer Häftling, der dasselbe hatte machen wollen. Der Mann hatte nachts im Sterben gelegen, und sie hatten aufgepasst, wann er stirbt, weil sie wussten, dass er Goldzähne hat – und Goldzähne in der Hand bedeuteten viel Brot und Suppe.

Aber am nächsten Tag gab ich ihm seine Kleinigkeiten zurück, denn niemand hatte ihn erledigt. Sie hatten ihm das Gold weggenommen und ihm gleich nachts eins aufs Maul gegeben und Schluss. Schlimmer wäre es gewesen, wenn er Brot gestohlen hätte. Dann wäre ihm das Krematorium sicher gewesen. Er wollte nachts in den Stacheldraht gehen, aber ich riet ihm ab. „Schließlich ist das kein Brot", sagte ich ihm, „vielleicht kommst du drumherum, und in den Stacheldraht schaffst du es auch noch morgen früh."

Zbyszek ließ sich als Invalide eintragen, weil er bei der Arbeit in der Ziegelei seine Hand absichtlich in eine Maschine gesteckt hatte und sie dabei zerquetscht wurde. Er hatte es getan, um von der Arbeitsgruppe wegzukommen, die zu den schlimmsten gehörte, und anders wäre es nicht gegangen, denn sowohl für die Bahn als auch für die Ziegelei waren feste Gruppen eingeteilt. Er entkam der Ziegelei, aber er entkam nicht dem Tod. Im Frühjahr 1942 wurden alle deportiert, die sich damals gemeldet hatten. Es war mit der Verschickung vom Herbst bis zum Frühjahr gewartet worden – ein halbes Jahr. Viele von denen, die gemeldet waren, lebten nicht mehr. Viele waren Muselmänner geworden, und viele „organisierten sich“ und kamen zurecht. K. hatte zu dieser Zeit in der Küche gearbeitet und bereits gut ausgesehen, aber niemand fragte irgendjemanden nach etwas. Da war die Liste, sie wurden aufgerufen und servus. Nach einigen Wochen kamen Nachrichten, dass viele von den Deportierten nicht mehr lebten. Es schrieben ihre Familien an die Häftlinge, die aus der gleichen Ortschaft stammten und noch im Lager waren. Es gingen verschiedene Versionen um, hauptsächlich die, dass man sie in irgendein Forschungsinstitut für Versuchskaninchen verschickt hätte. Ich hatte eine andere Meinung. Sie wurden nicht an einem Tag fortgebracht, sondern innerhalb mehrerer Tage; abends kam ein großes geschlossenes Auto, in das Menschen bis an die Grenzen des Möglichen geladen wurden. Meiner Meinung nach wurden sie sofort ins Krematorium Mauthausen gefahren. Auf diesen Gedanken kam ich erst viel später, im Sommer 1942, als der „Bus“ eine Zeitlang zwischen Mauthausen und Gusen kursierte. Er fuhr sehr langsam und direkt ins Krematorium. Dort lud er die Ladung noch warmer Leichen ab, der Wagen wurde gelüftet und es wurden Kranke vom Revier eingeladen, die angeblich nach Mauthausen gebracht werden sollten, wo sie unter speziellen guten Bedingungen behandelt werden sollten. Und im Sommer 1942 sah ich diese Autos, wie sie im Laufe des Tages vor das Krematorium und das Revier vorfuhren. Sie waren luftdicht abgeschlossen – ohne Fenster –, so wie Kühlwagen zum Transport von Fleisch oder Fisch. Sie fuhren so langsam, damit genug Zeit für die Vergiftung des Autoinhaltes war. Ich weiß nicht, ob Gas hineingelassen wurde. Es wurde erzählt, dass das Auspuffrohr nach innen ging und die Menschen mit Abgasen umgebracht wurden.

Es zeigten sich wieder Läuse im Lager, die bekämpft werden mussten. Nach Neujahr wurde Emil Lipinski, ein Deutscher aus den derzeitigen Westgebieten Polens, Blockältester in Block 4. Er sprach ziemlich gut Polnisch. Er war ein gutaussehender, eleganter Kerl, ein Sportler – Boxer und Fußballer –, Künstler und erstklassiger Verbrecher mit aristokratischen Manieren. Besondere Merkmale: eine kleine eintätowierte Lilie über der linken Hand, an der Stelle, an der man die Armbanduhr trägt. Er schimpfte auf diese Tätowierung und wollte sie vernichten. Schließlich wurde er wütend, schnitt mit dem Rasiermesser ein Quadrat in den Arm und riss sich die Haut zusammen mit der Tätowierung heraus. So ein Mensch wurde also Blockältester und versprach, dass sich in seinem Block keine Laus mehr zeigen würde. Erstens – Sauberkeit. Tägliches Schrubben des Fußbodens. Zweitens – tägliche Kontrollen der Wäsche. Er ließ Gruppen mit jeweils zwanzig Personen bilden und jede Gruppe hatte einen deutschen Kontrolleur. Täglich vor dem Abendessen war Kontrolle. Bevor man zur Kontrolle ging, suchte jeder lange in seiner Wäsche. Wir kontrollierten jeden Abschnitt unseres Hemdes und trotzdem fanden sich täglich ein, zwei Läuse. Wenn der Deutsche uns kontrollierte, traute er sich nicht, nichts zu finden, denn eine gefundene Laus bedeutete den Tod. Der Kandidat wurde getötet, und der Kontrolleur wurde Eigentümer von dessen Abendbrot. Der bemühte sich, etwas zu finden, und wir bemühten uns, dass er nichts fand. Es kam vor, dass der Deutsche eine Laus fand. Dann sagte der Häftling leise: „Ich gebe dir meine Ration." Und der sagte dann oft nichts und erhielt nach dem Abendessen Brot. Drollig, nicht wahr? Der Wert eines Menschenlebens entsprach dem Wert der täglichen Hungerration Brot. Bevor ich in Block 23 überstellt wurde – zur Erledigung – war ich Zeuge, wie zwei Menschen umgebracht wurden, bei denen Läuse gefunden worden waren. Der erste war ein Deutscher, der erst einige Wochen in Gusen war – davor war er in Dachau gewesen und er nahm das alles so, als wäre es dort. Als bei ihm eine Laus gefunden wurde, sprach Lipinski mit der Miene eines Künstlers zu ihm:

„Tja, du bist ein Dreckfink – du hast Läuse."

Er rief seinen Gehilfen, einen Deutschen, der nur einen Zahn im Maul hatte.

„Schau mal", sagte er zu ihm, „er ist schmutzig, wasch ihn."

Der nahm einen Knüppel, rief den Delinquenten zu sich und ging mit ihm in den Waschraum, und ich und Kornacki liefen ihnen hinterher, um zu sehen, wie er ihn umbringen würde.

„Zieh dich aus!", schrie der Verbrecher.

„Bist du verrückt geworden? Es ist Frost, ich kann mich erkälten." Aber als er ein paar ordentliche Schläge mit dem Stock bekam, zog er sich aus. Der Verbrecher drehte die Dusche auf und befahl ihm, sich darunter zu stellen.

„Ich kann mir eine Lungenentzündung holen!", widersetzte sich der. Und wieder überzeugte ihn erst der Knüppel. Er stellte sich unter die Dusche. Ständig wollte er unter dem eiskalten Wasser hervorkommen, doch Kuchenzahn – so wurde dieser Deutsche genannt – umkreiste ihn und trieb ihn mit dem Knüppel wieder unters Wasser.

Kornacki hielt es nicht aus. Er ging zu ihm und sagte:

„Kuchenzahn, lass ihn gehen! Du bist Deutscher und er ist Deutscher. Was hast du davon, wenn du ihn jetzt ertränkst?"

Er sah Kornacki so an, dass ich schon dachte, dass er ihm eins mit dem Knüppel überzieht, aber nein. Er winkte ab und verließ den Waschraum. Der gebadete Deutsche nahm seine Kleider unter den Arm, verließ den Waschraum und ging so, wie er war, in die Toilette und verrichtete dort seine Notdurft und sagte: „Diese Verbrecher, wegen einer Laus einen Menschen umzubringen." Das hörte van Loosen, der gerade den Abort verließ. Er ging zurück in den Block und sagte es Lipinski. Als der Deutsche nackt mit seinen Sachen unter dem Arm in den Block kam, wartete Lipinski schon auf ihn.

„Was hast du da im Klo gesagt?", fragte er und schlug ihm ins Gesicht, dass der sofort umfiel. „Steh auf", sagte er ruhig. „Kuchenzahn, schau mal, wie hast du den denn gewaschen? Guck mal, der ist ganz schmutzig. Wasch ihn nochmal."

Und wieder das Gleiche von vorn – Duschen und Schläge – und wieder redete Kornacki mit ihm. Kuchenzahn ließ ihn in Ruhe. Im Block massierten ihn die Jungs, wickelten ihn in Decken ein – ich weiß nicht, warum er in der Nacht gestorben ist. Wahrscheinlich von den Schlägen, denn an einer Lungenentzündung wäre er nicht so schnell gestorben. Ich musste nur einmal zehn Minuten unter der Dusche stehen. Tatsache ist, dass ich schon steif war, aber keiner rieb mich warm und mir war nichts passiert – morgens ging ich zur Arbeit.

Im zweiten Fall wurde bei einem Tschechen eine Laus gefunden. Mit dem haben sie das anders gemacht. Sie legten ihn über einen Hocker und schlugen ihm mit Knüppeln auf das Gesäß. Der Gehilfe saß auf seinem Kopf, und zog ihm die Arme nach hinten, von der einen Seite schlug Lipinski, von der anderen der linkshändige Kapo, ein Schmied, ein riesiger Kerl. Der Geschlagene brüllte mit unmenschlicher Stimme. Als er fünfzig Schläge bekommen hatte, ließen sie ihn los und Lipinski befahl ihm, die Hose herunter zu lassen. Als er die Hose heruntergezogen hatte, stellte sich heraus, dass sich seine Hoden nach hinten verschoben hatten, und sie ihn mit den Knüppeln auf die Hoden geschlagen hatten, aus denen sich ein großer Ballon voller Blut gebildet hatte. Sie schauten sich an ... und Lipinski schlug ihm ins Gesicht, und als er umfiel, sprangen beide mit den Füßen auf ihn drauf. Zu hören war das Knacken der Knochen. Gleich danach wurde er in einer Decke zum Revier getragen und eine halbe Stunde später wurden seine Kleider in die Stube gebracht.

Das war ein spannendes Leben! Überall Gefahr: Selektion, Duschen, Tod für Läuse, zum Ertränken auswählen, abgesehen von den normalen Schlägen im Block, beim Appell, beim Aufstellen, beim Exerzieren und bei der Arbeit. Und so war es das ganze Jahr 1941 und 1942 hindurch – und dazu kam der ständige, entsetzliche Hunger. Die Menschen starben wie die Fliegen. Bei jedem Appell lagen hinter jedem Block einige „Verstorbene“ und Sterbende. Die Sterbenden wurden nackt in den Waschraum gelegt und waren verpflichtet bis zum Morgen zu sterben. Schließlich war Winter und sie lagen nackt auf dem Fußboden ... Die Blockschreiber hatten Probleme, weil sie sie manchmal alle als Tote eintrugen, sich aber am Morgen herausstellte, dass manche noch lebten. Dann wurde ein bisschen nachgeholfen und beim Appell stimmten die Zahlen. Das Nachhelfen bestand darin, dass das Ende eines Schlauches zum Gießen und Einlassen von Wasser in den Mund gesteckt wurde. Der Patient ertrank vollkommen korrekt, denn er war meistenteils schon bewusstlos. Manche erfanden neue Tötungsmethoden – beispielsweise indem sie den Kopf eines Schlauches in den Mastdarm steckten und das Wasser aufdrehten. Das Wasser zerfetzte die Eingeweide. Einmal sah ich, wie ein Blockältester einen Patienten vor den Block stellte, bei Frost. Er band ihn mit einem Gürtel fest, kippte ihm einen Eimer Wasser in den Kragen und befahl ihm, bewegungslos zu stehen. Ich hatte keine Zeit, mir das anzusehen, aber mir wurde erzählt, dass er nach einer Weile umkippte und dann nackt in den Waschraum getragen wurde.

Doktor Gościński, Chirurg im Revier, hatte ausgerechnet, dass in Gusen Menschen auf mehrere Dutzend Arten ermordet wurden. Nach dem massenhaften Baden der „Invaliden“ wurde in Block 32 der Invaliden-Block eingerichtet, der recht lange existierte. Dort wurden Menschen hingeschickt, die schwach waren und manche Rekonvaleszenten des Reviers. In Block 32 „starben“ täglich mehrere Dutzend Personen. Blockältester war dort Karl, mein Stubenältester von Block 13 in Mauthausen. Er schlug die Menschen nicht. Seine Methode bestand darin, dass er sie nur zum Schlafen in den Block ließ – er hielt sie von morgens bis abends vor dem Block fest. Sie standen in Zehnerreihen und durften nicht laufen und sich nicht bewegen. Der Block war von einem Zaun umgeben – niemand durfte dort rein oder raus. Durch die Löcher im Zaun habe ich diese Menschen viele Male bewegungslos im Frost stehen sehen. Wenn einer umfiel, wurde er vor den Block gelegt. Einmal hatte ich die Gelegenheit reinzugehen. Kornacki und ich trieben uns abends auf dem Appellplatz herum, in der Nähe der Küche. Wer weiß, vielleicht würde es uns ja gelingen, etwas zu essen oder zu rauchen zu organisieren. Plötzlich bellte Karl uns an – er hatte so eine bellende Stimme – und befahl uns, ihm in die Küche zu folgen. Hier sollten wir eine Kiste mit Wurstrationen nehmen und in Block 32 tragen. Fürs Tragen erhielten wir jeder fünf Würste und drei Viertel Brot, die wir abends sofort aufaßen. Als wir die Treppe hinaufkamen, lagen im Flur mehrere noch lebende Menschen, denn sie bewegten sich, und irgendein Gehilfe übergoss sie mit Wasser. Als wir hinausgingen, drehte er sie auf die andere Seite, der volle

Eimer stand schon bereit. So wurde ihnen geholfen, sich vom Leben zu verabschieden.

Das ist es, dachte ich bei mir, was mich erwartet, wenn ich zum Muselmann werde, und mich kein Kapo bei der Arbeit umbringt: entweder Block 32 oder mit dem Auto nach Mauthausen zur „Behandlung", oder im besten Falle die „Spritze". Später gab es noch den „Bahnhof" – den Bahnhof in den Himmel.

Die „Spritze" war eine todbringende Injektion. Anfangs ins Herz, später wurde das perfektioniert und intravenös vorgenommen. Mit diesen Methoden wurde nur im Revier getötet. Man musste sich nackt auf einen Hocker setzen, Kopf abwenden, intravenöse Injektion – und fertig. Die Spritze ins Herz war wohl weniger angenehm. Einmal sah ich heimlich durchs Fenster zu – und bekam aufs Maul, so dass mir ein Zahn ausgeschlagen wurde. Das war schon der dritte. Ich rannte weg, ohne zu schauen, wer mich geschlagen hatte, sonst hätten sie mir auch noch eine Spritze verabreicht. Oder – und das war wahrscheinlicher – der, der mich geschlagen hatte, hatte nicht gewusst, was drinnen, hinter dem Fenster, gemacht wurde. Denn wenn er das gewusst hätte, wäre ich schon längst nicht mehr da. Das sah so aus: Der „Patient" kam nackt vom Flur in das Zimmer. Hier packte ihn einer der Sanitäter und hielt seine Arme fest, der andere steckte ihm in der Zeit ein Stück Zellstoff in den Mund – wir nannten das Hammernarkose. Dann trat ein SS-Mann an ihn heran mit einer großen Spritze mit einer langen Nadel, er stach die Nadel ins Herz – und der Patient war sofort tot. Der Leichnam wurde in den anderen Raum gezogen, kurze Vorbereitung und ... der nächste bitte! Die, die zum „Spritzen" gingen, wussten, wozu sie dorthin gingen. Manche mussten mehrere Tage warten, bis eine größere Gruppe zusammengekommen war. Sie wurden nackt in einem Raum festgehalten, der eine Art Käfig aus Draht war, und jeder hatte mit einem Kopierstift das Herz gekennzeichnet, und in der Mitte dieses Kreises war ein Punkt, in den die Nadel gestochen werden sollte. Das hat mir Stasiek Nowocin aus Radom erzählt, der in diesem Käfig schon zwei ganze Tage gesessen hatte, bevor ihn der Blockälteste des Revier-Blocks herausgeholt und ernährt hatte, und der Junge hat überlebt.

Der „Bahnhof" wiederum war ein abgetrennter Teil in einem der Revier-Blocks, in dem zwei Dreietagen-Betten standen, auf dem Boden lag Stroh, und in dem Raum waren durchschnittlich vierzig Personen. Wir haben einmal die Fläche vom „Bahnhof" berechnet und es kam heraus, dass das ein Raum mit einer Fläche von acht mal zwei Meter achtzig gewesen war. Acht Meter war die Breite des Blockes, zwei achtzig war der abgetrennte Teil von der Blocklänge. Ich war selbst nie dort, aber es erzählten mir mehrere Kameraden davon, unter anderem Janek K., der im letzten Jahr seines Aufenthaltes im Revier lag und erst 1948 an Tuberkulose starb. In diesen Raum wurden die Menschen nackt geworfen, die zur Erledigung bestimmt waren und man gab ihnen nichts mehr zu essen, holte nur jeden Morgen die Toten heraus. Das Stroh wurde alle paar Monate einmal gewechselt. Manchmal warf ein spaßiger Mitarbeiter des Reviers ihnen zwei Portionen Brot hinein und sah zu, wie die Menschen sich in Zeitlupe um dieses Brot schlugen. Ich schreibe „in Zeitlupe", weil ich einmal so einen Kampf im Block gesehen habe. Der Blockälteste wollte sich amüsieren und holte einen Laib Brot und ein Stück Margarine, suchte sich zwei der schlimmsten Muselmänner und befahl ihnen, sich zu schlagen. Wer gewinnt, der bekomme Brot und Margarine. Das war vielleicht eine Komödie! Ein Kampf wie in einem Film in Zeitlupe. Schließlich, als er sich genug gefreut hatte, unterbrach der Blockälteste den „Kampf" und verkündete das salomonische Urteil: „Keiner hat gewonnen". Und er teilte Brot und Margarine in zwei Hälften. Auf dem „Bahnhof" kam Ende 1944 mein Kamerad um, Henryk Gajger aus Otwock.

Zu diesen Methoden kamen noch die chirurgischen Operationen, die angeblich von einem SS-Arzt auf dem Revier durchgeführt wurden. Ich schreibe „angeblich", weil ich mit keinem der Operierten gesprochen habe – ich wiederhole lediglich das, worüber alle im Lager laut sprachen. Er suchte jeden Tag ein paar Häftlinge aus, an denen er verschiedene Operationen vornahm – nicht entsprechend ihrer Krankheiten, sondern nach seinen eigenen Bedürfnissen. Er operierte, nähte zu und gab die Spritze. Einmal holte er sich Leute von denen, die sich zum Verbinden gemeldet hatten, da kam dann ein paar Tage lang niemand mehr zum Verbinden. Wenn dieser Arzt das Revier betrat, dann flohen die gesünderen Kranken durch das Fenster bis er sich Leute zum Operieren ausgesucht hatte.

Man konnte auch umgebracht werden, wenn man eine schöne Tätowierung hatte. Es gab einen SS-Arzt, der war in schöne Tätowierungen verliebt. Er lief durch das Arbeitsgelände und wenn ihm bei jemandem eine schöne Tätowierung auffiel, notierte er sich dessen Nummer. Ein paar Tage darauf bestellte er ihn ins Revier, verabreichte ihm die Spritze, zog die Haut mit der Tätowierung ab, gerbte sie und machte daraus ein Album. Es gab Gerüchte, dass im Lager verschiedene Dinge aus menschlicher Haut hergestellt wurden. Ich wollte das nicht glauben. Erst 1943 musste ich mich davon überzeugen, in Block 13, als ich bereits in den Tunneln arbeitete. Der Blockälteste war auf einen Deutschen böse, der so eine Art gesondertes Zimmerchen besetzte, und warf im Laufe des Tages (ich hatte damals Nachtschicht) all seine Habseligkeiten in die Mitte der Stube. Da war verschiedenster Müll dabei – ausgestopfte Vögel und ... ein paar Bögen menschlicher Haut. Das war mit Sicherheit menschliche, noch nicht bearbeitete Haut. Ich nahm ganze Stücke in die Hand und sah sie mir von Nahem an. Das waren Hautstücke mit Tätowierungen, es waren einige Hautfetzen von ganzen Brustkörben darunter – Behaarung, Brustwarzen und Achselbehaarung. Einen hielt ich mir sogar vor die Brust, um festzustellen, dass ich mich nicht irrte. Da begann ich zu glauben, dass solche Dinge wirklich getan wurden.

Wahrscheinlich in den ersten Novembertagen 1941 wurde der erste Transport russischer Kriegsgefangener gebracht – der erste und letzte, denn im nächsten Transport waren Zivilisten. Es wurden fünftausend gebracht. Zu diesem Zweck wurden die Blocks 13, 14, 15, 16, 21, 22, 23 und 24 eingezäunt, die Fenster wurden mit dichten Netzen verschlagen – damit kein Kontakt mit uns möglich war – und über dem Eingang zu diesen Blocks wurde ein großes Schild gehängt: „Kriegsgefangenenlager“. Schlau – nicht wahr? Niemand kann behaupten, dass die Kriegsgefangenen in ein Konzentrationslager gesteckt wurden. Ein Lager im Lager – und beide gut.

Dieser Transport wurde bis April 1942 gänzlich erledigt. Den letzten sechsundfünfzig Kriegsgefangenen wurde Sträflingskleidung angezogen und sie wurden auf unsere Blocks verteilt – und so wurde das „Kriegsgefangenenlager“ liquidiert und die Blocks wurden wieder zu normalen Blocks. Man hatte sie mit Hunger erledigt und mit dem Gas, das während der Schädlingsbekämpfung im Januar in die Blocks geleitet wurde. So wurde der Revier-Block (sie hatten ihren eigenen) vergast. Ein Blockältester rief, wenn er abends sechs Portionen Wurst essen wollte, seine Gehilfen und zeigte ihnen mit dem Finger sechs Leute, die schnell in Fässern ertränkt wurden, und der Blockälteste hatte ein gutes Abendessen. Die Russen gingen separat zur Arbeit. Als sie eines Tages vor unserer Gruppe hinausgingen, sagte ein SS-Offizier zu den anderen, während er auf die Russen zeigte:

„Schau mal, das sind die, die uns ihre Kultur bringen wollten.“

„Und das werden sie“, sagte Stasiek Kornacki leise, der neben mir ging. „Ich würde dich, du Ochse, mal in diese Bedingungen stecken, du würdest schon sehen, wie du dann aussehen würdest.“

Witzig kam mir die Tatsache vor, dass im Lager zwei Offiziere dafür erschossen wurden, dass sie die höchsten sowjetischen Orden besaßen. Ein Mithäftling hatte sie verraten. Schließlich war Erschießen eine Gnade im Vergleich zu den Bedingungen, unter denen andere zu Tode gebracht wurden.

Weihnachten stand vor der Tür. Das zweite Weihnachten im Lager. Es gab nicht zu essen, es gab nichts zu rauchen. Hunger, Kälte, Gestank, Not und Armut. Sie gaben uns ein paar Mal Schmelzkäse gefüllt mit Würmern. In manchen Packungen waren ein paar Würmer drin, in anderen waren hauptsächlich Würmer und fast kein Käse ...

Zu Weihnachten bekamen wir – das erste Mal seit Januar – jeder zehn Zigaretten, französische „Gauloises“ – so wurden sie genannt. Stasiek Kornacki und ich verkauften jeder fünf Stück für Brot, den Rest rauchten wir zu Weihnachten, und das Brot aßen wir mit unserer Ration Brot in Ruhe am Heiligabend. Am ersten Weihnachtsfeiertag verdiente ich einen halben Laib Brot, den ich mit Kornacki teilte, und einen halben Laib Brot erhielt ich von B. Die Hälfte von Heniek aß ich allein, so dass ich im Grunde am Heiligabend einen halben Laib Brot und meine Ration Brot aß. Am ersten Weihnachtsfeiertag aß ich meine Ration Brot, den halben Laib von Heniek, und dazu eine zusätzliche Suppe von Heniek und ein Viertel des gewonnenen Brotes – so dass es gar nicht übel war. Der zweite Weihnachtsfeiertag war ein Tag wie jeder andere, nur ohne Arbeit.

An Heiligabend ging ich nachmittags zu Heniek. Ich wollte ihm ein Frohes Fest wünschen, in der Hoffnung, dass er mir zu Weihnachten ein Stück Brot rüberschiebt. Ich bat jemanden, dass er ihn ruft. Heniek kam nicht ans Fenster, ich sah ihn aber und er sah mich auch. Ich wartete länger als eine halbe Stunde im Frost. Schließlich bat ich wieder jemanden, ihn zu rufen. Er kam ans Fenster, drückte mir einen halben Laib Brot in die Hand und sagte wütend:

„Was rufst du denn? Ich weiß doch, dass du da bist, und wenn ich dir was geben will, bekommst du es auch – du musst nicht rufen. Wenn du noch einmal rufst, dann bekommst du nichts.“

Ich hatte das Brot schon nehmen wollen, ließ aber die Hand sinken. Wortlos drehte ich mich um und ging langsam in meinen Block zurück. „Barfuß aber in Sporen“, wie ich immer sage. Almosen? Ja – aber nicht in dieser Form. Das war ein schlimmes Erlebnis für mich. Ich wusste, dass ich nicht mehr zu ihm gehen würde, um Suppe zu holen, und ich wusste, dass mein Hunger jetzt noch größer werden würde – aber hingehen würde ich nicht.

Am ersten Weihnachtsfeiertag kam Heniek zu mir, brachte mir das Brot und sagte, ich sei dumm, beleidigt zu sein und dass er das nur deshalb gesagt habe, weil er aus einem anderen Grund sauer gewesen war, und als er wieder ging erinnerte er mich daran, mittags die Suppe holen zu kommen – und so blieb alles beim Alten.

Als ich eines Tages vor dem Fenster auf Heniek wartete, der mir Essen geben sollte – im Frühjahr 1942 –, schaute der Friseur von der SS aus dem Fenster und sagte:

„Hau ab!“

„Will ich nicht, ich warte nicht auf dich.“

„Hau ab, sonst bekommst du was auf den Kopf.“

„Versuch es doch“, sagte ich. Dieser Choleriker sprang aus dem Fenster und donnerte mir mit dem Holzschuh auf den Kopf, dass es mir die Beine weghaute. Da war Heniek schon zur Stelle und drückte ihn gegen die Barackenwand, er stieß ihn gegen die Baracke und sagte ruhig zu ihm:

„Was bist du denn für ein Held? Einen Muselmann schlagen? Vielleicht traust du dich ja an mich ran, was?“

Er ließ ihn los. Und ich rief hinterher:

„Warte nur du lumpiger H…sohn! Das kriegst du zurück.“

Ich musste lange warten auf eine Chance, aber ich bekam sie. Im Sommer 1944 schlug er einen Muselmann dafür, dass dieser vor dem Block stand. Da schlug ich zu. Bestimmt hatte er lange nicht mehr so einstecken müssen wie von mir. Der erste Schlag mit dem Kopf, und dann gegen die Beine. Als sie mich dann von ihm getrennt hatten, erinnerte ich ihn daran, was ich ihm vor zwei Jahren versprochen hatte. So ein verdammter Held, der Muselmänner schlägt.

Ich habe schon erwähnt, dass ich am ersten Weihnachtsfeiertag einen halben Laib Brot gewann. Ich gewann ihn in einem Witze-Wettbewerb. Die Steinmetz-Kollegen hatten gesagt, dass in einem Block so ein Wettbewerb stattfindet. Ich meldete mich auch, ich stand ganz unten auf der Liste. Es wurden unterschiedliche Witze erzählt – über Priester, über Weiber – aber keiner hatte einen politischen Witz erzählt. Ich ging aufs Ganze und erzählte diesen Witz:

In einer deutschen Schule fragt der Lehrer, bei wem zu Hause es noch kein Hitler-Porträt gibt. Drei Kinder stehen auf. „Warum gibt es bei dir keins?“, fragt der Lehrer das erste Kind. „Naja, weil mein Papa im Kriegsministerium arbeitet und bei uns Görings Porträt hängt.“ „Na gut“, sagt der Lehrer, „aber Hitler muss auch hängen. Und warum gibt es bei dir keins?“ „Weil mein Papa im Ministerium für Propaganda arbeitet, bei uns hängt ein Goebbels-Porträt.“ „Aber ein Porträt von Hitler muss auch sein, sag das zu Hause. Und warum gibt es bei dir keins?“, fragt er das dritte Kind. Und der Junge antwortet verlegen: „Na, weil mein Vater jetzt im Konzentrationslager ist. Aber das macht nichts“, sagt er schnell, „er hat gesagt, wenn er zurückkommt, dann hängt er alle drei auf.“

Bravo! – und der Preis ging an mich, ein halber Laib Brot. Weihnachten, nach Weihnachten Neujahr, 1942. So etwa in der zweiten Januarhälfte, weil wieder Läuse auftauchten und es Fälle von Typhus gab, wurde im Lager eine allgemeine Läusekontrolle vorgenommen. Blockweise ging man nackt in Block

13, nur in Schuhen, und dort wurde kontrolliert, ob man Läuse hat oder Nissen auf der Behaarung im Schritt und unter den Achseln, und in dieser Zeit kontrollierte eine andere Gruppe die Wäsche und unsere Kleidung, die wir im Block gelassen hatten. An diesem Tag hatte ich in der Stube Streit mit einem Deutschen. Aber ich blieb ihm nichts schuldig. Ich verpasste ihm einen Kopfstoß, legte mit der Faust nach und floh hinaus, denn er war viel stärker als ich und hätte mich ordentlich vermöbelt. Kurz nach diesem Vorfall zogen wir uns aus und nackt, nur in Schuhen, gingen wir zur Kontrolle.

Es fehlte nicht viel, und ich hätte diese Schläge mit dem Leben bezahlt. Nach abgeschlossener Kontrolle kehrten wir in den Block zurück, zogen uns an und bekamen die Anweisung hinauszugehen. In der Tür stand der Stubenälteste und schaute jedem, der hinausging, hinter den Hemdkragen. Mich stellt er beiseite, dann noch vier andere. Hätte ich gewusst, worauf das hinausläuft, wäre ich wie immer, wenn sich eine Gefahr anbahnte, durch das Fenster geklettert. Dieses Mal spürte ich nichts, wie ein Idiot dachte ich darüber nach, warum verdammt nochmal er mir unter den Hemdkragen geschaut und was er dort gesucht hatte. Nach dem Anziehen, noch vor der Kragenkontrolle, hatte ich gesehen, wie der Deutsche, den ich geschlagen hatte, mit dem Stubenältesten gesprochen und auf mich gezeigt hatte. Nach der abgeschlossenen Kontrolle brachte uns – wir waren wohl zu acht – der Blockschreiber zu Block 23.

Im Januar standen die Blocks 21, 22, 23 und 24 leer. Die Russen passten inzwischen mit Leichtigkeit in die verbliebenen vier Blocks. Ich werde nicht detailliert alle existierenden Mordmethoden beschreiben. Ich beschreibe die Fälle, an denen ich selbst teilgenommen habe oder die mein Schicksal beeinflusst haben. Deshalb beschreibe ich nicht detailliert die Methoden, mit denen die Kriegsgefangenen oder die in der Strafkompanie in Gusen fertiggemacht wurden, die fast gänzlich vor unseren Augen erledigt wurden, als ich im Oberbruch arbeitete, weil das keine direkte Verbindung mit meinem Leben im Lager hatte. Deshalb sage ich auch hier nur, dass von acht Blocks, die im November von Russen belegt waren, in der zweiten Januarhälfte vier bereits leer waren und in einen davon – in Block 23 – wurde ich in der zweiten Januarhälfte aus Block 4 verlegt.

Im Laufe des Tages kamen immer neue Gruppen und insgesamt wurden wir – hundertfünfundzwanzig Personen – in einer Stube untergebracht. Es gab keine Betten, wir schliefen auf Strohsäcken, wenn man das, was uns gegeben wurde, Strohsäcke nennen konnte. Wir hatten dort ein ruhiges Leben. Keiner schlug uns, keiner scheuchte uns hinaus, und draußen erreichte der Frost fast minus 45 Grad. Wir saßen drei Wochen dort.

Wir wussten von Anfang an, dass sie uns alle umbringen werden, wir

wussten nur nicht, ob mit Gas oder mit der Spritze. Alle, die in Block 23 gebracht wurden, hatten auf dem Kragen ein mit einem blauen Stift gezeichnetes Kreuz – sie zeigten es mir. Sie zeigten es mir, weil ich trotz genauer Suche weder auf dem Kragen noch unter dem Kragen noch irgendwo anders ein Kreuz finden konnte. Da erinnerte ich mich an das Gespräch zwischen dem Deutschen und dem Stubenältesten und wie er dem Stubenältesten mich gezeigt hatte. Der Stubenälteste wusste, wo und wozu wir geschickt wurden, und auf diese Weise wollten sie mir heimzahlen, dass ich den Deutschen geschlagen hatte. Abends, am gleichen Tag, wurden uns die Kleider weggenommen, wir wurden überall rasiert, wo auch nur ein Haar war, schlafen sollten wir auf Strohsäcken und zum Zudecken gab man uns eine oft zerschlissene Decke für drei und diese eine Decke war für die ganze Zeit. Wir legten uns hin, und erst dann wurden von den Block-Herren die Decken ausgeteilt – eine für drei und später legten wir oben drüber noch unsere Mäntel, und die Schuhe und Sachen nahmen wir statt Kopfkissen. In Gusen hatten wir nie Kopfpolster. Als ich „Prominenter" war, ließ ich mir ein Kopfkissen nähen, das war mit Lappen ausgestopft, aber man schlief immer mit der Kleidung unter dem Kopf, weil das höher war, und man mehr Sicherheit hatte, dass niemand einem etwas stiehlt. Trotz der Hoffnung auf einen schnellen Tod verließen mich Humor und Appetit nicht. Vielleicht deshalb, weil andere niedergeschlagen waren und sie nichts interessierte, sahnte ich von dem Tisch der „Herren" fast alle Kartoffelschalen ab, was mir zusammen mit meiner Portion den Magen nicht schlecht füllte. Heniek schickte mir drei Mal eine Portion Brot und ein paar Zigaretten. Als sie dann im Lager wussten, dass es mit uns zu Ende geht, hörte man auf, sich für uns zu interessieren. Ab und an kam nur jemand zum Stacheldraht, um mit einem von uns zu sprechen. Kornacki kam ein paar Mal zu mir. Ich bat ihn, zu B. zu gehen und ihm zu sagen, dass ich nicht unter Appetitlosigkeit leide und gern etwas essen würde. Heniek selbst kam nur einmal, die beiden anderen Male ließ er das Brot und die Zigaretten von Kornacki bringen. Fürs Zigarettenrauchen bekam ich einmal vom Blockältesten ordentlich eins aufs Maul. Ich rauchte im Flur, weil ich zum Rauchen nicht bei minus fünfundvierzig Grad in den entfernten Abort gehen wollte. Es genügte, wenn ich dort meine Notdurft verrichtete und innerhalb weniger Minuten bis auf die Knochen durchfror. Wir standen zu mehreren im Flur, als der Blockälteste kam, und ich hatte in diesem Moment eine Zigarette im Mund. Als ich aufs Maul bekam, fiel mir die Zigarette aus dem Mund, und der Blockälteste prügelte los. Ich war wie gelähmt. Er fragte etwas, und ich konnte ihn nicht verstehen, also schlug er weiter. Er fragte mehrmals nach etwas und mehrmals legte er mit Schlägen nach. Schließlich sagte in einem Moment des Durchatmens jemand anderer auf Polnisch zu mir, dass der Blockälteste frage, ob ich wisse, wofür er mich schlägt.

„Weiß ich“, brüllte ich auf Deutsch. „Fürs Rauchen.“

„Na siehst du“, sagte der Blockälteste ruhig. „Das hättest du gleich sagen sollen, dann hätte ich dich nicht geschlagen.“

Er befahl mir, meine Kippe aufzuheben und weil ich fürs Rauchen bereits Prügel bekommen hatte, konnte ich jetzt meine Zigarette im Flur zu Ende rauchen. Ein dummer Gedanke – er hatte mich geschlagen, weil er offensichtlich Lust hatte, jemanden zu schlagen. Er war eigentlich kein schlechter Kerl, ich würde sogar sagen, dass er ein guter Kerl war. In der Stube wussten wir fast nichts von seiner Anwesenheit. Vielleicht aus Angst vor Typhus. Denn diese hundertfünfundzwanzig waren die, bei denen bei der Kontrolle Läuse oder Filzläuse gefunden worden waren und die als solche als Typhus-Überträger galten. Deshalb sollten wir alle umgebracht werden. Innerhalb dieser drei Wochen starb nur ein einziger Mensch eines natürlichen Todes. Er starb, weil er nachts eingenässt hatte, weshalb ihn der Blockälteste mit seinem Strohsack und einer Decke in den Abort wohnen schickte. Nach zwei Tagen stand er nicht mehr aus dem Bett auf und nach wohl vier Tagen war er tot. Er musste sterben, weil er eingenässt hatte, und bei uns hatte keiner seinen eigenen Strohsack. Morgens wurden alle Strohsäcke am Ende der Stube auf einen Haufen geworfen, und auf die Strohsäcke wurden die Decken gelegt. Auf die Decken durfte sich niemand setzten, das war ein bisschen unerfreulich, denn es war unbequem, sich auf den Boden zu setzen, und etwas anderes gab es in der Stube nicht.

Mit mir zusammen kam aus unserer Stube aus Block 4 ein junger Mann. Er war achtzehn Jahre alt und hieß Selwin, an seinen Nachnamen erinnere ich mich nicht – er war aus Łódź. Er überlebte das Lager und kam frei. Er war Steinmetz in den Kastenhofen-Hallen, unten.

Nachdem wir zu Block 23 gewechselt hatten, sagte er am gleichen Tag zu mir, dass er sich schlecht fühle, dass er Fieber habe. Ich sagte ihm, er solle niemandem etwas davon sagen – hier war ich ein bisschen klüger als in Block 4, wo ich so dämlich in die Falle getappt war. Aber unser Gespräch hörte ein Tscheche (der 1942 umkam).

Am dritten Tag unseres Aufenthaltes im Block 23 kamen SS-Ärzte und mit ihnen Doktor Gościński. Dass wir nicht alle umgebracht wurden, haben wir wahrscheinlich Doktor Gościński vom Revier zu verdanken, der den Deutschen erklärte, dass es schade um die Menschen ist, die noch arbeiten können. Diejenigen töten, die Typhus haben, und den Rest ein paar Tage dabehalten, schauen, ob noch etwas Neues hochkommt, und wenn nicht – an die Arbeit schicken. Und so machten sie es. Einer der SS-Männer hielt eine Spritze in der Hand mit wohl einem Viertelliter Fassungsvermögen – die gleiche wie die, die ich damals gesehen hatte, als ich zugeschaut hatte, wie die Leute „gespritzt" wurden. Das wird lustig, dachte ich. Und da kam seine Ansprache, für uns wie Chinesisch – Doktor Gościński übersetzte sie uns ins Polnische. „Im Lager ist Typhus aufgetreten. Wer Temperatur hat, melde sich – er wird behandelt und gerettet, denn später wird es für die Rettung zu spät sein und diese Menschen müssen sterben."

Es wurden fünf Liegende auf die Beine gestellt und freiwillig meldeten sich noch vier mit hoher Temperatur.

„Sonst hat keiner Temperatur?", wurde gefragt.

„Du hast", sagte der Tscheche und schob Selwin aus der Reihe.

Ich donnerte ihm meinen Ellenbogen in den Magen, so dass er aufstoßen musste, er krümmte sich und vielleicht sah er deshalb nicht, wie die „Herren" in unsere Richtung schauten. Ich packte Selwin an der Hand und sagte: „Bleib stehen, tritt nicht aus der Reihe!" und gleich darauf schob ich mich mit ihm an eine andere Stelle, um weiter weg zu stehen von dem verräterischen Tschechen.

Auf diese Weise fiel mir die Betreuung von Selwin zu. Einen Moment später verließen die „Herren" mit den Kranken die Baracke. Nicht mehr als zehn Minuten später ging ich zum Abort. Als ich dann wieder rauskam, rief mich ein SS-Mann, der an der Tür zu Block 22 stand. Ohne zu wissen, worum es ging, verschwand ich im Laufschritt zwischen den Baracken zu meinem Block. Bevor ich die Tür erreichte, hatte er mich eingefangen. Es endete höflich: mit einem Schlag ins Gesicht. Er fing mich ein und noch zwei andere und nahm uns mit in Block 22. Dort lagen in der *kapówka* des leeren Blocks, wie die Heringe hübsch nebeneinander, nackt, neun frischeste Leichen. „Ausgeheilt".

Uns wurde befohlen, die Leichen in den Waschraum zu tragen. Ich schnappte mir eine an den Beinen, die ich mir wie Deichseln unter die Arme klemmte und hüh! – im Laufschritt zum Waschraum. Ich hörte nur, wie der Kopf die Treppe hinuntersprang. Der SS-Mann stand auf der Blocktreppe, deshalb lief ich, um die zweite Leiche zu holen, und als ich die weggebracht hatte und beim Rauskommen den SS-Mann nicht sah, floh ich vorsichtshalber in meinen Block. Jede der Leichen hatte einen Tropfen Blut auf der Brust in Höhe des Herzens, und manche von ihnen hatten offensichtlich während der „Behandlung" Stuhl abgegeben.

Am ersten Tag wurden uns unsere Kleider zum Dampfen weggenommen und wir schliefen zu dritt mit nur einer Decke zugedeckt. Es ergab sich, dass Selwin und ich gemeinsam mit einem Dritten eine Decke hatten. Nachts war es kalt unter so wenig Decke. Am nächsten Tag wurden uns die Kleider zurückgegeben, aber ich beschloss, Decken zu organisieren. Jeden Tag, wenn ich spürte, dass bald das Bettenmachen beginnt, nahm ich Selwin und wir drückten uns bei den Decken herum. Ich versuchte zu erkennen, welcher Strohsack mehr Späne hatte, und in einem Moment der Unaufmerksamkeit der Belegschaft steckte ich eine zweite, manchmal eine dritte und vierte Decke ein – dazu legte ich eine Decke über mich, steckte eine in den Gürtel und in die Hose, und eine legte ich Selwin um. Wenn ich mehrere Decken nahm, benachteiligte ich damit niemanden, aber ich denke, dass, selbst wenn ich jemanden benachteiligt hätte, ich es genauso gemacht hätte, schließlich war Selwin krank. Selwin war in der Nacht so heiß, dass er regelrecht glühte. Er verlor das Bewusstsein und fantasierte. Er aß fast nichts. Ich aß den Großteil seiner Mittagssuppe und des Brotes und verbarg vor allen seine Krankheit. Es war mir schade um den Jungen und – was soll ich groß sagen – um das Essen, das ich für ihn nahm, war es mir auch schade, denn wenn sie ihn getötet hätten, dann wäre Schluss gewesen mit dem zusätzlichen Essen. Aber es stellte sich heraus, dass es mir nicht nur um das Essen ging, denn als ich das erste Weihnachtspaket bekam (Ende Januar), aß ich nur das Brot allein (und das war nicht viel – ein Stück) und ein bisschen Schmalz. Den Kuchen, den Zucker, den Honig und die Butter aber gab ich Selwin. Das Paket wog ein Kilo und war – vermute ich – von Pater Szubert. Da war ein halbes Kilogramm Brot drin und wohl hundert Gramm Butter, Schmalz, Honig, Zucker, ein kleiner Schmelzkäse, ein Stückchen Wurst und ein Stück Kuchen. Zwei Tage vor Ende der Quarantäne hörte Selwin auf zu fiebern und bekam wieder Appetit.

Und so kam es, dass sich das, was unser Verderben sein sollte, durch die Ironie des Schicksals als gut für uns erwies. Bei uns im Block wäre es Selwin nicht gelungen, die Krankheit zu verstecken, wegen der Arbeit und der Appelle bei Frost – und wer weiß, ob ihn das nicht getötet hätte, abgesehen von der Möglichkeit, die „Spritze" zu bekommen. In Block 23 fanden die Appelle in der Stube statt, so dass er innerhalb von vierundzwanzig Stunden nur zur Toilette raus musste und sehr wenig aß. Er wollte viel trinken, aber es gab nichts, so dass er nur abends seinen und meinen Kaffee trank. Mein Abendkaffee war seine ganze Fieberzeit hindurch für ihn.

In dieser Zeit sind im Lager so viele Menschen gestorben, dass es niemanden gab, der die notwendigsten Arbeiten ausführte. Ab Dezember schneite es dermaßen, dass nur ein Teil der Leute im Lager arbeitete. Viele Menschen starben durch den Frost, und die ganze Zeit hindurch kamen keine neuen Transporte. Und das rettete uns – die einhundertfünfundzwanzig Personen in Block 23.

Als die Quarantäne abgeschlossen war, wurden wir auf verschiedene Blocks aufgeteilt. Ich wurde mit ein paar anderen Block 18 zugeteilt. Das war ein Block, in dem die Spanier „regierten". Der Blockälteste war ein Deutscher – der Rest Spanier. Wir gingen nachmittags hin, und abends wurden uns die Betten zugeteilt. Neben mir schlief Janek Pażuchowski aus Pułtusk. Wir machten sofort ab, dass wir in einem Bett schlafen werden, damit uns wärmer ist. In der Stube gab es viele freie Betten, belegt war vielleicht ein Drittel. Erst da sah ich, wie das Lager in diesen drei Wochen Frost ausgestorben war.

Gleich am ersten Abend sah ich eine Hinrichtung. Vor dem Abendessen rief der Stubenälteste – ein Spanier – einen anderen Spanier zu sich, befahl ihm, sich auf den Tisch zu legen und schlug ihn mit einem Knüppel auf den Hintern, aufs Kreuz und auf den Rücken. Der Delinquent brüllte, aber andere hielten ihn an Kopf und Beinen fest. Von Janek erfuhr ich, dass sie ihn schon eine Woche lang täglich so schlugen dafür, dass er nachts in eine Schüssel gepinkelt hatte. Sie hatten ihm befohlen, das auszutrinken, hatten ihn geschlagen und ihm gesagt, er solle in den Stacheldraht gehen – und weil er aber darauf bestand, nicht zu gehen, bestanden sie darauf, ihn zu erledigen. Nach ein paar Tagen, als er nach erneuten Schlägen nicht mehr allein aufstehen konnte, wurde er nackt ausgezogen und in den Waschraum getragen und morgens war er eine Leiche. Der zweite, der ein paar Tage später getötet wurde, war ein Anwalt aus Bydgoszcz – ein leiser und ruhiger Mann. Er hatte Durchfall und nachts war festgestellt worden, dass er das Bett und den Fußboden eingesaut hatte, als er zum Abort rennen wollte – und von Block 18 bis zum Abort war es ein weiter Weg: der halbe Bock 18, eine Querstraße, der ganze Block 10, eine zweite Querstraße und dann kam erst der Abort für die Blocks 10 und 18. In der Nacht schalteten sie das Licht an und schlugen ihn abwechselnd mit Knüppeln, und er war nur im Hemd. Untenrum war er blutüberströmt. Sie wurden fuchsteufelswild, weil dieser Mann nicht einmal keuchte. Ich weiß nicht, ob er schon so unempfindlich war vom Muselmann-Dasein oder ob er so abgehärtet war. Nach einer bestimmten Anzahl Schläge unterbrachen sie und fragten ihn etwas – und er antwortete jedes Mal mit so ruhiger Stimme, als würde er ein geselliges Gespräch führen.

Ich weiß nicht, wann sie mit dem Prügeln aufhörten, weil ich mir die Decke über den Kopf zog, damit mich das Licht nicht blendete, und einschlief. Morgens konnte der geschlagene Anwalt nicht mehr aufstehen. Der Stubenälteste befahl, ihn auszuziehen und in den Waschraum zu bringen. Ich machte das zusammen mit Janek – aus Sympathie, weil er beim Prügeln nicht geschrien hatte. Wir zogen ihn aus und trugen ihn in der Decke in den Waschraum. Wir wollten ihm die Decke dalassen, aber der Stubenälteste – ein Spanier – kam hinter uns rein, haute uns aufs Maul und befahl, die Decke mitzunehmen. Als wir abends ins Lager kamen, ging ich in den Waschraum – da war er schon tot. Man war an alles gewöhnt, aber es war nicht angenehm, einen vollkommen klaren Menschen nackt im Winter hinauszutragen und auf den nassen Betonfußboden zu legen. Als wir ihm die Decke dalassen wollten, erklärte er uns, dass wir sie mitnehmen sollen, weil sie ihm nicht mehr helfen werde, und wir uns schaden würden, und wir seien jung und würden vielleicht überleben. Und wir überlebten.

In Block 18 fanden oft nächtliche Hinrichtungen statt. Menschen wurden geprügelt oder an den Händen an Balken aufgehängt. Nach ein paar Fällen hörte ich auf, mich dafür zu interessieren, wer und wofür geschlagen wurde. Sie störten mich nur beim Schlafen, morgens musste man ja aufstehen und wieder an die Arbeit gehen und wieder gab es Schläge und Hunger.

In dem gleichen Gang, auf der anderen Seite unten, schlief ein alter Kerl mit einem anderen im Bett. Der Alte arbeitete im Lagerkommando, das verantwortlich war für die Erhaltung der Sauberkeit im Lager. Gleich in den ersten Tagen meines Aufenthaltes im Block fiel mir nachts auf, dass sie aufstanden und sich wieder hinlegten. Was war los? Es stellte sich heraus, dass sie auf dem oberen Bett einen leeren Marmeladeneimer versteckt hatten, in den sie nachts hineinpinkelten, statt mehrmals nachts auf den Abort hinauszugehen. Ich sagte Janek, was mir aufgefallen war, und wir beschlossen, uns anzuschließen, ohne den Eimer-Eigentümern etwas zu sagen. Schnell merkten sie, dass in dem Eimer wesentlich mehr Inhalt war. Sie begannen, ihn vor uns zu verstecken, aber ich fand ihn immer. Sie sagten nichts und wir auch nicht. Schließlich stellte ich die Sache klar, wir waren nur zu viert in diesem Stubenteil – wenn sie den vollen Eimer fanden, waren wir „alle“ dran, und keiner würde uns fragen, wer hineinpinkelt. Wenn ich mit verantwortlich sein soll, dann werde ich auch hineinpinkeln, und hinaustragen werden wir ihn abwechselnd. So einigten wir uns. Sobald wir morgens geweckt wurden, zog sich abwechselnd einer von uns schnell an, ging hinaus und holte den Eimer am Fenster ab, dessen Inhalt er in den Gully für Abwässer an der Giebelseite des Blockes kippte. Das war ein Luxus, man musste nicht mehrmals jede Nacht nur in Schuhen und Mantel zum entfernten Abort gehen. Und wie gefährlich das war, wenn einer von uns ungeschickt gepinkelt hätte oder der Eimer samt Inhalt uns aus der Hand gefallen wäre, wenn man ihn nachts an seinen Platz zurückstellte. Aber darüber, wie sie uns bearbeiten würden, versuchte ich nicht nachzudenken.

Eines Tages wurde in der Kantine rote Bete ausgegeben – roh, in Scheiben geschnitten, sauer eingelegt in Essig. Die roten Beten waren vereist. Ich bekam zwei Liter und so vereist aß ich sie gleich abends auf. In der Nacht spürte ich, dass ich mal musste. Ich sprang aus dem Bett und barfuß, nur im Hemd, rannte ich zum Abort. Es waren noch zwanzig Meter und ... da hatte ich das Malheur, es lief mir die Beine hinunter. Jetzt brauchte ich mich nicht mehr zu beeilen. Ich schaute nur, ob es niemand gesehen hatte. Ich hatte den Anwalt aus Bydgoszcz noch gut in Erinnerung. Im Abort wusch ich mich, und dann rannte ich zurück zum Block barfuß und in einem Hemd durch Schnee und Eis, und dazu nass. Am nächsten Morgen Fasten. Meine einzige Medizin gegen Durchfall. Das hatte sich bewährt. Ich wandte es drei oder viel Mal an. Wer aß, der starb. Einer sammelte und aß die Papierdärme von den Würsten, und als ich ihn darauf ansprach, sagte er, das täte gut. Ja – das tut gut für einen schnellen Tod, denn einige Tage darauf war er schon im Himmel. Sobald ich Durchfall bekam, nahm ich zwei Tage und Nächte lang nicht einmal einen Tropfen Wasser zu mir. Am dritten Tag aß ich morgens trockene Brotrinden, mittags eine Portion Suppe, und abends ein ganzes Abendessen. Am vierten Tag aß ich außer meiner Rationen das Brot, das ich aufgehoben hatte – und dann war ich wieder gesund.

Einmal schlug mir der Stubenälteste mit der Kelle den Kopf auf. Der Dreckskerl hatte ein Händchen fürs Auftun von Suppe. Er legte die Kelle mit der Suppe an die Schüssel und drehte sie blitzschnell mit dem Boden nach oben. Wenn wir für Suppe anstanden, sah jeder zu, schnell an den Kübel heranzutreten. Als ich bereits vor dem Kübel stand, schubste mich der hinter mir, damit ich es schaffte, die Schüssel rechtzeitig hinzustellen. Als er mich schubste, wurden zwei Kellen Suppe auf den Boden verschüttet. Da schlug der Stubenälteste mir mit der Kelle so auf den Kopf, dass er ihn aufschlug, dass das Blut nur so spritzte und mir übers ganze Gesicht lief, und die Kelle war so verbogen, dass er die Essensausgabe unterbrechen musste, um die Kelle geradezubiegen. Ich aber aß meine Suppe und erst nach dem Essen ging ich mich waschen.

An einem Sonntagmorgen erfuhren wir, dass es wieder eine Schädlingsbekämpfung mit Giftgas in den Blocks geben würde. Die eine Lagerhälfte an einem Tag und die andere am nächsten. Sie konnten nicht das ganze Lager auf einmal machen, keiner hätte es draußen vierundzwanzig Stunden ausgehalten, weil noch Minusgrade waren. Es waren wenige Menschen im Lager, so dass die Hälfte der Baracken stehend problemlos Platz fand in den vier von den russischen Kriegsgefangenen frei gewordenen Baracken. Morgens mussten wir vollkommen nackt und barfuß von Block 18 zu Block 5 gehen – das war ein ordentliches Stück Weg; wir rannten. Dort stellten wir uns an. Wir gingen durch die Stube B rein, und durch die Stube A wieder hinaus. Hinter der Tür standen vier Magier mit Pinseln und einem Eimer mit brauner Flüssigkeit, deren Wirkung ich gleich kennenlernen sollte. Beim Reingehen hakte uns der Blockschreiber ab. In dieser Zeit pinselte der eine unter der einen Axel, der andere unter der anderen, der dritte vorn – Brust und im Schritt – und als ich dachte, es sei schon Schluss, und ich an ihnen vorbei war, fuhr der Vierte mir mit dem Pinsel zwischen den Pobacken durch. Das brannte fürchterlich – oj! Wer fertig war, rannte zu den Kriegsgefangenenblocks, und dort wurde man ins Bad getrieben. Während wir im Gänsemarsch um die Waschbecken liefen, durch einen schmalen Durchgang zwischen den Waschbecken und der Wand, bespritzten uns vier oder fünf mit kaltem Wasser aus Schläuchen, die an den Wasserhähnen befestigt waren. Das war ein Bad, das man im Namen der Sauberkeit durchmachen musste, und es tat insofern gut, als es diese brennende Flüssigkeit ein wenig abwusch. Jetzt – nackt und nass – rannte ich in den Block. Dieses Mal wurde mir Block 21 zugeteilt, Stube B. Dort waren wir bis zum nächsten Morgen. Eine Menge Nackedeis wurden dort hineingepackt und obwohl die Stube nicht geheizt war, war es nicht sehr kalt. Nur eng war es, und man konnte nicht lange sitzen, weil der Hintern schmerzte. Wie soll man auch mit so einem dünnen, nackten Hintern auf harten, kalten Brettern sitzen. Unser vorübergehender Blockältester bemühte sich, uns das Leben zu versüßen – er war angezogen. Jede halbe Stunde kam er aus seiner *kapówka* und brüllte:

„Es stinkt! Fenster öffnen!"

Da wurden auf der einen Seite alle Fenster geöffnet und die Menschen stellten sich auf der anderen Seite der Baracke eng zusammen. Nach fünfzehn Minuten wurden die Fenster geschlossen, und nach einer halben Stunde war wieder der gleiche Befehl zu hören:

„Es stinkt! Fenster öffnen!"

Und so ging das vierundzwanzig Stunden lang. Zumindest war es nicht langweilig. In der Nacht gab es Schnee und Schneegestöber. Draußen pfiff es und der Schnee wirbelte in alle Richtungen. Wenn die Fenster geöffnet wurden, wehte der Wind Schnee in die Baracke. Verloren war, wer in dieser Zeit zum Abort musste. Wenn er zurückkam, musste er eine Weile allein stehen, denn alle verscheuchten ihn vor Angst, dass er einen berühren könnte. Er war einfach ein Eiszapfen. Aber auch für mich kam die Zeit, dass ich dorthin musste. Zum Glück nicht für lange. Ich ging in den Flur und öffnete die Außentür leicht, um nur die Nase rauszustecken. Und da – hui! Der Schnee wirbelte nur so. Ich öffnete die Tür noch einmal – hui! – das Gleiche. Da gabs nichts zu warten, rennen musste man. Ich ging raus, schloss die Tür hinter mir und rannte durch die Schneewehen und im Schneegestöber zum Abort. Kurz darauf jagte ich zurück. In der Tür standen mehrere und überlegten – gehen oder nicht gehen. Ich schob mich absichtlich zwischen sie. Sie schrien, beschimpften mich und schubsten mich in die Stube. Und dort schmiegte ich mich wieder – zum Spaß – an meine Bekannten und freute mich, wenn jeder von ihnen brüllte und wegsprang, als würde ich ihn verbrennen.

Morgens jagten sie uns raus. Im Laufschritt lief ich zu meinem Block – und ich schaffte es kaum mich anzuziehen, denn schon wurde am Ende der Stube geschlagen und wir wurden aus dem Block getrieben. An der Tür wurde auch geschlagen. Ich sprang aus dem Fenster. Sie ließen uns auf die Toilette und in den Waschraum, und später auch in den Flur. In den Flur ging ich auch. Ich stand in einer Ecke, lehnte meinen Arm an die Wand und den Kopf auf den Unterarm. Als ich aufwachte, stand ich ganz allein im Flur mit der Fresse zur Wand. Und die anderen? Ich hätte nicht gedacht, dass man im Stehen so fest schlafen kann. Ich schaute rein, da lagen die Leute in Kleidern auf den Betten. Ich legte mich auch hin, aber zehn Minuten später wurden wir wieder hinausgescheucht und diesmal gingen wir zur Arbeit.

Es gab noch eine Begasung im Sommer 1944, aber das war wirklich eine Freude. Wir wurden mit warmem Wasser gewaschen. Denn die Bäder waren fertig und wir wurden einmal wöchentlich gebadet. Wir trugen Schuhe und nach dem Bad wurde uns saubere Wäsche ausgegeben und wir wurden in die unbelegten Baracken von Gusen II gebracht, wo es Strohsäcke gab und uns Essen ausgegeben wurde. Dort waren wir auch vierundzwanzig Stunden lang, aber alles verlief ohne Schikanen. Ich sah nur, wie ein Wachposten einem unserer Häftlinge dafür ins Bein schoss, dass er zu dicht an den Stacheldraht herangetreten war, denn in den Drähten war noch kein Strom. Gusen II war noch im Bau, es war etwa fünfhundert Meter von unserem Lager entfernt. Nachts waren gesonderte Wachposten aufgestellt und am Tage waren wir mit einer Wachpostenlinie umgeben. Wir arbeiteten zusammen in den Tunneln, in den Steinbrüchen und in vielen anderen Arbeitsgruppen.

Von B. bekam ich öfter und mehr Essen. Ich hatte den Eindruck, dass er mir nicht nur das gab, was er genommen und nicht gegessen hatte, sondern dass er darüber nachzudenken begonnen hatte, wie er mir helfen könnte. Zu dieser Zeit gab es täglich Pellkartoffeln, und Heniek gab mir ganze Schüsseln voll, und oft sagte er, ich solle abends noch einmal kommen. Und da habe ich mich wieder einmal vollgefressen. Ich hatte meine Ration Brot bekommen, die zweite gab mir Heniek, einen Teil kaufte ich für die Zigaretten aus der Kantine dazu und abends gab mir Heniek noch vier Schüsseln Suppe. Ich zählte zusammen, dass ich an diesem Abend anderthalb Laibe Brot und vier Schüsseln Suppe gegessen hatte. Nicht schlecht, was?

Als es noch sehr kalt war, mussten wir sämtliche Behaarung abrasieren. Weil sie das nicht im Block machen wollten, fand das Rasieren im Bad statt, aber da war das Wasser noch kalt. Dort stand ein Koksofen, damit den Friseuren nicht die Hände einfroren, und wir zogen uns nackt aus. Weil ich das Gefühl hatte, ein bisschen Futter organisieren zu können, ging ich zu Block 2 und bekam tatsächlich eine Schüssel Kartoffeln von B. und eine zweite von Tadzio Kiełbasa. Ich brachte die Kartoffeln in meinen Block und erfuhr, dass es Zeit zum Rasieren war, denn es waren schon fast alle dran gewesen. Ich rannte in das Bad. Ich hatte es noch geschafft. Es waren noch fünfzehn Personen, die rasiert werden mussten. Die Schlange war auf der Höhe eines Fasses zu Ende, das unter einem einzelnen Duschkopf stand. In dem Fass saß ein Mensch, und aus der Dusche lief kaltes Wasser. Daneben standen zwei Kapos mit Knüppeln in den Händen. Sie rauchten und führten ein interessantes Gespräch miteinander. Der Kandidat im Fass hauchte ein paar Mal vor Kälte und wollte rausspringen, aber sobald er aufstehen wollte, bekam er von dem einen und dem anderen Kapo eins auf den Kopf, tauchte wieder bis zum Hals ins Wasser ein – und die Kapos rauchten weiter und beendeten das begonnene Thema. Schließlich tauchte er mit dem Kopf unter, ließ ein paar Blasen heraus, tauchte wieder unter und ließ ein paar Blasen heraus. Als er wieder untertauchte, drückten die Kapos ihm den Kopf unter Wasser, der Mann blubberte nur durch die Nase – und war erledigt. Sie warteten noch ein paar Minuten und kippten den Leichnam zusammen mit dem Wasser aus, damit es während des Appells keine Probleme gab, dass jemand geflohen war. Bevor ich rasiert wurde, war die „Operation Fass" abgeschlossen.

Von den Kartoffeln, die ich an diesem Tag erhielt, aß ich einen Teil auf, den Rest pellte ich ab, schnitt sie klein und versteckte die Schüssel unter dem Strohsack für den nächsten Morgen. Das machte ich mehrmals so, aber die Kartoffeln überlebten nie die Nacht. Ich aß sie nachts. Ich konnte nicht schlafen, wenn ich hungrig war und unter dem Kopf etwas zu essen hatte.

Nachdem ich nach dreiwöchiger Isolation den Block 23 verlassen hatte, ging ich am nächsten Tag zur Arbeit in den Oberbruch und der Meister in meiner Bude – ein Zivilist – hob abwehrend die Hände, als er mich sah, als würde er sich vor dem Teufel schützen wollen, und rief: „Nein, nein, nein, nein!" Er wollte mich nicht. Er sagte, ich sei ein fauler Arbeiter. Was wollte der bloß? Wie sollte ich denn sein? Ein guter Arbeiter? Wofür? Für wen? Hatte ich darum gebeten, ins Lager zu kommen, um auch noch ehrlich zu arbeiten? Ich ging in einen anderen Schuppen, da sagte der Meister, er brauche mich nicht. Ich kletterte zu den Straßenpflasterern und lernte Pflastersteine zu machen. Den ganzen Tag über machte ich ein Dutzend Pflastersteine. Ich hatte keine Lust. Die ganze Zeit hindurch quatschte ich mit den Jungs und erzählte lustige Geschichten. Ich hatte die Absicht, mich vor Arbeitsschluss abzuseilen, damit sie nicht merken, dass ich fast nichts getan hatte. Es klappte nicht. Der Lange kam lange vor Arbeitsschluss. Er sah, dass bei mir fast keine Steine lagen und schlug mir mit dem Knüppel auf den Kopf, nur ein Mal. Ich taumelte zur einen und zur anderen Seite. Mit der Nase schürfte ich fast über den Boden – und stand auf. Er schlug mich nicht weiter. Er ging – lang wie eine Giraffe – auf seinen dünnen langen Beinen in seine Bude. Aber den Kopf hatte er mir aufgeschlagen. Nach dem Abendappell ging ich ins Revier und hier versorgte ein mir bekannter Pfleger die Wunde – die offene Stelle schloss er mit vier Klammern, die er nach einigen Tagen entfernte. Ich hatte keine Angst vor dem Langen, weil wir in unterschiedlichen Blocks waren, aber ich hatte keinen Grund mehr, in den Oberbruch zu gehen. So endete meine Arbeit dort.

Aber was nun weiter? Abends ging ich auf den Appellplatz hinaus und erzählte den Prominenten scherzend, wie der Lange mir eins mit dem Knüppel auf den Kopf gehauen hatte, und machte mich dabei über ihn lustig. Ich erzählte lachend, dass sie mich in Block 23 nicht tot bekommen hatten, dass es dem Langen auch nicht gelungen war – und dass sie mich nun sicher erst in einer neuen, noch besseren Gruppe, in die ich zufällig gelange, töten werden. „Warte", sagte einer, „komm mit zu Block 10 zu Chałupka, das ist der Steinmetz-Kapo aus Gusen."

Wir gingen zu ihm. Ich machte ein bisschen Spaß, der andere sagte, ich sei Steinmetz, dass nach der Isolation mein Platz beim Langen besetzt war, dass er mich nehmen solle, dass es mit mir lustig werde – und Chałupka sagte mir, ich solle morgen zu ihm kommen. Ich ging hin.

Es wurde für ihn lustiger mit mir, als er geahnt hatte. Oft verfluchte er durch den ganzen Schuppen den Tag, an dem ich zu ihm gekommen war. Als ich mir die Bedingungen angeschaut hatte, machte ich nur so viel, wie die Norm verlangte – mehr nicht. Ich ließ mich weder hetzen noch schlagen. Als Chałupka mich einmal schlagen wollte, stand ich mit dem Hammer in der Hand da und drohte ihm, dass ich zuschlagen werde, wenn er mich anrühren würde. Und wenn er sich beschwert und ich rausgeschmissen werde, solle er es so machen, dass sie mich gleich umbringen, denn sonst werde ich ihn töten – und auf alles, was ging, schwor ich ihm, dass ich das tun werde. Ich hatte schon nach ein paar Tagen erspürt, dass Chałupka ein Feigling war, dass er sich vor SS-Männern, vor den „Herren" und vor seinem eigenen Schatten fürchtete. Ich machte ihm

Angst und das klappte. Er schlug mich nie, quatschte mich nur immer voll: „Sind alle Warschauer so, und machen alle Warschauer jenes?“

Wir sollten antreten – ich ging hinter den Schuppen, meine kleine Notdurft zu verrichten. Als ich zur Reihe aufschloss, kam Chałupka mit seiner Leier:

„Sind alle Warschauer so intelligent, dass sie, wenn sie antreten sollen, pissen gehen?“

„Du, Chałupka“, fragte ich, „hat dir zufällig mal ein Warschauer auf den ... getreten?“, und hier sagte ich das populäre Wort für die Genitalien. „Deshalb hasst du bestimmt alle Warschauer so. Na, dann pass mal auf, denn ich trete dir ein zweites Mal drauf und dann wirst du einen Grund haben mich zu hassen.“

Und so war das mit uns dann immer. Ein Posener. Er hasste Warschauer so wie alle Posener. Sie konnten unsere Sprüche nicht hören, und wenn Polen Kapos waren, dann waren das Posener und Schlesier, weil sie Deutsch konnten – dann schlugen sie Warschauer, wo sie nur die Gelegenheit hatten. Im Jahr 1943 sagte in Block 3 ein kleiner Posener in einem Gespräch mit einem anderen voller Hass:

„Wenn ich könnte, würde ich alle Warschauer aufhängen.“

Ich knallte ihm meine Faust aufs Maul, dass er nur so blutete, und sagte lächelnd, dass er jetzt zumindest weiß, wofür er mich aufhängt, denn bis dato hatte ich ihm nichts Böses angetan und war immer höflich zu ihm gewesen.

In der zweiten Bude war Prusinowski Kapo. Das war eine schlimmere Drecksau – der prügelte. Nachdem unsere Buden liquidiert worden waren, wurden wir in die große gemauerte Halle 19 (so wurde sie genannt) verlegt, da war er mein Kapo. Aber damals war ich schon kräftig und in der Lage, ihm Angst einzujagen. Er schlug mich nie – er hatte Angst. Einmal nur wollte er mich schlagen, als ich ihn „auf Warschauer Art“ angeschnauzt hatte, aber ich wich ihm aus und schlug dabei mit dem Hammer auf ein Werkzeug zum Glätten, so dass ich eine Ecke eines fast fertigen Steines abbrach. Ich ging zum Oberkapo. Er hieß Paul und Prusinowski bekam von ihm aufs Maul dafür, dass er mich am Stein geschlagen hatte. Schlagen durfte man, aber weg vom Stein, um den Stein nicht kaputt zu machen. Und ich griff ihn wieder an. Ich drohte ihm, dass er es schlimm treffen würde, wenn er mich schlägt.

Chałupka und Prusinowski waren in Freiheit Berufsfeldwebel der Polnischen Armee gewesen. Chałupka war kein schlechter Kerl – er redete gern.

„Was? Wollt ihr etwa aus Chałupka einen Verrückten machen? Ihr denkt wohl, dass Chałupka eine Flasche ist, was? Aber ich werde euch zeigen, dass Chałupka keine Flasche ist.“

Und so ging das immer wieder von vorn. Und wir sagten manchmal aus Spaß: „Chałupka ist eine Flasche, was?“ Eigentlich schlug er nicht. Wenn er schlug, dann, wenn er musste: in Gegenwart eines SS-Mannes, aus Angst, dass er selbst geschlagen wird – und wenn er keine Angst vor dem geschlagenen Häftling hatte. Vor mir hatte er Angst – deshalb schlug er mich nicht und fürchtete sich auch, sich über mich zu beschweren. In Chałupkas Bude arbeitete ich bis 1943, bis wir alle in Halle 19 verlegt wurden.

Die Jungs hier beteten nicht so wie oben. Hier war eine tolle Bande, Schlitzohren, hier wurde geflucht, was das Zeug hielt, auf alle und auf alles: das Leben, die Kapos, die Meister, die SS-Männer, das Fressen, die Arbeit und auf Gott – dem blieb das auch nicht erspart. Ich bekam das erste Mal große Augen und fragte zufrieden:

„Hier wird also geflucht? Na fabelhaft, das mag ich und das kann ich auch. Die Hornochsen im Oberbruch haben tagelang nur gebetet.“

An diese Begrüßung haben sie sich später immer lachend erinnert. Hier lernte ich Stasiek M. aus Warschau kennen, mit dem mich mein Schicksal bis Mitte Juni 1944 verband. Es begann eine ungewöhnliche Bekanntschaft und als ich im Mai 1942 von Block 18 in Block 5 verlegt wurde, hielten wir weiter zusammen, was nach zwei Jahren auseinanderging.

Bei der Arbeit war die Ernährung schlecht und den ganzen Tag hatte man weißen Steinstaub um sich. Wir nannten diesen Staub „weißer Tod“. In Halle 19, wo es Presslufthämmer zum Löcherstampfen gab, war so viel Staub, dass man, wenn man aus ihr rauskam, aussah, als wäre man in einer Mühle gewesen. In der Nase bildete sich eine Kruste und der Steinstaub knirschte zwischen den Zähnen. Ich atmete bei jedem Hammerschlag kräftig aus – so eine Art Pusten – um den Staub wegzublasen, der einem jedes Mal direkt ins Gesicht stieß. Die Splitter landeten auch im Auge. Ich hatte eine Schutzbrille, aber sie war so kaputt, dass ich lieber ohne sie arbeitete. Mehrmals täglich bekam ich einen Splitter ins Auge, aber ich hatte schon so eine Übung beim Entfernen, dass ich einmal und noch einmal blinzelte – und schon war der Stein draußen. Nur einmal flog mir ein Stück ins Auge, an der Grenze zur Pupille. Es schmerzte und mein Blick war vernebelt. M. brach einen Holzspan aus einem Handbesen heraus und wollte mir den Stein rausholen. Immer, wenn er sich mit dem Stöckchen meinem Auge näherte, hatte ich den Eindruck, dass der Stock schon in meinem Kopf saß und ich schloss das Auge oder blinzelte. Endlich hielt ich einen Versuch aus, er berührte mein Auge und ... Schmerz, dunkel im Kopf, noch dichterer Nebel – aber der Splitter war draußen. Nach drei Tagen war alles in Ordnung. M. brachte mir auch bei, in der Mittagspause zu schlafen. Schnell essen, einen Stein unter den Kopf und schlafen bis zum Pfiff.

Ich schlief im Winter wie im Sommer. Im Sommer war alles prima, aber im Winter schlief ich auch, obwohl in der Halle Frost herrschte. Wenn ich beim Pfiff aufstand, war ich ganz steif und kalt, aber ich hatte geschlafen.

Eine Beschäftigung in der Halle war auch das Zertrümmern von Knochen. Wenn beim Essen Knochen dabei waren, steckte ich sie mir in die Tasche, und erst in der Halle begann der Rummel. Mit meinem Zwei-Kilo-Hammer zertrümmerte ich die Knochen, mit dem Finger nahm ich das Fett auf, das durch den Schlag herausgekommen war, und den weichen Knochen aß ich auch auf oder lutschte ihn ganz aus, so dass nur der zerbröckelte Knochen übrigblieb, ohne eine Spur Fett.

Einmal kippte ein Wagen mit Mittagessen um. An die vierzig Kübel, jeder mit fünfzig Litern. Da war was los! Die Muselmänner aus dem Steinbruch liefen zusammen, niemand konnte sie wegscheuchen. Sie standen bis zu den Knöcheln im Essen und aßen, luden sich die Mützen und sogar die Socken voll. Damals gab es zum Mittagessen getrocknete Kohlrüben. Zur Sicherheit war ich da einer der ersten und als sie zu schlagen begannen, hatte ich bereits einiges gegessen und floh in die Bude mit einer Mütze voller Essen. An diesem Tag bekamen wir das Mittagessen erst abends im Block. Die anderen waren hungrig, ich aber hatte gegessen.

Wir hatten einen sehr guten Meister, wir nannten ihn „Mruczek", den Schweigsamen, weil er niemals irgendetwas sagte. Er sprach nur mit seinem Gehilfen, dem Häftling Stasiek Krzekotowski aus Poznań.

Wenn wir morgens in unsere Bude kamen, lagen oft auf jedem Platz ein paar Äpfel oder ein paar Zigarettenstummel, die er wahrscheinlich für uns gesammelt hatte, weil es verschiedene Zigarettensorten und auch selbstgedrehte waren. Nie rauchte er eine ganze Zigarette. Wenn er eine halbe geraucht hatte, kam er entweder zu einem von uns, um den Stein zu „kontrollieren" oder rief einen von uns zu seinem Stein. Er maß den Stein, ging weg und die Zigarette ließ er auf dem Stein liegen.

Obermeister war Prammer. Er trug eine SS-Uniform, aber er hatte keinen Zutritt zu dem Lager mit den Wohnbaracken. Ein goldiger Mensch. Unvergessen von jedem, der mit ihm im Lager zu tun hatte. Als nach der Befreiung das Lager geöffnet wurde, kam Prammer in Zivilkleidung zu uns und die Häftlinge führten ihn durch das Lager, zeigten ihm die Küche, die Wohnbaracken, das Krematorium, die Todeswand und den Galgen. Als es im Jahr 1956 eine Fahrt nach Mauthausen und Gusen gab, stellte sich heraus, dass Prammer immer noch dort wohnte, wo er gewohnt hatte, und immer, wenn jemand Gusen besuchte, kam er, um zu schauen, ob zufällig ein Bekannter dabei war. Die SS-Uniform hatte er getragen, um nicht zum Militär eingezogen zu werden. Ein anderer Meister im Steinbruch hatte sich geweigert die Uniform anzuziehen und musste zum Militär. Er war auch ein guter Kerl. Sein Bruder war Meister im Steinbruch gewesen. Der hatte geprügelt und die Menschen misshandelt, dafür wurde er nach der Befreiung von den Jungs umgebracht. Im Winter 1943/44, als wir an einem Sonntag Schnee transportierten, fuhr der Meister mit seiner Familie im Wagen vorbei. Wir riefen:

„Guten Tag, Meister!"

Er trug eine Wehrmacht-Uniform, bestimmt war er auf Urlaub. Er freute sich, drückte unsere Hände, als würde er uns begrüßen, und sagte zu seiner Familie: „Das sind meine Leute, das sind meine Leute!", und wir winkten ihm zu Ehren mit den Mützen.

Prammer lernte ich so kennen:

Ich war vor die Bude getreten, um kurz frische Luft zu atmen. Da rief jemand. Ich sah zwischen den fertigen Steinen einen SS-Mann stehen – er war es, der mich rief. Ich trat wieder zurück in die Bude. Ich war noch nicht einmal bei meinem Stein, da stand er schon neben mir. Na, jetzt bekomme ich Schläge, dachte ich. Da lachte er erfreut und sagt:

„Hast wohl gedacht, du kannst mir weglaufen? Nein, nein, ich bin schneller. Nimm den Zahnhammer und komm."

Ich nahm den Hammer und ging mit. Es stellte sich heraus, dass mit dem Zahnhammer eine falsch angebrachte Kennziffer abgeschlagen werden musste.

Ein anderes Mal – das war in Halle 19 – standen wir am Morgen zu viert an der Tür und politisierten. Da kam ein SS-Mann herein, sah, dass wir plauderten, schnappte sich einen Knüppel und hätte uns verprügelt, wenn nicht Prammer wie aus dem Boden gewachsen plötzlich dagestanden hätte.

„Was willst du von ihnen?", fragte er. „Ich habe ihnen gesagt, sie sollen hier stehen. Sie warten auf mich." Und so schlug er uns nicht.

Er konnte schön singen, jodelte auf tirolerische Art. Er hatte eine so geübte Fresse, dass ich im Leben keinen besseren Jodler gehört habe, weder im Radio noch in Filmen. Wenn er kam, um Steine abzunehmen, kamen mit seinem Eintreten Freude und Lächeln in die Halle. Alle, die Prammer sahen, mussten lächeln. Sein ganzes Gesicht, seine ganze Gestalt – das war immer eine Freude. Er ging durch die Halle und nahm nacheinander die hergestellten Steine ab. Er überprüfte die Maße, die Winkel der Oberflächen, unterschrieb die Abnahme. Er schaute sich um – eine Gruppe Häftlinge stand hinter ihm, denn es ist immer eine Gruppe Leute hinter ihm durch die ganze Halle gegangen. Er sprang auf einen Stein, sagte auf Deutsch einen Vers auf – und jodelte. Er machte diese Verse selbst, auf die SS, auf das Lager, über die Häftlinge – alle waren humorvoll und nach jeder Strophe jodelte er. Es kam vor, dass ein Muselmann sich an ihn wandte mit der Bitte zu singen. Prammer lachte, musste sich setzen vor Freude, dass so ein Muselmann Gesang hören wollte, und dann sang er. Er brachte uns in seinen Hosentaschen Äpfel, Zwiebeln und Zigaretten mit. Wenn er jemandem etwas geben wollte, sah er sich dessen Stein an und beim Weggehen „verlor" er ein paar Zwiebeln oder Zigaretten. Er brachte uns säckeweise Äpfel mit, die vor den Augen unseres SS-Patrons von den Kapos verteilt wurden, damit er nicht verdächtigt wurde, dass er die Äpfel mitgebracht hatte, um Geschäfte zu machen.

Viel, sehr viel Gutes kann man über ihn schreiben. Zwei solche Leute gab es im Lager – einen Häftling, der Lagerälteste, der Österreicher Karl Rohrbacher, und der SS-Obermeister der Steinmetze Prammer – Vorname unbekannt. Als Prammer die Aufsicht über die Lagerwirtschaft (eine Art Farm mit Kleinvieh) übertragen wurde, stellte er eine große Blechkanne raus, in der nur fünf Liter Milch waren – und obendrauf lag ein Zettel, auf den er geschrieben hatte: „Kein Geld – keine Musik, kein Futter – keine Milch, heute fünf Liter."

Im Jahr 1945, als wir in Reih und Glied abmarschbereit von der Arbeit ins Lager standen, hörten wir Jodeln. Aha, das ist Prammer! Aber wo? Wir schauten uns um. Prammer war nicht zu sehen, aber sein Gesang war zu hören. Aber da war er ja. Er fuhr mit einem von zwei Pferden gezogenen Wagen hinter der Kurve der Straße hervor und sang, wobei er im Wagen stand. Er fuhr an uns heran, hielt vor der einen Gruppe – und sang.

Er fuhr weiter, hielt vor der zweiten Gruppe – und sang. So hielt er vier Mal. Als er schließlich an uns vorbeigefahren war, drehte er sich mit dem Rücken zu den Pferden und mit dem Gesicht zu uns, und sang, und sang, bis er wieder hinter der nächsten Kurve verschwand.

Prammer – das war das freudige Lächeln in jeder, selbst in der schlimmsten Situation. Punkt, Schluss, Aus.

Im Schuppen hatten wir einen lustigen Jungen, Antek Szulc aus Toruń. Der setzte zur Abwechslung verschiedene Gerüchte in die Welt, oft die fantastischsten Dinge, und er hatte seinen Spaß, wenn das Gerücht sich blitzartig im Lager verbreitete. Wir in der Bude glaubten ihm nicht mehr. Da wechselte er zum Abort. Das Gerücht verbreitete sich sofort auf dem ganzen Gelände, denn zu dieser Toilette kamen Leute von verschiedenen Arbeitsgruppen. Einmal setzte er ein Gerücht in die Welt, dass ein Häftling aus der Gruppe, die im Wald Bäume fällte, geflohen sei. Er sagte, die Tischler würden vier Prügelböcke vorbereiten, auf denen die Leute geschlagen werden sollen, dass nach dem Abendappell geschlagen werden wird, wenn er bis dahin nicht eingefangen sein würde. Das war kurz nach der Flucht eines Steinmetzes, als Leute auf dem Bock übel zugerichtet worden waren.

Als er von der Toilette in die Halle kam, wurde ihm schon alles mit Einzelheiten erzählt: dass ein Zigeuner geflohen sei, dass ein SS-Mann auf ihn geschossen, aber nicht getroffen habe, dass er ins Wasser gesprungen und auf diese Weise geflohen sei. Das ganze Gelände war aufgeregt, was das abends werden würde. Antek Szulc sagte später, dass er selbst nicht mehr wusste, ob das ein aufgeblasenes Gerücht war, oder ob wirklich jemand geflohen war.

Antek schickte auch jeden zu mir, der ihm seinen Traum erzählte.

„Geh zu Stasiek Grzesiuk“, sagte er mit geheimnisvoller Miene, „der kann gut Träume deuten.“

So eine Blindschleiche kam dann zu mir und quatschte und plapperte. Ein Hund hätte ihn gejagt, sagte er.

„Das ist schlecht“, sagte ich.

„Aber er hat mich nicht gekriegt.“

„Das ist gut“, antwortete ich.

„Weil ich in ein Loch gefallen bin.“

„Oh, das ist schlecht!“

„In ein tiefes Loch, aus dem ich nicht mehr rauskam.“

„Oh, das ist sehr schlecht!“

Als sich schließlich in mir die Wut angestaut hatte, rief ich:

„Ach, hau ab, du ... Sohn einer ...“

Antek stand daneben und freute sich.

Da ich nun schon die Toilette erwähnt habe, muss ich hinzufügen, dass 1942 in den Steinbrüchen in Gusen ein großer Abort gebaut wurde, in dem gleichzeitig etwa vierzig Personen „amtieren“ konnten. Er war repräsentativ. Unten betoniert und Wasser lief hindurch. Es gab keine Klobrillen, nur eine Wand mit einem langen Brett zum Draufsetzen. Von zwei Seiten Bretter, aber ... – genau dieses „aber“. Nach dem Bau ließen sie nur zwei Personen gleichzeitig rein und in der Nähe stehen durfte man auch nicht. Eine Tragödie war das. Aber ab 1943 war dieser Abort dann für alle zugänglich. Dort kamen die Leute zusammen, um zu reden, zu rauchen, zu verschnaufen und bei der Gelegenheit etwas zu erledigen. Damit die Leute nicht allzu bequem auf dem Brett saßen und damit sie nicht zu lange saßen, wurde auf das Brett ein Stück Holz in Keilform genagelt, mit der spitzen Seite nach oben. Jetzt saß man nicht mehr auf dem zehn Zentimeter breiten Brett, sondern auf der scharfen Kante des Keils. Das dauerte auch nicht lange. Offensichtlich kamen die zu dem Schluss, dass das noch zu bequem war, so dass sie den Keil noch von allen Seiten mit Stacheldraht beschlugen, dicht, so dass man sich überhaupt nicht mehr hinsetzen konnte. Aber wir kamen zurecht. Man musste sich sehr langsam hinsetzen und die Beine konnten sich auf dem Stacheldraht irgendwie zurechtlegen, so dass man die paar Minuten „Sitzung“ abhalten konnte.

Im Mai 1942 wurden alle Steinmetze in Block 3, 4 und 5 untergebracht. Damals wurde ich aus Block 18 und Stasiek M. aus Block 9 in Block 5 verlegt – und wir schliefen in einem Gang in den mittleren Betten. Ich hatte für M. die Rolle eines Bediensteten inne, und im Gegenzug erhielt ich von ihm Essen, das er verdiente, indem er Deutsche massierte. M. war in Freiheit Oberleutnant in der Polnischen Armee gewesen, hatte Handelsrecht studiert und besaß in Warschau zwei Häuser. Seine Mutter war es, die die Tochter von R. aufgenommen hatte und von seiner Frau erpresst worden war. Zu meinen Pflichten gehörte es, sein Bett zu bauen, seine private Wäsche zu waschen, seine Schuhe zu putzen, seine Socken zu stopfen, Essen von R. zu holen, und in dieser Zeit, wenn ich selbst nicht Jagd auf Essen machte, achtete ich auf seine privaten Dinge, dass ihm keiner etwas stahl. Im Gegenzug erhielt ich von ihm Suppen, von denen er viel hatte, und die er nicht essen wollte, und von Zeit zu Zeit ein Stück Brot. So wurden diese Dinge im Lager gehandhabt. M. war ein besserer Herr als andere. Als Sportler hatte er Massagekurse gemacht und diese Fähigkeit war für ihn im Lager eine Verdienstquelle. Diese Beziehung zwischen uns dauerte bis 1943, das heißt bis zu dem Moment, in dem erlaubt wurde, Lebensmittelpakete entgegenzunehmen. Da war ich nicht mehr von ihm abhängig. Und als ich zu spielen und eine Musikgruppe zu organisieren begann, hatte ich mehr als er – trotzdem verabredeten wir, dass wir alles gemeinsam verbrauchen. Für die von ihm verdienten Zigaretten kaufte ich ihm Margarine. Der Preis für eine Portion hing ab von der Anzahl der Zigaretten auf dem Markt.

Im Lager gab es eine Börse und einen Marktplatz. Er befand sich zwischen den Blocks und den Waschräumen der Blocks 9, 11, 12 und 13 – mit der höchsten Dichte zwischen Block 11 und 12. Dort konnte man alles kaufen, was es im Lager gab – Kleidung, Gürtel, Essen, Nadeln, Garn, Zigaretten, Löffel, Messer und andere Gegenstände, die im Lager gebraucht wurden. Etwa wie auf dem Kercelak-Platz in Warschau. Die Blockältesten und Kapos machten manchmal Razzien, wenn sie nichts zu rauchen hatten, und nahmen den Händlern die Waren weg. Nachdem 1943 mit einem Auto ein Röntgenapparat gebracht worden war, wurden auf dem Marktplatz ... Lungen verkauft. „Wer braucht Lungen? Wer braucht Lungen?“, war auf dem Markt zu hören. Im Lager wurden von Anfang an bis zum Ende Tuberkulose-Kranke umgebracht. Wer sich nicht sicher war, ist lieber nicht zum Röntgen gegangen, musste aber notiert werden. Er schickte also einen Stellvertreter, dem er eine Portion Brot gab und lieh ihm seine Nummer vom Ärmel zur Kontrolle. Ich kaufte mir auch gesunde Lungen. Ich hatte zu lange im Lager gesessen und hatte zu viel durchgemacht, um meiner Lunge sicher zu sein – und ich sah auch, wie selbst gesunde Menschen umgebracht wurden, die so manches Mal durch einen Zufall als „Invalide“ notiert worden waren.

Wenn man Margarine kaufte, musste man aufpassen, nicht betrogen zu werden. Wenn man etwas übersah, musste man dafür immer zahlen. Einmal, als ich für M. sechs Portionen Margarine kaufte, gab er mir eine. Es stellte sich heraus, dass meine Portion eine entsprechend zugeschnittene Brotscheibe war, die von allen Seiten mit Margarine bestrichen war. Ich aß also ein Stück Brot mit Margarine, und keine Margarine. Später passte ich auf. Wenn ich Margarine kaufte, dann drückte ich, bevor ich bezahlte, fest mit den Fingern zu – die Margarine wurde in Papier verkauft. Wenn die Finger tief reingingen, war es Margarine, wenn es aber hart war, dann war es bestrichenes Brot. Wenn ich gut gelaunt war, sagte ich, sie sollen sich einen Dümmeren suchen, und wenn ich schlecht gelaunt war, gab ich ihnen aufs Maul, wenn das ein starker Kerl war. Denn wenn es ein Muselmann war, wusste ich, dass er sowohl hungrig war als auch rauchen wollte, und wenn einer wohlgenährt war, dann war das ein professioneller Schwindler.

Mit mir auf der Stube war so ein Fachmann – Józiek Nowicki aus Kalisz. Er war nicht wohlgenährt, hielt sich aber auf diese Weise an der Oberfläche. Niemand half ihm und er bekam keine Pakete. Er war einer der wenigen, die von der Strafkompanie am Leben blieben – weil er nicht leben wollte. Er ging in den Stacheldraht … und kam auf dem Revier wieder zu sich. Er hatte an den Händen ausgebrannte Stellen und wie sie ihn aus den Drähten gezogen hatten, wusste er selbst nicht. Ein anderes Mal hängte er sich im Waschraum an einem Telefondraht auf. Er kletterte auf Bretter, die an die Wand gelehnt waren, und als er bereits hing, kippten die Bretter um. Jemand, der auf dem Weg zum Abort war, hörte das, kam in den Waschraum, hob ihn an den Beinen hoch, machte lautes Geschrei und sie schnitten ihn ab. Ein drittes Mal schluckte er mehrere Hände voll scharfer Steine – Splitter aus der Steinmetzhalle (er war auch Steinmetz) – er spürte nicht einmal, dass er sie gegessen hatte, und er spürte nicht, wie sie wieder rauskamen. Er konnte nicht sterben – und er hatte solchen Hunger, dass er einfaches, rohes Gras aß. Er weidete wie eine Ziege. Er legte sich ins Gras, legte den Kopf in seine Hände, als würde er schlafen, und aß Gras. Er drehte Zigaretten aus altem Stroh aus dem Strohsack, und an den Enden streute er einen halben Zentimeter Tabak hinein. Für diese Zigaretten kaufte er Essen; einen Teil aß er und für einen Teil kaufte er losen Tabak, aus dem er wieder seine falschen Zigaretten machte. Ich gab ihm immer kleine Packungen mit jugoslawischem Tabak. Daraus stellte er zu den gleichen Prinzipien ganze Schachteln her – und er lebte, und er überlebte, und er kam frei. Ein paar Mal, als ich mehr zu essen hatte, gab ich ihm eine halbe Schüssel und manchmal auch eine ganze.

Bis zum Frühjahr 1942 wohnte ich in Block fünf. Unsere „Herren“ waren der Blockälteste Adi, der Stubenälteste Gruszka und der Kapo Janek Sobczak, ein Kutscher aus Kalisz und der war das größte Schwein. Adi war ein Deutscher, ein Zirkusmensch, Sympathieträger der Zigeuner. Gruszka – ein Deutscher, Sympathieträger der Polen. Wenn an der Tafel im Flur eingedeutscht „Gruschka“ geschrieben stand, wischte er es weg und schrieb „Gruszka“. Er sagte, er habe polnisches Blut. Am schlimmsten war es, wenn Gruszka und Adi sich stritten. Einmal stritten sie sich in der Stube – sie setzten sich und sprachen nicht miteinander. Da kam ein Pole in die Stube. Adi sprang von einem Platz auf und haute ihm aufs Maul, aufs Maul dafür, dass er sich beim Eintreten nicht die Schuhe abgetreten hatte. Um Gruszka zu ärgern. Gruszka sagte nichts. Kurz darauf kam ein Zigeuner in die Stube. Gruszka sprang auf und schlug den Zigeuner – dafür, dass er sich nicht die Schuhe abgetreten hatte, um Adi zu ärgern. Im Grunde waren sowohl der eine als auch der andere keine schlechten Kerle im Vergleich zu anderen in den gleichen Funktionen. Sobczak – das war ein Schwein. Der schlug grundlos. Einmal verprügelte er Władysław Latkiewicz, einen Lehrer aus Żywiec – beinahe hätte er ihn umgebracht –, dafür, dass dieser seinen Becher aus dem Block trug, in dem er von jemandem Suppe bekommen sollte. Mir knallte er einmal so seine Faust in die Seite, dass er mir zwei Rippen brach. Lange Zeit konnte ich mich weder bewegen noch atmen noch liegen. Im Waschraum auf dem Boden hatte ich ein hübsches Schnupftuch gefunden, das ich M. gab. Als ich ihm die Wäsche gewaschen hatte und in der Stube am Balken aufhing, rief mich Sobczak und fragte, wessen Schnupftuch das sei. Ich sagte ihm, dass ich es im Waschraum gefunden hatte. Und bekam dafür Prügel, dass ich das Schnupftuch gestohlen hatte. Abends erzählte er verschiedene Fantasien – und wir lauschten und keiner wagte es, ihm zu widersprechen und zu sagen, dass er das erfunden hätte. Ich werde den Nonsens, den er uns als eigene Erlebnisse verkauft hat, nicht beschreiben. Ein Beispiel soll genügen: dass er persönlich auf dem Turm von Babel gewesen war, und er erzählte uns, wie der aussah und was er dort gesehen hatte. Im Jahr 1943 wurde er mit einem Transport verschickt und angeblich wurde dieser Transport von der alliierten Luftwaffe irgendwo bei Wien bombardiert. Schlecht wäre es ihm ergangen, wenn er mir nach dem Krieg in die Hände gefallen wäre.

Stasiek M. aß viel und gut – er wog vierundneunzig Kilogramm –, dabei enthielt er mir keine Suppen vor. Ich war immer noch hungrig, aber ein bisschen weniger. Mir fiel auf, dass ich ein wenig zugenommen hatte, aber ich war noch immer schwach. Zu Mittag gab man uns – zur Abwechslung – nun getrocknete

Kohlrüben mit Würmern. In jedem Kübel schwamm an der Oberfläche hübsch, wie Fett, eine mindestens einen Zentimeter dicke Schicht weißer Würmer. Der Stubenälteste nahm mit der Kelle das Gröbste der Würmer ab, rührte um und teilte aus – und wir aßen mit geschlossenen Augen, damit wir die Würmer nicht sahen. Eine Menge Essen konnte man damals aus den Blocks der Prominenz bekommen. Wer die Möglichkeit hatte, etwas anderes zu essen, aß diese Suppe überhaupt nicht. Wir bekamen auch eine Zeitlang eine Früchtesuppe mit getrockneten Früchten. Sie war gut und dick, gute Früchte und Rosinen waren darin – nur eben auch Würmer. Die Würmer rauszusuchen war unmöglich, weil das ein dicker Brei war. Davon wurde viel in Cellophanpäckchen gebracht. Das war für Frontsoldaten bestimmt, aber weil sich Würmer eingenistet hatten, hatte man die Packungen ins Lager geschickt. Ich aß sowohl die Kohlrüben als auch den Fruchtbrei – und zwar in jeder Menge, die ich organisieren konnte. Und so hatte ich eine Menge Suppen – von M. täglich, von B. täglich, von Józef M. ab und an und von anderen Prominenten auch von Zeit zu Zeit. Wir bekamen auch getrockneten Kohl ohne Würmer und Spinat auch ohne Würmer, aber oft stank er, so dass selbst ich das manchmal nicht essen konnte. Der Spinat wurde auf Wagen gebracht und kam, ohne abgespült zu werden, gleich in die Kübel, und der Rest in die Küche auf einen Haufen. Wenn nach zwei Tagen das, was in der Sonne gelegen hatte, gekocht wurde, stank das auf dem ganzen Gelände und selbst die Hungrigsten konnten das nicht essen und warfen es weg. Im Spinat waren in jeder Schüssel auf dem Grund ein oder zwei Löffel Sand – manchmal ein Frosch, ich habe einmal ein Stück von einem Dachziegel gefunden. Der Spinat war nicht kleingeschnitten worden, es waren ganze Büsche. Wenn man aß, war ein Ende noch in der Schüssel, während das andere bereits im Magen war. Kartoffeln waren wenige in der Suppe und es waren nur kleine Kartoffeln mit Schale. Außerdem musste man die Kunst der Essensausgabe erlernen. Sich so in die Reihe zu stellen, dass man dran war, wenn der Grund des Kessels erreicht war – dann war das Essen am dicksten. Abends konnte man Portionen mit dicker Suppe für zwei Würste oder für Zigaretten kaufen. Am Kauf Interessierte gab es genügend – man musste nur Beziehungen zu den „Jünglingen" und den „Gehilfen" haben. Schließlich konnten die „Herren" nicht nur von Suppe allein leben, sie mussten viel Wurst essen und sie mussten rauchen, und so kamen sie zurecht.

Sonntags wurde meistens ein besseres und gehaltvolleres Mittagessen ausgegeben. Dann waren wir die Verlierer, weil wir erbarmungslos bestohlen wurden. Wir bekamen nicht viel mehr als einen halben Liter Suppe. Uns wurde auch Marmelade, Quark und Margarine gestohlen. Das waren die sonntäglichen Beilagen fürs Brot. Die Wurst konnten sie uns nicht stehlen, weil die Portionen bereits in der Küche vorbereitet wurden, hier stahl nur die Küche. Aber von den anderen Rationen stahlen alle, die Zugang dazu hatten. Sie nahmen ganze Becher voll, und wir bekamen einen Viertel Löffel voll Marmelade, genauso viel Quark, und Margarine so viel wie ein Fingernagel.

An einem Sonntag gab es eine Sensation! Es gab Erbsensuppe zu Mittag – das einzige Mal während meines gesamten Aufenthaltes. Die Kübel wurden hereingetragen. Gruszka teilte aus. Aber was war das? Nur Wasser, trübes, warmes Wasser ohne eine einzige Erbse. Aber dann sind da doch welche. Alle lagen auf dem Grund, nicht gargekocht. Gruszka gab ein Zeichen und die ganze „Gehilfen"-Meute bekam die Erbsen vom Kübelboden. Der nächste Kübel. Ich stellte mich so an, dass ich zur zweiten Hälfte des Kübels dran war. Als noch einer vor mir war am Kübel: ein Zeichen – und wieder bekam die Meute alles bis auf den Grund. Ich konnte nicht mehr weg, stand zu nah und bekam eine Portion warmes, etwas trübes Wasser, ohne eine einzige Erbse. Ich weinte vor Wut, dass ich nicht die Kraft hatte, jemanden zu schubsen. M. gab mir zwei Löffel seiner Erbsen, damit ich wenigstens probieren konnte. Er hatte mit seiner Schüssel auch an der Seite gestanden und gehörte zu denen, die gerufen worden waren. Weil er Gruszka massierte, genoss er dessen Gunst.

Ich lernte M. später gut kennen. Ein unterwürfiger Typ. Süßlich und heuchlerisch lächelte er die Stärkeren an, skrupellos war er zu den Schwächeren. Ich konnte einen Feind nicht anlächeln – und ich änderte mich trotz ständiger Lektionen von M. nicht. Er selbst rauchte nicht und gab mir nichts zu rauchen. Er nahm mir alle Rauchwaren weg, die ich in der Kantine erhielt für meine Arbeit und das, was ich später mit Musizieren verdiente. Da nahm ich also von ihm Tabak und Blättchen. Er erwischte mich dabei. Da sagte ich ihm deutlich, dass ich nicht aufhören könne zu rauchen und dass ich es nicht wolle. Wir könnten alles teilen, außer die Rauchwaren. Er machte mit seinen, was er wollte, und ich, was ich wollte. Ich wollte nichts von dem, was er für seine Zigaretten kaufte. Ich bot anderen Zigaretten an, und als es mir dann gut ging, rechnete ich die Zigaretten gar nicht mehr ein. Wenn sie mir ausgingen, bekam ich welche von anderen. Und er sagte immer, man soll Zigaretten nur dort anbieten, wo man weiß, dass man sie mit Zinsen zurückbekommt. Obwohl er selbst nicht rauchte, hatte er Zigaretten bei sich und bot sie anderen an. Nach seiner Lektion beobachtete ich, wem er welche anbot, und ich überlegte, in welcher Form diese Zigarette zu ihm zurückkommen würde. Aber das Lächeln, das er dann aufsetzte, konnte ich nicht sehen.

Als ich seine Vorgehensweisen im Leben bereits kannte, fragte ich ihn einmal direkt, wie die Suppe, die er mir gab, sich für ihn auszahlen würde. Er lächelte und sagte, er habe tatsächlich einen Plan und dass sich diese Suppe für ihn auszahlen würde – aber nicht hier, erst in Freiheit. Er kam nicht nach Polen zurück und 1955 erfuhr ich von Czesiek Cichocki aus Poznań, dass M. angeblich für irgendwelche Sünden in Italien in Porto San Giorgio zum Tode verurteilt worden war und in den Ort Porto geschickt wurde. Czesiek Cichocki war zu dieser Zeit in Italien gewesen.

In derselben Zeit, als uns Suppen mit Würmern ausgegeben wurden, bekamen wir auch verschimmeltes Brot. So manches Mal konnte man nur ein Viertel der Portion rausschneiden, der Rest war durch und durch von Schimmel durchfressen. Wenn man blies, wurde die Luft grün.

Ein mir bekannter Zigeuner, der beim Gleisbau arbeitete, fraß sich mit diesem Brot voll und starb. Er aß sein ganzes Brot und nahm noch von anderen. Ich war da vorsichtig. Ich hatte viel mehr Suppe und Kartoffeln als andere, deshalb aß ich nur das Brot, das gut war, und nur ein bisschen von dem verschimmelten – den Rest warf ich weg.

Am Ende jedes Jahres wurde das Brot knapp. Wir bekamen ein paar Tage lang ein Brot für sechs oder acht Personen. Auf diese Weise wurde der „Mangel“ ausgeglichen, der im Laufe des Jahres entstanden war. Dieser „Mangel“ war einfach Diebstahl all derer, die die Möglichkeit hatten, am Bahnhof an Brot zu kommen, auf dem Weg ins Magazin, und – das war das Wichtigste – im Magazin.

Eine riesige Freude brach unter den Polen und Franzosen aus, als wir erfuhren, dass den Briefen, die im Dezember geschrieben wurden, ein Zettel mit der Information beigelegt wurde, dass Lebensmittelpakete mit unbegrenztem Gewicht und in unbegrenzter Anzahl geschickt werden dürfen. Die ersten Pakete kamen direkt vor Weihnachten. Das war im Jahr 1942, das heißt, dass ich innerhalb von fast drei Jahren Aufenthalt im Lager zwei Pakete, jeweils ein Kilo schwer, erhalten hatte, eines zu Weihnachten 1940 und das zweite zu Weihnachten 1941. Das dritte erhielt ich erst Ende Januar 1942. Drei Kilo Essen auf drei Jahre Aufenthalt im Lager. Wir waren uns darüber im Klaren, dass die Erlaubnis, Pakete zu schicken den Durchbruch in den Lagerbedingungen bringen würde – den Durchbruch zum Besseren. Und so war es auch. Ab 1943 verbesserten sich die Bedingungen so, dass sie sich mit den Bedingungen vor diesem Zeitraum nicht vergleichen ließen.

Aber noch hatten wir das Jahr 1942, die Zeit des „Badens“, der „Invaliden“, des Mordens und des Hungers. In dieser Zeit musste jeder Block jeden Abend zwei Leute hergeben, die ertränkt wurden, und in dieser Zeit wurden dreihundertfünfzig „Invaliden“ in den Kellern von Block 6, der neu gebaut wurde, eingeschlossen. Diesen Menschen wurde kein Essen gegeben, sie waren zum Hungertod verurteilt. Das war auch für uns zu viel. Ertränken, Todesspritzen und umbringen – wie es mit einer Gruppe von über hundert Muselmännern gemacht wurde, die zur Arbeit in den Steinbruch geschickt wurden mit mit roter Ölfarbe auf die Stirn gemalten Kreuzen und die innerhalb eines einzigen Tages getötet wurden – das war alles noch zu ertragen gewesen. Aber so viele Menschen verhungern lassen? Hier bewegte die Lebenden noch das Gewissen. In den Blocks wurde auf Nachschläge verzichtet und das Essen wurde in Kesseln zu Block 6 getragen. Man verzichtete auf einen Teil seines Brotes, das diese Häftlinge erhielten, trotz der aufgestellten Wachen. Die Wachleute waren auch Häftlinge. Nach drei Wochen wurden sie auf andere Blocks aufgeteilt, weil sie nicht gestorben waren. Und ich weiß nicht warum, aber es wurde ihnen kein plötzlicher erwarteter Tod zuteil. Das Sterben wurde ihnen nur durch Hunger und Prügel verlängert. Denn zu dieser Zeit war es für sie eine Unmöglichkeit, ein halbes Jahr zu überleben, bis zu dem Zeitpunkt, an dem es erlaubt wurde, Pakete zu schicken.

Eines Tages war an einem Sonntag auf dem Appellplatz in der Nähe des Tores Bewegung. Auf dem Platz spielte das Lagerorchester, das aus Häftlingen bestand, und die Blockältesten und Kapos des gesamten Lagers – wohlgenährte Rindviecher – rissen voller Freude Steine aus dem Appellplatz, schlugen mit Keilhauen, schoben Schubkarren. Was war los? Im Lager wurde ein Puff gebaut, ein Freudenhaus für Häftlinge.

Es wurde aufgebaut, es wurden Prostituierte gebracht. Zehn Stück – acht Deutsche, eine Tschechin und eine Polin. Lustig war das. Das erste Mal, seitdem ich eingesperrt war, sah ich eine Frau aus der Nähe. Sie spazierten unter dem „Schutz“ eines SS-Mannes auf dem Rasen entlang der Zaundrähte. Man durfte nicht mit ihnen sprechen. Wir standen nur an den Durchgängen zwischen den Baracken in Gruppen zusammen und sahen sie schweigend an. Schöne Frauen, elegant gekleidet, frisiert und ... wohlgenährt. Angeblich Freiwillige aus dem Konzentrationslager Ravensbrück. Ich vermute, es waren professionelle Prostituierte. Sie waren allzu ungezogen für Frauen, die sich gemeldet hatten, um ihr Leben zu retten. Zumindest erzählte das die Polin aus Warschau von sich, über den Hunger, die Strafkompanie, über zwei Selbstmordversuche, dass sie schließlich erledigt werden sollte – und dann die Meldung zur freiwilligen Rekrutierung für Freudenhäuser in Konzentrationslagern für Männer. Dafür sah sie zu gut aus.

Uns allen machten sie eine Freude: Sie verfluchten und beschimpften am Fenster die SS-Männer. Ihnen war eine spezielle SS-Frau zugeteilt. Sie unterstanden der Lagerleitung in Ravensbrück und unsere durfte sie nicht bestrafen. Sie waren ein Jahr in unserem Lager und wegen „schlechter Führung“

wurden sie zurückgeschickt. Es wurde eine zweite Partie geschickt, in der gleichen Zusammensetzung, und die waren fast bis zum Schluss da, bis diese Liebesstätte abgeschafft wurde.

Jede von ihnen hatte ihren Freund, der, wenn er in den Puff ging, versuchte, zu ihr zu kommen. Sie bekamen spezielles Essen aus der Küche – besseres als die SS – und als dann Pakete geschickt werden durften, sorgten ihre Verehrer dafür, dass es ihnen an nichts fehlte. Fabelhafte Frauen – von den einen nahmen sie, den anderen gaben sie. Die zweite Polin – eine Wasserstoffblondine aus Poznań – spielte nicht das Opfer, sie war eine geschulte Prostituierte.

In den Puff gingen auch Muselmänner. So jemand zahlte eine Mark – mit Lagergeld –, er wurde reingelassen, na klar. Die Dame fragte ihn dann in ihrer Kabine:

„Was willst du? ... Brot?"

„Brot", antwortete der Muselmann.

Da ging sie in ihren Wohnraum und brachte ihm ziemlich viel Brot, manchmal legte sie ein paar Zigaretten dazu und sie gingen auseinander, beide zufrieden.

Wer in den Puff gehen wollte, musste beim Blockschreiber ein Gesuch stellen, und aufgerufen wurde der Reihe nach, blockweise. Das heißt nicht, wenn man Lust hatte, sondern, wenn man dran war. Dann bekam man einen Zettel und abends kam ein Pfiff und der Ruf: „Zum Puff – Antreten!" Aufstellen, durchzählen, hineinführen. Dort waren immer zwei, die im Warteraum Dienst hatten – Schichtdienst. An diesem Tag empfingen diese beiden keine Kunden. Das wurde mir erzählt, denn selbst war ich nie dort. Außer ihnen hatte noch ein SS-Offizier Dienst, der die Kabinen zuteilte. In den Türen waren Gucklöcher, durch die der SS-Mann schauen konnte, „was da gemacht wird". In der Kabine durfte man nur eine bestimmte Zeit lang bleiben – ich weiß nicht, wie lange, zehn oder fünfzehn Minuten – und dann raus. Anfangs war es den Spaniern und Russen verboten, dorthin zu gehen. Später waren nur die Russen auf dem Index. Weil „die Verliebten" nicht allzu oft dorthin gehen konnten, entstand ein neues Prozedere, wie man sich seinen Lebensunterhalt verdienen konnte. Die Jungs meldeten sich an und wenn sie die Eintrittskarte bekamen, verkauften sie sie für eine bestimmte Menge Essen. Im ersten Zeitraum gab es wenige Interessenten. Es gab wenige Deutsche, noch weniger Tschechen, Spanier und Russen durften nicht, und die Polen boykottierten es – sie wollten nicht hin. Später gingen sie hin – die Kapos und einige Aristokraten, aber die Kameraden lachten sie meistens aus. Die, die „verliebt" waren, waren überwiegend Deutsche, und von den Polen fast nur Mistkerle. Kołeczko trug in seiner Tasche eine Fotografie von seiner Frau und seinen Kindern, und der Hure brachte er die Produkte, die ihm seine Frau geschickt hatte. Auch Ott ging hin und vielleicht noch ein paar andere.

So mancher wäre vielleicht hingegangen, aber er schämte sich vor seinen Bekannten aus der gleichen Ortschaft, schwache und hungrige Menschen, die – wenn sie überlebten –, erzählen würden, dass dieser und jener im Lager, statt anderen zu helfen, den Prostituierten alles gegeben hat. Und selbst wenn er nicht alles weggegeben hat, dann war das vielleicht ein verheirateter Kerl und wollte nicht, dass seine Frau das einmal erfährt.

Als der Puff anfangs keinen großen Erfolg hatte, legten die Blockältesten selbst fest, wer gehen soll – nach dem Aussehen. In diesem Zusammenhang kam es an einem Sonntag zu einer drolligen Geschichte. Der Blockälteste des vierten Blocks bestimmte für den Puff einen jungen Mann von neunzehn Jahren, Edward D. aus Poznań. Ein großer, attraktiver Junge, der gut gekleidet war. Er wurde von jemandem „ausgehalten".

„Aber ich habe doch gar kein Geld", weigerte sich D.

„Dann gebe ich dir eine Mark", sagte der Blockälteste und gab ihm eine.

Da sagte D. wieder, dass die Steinmetze am Sonntag arbeiten werden und dass er danach müde sein wird.

„Dann gehst du nicht zur Arbeit."

Und er ging nicht zur Arbeit. Aber den Zettel verkaufte er einem Liebling des Blockältesten eines anderen Blocks und bekam dafür Brot. Das war der Hauptgewinn. Er arbeitete am Sonntag nicht und hatte noch dazu Brot bekommen. Wie sich aber herausstellen sollte, hatte er den absoluten Hauptgewinn. An diesem Tag hatte Kluge im Puff Dienst, das war wohl der größte Verbrecher unter den SS-Männern. Er schaute auf den Zettel – ein Pole, Steinmetz, Block 4. Und vor ihm steht: ein Deutscher, Block 21, wesentlich älter. Woher er den Zettel habe, fragte er.

„Hat mir mein Bediensteter gebracht."

Kluge ging vor die Tür und brüllte:

„D...! Weitersagen!"

Die anderen griffen den Ruf auf:

„D...! Weitersagen!", und kurz darauf war überall zu hören: „D...! Weitersagen!"

Als der Blockälteste das hörte, drohte er, mit ihm abzurechnen und D. lief schnell zum Puff. Vor der Tür wartete Kluge schon auf ihn. Er ging mit geballten Fäusten auf ihn zu und fragte, warum er nicht selbst gekommen war. D. war erschrocken und erklärte – er konnte gut Deutsch –, er habe den ganzen Tag gearbeitet und sei erschöpft, außerdem habe er noch nie mit einer Frau ... – und damit entwaffnete er Kluge. Der lachte, brachte ihn hinein und stellte ihn allen vor als jemanden, der noch nie usw. Er setzte ihn zwischen die beiden Diensthabenden, die nicht allzu bescheiden gekleidet waren. D. hat uns selbst erzählt, dass er rot wurde und dann blass, denn das, was Kluge sagte, war die Wahrheit. Als eine Partie „erledigter“ Gäste die Kabinen verlassen hatte, und die Damen bereits auf neue Kunden warteten, stellte Kluge ihnen wieder D. vor, der noch nie usw. und fragte, welche ihn in die Lehre nehmen möchte. Alle wollten. Da wählte Kluge selbst eine aus, und befahl ihr, sie solle freundlich zu ihm sein und ihn gut unterrichten, so dass er zufrieden sei. Er lernte es blitzschnell und war zufrieden, denn das Fräulein gab ihm noch eine Handvoll Zigaretten und sagte, er solle sie öfter besuchen. Und ihm gefiel diese Arbeit so, dass er noch viele Male hinging und das sogar ohne Zwang.

Ich habe mich einmal angemeldet, aber nicht für mich. Im Jahr 1944, als ich in den Tunneln arbeitete, hatte ich einen Freund, einen Russen, Ośka K. aus Pskow. Eines Abends war er zu mir gekommen und hatte gesagt, dass man sich in unserem Block für den Puff anmelden konnte.

„Dann melde dich an“, sagte ich.

„Ich kann nicht, Russen dürfen nicht.“

„Wenn ich mich eintrage, gehst du dann hin?“

„Mach ich.“

„Sicher?“

„Sicher.“

„Trag mich ein!“, rief ich dem Schreiber zu. Er trug mich ein und zwei Tage darauf bekam ich schon den Zettel. Ich gab Ośka den Zettel, meine besten Sachen, und die Nummer, die auf meinem Arm stand. Er rasierte sich, wusch sich und ging los. Als seine Kameraden sahen, dass er auf seinem Winkel ein „P“ trug, fragten sie ihn warum.

„Weil es den Polen im Lager besser geht“, antwortete er.

Erst als sie ihm entsprechende Beschimpfungen an den Kopf geworfen hatten, sagte er ihnen, dass er in den Puff gehe. Antreten, durchzählen und sie wurden hineingeführt und – Pech. Er wurde der Polin zugeteilt. Keiner Deutschen wäre aufgefallen, dass er Russe war, aber der Polin war das gleich klar. Ihr Gespräch sah so aus:

„Du bist Pole?“

„Was denn, siehst du nicht?“, er zeigt den Buchstaben „P“.

„Du bist Russe.“

„Ja, Russe.“

„Weißt du nicht, dass Russen hier nicht herkommen dürfen?“

„Doch, weiß ich.“

„Warum bist du dann gekommen?“

„Lust zu vögeln habe ich.“

„Und wenn ich dem diensthabenden Offizier sage, dass hier bei mir ein Russe ist?“

„Ist mir egal.“

„Und wo ist der Pole, der kommen sollte?“

„Du weißt schon, er ist krank, er ist im Krankenrevier.“

„Rauchst du?“

„Ja.“

„Warum zündest du dir dann keine an?“

„Weil ich keine habe.“

Sie gab ihm ein paar Zigaretten. Von einer rauchte er ein bisschen. Drückte sie aus – und die „Dame“ empfing ihn. Aber als Ośka ging, sagte die alte Prostituierte dem diensthabenden SS-Mann, dass das ein Russe war. Dienst hatte da wohl der beste SS-Mann im Lager, weil er nur lachte. Wenn es Kluge gewesen wäre, hätten wir beide den Arsch voll bekommen.

Zu der Polin ging auch – nur ans Fenster – Heniek B. Der Lagerälteste Becker war in sie verliebt. Das war einer der schlimmsten Verbrecher in Gusen. Ein ehemaliger SS-Mann. In Mauthausen hatte er Toiletten gemalert. Wir wohnten in einem Block. Als sie auf Becker sauer war, weil er so ein Verbrecher war, sagte er, er werde jeden Tag zehn Polen umbringen – und er tat es. Als ihm gesagt wurde, er solle das lassen, antwortete er, dass er aufhöre, wenn sie sich mit ihm versöhnt. Und dann versöhnten sie sich – die Hure und der Verbrecher – und wegen solcher Leute sind unschuldige Menschen umgekommen.

Einmal, als Heniek am Fenster mit ihr sprach, packte ihn Becker von hinten am Hals, um ihn zu erwürgen. Aber hier hatte er es wirklich mit Kraft zu tun. Heniek war fürchterlich stark. Er packte ihn mit einer Hand und mit den Beinen riss er ihn in die Höhe. Er zog ihn so, dass dieser seinen Hals loslassen musste, und warf ihn kopfüber auf den Boden. Becker konnte eine Weile nicht aufstehen. Später sagte Heniek, wenn er gewusst hätte, dass das Becker war, hätte er ihn so vermöbelt, dass er ihn umgebracht hätte. Er hätte das Lager von einem Verbrecher befreit. Ich selbst habe einmal gehört, wie Becker den Schreiber aus Block 12 zu sich rief und ihm befahl, irgendeinen Deutschen, der neben ihm stand, für den nächsten Tag als Leiche einzutragen. Er hatte etwas verbrochen, ich weiß nicht was. Dieser Mann war in diesem Moment gesund, und am nächsten Morgen war er eine Leiche. Er war in den Stacheldraht getrieben worden. Bald darauf wurde Becker vor unseren Augen beim Waschraum von Block 1 von einem SS-Mann erschossen. Er war in einen Skandal verwickelt und hatte begonnen, SS-Männer zu verpfeifen. Deshalb musste er sterben. Sie sagten ihm, er solle in den Stacheldraht gehen. Aber der Scheißkerl hatte Angst. Er versteckte sich und kam nicht zum Morgenappell. Wir standen auf dem Appellpatz, als die SS-Männer ihn fanden und ihm wieder befahlen, in den Stacheldraht zu gehen. Statt in den Draht zu gehen, lief er nach rechts zu den Baracken – da schoss ein SS-Mann. Angeblich hat er ihn nur angeschossen, und im Krematorium haben sie ihn fertiggemacht.

Nach Becker übernahm die Funktion des Lagerältesten Nummer eins sein Stellvertreter, Karl Rohrbacher, internationaler Panzerknacker aus Wien, einer der besten Leute im Lager. Viele Menschen verdanken ihm ihr Leben. Viele hat er vor Schlägen bewahrt. Er hat sich nicht über andere erhoben. Er schlug nicht. Er wurde von allen im Lager gemocht und als nach der Befreiung andere Deutsche, Verbrecher, von Häftlingen umgebracht wurden, wurde er auf Händen getragen. Mich hat er auch einmal vor schlimmen Schlägen bewahrt, aber darüber werde ich an anderer Stelle erzählen. Er ging oft in den Puff, um Dienst zu schieben. Dann bat er einen SS-Mann, die Kabinen zuteilen zu dürfen. Er wusste, wen es in welche Kabine zog, und teilte sie anderen zu. So jemand bat dann um die andere, in die er immer ging.

„Gib mir hundert Zigaretten."

Alle gaben sie. Und Rohrbacher freute sich, dass er das bekommen hatte, was für die Dame gedacht war. Auf diese Weise sammelte er eine Menge Zigaretten ein, die er, wenn er den Puff verlassen hatte, an Muselmänner verteilte.

Einmal veranstaltete er ein „lustiges" Spiel. In der Pforte zum Revier spannte er in Gesichtshöhe einen Stacheldraht – dort war es dunkel. Als nächstes schickte er Läufer zu verschiedenen Kapos und Blockältesten – den größten Verbrechern des Lagers – mit der Nachricht, der Lagerkommandant sei im Revier und befehle sie zu sich. So jemand rannte, was er konnte, und in der Pforte spießte er sich mit dem Gesicht auf den Stacheldraht auf. Die Schnauzen waren übel zugerichtet. Van Loosen spießte sich auch auf dem Stacheldraht auf. Am nächsten Tag liefen mehrere Dutzend Verbrecher mit zerkratzen oder verbundenen Schnauzen herum, und wenn Karl einen sah, lachte er ihn aus. Im Februar 1945 verlor er die Funktion, weil er sich betrunken hatte. Zwei Stunden hing er an den Armen aufgehängt, gab aber nicht preis, woher er den Wodka hatte. Er wurde degradiert und in die Steyr-Werke versetzt. Sein Nachfolger wurde Heil. Rohrbacher warnte ihn, dass er mit den Leuten nicht zu wild umspringen sollte.

„Du bist nur Heil – der Lagerälteste aber bin ich. Weil die Menschen mich weiter als den Lagerältesten betrachten. Wenn ihr es zu bunt treibt, schicke ich alle in die Drähte. Ich weiß so viel über euch, dass ich jeden von euch in den Draht schicken kann – und ihr wisst über mich überhaupt nichts. Dafür, dass ich betrunken war, wurde ich schon bestraft."

Wenn ich alles über ihn schreiben wollte, würde das zu viel Platz kosten. Kurz gesagt: ein fabelhafter Kerl.

Das Blinde-Kuh-Spiel mit dem Tod ging pausenlos weiter. Es wurden Leute ausgesucht und umgebracht. Wenn sie nicht ertränkt wurden, ließ man sie verhungern, oder es wurden ihnen Kreuze auf die Stirn gemalt und sie wurden ermordet oder mit „Autos" nach Mauthausen gebracht oder mit der Bahn, die Gusen mit Mauthausen verband. Dann wieder suchten sie Kranke zur Behandlung aus. Ich weiß nicht, wie diese „Behandlung" aussah, aber ich habe gesehen, wie sie weggefahren wurden.

Von hinter unserer Halle konnte man den Appellplatz sehen. Mehrere Dutzend „Kranke" mussten mehrere Stunden im Regen auf dem Appellplatz stehen. Eigentlich standen sie nicht, sondern lagen im Matsch. So schwach waren sie. Die Bahn begann im Steinbruch in Gusen, die Kranken mussten also dorthin gebracht werden. Es wurden zwei Ladeflächen herangefahren. Die „Kranken" wurden an Armen und Beinen gepackt, Schwung geholt und – ho-opp! – auf den Wagen geworfen. Als alle raufgeworfen worden waren, fiel ihnen ein, dass die Kranken gezählt werden müssen. Es wurden die Seitenbretter geöffnet. Die Menschen wurden herausgekippt, nebeneinander auf den Boden gelegt und gezählt – und dann auf die gleiche Weise wieder auf die Wagen geladen. Wie sie auf die Waggons geladen, wie sie in Mauthausen ausgeladen und wie sie dort „behandelt" wurden – das konnte ich mir denken.

An einem Sonntag wurden wir nackt aus dem Block gescheucht. Wir standen eine Stunde, bis eine SS-Gruppe zu uns kam. Darunter waren unsere SS-Männer und einige fremde. Sie wählten Leute aus, die physische Besonderheiten hatten: Leberflecke, Geschwülste, Grützbeutel. Einer der Fremden wandte sich an die anderen mit der Bitte, ihm zwei Mägen rauszusuchen. Aha! – ich verstand. Sie suchten „Kranke" zum Operieren. Gut, dass ich keinen Makel hatte. Wer ausgesucht wurde, dessen Nummer notierten sie sich gleich.

Im Lager gab es einen kleinwüchsigen Spanier. Er war klein, hatte kurze Beine und einen großen Kopf. Aber jemand musste ihn mögen, denn er sah sehr gut aus; trotzdem stand schon bald in der histopathologischen Abteilung sein Skelett in der Ecke.

Mir fiel bei mir selbst und bei anderen ein schrecklicher Gedächtnisverlust auf. Ich vermute, das kam durch die dauerhafte Unterernährung, dadurch, dass dem Körper bestimmte Stoffe fehlten und dadurch, dass das Interesse auf wenige Dinge reduziert war. Diese Dinge waren hauptsächlich Essen, Schlafen, Kleidung und das Thema Arbeit. Einer hatte Zuhause fünf Kinder und er hatte den Namen eines Kindes vergessen.

In einer Diskussion, an der ein Professor, ein Jurist teilnahm, musste das Wort „Plebiszit“ benutzt werden. Wir hielten an dieser Stelle inne, denn keinem von uns fiel das richtige Wort ein. Wir wussten, was gemeint war, aber das Wort wollte uns nicht einfallen. Erst ein paar Tage später fiel es mir ein und da habe ich bei den anderen geprahlt, dass es mir zuerst eingefallen war.

In einem Brief von Zuhause schrieb meine Mutter mir: „Herr Ossowski lässt dich grüßen“. Wer ist Ossowski? Zwei Wochen dachte ich darüber nach. Als ich dann einmal nachts zur Toilette lief, fiel es mir ein. Das war der Mann meiner Freundin, meiner Nachbarin in dem Haus, in dem ich wohnte. Vor meiner Festnahme hatten wir oft zusammen getrunken und uns amüsiert. Ich war oft bei ihnen und sie oft bei mir. Aber Moment mal, wie war sein Vorname? Ich ging alle – so schien es mir – Vornamen durch. Keiner passte zu ihm. Und wieder erst nach einer Woche, und wieder nachts auf dem Weg zur Toilette, fiel er mir ein: Tadeusz. Man vergaß Namen und Daten. Der Kopf war einfach vollkommen leer, und man wurde fast zu einem gedankenlosen Wesen.

Im Sommer 1942 hatte ich etwas mit den Beinen. Meine Waden waren hart und vollkommen gefühllos. Ich lief wie auf Stelzen. Sie waren so hart, dass sie sich nicht einmal einen Millimeter bewegten, wenn ich mit dem Finger hineindrückte – und sie schmerzten. Am schlimmsten schmerzten sie morgens. Sie waren dann weich, aber ich konnte nicht gehen. Erst wenn ich mich ein bisschen bewegt hatte, lief ich zwar wie mit steifen Beinen, aber sie schmerzten dann weniger – dann waren die Waden hart. Auch mit meinen Händen geschah etwas. Ich konnte die Finger nicht krümmen. Oben an den Fingern bekam ich harte Knubbel. Das dauerte mehrere Wochen. Schließlich beschloss M., mich zu behandeln. Die Schmerzen in den Händen gingen nach einer Weile von selbst weg. Für die Beine machte er mir über Nacht Kompressen. Nasse Lappen, die er mit einer Medizin beträufelte, die er „Kapsyment“ nannte – das war eine Mischung aus verschiedenen Heilspiritus. Diese Kompressen wärmten mir die Beine. Bevor er mir die Kompressen auflegte, massierte er meine Waden. Das war sehr schmerzhaft, aber ich war zu dieser Zeit schon abgehärtet gegen jeden Schmerz. Nach zwei Wochen Behandlung normalisierten sich meine Beine wieder. Ich hatte also wieder gesunde Hände und Beine und bis heute weiß ich nicht, was ich da eigentlich hatte und wovon das gekommen war.

Es wurde uns erlaubt, unser Haar wachsen zu lassen. Nun wurden uns nicht mehr jede Woche die Köpfe mit Rasiermessern geschoren. Alle drei Monate wurden wir mit einer Rasiermaschine rasiert, und jede Woche wurde uns ein vier Zentimeter breiter Streifen ausrasiert, der von der Stirn über die Kopfmitte bis nach hinten verlief. Damit alle gekennzeichnet waren, für den Fall, dass sie fliehen wollten. Die „Herrschaften“ machten sich schmale, zwei Zentimeter breite Streifen, und uns wurden breite Steifen wie eine Chaussee rasiert. Diese Streifen nannten wir „Läusestraße“. Aus uns war eine zusätzliche Schafszüchterei gemacht worden. Unsere Haare brauchten die Deutschen für irgendetwas. Wenn wir alle drei Monate einmal rasiert wurden, wurden die Haare in einer Kiste gesammelt und jeder Block gab einem SS-Mann alles, was gesammelt worden war.

Ich habe vergessen, von den Neuheiten zu berichten, die in den Lagern eingeführt worden waren. Ab dem Jahr 1942 war man verpflichtet, unter der Nummer auf der Jacke die Blocknummer zu tragen, und am Arm seine Nummer, die auf ein Metallplättchen gestanzt und mit einem Draht um den Arm befestigt wurde. Das war die sogenannte Todesnummer. Das gleiche, wie die eintätowierte Nummer in Auschwitz. Es gab Probleme bei der Identifizierung der Leichname, wenn die Nummer abgefallen war oder durch Matsch verschmutzt. Und so war es klar, wer das ist und aus welchem Block.

Es gab einen Fall, dass der Blockschreiber die Nummern verwechselte. Es war ein Deutscher gestorben, gemeldet wurde aber ein Pole. Als die Entlassung für den Deutschen kam, musste der Pole getötet werden, der statt des Verstorbenen abgemeldet worden war, und angegeben werden, dass der Deutsche an diesem Tag gerade gestorben war, und er musste abgemeldet werden.

Was die Nummern an den Armen betrifft, muss ich sagen, dass diese Nummer von der materiellen Situation des jeweiligen Häftlings zeugte. Alle behandelten diese Nummer wie Schmuck und bemühten sich, dass sie so schön wie möglich aussah. Die einen zahlten, die anderen beschäftigten sich mit der Herstellung. Es wurden verschiedene, die fantastischsten Muster für die Nummern und die Armbänder gemacht. Die Ärmsten trugen die Nummern so, wie alle sie von Amts wegen erhalten hatten – ein Draht mit einem Plättchen. Die ersten Wochen trug ich meine Nummer am Draht. Später machte ein Kamerad mir ein Armband aus Kupferblech. Davon wurde mein Arm schmutzig, aber ich trug es recht lange. Im Jahr 1943 ließ ich mir eine auf weißes Metall gravierte Nummer machen, und das Armband war aus einem rostfreien Stahlring, der auf der einen Seite fest an der Nummer befestigt war, und auf der anderen Seite einen Haken hatte, den man durch starkes Drücken loslösen konnte. Diese Nummer verschmutzte meinen Arm nicht mehr. Die nächste Nummer ließ ich mir im Juni 1944 von einem Spezialisten in diesen Sachen machen – von einem Spanier. Diese Nummer kostete viele Zigaretten und einige Laibe Brot. Ein wunderschönes Stück. Solche Nummern hatten im Lager nur ein Dutzend Leute. Aber genau so eine wie ich, das heißt aus Menschenknochen – da weiß ich nicht, wie viele Personen so etwas hatten. Ein Kamerad vom Revier – er hieß Michaś – bemühte sich für mich in der Pathologie um ein Stück ausgekochtes menschliches Schienbein und daraus wurden meine Nummer und das Armband hergestellt. Die Nummer sah aus wie ein vierschichtiger Sockel mit der in die Mitte eingelassenen Alpaka-Nummer. Das war bereits nach dem Wechsel der Nummern zu einer allgemeinen Mauthausen-Nummer. Aus meiner Nummer 8420 wurde 43429, eine „Millionennummer", die nicht mehr auf meinen langen Aufenthalt verwies. Denn jemand, der kurz vor dem Austausch im Jahr 1944 gekommen war, hat eine kleinere Nummer als ich bekommen können, der bereits seit 1940 saß. Das Armband für die Nummer war aus demselben Knochen gemacht, in Form von Edelweiß, verbunden mit Ringen aus silbernem Draht. Die Stahlnummer habe ich 1945 in Katowice meinem Kameraden Stanisław Nogaj gegeben, dem Vorsitzenden des lokalen Vereins der Konzentrationslagerhäftlinge[20], für eine Ausstellung von Gegenständen aus dem Lager, die er organisierte. Die Nummer aus menschlichem Knochen habe ich 1946 in Polen verloren. Offensichtlich war ein Ring abgegangen. **Schade, denn das war ein wirklich schönes Stück. Aus dem Rest des Knochens machte der Bildhauer, ein Russe, für mich einen Anker mit einem Spiegel, einer Nagelfeile und einer Spitze zum Säubern der Fingernägel, mit einer Schlange, die sich um den Anker schlängelt. Die Schlange war nicht aus Knochen geschnitzt, und sie kroch oben entlang. Ein hübsches Ding in einem Lederfutteral, aber als wir einmal zu mehreren nach Lungitz geschickt wurden, in die alte Ziegelei, die zu einem Magazin für das Beladen von Eisenbahnwaggons mit Wagen umgebaut worden war, ließ ich mich nach dem Beladen schwer auf meine Jacke fallen, die auf dem Boden lag. Es knackte und mir standen die Haare zu Berge. Der Anker ist hin, dachte ich. Ich holte ihn raus und sah, dass er an zwei Stellen zerbrochen war. Ich schob ihn zurück in das Futteral, damit alle Teile zusammenblieben, ich knöpfte das Futteral zu und warf es weg. Erst einige Jahre später habe ich mir gedacht, dass man das hätte doch noch reparieren können.**

Fast an jedem Sonntag wurden die Steinmetze für andere zusätzliche Arbeiten eingesetzt. Es fand sich immer irgendetwas. Weil aber nicht alle genommen wurden, hatte man die Chance, sich abzuseilen. Und das tat ich. Nach dem Appell ging ich nicht in den Block, sondern seilte mich ins hintere Lagergebiet ab. Nach einer Stunde drückte ich mich in der Nähe des Blocks herum, bis ich jemanden aus unserem Block traf. Erst wenn ich mich vergewissert hatte, dass schon Leute zur Arbeit geholt wurden, ging ich in den Block. Nur einmal wurde ich geschnappt und zur Arbeit eingeteilt, und das nur, weil an diesem

20 Związek Więźniów Obozów Koncentracyjnych. (Anm. d. Übers.)

Tag fünfzig Personen aus unserem Block gleich auf dem Appellplatz bestimmt wurden. Ich erinnere mich nicht genau, wann das war, ich weiß nur, dass damals zwei Feiertage waren. Ich versuchte, aus dem Glied zu verschwinden, aber Sobczak erwischte mich, gab mir eins aufs Maul und stellte mich wieder ins Glied. Ich fürchtete mich, noch mehr zu riskieren, um nicht zu einem „Bekannten“ des Blockältesten zu werden, damit er mich nicht eines Tages zum abendlichen Fassbaden oder für die „Invaliden“ aussuchte. Wir arbeiteten den ganzen Tag beim Bau der Mühle. Am nächsten Tag hatten die Blockältesten keine Lust, neue Leute auszusuchen, so dass sie nach dem Appell befahlen, dass die fünfzig Leute, die am Vortag gearbeitet hatten, hervortreten sollen. Ich ahnte, dass er die gleichen Leute ein zweites Mal zur Arbeit schicken wollte. Das war zu schlimm. Der ganze Block erholt sich zwei Tage lang, und ich soll arbeiten? Ich wartete das Ergebnis nicht ab. Als ihnen einer fehlte, bestimmte der Blockälteste – wie ich vorausgesehen hatte – den erstbesten. M. drohte so eine Verschickung nicht. Er war Masseur, ein bekannter Mann. Mehrere Stunden lief ich durch Aborte und Waschräume. Ich hatte Angst, auf die Stube zu gehen, denn Sobczak wusste, dass ich gestern gearbeitet hatte. Endlich beschloss ich reinzugehen. Als ich hineinkam, sah mich ein Schafskopf und rief:

„Was machst du denn hier? Du wurdest doch zur Arbeit geschickt!“

So ein Speichellecker. Er wollte vor Sobczak angeben, aber es stellte sich heraus, dass dem vollkommen egal war, wer zur Arbeit gegangen war. Dem, der mich verraten hatte, sagte ich leise ein paar Worte:

„Bist du etwa so anders, du Rindvieh, bist du etwa für mich zur Arbeit gegangen?“

Warts ab, dafür räche ich mich noch! Und ich rächte mich noch am gleichen Abend, und zwar heftig. Er bekam aufs Maul, damit er nicht nochmal jemanden verpetzt. Petzen verzieh ich nicht gern.

Einmal wurde ich abends nach dem Abendbrot eingefangen zur Arbeit beim Betonieren von Block 6. Es wurde die ganze Nacht durchgearbeitet, aber ich habe nur eine Stunde gearbeitet. Der Ausgang in Richtung der anderen Blocks war verstellt und man konnte sich nicht abseilen – aber die Fenster von unserem Block 5 gingen zu Block 6 hinaus. Ich stand mit meiner Trage voller Beton vor den Fenstern. Die Jungs sahen mich. Ich sagte ihnen, dass sie den Haken am Fenster lösen sollen ... und von da an wartete ich auf den richtigen Moment. Als dieser Moment kam, kletterte ich durch das Fenster, zusammen mit dem, der mit mir die Trage getragen hatte.

Am nächsten Tag wurden die Prominenten zur Arbeit gejagt, unter anderem Heniek B. Ich sah ihn, rief ihn und bot ihm an zu tauschen, dass ich für ihn arbeiten gehe, oder dass er durch unsere Fenster klettert. Er lehnte ab. Er sagte, ein bisschen Arbeit tue ihm gut. Ein seltsamer Junge. Ich bot ihm an, seine Schuhe zu putzen. Er war einverstanden. Nach zwei Tagen jagte er mich fort und sagte wütend, dass er seine Schuhe selbst putzen werde. Und mehr hat er von mir nie gewollt und gab mir jeden Tag eine Suppe. Als ich es mir dann leisten konnte, andere mit zu ernähren, habe ich es nie, wirklich nie zugelassen, dass jemand meine Schuhe putzte. Wenn ich beschäftigt war, viel zu tun hatte, ließ ich mein Bett machen, meine Wäsche waschen, meine Habseligkeiten bewachen – aber meine Schuhe putzte ich immer selbst. Ich hatte immer das Gefühl, dass es für Unterwürfigkeit und Erniedrigung des Menschen stand, wenn man anderen die Schuhe putzt.

Ich will von Mietek Rączka aus Będzin und Zygmunt Jaczewski erzählen. Mietek Rączka starb im Frühjahr 1942. Ich hatte ihn lange nicht gesehen. Jemand sagte mir, dass er in Block 20 war. Ich wollte ihn herausrufen. Da schaute ein anderer Mann heraus und sagte, Rączka sei seit gestern im Revier. Ich habe ihn nie wiedergesehen.

Zygmunt Jaczewski traf ich an einem Sonntagnachmittag. Er saß vor dem Waschraum in Muselmannkleidung, in Holzschuhen, mit einer Glasscherbe kratzte er das Innere einer in vier Teile zerschnittenen Zigarettenspitze aus. Die herausgekratzten Späne wickelte er in Zeitungspapier ein, stand auf und schaute sich nach Feuer um. Ich ging zu ihm.

„Na, Zygmunt", sagte ich zu ihm, „in Mauthausen hast du gesagt, dass du lieber gar nicht rauchen wolltest, wenn du etwas in Zeitungspapier rauchen müsstest." Ich verkniff mir den Hinweis darauf, dass das nicht einmal Tabak, sondern Holz war.

„Siehst du", antwortete er mir, „ich kann nicht mit dem Rauchen aufhören."

„Und wie geht es dir?"

„Na ja, wie du siehst, geht es mir schlecht! Ich habe Hunger. Wenn ich meine Kameraden um Kartoffelschalen bitte, lachen sie mich aus. »Schämst du dich nicht, Kartoffelschalen zu essen?«, hat einer zu mir gesagt. Der hat gut reden, er hat ja genug zu essen. Stasiek, sag selbst, habe ich euch je etwas Gemeines gezeigt oder gesagt, wenn ich dir und Stefan Krukowski Kartoffelschalen gegeben habe? Ich konnte euch keine Kartoffeln geben, aber ich habe mich nicht für euch geschämt, dass ihr Kartoffelschalen esst. Ich spüre, dass ich nicht mehr lange durchhalte, wenn sie mich nicht freilassen."

Er erzählte mir einen „prophetischen" Traum, aus dem hervorging, dass er entlassen werde. In Briefen gab man ihm auch zu verstehen, dass sie sich um Entlassung bemühten. Ich hatte an diesem Tag mehr Suppe, weil ich von M., von B. und von Józef M. welche bekommen hatte. Eine Suppe hatte ich mir für das Abendessen aufgehoben, aber er tat mir leid und ich gab Zygmunt diese Suppe. Am nächsten Tag wurde nach dem Abendappell ein gutes Dutzend Nummern aufgerufen, angeblich sollten sie entlassen werden. Zygmunt Jaczewski wurde auch aufgerufen. Er rannte in seinen Holzschuhen und warf dabei die Beine hoch. Ich sprach abends noch mit ihm. Ich bat ihn, meine Mutter zu besuchen und ihr zu sagen, wie es mir geht und dass ich zurechtkomme. Ich bat ihn, meiner Mutter keinen Kummer zu bereiten und ihr keine schrecklichen Dinge zu erzählen. Kurz gesagt: Stasiek lebt und kommt zurecht. Ich wollte ihm die Adresse geben. Es stellte sich heraus, dass er diese noch wusste, weil ich sie ihm in Mauthausen einmal gegeben hatte. Am nächsten Tag gingen die, die aufgerufen worden waren, nicht zur Arbeit. In Zivilkleidung habe ich sie nicht gesehen. Nach dem Krieg habe ich ihn mehrmals durch das Einwohnermeldeamt in Warschau suchen lassen, aber ich habe keine Spur gefunden.

Mit einem der Transporte kam Zbyszek Wlazłowski, Medizinstudent. Ich machte ihn mit Jurek Kalinowski aus Warschau bekannt, der seit 1940 im Revier arbeitete. Jurek bemühte sich darum, dass Zbyszek Arbeit im Revier bekam. Beide leben. Zbyszek ist Arzt, Marineoffizier, und Jurek Kalinowski lebt in Warschau.

Die beiden waren meine wichtigsten Bekannten im Revier. Jurek war ins Revier gekommen, als ihm 1940 ein Wagen mit Steinen das Bein zertrümmert hatte, das ihm bis zur Leiste abgenommen wurde. Nach seiner Genesung blieb er im Revier und war bis Kriegsende dort. Die Mitarbeiter des Revieres wohnten in den Revierblocks. Als ich Warzen an den Händen bekam, ging ich zu Zbyszek ins Revier und er brannte mir alle mit Diathermie weg. Als ich das Revier verlies, sah ich im Warteraum beim Zahnarzt vier schiefe Fressen. Und was stellte sich heraus? Im Lager – im Revier – wurden Zähne gezogen. Diese vier waren gekommen, um sich schmerzende Zähne ziehen zu lassen, und beim Warten im Warteraum hatten sie sich unterhalten. Die Zähne wurden von einem Häftling gezogen, aber zu diesem Zeitpunkt befand sich dort ein Zahnarzt, ein SS-Mann, der seinem Gehilfen sagte, er solle die vor der Tür beruhigen, damit sie aufhören zu quatschen. Als sie nach erneuter Ermahnung nach einigen Minuten wieder zu quatschen begannen, rief er sie zu sich, zog jedem vier Schneidezähne und befahl ihnen, weiter darauf zu warten, dass ihnen die richtigen, die schmerzenden Zähne gezogen werden. Als ich ging, war ihnen die Lust zu quatschen vergangen, sie saßen still da.

Ich habe schon beschrieben, wie ein durchschnittlicher Tag im Lager aussah. Jetzt will ich über einen Sonntag schreiben. Es geht mir nicht um einen durchschnittlichen Sonntag, sondern ein Sonntag, dessen Elemente sich an jedem Sonntag wiederholten, ist mir einfach in Erinnerung geblieben.

Nach dem morgendlichen Kaffee, dem die täglichen Schläge für schlecht gebaute Betten vorangegangen waren – Antreten vor dem Block. Hier führten die Blockältesten, die Stubenältesten und die Kapos die Kontrolle durch: sind alle rasiert, sind alle Köpfe rasiert, später dann der Streifen auf dem Kopf, sind alle Knöpfe angenäht, ist die Kleidung nicht zerschlissen, trägt jeder seine Nummer um das Handgelenk, an den Hosen und an der Jacke, sind die Winkel und die Blocknummern vorhanden. Wenn etwas nicht richtig war, gab es Schläge, und zwar Schläge, die so manchen ins Krematorium brachten.

Nach dem Appell – Abmarsch in die Blocks. Und die Steinmetze? An jedem Sonntag musste eine größere oder kleinere Gruppe zur Arbeit. Was also mich betraf, war das Verschwinden aus dem Block am Sonntag gleichzusetzen mit dem Vermeiden von Arbeit. **Ich verschwand, denn wenn man uns eine halbe Stunde nach dem Appell zur Arbeit rief, stellte sich heraus, dass keiner da war. Daraufhin wurde der Befehl gegeben, dass man den Block erst verlassen darf, wenn es erlaubt wird. Trotzdem seilte ich mich gleich auf dem Appellplatz ab. Ich wusste, dass in der Stube keiner kontrollieren würde. Es reichte ihnen, dass sie Leute hatten, die sie beim ersten Aufruf zur Arbeit schicken konnten. Wenn es mir nicht gelang, mich vom Appellplatz abzuseilen, ging ich in der Stube auf die andere Seite, um mit Kameraden zu „reden", wo der Eingang war, um – sobald ich riechen würde, dass „Arbeit kam" – durch das Fenster das Weite zu suchen.** Dann hatte ich Zeit, um durch das Lager zu gehen.

Die Vorderseite des Lagers bestand aus Block 1 und Block 2 – die Blocks der Prominenz. Block 3, 4 und 5 waren die Blocks der Steinmetze. Block 3 war eine Art halbprominenter Block, und Block 4 und 5 die Steinmetze, alte Häftlinge, mehr oder weniger organisiert. Sie starben langsamer als in anderen Blocks, und es wurden keine Neuen zugeteilt, weil ein Steinmetz kein durchschnittlicher Arbeiter am Spaten war, sondern er musste lange lernen, um ein guter Fachmann zu werden. Block 6 und 7 waren im Bau, sie standen leer. Sie wurden erst 1943 oder 1944 belegt. In dieser Zeit wurden noch vier Blocks auf dem Appellplatz auf der Linie von Block 2, 3, 4 und 5 gebaut, die die Nummerierung A, B, C, D erhielten. Auf Höhe von Block 1 war das Bordell.

Ich ging an einem Sonntag in das hintere Gebiet des Lagers, die Gegend um das Revier. Eine Schar nackter Menschen oder nur mit Handtüchern umwickelt oder in langen Unterhosen mit hochgekrempelten Hosenbeinen lag auf den Straßen, auf den nackten Steinen. Sie wärmten ihre Knochen in der Sonne. Haut und Knochen, denn mehr war nicht an ihnen. Das waren die schlimmsten

Muselmänner, denen nicht mehr als zwei Wochen Leben geblieben waren. Das sah man ihnen an, an den Augen und an dem gleichgültigen, auf nichts reagierenden Gesichtsausdruck. Ich ging zu Block 4. Dort wohnten viele spanische Steinmetze. Beim Reingehen hörte ich Klarinettenklänge. In der Stube vor den Betten saßen drei Leute auf Schemeln. Einer spielte Klarinette, zwei klapperten mit Löffeln, was der Ersatz für Kastagnetten sein sollte, und in der Mitte der Stube tanzten zwei Spanier einen spanischen Tanz. Sie hatten Handtücher in den Händen statt Tücher – schön sah das aus. Der, der den Partner tanzte, war Stierkämpfer von Beruf – kurz darauf hing er drei Stunden an den Armen aufgehängt und verlor für lange Zeit das Gefühl in den Händen. Dieses „Vergnügen" war ihm zuteil geworden, weil er das „Glück" hatte, neben einem Deutschen zu schlafen, der versucht hatte zu fliehen. Nach dem ersten Tanz wurde der Paso Doble *Torero* gespielt. Der Pikador war ein echter Pikador – mit einem Besenstiel in der Hand und einer Decke, der andere spielte den Stier, indem er beide Hände neben seinem Kopf hielt, die in Klompen steckten, das letzte Schuhmodell, ganz aus Holz, sogenannte „Holländer". Alle Steinmetze trugen 1942 solche Schuhe. So ein Schuh hat mir einmal meinen Fuß gerettet. Während der Arbeit löste sich ein besonders schwerer Stein, fiel auf meinen Fuß und zerknallte mir den Schuh, aber ich schaffte es noch, meinen Fuß rauszureißen. Wäre der Schuh nicht gewesen, hätte mich das zum Invaliden gemacht und mein Schicksal wäre das eines Invaliden gewesen: das Fass, das Auto oder Block 32.

Von Block 4 ging ich zu Block 6. Dort waren im Keller die Muselmänner eingeschlossen, die verhungern sollten, über die ich bereits geschrieben habe. Nichts Interessantes: kleine Kellerfenster, an die man nicht herantreten durfte, und die, die „aufpassten" und selbst Mitleid mit den Leuten hatten. Ich stieg auf der Treppe nach oben. Block 6 und 7 hatten bereits Wände und Decken, es fehlten nur die Fenster, die Dächer und die Menschen. Im Dachgeschoss gingen die Prominenten spazieren. Es waren viele von ihnen dort. Sie standen in Gruppen zusammen, spazierten oder saßen auf einer Mauer, am Rande des Blocks.

In der Ecke sang ein Chor, der aus einem guten Dutzend Muselmännern bestand, sie waren Russen. Schön sangen sie. Sie waren umringt von einer Gruppe Menschen, die ihnen nach einigen Liedern zwei, drei Zigaretten anboten. Wenn sie eine Gabe erhalten hatten, gingen sie woanders singen, um wieder ein Dutzend Zigaretten zu verdienen. Die einen rauchten sie und die anderen kauften dafür Suppe oder Brot.

Bei den Blocks der Prominenten drückte sich meistens ein junger, vielleicht siebzehn Jahre alter Russe herum, der sang, um Almosen zu bekommen und manchmal etwas zu essen und manchmal bekam er etwas auf den Kopf; der zweite war ein Spanier, von uns „Barcelona“ genannt, weil er immerfort nach Zuhause zurückkehrte, nach Barcelona. Er imitierte eine Lokomotive. Trampelte leicht mit den Füßen, bewegte die Arme, pfiff, fauchte und rief wie ein Schaffner: „Barcelona!“.

Ich weiß nicht, ob er schon blöd im Kopf war oder ob er nur so tat, um die Herzen der Menschen zu erweichen, die leider auf keine Not und auf kein Leid mehr reagierten. Bald waren sie nicht mehr zu sehen. Wahrscheinlich waren sie in den Himmel umgezogen, durch den Schornstein des Krematoriums.

Ich ging auf den Appellplatz. Hier war erst ein Anblick! Auf dem Platz zwei Mannschaften in Sportsachen: ein Fußballspiel, angefeuert vom Publikum, das in verschiedenen Sprachen schrie. Es gab vier Mannschaften im Lager: Polen, Deutsche, Spanier und eine gemischte Mannschaft. Angefeuert wurden sie von Prominenten und Muselmännern. Die Spieler waren wohlgenährte Typen, Mitarbeiter der Küche, des Reviers, Blockälteste, Kapos und Bewohner der Prominenten-Blocks.

Hinter dem Spielfeld, in der Nähe des Tores, beim Puff, spielte das Lagerorchester. Das waren Künstler. Sie spielten verschiedene Sonaten, Ouvertüren, in Dur und in Moll und ab und an etwas leichteres. Ich blieb beim Orchester stehen und lauschte. Es war umringt von einer großen Gruppe. Ein Muselmann seufzte und sagte zum anderen:

„Mein Gott, wann werden sie für uns so spielen?“

Der andere – auch ein Muselmann – sah ihn verwundert an.

„Für dich?“, sagte er. „Im Krematorium.“

„Ha, ha, ha, ha“, lachte der andere und ging fort.

Gleich daneben, vor dem Puff, schmachteten zurechtgemachte Liebhaber ihre „Damen“ an, die aus den kleinen Fenstern herausschauten. Es sind nur ihre Köpfe zu sehen, ihre Hälse und die Arme, die auf das Fensterbrett gestützt sind. Die Herren gehen aufgeplustert wie Pfauen, wohlgenährt, stark und gesund. Sie lächeln, sagen ein paar Worte und marschieren weiter vor den Fenstern herum. Denn damals durfte man noch nicht vor einem Fenster stehen und sich unterhalten. Die SS-Männer oder eine speziell dafür abgestellte Person passte auf. In den darauffolgenden Jahren durften alle offiziell stundenlang am Fenster stehen und in die Augen ihrer „Prinzessinnen“ schauen.

Aus jedem Fenster schaute ein Kopf und vor jedem Fenster stand ein Mann. Sonntags fand der Appell mittags statt. Abends gab es dann keinen Appell mehr. Nach dem Appell wurde das Mittagessen ausgegeben. Nach dem Mittagessen lief ich alle Stellen ab, an denen man etwas Essbares bekommen konnte. Gegen sechzehn Uhr gab es Abendessen und nach dem Abendessen durfte man sich, wenn man wollte, schon ins Bett legen. Vor dem Abendessen war es verboten, im Bett zu liegen. So ging der Sonntag zu Ende – insofern die SS-Männer keine Übungen auf dem Platz anordneten oder die Blockältesten nicht das Auf- und Absetzen der Mützen oder Bettenbauen üben wollten. Oft wurde am Sonntagmorgen befohlen, in der Wäsche und in den Decken nach Läusen und Flöhen zu suchen. Das war die Zeit vor der Begasung im Jahr 1943, als die Muselmänner, die Invaliden waren, eine bestimmte Anzahl an toten Flöhen vorweisen mussten. Wenn einer keine gefangen hatte, bekam er kein Mittagessen. Es gab Fälle, dass jemand dem anderen Papierstücke stahl, auf denen erschlagene Flöhe lagen.

So sah mehr oder weniger ein Sonntag im Lager im Jahr 1942 aus. In den darauffolgenden Jahren fanden sonntags noch Box- und Ringkämpfe statt. Daran nahmen die teil, die stark und gesund waren, und die, die eine gute Arbeit bekommen konnten, wenn sie teilnahmen.

Im Sommer 1942 floh aus Block 4 ein Steinmetz, der mit dem letzten kleinen Steinmetz-Transport mit etwa vierzig Personen aus Dachau gekommen war. Seine Abwesenheit wurde beim Abendappell festgestellt. Als die Durchsuchung und die Suche in den Baracken erfolglos blieben, kam durch das Tor eine Schar SS-Männer auf den Appellplatz. Alle waren stockbetrunken. Und dann ging es los. Prügel, auf den Boden werfen und Gymnastik – auf den Befehl eines jeden SS-Mannes. **Einer kam und fragte, welcher Block das ist.**

„Block 5“, sagte der Blockälteste.

„Block 5 – runter!“

Wir ließen uns alle fallen. Aber wir hatten keinen Platz, weil wir in Gliedern gestanden hatten. Wir legten uns aufeinander. Befehl: Hoch! Runter! Hoch! Runter! ... Er lief über uns drüber. Er trat ein paar und ging weiter. Da standen wir auf, damit uns kein anderer anherrschte.

In Block 3 stand ein Prügelbock. Er war höher auf der Seite, wo die Beine waren. Die Beine wurden mit Schnallen am Bock festgemacht. In der Hüfte wurde man mit einem breiten Gürtel an den Bock geschnallt. In dieser Position war der Kopf tiefer als das Gesäß, und das Gesäß war herausgedrückt und prall. Der Prügelbock wurde vor den Block gestellt und die SS-Männer riefen die Männer heraus, die mit dem letzten Transport aus Dachau gekommen waren. Das war der Transport, mit dem der Flüchtige gekommen war. Mein Block stand so auf dem Platz, dass ich genau sah, was vor Block 3 geschah. Die ganze Gruppe musste sich vor dem Block aufstellen. Sie wurden nacheinander auf den Block geschnallt und geschlagen. Aufs Gesäß, auf den Rücken, auf den Kopf. Sie schlugen zu zweit, zu dritt und zu viert gleichzeitig. Alle waren betrunken. Sie schlugen jeden so lange, bis er bewusstlos war. Dann wurde er vor den Block geworfen und der nächste wurde festgeschnallt. Es wurden drei Steinmetze aufgerufen, die das Pech hatten, in den Betten neben, über und unter ihm zu schlafen. Unter diesen dreien war der Spanier, der Stierkämpfer, über den ich schon geschrieben habe. Sie wurden im Block an einem Balken an den Händen aufgehängt, die hinten zusammengebunden waren. Drei Stunden hingen sie. Als sie zurück auf den Platz gebracht wurden, waren das nur noch menschliche Lappen, die auf den Boden geworfen wurden. Während des „Vergnügens" durchsuchten SS-Männer und ein Teil der Blockältesten und der Kapos die ganze Zeit das gesamte Arbeitsgelände. Am Prügelbock warteten noch ein gutes Dutzend Delinquenten zum Prügeln, als die SS-Männer eine neue Partie holten. „Alle heraustreten, die mit dem vorletzten Transport aus Dachau gekommen sind!" Wieder traten vierzig Personen aus dem Glied.

Während dieser Exekution war auch Karl Rohrbacher aktiv. Er rannte zwischen den Blocks herum, mit einem Ochsenziemer über der Schulter und brüllte. Er brüllte alles und alle an. Aber wir kannten ihn gut und Kornacki hatte recht, als er sagte:

„Schau mal, Rohrbacher hält den Ochsenziemer, als würde er zeigen wollen, dass mit diesem Ochsenziemer keiner geschlagen wird, weil er ihn in der Hand hält."

Als der vorletzte Transport aus Dachau zum Prügeln aufgerufen wurde, rief Karl sie brüllend zusammen, um sie zur Exekution zum Prügelbock zu bringen. Aber anstatt sie zwischen Block 3 und 4 entlangzuführen, führte er sie zwischen Block 4 und 5 entlang, und kam dann selbst allein auf den Appellplatz zurück. Jetzt befahlen sie allen aus Halle 19 hervorzutreten. Nur ein Dutzend trat hervor. Es wurden die Blockschreiber gerufen, die nach der Liste aufriefen. Wieder tauchte Rohrbacher auf. Er nahm diese Gruppe und führte sie zum Prügeln, wieder zwischen Block 4 und 5. Und die Gruppe, die dort noch gestanden hatte, führte er zurück zum Platz und schloss sie einem anderen Block an.

Er hatte richtig erkannt, dass die SS-Männer so betrunken waren, dass ihnen seine Umzüge nicht auffallen würden. Ein paar Minuten später brachte er auch die aus Halle 19 wieder auf den Platz. Es blieben nur die, die auf dem Bock geschlagen wurden. Einige verabschiedeten sich in die Ewigkeit. Einen kannte ich gut, nach dieser Züchtigung wurden ihm die Pobacken herausgeschnitten. Sein Körper begann zu faulen. Auf jeder Seite hatte er lange Narben, und in seine Hose nähte er dicke Stoffteile ein, damit er auf etwas sitzen konnte.

Das Prügeln auf dem Platz dauerte bis spät in die Nacht. Exerzieren ließen sie nur die Blocks der Steinmetze. Als es ein kurzes Durcheinander gab, sprang ich zu Block 9, der fünf Meter von unserem Block entfernt stand. Ich sprang so rüber, dass keiner der „Herrschaften“ von meinem und von Block 9 es gesehen hatte. Einige Häftlinge wollten mich zurückschicken. Sie fürchteten, dass sie durch mich auffallen könnten, aber jemand sagte scharf und halblaut:

„Er bleibt.“

Jetzt hatte ich nur Angst, dass andere meinem Beispiel folgten, denn dann wären wir alle erwischt worden und wir hätten das gleiche Schicksal gehabt wie die, die auf dem Prügelbock geschlagen wurden. Aber es gab keine Interessenten. Wir standen wohl bis ein Uhr nachts auf dem Platz. Endlich fiel oben im Steinbruch Kastenhofen ein Schuss. Dieser Schuss war nicht grundlos. Wir atmeten auf. Gleich würden wir es erfahren. Ein paar Minuten später wurden die Leute vom Krematorium gerufen, die mit einem Wagen losgingen, um den Leichnam zu holen, und nach weiteren Minuten hörten wir die betrunkene Stimme des Kommandanten, der von hinter den Drähten und der Mauer pausenlos ein Wort brüllte, ein wunderbares Wort: „Abmarschieren!“. Gleich darauf brüllte Rohrbacher das gleiche Wort und es war, als würde der Blitz in den Appellplatz einschlagen. Zum ersten Mal wurde nicht in Reihen und blockweise vom Platz abmarschiert, sondern in einem ungeordneten, vermischten Haufen. Ich rannte, statt in meinen Block 5, zu Heniek, um meine Suppe zu holen. Die Suppe gab ich M. durch das Fenster und er gab mir eine saubere Schüssel, die ich Heniek durchs Fenster gab, und zum Schluss bekam ich von irgendeinem Kapo einen Tritt, weil nur noch ich von Heniek zu meinem Block über den Appellplatz rannte. Das Abendessen aßen wir im Bett, im Dunkeln – dann schliefen wir. **Ich hob mir weiterhin kein Brot bis zum Morgen auf. M. hatte morgens immer eine Portion geschnittenes Brot, zu dem er die Morgensuppe aß, die wir zum Frühstück bekamen.**

Wenn ich über Rohrbachers Manipulationen während dem Prügeln auf dem Platz schreibe, muss ich auch beschreiben, wie er sich in einem anderen Fall verhielt. Der Kommandant hatte van Loosen befohlen, fünfzig Russen zu ertränken. Sie mussten sich ausziehen, sich anstellen – zum Sterben – und wurden einzeln in den Raum in einem noch nicht fertiggestellten gemauerten Block gerufen. Wenn sie den nächsten hineinließen, packten sie ihn um die Hüfte und steckten ihn mit dem Kopf nach unten in den Bottich mit Wasser und van Loosen sprang mit hinein und drückte ihn mit den Füßen auf den Grund. Van Loosen und seine Gehilfen waren nur in Badehosen. Sie hatten schon ein gutes Dutzend ertränkt, als Rohrbacher angerannt kam, der erfahren hatte, dass van Loosen Häftlinge ertränkte. Er stürzte hinein, begann ihn zu beschimpfen und befahl, damit aufzuhören. Van Loosen wollte das Morden nicht beenden, er sagte, der Kommandant habe es ihm befohlen. Da griff sich Rohrbacher einen Knüppel, sprang aus dem Raum und begann erbarmungslos die zu schlagen, die nackt darauf warteten, ertränkt zu werden. Anfangs krümmten sie sich vor der Wand zusammen, aber als er begann, richtig zuzuschlagen, liefen sie weg. Karl rannte ihnen mit dem Knüppel hinterher und schlug zu. Und er jagte sie so und schlug, dass er sie im ganzen Lager zerstreute, und van Loosen arbeitslos war, denn er hatte niemanden mehr, den er ertränken konnte.

Am 13. Mai 1942 mussten wir auf dem Appellplatz antreten. Alle Häftlinge und eine SS-Kolonne. Es wurde uns gesagt, dass es sich nicht lohne zu fliehen, denn das sei noch niemandem gelungen, und wer bei einem Fluchtversuch geschnappt werde, werde erhängt. Als Beispiel werde gleich ein Häftling erhängt, der versucht hatte, aus Mauthausen zu fliehen. Es wurde gesagt, dass vier Deutsche geflohen seien. Zwei seien erschossen worden, einer war angeblich öffentlich in Mauthausen erhängt worden, und der andere sollte bei uns erhängt werden. Der Galgen wurde an einer großen Betonlaterne angebracht. Das war eine Art Dreieck aus Metall, das an dem Mast befestigt wurde. Unter dem Galgen wurde ein Tisch gestellt, ein kleinerer Tisch und ein Schemel. Weit oben – damit es alle sehen konnten. Es fehlte nur der Delinquent. Schließlich ging das Tor auf und es wurde ein Kandidat zum Hängen hereingeführt. Das war ein noch junger Mann, groß, gut gebaut und gutaussehend – vollkommen gesund. Er wurde von SS-Männern begleitet, seine Hände waren auf dem Rücken gefesselt. Ich hatte den Eindruck, dass es ihn gar nicht kümmerte, dass er gleich erhängt werden sollte. Er ging schnellen, federnden Schrittes. Dann hob er den Kopf – und blieb stehen. Er hatte den Galgen gesehen. Das war neu für ihn. Aber die SS-Männer befahlen ihm mit Schreien und Tritten, auf das Gerüst zu gehen. Wir sahen ihn in seiner ganzen Pracht. Er beeindruckte mit seinem Aussehen.

Van Loosen sollte ihn hängen. Wir erkannten ihn trotz einer Maske auf dem Gesicht. Der Delinquent stellte sich auf den Schemel und – eine Sensation. Offensichtlich hatte niemand erwartet, dass er sprechen würde. Denn plötzlich sagte der „Deutsche“ im schönsten Russisch:

„Proshchajte, rebjata – ja nie vinovat.“[21]

Verwirrung unter den SS-Männern, Gebrüll; van Loosen warf ihm schnell die Schlinge um den Hals und riss den Schemel um. Der Tisch wurde weggezogen und alle Blocks sollten an dem Hängenden vorbeigehen. Der Kommandant gab den Befehl: „Die Augen links!“ – und wir sahen den Erhängten von Nahem und der Kommandant schaute uns an, ob auch alle hinsahen. Als wir an dem Erhängten vorbeigegangen waren, wurde uns befohlen, in die Blocks zu

---

21 Russisch: *Прощайте, ребята – я не виноват.*, dt.: Adieu, Jungs – ich bin unschuldig. (Anm. d. Übers.)

gehen, die wir nicht verlassen durften. Ein paar Minuten später hörten wir das Rattern des Wagens aus dem Krematorium, der den Leichnam holen sollte. Eine halbe Stunde später erreichte uns die Nachricht, dass der Gehängte lebte – aber jemand hatte es den SS-Männern gemeldet, sie kamen zum Krematorium und erschossen ihn.

Ich habe erst später erfahren, dass er noch gelebt hatte. Van Loosen hatte ihm in der Eile die Schlinge so um den Hals gelegt, dass sie unter dem Kinn war, und hinter den Ohren und am Hinterkopf verlief und nicht am Genick. Leute, die im Lager vieles tun konnten, wollten ihn retten, und einen frisch verstorbenen Häftling verbrennen, der noch nicht abgemeldet war. Und der hätte dann mit dem Namen dessen im Revier leben können und später im Block. Und das wäre gelungen, wenn es nicht jemand verraten hätte.

Es fanden oft Hinrichtungen statt. Neben dem Krematorium gab es eine Wand, vor der Menschen erschossen wurden. Wir gingen immer dorthin, um die Kugeln rauszupulen. Daneben stand der Galgen – die „Teppichstange". Er wurde dann aufgestellt, wenn zwölf Menschen gleichzeitig erhängt werden sollten. An einem Sonntag wurden diese zu Block 13 bestellt, und wir wurden in die Blocks getrieben. Ich ging statt in meinen in Block 7, Stube B, von der aus ich durch das geschlossene Fenster sah, wie die ersten erhängt wurden. Die anderen waren zu nah an der Baracke. Erhängt wurden sie von einem SS-Mann, ohne Jacke, mit kahlem Kopf, die Ärmel des Hemdes hochgekrempelt. Als sie tot und ins Krematorium gebracht worden waren, durften wir die Blocks verlassen.

Es wurde auch an der Wand von Block 7 gehängt. Viele Male standen, wenn wir von der Arbeit zurückkehrten, vor dem Block und an den Stacheldrähten Menschen barfuß, ohne Hemden, nur in Hosen oder langen Unterhosen – wir wussten, dass diese Menschen zum Tode verurteilt waren. Dann durften wir nach dem Appell eine halbe Stunde oder eine Stunde lang den Block nicht verlassen. In dieser Zeit fanden die Hinrichtungen statt. Erschießung oder Erhängen. In den letzten Kriegsjahren wurde auch nachts mit Autos Zivilbevölkerung gebracht. Sie wurde nachts getötet und entweder wieder zurückgebracht oder in unserem Krematorium verbrannt.

Am 13. Mai 1942 wurde der Russe erhängt, und am 16. Mai kam unser Blockschreiber vormittags in unsere Bude und holte mich in die Kommandantur zum Verhör. Eigentlich war das nicht die Kommandantur, sondern ein Gebäude, das „Jourhaus" genannt wurde, in dem das Tor war, durch das man zur Arbeit ging. Als der Blockschreiber mich holte, rief mir ein Kamerad – Janek Michalak – hinterher, ich solle mir einen Bordstein in die Hose stecken; das waren die kleinsten Steine, die wir bearbeiteten.

„Wozu?", rief ich zurück. Schließlich hatte ich keinen Strafrapport.

Ich wurde ins Jourhaus gebracht. Wir waren fünf Personen, die verhört werden sollten. Ich war als dritter dran. Am Schreibtisch saß Kommandant Chmielewski. Das war sein letzter oder auch vorletzter Diensttag in Gusen. Er ging weg und in den kommenden Jahren gab es angenehme Gerüchte, er würde als Häftling im Konzentrationslager Buchenwald sitzen. Ich machte vorschriftsmäßig auf Deutsch Meldung und wartete. Er schaute mich nicht einmal an. Ich sah, dass meine Akten vor ihm lagen, eine Fotografie, die in Dachau gemacht wurde, Sätze, die mit einem Rotstift unterstrichen waren.

„Zehn auf den Arsch", sagte er und las weiter. Also zehn habe ich schon, dachte ich mir.

„Fünfzehn", fügte der Kommandant hinzu.

Fabelhaft, dachte ich mir.

„Fünfundzwanzig", legte Chmielewski drauf.

Macht nichts, dachte ich mir. Schauen wir, wie viele es noch werden, bevor er aufhört zu lesen. Aber mehr gab er mir nicht. Er sah mich nur an und fragte, ob ich wisse, wofür ich sitze.

„Jawohl, Herr Kommandant!", brüllte ich.

Dieses Mal tat ich nicht so, als könne ich kein Deutsch, weil das Gespräch lakonisch und einseitig war. Ich sagte „jawohl", weil einer, der geantwortet hatte, er wisse es nicht, in die Strafkompanie versetzt wurde, damit er sich erinnert.

Er befahl mir, rauszugehen und vor der Tür zu warten. Die beiden anderen gingen rein. Und kamen wieder raus – und alle vier wurden an die Arbeit geschickt. Nur ich blieb zurück mit dem Gedanken an die fünfundzwanzig Hiebe, die ich erhalten sollte. Gleich darauf kamen einige SS-Männer heraus und unter ihnen war Kluge mit einem Ochsenziemer in der Hand. Der schlug so, dass einem beim Zuschauen ein Schauer über den Rücken lief. Nach fünf Schlägen hatte man meistens ein großes Problem in den Hosen, und kaum jemand war nach fünfzehn Hieben nicht bewusstlos. Er klopfte mir ein paar Mal auf den Kopf und befahl mir, mich nach vorn zu beugen. Er schlug so, dass er mit dem Rücken zum Delinquenten stand, sich noch weiter nach hinten drehte und mit ganzer Kraft aus dem Arm und dem Schwung seines ganzen Körpers zuschlug. Ich stand an einem Geländer.

Das war ein Geländer aus drei Metallrohren. Ich bückte mich und stützte die Hände auf dem mittleren Rohr ab. Kluge holte aus und ließ es knallen. Ja, ich hatte schon viel eingesteckt, aber so einen Hieb bekam ich zum ersten Mal. Ich wurde nach vorn geworfen, und aus meinen roten jugoslawischen Hosen staubte es – das war Steinstaub, mit dem die Hose durchtränkt war. Mit dem

Kopf knallte ich gegen das Rohr und spürte, dass ich eine Beule bekam. Mir blieb die Luft weg, aber gleich holte ich Atem und sagte:

„Eins."

Ich musste die Schläge, die ich erhielt, selbst zählen. Es kam vor, dass jemand nicht zählte. Wenn er nach gut zehn Schlägen gefragt wurde, wie viele er bekommen hatte und er es nicht wusste oder sich verzählt hatte, wurde gesagt, er könne nicht zählen, und von vorn begonnen. Ich wusste das, deshalb zählte ich.

Nach dem ersten Schlag steckte ich meinen Kopf unter das erste Rohr des Geländers und dachte mir: Schlag nur, jetzt werde ich nicht mehr mit dem Kopf aufknallen, weil ich mich mit den Schultern an dem Rohr abstützte. Nach drei Schlägen spürte ich, wie mein Gesäß anschwoll, obwohl ich dünn war, passte mein Hintern nicht mehr in die Hose. Ein Schlag – mein Atem steht still und ... drei, vier ... zwölf, dreizehn. Ich höre, wie die SS-Männer, von denen ein paar dabeistanden und der Urteilsvollstreckung zuschauten, etwas sagten. Ich verstand es. Sie wunderten sich, dass ich nicht schrie. Fünfzehn. Er schlug nicht weiter. Ich erhob mich.

„Bück dich, bück dich!", schrie Kluge, und ermunterte mich wieder, indem er mir mit dem Ochsenziemer auf den Kopf haute.

Ich bückte mich. Ich schaute zur Seite und sah, dass Brus den Ochsenziemer nahm – ein SS-Mann und Boxer mit einer gewaltigen Gestalt. Er nahm den Ochsenziemer am dünneren Ende. Kluge war nach fünfzehn Schlägen erschöpft. Ich stellte mich wieder auf Schläge aufs Gesäß ein – aber dieser Scheißkerl knallte mir mit dem dicken Ende des Ochsenziemers aufs Kreuz. Ich verlor das Gefühl in Armen und Beinen, fiel aufs Gesicht und konnte mich nicht bewegen. Ich weiß nicht einmal, ob er mich trat, damit ich aufstehe, aber bestimmt tat er es. Stück für Stück zog ich mich hoch und sagte:

„Sechzehn."

Er schlug mir weiter aufs Kreuz, aber die nächsten Schläge hatten – ich weiß nicht, warum – nicht mehr diesen fulminanten Effekt wie der erste. Ich zählte bis zum Schluss. Als ich „fünfundzwanzig" sagte, stand ich stramm.

Zum Abschied bekam ich aufs Maul, so dass es mich umdrehte, dann einen Tritt und Auf Wiedersehen – raus! Halb flog ich die Treppe hinunter, weil meine Beine mich nicht tragen wollten, aber ich hielt mich am Geländer fest. Meine Bude im Steinbruch betrat ich mit einem Lächeln auf dem Gesicht.

„Was wollten sie von dir?", fragten die Jungs.

„Nichts, Kluge hat mir fünfzehn gegeben, Brus hat zehn nachgelegt und da bin ich wieder."

„Hör mal, wenn Kluge dir nur fünf gegeben hätte, würdest du hier nicht mit so einem Gesicht antanzen."

„Glaubt ihr mir nicht – dann schaut mal!“, sagte ich und ließ meine Hose herunter, damit sie sehen können, was da jetzt war. Ich selbst war auch neugierig. Statt meines Hinterns war da eine übel zugerichtete rote Masse. Alle kamen zusammen, um meinen Arsch anzusehen. Auch Meister „Mruczek“, der Schweigsame, kam. Er guckte und sagte, dass ich heute nicht arbeiten solle. Schon brachte ein Kamerad einen Eimer mit kaltem Wasser. Ich zog die Hose aus und stand den ganzen Tag, bis zum Feierabend am Fenster und machte einmal Kniebeugen, dann wieder saß ich in dem Eimer. Damit es zu keiner Entzündung kommt, denn dann hätten sie mir den Hintern rausschneiden können, so wie vielen anderen nach solchen Schlägen. Es ist gelungen – die Wunde faulte nicht und heilte sogar recht leicht ab, aber noch zwei Monate später war mein Hintern mir irgendwie fremd, gelb, als wäre er aus anderem Material – ich empfand ihn so, als wäre er an Scharnieren angebracht.

Ich muss nicht alle Vergnüglichkeiten beschreiben, die mit dem Zustand meines Hinterns zusammenhingen – wie schlafen, sitzen, gehen und auch die Arbeit. Die Arbeit im Lager war nie ein Vergnügen für mich gewesen, schon gar nicht in diesem Zustand.

Im Herbst 1942 zeichnete sich der Beginn meiner musikalischen Karriere ab. Ein Deutscher in unserer Stube hatte irgendwie eine Mandoline organisiert. Er klimperte darauf, aber es wollte ihm nicht von der Hand gehen. Ich sagte den Jungs, dass ich auf dem „Holz“ spielen kann. Sie gaben sie mir, damit ich spielte. Es ging gleich ganz gut. Das haben die anderen gesagt. Ich spürte, dass meine Finger gefühllos waren. Ich hatte lange keine Mandoline in den Händen gehalten, und meine Hände waren abgearbeitet. Schwielen an den Fingern, an den Händen und in jeder Beuge jedes Fingers. Nach dreimal Üben spielte ich so, als hätte ich nie eine Pause beim Spielen gehabt. Meine Stimme war gut und ich bot die typischen Warschauer Schlager gut dar. Meine Spezialität waren die sogenannten „gehaltenen“ Lieder oder anders „die mit dem großen Finger“ gespielten – schelmische und humoristische Lieder. Pornografische waren auch gut und sehr beliebt. Aber ich spielte nur in meinem Block, was mir die Sympathie von den Kameraden einbrachte und die Gunst der „Blockherrschaften“. Ich hörte auf, eine allen unbekannte Nummer zu sein.

An einem Tag brachte mich abends ein Kamerad zum Blockältesten von Block 21, der auch eine Mandoline hatte. Ich war da und ein Geiger – ein deutscher Zigeuner. Er spielte allein und seine Melodie, und ich spielte auch allein und polnische Melodien, die ich außerdem auch auf Polnisch sang. Nachdem wir eine Stunde gespielt hatten, kam es zu einem geheimnisvollen Murmeln, dem Blockältesten wurde etwas zugeflüstert. Der gab ein Zeichen, das nicht gespielt werden soll. Er ging raus – und kam zurück. Er gab uns einen Laib Brot und schickte uns schnell raus durch die *kapówka* in eine andere Stube. Dort teilten wir das Brot und ich erfuhr, dass die SS-Männer die *kapówka* in Block 20 durchsucht hatten und auf dem Weg zu Block 21 waren. So hatte ich in Gusen mit Musizieren mein erstes halbes Brot verdient.

Jetzt lieh ich mir oft die Mandoline aus und ging sonntags – wenn Ruhe war – zu Bekannten in anderen Blocks und unterhielt sie mit meinem Spiel, Gesang und Humor. Jedes Mal bekam ich Brot und Zigaretten.

Dieses Musizieren allein dauerte bis zum Frühjahr 1943 – da begann ich, eine Gruppe aufzubauen, die im Jahr 1944 bereits eine Jazzband der hohen Klasse war. Sie bestand aus sechs Personen und sieben Instrumenten: Schlagzeug, Akkordeon, Saxofon und Klarinette (beide wurden von einem Musiker gespielt), Geige, Gitarre und Banjo – das war ich. Ich bin Laie, die anderen waren Berufsmusiker.

Die Kapelle begann sich im Frühjahr 1943 zu formieren. Damals spielte ich im Dachgeschoss des noch nicht fertiggestellten Blocks 6 für ein paar Prominente, unter ihnen war auch Heniek B. Mein Bekannter aus Warschau, Czesiek Palacz, stand mit einem anderen Jungen bei uns. In der Pause machte er uns bekannt und sagte, er sei ein guter Gitarrist und sein Freund aus Zeiten der Freiheit. Ich bat Staś Tasarek, seine Gitarre zu bringen, auf der er nicht spielen konnte. Er arbeitete im Revier und hatte sie als Luxusartikel gekauft, weil er es sich leisten konnte. Er sagte, er werde spielen lernen. Czesiek Palacz spielte auch Mandoline, aber schlecht. Staś Tasarek brachte die Gitarre. Wir spielten – hervorragend. Der Gitarrist hieß Adam Kwiatkowski und war aus Warschau; er war ins Lager gekommen, weil er nationale Lieder in einer Straßenband gespielt hatte. Er war wohl der beste Gitarrist im Lager. Wir spielten und sangen. Und Adam sang die zweite Stimme. Unser Spiel hörte ein Deutscher, der uns mit in Block 9 nahm. Der Blockälteste dort hatte eine Mandoline – die gleiche, auf der ich das erste Mal in der *kapówka* in Block 21 gespielt hatte, bestimmt hatte er sie abgekauft. Dort spielten wir länger als eine Stunde. Wir bekamen jeder einen Laib Brot, einen Würfel Margarine und zwanzig Zigaretten. So entstand der Kern der Kapelle. Wir hatten keine eigenen Instrumente. Als der Besitzer der Mandoline erfuhr, dass ich damit verdiene, gab er sie mir nicht mehr, bis ich ihm eine Portion Brot gab. Ich schrieb einen Brief an Pater Szubert, einen Brief, den ich von einem anderen Häftling kaufte und auf seinen Namen abschickte, so dass angeblich er der Absender war. Aber den Inhalt unterschrieb ich mit meinem Namen. Ich schrieb: „Schick mir eine Mandoline – du weißt gut, was mir das Musizieren bedeutet." Er verstand – und einige Wochen später schickte er mir eine Mandoline. Jetzt war es schon leichter, aber Tasarek wollte uns nicht jeden Sonntag seine Gitarre leihen. Wir borgten uns auch eine von Tadzio Kiełbasa, der sie wiederum von einem Deutschen auslieh, zu dem wir keinen Zugang hatten. Wir beschlossen, eine Gitarre zu kaufen. Wir legten Zigaretten beiseite und kauften dafür eine Gitarre, die im Lager gebaut wurde. Für Lagerverhältnisse war sie ziemlich gut. Saiten für das Instrument kauften uns bekannte Prominente, die Kontakt zu zivilen Meistern und sogar zu SS-Männern hatten. **Wir bezahlten für die Saiten mit Zigaretten, und der, der uns die Saiten von draußen mitbrachte, beging kein Verbrechen, weil man Instrumente offiziell haben durfte. Mehr noch, man durfte nie von den Paketen und anderen Dingen schreiben, aber man durfte offiziell darum bitten, Instrumente geschickt zu bekommen, ohne Angst zu haben, dass man dafür auf den Hintern bekommt, so wie man das für andere Bitten bekam.**

Ich spielte auch noch mit Czesiek Palacz, der zwar schlecht spielen, aber gut singen konnte. Er sang und schlug den Takt mit Klanghölzern, die extra dafür angefertigt worden waren. Ich verkaufte die Mandoline für einhundertfünfzig Zigaretten und kaufte für vierhundert Zigaretten ein großes Banjo – und das in Zeiten des Zigarettenmangels, als ein Brot vier Zigaretten kostete. Kurz darauf kaufte Czesiek Palacz ein kleines Banjo, ein sogenanntes *piccolo*, das aber kaputt ging, außerdem sagten wir ihm, dass er lieber nicht mitspielen soll, weil er die Musik kaputt macht. Er sollte mitkommen, aber nur als Sänger – und bekam seinen Anteil der Einnahmen.

Zu dieser Zeit spielte schon Zygmunt Piwowarczyk auf der Geige, dessen Onkel sich in Warschau um eine Geige bemüht hatte. Das nächste „Instrument", das wir dem „künstlerischen" Lagerorchester entrissen, war Zygmunt Łabuś aus Łódź. Am Schlagzeug saß Maciek Dobrzyński aus Warschau. Es gab nur ein Schlagzeug im Lager und die anderen liehen es uns ungern. Deshalb wurde mithilfe unseres „Großvaters", der sich um das Orchester kümmerte, Kazio Bodych, der Portier in der Küche war, ein ganzes Set im Lager hergestellt. Die große Trommel und die Wirbeltrommel hatten nur eine Lederschicht – sie war teuer und musste draußen von einem Meister in Zivil gekauft werden; alles andere wurde in den Lagerwerkstätten Messerschmitt und Steyr hergestellt, das heißt Becken, Pedal, Holzblocktrommel, Triangel, Kastagnetten, Tamburin, Bürsten und Schläger. In der Wirbeltrommel war der Boden aus Leinen und in der großen Trommel aus Kunstleder, auf das die Warschauer Sirene gezeichnet war. Auf der Scheibe stand „Gusen" und oben „Jazz", und unten in einem Halbkreis: „Ganz Warschau" – auf Polnisch. Die Spannreifen der großen Trommel waren mit weiß-roten Dreiecken bemalt. Das alles zusammen war ein bisschen riskant, aber hatte einen patriotischen und propagandistischen Beigeschmack. Mit der Trommel hatten wir nur einmal Probleme, im März 1945. Als wir in einem Block spielten, kamen zwei SS-Männer herein. Sie standen eine Weile, hörten zu, und einer trat an die Trommel heran und klopfte mit dem Fuß gegen das Leder. Ob er es kaputt macht oder nicht, dachte ich mir, aber wir spielen weiter, als wäre nichts passiert. Sie gingen. Etwa eine Viertelstunde später kam der Lagerälteste Heil und sagte, dass die SS-Männer sich über die polnische Aufschrift „Cała Warszawa“[22] beschwert hätten. Er befahl uns, eine andere Aufschrift auf Deutsch draufzuschreiben.

„Nein“, antwortete ich, „eine deutsche Aufschrift wird es nicht geben.“

„Aber das ist ein deutsches Lager.“

„Aber ein polnisches Orchester.“

„Die polnische Aufschrift kommt weg!“, brüllte Heil.

„Eine deutsche Aufschrift wird es nicht geben!“ Und ich überstrich die Aufschrift mit Acetonlack, und im Lager wusste man ja trotzdem, was dort unter dem Streifen Acetonlack stand. Als wir kurz darauf befreit wurden, wusch ich den Acetonlack ab und „Cała Warszawa“ konnte wieder spielen.

Orchesterleiter war ich. Als der, der die Gruppe organisiert hatte und sie ernährte und einkleidete mithilfe seiner persönlichen Bekanntschaften. Wir waren alle gut ernährt und gut gekleidet. Wir verdienten gut, wir waren alle im Lager sehr beliebt und erfreuten uns eines großen Erfolges. Von der ganzen Gruppe hatte ich am meisten Bekanntschaften, Schläue, Dreistigkeit und Mut. Ich war für das Ganze verantwortlich, ich bemühte mich darum, dass die Jungs von der Arbeit freigestellt wurden, oft für mehrere Wochen. Ich besprach die Bedingungen, zu denen wir spielten und ich teilte die Einnahmen in Form von Zigaretten, Brot und Margarine auf. Das Orchester erkannte mich freiwillig als Leiter an, denn es glaubte, dass ich meine Sache gut machte.

Wenn wir mehrere Bestellungen hatten, entschied ich, wo wir spielten, nachdem ich es mit den Jungs besprochen hatte. Manchmal mussten wir für geringere Einnahmen spielen, aber trotzdem hat es sich mehr gelohnt. Als letzter stieß der Saxophonist und gleichzeitig Klarinettist zu uns. Er kam im Winter 1944. Maciek Dobrzyński hatte ihn gefunden. Er war in den Block der Häftlinge gegangen, die am Tag zuvor nach Gusen gekommen waren, und er hatte gefragt, wer Musiker sei. Mikołaj Kokin aus Warschau meldete sich. Er war nach dem Warschauer Aufstand ins Lager deportiert worden. Ein Muselmann. Wir hatten bei uns im Block ein Saxofon, denn einige Wochen lang hatte einer mit uns auf dem Saxofon gespielt, aber so stümperhaft, dass wir ihm an diesem Tag gesagt hatten, dass er nicht mehr mit uns spielen kann. Er war bekümmert, weil er Futter verlor, aber wir versprachen ihm täglich eine Schüssel

22 Dt. „Ganz Warschau“. (Anm. d. Übers.)

Suppe – und die bekam er. Mikołaj Kokin erwies sich als Bekannter von Adam Kwiatkowski aus Zeiten der Freiheit. Noch am selben Tag spielte er mit uns in Block 1. Danach gab ich ihm komplett neue Kleidung und Unterwäsche, und nach einigen Tagen erreichte ich, dass er in meinen Block umziehen konnte, denn dort bei den Neuen war es schlechter.

Als er sich am ersten Tag vollfraß, bekam er Durchfall, konnte sich aber auch beim Essen nicht zurückhalten. Ich bemühte mich um Medizin und der Durchfall ging vorbei. Ich bemühte mich auch um eine Klarinette. Besitzer des Akkordeons, des Saxofons und der Klarinette war der Blockälteste Zisler, der auch die sogenannte Kantine für die Häftlinge leitete, das heißt er gab die Zigaretten aus. Er amtierte in Block 16, das war der Block der Jugendlichen, die nach dem Warschauer Aufstand deportiert wurden.

Wir gingen oft zu ihm spielen und er bezahlte uns am besten. In den letzten Wochen der Gefangenschaft sagte er, wir sollen die Instrumente behalten als unser Eigentum, aber ihm ab und an etwas umsonst vorspielen, weil er nichts mehr hat, womit er bezahlen könne. Im Februar 1945 wurde er degradiert, weil er zusammen mit dem Lagerältesten Rohrbacher gesoffen hatte, und zum Tunnelbau in die Strafkompanie geschickt. Wir haben bei ihm viel verdient, er hat uns die Instrumente gegeben, so dass wir im letzten Zeitraum immer für ihn spielten, wenn er uns darum bat. Als Mikołaj ein paar Mal mit uns gespielt hatte, beschloss das sogenannte Lagerorchester – „die Könner", wie ich sie nannte – ihn um jeden Preis bei sich aufzunehmen. Mikołaj zögerte ein bisschen, aber beschloss, bei uns zu bleiben, weil wir ihm als erste geholfen hatten. Außerdem waren wir auf Erträge ausgerichtet – die anderen hatten gute Arbeitsplätze und spielten „aus Liebe" zur Musik. Ich klärte die Sache.

Ich ging zu Zisler und erzählte ihm von der ganzen Geschichte.

„Wollt ihr ihn denn bei euch haben?", fragte er. „Dann ist alles in Ordnung. Ich gebe ihnen das Saxofon und die Klarinette nicht – und wenn er will, soll er zu ihnen gehen."

So endete die Sache mit dem Saxofonisten.

Im Herbst 1944 spielten wir für Zisler zu seinem zehnjährigen Aufenthalt im Lager. In den Instrumenten hatte er in der Kantine gestohlene Zigaretten versteckt, um sich für die Zukunft abzusichern, falls er aus der Kantine fliegt. Am Ende des Krieges konnte er sich die Geste leisten, und sie uns schenken.

Der Akkordeonspieler Guziński vom Lagerorchester komponierte den *Gusener Lagermarsch*, wir spielten ihn und fügten am Ende das Motiv hinzu *Hej, kto Polak, na bagnety*[23]. Einige Wochen vor Kriegsende wurden wir gewarnt,

23 Dt.: Hej, wer Pole ist, greife zum Bajonett; aus der *Warschawjanka*. (Anm. d. Übers.)

das nicht zu spielen, weil die Deutschen uns dabei erwischen wollten, und sie schon wüssten, was das für eine Einlage ist. Denn wenn wir diesen Teil spielten, sangen wir ihn gleichzeitig.

Eine kurze Zeit lang gab es auch eine mehrköpfige Kapelle deutscher Zigeuner. Die spielten nur deutsche Melodien, und weil im Lager wenig Deutsche waren – und ihr Spiel schlechter war – hatten sie nicht den Erfolg, den wir hatten. Leiter der Zigeunergruppe war der gleiche Zigeuner, mit dem ich das erste Mal beim Blockältesten von Block 21 gespielt hatte.

Wir hatten großen Erfolg und wurden von der Allgemeinheit gemocht. Im Grunde spielten wir nur polnische Melodien, oft patriotische und nationale Melodien, Melodien, für die man teuer hätte bezahlen können.

Zu unserem normalen Repertoire gehörten die *Marseillaise,* die *Warschawjanka, Die Schildwache* und *Gdy naród do boju*[24]. Letzteres mochte ich persönlich am meisten und ich sang es überall da, wo ich die Gelegenheit dazu hatte. Ich erinnere mich, dass, als ich es am Tag des Angriffes der Deutschen auf Russland morgens im Waschraum sang, sich andere mir anschlossen und wir es zu etwa einem Dutzend sangen.

Im Herbst 1944 wurde auf dem Dachboden des gemauerten Blocks ein künstlerischer Abend nur für geladene Gäste veranstaltet. Und weil er von Janusz Tarasiewicz und Heniek B. organisiert wurde, drängte sich mir eine Vermutung auf, wie der Charakter dieser Veranstaltung sein würde. Ich trat damals mit meiner Musikgruppe auf. Wir spielten die Untermalung zu Rezitationen und spielten und sangen nationale und folkloristische Melodien. An diesem Abend eröffnete Czesław Łaski mit dem Wort „Genossen“ und schloss mit: „Schon bald wird die Sonne uns allen in gleicher Weise scheinen“. Was es da an Kommentaren und Gerede gab, was er damit habe sagen wollen. „Ein Kommunist – verdammt!“ Das wurde zu allen gesagt, die aufgetreten waren.

Janusz Tarasiewicz hätten sie für die Rezitation patriotischer Gedichte mit linker Einfärbung beinahe umgebracht. Er arbeitete im Magazin bei Steyr. Sie beschuldigten ihn der Sabotage. Die SS-Männer verprügelten ihn und befahlen ihm, Fäkalien aus dem Abort hinauszutragen. An diesem Tag war es kalt und es regnete, und er hatte nur seine Jacke an und keine Kopfbedeckung. Ich gab Janusz meine Jacke und meine Mütze. Als sie vollständig durchnässt waren, zogen wir ihm Adams Jacke und Mütze an, und als die durchnässt waren, zog ich Mundek Tomaszewski aus und gab dessen Sachen wieder Janusz. Wir schauten aus der Halle hinaus und wenn er an uns vorbeiging, sagten wir:

24 Dt.: Das Volk zog zum Kampf. (Anm. d. Übers.)

„Halt durch, Janusz, noch ein bisschen, gleich ist Feierabend." Er hielt durch. Am nächsten Tag ließen sie ihn in Ruhe und ein paar Tage später ging er wieder an seine Arbeit.

Zwei Wochen vor Kriegsende erlaubten wir es uns, in Block 7 die *Internationale* zu spielen – darum hatte uns der Stubenälteste gebeten, der, wie sich herausstellte, betrunken war. Wir schickten Kameraden zum Schmiere stehen, ob kein SS-Mann kommt, und selbst spielten wir in voller Lautstärke. Der Stubenälteste stand dabei vor uns, hob die Faust in die Höhe und sang die *Internationale* auf Deutsch. Erst viel später bin ich zu dem Schluss gekommen, dass das eine unnötige Waghalsigkeit war angesichts des unglaublichen Terrors, der zur gleichen Zeit im Lager herrschte, wo Menschen für Kleinigkeiten umgebracht wurden.

Sonntags wurden wir schon morgens angesprochen, wo wir an dem Tag spielen würden. Der Block, in dem wir abends spielten, war dicht mit Leuten aus dem ganzen Lager gefüllt. Hier hatten sie ein bisschen Unterhaltung – Musik, Gesang und Humor. Beim Spielen sangen wir gemeinsam, es gab auch Solo-Gesang. Ab 1944 sang Rysiek Rerich aus Sochaczew mit uns – er gehörte fest zu unserer Kapelle. Viele Male sang Tadeusz Faliszewski mit uns, ein Sänger aus Warschau. Manchmal schloss sich uns ein junger Italiener an, der schön sang, aber wir kannten sein Repertoire nicht und er unseres nicht. Wenn er bei uns ein paar Lieder sang, wurde er immer von uns entlohnt. Es sang auch ein anderer ganz junger Italiener mit uns – das „Söhnchen" vom Oberkapo der Messerschmitt-Werke. „Söhnchen" war in der Lagersprache das Fräulein eines Päderasten. Eine gewisse Zeit lang trat Janek Kolmasiak aus Warschau mit uns auf, der von allen „Piekutoszczak"[25] genannt wurde. Der hatte Humor. Das war ein geborener Humorist und Komiker. Er trat mit uns von Sommer 1943 bis zum Frühjahr 1944 auf. Dann erkrankte er an Tuberkulose. Wir hörten nicht auf, uns um ihn zu kümmern – wir zahlten für ihn im Revier und dort wurde er behandelt und seine Krankheit verheimlicht. Wenn im Revier Ausrottung angesagt war, wurde er für diese Tage in die Baracke geschickt. Wenn die anderen ermordet worden waren, konnte er wieder ins Revier zurück. Drei Wochen vor Kriegsende holten wir ihn ganz aus dem Revier, aus Angst, die SS-Männer könnten das ganze Revier ausrotten wollen. Über Janek Kolmasiak werde ich noch gesondert schreiben. Er starb im Sanatorium in Otwock im Herbst 1948, und noch im Sommer sagte er mir mit Humor: „Der heilige Petrus hat meinen Urlaub bis zum Herbst verlängert."

---

25 Piekutoszczak ist eine fiktive Warschauer Figur des Schriftstellers Stefan Wiechecki (1896–1979), kommt vor in dem Warschauer Trinklied „Piekutoszczak, Feluś i ja" [Piekutoszczak, Feluś und ich], das Stanisław Grzesiuk auch interpretiert hat; es existieren Aufnahmen. (Anm. d. Übers.)

Mit uns trat auch Bohdan Zalewski auf, der nach dem Krieg Sprecher im Radio war. Der sorgte mit humoristischen Liedern und Rezitationen auch für Humor, darunter waren viele seiner eigenen Lagerwerke, unter anderem *Die Leiche in Holzpantoffeln*, über das ich schon geschrieben habe. Kurz darauf wurde er aber nach Gusen II versetzt. Dorthin brachte ich ihm noch ein paar Mal Essen an den Stacheldraht und dann nahmen wir erst in Warschau wieder Kontakt auf.

Wenn wir vom Spielen zurückkamen – oft bereits nachdem das Licht gelöscht worden war –, sangen wir immer beim Gehen ein und dieselbe Melodie. Wir sangen halblaut, mehrstimmig, alle zusammen – und es spielten nur Adam auf der Gitarre und ich auf dem Banjo. Das Lied war eine Art Erkennungszeichen unseres Orchesters, vielleicht ein Symbol.

Es ging so:

Keine Zeit für Traurigkeit,
wenn Freiheit uns entgegeneilt –
aus vollem Halse lachen bloß
und sich nicht sorgen um sein Los.

Und immer und immer wieder das Gleiche von vorn – bis zum Eingang des Blocks. Dabei schauten Leute aus den Fenstern und winkten uns lächelnd. Im Block wiederum begrüßte uns der Blockälteste – Stieglitz, aus Wien –, er sprach ganz gut Tschechisch, so dass wir uns problemlos miteinander verständigen konnten. Er ließ die Fensterläden schließen, schaltete das Licht ein und wir mussten wenigstens eine halbe Stunde für ihn spielen. Wir holten dann zwei Griechen aus den Betten, die singen sollten.

So wie wir ein festes Lied auf dem Rückweg vom Spielen hatten, so gab es hier auch Lieder, die zum eisernen Repertoire gehörten. Diese Lieder waren der griechische Tango *Melancholie* und ein Walzer aus dem Film *Goldlöckchen*. Die Griechen bekamen dafür immer ein wenig Brot, ein paar Zigaretten und sie waren sehr zufrieden. Das war dann Unterhaltung für uns. Ihr Gesang bestand darin, dass einer die Bassstimme sang und der andere fast einen Sopran.

Es kam auch vor, dass dort, wo wir spielten, sich ein Haufen Päderasten mit ihren „Söhnchen" einfanden und dann gab es einen Ball in der Bude – es wurde getanzt. Sie tanzten zärtlich, aneinandergeschmiegt, schauten sich tief in die Augen. Wenn wir keinen abgesprochenen bezahlten Auftritt hatten, gingen wir kostenlos in die Muselmann-Blocks spielen – dort, wo niemand etwas hatte, womit er hätte bezahlen können. Bezahltes Spielen waren die verabredeten Auftritte bei Namenstagen, Geburtstagen oder anderen Feiertagen. Oder wenn der Blockälteste das Vergnügen haben wollte, dass „Warszawa“ in seinem Block spielt. Wir sprachen den Preis ab – so und so viele Zigaretten, so viel Brot, Margarine – und dann gingen wir hin und spielten. Hinzu kamen die Einnahmen von den Gästen für von ihnen bestellte Lieder. Wenn ein Prominenter uns bat, eine Melodie zu spielen, fragte ich: „Wieviel?“ Wenn er nichts gab, spielte ich nicht, es sei denn, es war einer unserer Kameraden, dann war das etwas anderes – denn für den spielte man, auch wenn er Muselmann war. In anderen Fällen, wenn jemand zehn oder zwanzig Zigaretten gab – bitte schön, schon wird gespielt. Wir hatten auch feste Sympathisanten und feste Melodien. Für Józek Kowalczyk aus der Küche spielten wir *I znów zostałem sam*[26]. Wenn der Kapo vom Revier kam, um uns zuzuhören, brachen wir mittendrin jede Melodie ab und spielten für ihn *Heinzelmännchens Wachtparade*. Wir wussten, dass er, bevor er ging, sagte, dass einer von uns am nächsten Tag zu ihm ins Revier kommen soll und dort bekam er ein paar Laibe von dem Weißbrot der SS-Männer und ein paar Würfel Margarine. Wenn der Kapo für die Nachtschicht der Steyr-Werke kam – er wurde „General“ genannt –, spielten wir *Rosa-Marie*. Oft bat er uns vier Mal um dieselbe Melodie und für jedes Mal gab er fünfzig Zigaretten.

Wenn wir keine anderen bezahlten Auftritte hatten, gingen wir oft „uneigennützig“ zu einflussreichen Personen, die im Lager viel erreichen und uns unter vielen Umständen helfen konnten. Die ganze Organisation und das System – also was gespielt wurde, wo gespielt wurde und für wen gespielt wurde – war meine Aufgabe und die Jungs glaubten an mich, weil sie gute Ergebnisse sahen. Ich vergaß nie, für wen wir „uneigennützig“ gespielt hatten, manchmal lehnten wir sogar jegliche Bezahlung ab und ich nahm im geeigneten Moment eine andere Bezahlung an, je nach den Möglichkeiten der Person. Manchmal war das, etwas zu organisieren, einen Menschen zu retten, jemanden von einem Block in einen anderen zu versetzen, jemandem einen guten Arbeitsplatz zu besorgen oder eine Arbeitsbefreiung für mich selbst oder meine Jungs sonntags – denn ab 1944 war der Sonntag Arbeitstag – oder sogar Freistellungen für ganze Wochen.

„Uneigennütziges“ Spielen hat sich nicht nur einmal mehr gelohnt als bezahltes Spielen. Einer von denen, zu denen wir spielen gingen, war Marian Bochat, der Leiter des Büros in den Steyr-Werken. Er hat viel für uns getan. Er hat uns von der Arbeit freigestellt, manchmal jeden, für den ich darum bat, für mehrere Wochen, und er nahm jeden zur Arbeit an, für den ich ihn darum bat, und teilte ihn einem guten Arbeitsplatz zu: zum Beispiel Kontrolleur in der

26 Dt. Und wieder bin ich allein. (Anm. d. Übers.)

Halle oder – wie Stasiek Kornacki – zur Endkontrolle, wo er im Sitzen Details von Gewehrteilen kontrollierte. Ich arbeitete nur, wenn sie im Lager wirklich einheizten. In den Steyr-Werken arbeitete ich von August 1944 bis zum Kriegsende, das war der 5. Mai 1945. In dieser Zeit war ich mehr im Lager als bei der Arbeit; wenn ich bei der Arbeit war, habe ich auch nichts gemacht – aber diese Sache beschreibe ich gesondert.

An einem Sonntag hatten wir keinen guten, bezahlten Auftritt und gingen zu Bochat spielen. Er war an diesem Tag so arm, dass er nicht einmal Zigaretten hatte, um uns welche anzubieten; und wir hatten ausreichend, so dass wir ihm und seinen Kameraden welche anboten. In der Stube waren – so wie immer – viele Menschen, die uns zuhörten. Nachdem wir eine Stunde gespielt hatten, wandte sich ein Kapo – ein alter Verbrecher –, der unter den Zuschauern gestanden hatte, an uns, dass wir zu Block 13 gehen sollen, um für den Blockältesten zu spielen, der an diesem Tag Geburtstag habe. Als ihm niemand antwortete, wandte er sich ein zweites Mal nun nur an Adam Kwiatkowski, und der, um sich bei dem Kapo nicht mit einer Ablehnung unbeliebt zu machen, und mit der Erlaubnis von Bochat, verwies ihn an mich. Mich machte schon seine Aufdringlichkeit wütend, weil er Adam gesagt hatte, dass der Blockälteste Zigaretten und Kuchen habe, und uns davon anbieten werde, deshalb rief ich auf Polnisch:

„Wir gehen nirgendwo hin, ich bin keine Hure, dass ich zu jedem gehe, der mich bezahlt. Heute sind wir hier und hier bleiben wir bis zum Schluss!"

„Was ist »kurwa«[27]? Was ist »kurwa«?", fragte der Kapo.

Und da antwortete ich wütend:

„Du bist *kurwa,* damit du es weißt!"

„Na warte, dir werde ich es noch zeigen!", drohte der Kapo auf Deutsch, als er die Stube verließ.

„Du kannst mir mal die Arschkante küssen!", antwortete ich ihm auf Polnisch.

Alle lachten laut und wir spielten weiter. Bochat sagte uns, dass er nicht bezahlen könne.

„Spielt einen Marsch, Jungs, und geht etwas verdienen."

„Nirgendwo gehen wir hin. Wir haben hier angefangen und hier hören wir auf. Weiter brauchen wir darüber nicht zu reden."

Bochat tat viel für uns, aber ich honorierte das auch. Ich lieferte ihm oft bessere Lebensmittel aus der Küche – Zucker, Zwiebeln, Nudeln oder Kaffee, aus denen er sich an seinem Arbeitsplatz bessere Gerichte kochte. Für jede durch-

---

27 Dt. Hure. (Anm. d. Übers.)

geführte schwierige Angelegenheit gab ich ihm zivile Kleidung, die er an die Meister draußen für Wodka oder andere Dinge, die er brauchte, verkaufen konnte. Das waren entweder ein Mantel aus Gabardine, ein Anzug, ein Wintermantel oder Unterwäsche aus Seide. Wir hatten es mit ihm gut, aber er hatte es auch gut mit uns. Alle diese Geschäfte machte ich. Bis spätestens donnerstags musste ich immer eine Liste der Jungs abgeben, die ich am Sonntag von der Arbeit freistellen wollte. Das waren immer Jungs aus dem Orchester und dazu noch ein paar Kameraden – ältere Häftlinge. Wir spielten im Revier – später hatten wir dank dessen Pflege und konnten uns für andere einsetzen. Mit dem Musizieren im Revier schafften wir bessere Bedingungen für Janek Kolmasiak. Wir spielten in den Magazinen und in der Küche – ich hatte dort immer Zugang und erhielt für mich und die Jungs alles, was man dort bekommen konnte.

Wir waren gefragt. Wir waren bekannt und beliebt. Die Musik, der Gesang und der Humor öffneten uns alle Türen – wir konnten jede Angelegenheit erledigen. Einmal – das war 1944 – bat uns Nogaj für die ukrainischen SS-Männer zu spielen, die uns hören wollten. An einem Sonntag, draußen, in der Nähe des Stacheldrahtes und der SS-Baracken. Wir gingen hin und spielten polnische und russische Lieder, von denen wir schon eine Menge kannten. Wir nahmen Ośka K. mit, der eine Unmenge an Liedern kannte. Die SS-Ukrainer kamen so zahlreich, dass sie die ganze Mauer hinter dem Stacheldraht verdeckten. Mit Schwung warfen sie uns die Zigaretten hinüber, damit die nicht zu dicht am Draht landeten. Ich muss anmerken, dass die ukrainischen SS-Männer – in unserem Lager hatten sie Wachposten-Funktionen – sich den Häftlingen gegenüber vorbildlich verhielten. Sie schossen nur auf Deutsche – aber das ist eine andere Geschichte.

Noch 1942, als ich allein spielte, schrieb mir jemand, der im Magazin für unsere Zivilkleidung arbeitete, einen Antrag mit der Bitte um Herausgabe eines Pullovers und wärmerer Unterwäsche für den Winter von meinen zivilen Sachen. Er nahm den Antrag mit. Ein paar Tage später wurde ich ins Magazin gerufen. Dort traf ich dieselbe Person an. Er riet mir, alles mitzunehmen, was geht, und er würde es aufschreiben. Ich nahm zwei Pullover, die ganze Unterwäsche, Saiten für die Mandoline, die sich dort befanden, Strümpfe, einen Rasierapparat in einer Metallschachtel und Lederhandschuhe. Ein Seidenhemd gab ich dem vom Magazin, das zweite M., Heniek B. gab ich einen weißen Pollunder, den Rasierapparat und die Handschuhe. Ich selbst behielt die Wollsocken, einen schwarzen Wollpullover mit Rollkragen, lange Unterhosen und die Saiten. **Den Rasierapparat gab ich weg, weil ich keine Klingen hatte, und die Handschuhe hätte mir sowieso irgendein Kapo weggenommen, und wenn nicht, dann hätte ich sie bei der Arbeit im Steinbruch schnell abgenutzt, wo**

man im Winter in Mänteln, Handschuhen und Ohrenschützern arbeitete, weil die Bude mit ihren Ritzen und Lüftungsklappen vom Feuerkessel nicht warm wurde. Das alles habe ich deshalb bekommen können, weil mein Spiel und mein Repertoire gefielen.

Ich habe davon geschrieben, dass der Patron unseres Orchesters Kazio Bodych war – von uns wurde er „Großvater" genannt, und vom ganzen Lager „Graukopf". Als ich mit Adam zu spielen begonnen hatte, sprach ich gleich mit Bodych, den ich schon lange kannte, ein alter Warschauer. Ich riet ihm, unser Patron zu werden und uns im Rahmen seiner Möglichkeiten zu helfen, dann würde sich die Kapelle vergrößern und wir würden uns als seine Kapelle verstehen. Er würde im Lager bekannt sein als „Vater" der Kapelle. Kazio war einverstanden. Er war für uns alle wirklich wie ein Vater. Er sorgte für uns. Er ernährte uns. Alles, was wir aus der Küche erhielten, war von ihm; wenn jemand anderer etwas gab, dann auch mit seiner Zustimmung. Kazio Bodych war „beeidigter" Portier in der Küche. Zu seinen Pflichten gehörte es, darauf aufzupassen, dass die Köche kein Essen stahlen. Er passte so auf, dass alle zufrieden waren. Ihm unterstand auch die Abteilung der Kessel für die Blocks und die Arbeitsgruppen – und hier verbargen sich seine unbegrenzten Möglichkeiten. Er konnte ganze Essenskübel ausgeben.

Wenn ich sonntags in die Küche ging, um einen Kessel mit süßem Kaffee zu holen, hatte Kazio ihn schon vorher vorbereitet. Er liebte uns. Wir liebten ihn auch. Wir spielten oft in der Küche, der SS-Mann und Küchenchef und alle Köche kannten uns. Als Kazio einmal mit dem Kapo in der Küche Streit hatte, der ihm vorwarf, zu viel mit hinauszunehmen, sagte Kazio:

„Wenn ich will, passe ich so auf, dass niemand etwas hinausträgt, und meine Jungs trotzdem alles haben werden. Ich komme schon zurecht."

In dieser Hinsicht war er wichtiger als der Kapo. Solange ich mich erinnern kann, war er immer Portier in der Küche gewesen, bis zum Ende unseres Aufenthaltes im Lager. Man musste wirklich gerissen sein, um sich so viele Jahre in der Funktion halten zu können.

Es kam Weihnachten 1942. Das erste angenehme Weihnachten. Angenehm, weil wir schon von den Niederlagen der Deutschen bei Stalingrad wussten und die ersten Pakete kamen als Antworten auf die Zettel, die unseren Briefen beigelegt worden waren. Es kamen große Pakete und kleine Päckchen. Manche hatten schon mehrere Päckchen erhalten. M. bekam eines mit Fett und besseren Wurstwaren. Ich hatte je ein Paket von Zuhause und von Szubert aus Katowice erhalten. Ich bekam Brot von B. – das war das erste Weihnachten im Lager nach einem Aufenthalt von über zweieinhalb Jahren, an dem ich nicht hungrig war.

Am Heiligen Abend wurde – was für eine Ironie! – vor dem Galgen ein Weihnachtsbaum aufgestellt. Ein Weihnachtsbaum, das Symbol für Nächstenliebe – vor dem Galgen, dem Symbol für Unterdrückung und Qualen. Nach dem Appell sang der Lagerchor vor dem Weihnachtsbaum Weihnachtslieder. Der Lagerchor – das war auch eine Gruppe Menschen, die auf diese Weise nach besseren Lebensbedingungen strebte, zumindest wollten sie einen besseren Arbeitsplatz erhalten oder eine Schüssel Suppe. Als der Chor fertig war, ergriff SS-Mann Kluge das Wort, der mit einem Hund und einer Zigarre zwischen den Zähnen auf den Appellplatz getreten war.

„Blöde Hunde!“, rief er. „Ihr seid im Lager und hier wird von euch Arbeit verlangt. Wer gut arbeitet, dem wird es gut gehen, und wer nicht arbeiten will, der weiß, was ihn erwartet. Dort ist das Krematorium!“

Während er das sagte, zeigte er mit dem Finger auf den Schornstein des Krematoriums, aus dem ein meterhoher feuriger Schweif herausloderte. Das Symbol für unser Lager war der Schornstein. Das Krematorium arbeitete rund um die Uhr – an Brennmaterial hatte es noch nicht gefehlt.

Doch von diesem Weihnachtsfest an begann im Lager die Zeit des Paradieses im Vergleich zum vorangegangenen Zeitraum; ein Paradies für den einfachen grauen Häftling, obwohl die, die in den Jahren 1943 bis 1945 ins Lager kamen, es die Hölle nannten. Tja, sie hatten die erste Zeit nicht erlebt, von Anfang an bis Neujahr 1943. Die Zeit, in der es schwieriger war, eine Woche zu überleben als später drei Monate. Deshalb haben von den Häftlingen, die von Anfang an im Lager waren, nicht viele überlebt und unter denen, die überlebt haben, ist fast keiner dabei, der bis 1943 so gelebt hatte wie ich.

Wir treffen uns nach dem Krieg regelmäßig, deshalb sehe ich, dass die älteren Häftlinge, die das Lager ab 1940 erlebt haben, in den Jahren 1940 bis 1943 überwiegend zu den Prominenten gehört hatten. Ab 1943 hielten die Lebensmittelpakete viele am Leben. Die Lebensmittelpakete entschieden über die Veränderung der Bedingungen im Lager – und ich hoffe, die Dresche, die an der Ostfront bezogen wurde, auch.

Warum führten die Pakete zu so veränderten Lagerbedingungen? Weil sie einfach die Menge des Essens im Lager um hunderte Kilogramm täglich vergrößerten, und zwar um vollwertiges Essen, wie Zucker, Kuchen, Wurstwaren, Fett und Brot. Täglich kamen mehrere hundert Pakete, und keines wog weniger als zwei Kilogramm. Das durchschnittliche Paket wog vier bis fünf Kilogramm. Es gab kluge Menschen, die kleine Päckchen schickten, aber dafür oft. Die Familie von Gienek Kuczyński aus Piastów bei Warschau schickte jeden Tag ein ein Kilogramm schweres Paket. Dort war ein halbes Kilo Brot, vielleicht mehr drin, dazu hundert Gramm Fett, etwa zweihundert Gramm Wurstwaren, ein gutes Dutzend Zigaretten und andere Kleinigkeiten. Die Pakete waren nummeriert und er wusste immer, ob er alle erhalten hatte. Das Gute dieses Systems war, dass aus so einem kleinen Paket nichts gestohlen und dem Häftling somit die ganze Sendung ausgehändigt wurde. Aus großen Paketen stahlen die Häftlinge, die in der Paketstelle arbeiteten, aber das war kein großer Diebstahl – was konnten schon die paar Leute, die in der Paketstation arbeiteten, inoffiziell mitnehmen? Nicht viel. Der eigentliche Diebstahl fand offiziell statt, bei der Ausgabe, in Gegenwart des Eigentümers. Der SS-Mann kippte den Paketinhalt auf den Tisch und wenn das ein kleines Paket war, befahl er, alles mitzunehmen; wenn es aber ein großes war, ein Paket, das mehrere Kilo wog, dann schnitt er sich etwas ab. Zwei Kilo Bauchspeck – ritsch-ratsch mittendurch und eine Hälfte warf er auf einen Haufen hinter sich. Drei Ringe Trockenwurst – rumms, eine oder zwei auf den Haufen. Den Kuchen – zerteilte er, das gebackene Huhn – ganz auf den Haufen. Und so ging es mit jedem besseren Produkt. Im Endeffekt erhielt der Häftling mehr als die Hälfte und manchmal, bei einem riesigen Paket, weniger als die Hälfte des Inhalts, was aber trotzdem mehrere Kilogramm Essen bedeutete. Das, was gestohlen wurde, sollte offiziell für die Blockältesten und die deutschen Kapos sein, die keine Pakete erhielten. Aber sie bekamen nur ein bisschen, doch wo ging der Rest hin? Das konnten wir uns nur denken. Die SS-Männer aßen bestimmt auch gern gute Sachen.

Ich erhielt viele Pakete. Klug gepackte Pakete erhielt ich von Pater Szubert. Aus seinen Paketen wurde mir nie etwas gestohlen. Er schickte mir zwei Pakete die Woche, die jeweils zwei Kilo wogen. Pakete von ihm erhielt ich von Anfang an, bis Schlesien von der Roten Armee besetzt wurde. Als Schlesien dann befreit war, erhielt ich noch drei Pakete, die unterwegs gewesen waren. In jedem Paket von Szubert waren zwei kleine Vollkornbrote – Vollkornbrote wurden nicht weggenommen –, ein Stück Wurst, sogenannte Mettwurst, zwei kleine Schmelzkäsestückchen, eine kleine Tüte Zucker, ein Stück Butter. Davon konnte man nichts wegnehmen, deshalb wurden mir die Pakete immer ganz ausgehändigt. Von meiner Mama und meiner Schwester erhielt ich einmal im Monat ein Paket von Zuhause. Arme Pakete waren das, die von der Armut Zuhause erzählten. Zwieback aus Weiß- und Vollkornbrot, ein Schächtelchen Marmelade und – das bereitete mir die größte Freude – eine Menge Zwiebeln und Knoblauch, die fast niemandem in Paketen geschickt wurden. Mein Knoblauch half einigen Jungs, unter anderem Oschka, bei der Heilung von Skorbut. Später gab mir B. eine Medizin aus dem SS-Revier, die man nur ein paar Mal über das Zahnfleisch reiben musste und die Skorbut-Symptome verschwanden. Fett und Wurstwaren bekam ich von Zuhause nicht. Einmal erhielt ich ein Stück Speck, nicht größer als hundert Gramm. Das rührte mich.

Manchmal war ein Tütchen Zucker dabei und einmal bereitete mir meine Mutter so ein Fest, dass sie das bestimmt selbst nicht erwartet hat. Sie hatte sich gedacht: Vielleicht haben sie dort kein Salz? Und legte in das Paket mehr als ein halbes Kilogramm Salz. Das war eine Freude für mich! Wochenlang war im Lager kein Körnchen Salz gewesen. Alles war ohne Salz, denn es gab keines in der Küche. Salz war – wie man sagt – Goldes wert. Meine liebe Mama, als hätte sie gespürt, was ich brauchte.

Bereits 1944 schrieb ich Briefe nach Hause, dass sie mir keine Pakete mehr schicken sollen, weil ich ausreichend zu essen habe. Aber meine Mutter dachte, dass wir das schreiben müssen, so wie wir schreiben mussten „Ich bin gesund und es geht mir gut". Deshalb schickte sie trotz meiner Briefe weitere Pakete, bis zum Warschauer Aufstand.

Ich bekam auch Pakete von meinem Bruder, der im Landkreis Płońsk lebte. Ich aß nicht alles allein. Ich habe ausgerechnet, dass ich zwischen 1944 und 1945 über zwanzig Personen ernährt habe. Ich habe sie ernährt, eingekleidet und mich darum gekümmert, dass sie eine gute Arbeit hatten und bei der Arbeit und im Block nicht geschlagen wurden – und das hat gekostet. Ich habe vier Russen, einen Jugoslawen, einen Franzosen, zwei Spanier und ansonsten Polen ernährt, darunter einige aus Warschau.

Einige Pakete habe ich von meinen Cousinen bekommen, von den Töchtern des Bruders meiner Mutter, von Józef Antoszkiewicz aus Nowe Miasto im Landkreis Płońsk. Das waren nur ein paar Pakete, aber solche, dass die SS-Männer sich ordentlich bedienen konnten. Die waren etwa zehn Kilo schwer. Ich erhielt auch mehrere Pakete monatlich aus Schlesien, von mir vollkommen unbekannten Menschen: aus Rybnik, aus Wodzisław, aus Piekary und anderen Orten, an deren Namen ich mich nicht erinnere. Die meisten Pakete kamen aus Wodzisław. Nach dem Krieg erfuhr ich, dass das Pater Szuberts Verdienst war, der im Rahmen der organisierten Hilfe für Priester, die in Konzentrationslagern gefangen waren, auch meinen Namen mit der Bemerkung angab, dass ich kein Priester bin, aber seit 1940 sitze und dass ich ihm im Lager sehr viel geholfen habe. Die Mandoline kam auch aus Wodzisław. Geschickt haben sie, so wie viele Pakete, Gertruda Glormes, die in Wodzisław in der Wałowa-Straße 23 wohnte, und Emilia Tatuś aus Wodzisław, Wałowa-Straße 26.

Nach dem Krieg habe ich sie besucht, um mich persönlich zu bedanken. Ich war dort im Herbst 1945. Es stellte sich heraus, dass es mehrere solche wie mich in Lagern gegeben hatte, denen sie geholfen hatten, aber ich war der erste, der sich persönlich einfand, um sich zu bedanken. Ein zweites Mal war ich 1949 dort. Sie erzählten mir, dass sie sich ordentlich hatten anstrengen müssen mit den Paketen, denn man konnte nur eine begrenzte Anzahl an Paketen verschicken. Sie fuhren die Pakete in andere Orte und verschickten sie mit fiktiven Absendern. Von ihnen also waren die Pakete aus Rybnik, Piekary und anderen Orten gekommen.

Ich kann meine Dankbarkeit, die ich für sie empfinde und mein ganzes Leben lang empfinden werde, nicht in Worte fassen. Ihre Vorgehensweise lässt einen noch an die Menschen glauben.

Das Essen, das ich in Paketen oder fürs Musizieren oder aus verschiedenen anderen Quellen erhielt, diente mir in erster Linie dazu, meine Bedürfnisse zu befriedigen. Ich kaufte Steine, um sie nicht selbst machen zu müssen. Als ich in den Steyr-Werken arbeitete, versuchte ich, nicht zur Arbeit zu gehen und wenn ich ging, tat ich nichts. Dafür musste ich mehrere Personen bezahlen, das heißt: den Büroleiter, den Oberkapo, den Hallenleiter, den Blockältesten und den Blockschreiber. Am Tage war ich immer verzeichnet als Nachtdienst, und nachts kontrollierte im Lager niemand. Im Lager kursierte ich zwischen meinem Block und der Küche und der Bekleidungskammer und meinem Block. Manchen brachte ich selbst das Essen in den Block. Beispielsweise Kornacki in Block 4, er lebte mit Franek Ludwiński zusammen, einem Professor aus Suwałki, und mit Adolf Szafrański aus Łódź. Ich wollte ihm helfen, und er sagte offen, dass er mit ihnen teilen werde; deshalb trug ich ihm ganze Eimer voll Essen hin und oft noch Brot. Ich brachte auch Essen in Block 7 für Edek Łysakowski und Henio Krajewski aus Warschau, Adam Kostrzyński und Czesiek Nowicki aus Warschau in Block C und Broniek Jurkiewicz aus Warschau auch in Block C. Andere, wie Wacek Rulski und Zygmunt Skoczek aus Warschau, gingen selbst nach der Arbeit in die Küche und bekamen dort für sich einen halben Eimer Essen. Wieder andere kamen in den Block – die einen durch die Tür, die anderen durchs Fenster – damit es kein Gedränge gibt, damit den Leuten nicht auffiel, wieviel Futter die Stube verließ. Ich hatte deshalb Streit mit dem Blockältesten, denn die, die durchs Fenster kamen, hinterließen auf dem schmalen Rasen einen Trampelpfad. Es war oft so, dass, nachdem ich alles ausgegeben hatte, noch ein Hungriger kam – dann gab ich ihm auch noch mein Abendessen. Ich wusste, was Hunger bedeutete. Wenn ich kein Abendbrot aß, legte ich mich hungrig schlafen, und morgens, wenn alle zur Arbeit gingen, wurde mir aus der Küche das Frühstück gebracht – ein Stück heiße Wurst, Weißbrot der SS-Männer und eine Dose süßer Kaffee. Mittags holte ich mir in der Küche eine große Schüssel von dem Essen, das extra für die Prostituierten gekocht wurde – es war besser als das Essen für die SS. Und nachmittags – mehrere Eimer Suppe für meine Schützlinge sowie ein Marmeladeneimerchen mit einer Spezialsuppe, die die Köche heimlich für sich selbst kochten (das waren überwiegend Nudeln oder Grütze, zur Hälfte mit Fleisch gekocht) für mich und meine Kameraden aus dem Orchester. Die Portionen für die Prostituierten aß ich zusammen mit Janusz Zakulski aus Bydgoszcz (derzeit Łódź), die allgemeine Suppe verteilte ich unter den Leuten, die Spezialsuppe teilte ich abends unter den Jungs vom Orchester auf. Ich gab auch Edmund[28] Tomaszewski aus Warschau Suppe, den wir „Onkel Stock" nannten, weil er so groß war. „Onkel Stock" passte auf unsere Instrumente und Betten auf und verteilte das Essen.

Ich erinnere mich, wie mir einmal ein Muselmann einen ganzen Eimer Suppe weggegessen hat. Die Jungs waren noch nicht von der Arbeit zurückgekommen. Das Eimerchen stand unter dem Bett. Ich hörte ein Schmatzen, das charakteristisch ist fürs Essen. Ich schaute – keiner da. Ich schaute unters Bett – und da lag ein Muselmann und fraß Suppe aus meinem Eimerchen. Ich zog ihn an den Beinen heraus. Er glitt mit dem Eimerchen hervor und fraß weiter. Ich riss ihn hoch, knallte ihm einmal und noch einmal aufs Maul, und schaute in das Eimerchen, und da waren vielleicht noch anderthalb Liter drin.

„Da hast du, friss das auch!", sagte ich und drückte ihm das Eimerchen in die Hand. „Aber wasch den Eimer ab!"

Er wusch ihn ab. Von diesem Tag an schob er immer Wache bei der Essensausgabe, weil er den Eimer zum Abwaschen bekam. Wenn er täglich drei Eimer zum Abwaschen bekam, hatte er zwei Liter Suppe davon, denn er bekam keine leeren Eimer. Er lebte vom Eimerwaschen und er überlebte. So hat manchmal ein Zufall über die Möglichkeit zu überleben entschieden.

Jeden Sonntag holten wir aus der Küche einen Kessel mit süßem Kaffee mit Zucker auf dem Grund. Ich rief die Stube zusammen und teilte den Kaffee aus – ein Schlückchen für jeden. Süßer Kaffee wurde uns nie gegeben. Die Polen hatten Zucker aus den Paketen – andere Nationalitäten nicht. Deshalb freuten die sich über diesen Kaffee am meisten. Die letzten fünfzehn Liter im Kessel waren für uns. Nur Zucker. Wir rührten um – und das war fürs Orchester, für die Blockherrschaften und die engsten Kameraden.

Ich holte aus der Küche geschälte Kartoffeln, die wir abends im Ofen auf der Stube brieten – mit Wurst, Schmalz und Zwiebel. So manches Mal brachte ich einen ganzen Eimer mit Knochen mit Pferdefleisch mit. Wir knabberten die Knochen grob ab und gaben sie jemandem Bekannten zum Weiterknabbern. Der knabberte sie dann schon sorgfältiger ab und gab die Knochen wieder weiter. Der nächste knabberte alles ab – und gab sie wieder weiter. Und die letzten aßen die ganzen Knochen, so wie ich das bis 1943 gemacht hatte. Nie stieß ich einen Muselmann weg. Manchmal aß ich ein Brot mit Wurst. Ich schaute mich um und

28 Im Weiteren „Mundek", Koseform von Edmund. (Anm. d. Übers.)

sah einen Muselmann, der so auf mein Essen starrte, das ich in der Hand hielt, dass seine Augen hervortraten. Dann konnte ich nicht weiter essen.

„Willst du?“, fragte ich und gab ihm das Brot.

Bevor so einer das Brot ergriff, hatte er es bereits im Mund. Es war schlimm zuzuschauen. Ich verließ den Block. Zu gut erinnerte ich mich an die Zeit, in der ich selbst Muselmann war, an den Hunger und an den unangenehmen Moment, als mir Heniek B. am Heiligen Abend 1941 Brot durch das Fenster gegeben hatte und wütend gewesen war, weil ich ihn herausgerufen hatte.

Ich ließ mir eine Büchse anfertigen, die drei Liter fasste und einen doppelten Boden hatte, den man von oben aufsetzte, und auf den dann erst der Deckel kam. In die Büchse legte man mir Produkte, für die man hätte erhängt werden können: Fett, Fleisch, Wurst, Zucker, Grütze, Nudeln. Ich deckte das ordentlich ab mit dem passenden zweiten Teil, das einen gebogenen Rand hatte, und in diesen acht Zentimeter tiefen Teil wurde mir Kaffee gegossen. Mehrmals wurde meine Büchse kontrolliert. Ich öffnete den Deckel und der SS-Mann sah den Kaffee. Er steckte seinen Finger nicht rein, um zu prüfen, was auf dem Grund war, und er befahl auch nicht, den Kaffee auszukippen. Dummköpfe, dachte ich mir, man muss euch für ein paar Jahre als Häftlinge ins Lager sperren, dann schafft ihr es vielleicht, uns alte Häftlinge, uns alte Organisatoren zu erwischen.

Von B. nahm ich keine Suppe mehr – aber bis zum Ende nahm ich Brot. Wenn ich durchs Fenster sah, dass auf seinem Bett Brot lag, ging ich in die Stube und nahm es mir – egal ob das Lagerbrot war oder aus einem Paket. So war es verabredet. Das Brot brachte ich gleich meinen Schützlingen. Jetzt gehörten seine tägliche Brotportion und das ganze Brot, das er in Paketen erhielt, mir allein. So war es ab Juni 1944, als ich nicht mehr mit M. teilte. Wir hatten uns zusammengeschlossen, und weil ich ihm dankbar war für die Unterstützung, die ich 1942 erhalten hatte, sagte ich nichts, bis er selbst unsere Partnerschaft löste. Später bereute er es, aber da war ich schon woanders unterwegs – mit der großangelegten Organisation und Unterstützung anderer.

Ich komme noch einmal auf die Pakete zurück. Ich habe bereits erzählt, dass die Pakete die Menge der Lebensmittel im Lager vergrößerten. Dadurch war es einfacher, von anderen eine Schüssel Suppe zu erhalten. Wer ein Paket erhalten hatte, aß an diesem Tag keine widerliche Lagersuppe mehr. Es bildete sich eine Art Paket-Aristokratie heraus. Ein Paket-Aristokrat lebte von den Paketen, und seine Suppe bekam jemand, der etwas für ihn tat, das heißt, sein Bett machte, putzte, Wäsche wusch und flickte. Wer keine Schüssel Suppe erhalten konnte, konnte sie zumindest billig kaufen. Die Block-Aristokraten stahlen auch weniger Suppe und von den Beilagen zum Brot, das heißt Margarine,

Marmelade und Quark. Sie wollten auch gute Dinge aus den Paketen essen. Weil sie weniger stahlen, bekamen die Häftlinge mehr. Diejenigen, die Pakete bekamen, waren nicht daran interessiert, einen Suppennachschlag zu bekommen – diese Suppe bekamen also die, die nichts weiter hatten. Das bedeutet nicht, dass es keinen Hunger mehr gab. Der Hunger war da und Menschen starben, aber – und das sage ich noch einmal – das Leben des grauen Häftlings wurde leichter und an Essen zu kommen war nicht mehr mit so vielen Gefahren verbunden, wie in den Jahren, bevor Pakete zugelassen waren, und es erforderte nicht so viel Schläue und Mut wie davor. Die alten Häftlinge, die den ersten Zeitraum überlebt hatten, kamen alle ganz gut zurecht – und die Polen bekamen fast alle Pakete. Hinzu kam noch die starke, unvergleichliche Lockerung der Disziplin im Lager. In diesen Jahren wurde man nicht mehr für Diebstahl von Essen umgebracht – wer erwischt wurde, bekam ordentlich Prügel, musste aber daran nicht sterben. Es fand auch kein gedankenloses Morden statt. Menschen starben, bei der Arbeit wurde geschlagen, aber eher, wenn jemand Prügel verdient hatte – im Verständnis der SS-Männer und Kapos. Geschlagen wurde noch immer für Drückebergerei, fürs Organisieren von Futter und für die Nichteinhaltung von Anordnungen und Befehlen, aber es wurden nur die geschlagen, die bei den Übertretungen erwischt wurden. Mit dem „Baden" wurde aufgehört. Nun wurde wirklich gebadet. Das Bad war fertiggestellt und es wurde jede Woche gebadet. Blockweise wurde gebadet, abends, nach dem Abendessen, und sonntags. Egal, was für Wetter war, gingen wir in Schuhen und im Hemd ins Bad, und im Winter ohne Hemd, aber im Mantel. Wir wuschen uns unter heißem Wasser. Einmal drehte der, der das Wasser einließ, zum Spaß das heiße Wasser ab, und ließ kaltes laufen – aber das waren nur seine Ausfälle, um schneller die Leute aus der Dusche zu jagen. Es wurde damit aufgehört, Muselmänner für „Behandlungen" auszuwählen. Das Auto kursierte nicht mehr und sie wurden auch nicht mehr „gebadet". Es wurde weiterhin gespritzt und im Revier war der „Bahnhof" in Betrieb, doch dort wurden nur Menschen erledigt, die unheilbar krank waren. Heilbar Kranke wurden allerdings auch nicht behandelt. Entweder man wurde gesund oder starb, aber unheilbar Kranke wurden getötet. Tuberkulosekranke wurden aus Prinzip umgebracht. „Profilaxe" – die Sorge um die Gesundheit der anderen, damit diese nicht mit Tuberkulose angesteckt werden.

Im Jahr 1944 wurde offiziell verboten zu schlagen, doch dies änderte nichts, denn alle schlugen weiter, aber wie ich sagte vorsichtiger und für „Vergehen".

Die Arbeit war in diesem Zeitraum so organisiert, dass ganze Arbeitsgruppen ihre Blocks hatten. Man konnte nicht täglich seinen Arbeitsplatz wechseln, so wie ich das vorher gemacht hatte. Der Wechsel des Arbeitsplatzes war mit dem Wechsel in einen anderen Block verbunden, in dem die jeweilige Arbeitsgruppe wohnte. Das wurde alles in der Buchführung erfasst.

Die größere Fürsorge für die Häftlinge kam daher, dass im Lager die Rüstungsfabriken Steyr und Messerschmitt durchstarteten. In den Steyr-Werken waren achtzehn Hallen und später noch Werkstätten unter der Erde, in Tunneln. Diese Werkstätten arbeiteten in zwei Schichten jeweils zwölf Stunden. Die Messerschmitt-Werke hatten auch mehrere Hallen, in denen Flügel und Rümpfe der Jagdflugzeuge angefertigt wurden. Es gab auch Reparaturbetriebe für Militärausrüstung und Magazine, in denen verschiedene Waren aus von Deutschland besetzten Ländern gesammelt wurden. Es kam die Zeit – das war 1943 und 1944 –, da gab man uns einmal in der Woche Milch zum Frühstück, und 1944 und 1945 bekamen die, die in der Rüstungsindustrie arbeiteten, zum Mittagessen ein Stück Fleisch. Das waren Stücke mit einem Gewicht von vielleicht zweihundert Gramm, trocken und nicht das Beste – aber sie wurden ausgegeben und dass sie ausgegeben wurden, wies auf eine Veränderung der Situation im Lager hin. Die auf diese Weise organisierte Arbeit brachte uns eine neue Erleichterung: für die Arbeitenden wurden die Appelle abgeschafft. Es gab nur einmal in der Woche einen Generalappell – am Sonntag. Täglich Appell hatten nur die, die im Lager waren. Morgens stellten sich die Arbeitsgruppen gleich auf dem Appellplatz in Arbeitskolonnen auf und abends gingen sie sofort in ihre Blocks. Appell gab es für die, die zur Nachtschicht gingen und für die, die in den Wohnblocks blieben. **Erst nach dem Appell wurde das Tor geöffnet und die Arbeitsgruppen reingelassen. Wenn sie drin waren, wurde auf dem Platz die Nachtschicht ausgerufen. Wenn sie sich aufgestellt hatten und durchgezählt worden waren, gingen sie los zur Arbeit. Das war eine große Erleichterung. Schließlich hatten wir bis 1942 dreimal täglich Appell gehabt, der eine Stunde und länger gedauert hatte. Mittags gingen alle zurück ins Lager.**

Die Unterwäsche wurde jeden Monat gewechselt – davor war sie drei, vier Monate lang nicht gewechselt worden. Die Bäder und Toiletten waren für alle Tag und Nacht zugänglich. Die Leute holten sich sonntags warmes Wasser aus den Bädern und wuschen im Bad ihre Unterwäsche. Es gab kein kollektives Strafexerzieren – und es gab keine Schläge in die Fresse mehr für schlecht gebaute Betten. Keiner mischte sich da ein. Wie man sein Bett machte, so war es eben und so schlief man. Man warf die Decken über den Strohsack und das genügte vollkommen. Es gab in den Blocks nie wieder Strafunterricht im Bettenbauen und wer aus irgendeinem Grund nicht arbeitete, durfte den ganzen Tag im Bett liegen. Wenn er in Schuhen im Bett liegen wollte, dann lag er in Schuhen. Wenn angezogen, dann angezogen. Niemand kontrollierte, ob die Füße sauber waren und ob nicht jemand zufällig in langen Unterhosen schlief. Es nahm auch niemand im Winter die Barackenfenster heraus. Man durfte in andere Blocks gehen, ohne Angst haben zu müssen, umgebracht oder geschlagen zu werden. Die Stuben wurden erst geputzt und gewischt, wenn die Leute zur Arbeit losgegangen waren und es war nicht mehr so, dass bei Regen oder Frost die Leute nur zum Schlafen in die Baracken gelassen wurden, und niemand aus dem Block gelassen wurde, wenn schönes, sonniges Wetter war. Das war bis 1943 normal praktiziert worden.

Trotz dieser Lockerungen der Bedingungen sagten die, die mit Transporten aus Auschwitz kamen, dass sie bereit seien, nachts und auf den Knien dorthin zurückzukehren, denn dort sei Leben gewesen. Dort habe man billig Schuhe, Kleidung und besseres Futter kaufen können, denn diese Dinge kamen ins Lager durch die Transporte von Juden, die massenweise vergast wurden. Das war nicht nur die Meinung derer, denen es in Gusen schlecht ging, sondern auch derjenigen, denen es gut ging. Sie sagten 1944, dass wir Bedingungen hätten, die Auschwitz 1942 hatte, dabei verbesserten sich die Bedingungen in den Lagern mit jedem Jahr. Auschwitz war ein großes Lager – und eine Todesfabrik –, deshalb ist es berühmt, doch das Häftlingsleben war in Auschwitz unvergleichlich besser als in Gusen. Das ist die Meinung alter KZler, die zwei, drei Jahre in Auschwitz gesessen hatten und dann nach Gusen kamen. Es gab viele, die zwei, drei Jahre in Auschwitz überlebt hatten, und in Gusen nach drei, vier Monaten umkamen. Diejenigen, die vergast wurden, starben innerhalb weniger Minuten. Wir im Lager starben pausenlos innerhalb mehrerer Jahre und nur einzelne überlebten: etwa ein halbes Prozent der Häftlinge, die 1940 nach Gusen gebracht worden waren, hat überlebt. Und davon sind nach dem Krieg auch viele gestorben und viele – so wie ich – haben seit Jahren Lungentuberkulose und ihre Jahre sind schon gezählt. Wir lebten, aber bis zur letzten Stunde des Aufenthaltes im Lager, bis zu dem Moment, als das Tor geöffnet wurde, wusste keiner von uns, ob er überleben würde.

Ein großer Ansporn zum Durchhalten und ein Grund dafür, dass sich die Leute besser fühlten, waren die Nachrichten von der Front. Prügel in Afrika, Stalingrad. Der Italienfeldzug, Pantelleria, Lampedusa. Italien erklärt Deutschland den Krieg. Der neue sowjetische Angriff – eins, zwei, drei und weiter – und noch weiter. Eröffnung der zweiten Front. Die Russen in Polen, Befreiung Polens. Der Warschauer Aufstand. Frankreich befreit, Polen befreit, Krieg auf deutschem Gebiet – und die Befreiung: Freiheit.

Diese Nachrichten halfen durchzuhalten. Das waren nicht die Nachrichten, die davor gekommen waren. Frankreich – eingenommen. Jugoslawien – eingenommen. Griechenland – eingenommen. Afrika – fertig. Ungarn, Rumänien,

Italien – ganz Europa von Deutschland besetzt, verdammt nochmal. Deutschland vor Moskau, vor Leningrad, im Kaukasus, auf der Krim – und hier im Lager Mord und Hunger. Können unter solchen Bedingungen solche Nachrichten nicht die Leute zerbrechen? Konnten sie – und sie taten es auch. Mich zerbrachen sie nicht. Ich dachte einfach an das Leben, aber ich dachte nie an das Überleben. Ich wollte nicht von selbst in den Stacheldraht gehen, aber ich wusste, dass sie mich eines Tages umbringen werden und das Blindekuh-Spiel ein Ende haben wird.

Von den Veränderungen der Bedingungen zeugen konnte vielleicht die Einstellung der Lagerherren – sowohl der SS als auch unserer „Herrschaften", also der Blockältesten und der Kapos – zur Flucht von Häftlingen.

Am 13. Juli 1943 floh ein Pole. Seine Flucht wurde mittags festgestellt. Das war die letzte Repression, die gegen alle Polen angewendet wurde. Es war eine kollektive Repression, aber andere Nationalitäten waren davon ausgeschlossen. Nachdem die Flucht aufgefallen war, wurde Alarm ausgelöst, Antreten, Abmarsch ins Lager und Appell. Der Befehl: Die Polen bleiben auf dem Appellplatz, die anderen Nationalitäten in die Blocks. Als auf dem Platz nur Polen zurückgeblieben waren, kam ein neuer Befehl: im Laufschritt marsch um den Appellplatz. Im Laufschritt bedeutet im Laufschritt. Aber nur in Gegenwart eines SS-Mannes auf dem Platz, der am Puff stand und uns mit einem Knüppel antrieb, wenn man an ihm vorbeilief – und zehn Meter weiter lief man wieder normal im Schritttempo. Schließlich konnte nicht ein einziger SS-Mann tausende Menschen antreiben. Ein neuer Befehl: In Kolonnen aufstellen, entsprechende Abstände bilden und Gymnastik.

Alle SS-Männer waren draußen, um den Flüchtigen im Gelände zu suchen und auf dem Platz war keiner mehr. Zur Durchführung der Gymnastik wurde Kapo Kołeczko bestimmt. Der wiederum bestimmte Leute, die an den Seiten der ganzen Kolonne aufpassen sollten. Anfangs war das Hochstrecken der Arme, aber dann kam ein SS-Mann und befahl Kniebeugen auf sieben. Erst auf sieben ganz in die Beuge gehen und auf sieben wieder kerzengrade stehen. Bereits nach einigen Minuten fiel uns auf, dass niemand schrie oder schlug. Geschrien hatte nur Kołeczko, aber wegen seiner Funktion, damit ihn die SS-Männer hörten, die im Jourhaus aus dem Fenster schauten.

Ein dummer Zufall war, dass es zu regnen begann. Dass es regnen würde, hatten wir schon lange vorher gewusst, weil die Alpen zu sehen gewesen waren. Ein schöner Anblick, der immer Regen ankündigte. Die Alpen wirkten dann so nah, als würden uns nur wenige Kilometer von dem Gebirge trennen. Wir wurden damals vollkommen nass – bis auf die Haut, aber niemand schlug. Es gab Momente, in denen auf den Befehl „aufstehen" ganze Gruppen von

Menschen sitzen blieben. Wir rauchten Zigaretten. Eine komische Situation, denn die Zigaretten trug man aus Angst davor, dass sie nass werden oder zerbröseln könnten, in Blechschachteln bei sich – deshalb waren sie trocken. Man suchte sich eine trockene Stelle an der Kleidung, um die regennassen Finger trockenzureiben, steckte die Zigarette in die Zigarettenspitze und fragte: Wer hat Feuer? Da ist welches. Der Kapo, der im Laufschritt unterwegs war und die Gymnastik kontrollierte, rauchte.

„Gib mal Feuer!“, rief einer.

„Hau ab! Ich gebe dir gleich Feuer!“, antwortet der Kapo.

Er ging ein paar Schritte weiter, kam zurück, lief in die Reihe hinein und gab einem seine Kippe in die Hand. Wenn einer Feuer hatte, hatten kurz darauf alle anderen auch Feuer. Es standen nur die auf, die nicht rauchten. Über uns eine Rauchwolke, ein Stück weiter eine zweite, noch weiter wurde auch kollektiv geraucht – und Kołeczko brüllte herum, es solle nicht geraucht werden, weil wir erwischt werden können und dann werden sie sich etwas Schlimmeres für uns ausdenken. Aber keiner hörte auf ihn.

Wir standen so bis zum Appell. Eine Stunde vor dem Appell hörte es auf zu regnen und weil es Juli war und heiß, trocknete die Kleidung schnell. Als ich mein Abendessen bekommen hatte, zog ich mir schnell zwei meiner Hemden über, aß mein Brot, aber die zweite Portion steckte ich mir in die Jackentasche, die Zigaretten in die andere und schon war ich bereit. Ich spürte, dass das nicht alles gewesen war, dass es eine Fortsetzung geben würde. Und tatsächlich – die Glocke auf dem Platz läutete und es kam der Befehl: Alle Polen antreten! Wir wurden vor dem Block durchgezählt, ob alle da sind, blockweise auf den Appellplatz geführt und in den Durchgängen zwischen den Blocks wurden Blockälteste und Kapos aufgestellt. Sie ließen uns antreten, aber sie schlugen uns nicht. Niemand schlug. Wir standen so die ganze Nacht in Reih und Glied. Gut, dass es nicht mehr regnete. Morgens wurden wir gar nicht erst in die Blocks zum Frühstück gelassen, sondern mussten gleich zur Arbeit. Vor dem Appell gingen wir auf dem Platz herum. Die Jungs baten die Deutschen und ihre Kameraden anderer Nationalitäten, ihnen Brot, Zigaretten und andere Gegenstände aus dem Block mitzubringen. Sie sagten ihnen, wo sie lagen, und sie brachten sie mit. Es gab solche, und das waren Deutsche mit Funktionen, die für ihre Bekannten Krüge mit heißem Kaffee auf den Platz brachten. Die SS-Männer zeigten sich nicht. Den ganzen Tag wurde gearbeitet. Nach der Arbeit in den Block, das Abendessen wurde ausgegeben. Dann wieder: Polen antreten! – auf den Appellplatz und wieder bis zum Morgen stehen. Am dritten Tag war alles genauso, nur dass man uns um ein Uhr nachts befahl, schlafen zu gehen. Schluss mit dem Stehen.

Die zweite und die dritte Nacht unterschieden sich von der ersten darin, dass uns nicht befohlen wurde, in Reih und Glied zu stehen, sondern dass jeder machte, was er wollte. Die einen spazierten, andere schliefen auf den Steinen auf dem Platz. Die Blockältesten und die Kapos waren auch verschwunden. Nur an den Durchgängen passten sie auf – aber auch dort wurden viele Personen in die Blocks durchgelassen. Ich hätte gehen können, aber ich wollte nicht. Auf dem Platz schliefen die, die eine Arbeit hatten, bei der sie am Tage nicht schlafen konnten. Die Steinmetze schliefen am Tage. In manchen Gruppen sagten nicht nur die Kapos, sondern auch die SS-Männer den Leuten, sie sollen am Tage schlafen.

Ich arbeitete damals in Halle 19. An den Wänden verlief eine niedrige, aber breite kleine Mauer, auf der unsere Werkzeuge lagen. Auf dieser Mauer schliefen wir. Es arbeiteten die Spanier und die Deutschen, damit das Hämmern zu hören war. Die Spanier waren solche Schlitzohren, dass sie auch nicht arbeiten wollten, und wenn der Kapo laut wurde, sagten sie: „Psst, die Polen schlafen". Der Kapo stellte in der Halle Wachposten an allen Türen auf und am Tag gab es nur zwei oder drei Mal Alarm. **Es liefen auch fast keine SS-Männer über das Arbeitsgelände.** Wenn Alarm geschlagen wurde, sprangen wir auf und alle stellten sich mit ihrem Hammer oder ihrem Spitzmeißel an ihren Stein. Manche schlugen nur ein paar Mal faul auf den Stein. Wenn der SS-Offizier an uns vorbeigegangen und kaum ein paar Meter hinter uns war, warfen wir die Werkzeuge auf den Boden und legten uns wieder hin. Etwas derartiges hätte es bis 1943 nicht einmal in unseren Träumen gegeben – dass es nach einer Flucht so zugehen konnte.

Während dem nächsten Fluchtversuch im Jahr 1944 wurden wir zwei Stunden lang auf dem Appellplatz festgehalten, damit kontrolliert werden konnte, ob der Flüchtige nicht irgendwo in einer Baracke war, denn auch das kam vor. Manchmal verschlief einer, der zur Nachtschicht eingeteilt war, wie das Maciek Dobrzyński passiert ist, unserem Jazzman – ein anderes Mal wurde ein Muselmann gefunden, der sich versteckt hatte und, als alle auf den Appellplatz gegangen waren, in einen anderen Block ging und Essen stahl, das für das Abendbrot vorbereitet wurde. Einmal wurde ein Muselmann herausgeführt, der sechs Portionen Brot bei sich hatte und über dreißig Portionen Wurst. Wenn auf dem Appellplatz jemand fehlte, liefen die Blockältesten und die Kapos los, um ihn zu suchen, jeder in seinem Block, danach suchten alle an verschiedenen Stellen im Lager: in den Bädern, in den Aborten, auf dem Müllplatz – und immer fand sich der Kandidat.

Als sie den mit dem Brot und der Wurst brachten, kaute der noch und hielt eine Wurst in der Hand. Die Blockältesten, die ihn brachten, schlugen ihn. Die SS-Männer lachten nur darüber.

An dem Tag, als einer fehlte, wurde in seinem Block überprüft, wer fehlte, und der Appell war beendet – alle in die Blocks. Das war an einem Samstag. Am Sonntag regnete es ein bisschen und wir, die Steinmetze, wurden losgeschickt, um den Flüchtigen zu suchen. Wir gingen los. Unsere Kapos hatten keine Lust, durch den Regen zu laufen. Sie stellten sich in irgendeiner Bude unter und wir liefen allein herum, eine ganze Masse Leute – ohne SS-Männer, ohne Kapos, wohin wir wollten und wie wir wollten. Schließlich gingen wir alle in Halle 19, um uns unterzustellen. Als wir bereits eine Stunde oder länger dort saßen, stürzten drei Kapos mit Knüppeln in die Halle. Zwei jagten uns raus und der dritte schlug die Leute an der Tür. Es war nur eine Pforte im Ausgangstor geöffnet. Ich lavierte so, dass ich von denen, die uns raustrieben, keine Schläge abbekam. Der an der Tür schlug jeden zweiten. Wenn er ausholte, sprang einer hindurch, den nächsten traf er. Er holte wieder aus und wieder sprang einer hindurch und der nächste wurde getroffen. Ich sprang zur Tür. Es klappte. Ich war derjenige, der nichts abbekam. Wir gingen im Gelände auseinander und versteckten uns in verschiedenen Löchern. Nur die Dümmsten suchten den Flüchtigen – und von denen gab es nur wenige, denn die Steinmetze waren alle alte Hasen, Schlitzohren, Drückeberger und Organisatoren. Das waren keine Anfänger. Abends gab es Appell und damit war für uns die Sache mit der Flucht erledigt.

Ein paar Wochen vor Kriegsende floh ein Pole. Ich kannte ihn persönlich – ein junger Mann aus Warschau, Elektriker, an seinen Namen erinnere ich mich nicht. Von seiner Flucht erfuhren wir morgens, als wir ihn sahen, wie er auf einem hohen Schemel am Ausgangstor stand, im kalten Regen (es war Anfang April), nur in Hosen, barfuß, ohne Hemd und Mütze. Abends war er nicht mehr am Tor. Er war im Krematorium umgebracht worden.

Das waren die Repressionen für Flucht im Jahr 1943 – und wie anders hatte das in den vorangegangenen Jahren ausgesehen!

Mit der Kleidung war es noch immer nicht gut; es fehlte an Sträflingskleidung, deshalb gab man uns zivile Kleidung, die aus Auschwitz gebracht wurde. Eine lange Zeit hindurch unterschieden sich diese Sachen von normaler ziviler Kleidung dadurch, dass uns auf den Rücken mit weißer Farbe ein breiter Streifen gemalt wurde, später mussten wir aus dem Rücken ein Viereck mit der Größe zwanzig mal dreißig Zentimeter ausschneiden und an die Stelle Stoff von gestreifter Sträflingskleidung einnähen. Genau so ein Fenster wurde am linken Hosenbein über dem Knie ausgeschnitten. Die Sachen waren alte, schrecklich zerschlissene Lumpen. Ich hatte dank meiner Beziehungen – hauptsächlich dank meiner Bekanntschaft mit Janusz Zakulski aus Bydgoszcz, dem Leiter der Häftlingsbekleidungskammer – alles, was ich brauchte. Außerdem trug ich jeden Tag zwei, drei Kleidungsstücke oder Unterwäsche für die

Jungs des Orchesters hinaus und für all diejenigen, denen ich half. Und dazu organisierte ich auch noch, was ging.

Als Janusz einmal an einem Sonntag zum Abort ging, schnappte ich mir ein paar warme Hemden, Pullover und Schals und rannte damit in meinen Block, versteckte die Sachen unter meinem Bett und rannte zurück zum Magazin. Ich dachte, ich würde es noch schaffen, aber Janusz war schon zurück und fragte, wo ich gewesen sei. Ich sagte ihm, dass ich ganz plötzlich dringend auf die Toilette gemusst hatte. Immer, wenn ich im Magazin war, musste ich etwas stibitzen, als Zugabe zu dem, was er mir von sich aus gab. Er gab mir auch Schuhe für mich – gute, elegante Schuhe – und für meine Schützlinge überwiegend Lederschuhe auf Holzsohlen. Das waren sehr gute Schuhe. Die meisten Leute trugen – sogar im Winter – Klompen oder einfach nur Holzbretter, die mit Draht oder mit Schnüren am Fuß festgebunden wurden. Das waren so eine Art selbstgemachte Sandalen. Manche machten die Sohlen aus zwei Teilen – diese Brettchen wurden beim Laufen gebogen. Andere wiederum nahmen ein dickes, unbearbeitetes Brett mit Drähten oder Schnüren, die an den Seiten des Brettes befestigt wurden, und um die Füße banden sie sich Lumpen. Das war gut bei Frost, aber ungeeignet bei Herbstwetter, Matsch und Regen.

Im letzten Lagerwinter 1944/1945 wurde keinem von denen, die unter einem Dach arbeiteten, Mäntel und Pullover ausgegeben. Wer einen eigenen Pullover hatte, durfte ihn tragen, aber Mäntel durften nicht getragen werden – und hier konnte ich mich so richtig austoben. In Paketen konnten nur die Polen und die Franzosen Pullover erhalten. Andere Nationalitäten erhielten keine Pakete, deshalb hatten sie auch keine Pullover. Pullover hatten auch die Polen nicht, die vom Warschauer Aufstand deportiert worden waren. Ich organisierte so viel, wie nur ging, um von meinen Bekannten so viele wie möglich mit Pullovern zu versorgen und die mir nahestehenden Menschen – vom Orchester und meine Kameraden, alte Häftlinge – auch noch mit Jacken. Mit den Jacken hatte keiner ein Problem. Wenn ich für jemanden keine Jacke organisieren konnte, nahm ich einen zivilen Wintermantel und ließ ihn vom Schneider entsprechend kürzen.

Oft kauften wir für solche Jacken, Mäntel und auch Anzüge ohne eingenähtes Fenster auf dem Rücken verschiedene Dinge von draußen. Sie wurden den zivilen Meistern für Wodka oder andere Dinge verkauft. Es kam vor, dass ich vollkommen fremden Leuten Pullover gab. Im Februar 1945 gab ich einem Muselmann vom Warschauer Aufstand einen Mantel, der starb zwei Tage später und der Mantel war futsch. Ich hätte ihn jemandem anderen geben können, aber obwohl ich wusste, dass er in ein paar Tagen sterben würde, tat er mir leid. Soll er wissen, dachte ich mir, dass im Lager auch uneigennützig etwas gegeben wird.

Einmal kam Adam Kwiatkowski zu mir in die Halle und sagte, dass da ein Warschauer sei, der gerade erst aus dem Revier gekommen sei und nun beim Transport draußen arbeitete, und es waren um die fünfzehn Grad minus; er habe nur Unterwäsche und alte Sträflingshosen an. Ich wusste, was Kälte bedeutete. Jetzt war ich gut gekleidet. Ein Hemd, ein Jäckchen mit langen Ärmeln, Jackett und Jacke. Ich verließ mit Adam die Steyr-Halle. Er brachte kurz darauf den durchgefrorenen jungen Mann. Wir gingen in eine andere Halle, ich schob ihm die Hand unter das Hemd, um zu prüfen, ob er nicht zufällig einen Pullover drunter hat. Hatte er nicht. Da zog ich meinen Pullover aus und gab ihn ihm. Ein anderes Mal, als ich zur Arbeit hinausgescheucht worden war, **stellte der Hallenleiter mich an eine Maschine, die eigentlich der hätte bedienen müssen, der neben mir arbeitete. Er bediente beide Maschinen, und ich konnte dann arbeiten, wenn ich Lust hatte, weil mir langweilig war, oder wenn ich musste, weil ein SS-Mann in der Nähe war.** Da sah ich, dass der, der an der Maschine nebenan arbeitete, dastand und zitterte.

„Warum zitterst du denn so?“, fragte ich auf Polnisch.

„Weil mir kalt ist“, antwortete er auch auf Polnisch. Auf seinem Winkel standen die Buchstaben „It“ – Italiener.

„Was? Du bist Italiener, und sprichst Polnisch?“

„Nein – ich bin aus Jugoslawien, aus Triest. Mich haben Italiener eingesperrt und den Deutschen übergeben, deshalb habe ich das Zeichen »It«.“

Ich zog meine Jacke aus, gab sie ihm und sagte, dass er in der Jacke arbeiten kann, und sie mir nach Feierabend zurückgeben soll. Ich arbeitete damals vier Tage die Woche – dann war Pause – und diese vier Tage hindurch gab ich ihm täglich meine Jacke. Als ich am fünften Tag nicht zur Arbeit ging, tat er mir leid, weil er frieren würde, wenn ich nicht da war. Ich bat Janusz, mir einen Pullover zu geben. Ich sagte ihm ehrlich, für wen. Ich stahl ihm Sachen, aber wenn ich ihn um etwas bat, sagte ich immer ehrlich, wem ich das geben wollte. Ich suchte einen guten Pullover aus, den ich ihm am nächsten Tag morgens brachte. Als ich den Block betrat – der Jugoslawe wohnte in einem anderen Block – fragte mich der Blockälteste, wen ich suche. Dann rief der Blockälteste ihn und kurz darauf kletterte zwischen den Betten mein Jugoslawe hervor. Wortlos gab ich ihm den Pullover. Der Blockälteste schnappte sich den Pullover und sagte zu mir, dass ich wohl wisse, dass Steyr keine Pullover hat.

„Ja, Steyr bezieht keine Pullover, aber wer einen eigenen hat, der darf ihn tragen – und ich gebe ihm meinen Pullover, den ich im Paket erhalten habe.“ Ich riss dem Blockältesten den Pullover aus der Hand und gab ihn dem Jugoslawen zurück.

Abends kam er zu mir auf die Stube und fragte, was ich für den Pullover haben wolle. Ich schaute ihn mir an – ein Muselmann. Arm und hungrig.

„Was kannst du mir denn dafür geben?“, frage ich. „Hast du Zigaretten?“

„Nein“, antwortet er.

„Und hast du Margarine?“

„Habe ich nicht.“

„Und hast du Brot?“

„Auch nicht.“

„Dann mach dich vom Acker!“, herrschte ich ihn an. „Warum zum Teufel kommst du und fragst?“

Da verschwand er. Ich schnappte mir meine Abendportion Brot und rannte ihm hinterher. In der Mitte der Stube holte ich ihn ein und drückte ihm das Brot in die Hand.

„Da hast du was zum Abendessen“, sagte ich.

Ein anderes Mal, als ich nicht arbeitete, wurde abends in der Stube gerufen, dass die Nachtschicht zur Arbeit antreten soll. Alle gingen raus, nur ein junger Mann, der Russe Waschka, war im Bett geblieben. Ich kannte ihn gut, weil sein Bett in der Nähe von meinem stand.

„Was ist, Waschka, gehst du nicht zur Arbeit?“, fragte ich.

„Doch“, antwortete er.

„Warum stehst du dann nicht auf, bist du krank?“

„Ja. Ich habe Fieber.“

Ich fühlte seine Stirn – sie war heiß. Ich schaute ihn mir an – ein Hemd, eine Weste und ein Jackett und so angezogen muss er die ganze Nacht mit Fieber in der kalten Halle an der Maschine stehen. Ich dachte an einen Pullover, den ich an diesem Tag hergebracht hatte, und der für jemand anderen bestimmt war. Ein schöner, dicker Pullover mit einem Schalkragen, in brauner Farbe – ein Skipullover. Soll ich ihn ihm leihen oder nicht? Lieber nicht, sonst schleppt er mir noch Läuse rein.

„Wie alt bist du?“, fragte ich.

„Zweiundzwanzig.“

„Wie lange bist du schon im Lager?“

„Zwei Jahre.“

Das war im Februar 1945. Ich leihe ihm den Pullover, denke ich. Nein, ich leihe ihn ihm nicht. Waśka stand auf und ging langsam zur Tür. Als er schon rausgehen wollte, rief ich, er solle warten. Ich schnappte mir den Pullover vom Bett.

„Da hast du, zieh an, aber schnell, damit du nicht zu spät zum Antreten kommst.“

Ich gab ihm diesen Pullover. Ich dachte mir – zweiundzwanzig Jahre, zwei Jahre im Lager, Februar, bald Kriegsende. Wer weiß, ob ihm dieser Pullover nicht das Leben rettet, denn eine solche Nacht kann zu Lungenentzündung führen und dann wäre das das Ende. Ich nahm den Pullover nicht mehr zurück. Er trug ihn bis zum Ende seines Aufenthaltes. Er überlebte.

Ich habe nur ein paar Beispiele angeführt. Einmal gab Adam Kwiatkowski irgendeinem fremden Muselmann, der barfuß über geschmolzenen Schnee lief, meine Schuhe. Er lief barfuß, weil ihm die Schnur an den Brettern gerissen war, die er statt Schuhen trug. Adam gab Leuten auch Essen und Kleidung aus, wenn er einen Überschuss hatte, und weil ich mehrere Paare verschiedener Schuhe hatte, gab er meine Schuhe mit Holzsohle weg. Als sie mir sagten, dass Adam meine Schuhe genommen hatte, wurde der, den ich gefragt hatte, wer sie bekommen hatte, auch noch frech.

„Na was denn", sagte er, „dreißig Paar Schuhe stehen unter deinem Bett, und die Leute müssen barfuß laufen!"

„Du weißt wohl, du Hornochse", antwortete ich ihm, „wie viel ich verschenke. Du hast sie genommen, kein Ding, sag nur, wem du sie gegeben hast, damit ich weiß, wohin sie gegangen sind."

„Ich hatte Angst, es zu sagen", antwortete er mir.

Er hatte ein bisschen recht, dass ich genügend Schuhe hatte: Schuhe mit Schäften, Latschen, Sandalen, Halbstiefel aus Leder, Klompen, die mit Leder gefüttert waren und eine Lederoberfläche hatten, Holzpantoffel für den Sommer und warme weiche Pantoffel mit Gummisohlen. Die, die er weggegeben hatte, hatte ich geholt, um sie jemandem von unseren Bekannten zu geben. Adam hatte sie einem Fremden gegeben. Ich war nicht sauer auf ihn, denn er hatte sie nicht verkauft, sondern verschenkt.

Auf die Veränderung zu besseren Lebensbedingungen hatte auch das veränderte Verhalten der Blockältesten und Kapos Einfluss. Und das hing wiederum mit den Lebensmittelpaketen zusammen. Es gab Leute, die vom Blockältesten oder beim Kapo bevorteilt werden wollten, und ihnen deshalb Geschenke machten in Form von Fett, Wurstwaren und Kuchen. Diese Politik wandte Stasiek M. an, zu meinem Nachteil. Er kaufte sich beim Blockältesten frei, der diejenigen terrorisierte, die viele Pakete erhielten. Wenn er ein Paket mit Schmalz bekommen hatte, trug er einen Teil seines Paketes in die *kapówka* und erst der Rest wurde aufgeteilt. Ich ließ mich nicht vom Blockältesten knacken. Ein gewisser Vorfall, den ich gleich beschreiben werde, entschied darüber, dass ich dem Blockältesten vom ersten Tag an, da er in der Funktion des Blockältesten in den Block gekommen war, bekannt war.

Das war im Sommer 1943. Im Frühjahr dieses Jahres war ich von Block 5 zu

Block 3 verlegt worden. Der bisherige Blockälteste – Amelung – war an diesem Tag zum Lagerältesten Nummer zwei ernannt worden. Er wurde Rohrbachers Stellvertreter.

Obwohl ich mit M. alles teilte, machte ich ihm weiterhin das Bett; später machte das ein Russe für uns, Jakob. Er machte die Betten und übernahm andere Dienste – im Grunde nur für M. Mich überzeugte es nicht, Dienstleistungen anzunehmen, für die man täglich eine Schüssel Lagersuppe und ein Stück Brot geben musste. Ich machte meine Sachen selbst. Ich bat Jakob nur manchmal um einen Gefallen, aber nur, wenn ich selbst nicht konnte oder keine Zeit hatte. Ich war nicht daran gewöhnt, dass man mich bediente, und alle späteren Dienstleistungen behandelte ich als kameradschaftliche Hilfe, und die, die das machten, waren meine Kameraden. Das waren Oschka K., ein herzlicher Kamerad und Freund, das war Edmund Tomaszewski aus Warschau, ein Mann, der viel älter war als ich, und das war Henio Sadłowski aus Wołomin bei Warschau. Zu dieser Zeit bekamen wir jeden Sonntag einen halben Liter Milch zum Frühstück. Dem Hauptkostträger – einem Deutschen – gefiel offensichtlich mein Gesicht nicht, weil er damit begann, mich zum Kübeltragen einzuteilen, ohne im Gegenzug einen Nachschlag zu geben. An diesem Sonntag auch: Es war gerade das Licht eingeschaltet worden, da schnappte er sich mich schon, damit ich Milch holte.

Ich stand immer kurz vor dem Läuten zum Aufstehen auf, zog mich an und in Kleidung – nur ohne Schuhe – legte ich mich wieder ins Bett. Wenn geläutet wurde, machte ich mich ans Bettenbauen, denn ich hatte zwei Betten zu machen. Danach musste man Essen fassen, dann essen, die Morgensuppe von R. holen, das Geschirr spülen, und davor sich selbst noch waschen.

Vielleicht teilte er mich zum Tragen ein, weil ich schon angezogen war. Wütend ging ich los. Wir warteten vor der Küche, aber hier wurde gar keine Milch ausgegeben. Ich war angespannt, weil auf der Stube zwei Betten ungemacht waren, die ich noch machen musste. Ich wollte mich auf die klassische Weise abseilen, aber meinem „Betreuer“ fiel das auf. Er schlug mir ins Gesicht, und ich ihm und wir standen weiter da. Er drohte mir, dass er es mir im Block „zeigen“ werde. Wieder versuchte ich, mich abzuseilen. Dieses Mal sah er es nicht. Ich stürzte in die Stube. Alle Betten waren gemacht, nur meines und M.s waren zerwühlt. Ich hatte kaum zu bauen begonnen, als ich von hinten einen Schlag ins Gesicht bekam, mein „Betreuer“ packte mich, um mich mit Schlägen wieder zur Küche zu jagen. Aber das waren bereits andere Zeiten. Da ließ ich mich nicht mehr so leicht schlagen. Als er mich packte, gab ich ihm einen Kopfstoß. Es kamen zwei andere Deutsche dazu ... und der Tanz begann. Hier kam es mir zugute, dass ich aus meiner Jugend in Czerniaków Übung hatte. Wir kippten

Tische und Schemel um, es gab Prügel – und ein Durcheinander. Aus der *kapówka* kam Amelung mit dem neuen Blockältesten herein.

„Was ist los?“, fragten sie.

Wir standen zu viert vor ihnen, drei waren zusammengeschlagen und ich war erschöpft.

„Er wollte nicht in die Küche gehen und Milch holen“, sagte mein „Betreuer“.

„Stimmt das?“, fragte mich Amelung.

„Ja“, antwortete ich.

Der neue Blockälteste sagte nichts. Amelung rief mich in die *kapówka* und während er den Ochsenziemer aus dem Schrank holte, beschimpfte er mich schlimm. Amelung war einer der drei Schläger, die die offiziellen Urteile auf dem Prügelbock vollzogen, er hatte also Übung im Schlagen.

„Bück dich!“, befahl er.

Ich bückte mich. Er schlug. Ich zählte – und alles lief vollkommen normal und korrekt ab. Während ich zählte, dachte ich, dass Amelung ein Welpe ist im Vergleich zu Kluge. Der hatte geschlagen!

Er gab mir zwanzig Hiebe. Die schnitten mir nicht den Hintern auf, er war nur lange Zeit hindurch violett. Als er mir die ganze Portion verabreicht hatte, brüllte er, ich solle die *kapówka* verlassen. Im Rausgehen blieb ich an der Tür stehen mit der Hand auf der Klinke, sah mich langsam um und maß Amelung mit einem zornigen und hasserfüllten Blick. Ich schaffte es nicht, die Tür hinter mir zu schließen, als ich einen fürchterlichen Schlag auf den Kopf erhielt. Ich flog nach vorn, rumms! – ein zweiter Schlag. So schnell wie möglich durch die Stube. Ich bekam noch weitere Schläge. Ich weiß nicht, ob ich insgesamt fünf oder sechs bekommen habe, weil ich nicht weiß, was überhaupt mit mir los war. Bis zum nächsten Tag war ich halb bewusstlos. Ich saß zwischen den Betten und jammerte den ganzen Tag. Ich sah, dass mir etwas vor den Augen blitzte, aber alles war verschwommen und ich konnte nicht scharf sehen. Ich hörte, dass jemand zu mir sprach, aber ich wusste nicht, wer und was. Alles war wie im Traum, als wäre das nicht ich. Sie fütterten mich und abends zogen sie mich aus und legten mich ins Bett. Morgens stand ich auf und war vollkommen klar, nur mein Kopf und mein Arsch fühlten sich ein bisschen fremd an. Beide waren geprügelt worden. Mein Hintern war violett und auf dem Kopf hatte ich Striemen, die so dick waren wie ein Finger. Mein Kopf schmerzte lange und ... war leer. Gut, dass ich diese Prügel an einem Sonntag bezogen hatte, denn wenn das an einem Arbeitstag passiert wäre, hätten sie mir auf der Arbeit was draufgegeben dafür, dass ich nicht arbeitete. Und weil ich fast bewusstlos war, wer weiß, ob Amelung mich nicht im Fass ertränkt hätte, wenn ich im Block geblieben wäre. Nach der Befreiung ertränkten Häftlinge Amelung im Becken im Waschraum. Er hatte ertränkt – und er wurde ertränkt.

So war ich dem Blockältesten von seinem ersten Tag in Block 3 an ins Auge gefallen. Das war Willi Regnart[29], ein schlimmer Verbrechertyp. Große, herausstehende Augen, quadratischer Unterkiefer, und die abstehenden Ohren waren fast so groß wie Hände. Er behelligte alle Häftlinge, die viele Pakete bekamen und denen es gut ging.

Um im Block Ruhe zu haben, gaben ihm die, die Pakete erhielten, stückchenweise verschiedene gute Produkte, die in eine Schüssel gelegt wurden und später trug sie einer in die *kapówka*. Andere kauften sich auf eigene Faust frei, um besondere Erleichterungen bei ihm zu haben. Zu den besonders Geplagten auf der Stube gehörten Stasiek M., Mietek Senda aus Suwałki und ich. Der Unterschied bestand darin, dass er die anderen zwei brach, aber ich ließ mich nicht brechen und trug ihm nichts persönlich hin und legte nichts in die Schüssel. Ich hätte was in die Schüssel gegeben, wenn der Blockälteste mich nicht geplagt hätte, aber weil er es tat, war mir alles egal. Ob ich etwas in die Schüssel legte oder nicht – er würde mich sowieso plagen.

Der Blockälteste wusste, wer Pakete bekam, weil der Schreiber jeden Tag ein Verzeichnis hatte und abends Bescheid gab, wer sein Paket abholen gehen soll. Es ging so weit, dass ich immer, wenn ich auf den Blockältesten traf, aufs Maul bekam. Und er schlug auf die Schläfe, und zwar so, dass er beim Zuschlagen gleichzeitig mit der Faust rieb. Nach so einem Schlag wurde einem schwarz vor den Augen. Ich ging durch das Fenster ein und aus. Wenn ein Bein im Fenster stand, wussten alle, dass Grzesiuk in die Stube zurückkehrt. Alle waren gespannt, wie das enden würde.

Einmal ging ich mit dem Paket durch die Tür – später gab ich die Pakete durchs Fenster rein –, der Blockälteste erwischte mich an der Tür und fragte, was ich im Paket bekommen habe.

„Brot", antwortete ich.

„Komm, zeig mal", sagte er und wollte mich in die *kapówka* ziehen.

Ich riss mich los und ging zu meinem Bett. Am nächsten Tag verdrosch er mich für das Paket.

Block 3 war ein halbprominenter Block. Es gab hier weniger Betten als in anderen Blocks, hier standen Tische, Schemel und Spinde – einer für drei, vier Häftlinge. Sonntags war es Pflicht, die Spinde zu reinigen. Jeden Sonntag machte das einer der vier Häftlinge. An diesem Sonntag war ich dran, und weil

29 Name und Person konnten trotz Recherche nicht verifiziert werden. Die korrekte Schreibweise ist deshalb nicht gesichert. (Anm. d. Übers.)

ich keine Lust hatte, gab ich jemandem eine Portion Brot, damit er das für mich übernahm, und ich selbst verließ den Block – durchs Fenster – und kehrte durchs Fenster zurück. Aber dann wollte ich wieder durch die Tür raus, so wie das normale Menschen machen. Als ich bereits an der Tür war, kam der Blockälteste aus der *kapówka*. Als er mich erblickte, fragte er sofort, ob der Spind schon sauber ist.

„Ja“, antwortete ich. „Komm nachschauen.“ Und ich ging zurück zum Spind, hatte aber keine Ahnung, ob er schon gereinigt wurde. Ich hatte es nicht überprüft. Jetzt würde ich Prügel bekommen, wenn der Spind schmutzig sein sollte.

Ich öffnete ihn – er war sauber. Noch feucht vom Schrubben.

„Na gut“, sagt der Blockälteste und schlug mir zweimal ins Gesicht. Wahrscheinlich sicherheitshalber, damit ich dran denken würde, dass wir uns begegnet waren.

Im Lager waren Tabak und Zigaretten ausgegangen. Es hatten nur die noch was zu rauchen, die Tabak und Zigaretten in Paketen bekamen. Der Blockälteste rief täglich einen anderen gut situierten Häftling in die *kapówka*, händigte ihm eine Blechschachtel aus und bat um Tabak. Der Häftling stellte sich auf den Kopf, um Tabak zu besorgen, um beim Blockältesten keinen Missfallen zu erregen. Er kaufte und lieh Rauchwaren und gab sie dem Blockältesten mit einem „herzlichen“ Lächeln dafür, dass es ihm erlaubt war, dem Blockältesten eine solche Freude zu machen. Mietek Senda bekam die Schachtel – und brachte ihm Tabak. Stasiek M. bekam die Schachtel – und brachte ihm Tabak. Ich sagte ihm, er solle es nicht tun. Er hatte Angst. Er sagte, dass er ihm lieber was gibt und seine Ruhe hat.

Nach ein paar Tagen, als es ihn offensichtlich schon ordentlich juckte, ließ er mich rufen.

„Grzesiuk, der Blockälteste ruft dich!“, rief einer seiner Gehilfen.

Ich ging in die *kapówka*. Der Blockälteste überreichte mir lächelnd seine Tabakschachtel und sagte:

„Dein Blockältester hat nichts zu rauchen.“

„Ich auch nicht“, antwortete ich, und nahm die Schachtel entgegen.

Den ganzen Abend war ich im Lager unterwegs, erledigte verschiedene Dinge und kam erst nach dem ersten Läuten zurück in den Block.

„Der Blockälteste hat schon mehrmals nach dir gefragt“, sagten mir die Kameraden.

Stimmt ja, ich erinnerte mich, dass ich seine leere Tabakschachtel hatte. Ich ging in die *kapówka* und jetzt gab ich ihm mit einem Lächeln die Schachtel zurück. Er nahm sie mit dem gleichen Lächeln entgegen, als er aber merkte, dass die Schachtel leer war, sah ich, wie ihm die Gesichtszüge entgleisten – von

Höflichkeit zu Wut. Er warf mir ein paar derbe Warnungen und Drohungen zu und zwei Tage später polierte er mir ordentlich die Fresse. Und wieder war meine Nase dran, die mir 1941 gebrochen worden war. Sie ließen sie nicht mehr zusammenwachsen – sie knirscht noch heute, wenn ich sie bewege.

Weil ich spielte und sang, nannte mich der Blockälteste „Bettelsänger". Immer wenn er sich an mich wandte, sprach er mich abwertend mit dieser Bezeichnung an, und wenn wir uns begegneten, musste ich unbedingt ein paar Schläge von ihm aufs Maul bekommen.

Eines Tages wurden im Block die Zigaretten auf Kantine ausgegeben. Sie wurden in der *kapówka* ausgegeben – einhundertsechzig Zigaretten der Marke „Biala" pro Person. Am Tisch saß der Blockschreiber, der die Zigaretten ausgab, und neben ihm auf der einen Seite der Blockälteste, auf der anderen der Stubenälteste von Stube B (ich war in Stube A) und gleichzeitig Oberkapo der Steinarbeiter von Kastenhofen – Schimmel[30] nannten sie ihn –, er stotterte. Jeder, der Zigaretten erhielt – es waren zwanzig Stück in jeder Schachtel – gab eine Schachtel dem Blockältesten, die zweite dem Schreiber, die dritte dem Oberkapo. Schließlich wollten die auch rauchen, ihnen schickte aber niemand Geld. Jeden, der Zigaretten bekam, schauten sie so an, dass er die Lust verlor, alle Zigaretten mitzunehmen. Ihr Blick sagte: Wenn du keine abgibst, dann verabschiede dich von deinem Leben.

Ich ging auch rein, nahm meine hundertsechzig Zigaretten, machte eine Kehrtwendung und ging raus.

„Du polnische Scheiße!", rief der Blockälteste hinter mir und Schimmel fügte stotternd hinzu:

„Pass bloß auf, Strassburger!"

Ich drehte mich um und stellte richtig:

„Ich bin Grzesiuk, nicht Strassburger."

Josef Strassburger war ein Steinmetz aus unserer Stube, den Schimmel ständig mit mir verwechselte, obwohl er mir überhaupt nicht ähnlich sah. Ich stellte das richtig, damit Józio nicht zufällig die Schläge abbekam, die in diesem Moment für mich bestimmt wurden.

Ich denke, dass sie mein weiteres Verhalten noch wütender gemacht hat. Die Tür zur *kapówka* stand offen, und draußen wartete ein Haufen Muselmänner darauf, dass ein Bekannter oder ein Mitfühlender ihnen eine Zigarette anbietet. Ich stand so in der Tür, dass die in der *kapówka* alles sehen konnten, und ich verteilte alle Zigaretten. Eine Schachtel auf vier Personen. Als ich die

---

30 Name und Person konnten trotz Recherche nicht verifiziert werden. Die korrekte Schreibweise ist deshalb nicht gesichert. (Anm. d. Übers.)

zweite Schachtel verteilte, kam Bewegung in die Menge. Alle drängten zu mir, um unter denen zu sein, die Zigaretten bekamen. Ich verdiente mit dem Spielen, so dass mir an diesen Zigaretten nicht lag. Ich hätte sie meinen Kameraden geben können, aber ich machte das ostentativ, damit sie sahen, dass mir die Zigaretten nicht wichtig waren. Und dass ich ihnen nichts gegeben hatte, weil ich es nicht leiden kann, irgendetwas unter Zwang tun zu müssen. Der Blockälteste schlug mich und würde mich weiter schlagen.

Ich musste nicht lange auf Prügel warten. Am nächsten Abend, gleich nach dem ersten Läuten, kam ich aus dem Abort heraus und hatte die Absicht, wie immer durch das Fenster in den Block zu gehen – aber es gelang mir nicht. Vor dem Eingang warteten der Blockälteste und der Oberkapo auf mich. Wortlos begannen sie mit dem Tanz. Sie schlugen mich solide zusammen. Sie schlugen meine Nase auf, meinen Mund, verpassten mir Blutergüsse und ließen mich bluten – und ich ging zufrieden in die Stube, weil es sie fuchsteufelswild gemacht hatte, dass sie mich nicht brechen konnten. Sie hatten keinen wichtigen Grund, mich so zu prügeln, dass sie mich totschlugen oder meine Gesundheit ernsthaft Schaden nahm. Aber schließlich fanden sie einen Grund, und ich habe es nur dem Eingreifen des Lagerältesten Rohrbacher zu verdanken, dass ich aus dieser Notlage heil herausgekommen bin.

An jedem Sonntag wurden – wie immer – die Steinmetze zur Arbeit geholt. Ich seilte mich gleich nach dem Appell ab. An diesem Sonntag gab es mehrere, die so schlau waren wie ich. Als vom Jourhaus eine bestimmte Anzahl ausgerufen wurde, die zur Arbeit gebraucht wurde, stellte sich heraus, dass sich kaum ein Dutzend gefunden hatte, und dann auch noch solche, die nie zur Arbeit gingen – die Bessergestellten. Sie ließen Block 3 antreten. Wieder kamen ein paar, aber es waren noch immer zu wenige. Da ließ ein SS-Mann vor Wut den gesamten Block 3 antreten und alle sollten zur Arbeit gehen. Da kam Rohrbacher ins Spiel. Er kam auf den Appellplatz und rief dem SS-Mann zu, dass Block 3 beim Baden ist und erst langsam zurückkommt und sich anzieht; er selbst ließ alle Blockältesten und Kapos antreten und befahl, im ganzen Lager die Leute aus Block 3 zu suchen. Ich versteckte mich bei Adam Kwiatkowski in Block 12. Die Kapos suchten überall. Sie überprüften die Blocknummern und die Jungs kamen schon von selbst heraus, weil sie merkten, dass da etwas schief lief.

Ich legte mich auf Adams Bett, das am Ende der Stube stand, ich drückte mich ganz an die Wand, deckte mich mit einer Decke zu, und die Jungs verdeckten mich, indem sie sich auf den Bettrand setzten. Irgendein Kapo stürzte herein und fragte, ob hier jemand aus Block 3 sei, und ging wieder. Da kam ich auch aus dem Bett. Ich bekomme den Hintern voll, dachte ich, wenn sie mich erwischen. Ich zog meinen dicken Pullover und die Weste aus und schob sie mir in die Hose über den Hintern wie Unterhosen, damit es gepolstert war. Und als die Appellzeit heranrückte, drückte ich mich auf dem Appellplatz herum, um heimlich an meinen Block anzuschließen. Wie zum Trotz standen schon alle da und unsere Steinmetze waren noch nicht von der Arbeit gekommen. An der Stelle unseres Blocks stand nur ein Dutzend Personen: der Blockälteste, der Stubenälteste, die Kapos und ein paar Aristokraten. Als die Leute unseres Blockes einliefen, umringten die Blockältesten und die Kapos sie, damit niemand an sie herantreten konnte. Und so wurde ich mit fünf anderen erwischt. Wir sechs waren nicht gefunden worden, und Rohrbacher hatte sechs andere, zufällig eingefangene Häftlinge angeschlossen, damit die Anzahl stimmte. Als der Blockälteste mich erblickte, sagte er nur: „Du, wie immer", und er schlug mich nicht einmal.

Als der Appell vorbei war, wurden wir vor unseren Block geführt und vom Rest abgetrennt; es wurde der „amtliche" Prügelbock herausgetragen, und der Blockälteste und Schimmel liefen schon zufrieden mit Ochsenziemern in der Hand umher. Na, die werden es mir jetzt geben, dachte ich mir und mir lief ein Schauer über den Rücken. In diesem Moment kam Rohrbacher. Er keuchte ein paar Mal – er war recht beleibt.

„Was ist das?", fragt er den Blockältesten und zeigt auf den Prügelbock und die Ochsenziemer.

Der Blockälteste zeigte auf uns und antwortete verbissen, dass er uns verdreschen muss, dafür, dass wir uns vor der Arbeit gedrückt hatten.

„Du schlägst hier niemanden", sagt Rohrbacher. „Die gehören mir und ich werde sie bestrafen."

Der liebe „Onkel" gab uns eine Woche Blocksperre – das bedeutete, dass man eine Woche lang nach der Arbeit den Block nicht verlassen durfte, nur zum Abort durfte man gehen, nachdem man sich beim Kapo des Zimmerdienstes gemeldet hatte.

An diesem Tag sollten wir in Block zwölf spielen. Meine Jungs versuchten alles Mögliche, um mich vom Blockarrest zu befreien. Sie überredeten ihren Stubenältesten, der Rohrbachers Schwager war, sich für mich einzusetzen. Der bat und redete auf Rohrbacher ein, aber der war an diesem Tag unerbittlich. Am nächsten Tag kam Karl nach der Arbeit in unseren Block. Wir fielen alle über ihn her und baten ihn, mir die Strafe zu erlassen, dass das nicht mehr vorkommt usw., usw. Karl fauchte ein paar Mal – und hob die Strafe auf. Ein lieber, guter Kerl war unser „Onkel". Wo er auftauchte, durfte kein Unrecht geschehen.

In unserer Stube war ein gewisser Janczak, der immer auf eine Schüssel Suppe lauerte, aber dafür nichts tun wollte. Wenn er wenigstens auf jemandes

Sachen hätte aufpassen wollen oder ein Bett gemacht hätte, dann hätte er welche gefunden, die ihn für kleine Dienste ernährt hätten. Aber er wollte gar nichts tun. Das war ein schon älterer Mann, der ganz Südamerika bereist hatte und uns oft Geschichten von seinen Wanderungen erzählte. Mit einem Wort: ein Landstreicher. Einmal stand ich in der Schlange zum Abendkaffee an. Plötzlich öffnete sich mit Schwung die Tür, Janczak flog herein und segelte rückwärts in meine Richtung – diese Bewegung hatte der Faustschlag des Blockältesten ausgelöst. Er war böse, weil er am Tag zuvor zu wenig aus den Paketen bekommen hatte. Er schlug jeden, der den Block verlassen wollte, und jeden, der zurückkam, **selbst die mit Paketen, die nicht wussten, dass der Blockälteste schlug, weshalb sie normal durch die Tür gingen ...** Janczak stolperte, blieb bei mir stehen und stand ruhig vor mir. Hinter ihm schob sich der Blockälteste mit seinem riesigen Schädel und den Ohren hervor. Er blieb vor Janczak stehen und bearbeitete ihn langsam mit seinem Schlag an die Schläfe, wobei er sagte:

„Du amerikanischer Landstreicher glaubst wohl, dass du hier in Amerika in der Steppe bist? Hier ist Deutschland. Hier ist Kultur."

Ich stand an der Stelle und spürte, dass er gleich auch mich mit derselben Methode deutsche Kultur lehren wird, aber wahrscheinlich fiel ich ihm nicht auf, denn es war nicht auszudenken, dass er mich bei der Gelegenheit nicht mit der Faust gerieben hätte.

Nach den Schlägen, die ich dafür bekommen hatte, dass ich ihm keine Zigaretten gegeben hatte, war ich mit meinem Bett ans andere Ende der Stube umgezogen – ans Fenster. Von dieser Seite aus konnte ich leicht durch das Fenster rein- und rausgehen, und wenn es nötig war fliehen, denn das Fenster ging zu Block 2 hinaus, und der Eingang zu unserem Block war von der Seite, wo Block 4 stand. M. wechselte nach ein paar Tagen auch zu diesem Gang. Er versuchte mich zu überreden, dem Blockältesten ein halbes Kilogramm Fett „anzubieten", hundert gute Zigaretten, und dann würde er aufhören mich zu plagen. Ich war nicht einverstanden. Wenn ich ihm das gegeben hätte, hätte ich solange Ruhe gehabt, solange er mein Fett gegessen und meine Zigaretten geraucht hätte. Dann hätte er mich wieder grundlos geschlagen, um zu verstehen zu geben, dass er Nachschub braucht. Ich gab ihm lieber nichts. Selbst wenn er wütend werden sollte, wenn er mich jeden Tag schlagen sollte, ich hatte mir in den Kopf gesetzt, dass er von mir nichts bekommt. Einen Tritt in die Seite kann er kriegen – und nicht Fett und Zigaretten.

Eines Tages wollte ich den Block wie ein Mensch verlassen: durch die Tür. Als ich schon nah an der Tür war, kam der Blockälteste aus der *kapówka*. Ich blieb neben dem letzten Bett stehen und ging nicht weiter, weil ich sonst was aufs Maul bekommen hätte. Der Blockälteste wandte sich an alle mit der Frage, ob unter uns ein Maurer sei. Im Flur sollte eine Stelle ummauert werden, in der Sand für den Fall eines Brandes bereitliegen sollte. Es meldete sich niemand. Der Blockälteste fragte einen, was sein Beruf ist.

„Professor", antwortete der.

„Und dein Beruf?", fragt er einen anderen.

„Beamter."

Er erblickte mich und kam hervorgebeugt und mit dem Finger auf mich zeigend zu mir.

„Oh, der Bettelsänger! Und was ist dein Beruf?"

„Ich habe gar keinen Beruf", antwortete ich ihm ruhig auf Deutsch, obwohl ich schon fast spürte, wie er mir auf die Schläfe haut.

„Wovon hast du dann gelebt?", fragt er weiter.

„Mal so, mal so", sagte ich und machte dabei mit der einen und der anderen Hand eine Bewegung nach hinten, was immer Diebstahl bedeutet, „und irgendwie ging das. Ich war Dieb", fügte ich hinzu.

„Dann gib mir die Hand", rief er erfreut. „Ich habe genauso gelebt!"

Und interessanterweise hörte er von diesem Moment an vollkommen auf mich zu plagen. Einmal nur riss er mich und Mietek Senda nachts zur Arbeit heraus. Es mussten Fabrikmaschinen aus Eisenbahnwaggons ausgeladen werden, die aus den bombardierten Steyr-Werken gebracht worden waren – aus einer Stadt mit demselben Namen, die von Gusen angeblich vierzig Kilometer entfernt war. Zur Arbeit mussten damals alle Blockältesten und zwei Leute aus jedem Block. Diese beiden Leute aus dem Block waren Senda und ich. Der Blockälteste war für uns wie ein Kamerad. Er machte selbst mehr als wir. Draußen war Schneeregen. Die Menschen wurden in zwei Gruppen geteilt. Die einen schoben die Maschinen aus den Waggons durch die Türen, die anderen brachten Seile an und zogen sie weiter auf langen flachen Platten. Die einen Waggons waren überdacht, andere Ladeflächen waren offen. Und der Schneeregen fiel die ganze Nacht. Unser Blockältester scheuchte ein paar Häftlinge aus einem überdachten Waggon und besetzte ihn für sich und für uns. Sobald wir den Block verlassen hatten, sagte er, wir sollen uns an ihn halten. Wir sollten in dem Waggon warten, er selbst ging raus und kam nach einigen Minuten mit einem Wagenheber zurück. Mit diesem Wagenheber schoben wir die Maschinen aus dem Waggon. Der Blockälteste wies uns an, sparsam zu arbeiten, denn in dem Waggon waren nur fünf Maschinen. Sparsam, damit wir bis morgens nicht den überdachten Waggon verlassen müssten. Nachts machte er Pause für eine Mahlzeit. Wir holten das Essen hervor. Der Blockälteste bot uns etwas an – und wir ihm. Er bot uns Zigaretten an – wir ihm auch. Als wir alle Maschinen hinausgeschoben hatten, schlossen wir uns in dem Waggon ein und unterhielten uns, während wir auf den Befehl zum Antreten warteten. Wo ich irgendein Teil von einer Maschine abmontieren konnte, montierte ich es ab und warf es auf die andere Seite der Rampe. Als ich in den Werkstätten von Steyr arbeitete, schraubten wir von den Maschinen, die draußen standen, die verschiedensten Teile ab, die wir entweder wegwarfen oder zerstörten. Viele schraubten Lagerschalen aus Bronze ab, aus denen Ringe und anderer künstlicher „Schmuck" hergestellt wurde.

Bevor wir zurück in den Block gingen, nahm uns der Blockälteste mit in die Produktionshalle und bemühte sich um ein großes Gefäß mit heißem Wasser, das er uns über die Hände goss und wir ihm. Der Hallenleiter brachte ein Handtuch, mit dem wir uns alle drei die Hände abtrockneten, und dann gingen wir zurück ins Lager.

Der Blockälteste wies uns an, schlafen zu gehen, und sagte, dass er selbst mit dem Blockschreiber reden würde, dass wir heute nicht zur Arbeit gehen. Wenn wir nachts gearbeitet hatten, müssten wir am Tage nicht arbeiten.

Von diesem Tag an ranzte er mich nie wieder an, schlug mich nie wieder, und bat sogar, dass wir in unserem Block spielen, wobei er behauptete, zu den armen Blockältesten zu gehören, die nichts besitzen, womit sie bezahlen könnten, so dass wir keinen großen Verdienst erwarten könnten. Die Jungs kamen und spielten umsonst, so wie wir kostenlos in anderen Blocks spielten, in denen wir wohnten.

Ich wohnte lange mit Adam Kwiatkowski, Czesiek Palacz und Zygmunt Piwowarczyk zusammen, und bei uns war fürs Aufpassen auf unsere Habseligkeiten Mundek Tomaszewski zuständig – „Onkel Stock". Łabuś und Maciek Dobrzyński wohnten in einem anderen Block. In den letzten Monaten zog ich wegen Streitigkeiten mit dem Blockältesten in Block A um und dorthin holte ich auch Mikołaj Kokin. Und so wohnten die Kappellenmitglieder in drei Blocks, in denen wir uneigennützig spielten, damit die Jungs in ihren Blocks bekannt waren, und dieses uneigennützige Spielen verpflichtete die Blockherren dazu, uns anders, besser zu behandeln. Dass wir besser behandelt wurden, war überall zu sehen. Bei uns im Block machten wir, was wir wollten, und niemand schnauzte uns an. Im Winter durften wir auf dem Ofen in der Stube uns gesondert Essen kochen und braten (dem Blockältesten wurde auch etwas angeboten). Beim Wäschewechseln bekam ich bessere Unterwäsche für mich und meine Schützlinge, selbst für die in den anderen Blocks. Im Block mischte sich niemand in unsere Angelegenheiten ein. Dies kam auch durch die Vorteile, die der Blockälteste durch uns hatte – er hatte häufig besseres Futter, bessere Kleidung und oft brachte ich ihm Wodka mit oder schenkte ihm etwas von der zivilen Wäsche oder Kleidung, die er durch seine Vertrauten in der Freiheit gegen Wodka oder etwas anderes, was es im Lager nicht gab, tauschen ließ.

Ich habe schon mehrmals über die Zivilkleidung gesprochen, deshalb muss ich erzählen, wie wir an sie herankamen. Janusz Zakulski war Leiter der Bekleidungskammer und der Wäschekammer für Häftlinge, die sich im Wohnbereich des Lagers in Block 25 und 27 befanden. In Block 27 arbeiteten auch die Schuster und Schneider. Die Bekleidungskammer hatte zwei Räume, die als Enfilade eingerichtet waren. In dem ersten Raum hatte ein SS-Mann Dienst, der Chef des Magazins, und im zweiten war die zivile Kleidung. Um an die Zivilkleidung zu kommen, musste man durch das Zimmer des Chefs durchgehen. Wenn der SS-Mann eine Partie Kleidung an die Schneider übergab, um Fenster mit Sträflingskleidungsmuster auf dem Rücken und an den Hosenbeinen einnähen zu lassen, wurde die ausgewechselt, indem Kleidung mit Fenstern hingelegt und die zivilen Sachen zwischen alten Lumpen versteckt wurden. Später wurden diese Sachen hinausgeschmuggelt und ihrer Bestimmung zugeführt.

Janusz hatte eine bessere, allerdings wesentlich riskantere Methode. Wir machten nach alter Diebesmethode die Schlüssel zum SS-Zimmer und zum Magazin mit der zivilen Kleidung nach. Zum Magazin hatten nur Janusz und der Chef einen Schlüssel.

Wenn wir vorhatten, etwas zu „organisieren“, dann floh ich bei Fliegeralarm nicht in den Tunnel, sondern zu Janusz. Der SS-Mann musste in seinen SS-Bunker laufen. Er durfte während des Alarms nicht im Lager bleiben und auf keinen Fall durfte er während des Alarms ins Lager gehen. Ein Alarm dauerte zwei bis drei Stunden, wir hatten also genügend Zeit, um das Magazin zu öffnen und das rauszusuchen, was wir zum Handeln brauchten: einen Pelzmantel, eine Jacke, einen kompletten Anzug, Seidenpyjama und Unterwäsche. Wir nahmen aus der Mitte, weil der SS-Mann besonderes Augenmerk hätte darauf richten können, was oben lag. Wir schoben eine Schicht Sachen beiseite und erst dann sahen wir die Kleidung durch. Die ausgesuchten Sachen versteckten wir in der Mitte, zwischen alten Sachen und Wäsche, die ganze Aufmerksamkeit war darauf gerichtet, sich zu merken, wo wir was reingesteckt hatten. Das war meine Rolle, denn Janusz konnte sich das nicht merken und wenn er selbst etwas versteckt hatte, erinnerte er sich, was, aber nicht wo, bis er es nach einer Zeit zufällig wiederfand.

Unser Blockältester wurde 1944 nach Gusen II versetzt, aber das war bereits nachdem ich zu Block 13 gewechselt hatte, in dem die Leute wohnten, die in den Tunneln arbeiteten. Er wurde am Tag der Befreiung von Häftlingen umgebracht. Kurz bevor ich Block 3 verließ, kam es zu zwei Vorfällen mit unserem Blockältesten.

Nach dem ersten Läuten hörten wir, wie er jemanden jagte. Er schrie: „Stehenbleiben!" – Schläge und Getrampel. Ein paar Minuten später stürzte der Blockälteste aus Block 24 herein – Ernst, in Hemd und langen Unterhosen. Er packte unseren Blockältesten, der noch in der Stube war, am Schlafittchen, schüttelte ihn und es hat nicht viel gefehlt und er hätte ihn geschlagen. Aus der *kapówka* stürzten die Kapos heraus und gingen dazwischen. Ernst schimpfte, dass der Blockälteste einen Jungen aus seinem Block geschlagen habe. Ernst war Sympathieträger der Polen. In seinem Block wohnten die Minderjährigen, um die er sich kümmerte. Er war ein Freund von Janusz Zakulski. Er hatte Janusz im Jahr 1941 verteidigt, als dieser mit dem Lagerältesten Becker Streit hatte. Becker rächte sich, indem er Ernst verpetzte, als dieser ein wenig Wodka getrunken hatte. Ernst war damals Lagerschreiber. Fürs Wodkatrinken hing er drei Stunden an den Armen und wurde zur Strafkompanie versetzt. Als die Strafkompanie ausgelöscht wurde, erkrankte Ernst an Typhus. Er wurde im Revier behandelt, und Janusz, der in dieser Zeit in der Lagerkanzlei arbeitete, bemühte sich damals um Zitronen, Apfelsinen und Lebensmittel und brachte sie ihm ins Revier. Als Ernst das Revier verlassen hatte, sagte er, dass er jetzt keine deutschen Kameraden mehr habe. Seine Kameraden und Freunde seien die Polen. Er hat ein paar Menschen umgebracht, aber nur Deutsche. Er war sehr stark. Angeblich war er Boxer und Ringer.

Als 1945 die Deutschen eingezogen wurden, schnitt sich Ernst mit dem Rasiermesser den linken Arm auf, streute etwas drüber und so entzündete sich das. Er wollte nicht zum Militär. Ernst war politischer Häftling mit einem roten Winkel. Wenn ich Brot oder Margarine brauchte und Janusz nichts hatte, schickte er mich zu Ernst und der gab so viel er konnte. Er blieb bis zum Ende Janusz' Freund und nach der Befreiung war er einer der wenigen Blockältesten, die am Leben blieben. Die anderen – die Verbrecher – wurden von den Häftlingen totgeschlagen.

Bei der Auseinandersetzung mit unserem Blockältesten, die ich erwähnt habe, schrie der Blockälteste Ernst, als dieser schon im Gehen war, hinterher:

„Wir werden sehen, wie weit du es mit deinen Polen bringst!"

„Bestimmt weiter als du!", antwortete Ernst. Und tatsächlich: Ernst überlebte, unser Blockältester wurde umgebracht.

Etwa zwei Tage später hörten wir nachts, dass vor unserem Fenster jemand geschlagen und getreten wurde und die Stimme unseres Blockältesten:

„Lasst mich leben, tötet mich nicht!"

Wer ihn umbringen wollte und wofür, das erfuhren wir nie. Wir wissen nur, dass das Selbstjustiz war, denn die Schläger waren Blockälteste aus anderen Blocks. Die nächsten zwei Tage lang zeigte sich der Blockälteste überhaupt nicht. Er kam nur zu den Appellen raus, grün und blau geschlagen hielt er sich kaum auf den Beinen.

Bevor ich zur Arbeit in die Tunnel geschickt wurde, sah ich noch, wie der Blockälteste einen meiner Bekannten schlug, der auch in unserer Stube wohnte – Mietek Kowalewski, ein Händler und Betrüger. Niemandem gab er irgendetwas umsonst. Er war der Meinung, dass es keinen Sinn hat, den Menschen etwas zu geben und wohlwollend zu ihnen zu sein, weil alle Menschen Scheißkerle sind. Wenn er etwas in der Tasche habe, brauche er keine Freunde. Wenn mir beim Arbeiten die Zigaretten ausgingen und ich vor Arbeitsende von ihm eine Zigarette borgte, musste ich ihm im Lager zwei zurückgeben – hundert Prozent Gewinn –, sonst borgte er mir keine. Einmal fragte ich ihn, ob er nie darüber nachgedacht hat, warum alle Menschen Scheißkerle sind.

„Vielleicht bist ja nur du ein Scheißkerl und deshalb meiden die Leute dich? Schau uns an“, sagte ich und zeigte auf meine Kameraden, die bei dem Gespräch dabei waren. „Jeder von uns hat viele Freunde. Wir leben, die Leute helfen uns dabei, viele Dinge zu besorgen, die wir brauchen, und wir sind anderen gegenüber auch wohlwollend. Und dir spiegeln die Menschen nur das, was sie von dir zu erwarten haben.“

Der Blockälteste wollte etwas zu rauchen von ihm haben und machte mit ihm sein Spielchen mit der leeren Tabakschachtel. Aber er gab ihm die Schachtel nicht selbst, sondern ließ sie durch einen seiner Leute übergeben. Kowalewski wollte die Schachtel nicht nehmen und als ihm gesagt wurde, dass das für den Blockältesten sei, sagte er wütend, dass der Blockälteste ihn am Arsch lecken könne. Ich weiß nicht, was für einen Grund der Blockälteste gefunden hatte, ihn zu schlagen, denn als ich die Stube betrat, lief die Exekution bereits – zur allgemeinen Freude der gesamten Stube. Der Blockälteste mit dem Ochsenziemer in der Hand, Kowalewski gebückt, und der Blockälteste schlug und freute sich, als ob er so einen Arsch noch nie geschlagen hätte. Freude bereitete allen, dass Kowalewski sich nach jedem Hieb aufrichtete, mit den Händen seinen Hintern packte, hochsprang wie ein Affe am Zaun, wobei er lustig quietschte. Der Blockälteste rief ihn wieder dichter heran und indem er ihm mit dem Ochsenziemer auf den Rücken und den Kopf klopfte, bedeutete er ihm, er solle sich bücken, wobei er ununterbrochen sein Entzücken über dessen Hintern ausdrückte. Das war tatsächlich ein gewaltiger Hintern, denn Kowalewski war klein, untersetzt, und hatte einen riesigen Hintern. Hätte er ein Dutzend Hiebe ohne Geschrei ausgehalten, hätte ihn der Blockälteste nicht so lange geschlagen, aber er hielt drei, vier Schläge aus und versuchte wieder quietschend und hüpfend zu entkommen. Mir fiel auf, dass niemand Mitgefühl für ihn hatte und dass sich alle über diese Szene amüsierten, der Blockälteste allen voran.

Im Jahr 1945 wurden Steinmetze nach Linz geschickt, um bombardierte Bahngleise zu reparieren. Sie waren zwei Wochen dort und kehrten schmutzig, hungrig und verlaust zurück. Ich schlug Stasiek Kornacki vor, zu den Steyr-Werkstätten zu wechseln. Er lehnte mit der Begründung ab, dass er sich an die Arbeit als Steinmetz gewöhnt hatte, weil er das seit 1940 tat, und er wolle das lieber bis zum Ende durchhalten.

Zwei Wochen später, als sie wieder verschickt werden sollten, kam er einen Tag vor der Abreise zu mir und bat mich, für seine Versetzung zu sorgen, weil er sich dieses Mal irgendwie fürchtete zu fahren. Ich machte mich an die Arbeit – und obwohl das einen Tag vor der Abreise war, arbeitete Kornacki ab dem nächsten Tag bei Steyr bei der Endkontrolle. Eine leichte Arbeit, im Sitzen. Er war sehr zufrieden mit mir. Für seine Versetzung hatte ich einen zivilen Mantel aus Gabardine gegeben.

Am gleichen Tag kam ein Kamerad zu mir und bat mich im Namen von Mietek Kowalewski, ihn zu Steyr zu versetzen – er selbst fürchte sich, mit mir zu sprechen, gebe mir aber für seine Versetzung fünfhundert Zigaretten.

„Sag ihm, selbst wenn er mir fünftausend Zigaretten geben würde, kann ich das für ihn nicht einrichten. Ich mache sowas nur für Kameraden und gute Menschen. Da bezahle ich sogar selbst, er aber soll sich jemanden suchen, der ihm das für Zigaretten besorgt."

Als 1944 der Oberbruch gänzlich geschlossen wurde, sprach mich Franek Zawadzki aus Warschau an, der oben als Minenarbeiter bei der Sprengung von Steinen tätig gewesen war. Wir kannten uns vom Sehen, weil er auch seit 1940 Häftling war, und 1944 lebten nicht mehr viele von denen. Er wandte sich an mich als alten Häftling mit der Bitte um Hilfe, weil er nach so vielen Jahren Aufenthalt im Lager bei der schlimmsten Arbeit gelandet war, an der sogenannten Wand, wo Steine in die Mühle eingeladen wurden.

Im Lager gab es ein Prinzip: „Respekt für einen alten Häftling." Es genügte mir, dass sich ein alter Häftling mit der Bitte um Hilfe an mich wandte, um ihm nach meinen Möglichkeiten zu helfen. Ich sorgte dafür, dass er zu Steyr versetzt wurde und Kontrolleur in Halle 13 wurde. Er lief von Maschine zu Maschine und kontrollierte mit Prüfsteinen die hergestellten Teile. Ich zahlte zwar für diese Versetzung, aber ich habe es geschafft.

An das Prinzip „Respekt für einen alten Häftling" hielten sich alle alten Häftlinge aller Nationen, die Kapos, die Blockältesten und die Funktionshäftlinge und so manches Mal bekam einer Schläge, der stark, frisch und wohlgenährt war – denn er war erst seit ein paar Tagen im Lager –, weil er einen alten Häftling grundlos geschlagen oder ihm anderweitig Unrecht angetan hatte. Meistens bekam er so eine Tracht Prügel, dass es ihm ein für alle Mal verging, einen alten Häftling zu verletzen. Wir waren nicht mehr viele und hatten schon so viel erlebt, dass es geradezu profan war, wenn so einer, der gerade erst ins Lager gekommen war, unter paradiesischen Bedingungen im Vergleich zum Zeitraum vor 1943, einen von uns schlug.

Im Jahr 1943 wurde ich zufällig zur Sonntagsarbeit eingeteilt, als mich ein SS-Mann zwischen den Baracken einfing. Ich arbeitete mit dem Spaten.

Ein vorbeigehender, mir unbekannter Kapo schaute auf meine Nummer und fragte, was ich hier mache.

„Ich wurde eingefangen", antwortete ich.

Er nahm mich mit sich und befahl mir, mit dem Spaten neben ein paar Kisten zu sitzen. Ich sollte auf sie aufpassen.

„Du hast schon genug gearbeitet", sagte er. „Jetzt sollen die anderen ein bisschen arbeiten, die neuen."

Im November 1944 stürzte an einem Sonntag Adam Kwiatkowski in den Block und fragte, ob ich nicht ein bisschen Brot habe, weil er auf dem Platz einen Freund aus Freiheitszeiten getroffen habe. Er war mit dem Wagen aus Gusen II gekommen, um in unserer Küche Essen zu holen – in Gusen II gab es noch keine Küche. Er bat mich auch um Schuhe, denn – so Adam – er sei barfuß, und hier war Matsch und es war schrecklich kalt. Ich gab Adam Brot, Margarine, eine Zwiebel und Schuhe. Als er gehen wollte, beschloss ich, ihn zu begleiten. Und gut so, denn wir retteten dem Jungen das Leben.

Er hieß Wacek Jagodziński – derzeit wohnt er in Legionowo bei Warschau. Jagodziński war vom Warschauer Aufstand ins Lager deportiert worden und sah schon aus wie ein Muselmann. Geschlagen und barfuß. Sie waren schon zum zweiten Mal gekommen, um das Mittagessen zu holen. Es stellte sich heraus, dass ihnen bei der ersten Runde jemand Schuhe mitgegeben hatte, die sie Gruszka hatten geben sollen, das war der Lagerälteste in Gusen II. Als sie angekommen waren, waren die Schuhe verschwunden. Jagodziński wurde beschuldigt. Gruszka verprügelte ihn, nahm ihm seine Schuhe weg und sagte, dass er, wenn sich seine Schuhe nicht einfinden, ihn, wenn sie zurückkommen, gleich umbringen werde. Es war schade um den Jungen, dachte ich, außerdem war er Adams Kumpel. Ich lief zu Janusz, Janusz gab mir einen Zettel an Gruszka auf Deutsch, auf den er schrieb, dass Jagodziński ein Freund sei, dass er ihn in Ruhe lassen solle, und dass er ihm nach dem Sonntag schöne Schuhe schicken werde. Ich gab diesen Zettel dem Kapo am Wagen, er sollte ihn Gruszka geben, und selbst schrieb ich mir die Nummer des Blocks auf, in dem Jagodziński wohnte.

Jetzt musste er weiter gerettet werden. Im Revier sorgte ich dafür, dass er wegen Durchfall aufgenommen wurde, denn anders konnte man nicht von Gusen II nach Gusen I verlegt werden. Wer ins Revier kam, wurde für diesen Zeitraum nach Gusen I verlegt, und nach seiner Genesung wieder zurück nach Gusen II geschickt. Aber dann war es bei entsprechenden Bekanntschaften leichter, ihn in Gusen I zu behalten. Als das Revier verabredet war, ließ ich ihm von Häftlingen, die nach Gusen II gingen, einen Zettel überbringen, auf dem ich ihn darüber informierte, was er tun soll. Als er dann ins Revier aufgenommen worden war, sorgte ich weiter dafür, dass sie ihn so lange wie möglich dortbehielten und besser ernährten, damit er sich erholen konnte und ein bisschen zu sich kam – und in dieser Zeit sorgte ich dafür, dass er einen guten Arbeitsplatz bekam. Ich brachte ihn in der Küche unter – mit Kazio Bodychs Hilfe. Erst als er bereits in der Küche war, sagte ich ihm, dass er mir Essen aus der Küche bringen muss – mit Zustimmung und Erlaubnis von Kazio. „Du hast es jetzt gut“, sagte ich zu ihm, „jetzt musst du etwas geben, weil andere auch Hilfe brauchen. Und wenn du mehr rausträgst, dann kannst du ernähren, wen du willst.“

Und er brachte Essen: Kartoffeln, getrocknete Zwiebeln und Pferdefett, das aus Knochen ausgekocht wurde. Bessere Produkte brachte er uns in meiner Trick-Büchse mit dem doppelten Boden. Trotz der Zustimmung des Kapos der Küche und der Unterstützung von Bodych war es mir lieber, das ganze Hin und Her unter Einhaltung von Vorsichtsmaßnahmen zu machen. „Hilf dir selbst, dann hilft dir Gott“, sagt ein göttliches Sprichwort. Jagodziński war später kräftig und wohlgenährt, er spielte sogar ein bisschen Fußball in einer der Lagermannschaften. Er vergaß nie, was ich für ihn getan hatte.

Die besseren Bedingungen und das bessere Essen führten dazu, dass ich wieder in Form kam, und das wiederum hatte Einfluss darauf, dass ich unnachgiebig wurde. Verwegen durchs Lagerleben – das war meine Devise. Als ich Muselmann gewesen war und trotzdem gegenüber Stärkeren nicht nachgegeben hatte, war ich geschlagen worden, aber die, bei denen ich hart geblieben war, versuchten eher, Auseinandersetzungen mit mir zu vermeiden, weil sie wussten, dass ich nicht nachgebe. Jetzt – da ich in voller Kraft stand – erging es denen, die sich mit mir anlegten, schlecht. Ich hatte darin Routine, Technik und Übung aus Czerniaków in Warschau, so dass ich auch mit solchen zurechtkam, die körperlich viel stärker waren. Krach im Lager gab es viel. Ich erinnere mich nur an die interessanteren Auseinandersetzungen.

Im Jahr 1944 stieß ich beim Verlassen der Toilette auf einen wohlgenährten Deutschen, der gerade vorbeiging – der gab mir sofort eins aufs Maul. Bevor er sich versah, bekam er einen Kopfstoß, dass er sich setzen musste – und dann begann ein Kampf, der wohl fünf Minuten dauerte. Er war stark. Ich steckte ein, aber er steckte mehr ein und schließlich nahm er die Beine in die Hand und rannte weg. Die Leute kamen zusammen, sie feuerten mich an und sagten, was ich machen soll. Sie betrachteten den Kampf aus nationaler Sicht: ein Pole gegen einen Deutschen – wer gewinnt? Nachdem der Deutsche weggelaufen war, belohnte mich das Publikum mit Applaus.

Kaziek Szymański aus Pommern arbeitete in der Küche und war in Block 23 Kapo der Stubenreiniger. Er sagte einmal in einer Auseinandersetzung, dass er mich töten würde, wenn ich seinen Block betrete. Er war stark und durchtrainiert. Ich ließ mir keine Angst machen, deshalb betrat ich an einem Sonntag vormittags absichtlich Block 23. Szymański war nicht da. Am Tisch spielten Leute Schach. Ich saß am Fenster, als Szymański hereinkam. Er sah mich, lächelte und mit diesem netten Lächeln kam er zum Tisch und ... donnerte mir so eine aufs Maul, dass ich gegen die Wand knallte, und er packte mich blitzschnell mit der linken Hand am Hals. Ich war schnell genug, mit der linken Hand seine rechte zu packen und mit meiner rechten seinen Hals. Er war im Vorteil, weil er stand, und ich saß auf einem Schemel, mit dem Rücken an die Wand gedrückt, mit seiner Hand am Hals. Ich strengte mich an und ... es gelang mir aufzustehen. Dabei ließ ich gleichzeitig seine Hand und seinen Hals los – mit der linken Hand packte ich ihn am Schlafittchen und zog ihn dicht an mich heran, und mit der rechten schlug ich ihm pausenlos ins Gesicht, dass er vollkommen neben sich war. Als ich ihn losließ, griff er mich nicht an, und ich verließ in Ruhe den Block. Draußen zog ich aus der Oberlippe einen abgebrochenen Zahn heraus, der mir durch ein Loch in der aufgeschlagenen Lippe durchgekommen war – eine Folge des ersten Schlages, den mir Szymański verpasst hatte.

Auf dem Weg zurück in meinen Block traf ich Adam, dem ich von meinem Abenteuer in Block 23 erzählte. Da kamen hinter den Blocks zuerst Szymański, der sich offensichtlich von den Schlägen erholt hatte, und hinter ihm ein paar Kapos hervor, darunter Karol Szmidt, der im Lager „Zigeuner" genannt wurde – ein richtiges Schwein – und einige andere „Freunde" von Szymański.

„Ich werde dir zeigen, wie man auf Warschauer Art prügelt!", schrie Szymański und der Kampf begann von vorn.

Dieses Mal überraschte er mich nicht. Er griff an und ich verteidigte mich nur. Ich fürchtete mich zuzuschlagen, weil sich die ganze Meute auf mich hätte stürzen können, aber ich hörte, wie jemand rief:

„Kaziek, mit dem Kopf! Kaziek, zeig ihm, wie Kopfstöße gehen!"

Dafür seid ihr zu klein, dachte ich. Der Kopf – das ist meine Spezialität. Ich täuschte eine Bewegung mit dem Arm vor und stieß mit dem Kopf zu. Der Stoß brachte ihn aus dem Gleichgewicht, so dass er sich ganz darauf konzentrierte, auf den Beinen zu bleiben, und ich schlug weiter mit dem Kopf zu und drückte ihn damit an die Barackenwand und erst dort fiel er hin. Ich wollte auf ihn rauftreten, aber ich trug weiche Schuhe – und in diesem Moment erwischte es mich gleich von beiden Seiten von denen, die Szymański zur Hilfe geeilt waren. Da zog ich mich zurück und es griff mich auch keiner mehr an.

Als ich bei den Tunneln arbeitete, gab ich einmal einem Typen einen Kopfstoß, der sich mir in den Weg gestellt hatte. Ich erinnere mich deshalb daran, weil er, als er sich nach dem Stoß setzen musste, mit verwunderter Miene fragte:

„Was, du drischst, du Mistvieh, du drischst?"

Mir wurde geraten, mich zu verstecken, weil dieser Junge das „Fräulein" eines Kapos war – deshalb hatte er sich mir gegenüber so aufgeführt. Ich kletterte im Tunnel auf ein Gerüst. Ein paar Minuten später ging er zusammen mit seinem Kapo-„Herrn" herum, sie suchten mich, fanden mich aber nicht.

Als einmal ein Russe auch einen Kopfstoß von mir bekam, drohte er mir, er würde mir erst noch zeigen, wie man mit dem Kopf stößt. Ein anderer, der neben mir stand, fragte verwundert:

„Wird in Polen auch mit dem Kopf gestoßen?"

Als dann täglich Alarm war und wir in den Tunnel gescheucht wurden, wurde oft das Licht gelöscht. Das gab mir die Gelegenheit zu einer gewissen „Operation". Wenn wir in den Tunnel hineingingen, wurden wir von allen Seiten geschlagen, weil der Eingang eng war und es viele Leute waren. Immer lagen ein paar Ermordete „als Beispiel" vor dem Eingang.

Als einmal jemand im Flur am Eingang stürzte, entstand ein riesiger Haufen von Menschen, die aufeinander herumtrampelten. Ich war damals kräftig, deshalb riss ich die Beine hoch und lief über den Menschenhaufen drüber und weiter in den Tunnel hinein. Auf den Wagen, die im Tunnel standen, stand ein Blockältester und scheuchte die Leute mit einem Knüppel hinein, indem er einmal auf der einen Seite der Wagen und einmal auf der anderen schlug. Da ging das Licht aus. Trotzdem waren das Geschrei des Blockältesten und die Knüppelschläge im Dunkeln zu hören. Ich war direkt neben den Wagen. Und ich hielt es nicht aus. Gebückt drückte ich mich an den Wagen. Gebückt, um den Knüppel nicht auf den Kopf zu bekommen. Als ich am Rand der Kipplore einen Schuh ertastete, zog ich mit ganzer Kraft an dem Bein. Er fiel zwischen die Wagen, und ich stürzte mich in die Menge und ließ mich weiterschieben. Es stellte sich heraus, dass der Blockälteste zwischen die Wagen „gefallen" war und sich den Arm gebrochen hatte.

Ein anderes Mal, als wir uns im Dunkeln im Tunnel vorwärtsbewegten, wo es eng war, ging das Licht aus. Da ging ich zusammen mit ein paar Kameraden zur Wand, wo wir uns hinsetzen wollten. Ich streckte die Hand aus, da war die

Wand, aber von unten gab mir jemand einen heftigen Tritt und fluchte, sagte, ich solle weitergehen. Er schimpfte auf Deutsch.

„Jungs“, rief ich. „Macht Licht, ich will eine »Kastanie« verprügeln.“

So wurden manchmal Deutsche genannt.

Da gingen zwei Feuerzeuge an, in deren Licht ich den sah, der mich „höflich“ von der Wand weggebeten hatte. Ich packte ihn am Kragen ... und der Rest war klar. Im Lichte von zwei Feuerzeugen. Als die Feuerzeuge ausgemacht worden waren, schoben wir uns weiter und hatten an diesem Abenteuer eine Menge Freude, weil der Deutsche sich so geirrt hatte. Hätte er gewusst, dass er verdroschen wird, hätte er bestimmt nicht angefangen. „Die Herren der Welt“ – verdammt nochmal. Selbst im Lager hielten sich die, die einsaßen, für etwas Besseres. Interessanterweise wurden kräftige Menschen, die gesund und gut gekleidet waren, nicht so geschlagen wie hungrige und schwache arme Schlucker. Muselmänner waren für sie keine Menschen mehr, sondern Ungeziefer, das vernichtet werden musste. Wenn wir in den Tunnel hineingetrieben wurden, schlugen sie uns mit Knüppeln, indem sie Spalier standen, auf beiden Seiten des Einganges. Die Menschen rannten und sie schlugen. Wenn ich hinging, rannte ich nicht, sondern ging schnellen Schrittes, und zwar nicht in der Mitte, sondern am Rande, direkt neben den Schlägern. Sie schlugen mich nie. Die Kapos und die Blockältesten kannten mich aus dem Orchester, aber die SS-Männer kannten mich nicht. Trotzdem warteten sie mit erhobenem Knüppel, bis ich vorbei war, und schlugen erst den nächsten. Ich war für sie ein Mensch, ich war wohlgenährt und gut gekleidet. Die, denen es gut ging, wurden besser behandelt. Und die, denen es sehr schlecht ging, wurden auch überall schlecht behandelt – sie waren das materielle Kontingent für das Krematorium.

In der Steinmetzhalle bekam ab und an auch jemand etwas aufs Maul. Einmal wollte mir ein deutscher Steinmetz keinen Balken geben zum Unterlegen unter den Stein, obwohl er mehrere hatte, die an der Wand angelehnt standen und die er in dieser Zeit nicht brauchte. Keiner hatte den Mut, sie dem Deutschen wegzunehmen – ich aber tat es. Als wir beide den Balken festhielten, erinnerte er mich selbst daran, indem er mit dem Kopf eine charakteristische, aber ungelenke Bewegung in meine Richtung machte und sagte:

„Vielleicht stößt du ja mit dem Kopf zu?“

Kaum hatte er das gesagt, bekam er schon besagten Kopfstoß. Ich nahm den Balken, und einige Minuten später polierte mir der Kapo die Fresse dafür, dass ich einen Deutschen geschlagen hatte.

Bis 1943 wurde man für ein solches „Verbrechen“ umgebracht, 1943 konnte ich mir das leisten für den Preis, Schläge ins Gesicht zu bekommen, und 1944 und 1945 durfte ich Deutsche bereits straffrei fertigmachen.

Bei meinen Kameraden war ich so für diese Kopfstöße bekannt, dass – wenn ein Deutscher ans Fenster kam, mit dem ich ein Geschäft machen wollte, und er nicht wusste, wie ich heiße –, er sagte, dass er mit dem sprechen wolle, der mit dem Kopf stößt.

„Stasiek!“, rief ein Kamerad. „Komm her, hier ist ein Deutscher für dich.“

Den letzten Deutschen verdrosch ich am 3. Mai 1945 – zwei Tage vor der Befreiung, als die SS-Männer sich bereits darauf vorbereiteten, das Lager zu verlassen. Ich stand an der Maschine, neben mir stand Mundek Tomaszewski, der in meine Halle gekommen war, um mich etwas zu fragen. Als wir uns unterhielten, schlug mir jemand kräftig seine Faust in die Seite. Ich drehte mich um. Da stand ein Deutscher, der die Halle auskehrte, und mit einer Handbewegung zeigte, dass wir von der Maschine weggehen sollen.

„Was ist?“, fragte ich wütend.

„Was soll denn sein?“, antwortete er und schob sein Gesicht dicht an meins.

Ich schubste seine Fresse mit der offenen Hand weg. Da schnappte er sich ein Stück Stahl. Ich sprang auf ihn zu, riss ihm das Stück aus der Hand, packte ihn an der Kleidung und knallte ihn einmal gegen die Maschine, einmal gegen die Wand, gegen die Maschine, gegen die Wand. Ich wischte mit ihm die ganze Pfütze Öl auf, die er aufwischen sollte. Als ich ihn endlich losließ, floh er aus der Halle, wobei er mir drohte. Tomaszewski war verzweifelt.

„Stasiek, was machst du denn? Sie werden dich dafür jetzt am Ende noch umbringen.“

„Was denn“, sagte ich, „soll ich mir gefallen lassen, dass mir so eine Kreatur in die Seite haut? Er will, dass ich von der Maschine weggehe? Dann soll er es sagen. Weil er es anders gesagt hat, habe ich ihm gezeigt, dass ich selbst fegen kann. Schau mal – die Pfütze ist weg.“

„Ich sehe nach, wohin er gegangen ist“, sagte Mundek.

Nach ein paar Minuten kam er zurück und sagte, dass er sich beim Schuppen aufgehalten hatte, in dem die SS-Männer Dienst schoben, aber diese seien sehr beschäftigt mit etwas gewesen, so dass er gewartet und gewartet hätte und schließlich weggegangen sei.

Das war um neun Uhr gewesen und um zehn Uhr verließen die SS-Männer das Lager, und ließen uns unter der „Aufsicht“ von Wiener Polizisten zurück, von denen der jüngste vielleicht sechzig Jahre alt war.

Das ganze Jahr 1943 bis Mai 1944, das heißt bis ich zur Arbeit in die Tunnel geschickt wurde, machte ich Einkäufe für Heniek B. Ich verkaufte ihm Fett aus meinen Paketen gegen Brot – zum jeweiligen Kurs. Heniek hatte viel Brot, aber wenig Fett. Ich lieferte ihm Butter, Schmalz, Bauchspeck, Speck – manchmal auch etwas Fleisch für Brot. Ich verkaufte ihm das, was M. und ich in Paketen bekamen, und wenn es zu wenig war, dann kaufte ich von anderen. Wir gingen davon aus, dass Brot die Grundlage ist und erst zum Brot braucht man Fett. Ein Problem war, dass ich diese Dinge selbst abholen und ins Lager tragen musste, und am Tor kam es oft zu Durchsuchungen – stichprobenweise. Von der Steinmetzhalle aus lief ich auf einer schmalen Treppe hinunter zu den verbotenen Stellen. Dort waren das Brot-Magazin, der SS-Friseur, die Wäschekammer der SS, in der Heniek Dienst hatte, und die Kommandantur. Hier waren immer viele SS-Männer unterwegs. Ich ging immer selbstsicher, damit mich niemand fragte, wohin ich gehe und was ich da will. Heniek gab mir zwei Laibe Brot, die ich quer teilte, so dass ich vier flache Hälften hatte, zwei mit der oberen Brotrinde und zwei mit der unteren. Zwei solche Hälften schob ich mir unter den Pullover, den ich in die Hose steckte, damit mir das Brot nicht rausfiel. Die anderen beiden Hälften steckte ich in meinen Gürtel und den zog ich fest zu – und darüber zog ich den Mantel. Es war nicht zu sehen, dass ich zwei Laibe Brot bei mir hatte.

Eines Tags, als ich das Brot bereits eingesteckt hatte, stürzte ein SS-Mann, der Chef des Magazins, herein.

„Was macht der hier?“, fragte er B. und zeigt auf mich.

„Das ist der, der mir verschiedene Dinge bringt, die wir hier brauchen und ich muss ihm dafür Brot geben“, antwortete Heniek.

„Dann gib ihm welches“, sagte der SS-Mann.

„Habe ich schon“, sagte Heniek, „zwei Laibe Brot.“

Der SS-Mann schaute sich mich von Nahem und von allen Seiten an.

„Ihr seid mir Organisatoren“, sagte er anerkennend. „Wo hat er denn das Brot?“

„Darüber sprechen wir lieber nicht, das brauchen Sie nicht zu wissen“, beendete Heniek das Gespräch.

„Hau ab, aber pass auf, dass Seidler dich nicht erwischt.“

Seidler war der Lagerkommandant – ein großes Schwein, ein Mistvieh und ein Verbrecher. Ihm zu begegnen, war fast wie dem Tod auf seinem Weg zu begegnen. So manches Mal habe ich gesehen, wie er Leute fertigmachte, die er bei irgendeinem Vergehen erwischt hatte.

Einmal, als ich das Brot schon eingesteckt hatte, wies einer der Leute, die im Magazin arbeiteten, darauf hin, dass er Seidler gesehen habe, wie der in die Baracke der Kommandantur gegangen sei. Die Kommandantur stand in einer Linie mit der Wäschekammer. Wenn ich das Magazin verließ, ging ich nach rechts, die Baracke entlang, kam zur Baracke der Kommandantur, hier bog ich nach links ab zwischen zwei Baracken und lief die Treppe hoch, direkt zur Seitentür der Bude, in der ich bei Chałupka arbeitete.

Damit ich nicht auf den Kommandanten traf, schickte Heniek einen seiner Männer los, Wiktor Wojtkowiak aus der Gegend um Poznań, damit er schaut, ob „die Luft rein“ war. Als ein paar Minuten vergangen waren und Wiktor nicht zurückkehrte, schaute Heniek aus der Baracke hinaus und sagte mir, ich solle gehen. Als ich zur Kommandantur kam, stand Wiktor in der Giebeltür. Als er mich erblickte, wurden seine Augen unnatürlich groß und er sagte halblaut: „Um Himmels willen!“, und da zeigte sich hinter ihm Seidler, zehn Meter entfernt von mir.

Als ich ihn in der Tür erblickte, tat ich so, als würde ich ihn nicht sehen, und mit normalem, schnellem Schritt, als hätte ich es eilig, bog ich zur Treppe ab. Ich musste so tun, als sehe ich ihn nicht, denn sonst hätte ich die Mütze vor ihm ziehen müssen und dadurch seine Aufmerksamkeit auf mich gezogen. Ich ging weiter und hörte, dass Seidler hinter mir ging. Ich ging die Treppe hinauf, er ging auch die Treppe hinauf. Ich nahm zwei Treppen und hörte, dass er es auch tat. Ich schaute mich nicht um und er rief mich nicht. Vielleicht verfolgt er mich gar nicht, dachte ich, und geht nur in dieselbe Richtung. Als ich oben angekommen war, ging ich sofort durch die Schuppentür, knallte sie hinter mir zu und im Laufschritt rannte ich schnellstens quer durch den Schuppen – durch die andere Tür und kroch zwischen riesige, bereits fertige Steine, die mit einem speziellen beweglichen Lift aufeinandergelegt wurden, und die wir so aufstellten, dass von außen eine Spalte war, durch die sich ein Mensch knapp hindurchzwängen konnte, und da drinnen waren unsere Räume, in die locker mehrere Personen hineinpassten. Das war unser Schlupfwinkel und in so einen bin ich damals reingeschlüpft. Ich saß dort länger als eine halbe Stunde. Schließlich kam ich heraus und fragte im Schuppen, ob Seidler hier war. Da stellte sich heraus, dass er mich doch verfolgt hatte, er hatte gefragt, wo der sei, der eben reingekommen war. Sie hatten ihm gesagt, dass er reingekommen, aber durch die andere Tür wieder hinausgegangen war. Er steckte den Kopf hinaus, schaute sich um und sah niemanden. Eine Stunde später kam Czesiek Turowski von Heniek zu mir, um zu schauen, ob Seidler mich geschnappt hatte.

„Wir haben durchs Fenster gesehen, wie er dich verfolgt hat“, sagte er. „Ich habe schon dich, Heniek und mich am Tor stehen gesehen. Ich habe schon gesehen, wie sie uns auf den Prügelböcken schlagen, wie sie uns an den Händen aufhängen.“

„Aber siehst du, es hat geklappt“, sagte ich. Und ich ging weiter Brot holen.

B. gab mir ein schönes Badehandtuch und ein Laken, mit dem ich später Probleme hatte, weil uns alle Laken weggenommen wurden, selbst den Kapos und den Blockältesten. Es wurde angekündigt, dass der, bei dem ein La-

ken gefunden wird, fünfzig Hiebe auf den Hintern bekommt. Einige Male machten die SS-Männer flüchtige Kontrollen, aber nur in der *kapówka* und vorn in der Stube, dort wo meistens die Prominenten wohnten. Ich hatte mich damals schon ans Ende der Stube verzogen. Dort konnte man sich leichter verstecken und ich konnte in Ruhe durchs Fenster Essen verteilen.

Im November 1943 kam ein Transport aus Mauthausen. Diese Menschen waren aus Auschwitz gekommen und nur ein paar Stunden in Mauthausen gewesen. Dieser Transport unterschied sich von anderen, weil die Häftlinge nur mit Holzschuhen, Hemden und langen Unterhosen bekleidet waren, und das Wetter war genauso schwierig wie am 13. November 1941, als wir damals nach der Flucht eines Häftlings auf dem Appellplatz hatten stehen müssen. Ich hatte schon einen Pullover und einen Mantel an und mir war kalt, und diese Menschen standen mehrere Stunden auf dem Platz – sie wurden notiert und gruppenweise ins Bad gebracht. Erst nach dem Baden erhielten sie am späten Abend Kleidung und wurden im Block 16 untergebracht, zur Quarantäne.

Unter diesen Menschen fand ich einen Bekannten, mit dem ich vor dem Krieg in einer Fabrik gearbeitet hatte, Józef Bielak aus Warschau. Obwohl man an sie nicht herankam, gab ich ihm jeden Tag durch das Fenster der *kapówka* von Block 15 ein Portion Brot und einige Zigaretten. Von der Stube aus konnte man es nicht geben, weil in den Fenstern ein dickes Netz war, damit kein Kontakt zu den Menschen in Quarantäne aufgenommen werden konnte. Als die Quarantäne abgeschlossen war, half ich ihm noch lange Zeit hindurch. Einmal sah ich ihn auf dem Markt Brot für Zigaretten verkaufen. Als ich ihn fragte, warum er das mache, antwortete er, dass, wenn er von mir eine Schüssel Suppe bekommt, er problemlos ein Stück Brot verkaufen könne.

„Alles, was du hast, ist noch zu wenig, um zu überleben. Du darfst nichts verkaufen. Von mir bekommst du vier Zigaretten täglich, das sollte dir genügen. Wenn ich noch einmal sehe, dass du Brot verkaufst, gebe ich dir keins mehr."

Ich sah ihn noch einmal und sprach ihn wieder an, und als ich ihn ein drittes Mal erwischte, hörte ich auf, ihm Brot zu geben. Ich sagte ihm, dass ich gern klugen Menschen helfe, die schlau um ihr Leben kämpfen, nur nicht zurechtkommen.

„Aber wenn du dumm bist, krepierst du sowieso, deshalb ist es schade um das Essen, das ich dir gebe. Ich werde es jemandem geben, dem es dabei helfen wird, die Gefangenschaft zu überleben."

Er flehte mich an, und sagte, dass er kein Brot mehr verkaufen werde, aber es half nichts, ich gab ihm keins mehr. Ich sah ihn später noch. Er war ein Muselmann geworden, aber er überlebte und wir haben uns schon öfter in Warschau getroffen.

Mit diesem Transport kam auch Janusz Szałapski aus Klarysew, in der Nähe von Warschau – ein junger Mann, der mit seinem Vater zusammen hier war. Ich lernte ihn zufällig kennen. Er erzählte mir vom Leben im besetzten Warschau und ich half ihm bis zu dem Moment, als sein Vater bei der SS als Friseur zu arbeiten begann. Von da an ging es ihnen gut. Ich half ihnen noch einmal, als sie in Not waren, weil Janusz mit einem Transport in ein anderes Lager gebracht werden sollte. Ich sorgte dafür, dass er mit seinem Vater zusammenblieb. Sie überlebten und leben in Klarysew.

Mit diesem Transport kam auch Heniek Gajger aus Otwock. Ihn lernte ich erst im Februar 1944 kennen, als in Halle 19 mit einem Wagen Steine gebracht wurden und er zusammengekrümmt an dem Wagen stand. Er fror, weil man ihm die Schuhe gestohlen hatte. An den Füßen hatte er nur Bretter, die mit einer Schnur festgebunden waren, und draußen war Sauwetter – der Schnee war plötzlich geschmolzen. Ich ging zu seinem Kapo – das war Karol Schmidt, derselbe, der bei meiner Schlägerei mit Kaziek Szymański dabei war, und bat ihn, Gajger für diesen Tag in unserer Halle zu lassen, weil er keine Schuhe hatte und ich ihm abends welche geben würde. Ich gab ihm Schuhe mit einer Holzsohle und bemühte mich darum, dass er fest für den Wagen eingeteilt wird, mit dem die Steine für uns zur Bearbeitung gebracht wurden. Bald darauf bekam er regelmäßig Lebensmittelpakete und ein Bekleidungspaket. Viele seiner Habseligkeiten ließ er durch mich aufbewahren, weil er befürchtete, dass man ihn im Block bestehlen könnte. Etwa im Mai wurde er sehr krank und kam ins Revier. Es stellte sich heraus, dass er Tuberkulose hatte. Wir spielten im Revier bei Janek Kolmasiak, ich bat ihn dann immer, dass er dazu kommt. Janek sagte, dass Gajger große Pakete bekam und obwohl er nicht essen konnte, gab er niemandem etwas, sondern versteckte die Produkte in seinem Strohsack. Als ich ihn das letzte Mal sah, war er nur noch Haut und Knochen. Kurz darauf wurde er zum „Bahnhof" geschickt und starb dort den Hungertod, und sein Strohsack war bis zur Hälfte mit Brot, Fett und Wurstwaren aus den Paketen gefüllt, wovon sich das meiste nicht mehr zum Essen eignete. Ich denke, dass er sich über seinen gesundheitlichen Zustand nicht im Klaren war und dass er das Essen in seinem Strohsack aufhob, damit er, wenn es ihm besser ginge, genug haben würde, um sich zu ernähren und wieder einen normalen Zustand und Vitalität zu erlangen.

Im Winter 1943/1944 wurde Stasiek M. zur Arbeit in das SS-Revier als Masseur versetzt. Eine Zeitlang wohnte er noch in Block 3, später wurde er in Block 2 verlegt – in den Prominentenblock. Dort wohnte er allerdings nur einige Wochen und wurde dann wieder zu Block 3 und zur Arbeit als Steinmetz versetzt. Er war aus dem SS-Revier gejagt worden. M. sagte, er sei rausgeworfen worden, nachdem seine Papiere überprüft worden waren. Davor habe er noch zu einem politischen Verhör gehen müssen. Angeblich hielten sie ihn für gefährlich und aus diesem Grund hatte er nicht das Recht, bei der SS zu arbeiten. Er hatte Angst, dass sie ihn umbringen wollen, aber es kam nicht dazu. Ich glaubte nicht so recht an das, was er erzählte. Wenn M. nach 1940 ins Lager gekommen wäre, hätte ich ihm glauben können, aber er saß seit 1940. Alle, die als „gefährlich" galten, wurden 1940 in Mauthausen erschossen. Zu diesem Zwecke waren auch Häftlinge aus Gusen gebracht worden. In Gusen hatte man lange gedacht, dass die, die aufgerufen und nach Mauthausen gebracht werden, entlassen würden und man hatte sie beneidet. Erst als wir im Januar 1941 nach Gusen kamen, erfuhren wir, wie die „Entlassung" ausgesehen hatte.

In dieser Zeit, als Stasiek M. in Block 2 war, haben wir weiter geteilt. Nachdem M. zurück zu Block 3 gekommen war, tat er sich mit Gienek Kuczyński aus Piastów zusammen; das war der, der jeden Tag ein ein Kilogramm schweres Paket erhielt. Das Essen und unsere gesamten Einträge teilten wir weiterhin zur Hälfte, aber Stasiek ging immer zu Kuczyński und da machten sie sich allein Kartoffeln, Soßen und anderes köstliches Futter. Stasiek verfügte über seinen Teil und ich über meinen, bloß dass meine Einlage wesentlich größer war, aber ich sagte nichts und ich bedauerte das nicht, weil ich immer daran dachte, dass er mir in der Zeit, als ich es wirklich schwer hatte, geholfen hatte. Ich denke nicht darüber nach, dass ich sicherlich anders zurechtgekommen wäre. Tatsache ist, dass er mir geholfen hat, was auch immer seine Motive waren, – und das werde ich ihm nie vergessen.

Als wir im Mai 1944 zu den Tunneln strafversetzt wurden, arbeitete M. dort nur zwei Wochen und in dieser Zeit wohnten wir in Block 13, wo die in einer Gruppe zusammenlebten, die in den Tunneln arbeiteten. Nach zwei Wochen bemühte sich M. um eine gute Arbeit für sich als Verwalter im Magazin mit Carbid, Sauerstoffflaschen und anderen Teufeln. Er hatte Dienst in einem Schuppen an der Bahnrampe. Im Sommer war das eine gute Arbeit. Im Winter fegte der Wind durch den Schuppen, weil hier riesige Ritzen zwischen den Brettern waren. Nein, er dachte nicht daran, mich aus dieser fürchterlichen Arbeit herauszuholen, aber ich kam irgendwie zurecht.

Als er zum Magazin gekommen war, wechselte M. wieder den Block, aber wir teilten weiterhin unsere Einnahmen und die Pakete zur Hälfte. Ihm war diese Aufteilung recht, und ich hatte trotz allem genug für mich und half noch anderen. Schnell fiel mir auf, und meine Kameraden sagten mir es auch, dass M. den ihm zustehenden Teil aus meinen Paketen und von meinen Einnahmen nahm, aber seinen Teil versteckte, und der Form halber nur den Inhalt mancher, schlechterer Pakete mit mir teilte, und dann auch nicht alles. M. war unter den Kameraden nicht beliebt und nun sprachen manche auch noch sehr schlecht über ihn. Ich beobachtete das auch und befand, dass er mich unverschämt betrog.

Mitte Juni – kurz nachdem die zweite Front eröffnet wurde – konfrontierte ich ihn mit dem, was ich über ihn wusste und dachte. Ich sagte ihm, dass Kuczyński ihn mit einer Schüssel Kartoffeln mit Soße gekauft hat.

„Wenn du mich jetzt betrügst, wo wir noch von allem genug haben, wie kann ich dann auf dich zählen, wenn die Bedingungen im Lager schlechter werden?“, fragte ich.

Und da antwortete er mir so klug, dass das für mich eine Lehre war und zur Devise meines Verhaltens bis an mein Lebensende wurde. Er sagte verwundert:

„Du zählst auf mich? Ach, du bist aber dumm. Lerne, im Leben nur auf dich selbst zu zählen.“

Und da hatte er recht. Ich hörte auf, mich auf andere zu verlassen, umso mehr Freude bereitete mir jeder Fall menschlichen Wohlwollens und uneigennütziger Hilfe. Und so trennte ich mich von M. und begann, mit Janusz Zakulski zusammenzuhalten, der zu dieser Zeit bereits Leiter der Wäschekammer für Häftlinge war und kurz darauf Leiter der gesamten Bekleidungskammer wurde.

Als im Winter diejenigen, die unter einem Dach arbeiteten, keine Pullover und Mäntel bekamen, wandte sich M. mit der Bitte an mich, ihm eine warme Winterjacke zu besorgen. Er hatte einen langen schwarzen Pullover mit Ärmeln, den ihm seine Mutter im Paket geschickt hatte.

„Ich muss oft auf die Rampe rausgehen und ohne Jacke friere ich. Im Schuppen ist es auch kalt, weil große Ritzen zwischen den Brettern sind, und Feuer darf ich nicht machen, weil da Carbid und Sauerstoffflaschen stehen, die würden explodieren. Ich zähle auf dich, weil du Beziehungen hast und es dir vielleicht nicht viel Mühe macht.“

Mit diesem Geschwätz wandte er sich an mich. Während er redete, sah ich ihn die ganze Zeit mit einem ironischen Lächeln an, und als er sagte „ich zähle auf dich“, hatte ich große Lust ihm mit diesen Worten zu antworten: „Du bist dumm. Lerne, im Leben nur auf dich selbst zu zählen“. Ich hielt mich zurück. In dem ganzen Gespräch sagte ich nur ein einziges Wort: „Gut.“ Abends sagte ich Janusz, dass ich eine gute Jacke brauche.

„Für wen?“, fragte er.

„Für M.“

„Dieses Arschloch bekommt von mir nichts“, sagte Janusz wütend. „Dafür, wie er mit dir umgegangen ist? Nein, er bekommt nichts.“

„Janusz, mach schon. Schau mal, er ist ein großer Intelligenzler, der mich für einen Rabauken aus Czerniaków hält. Deshalb werde ich ihm zeigen, dass ein Rabauke mehr Charakter hat als solche Intelligenzler wie er. Wer weiß, vielleicht denkt er jetzt noch, dass ich so dumm bin, dass ich ihm eine wertvolle Jacke umsonst gebe, aber sei es drum. Schau mal, Janusz, er hat mir einmal geholfen, und ich vergesse sowas nicht.“

Janusz gab mir eine schöne Jacke, eine Jacke, die mit Schafsfell gefüttert war. Am nächsten Tag ging ich zu M. und gab sie ihm wortlos. Ich wollte nicht sein falsches, mir bekanntes Gesicht sehen und Dankesworte hören.

Bald darauf kam er wieder zu mir mit einer anderen Bitte. Er und Kuczyński brutzelten sich täglich zum Abendessen etwas und wollten gern ein bisschen süßen Kaffee am Abend trinken.

„Du bekommst doch welchen in der Küche, da könntest du für uns noch eine Schüssel Kaffee mitbringen.“

Ich antwortete ihm:

„Ja, könnte ich, aber schau mal, ich nehme eine bestimmte Litermenge an Essen aus der Küche. Wenn ich jeden Tag einen Liter Kaffee für euch hole, dann habe ich weniger Suppe. Ihr schlagt euch den Magen mit guten Sachen voll und wollt süßen Kaffee trinken, aber die Suppe bekommt ein hungriger Mensch, dem diese Suppe vielleicht das Leben rettet. Ich könnte in der Küche noch um einen Eimer Suppe täglich bitten, aber um eine Schüssel süßen Kaffee kann ich nicht bitten. Ich selbst trinke nicht täglich süßen Kaffee – nur sonntags.“

„Dann könnte ich sonntags zu dir kommen und Kaffee holen?“, fragte M.

„Gut, komm.“

Und trotzdem gab ich ihm jeden Sonntag eine Schüssel süßen Kaffee, sehr süßen Kaffee. Was soll ich tun, das ist eben mein Charakter. Gienek Kuczyński war ein sehr guter Kerl, den ich sehr mochte. Ich warnte ihn, dass M. ihn übers Ohr hauen wird. Er glaubte es nicht. Er sagte, es sei nicht leicht, ihn übers Ohr zu hauen. Ich traf ihn nach der Befreiung in Linz, er verfluchte M. mit allen möglichen Schimpfwörtern. Sie hatten etwas zusammen organisiert und M. hatte alles genommen und sei geflohen. Auf diese Weise hat er ihm für die Kartoffeln mit Soße und die Freundschaft gedankt.

Interessant verbrachte ich mit Adam Kwiatkowski Neujahr 1944. Es kamen ein paar Deutsche zu uns – Kapos und Blockälteste – und baten uns, mit ihnen mitzukommen und zu spielen und das Neue Jahr zu begrüßen. Adam und ich gingen mit, wir spielten einen Marsch, unsere Gönner

wünschten allen, die in der *kapówka* wohnten, ein gesundes Neues Jahr. Sie sagten ihnen auch, dass sie uns fürs Spielen ein paar Zigaretten geben sollten. Sie gingen selbst an die Spinde, holten ein paar Päckchen Zigaretten heraus und gaben sie uns. Einer von ihnen lud die Liegenden ein, mit uns mitzukommen. Wenn die zögerten, kippten sie die Betten um und so fielen die heraus, die darin schliefen. Ein paar zogen sich an und kamen mit uns mit. Genau dasselbe wiederholte sich im nächsten Block. Unsere Gruppe wurde größer. Jetzt gingen sie nicht mehr in die Blocks, um fürs Neue Jahr alles Gute zu wünschen, das taten sie erst, nachdem sie die *kapówka* demoliert hatten. Leise betraten sie den Block, stellten sich vor der Tür der *kapówka* auf und auf ein Signal hin begannen wir, den Marsch zu spielen, und alle stürzten mit einem unglaublichen Gepfeife und Geschrei in die *kapówka* und kippten blitzschnell alle Betten samt Inhalt um. Die einen lachten, zogen sich an und schlossen sich an, andere schimpften, aber denen wurde noch mehr zugesetzt. Als Kapo van Loosen uns beschimpfte, steckte einer dessen Kopf überraschend in einen Eimer mit Wasser, zur allgemeinen Freude aller. In jedem Block ordneten sie an, uns zu bezahlen. Als in Block 17 der Blockälteste sagte, wo die Zigaretten waren und dass sie sie uns geben sollen, holte ein anderer Blockältester mehr heraus als er sollte, und obwohl der Eigentümer schimpfte, half es nichts, er gab sie uns und verlangte nicht, dass wir sie zurückgeben. So liefen wir alle Blocks ab. Es blieb noch Block 12, in dem Ernst Blockältester war. Alle schlichen sich leise heran. Der Block schlief. Überall war es still. Als die ersten fast an der Tür waren, wurde ein Eimer Wasser auf sie gekippt. Ernst ließ sie nicht an die Tür gehen. Er hatte Eimer mit Wasser vorbereitet und kippte sie aus, sobald jemand näherkam. Die, die nass geworden waren, begannen zu schimpfen. Ich ahnte, dass es Krach geben würde und fand, dass es besser war zu verschwinden. Ich gab Adam ein Zeichen und wir seilten uns von der ganzen Bande Kapos und Blockältesten ab. Wir gingen zu mir in den Block und dort teilten wir im Dunklen die Zigarettenschachteln auf. Ich erinnere mich nicht, wieviel das genau war, aber es war viel. Ich riss eine Jackentasche auf und steckte die Zigaretten, die wir bekommen hatten, in das Jackenfutter. Ich hatte in allen Taschen und im gesamten Futter Zigarettenschachteln. Die Begrüßung des Neuen Jahres war gelungen.

Im Steinbruch bemühte ich mich immer, eine interessantere Beschäftigung als die Arbeit zu finden. Heimlich kochten wir uns zwischen den Steinen besseres Mittagessen, und mein Mittagessen, das ich bei der Arbeit bekam, trug ich an den Stacheldraht zu Steyr und gab es Mundek Tomaszewski.

Ich hatte gelernt, schnell und gut zu arbeiten. Ich arbeitete mit Tadek Starczewski auf ein gemeinsames Konto, einmal auf meins, im nächsten Monat auf sein Konto. Ich kaufte auch fertige Steine von anderen und schrieb sie auf mein Konto. Tja – ich hatte es gelernt, Arbeit zu vermeiden, und das konnte ich gut. Es gab Kameraden, die nannten mich „König der Tagediebe", also König derer, die Arbeit erfolgreich umgingen.

Wir wurden in einer Gruppe von etwa zwanzig Personen nach Lungitz gebracht, wo in einer ehemaligen Ziegelbrennerei ein Magazin eingerichtet wurde. Wir sollten drei Bahnwaggons mit Eisenbetten beladen. Alle trugen diese Betten – auch ich. Als ich an Mietek Senda vorbeiging, der ein Kerl mit gewaltigem Körperbau war, rief ich:

„Mietek, mit deiner Kraft und deiner Ausbildung würde ich drei solche Betten nehmen, und nicht nur eins."

„Und ich würde mit deiner Routine überhaupt keins tragen", antwortete Senda.

Er hat wohl recht, dachte ich mir und kletterte gleich bei der nächsten Runde weit nach hinten, hinter die Bettenstapel, und saß dort bis wir herausgerufen wurden, weil die Waggons bereits voll beladen waren. Wir saßen später ruhig im Gras und warteten auf das Auto, das uns zurück ins Lager bringen sollte. **Damals zerbrach ich meinen Anker, der aus menschlichen Knochen gemacht war.**

Wenn mir der Hammer auf den Boden fiel, schaute ich ihn oft an und beschloss, ihn bis zum Abend nicht aufzuheben. Meine Arbeit bestand dann darin, mich vom Oberkapo und den SS-Männern nicht erwischen zu lassen. Oberkapo war damals Paul – kein schlechter Kerl.

In Halle 19 war Prusinowski mein Kapo, ein Pole. Der schlug gern zu, aber vor mir hatte er Angst. Ich sagte ihm, dass ich mich von keinem Polen schlagen lasse, und wer es tut, den werde ich zu gleichen Prinzipien zurückschlagen. So manches Mal nahm ich den ganzen Tag lang weder einen Hammer noch einen Spitzmeißel zur Hand. Aber ich schlug gern mit dem großen Hammer. Ich schlug aus jeder Position und mit jedem Hammer. Wenn ich sah, dass ein großer Stein bearbeitet wurde, ging ich gleich hin, um dort mit dem Hammer zuzuschlagen. Es gab einen Hammer mit einem Gewicht von zwölf Kilogramm. Mit diesem Hammer schlugen nur Stasiek M. und ich. Obwohl M. zwanzig Kilo mehr wog als ich, hatte ich den besseren Bums. Er schlug mit dem Hammer von oben – ich schlug ringsherum.

Manchmal überfiel mich eine blöde Schwäche. Ich bekam seltsame nervliche Anfälle. Alles in mir zitterte und ich wusste nicht, was um mich herum passierte. Wenn mich so ein Anfall im Block überraschte, legte ich mich hin, hechelte nur und mir tränten die Augen. Einmal setzte sich ein Kamerad neben mich und sagte etwas zu mir. Ich verstand nichts davon, aber seine Stimme beruhigte mich. Wenn mich so ein nervöser Anfall bei der Arbeit überraschte, schnappte ich mir an die zwanzig Spitzmeißel, einen zwei-und-dreiviertel Kilogramm schweren Hammer und machte mich ans grobe Abspitzen, manchmal bei einem Stein von jemand anderem, wenn bei meinem gerade nicht abgespitzt wurde. Ich schlug mit dem Hammer ohne Pause. Wenn der Spitzmeißel stumpf wurde oder abbrach, warf ich ihn beiseite und schnappte mir schnell den nächsten, damit kein Schlag ins Leere ging.

Alle, die ihren Arbeitsplatz in der Nähe dieses Steines hatten, hörten auf zu arbeiten, weil sie Angst hatten, dass sie von einem Splitter verletzt werden könnten; denn wenn normale Splitter so groß wie ein halber Finger waren, waren meine dann so groß wie eine Hand und sie schlugen mit Heftigkeit gegen die Wände. Wenn so ein Splitter einen am Kopf oder im Gesicht traf, konnte er einen schlimm verletzen. Wenn ich so eine verrückte Arbeit im Winter machte, zog ich mich nach und nach aus. Wenn ich mit der Arbeit fertig war, stand ich im aufgeknöpften Hemd mit nacktem Kopf und hochgekrempelten Ärmeln da. Ich dampfte. Wenn ich spürte, dass meine Arme und Beine nicht mehr zitterten, machte ich mit der Arbeit Schluss, zog meinen Pullover, die Jacke, den Schal, die Mütze, die Ohrenschützer, die Handschuhe und den Mantel an, setzte mich in eine Ecke und schlief fünfzehn bis zwanzig Minuten, und meine Kameraden passten in dieser Zeit auf, ob Paul oder ein SS-Mann kam.

Als ich einmal im Sommer nach so einer Aktion hinter dem Ständer mit den Jacken schlief, goss mir Kapo Chałupka Wasser in den Hemdkragen. Ich sprang auf, aber als ich sah, dass es Chałupka war, schnappte ich mir ein Brett zum Vermessen von Steinen und hätte ihm eins drübergezogen, wenn er nicht weggerannt wäre. Ich schickte ihm nur ein paar Sprüche hinterher.

Mein Arbeitsplatz war in der Mitte der Halle. Im Gegensatz zu allen anderen vorherigen Hallen, in denen ich gearbeitet hatte, gab es hier Pressluft und Presslufthämmer, mit denen man Löcher in die Steine bohren konnte. Sie machten einen höllischen Lärm und Staub, so dass man von der Mitte der Halle aus die Leute, die am Hallenende standen, nicht mehr erkennen konnte, man sah nur die Silhouetten. Wenn vom Hallenende das Kennwort „woda“ oder „aqua“ fiel, bedeutete das, dass eine Gefahr im Anmarsch war und man sich an die Arbeit machen musste. **Ich arbeitete in der Nähe der Seitentür. Einmal rauchte ich eine Zigarette und obwohl ich wohl nichts gesehen hatte, zerdrückte ich die Zigarette in der Hand und begann, mit der Wasserwage einen fremden Stein ins Lot zu bringen. In diesem Moment erst stand ein SS-Mann in der Tür. Er schaute sich um und sah drei, die zusammenstanden und sich unterhielten.**

Er schnappte sich einen Spaten und gab ihnen entsprechend zu verstehen, dass das nicht die Zeit für Gespräche war.

Die Augen, die Augen und nochmal die Augen. Sie mussten sich pausenlos bewegen und alles aus der Nähe und der Ferne erkennen. Die verglaste Bude von Oberkapo Paul stand an einem Ende der Halle. Ich beobachtete ihn nie, aber er kam auch nie aus seiner Bude raus, ohne dass ich ihn sah. Ob ich arbeitete, aß oder rauchte oder mich unterhielt – wenn Paul sich von seinem Schemel erhob und zur Tür seines Kabuffs ging, warnte ich, dass Paul im Anmarsch ist.

„Wo?“, fragten die anderen.

„In diesem Moment öffnet sich die Tür“, antwortete ich.

Sie schauten hin. Tatsächlich, Paul kam aus seiner Bude, ging die Treppe hinunter und ging in unsere Richtung. Ich ließ mich nie überraschen.

Inzwischen war ich wohlgenährt, deshalb hatte ich Lust auf Waghalsigkeiten. Als einmal ein SS-Mann durch die Halle schritt, begann ich plötzlich, mit dem Feger einen Stein zu säubern und machte so viel Staub, dass ich selbst nicht atmen konnte, aber der SS-Mann lief weg. Ein anderes Mal warf ich einem vorbeigehenden SS-Mann Steine hinterher – als wären das Splitter vom Steinspitzen. Dazu kam noch eine Waghalsigkeit, die mir nichts weiter gab, außer Genugtuung, dabei stand darauf die Prügelstrafe, und zwar die bessere Prügelstrafe. Jeden Tag, wenn wir zur Arbeit gingen, passierte ich das Tor mit einer brennenden Zigarette in der Hand. Ich zündete mir die Zigarette an, wenn wir bereits zum Hinausgehen aufgestellt waren. Meistens marschierten wir los, wenn ich die Hälfte geraucht hatte. Mit der Zigarette im Ärmel ging ich durch das Tor und musste gleich hinter dem Tor wieder ziehen, damit sie mir nicht ausging. Das machte ich fast täglich. Meine Kameraden baten mich, keinen Quatsch zu machen, ich aber brauchte diesen Kitzel, weil das Leben im Lager allzu monoton geworden war. Sobald es zu Nervosität und Spannung kam, war ich in meinem Element und dann bekam ich auch nicht diese blöden nervlichen Anfälle.

In dieser Zeit schloss ich enge Freundschaft mit Franek Beling aus Danzig, dem die Deutschen die ganze Familie, **die aus elf Personen bestand,** in Lager gesteckt hatten. In Gusen blieben nur er und sein Schwager Smeja am Leben, der als Friseur für die SS arbeitete. Wenn wir frei hatten, führten wir lange Gespräche. Er erzählte mir, was die Polen in Danzig noch vor dem Krieg von den Deutschen hatten erdulden müssen. Er war körperlich schwach, aber geistig stark. Ein Mann, der sich nicht unterkriegen ließ. Verhaftet worden war er am Tage des Kriegsbeginns, hat den ganzen Krieg im Lager überlebt und wohnt heute in Szczecin. Er schrieb für mich alle Briefe nach Hause. Materiell half ihm sein Schwager Smeja und später halfen ihm noch Pakete.

So richtig durch dick und dünn ging ich in Halle 19 mit Tadek Starczewski. Er war ein fantastischer Kumpel für die Drückebergerei. Oft, wenn wir keine Lust zu arbeiten hatten – denn mich zog es nie zur Arbeit, ich machte das nur, wenn ich musste –, gingen Tadek und ich spazieren. Wir nahmen einen Hammer in die Hand, zwei, drei Spitzmeißel, Winkel und dazu irgendeine Schablone und begannen mit der Wanderung. In Gusen gab es kleine Hallen, in Kastenhofen große Hallen, es gab Hallen im Oberbruch und es gab eine Bahnrampe, wo die fertigen Steine gesammelt wurden. Jede dieser Stellen lag von unserer Halle aus in einer anderen Richtung. Die Werkzeuge hatten wir zur Sicherheit in der Hand, damit man in jedem Fall sagen konnte, dass ich zum Beispiel zur Rampe ging, um meinen Stein zu reparieren, der während des Transportes eine Ecke verloren hatte, oder dass ich von der Rampe kam, oder dass ich in diese oder jene Halle ging, je nachdem, in welche Richtung wir gingen, die Schablone zurückbringen usw. Wir waren in der Lage, auf diese Weise von morgens bis mittags so herumzulaufen, dann aßen wir Mittagessen und machten uns wieder auf die Wanderung bis zum Feierabend. Wenn ich arbeitete, dann nie länger als vier Stunden an einem Tag. Ich konnte schnell und gut arbeiten. Einmal, als es noch eine Woche bis zum Monatsende war und ich noch nicht eine Mark auf meinem Konto hatte, bekam ich einen großen Stein, der verschiedene Breiten und zwei geschwungene Wände haben sollte, die anhand einer Schablone angefertigt werden mussten. Das war ein schwierig herzustellender Stein. Der Preis war sechsundfünfzig Mark. Für fast zwei Monate Arbeit, denn die monatliche Norm waren dreißig Mark. Ich wettete mit M. um hundert Zigaretten, dass ich das bis zum Monatsende schaffe, **bis zu dem noch vier Arbeitstage geblieben waren.** So anständig wie damals habe ich die ganzen fünf Jahre meines Lageraufenthaltes nicht gearbeitet. Es ging mir nicht um die hundert Zigaretten, sondern um die Tatsache, dass ich das schaffe. Ich spitzte mit einem zwei-und-dreiviertel Kilogramm schweren Hammer, und die Randschläge zog ich mit einem zwei Kilogramm schweren Hammer. Normalerweise spitzte man mit einem anderthalb Kilogramm schweren Hammer und die Randschläge schlug man mit einem ein Kilo schweren Hammer. Beim Pfiff zur Arbeit stand ich am Stein und verließ ihn erst, wenn das Signal zur Mittagspause kam. Das Gleiche am Nachmittag. Ich arbeitete bis zum Feierabend und ich schaffte den Stein in viereinhalb Tagen und er wurde ohne Nachbesserung abgenommen. Tatsache ist, dass ich meine rechte Hand dabei überstrapazierte, die mir später mehrere Tage am Handansatz schmerzte. Hätte ich mir einen Lederschutz auf die Hand gezogen, hätte ich sie nicht überanstrengt. Aber habe ich den Stein geschafft? Habe ich.

Ein anderes Mal wurden vier von uns, darunter Tadek und ich, zur Reparatur von Steinen an der Bahnrampe geschickt. Das waren Steine zum Bau von Brückenpfeilern. Diese Steine wurden in laufenden Metern gemacht. Die Breite stand fest, und die Länge war abhängig von der Größe des Steins. Viele von diesen Steinen hatten abgebrochene Ecken und mussten so gekürzt werden, dass sie gut waren. Das war im Herbst 1943, aber es war noch warm. Wir nahmen Werkzeuge und Schemel auf einem Bein mit, weil es keine Böcke gab und die Steine auf dem Boden standen, und so saßen wir zwei Wochen lang. Wir saßen buchstäblich. Das war Arbeit für einen Tag. Trotz der größten Sparsamkeit beim Arbeiten, musste man ranklotzen, wenn verschiedene Kapos und SS-Männer vorbeikamen, so dass nach einer Woche schon alles fertig war. Da schlug ich mit dem Hammer auf eine Ecke und schon hatte ich einen neuen Stein, der bearbeitet werden musste. Dieses Spiel dauerte die zweite Woche hindurch und als Paul kam und sah, dass jeder einen Stein hatte, der innerhalb einer Stunde fertig wäre, ordnete er an, die Arbeit abzuschließen und in die Halle zurückzukommen. Die Ferien waren vorbei, wir mussten zurück in die Halle, die voller Steinstaub war.

In der Halle begann wieder die alltägliche Arbeit. Prusinowski hatte sich beruhigt und ranzte mich nicht einmal an, wenn ich herumsaß und Zigaretten rauchte. Einmal schlug sich Tadek mit Prusinowskis Liebling. Prusinowski schlug Tadek, ohne zu fragen, was vorgefallen war, mehrmals ins Gesicht. Ich sprang zu Prusinowski mit dem Hammer in der Hand.

„Wofür schlägst du ihn?“, fragte ich.

„Weil sie sich geprügelt haben“, antwortete er.

„Warum schlägst du dann den anderen nicht auch? Vielleicht, weil er auch aus Poznań stammt und nachts in dein Bett kommt? Wenn du mich so schlagen würdest, dann würde ich dir, schau mal, mit dem Hammer den Kopf zertrümmern“, und während ich das sagte, fuchtelte ich mit dem Hammer vor seiner Nase herum.

„Warum verteidigst du ihn?“, rief Prusinowski. „Schlägst du etwa keine Leute?“, rief er. „Ich habe selbst gesehen, wie du Strassburger geschlagen hast.“

„Strassburger ist viel stärker als ich und hatte das Recht, mich auch zu schlagen, aber weil ich besser prügeln kann als er, hat er verloren. Und du darfst Tadek nicht schlagen, weil du Kapo bist. Wenn du kein Kapo wärst, würdest du sehen, ob er nach einem Schlag so dastehen würde. Er würde dir zeigen, wie man richtig zuschlägt.“

Das mit Josef Strassburger war auch eine interessante Geschichte. Drei Mal ist er auf mich gestoßen und drei Mal hat er verloren. Einmal bekam er in der Stube einen Kopfstoß, als er mich nicht zu meinem Bett durchlassen wollte. Das zweite Mal in der Halle. Vor Arbeitsschluss schraubte er den Gummischlauch vom Presslufthammer ab und mit der Pressluft pustete er den Staub von seinen Schuhen, aber schließlich lag auf dem Boden eine dicke Staubschicht. Ich knickte den Schlauch, um die Luftzufuhr zu stoppen, und sagte zu ihm, dass er damit vor die Tür gehen soll, schließlich war der Schlauch lang und zur Tür waren es drei Meter.

„Ich will aber nicht", sagte Józio streitlustig und versuchte, mir den Schlauch aus der Hand zu reißen, er zog in eine Richtung, und ich ließ nicht los und hielt an der geknickten Stelle fest und redete weiter auf ihn ein wie auf ein krankes Pferd, damit er verstand, wieviel Staub er damit machte, dass er mit der Luft ein Loch in den Boden machte. Er aber blieb dabei, dass er nicht wollte und Schluss. Er war größer und stärker als ich, aber als ich deutlich sah, dass er Streit suchte, warnte ich ihn, dass ich ihm eine runterhaue, wenn er nicht loslässt. Nur dass ich ihm das mit anderen Worten gesagt habe, als ich jetzt schreibe.

„Versuch es doch", sagte Józio. Ich knallte ihm eine mit dem Kopf, legte mit der Faust nach, noch einmal mit dem Kopf und noch einmal mit der Faust. Und Józio war baff, er stand da und bewegte sich nicht einmal, während ich den Schlauch wieder an den Presslufthammer schraubte.

Józio Strassburger war groß, stark wie ein Bär und gut gebaut. Ich weiß nicht, ob er mich, wenn er mich richtig gepackt hätte, nicht erwürgt hätte. Aber er war recht unbeweglich, deshalb schaffte ich ihn.

Es gab einen Steinmetz bei uns, einen alten Schurken aus Lublin. Er kam Józio in den Weg und sie schlugen sich. Józio schlug mit den Fäusten wie mit dem Dreschflegel, wie ein Schmied, wie mit Hämmern, von oben. Und weil er so ein Bär war, schlug er den anderen grün und blau. Und da spürte Józio, dass er prügeln konnte. Am gleichen Abend verprügelte er einen anderen, einen Bekannten aus seiner Gemeinde, Nawrocki, für etwas, was Nawrocki ihm angeblich lange davor angetan hatte. An diesem Abend sagte ich abends zu meinen Kameraden:

„Morgen werde ich mich mit Józio prügeln."

„Warum? Für was?"

„Ich weiß es nicht. Ich weiß nur, wenn er den Lubliner und Nawrocki geschlagen hat, wird er es morgen bei mir versuchen, um sich dafür zu rächen, dass er von mir was aufs Maul bekommen hat."

Die Selbstsicherheit, dass er blind drauflos schlagen konnte und damit zwei Leute verprügelt hat, war ihm zu Kopf gestiegen. Hörner waren ihm gewachsen, aber ich spürte, dass er sich an mir abarbeiten würde und dann wieder klein werden würde. Ich hatte es richtig vorausgesehen. Am nächsten Tag kam es schon am Vormittag zu Spannungen. Einer der Kameraden sagte etwas zu mir und ich antwortete ihm scharf. Da musste Józio, dessen Arbeitsplatz in meiner Nähe war, sofort intervenieren. Mit den Worten „so stark bist du nicht" kam er auf mich zu. Ich spürte, dass die Auseinandersetzung dieses Mal schwer wird und ich hatte keine Lust, mich ohne einen Grund zu prügeln, deshalb zog ich mich zurück und sagte nur:

„Józio gib Ruhe. Hör auf, sonst tue ich dir weh."

Er hörte nicht auf die Warnung und sprang auf mich zu. In diesem Moment wich ich nach hinten aus, damit er mich nicht an den Armen packen konnte, und trat mit ganzer Kraft gegen sein Knie. Er fiel auf den Hintern. Als er noch zwei, drei Mal mit der Faust zwischen die Ohren bekam, legte er sich hin. Es stellte sich heraus, dass etwas in seinem Knie kaputt gegangen war. Damit lag er eine Zeitlang im Revier, und mich griff er nicht nur nie mehr an, mehr noch, er wurde mein Sympathisant. Es zog ihn zu mir, er bot mir Hundeschmalz an, das ihm sein Vater (ein Hundefänger) in Paketen schickte, und mochte meine Gesellschaft. Er hegte keinen Groll gegen mich. Wir kämpften noch einmal gegeneinander, aber das war in anderer Form, nämlich in einem Ringkampf. An einem Nachmittag kämpfte er gegen einen, der so ein Bär war wie er. Józio warf ihn zu Boden, aber dann am Boden gewann der andere die Oberhand. Ich wurde gefragt, wer gewonnen hatte, und antwortete, dass der Sieger war, der am Boden die Oberhand gewonnen hatte. Neben uns rasierte ein Kamerad für die geringe Bezahlung von zwei, drei Zigaretten. Ich setzte mich zum Rasieren und Józio fragte mich, ob ich mich nicht mit ihm messen wolle.

„Kann ich", antwortete ich.

„Na dann, zieh die Jacke aus", rief er zufrieden.

„Warte, erst lasse ich mich rasieren."

Während ich rasiert wurde, stand er die ganze Zeit daneben und wartete. Andere warteten auch. Schon bereute ich, dass ich zugestimmt hatte, aber ich beschloss, Ringergriffe anzuwenden. Ich kannte Ringergriffe, weil ich vor dem Krieg eine Zeitlang Ringen trainiert hatte. Hauptsache, er packt mich nicht, sonst erstickt er mich mit seiner Kraft.

„Zieh deine Jacke aus", griff Józio an, als ich bereits rasiert war.

Ich legte meinen Schal ab, meine Mütze und meine Jacke und stellte mich in Ringerposition auf.

Józio wusste nicht, wie er mich packen sollte. Wenn er die Hände ausstreckte, griff ich seine rechte Hand und zog sie unter meine linke Achsel und mit einem klassischen Wurf über die Hüfte schleuderte ich ihn zu Boden.

„Komm noch mal, komm noch mal“, sagte Józio.

Ich schleuderte ihn ein zweites Mal mit dem gleichen Wurf zu Boden.

„Schau mal, Józio, mich kriegst du nicht. Ich stelle mich für dich auf allen Vieren auf und trotzdem legst du mich nicht auf den Rücken“, und während ich das sagte, beugte ich mich vor und stützte mich auf meine Hände. Ich stand im „Parterre“, wie die Ringer zu sagen pflegten. Kaum hatte mich Józio berührt, konterte ich und schon lag er.

„Jetzt stell du dich so hin, wie ich gestanden habe.“

Er stellte sich so hin. Ich zog ihn einmal am Arm nach innen und schon lag er.

„Ja, aber du hast eine Technik“, sagte er verwundert.

„Siehst du, Józio“, antwortete ich ihm, „Kraft braucht ein Gepäckträger, man muss aber auch mit dem Kopf arbeiten.“

Als ich den Kopf erwähnte, wollte ich damit nicht auf meine Kopfstöße hinweisen, obwohl das auch Bewegung und Arbeit mit dem Kopf ist.

Im Winter 1943/1944 war wieder alles zugeschneit, aber die Steinmetze wurden wie immer zur Arbeit geschickt, jedoch nicht zu Steinarbeiten, weil die Steinbrüche geschlossen waren. Wir machten alles, was gebraucht wurde und was nicht gebraucht wurde, nur um rauszugehen und zu arbeiten. Offensichtlich hatte sich hier jemand für uns etwas in den Kopf gesetzt. Die Steinmetze mussten jeden Sonntag zur Arbeit, die Steinmetze mussten Schnee wegfahren. Keiner arbeitete in den Steinbrüchen, nur die Steinmetze. Es ging das Gerücht um, dass Prammer, unser Obermeister, daran schuld sei. Angeblich hatte er sich in der Kommandantur für uns gestritten, in der Direktion der Firma interveniert, die in den Steinbrüchen förderte. Er kämpfte um eine Verbesserung unserer Bedingungen, um Kleidung, um Schuhe, dass wir nicht geschlagen wurden, denn – so sagte er – man kann einen Menschen leicht erledigen, aber es ist schwer, einen Steinmetz auszubilden; wenn sie Steinmetze umbringen, wird die Firma Verluste machen (die Steinbrüche produzierten Steine für die Mühle und für uns zur Bearbeitung). Wegen uns hatte der Kommandant anscheinend ständig Schwierigkeiten und deshalb rächte er sich auf diese Weise.

In diesem Winter dauerte die Arbeitspause länger als zwei Wochen und diese ganze Zeit hindurch gingen nur die Steinmetze zur Arbeit. Das war eine interessante Arbeit. Die Steinmetze waren fast alle alte Häftlinge. Es gab dort keinen, der erst seit ein paar Monaten gesessen hätte. Jeder war mindestens zwei Jahre im Lager. Und das Jahr 1942 war noch eine gute Schule gewesen. Ich habe den Eindruck, dass dieselbe Anzahl neuer Häftlinge in drei Tagen mehr gemacht hätte als wir in drei Wochen. Am ersten Tag sollten wir Steine von einer Stelle zur anderen tragen, die einen halben Kilometer entfernt war. Zum Steineholen gingen wir im Spaziergang, aber je näher wir dem Steinhaufen kamen, desto schneller war das Tempo unseres Marsches, und die letzten dreißig Meter rannten wir alle. Wer diesen Endspurt gesehen hätte, hätte sich gewundert, dass wir so fleißig sind. Dabei war das nur die Routine alter Häftlinge, die war gut unter einem Haufen Dummköpfe, und nicht in einem Haufen von lauter alten Hasen. Das Geheimnis des Rennens bestand darin, dass wer zuerst am Steinhaufen war, die Chance hatte, einen kleinen Stein zu erwischen. Es war besser, dreißig Meter zu rennen als später einen halben Kilometer weit einen großen Stein zu schleppen. Nach einer Runde blieben nur um die fünfzehn Leute übrig – der Rest hatte sich in Luft aufgelöst. Weil nur die Kapos und ein gutes Dutzend Leute übriggeblieben waren, wurde das Steineschleppen aufgegeben. Das Mittagessen wurde uns zur Arbeit gebracht. Wenn die Mittagszeit nahte, konnte ein guter Beobachter eine unbedeutende Bewegung auf den Gleisen, dann auf der Rampe, zwischen den Waggons, inmitten von verschiedenen Anlagen und Materialien wahrnehmen. Wenn der Kapo zum Antreten pfiff, standen kurz darauf alle an der Rampe, wo wir uns die ganze Zeit hindurch immer sammelten. Wenn wir beim Ausladen der Waggons arbeiteten, wurde die Zahl der Leute zusehends kleiner. **M. und ich wollten nicht zu lange warten, denn je weniger Leute bei der Arbeit waren, desto schwieriger wurde es sich abzuseilen. Als wir verduften wollten, sah uns ein Kapo. Er schrie, wir sollen stehenbleiben. Da rannten wir noch schneller und vollkommen offensichtlich. Der Kapo rannte uns hinterher und wir rannten über die Waggons und die Stoßdämpfer. Ich sprang unter einen Waggon und gab M. zu verstehen, dass er es mir nachmachen soll. Unter den Waggons kehrten wir zurück, denn der Kapo war vorwärts gerannt, wir versteckten uns hinter irgendwelchem Kram und nachdem wir uns versichert hatten, dass der Kapo uns nicht sah, setzen wir unsere Wanderung in Ruhe fort.**

Eine Gruppe von etwa achtzig Personen arbeitete bei der Nivellierung des Geländes. Sie wurden mit Wachposten umstellt, damit niemand wegläuft. Nach zwei Stunden waren da nicht mehr als zwanzig Personen. Die alten Häftlinge waren geübt in solchen Situationen. Die, die sich von der Arbeit abgeseilt hatten, verteilten sich auf dem gesamten Gelände innerhalb der Wachpostenlinie. Wenn ich mich abgeseilt hatte, ging ich „zu Besuch". Ich hielt mich nicht an einer Stelle versteckt, sondern stattete Besuche ab. Ich kannte mich aus. Ich wusste, wo ich suchen musste, obwohl niemand zu sehen war. In einem kleinen Steinmetz-Schuppen fand ich ein paar, die in einem eisernen Kessel Feuer gemacht hatten und sich Essen kochten. Die Produkte hatten sie in ihren Taschen aus dem Lager herausgeschmuggelt. Genauso eine Gruppe fand ich in einem Versteck zwischen den fertigen Steinen (dort, wo ich mich vor dem Kommandanten versteckt hatte, als er mich verfolgte, als ich Brot von B. dabei hatte). Ich besuchte ein paar solcher Schlupfwinkel. Wenn die Mittagszeit nahte oder die Zeit, um zurück ins Lager zu gehen, machten sich alle, die sich im Gelände verteilt hatten, auf den Weg zum Sammelplatz. Sie saßen in Waggons, unter Waggons, hinter Steinhaufen, hinter Schuppen und überall, wo man sich hinter etwas verstecken konnte. Wenn der Kapo zum Sammeln pfiff, kam ringsherum Bewegung auf und kurz darauf standen alle in Reih und Glied.

Nach einigen Tagen fand ich einen guten Arbeitsplatz für mich an einer Stelle, die zweihundert Meter von dem Hauptarbeitsgelände entfernt war, in der Nähe der Wachpostenlinie. Dort wurde das Gelände nivelliert und die Erde wurde mit Wagen weit weg gefahren. Weggefahren wurde sie dann, wenn wir nicht da waren – denn in unserer Gegenwart fuhr nicht ein einziger Wagen mit Erde ab. Von drei Seiten waren wir von einer Böschung umgeben, die durch die Nivellierung entstanden war, und von der vierten Seite hatten wir einen weiten Blick. Wenn sich ein SS-Mann näherte oder ein Kapo, sahen wir ihn schon von weitem und keiner erwischte uns beim Faulenzen und auch nicht beim Kochen und Backen von Kartoffeln. Feuer machten wir in einem großen Blechfass. Darin kochten in Marmeladeneimern Kartoffeln, ganze Rosenkränze aus auf Draht gefädelten Kartoffeln wurden innen an den Seiten ausgelegt. Selten kam dort jemand zu uns. Einer von uns stand immer oben auf der drei Meter hohen Wand und beobachtete das Gelände. Der oben hatte noch eine Aufgabe zu erfüllen. Wenn sich ein SS-Mann nährte, buddelte er oben Erde locker, die er über alle Kartoffeln warf. Auf diese Weise entstand oben ein Erd-Dächlein. Darunter gruben wir noch ein Loch. Wenn ein SS-Mann kam, wurden in Ruhe, ohne Eile, denn es war genug Zeit, und viel Bewegung hätte Aufmerksamkeit erregen können, alle Kartoffeln in das Loch geschüttet, es wurde mit einer dicken Stahlplatte zugedeckt und dann drückte der von oben ein paar Mal mit dem Spaten drauf und das ganze Dächlein fiel zusammen und deckte mit einer dicken Schicht die Platte und die darunter verborgenen Kartoffeln zu. Wie ich also schon gesagt habe, machte jeder, was er wollte und wie er wollte, aus Langeweile und zum Aufwärmen.

Damit uns nicht langweilig wurde, erzählte uns Antoś Szulc verschiedene Geschichten aus seinem Leben. Lauter lustige Geschichten – er hatte eine ungewöhnliche Gabe zu erzählen. Er erzählte mit seinem ganzen Körper, mit Worten, Mimik, Gestik und allen möglichen Bewegungen. Es war ein großes Vergnügen seine Geschichten zu hören. Hier dachte er sich keine neuen Gerüchte mehr aus, weil ihm sowieso niemand glaubte, deshalb unterhielt er uns mit Erzählungen.

Ich muss hier von Seweryn Glinicki aus Nowy Dwór berichten, der uns während langer Appelle immer unterhielt, indem er kluge und lehrreiche Geschichten aus dem Leben erzählte. Darunter waren auch lustige Erzählungen. Beim Appell bemühte ich mich immer, in Glinickis Nähe zu stehen. Der konnte auch erzählen und ich hörte ihm immer mit vollstem Vergnügen zu.

Einmal nur ist ein dummer Unfall passiert. Das Dach ist zusammengebrochen und hat zwei Leute unter sich begraben. Blitzschnell haben wir sie ausgebuddelt. Sie waren bewusstlos, aber nach ein paar Minuten kamen sie zu sich und konnten aus eigener Kraft ins Lager zurückkehren. Sie sagten, sie wüssten nicht, was passiert sei. Sie hatten den Schlag nicht gespürt und waren verwundert, als wir ihnen sagten, dass das ein Unfall war, der sie hätte töten können.

Nach über zwei Wochen mit diesen Beschäftigungen ging wieder die Arbeit richtig los, und wir kehrten in unsere Steinmetzhallen zurück.

Ich habe schon beschrieben, dass ich mich ans grobe Steinspitzen machte, wenn mir die Nerven durchgingen, selbst wenn das nicht mein Stein war. Meistens ging ich an einen Stein von Adam Sztuka aus Schlesien. Ich kam oft zu seinen Steinen, um ihm bei der Arbeit zu helfen. Außerdem half ich ihm viele Male mit einer Schüssel Suppe oder einem Stück Brot. Ich machte das deshalb, weil ich ihn einmal mit dem Kopf ins Gesicht gestoßen hatte und er daraufhin etwa zwei Wochen im Revier lag, weil in seiner Nase etwas geknackt hatte. Und das kam so: Die Steine brachte Józef Gruszczyński – oder so ähnlich hieß er – in unsere Halle, ein Sänger aus Bydgoszcz. Weil im Lager kein Brennmaterial für die Blocks ausgegeben wurde, gab der Blockälteste denen, die Kohle oder Holz brachten, eine Schüssel Suppe. Ich bemühte mich jeden Tag für ihn um Holz. Eines Tages gab ich ihm ein dickes Holzbein von einem Bock, auf den wir die kleineren Steine zur Bearbeitung legten. Vor Arbeitsschluss kam er zu mir und beschwerte sich, dass er das Holzbein versteckt hatte und es ihm gestohlen wurde. Das Holzbein war gekennzeichnet, weil es mit weißer Farbe bespritzt war. Ich machte einen Rundgang durch die Halle und suchte nach dem Holzbein. Ich fand es bei Adam Sztuka, der es mit einem Spitzmeißel in kleinere Teile zerteilen wollte.

„Woher hast du das Holzbein?“, frage ich. „Dieses Holzbein habe ich Gruszczyński gegeben. Es ist ihm verloren gegangen und ich suche es gerade.“

„Was geht mich das an?“, antwortete mir Sztuka wütend.

Wenn du mir mit Wut kommst, dachte ich bei mir, dann kommst du nicht gegen mich an.

„Her mit dem Bein", sagte ich und nahm es. Ich hielt es fest und er hielt es auch fest. Ich zog dran, da machte er eine Bewegung als würde er mich schlagen wollen. Und dann war es geschehen. Ohne abzuwarten, stieß ich automatisch mit dem Kopf zu. Er ließ das Holzstück los und knallte gegen die Wand. Er griff mich nicht an, schaute nur, machte die Bewegung des Kopfstoßes nach und sagte:

„Oh, wie der zuschlägt, wie ein Bock."

Am nächsten Tag kam er nicht zur Arbeit und ich erfuhr, dass ihm der Rüssel angeschwollen und er im Revier geblieben war. Er tat mir leid, weil er schwächer war als ich. Aber wozu hatte er auch diese blöde Bewegung gemacht. Meinerseits war das eine unbewusste Bewegung zur Selbstverteidigung gewesen, denn anders kann ich mir das nicht erklären. Als er aus dem Revier zurückkam, entschuldigte ich mich ehrlich bei ihm und sagte, woher und warum bei mir diese unglückliche Kopfbewegung gekommen war, und so vertrugen wir uns. Seit dieser Zeit lebten wir in Freundschaft und ich bemühte mich, meinen Stoß mit Essen oder Hilfe bei der Arbeit wiedergutzumachen. Und zwar weil er schwächer war, denn wenn er so kräftig gewesen wäre wie ich oder auch kräftiger, hätte ich das überhaupt nicht bereut, so wie es mir auch nicht leidtat, wenn so jemand etwas auf die Fresse bekam.

Schließlich kam der 1. Mai 1944. Es wurden fünfzig Leute aufgerufen. Ein Teil dieser Leute wurde zur Arbeit in die Steinmühle gebracht, der andere Teil zum Tunnelbau. In der Gruppe, die zu den Tunneln geschickt wurde, waren Stasiek M. und ich. Wir wurden bei den Steinmetzen rausgeworfen, weil wir zu wenig gearbeitet hatten. Im Jahr 1941 machte ich Steine für dreißig bis fünfunddreißig Mark im Monat und im Jahr 1944 genauso viel. Es wurde befunden, dass wir nach so vielen Jahren Arbeit mehr machen müssten. Im Lager wurde gesagt, dass die Arbeit im Tunnel sehr schwer und gefährlich ist, weil die oft einfallenden Decken die Menschen umbringen, und weil tief unter der Erde gearbeitet wurde.

Die Tunnel wurden in einen mehrere Dutzend Meter hohen Berg gegraben. Die Leute aus Gusen II, die in St. Georgen Tunnel gebaut hatten, sagten, dass die Arbeit in den Tunneln eine Arbeit in der Hölle sei, aber vielleicht war das nur für sie so, das heißt für die, die 1944 ins Lager gesperrt wurden. Die Arbeit im Tunnel war ein Paradies im Vergleich zur Arbeit im Steinbruch in den ersten Lagerjahren, ein Paradies sogar für Muselmänner. Es war keine Mörderhölle und es wurde nicht pausenlos geschlagen. Man konnte sich ausruhen, ohne Angst zu haben, dafür umgebracht zu werden. Die Arbeit war schwer, aber nicht hektisch, und sie war so schwer wie jede Arbeit für einen schwachen und ewig hungrigen Menschen schwer ist. Für kräftige und wohlgenährte Häftlinge war sie nicht schwer. Allerdings war diese Arbeit gefährlich. Oft brachen riesige Stücke von den Wänden und Decken ab und zertrümmerten die Menschen. Es wurde den ganzen Tag lang in hoher Luftfeuchtigkeit gearbeitet und bei elektrischem Licht.

Ganz oben waren zwei Stellen, wo Tunnel gegraben wurden. An einer Stelle gab es drei Eingänge – Korridore, die etwa fünfzig Meter lang, etwa vier Meter breit und drei Meter hoch waren. Erst hinter den Korridoren begann das ganze Tunnelnetz: riesige Fabrikhallen, die um die acht Meter hoch und etwa dreißig Meter breit waren.

Auf der anderen Seite des Berges war ein zweiter Tunnel; dort war nur eine lange Halle auf einer höheren Ebene. Von dieser langen Halle aus begann die Arbeit. Während dieser Tunnel gegraben wurde, wurde mit dem Graben der Haupttunnel begonnen, und erst später wurde in St. Georgen richtig damit begonnen, in der Erde zu wühlen.

Das Material, in dem wir wühlten, war harter Sand, der zusammenklebte. Es wurden große, harte Stücke herausgerissen, die man mit der Hand nicht zerdrücken konnte, aber wenn ich so einen Klumpen kräftig gegen die Wand schlug, zerfiel er vollständig zu feinem Sand. Dieses Material war grau, aber es gab verschiedene Schattierungen, fast bis zu bronzefarben. Ab und an war ein Rumsen zu hören, mal weiter weg, mal näher dran. Das waren riesige Stücke des klebenden Sandes, die herausgerissen wurden.

Die Arbeit sah so aus, dass vorn im Tunnel eine riesige Maschine stand, die mit runden Sägen in die Wand hineinschnitt, die nebeneinander im Abstand von zwanzig Zentimetern angebracht waren. Nachdem in die Wand hineingeschnitten worden war, wurden mit Stahlstangen Stücke rausgebrochen, auf Wagen verladen und zur Aufschüttung gebracht. Die Maschine schnitt fast die gesamte Tunnelbreite heraus. Die Glättung der Wände wurde mithilfe von Presslufthammern vorgenommen, auf die lange Stahlmesser in Form von Keilen aufgesteckt wurden. Mit denselben Messern wurde die Decke geebnet. Das heißt, es sah so aus: Vorn die Maschine und die Leute, die sie bedienten, hinter ihnen das Gerüst an den Wänden und eines quer durch die Halle, auf denen mit Presslufthammern gearbeitet wurde. In den seitlichen Korridoren standen leere Kipploren, die bis nach vorn in den Tunnel gebracht wurden, beladen und in den Eingangskorridor geschoben wurden. Hier wiederum wurden die Wagen von einer Gruppe bis hinter die Weiche des geraden Gleises hinausgeschoben, von dem aus Gleise zu jedem Eingang abgingen. Die Waggons wurden verbunden und eine kleine Lokomotive fuhr die Erde zur Aufschüttung, die zweihundert Meter entfernt war. Die Aufschüttung begann gleich hinter den Tunneln und war zweihundert Meter lang, und je weiter, desto höher war sie. Dort arbeitete eine Gruppe Leute, die die aus den Wagen gekippte Erde in ein Loch schaufelte, um Platz zu machen für die nächsten Wagenladungen.

So war es beim großen Tunnel. In dem höher gelegenen, wo eine Halle war, war die Aufschüttung am Rande des Berges, fünfzig Meter Luftlinie vom Eingang, und wir luden allein die Wagen aus, fuhren die Erde raus, kippten sie aus und ebneten des Gelände.

Unser Kapo war Ludwik Chasiński aus Pommern. Er hat niemanden umgebracht, aber so mancher ist umgekommen, wenn er so gearbeitet hat, wie Chasiński es verlangte. Außerdem war er ein Militär, ein Feldwebel. Offensichtlich eigneten die sich am besten als Kapos. Er legte fast nie seinen Knüppel weg, mit dem er nicht einmal oft zuschlug, er rannte nur hin und her wie von einer Tarantel gestochen und brüllte pausenlos herum. Stasiek M. und mich stellte er an eine Kipplore. Verdammt, zwei Personen an einen Wagen – die Wagen waren viel größer als die, die in den Steinbrüchen genutzt wurden. Uns traten die Augen hervor beim Schieben, aber wir schoben. Ich arbeitete anständig, weil ich die hier herrschenden Verhältnisse noch nicht kannte. Als dieser Tunnel fertiggestellt war, wurde unsere ganze Gruppe den Haupttunneln unten zugeteilt, wo Chasiński und die ganze Gruppe eine Halle für die Arbeit bekamen – die mittlere. Weit hinter uns arbeiteten die, die die steinerne Decke bauten. Alle Steinmetze machten damals nur Steine für die Tunneldecke. Vorher, als ich noch Steinmetz gewesen war, hatten wir verschiedene, oft schöne Steine gemacht, die zum Bau des Olympischen Stadions in Nürnberg geschickt wurden, das ganz aus Stein sein sollte. Jedenfalls hat man uns das im Lager gesagt.

Im oberen Tunnel habe ich nur kurz gearbeitet, denn als ich dort anfing, war er schon fast fertig gegraben. Nach einigen Tagen hatte M. sich etwas anderes gesucht. Er wurde Lagerverwalter von Carbid und Industrie-Gasflaschen im Schuppen an der Bahnrampe, worüber ich bereits geschrieben habe. Solange er hier gewesen war, hatte ich mich nicht von der Arbeit abseilen können, denn er hatte Angst, erwischt zu werden. Wenn er da war, musste ich arbeiten. Als M. weg war, stellte ich mich quer. Schließlich war ich ein alter Häftling. Mir fiel auf, dass es welche gab, die nichts oder fast nichts taten. Das waren Chasińskis Lieblinge – seine Bekannten oder auch Kameraden aus seiner Ortschaft. Wenn es anderen erlaubt war, nicht schwer zu arbeiten, musste ich es dann tun? Mir fiel auf, dass Chasiński ein ängstlicher Mensch war. Nicht umsonst schaute ich mich um und beobachtete in diesen paar Tagen alles. Als die Bremse in Person von M. weg war, begann ich damit, es für mich auszunutzen, dass Chasiński ängstlich war und sich den Stärkeren unterwarf. Fast ohne Einleitung und Übergänge hörte ich auf, anständig zu arbeiten, und nach etwa zwei Wochen tat ich überhaupt nichts mehr. Eigentlich machte ich ein bisschen was aus Lageweile, und nur das, was ich wollte. Noch im Haupttunnel verlangsamte ich vollkommen das Tempo beim Beladen der Loren und die Häufigkeit, mit der sie herausgefahren wurden. Ich sagte Chasiński, dass so ein Tempo gut ist zu Spitzenzeiten, einen halben Tag lang, aber nicht immer. Als er sagte, dass er keine Leute habe, zeigte ich auf ein paar seiner Lieblinge, die nichts taten, und die er nehmen könnte. Es gab drei Kipploren, deshalb stellte er an jede eine Person dazu. Das musste er, weil wir arbeiteten, aber im Tunnel wuchs der Haufen an Erde, die noch nicht rausgebracht worden war. Das kam dadurch, dass wir das Tempo gedrosselt hatten. Wegen diesem Tempo habe ich einen Russen geschlagen. Ich hatte ihn mehrmals gebeten, dass er langsamer arbeiten solle. Wir hatten noch nicht einmal den halben Wagen voll Erde, als seiner schon gehäuft gefüllt war. Er stand da und wartete, bis wir vollgeladen hatten. Jetzt fehlte nur noch ein SS-Mann oder zumindest Chasiński und dann wären wir übel dran. Ich fragte den Dummkopf, warum er es so eilig hatte.

„Ich mache es so, wie ich es gelernt habe und anders kann ich es nicht."

Wieder erkläre ich ihm wie einem kranken Pferd, dass er nicht für sich arbeitet, sondern für den Feind, dass er nichts weiter verdienen wird als ein bisschen widerliches Fressen, von dem sowieso zu wenig da ist, um zu leben, selbst wenn man nicht arbeiten würde. Es half nichts. Er konnte nicht langsam arbeiten. Als er wieder schnell seinen Wagen beladen hatte, gab ich ihm aufs Maul, und zwar richtig. Aus seiner zermanschten Nase floss Blut. Und ich beschimpfte ihn noch als Lager-Stachanow und anderes, das ich lieber nicht niederschreiben möchte. Ich scheuchte ihn raus, damit er sich wäscht. Ich muss gestehen, dass ich mir nicht darüber im Klaren war, was ich tat, als ich ihn schlug, aber danach hatte ich ordentlich Angst. Wenn er sich bei einem SS-Mann beschwert hätte, dass ich ihn dafür geschlagen hatte, dass er gut arbeitet – dann leb wohl, Stasiek. Sie hätten mich als Exempel umgebracht. Ich hatte selbst gesehen, wie für das Gleiche ein SS-Mann einen Menschen im Oberbruch umgebracht hatte, aber das war noch 1941 gewesen. Er hatte einen Straßenpflasterer umgebracht. Er hatte ihm mit einem Pflasterstein so lange auf den Kopf geschlagen, bis einer der Schläge ihn bewusstlos gemacht hatte. Dann nahm er einen großen, schweren Stein und ließ ihn von oben auf den Kopf des liegenden Häftlings fallen. Das machte er ganz in Ruhe, in Gegenwart aller Straßenpflasterer. Die Schuld des Häftlings hatte darin bestanden, dass er einen anderen Häftling dafür geschlagen hatte, dass dieser trotz der Bitten der anderen fünfzig Prozent mehr Pflastersteine gemacht hatte, als die Norm vorsah.

Unsere Arbeit wurde dadurch abwechslungsreicher, dass in der Nähe private Häuser standen und wir Zivilisten sahen – junge Frauen, die in kurzen Hosen ums Haus gingen. Für mich war allein das ein verlockender und interessanter Anblick. Einmal kullerte von dem Berg ein junges Reh mit einem angeschossenen Bein herunter, das in unserer Gegenwart getötet wurde. Ein anderes Mal wiederum, als wir morgens die Pforte öffneten, sah ich, wie der erste, der hineingegangen war – ein Italiener – einen wilden urigen Tanz vollführte. Etwas knackte ein paar Mal. Als wir hinein gegangen waren, stellte sich heraus, dass sich an der Tür sechs Schlangen geaalt hatten, jede war wohl länger als einen Meter gewesen. Der Italiener hatte so auf den Schlangen getanzt. Später erzählte er uns, dass dort, wo er gewohnt hatte, es auch viele giftige Schlangen gab, aber er würde sich nicht vor ihnen fürchten und wisse, wie man sich verhalten muss. Ich muss gestehen, dass ich mich mit so einer Schlangen-Bande nicht angelegt hätte.

Nachdem wir mit dem Ausgraben des oberen Tunnels fertig waren, arbeiteten wir näher am Lager, in den Haupttunneln. Erst hier zeigte ich Chasiński, was ich kann. Er war vollkommen baff und wusste nicht, was er mit sich anfangen soll und wie er sich verhalten soll. Ich arbeitete überhaupt nicht mehr. Selbst wenn ich aus Langeweile etwas tat und sah, dass Chasiński kam, hörte ich auf und zündete mir eine Zigarette an. Chasiński wurde wütend. Oft machte ich mich auf eine Wanderung durch das Lager. Wenn ich nach zwei, drei Stunden zurückkam, sagten mir die Kameraden, dass Chasiński sauer war, weil ich nicht da war.

„Er soll lieber sauer sein, wenn ich da bin, und nicht, wenn ich nicht da bin“, antwortete ich.

Wenn er einen Augenblick später mit seinem Knüppel in der Hand vorbeirannte, tat er so, als würde er mich nicht sehen. Einmal, als Chasiński hereinstürzte, hörte ich auf zu arbeiten, ging an die Seite und begradigte mit einem Stein das Ende eines Spatens. Als ich damit fertig war, und er noch nicht weggegangen war, drehte ich mich mit dem Rücken zu ihm – als würde ich ihn nicht sehen – und zündete mir in aller Ruhe eine Zigarette an. Ich hörte, wie er rief, ich solle mich an die Arbeit machen. Ich tat so, als würde ich ihn nicht hören. Er hielt es nicht aus, er sprang auf mich zu, drehte mich um und schubste mich heftig. Gleichzeitig schlug ich ihn mit dem Spatengriff. Ich schlug blind zu, deshalb traf ich ihn nur an der Schulter. Ich holte zu einem zweiten Schlag aus, falls er mich wieder angegriffen hätte, und sagte:

„Du – du darfst nicht schlagen. Wenn du mich schlägst, dann schlage ich zurück und wir prügeln uns, und das wirst du verlieren.“

Er griff mich nicht an. Er drehte sich um und ging.

Auf dem Gerüst zum Ebnen der Decke arbeitete mein Freund Oschka K. aus Pskow. Wenn er herunterkam, um eine Zigarette zu rauchen, kletterte ich manchmal auf seinen Platz, um ein bisschen mit dem Presslufthammer zu arbeiten. Eines Tages, als ich mit dem Presslufthammer arbeitete, bemerkte ich Chasiński, wie er vom Eingang in unsere Richtung rannte. Damit er nicht schlecht über mich dachte, setzte ich mich auf die Bretter und legte den Hammer neben mich. Chasiński blieb genau unter dem Brett stehen, auf dem ich saß. Da schubste ich, ohne nachzudenken den Hammer mit dem Fuß hinunter. Er fiel so, dass er nur seine Kleidung rieb. Chasiński sprang zur Seite, schaute hinauf und obwohl er blass war, lächelte er.

„Ich weiß, was du machen wollest", sagte er mittags zu mir.

„Was meinst du denn?", fragte ich verwundert. „Vielleicht den Hammer? Ich bin aus Versehen an den Schlauch gekommen, das ist alles!"

Aber da kam mir der Gedanke, ihn zu töten. Es so zu machen, dass es wie ein ganz normaler Unfall aussieht. Die Gelegenheit bot sich schnell. Ich kletterte wieder auf das Gerüst und spielte mit Messern, die ich in die Decke steckte. Ich wollte eine große Menge Material auf einmal herausreißen. Ich schlug an die vierzig Messer hinein. Die Decke knackte bereits. Ich rief den Jungs zu, dass sie beiseite gehen sollen. Ich schlug weitere Messer hinein ... gleich würde alles abreißen. Ich setzte mich auf die Bretter und wartete auf Chasiński. Er kam angerannt. Er blieb unter der angerissenen Decke stehen und mit Geschrei und verschiedensten Beschimpfungen drohte er mit dem Knüppel und ermunterte die Jungs, die an der Wand standen, an die Arbeit zu gehen. Da schaltete ich den Hammer ein. Er ratterte zehn Sekunden ... und die Decke fiel hinunter. Ich schaute runter – Chasiński lag an der Wand, heil. Der Scheißkerl war weggesprungen. Die Decke war eine Sekunde zu spät heruntergefallen. Nur der Rand hatte ihn ein kleines bisschen getroffen und ihn zu Boden geworfen. Das Gewicht zerquetschte einen Wagen, der an dieser Stelle gestanden hatte.

„Warum rufst du nicht, dass du was abreißt?", rief Chasiński mir zu.

„Was denn? Hätte ich auf dich, du Rindvieh, warten sollen?", rief ich wütend zurück, weil mir das Kunststückchen nicht gelungen war. „Die Leute haben schon zehn Minuten an der Seite gestanden und du Hornochse wolltest sie unter die Decke scheuchen!"

Er war weiß wie eine Wand. Nach diesem Unfall sagte er allen seinen Stellvertretern und Gehilfen, dass sie mich nicht mehr auf das Gerüst lassen sollen – und sie ließen mich nicht mehr rauf. Aber dann bot sich wieder eine Gelegenheit. Dieses Mal kamen Spezialisten zum Vermessen, Nivellieren und für anderes Zeug – mit verschiedenen Messapparaten, Stangen und Brettern. Sie wiesen mich an, ein Loch in die Decke zu bohren. In dieses Loch schlug ich Pflöcke hinein. Dieses Mal hatten wir einen anderen Hammer. Einen Schlagbohrer. Er wog um die dreißig Kilogramm. Wenn der Hammer arbeitete, beugten wir unseren Kopf nach unten, damit uns kein Sand in die Augen kam. Beim Hinunterschauen erblickte ich Chasiński. Den Hammer hielt ich zusammen mit Oschka. Als ich Chasiński erblickte, sagte ich schnell: „Lass los, Oschka!", und ich ließ los. Oschka hielt den Hammer unter dem Brett, auf dem wir standen, fest, und mit Mühe zog er ihn wieder rauf.

Wir bohrten weiter, aber Chasiński war aufgefallen, dass der Hammer schon am Runterfallen gewesen war. Von da an ließ er mich in Ruhe. Er sagte zu mir: „Mach, was du willst und wie du willst, ich werde mich bei dir nicht mehr einmischen."

Schon davor hatte er meine einflussreichen Kameraden gebeten, sich für mich um einen besseren Arbeitsplatz zu bemühen, damit ich von ihm wegkomme. Einmal fragte er mich, mit welchem Recht ich ihn eigentlich duzen würde.

„Wie soll ich dich denn ansprechen?", fragte ich. „»Herr Kapo« oder »Herr Chef«, so wie andere das machen? Wenn ich nicht länger als du sitze, dann bestimmt nicht kürzer, und dass du einen Winkel hast, ist wohl ein Beweis dafür, dass du dümmer bist als ich, denn ich würde so einen Scheiß nie an meinen Ärmel heften."

Der Winkel am Ärmel war das Zeichen für „diplomierte" Kapos.

„Was willst du denn machen?", fragte er wieder.

„Nichts", antwortete ich. „Ich habe nicht darum gebeten, ins Lager zu kommen und mache hier gar nichts. Selbst wenn du mir eine Arbeit geben würdest, bei der ich nur zuschauen muss, und das schon Arbeit hieße, würde ich nichts machen."

„Offensichtlich hast du noch nie richtig Prügel bekommen", sagte er.

„Naja, Ludwik, du würdest nicht ein Zehntel dessen bekommen wollen, was ich bekommen habe. Aber da 1941 Ott und Kołeczko es nicht geschafft haben, mich zur Arbeit zu zwingen, schlag du es dir aus dem Kopf, mich 1944 dazu zwingen zu können. Sieh mal, Ludwik," erklärte ich ihm, „jeder Deutsche, jeder Verbrecher, jedes Rindvieh achtet einen alten Häftling, nur du erkennst das nicht an. Du hast zwei von uns, Antek und mich, und willst, dass wir so arbeiten wie die anderen. Antek ist kräftig und dumm – deshalb ackert er auch wie ein Dummer (er war Maschinist an der Maschine, die die Wand fräste). Ich aber werde nichts tun."

„Ich scheuche euch, weil ihr kräftig seid, ihr bekommt Pakete und könnt arbeiten."

„Denkst du etwa, dass meine Mutter mir Pakete schickt, damit ich hier mehr arbeite, oder damit ich am Leben bleibe, was meinst du?"

„Schau mal, wir wurden hier ins Lager gesperrt und müssen arbeiten. Ich war Muselmann und weil ich gut gearbeitet habe, haben sie mich zum Kapo gemacht. Jetzt muss ich noch mehr Arbeitseffektivität zeigen."

„Dann mach das allein", antwortet ich ihm, „aber treib nicht die Leute mit dem Knüppel zur Arbeit an, denn du treibst sie ins Grab."

Als er mich ordentlich ärgerte, begann ich, gegen ihn Ränke zu schmieden. Ich erzählte alles denjenigen Kameraden, von denen er was gebrauchen könnte. An wen auch immer er sich wandte, bekam er eine Predigt und die Anordnung, dass er mich in Ruhe lassen soll. Als wir einmal mittags, nach dem Mittagessen, zusammensaßen, hielt Chasiński eine Ansprache an das Volk in diesem Stil:

„Ja. Sie machen einen zweiten van Loosen aus mir. Dabei bin ich für die Menschen wie ein Vater. Bei mir werden die Leute erzogen."

„Erzieh dich erst einmal selbst", warf ich ein.

Aber er sprach weiter:

„Und es wird mir so ein schlechter Leumund im Lager bereitet. Ein Verbrecher, ein zweiter van Loosen. Aber ich weiß, wer dahintersteckt. Jetzt sage ich nichts", sprach er weiter, „aber wenn der Krieg zu Ende ist, dann werde ich mich rächen."

„Und wenn der, der dahintersteckt, sich als besseres Schlitzohr als du entpuppt und bevor du zum Zuge kommst, dich schon auf die Sense aufgespießt hat?", fragte ich.

„Na, wir werden sehen!", sagte Chasiński.

„Ja, wir werden sehen!", antwortete ich und damit war die Predigt beendet.

Als er mich in Ruhe ließ, ließ ich ihn auch in Ruhe. Ich schadete ihm nicht mehr, kümmerte mich um mich, er ließ mich in Ruhe und das reichte mir.

Später arbeitete ich beim Rausschieben der Kipploren aus dem Tunnel. Statt einen einzelnen Wagen zu schieben, sammelten wir fünf im Korridor und schoben sie gleichzeitig. Wir gaben beim Schieben unsere ganze Kraft, aber danach hatten wir eine Stunde Erholung.

Wenn es gut lief, schafften die Wagen es mit dem Schwung bis in den Korridor, und wir schoben nur ein bisschen von hinten und schon waren die Wagen in der Halle. Der Rest war nicht mehr unsere Sache. Ich schreibe: Wenn es gut lief. Denn wenn es schlecht lief, fuhren die Wagen in die Kurve und einer entgleiste, dann wurde das ein riesiger Wagen-Haufen, den wir auseinandernehmen mussten und die Wagen mussten einzeln in den Tunnel geschoben werden. **Beim Hinausschieben der Wagen arbeiteten vier Leute und ich kam als** fünfter dazu. Schließlich durfte ich tun, was ich wollte. Aus anderen Korridoren schoben wir die Wagen einzeln hinaus. Das war eine bessere Arbeit, weil wir nicht unter der Erde waren, sondern wir saßen vor dem Tunneleingang auf einer Bank, die wir uns selbst gebaut hatten. Wir arbeiteten ohne Hemden. Wenn ich in den Tunnel hineinging, spürte ich sofort die Kälte und die Feuchtigkeit, die drinnen herrschten. Am ersten Eingang arbeitete ein Steinmetz, ein Boxer aus Poznań, der bei jeder Gelegenheit Streit suchte. Vielleicht, weil ich aus Warschau war, denn die Posener hassten mehrheitlich die Warschauer, und zwar ohne jeglichen Grund. Schließlich gerieten wir aneinander. Er schob bösartigerweise einen Wagen bis zur halben Strecke, so dass wir unsere nicht raufschieben konnten.

„Warte“, sagte ich zu ihm, „wir schieben erst unsere rauf, und dann könnt ihr eure raufschieben.“

Wir schoben unsere Wagen aus dem Korridor und mussten stoppen. Wieder stand einer im Weg. Wir mussten dann seinen Wagen wegschieben und dann nacheinander unsere raufschieben, die keinen Schwung mehr hatten, um sie über die Weiche zu schieben. Als er uns mehrere Male diesen Streich gespielt hatte, warnte ich ihn, dass er was aufs Maul bekommt, wenn er es noch einmal macht. Er bellte zurück, dass er es mit vier von solchen wie mir aufnehmen könne und verstellte uns wieder den Weg. Er tat mir schon leid, aber ich musste mich mit ihm schlagen, denn ständig griff er mich an und versuchte, mich auf Boxer-Art mit Geraden zu schlagen. Ich ließ es absichtlich zum Nahkampf kommen und schlug auf meine Art zu: Hand, Kopf, Bein. Eine Stunde später, als ich in den dritten Tunnel hineinging, saß er auf dem Boden und kühlte seine Beule mit einem Stück kaltem Stahl. Er weinte fast und rief mir zu:

„Schau, was du mit mir gemacht hast, wie gehe ich jetzt damit ins Lager?“

„Du hast das bekommen, was du selbst wolltest. Ich habe dich gebeten aufzuhören, und du hast absichtlich weitergemacht, weil du Lust hattest, dich mit mir zu schlagen, und du wusstest nicht, wie du anfangen solltest. Wie du siehst, ist Boxen nicht alles.“

Bereits nach der Schlägerei erfuhr ich, dass er es auf mich abgesehen hatte. Er hatte geprahlt, dass er mich zusammenschlagen würde und dafür nur eine Gelegenheit suche. Später pöbelte er mich nicht mehr an. In unserer Gruppe war auch ein ehemaliger Steinmetz, der immer, wenn Wagen geschoben werden mussten, zur Toilette ging. Ich sagte ihm, er solle zur Toilette gehen, nachdem wir die Wagen rausgeschoben haben, weil er dafür eine Stunde Zeit hat und das Hinausschieben maximale Kraft erfordert und wir dann alle da sein müssen.

„Ich muss hier nicht arbeiten, aber ich mache das, aber nicht, um deine Arbeit zu machen."

Als er sich wieder abseilte, während im Korridor schon der fünfte Wagen angekoppelt wurde, holte ich ihn zurück. Wir schoben die Wagen hinaus und dann musste er gar nicht mehr zur Toilette. Ich warnte ihn, dass er aufs Maul bekommt, wenn er das noch einmal macht.

„Pass auf, dass du nicht von mir aufs Maul bekommst", antwortete er. „Bloß, dass ich keine Schwächeren schlage."

„Aber ich tue es!", rief ich wütend und verpasste diesem starken Kerl einen Kopfstoß. Er griff mich nicht an. Offensichtlich schlug er wirklich ungern Schwächere.

Die Steinmetze – das waren die alten Häftlinge – seilten sich ab zu anderen, besseren Arbeitsgruppen, weil ich mich hier aber schon wohl fühlte, hatte ich überhaupt nicht die Absicht, bis zum Winter meinen Arbeitsplatz zu wechseln.

In den Tunneln wurde in drei Schichten gearbeitet. Als die Steinmetze zu anderen Arbeitsplätzen gewechselt hatten, kamen fast nur Russen in unseren Tunnel. Unter ihnen war ein Pole aus Lettland – oder so ähnlich. Ich erinnere mich nicht genau, aber er war wohl aus Daugavpils. Er sprach gut Russisch und übersetzte mir die russischen Wörter, die ich nicht verstand. Oschka diktierte mir die Worte russischer Lieder. Józiek übersetzte mir, was ich nicht verstand und mittags im Block sang ich zusammen mit Oschka, um den russischen Akzent zu üben. Dadurch, dass ich mit Russen zusammenarbeitete, lernte ich sehr schnell Russisch sprechen und ich sprach so, dass selbst die Russen mich manchmal fragten, ob ich nicht Russe sei, und nicht glaubten, dass ich im Lager ihre Sprache so gut gelernt hatte. Ich musste, denn ich war der einzige Pole in einer großen Gruppe Russen.

Einmal saßen wir vor dem Eingang und warteten, dass unsere Wagen beladen wurden, als Chasiński aus dem Tunnel sprang und uns schreiend zu verstehen gab, die Spaten und Keilhauen zu nehmen, weil im Tunnel eine Quelle durchgebrochen war und alles mit Wasser überschwemmte. Die Jungs wollten schon gehen, als ich sie aufhielt und zu Chasiński sagte:

„Warum sollen wir das machen? Nimm die, die drinnen mit Spaten arbeiten. Wer den Graben aushebt, kann in der Zeit keine andere Arbeit machen, wir aber müssen unsere Wagen rein- und rausschieben."

„Aber ihr sitzt herum und macht nichts!", rief er wütend.

„Aha, darum geht es? Dann können wir ohne Pause arbeiten, ohne auszuruhen, dann hast du immer Stau im Tunnel und keine Wagen – und du kannst uns nichts tun, weil wir uns nicht einmal für eine Minute setzen. Dann wärst du wohl zufrieden, dass wir gut arbeiten."

Er sagte nichts, rannte nur wütend zum Tunnel und am Ende des Eingangskorridors begann er, allein und ostentativ mit der Keilhaue einen Graben auszuheben. Und wir standen am Eingang und schauten zu. Józiek hielt es nicht aus. Er ging zu ihm und sagte:

„Herr Kapo, geben Sie mir die Keilhaue, jetzt grabe ich ein bisschen."

„Ver... dich, sonst bringe ich dich um!", brüllte Chasiński und zielte mit der Keilhaue auf ihn.

Józiek ging weg und ich sagte nur zu ihm, dass er das Rindvieh in Ruhe lassen soll. Soll der ruhig allein arbeiten, dann erinnert er sich, wie sich Arbeit anfühlt, denn bestimmt hatte er das längst vergessen.

Ein anderes Mal hätte es für mich tragisch enden können, dass wir an einen anderen Arbeitsplatz geschickt wurden. Der Kapo im ersten Tunnel – er wurde Sęp[31] genannt –, ein Verbrecher, der in den ersten Jahren viele Menschen umgebracht hatte, wollte uns zum Rangieren der Wagen aus seinem Tunnel haben. Er befahl uns, ihm zu folgen – wir gingen mit. Am Eingang zu seinem Tunnel begann er uns anzuweisen, was wir machen sollten. Die Wagen mit Erde auf das eine Gleis hinüberschieben, die leeren hier, die dort, und die anderen da. Ich hörte zu und sagte ihm dann, dass wir bei Ludwik arbeiten und nur er hat uns zu sagen, was wir machen sollen, und du hast deine Leute, sollen die das doch machen. Ich ließ unsere Gruppe umkehren und scheuchte sie in die Richtung zu unserem Korridor, aber Sęp scheuchte sie zu seinen Wagen. Schließlich wurde er wütend und schlug mir mit der Faust ins Gesicht – und in diesem Moment bekam er so einen Stoß mit dem Kopf, dass er zu Boden ging. Da begann ich, wild drauflos zu treten, damit er nicht aufstehen konnte; ich trat ihn in den Bauch und in die Seiten. Ein paar Mal traf ich sein Gesicht. Ich hatte Angst, dass es schlimm um mich stehen würde, wenn er wieder aufsteht – deshalb musste ich so zuschlagen, dass er völlig gelähmt war. Er hatte wohl lange nicht so Prügel bekommen. Er konnte nur Muselmänner umbringen. Seine Methode war es, wenn er einen zu Boden geworfen hatte, einen Spatenstiel auf dessen Hals zu legen – er selbst stellte sich auf den Stiel und schaukelte darauf von einer Seite zur anderen, wobei er schaute, ob sein Opfer noch lebte. Die Erinnerung daran war auch ein Grund dafür, dass ich ihn erbarmungslos prügelte. Als ich ihn dann in Ruhe ließ, war sein ganzes Gesicht voll Blut. Das Rindvieh lief, anstatt sich zu waschen, so blutverschmiert herum und wartete auf einen SS-Mann, um sich zu beschweren. Erst da wurde mir klar, dass es nicht besonders gut um mich bestellt war. Schließlich hatte es in den vorangegangenen Jahren genügt, sich mit den Armen zu schützen, und schon

31 Dt. Geier. (Anm. d. Übers.)

sagten sie, man habe den Kapo schlagen wollen und brachten einen um, um ein Exempel zu statuieren.

Das war zwar im Juni 1944, aber das war mehr gewesen als Deckung mit den Armen. Jetzt, dachte ich, wird ein SS-Mann kommen, der mich erschießt oder mich umbringen lässt. Nach etwa einer halben Stunde kam ein SS-Mann. Und wieder hatte ich ein bisschen Glück. Es kam einer, den wir „Tukan" nannten, wegen seiner langen Nase. Einer der besten SS-Männer – das war der, der im Puff Dienst hatte, als Oschka auf meinen Namen gekommen war. Sęp meldete mit seiner vom getrockneten Blut roten Fresse, dass ich ihn geschlagen habe. Er zeigte mit dem Finger auf mich. Ich stand vor dem Tunneleingang und trug nur eine Hose, kein Hemd. Tukan schob seine Hände in die Taschen und ich schaute, was er jetzt da rausholte. Er zog Lederhandschuhe hervor, streifte sie über – um sich die Fingerknöchel nicht zu schädigen und kein Blut an die Hände zu bekommen. Er rief mich nicht, sondern kam selbst zu mir und fragte, ob ich Deutsch verstehe.

„Nein", antwortete ich.

Trotzdem sprach er weiter:

„Weißt du denn nicht, dass man einem Kapo gehorchen muss? Weißt du denn nicht, dass man einen Kapo nicht schlagen darf?" Und rumms bekam ich was aufs Maul, und noch einmal, und noch einmal. Nur dass ich bei jedem Schlag mit dem Kopf gegen die Wand knallte. Ich stellte mich breitbeinig hin und dachte mir, schlag ruhig, so eine Kreatur wirft mich nicht um.

Er schlug mich minutenlang. Ich war grün und blau, blutete, aber umgeworfen hatte er mich nicht. Vielleicht hätte ich nicht so viel einstecken müssen, wenn ich mich nach meiner alten Muselmann-Methode nach jedem Schlag fallen gelassen hätte. Aber zu dieser Zeit war es keine Ehre für mich, wenn mich so ein nichtssagender Typ mit einem Faustschlag umgehauen hätte.

Am nächsten Tag kam Sęp zu mir und drückte mir eine Keilhaue in die Hand. Ich nahm die Keilhaue und wartete, was er von mir wollte.

„Komm mit", sagte Sęp.

Da warf ich die Keilhaue beiseite, tippte mir mit dem Finger an die Stirn und sagte lachend:

„Du spinnst wohl?"

Sęp griff seinen Knüppel. Ich sprang beiseite, schnappte mir eine Eisenstange zum Unterhebeln von Steinen und hielt sie entsprechend, stellte mich vor ihn hin in der Erwartung, dass er mich angreift. Ich war darauf vorbereitet, ihn umzubringen. Ich schaute ihn wachsam an und sagte ruhig auf Polnisch:

„Na komm schon, komm – ich bringe dich um."

Er ging weg und drohte, dass er mir noch ein Andenken verpassen werde.

Gut. Von diesem Tag an war ich für ihn Luft, er sah mich nicht. Das hinderte mich nicht daran, immer in wachsamer Anspannung zu bleiben, wenn er in der Nähe war. Ich hörte auf zu arbeiten – wenn ich zufällig gerade etwas tat – und ließ ihn nicht aus den Augen. Er hatte mich umbringen wollen, er hätte mich mit der Keilhaue eine Wand abschlagen lassen und hätte selbst pausenlos mit dem Knüppel auf mich eingeschlagen, bis ich tot gewesen wäre.

Zigaretten rauchten wir bei der Arbeit ganz offiziell. Das Problem war nur, sie anzuzünden. Man musste aus dem Tunnel hinausgehen und wenn eine Lokomotive da war, dann bat ich die Leute, den Schieber zu bewegen. Dann flogen kleine Kohlestücke auf den Boden und daran zündete ich die Zigarette an, und wenn einmal Feuer da war, rauchten alle, die etwas zu rauchen hatten. Die Lokomotive fuhren Genek Szymaszczyk aus Warschau und Hubert Niewidok. Ich gab ihnen auch Kartoffeln zum Backen. Das machte ich für meine Russen, die Kartoffeln organisierten, aber nicht die Möglichkeit hatten, sie zu backen oder zu kochen. Meine Jungs in der Lokomotive machten alles. Sie kochten in der Feuerstelle und buken im Schornstein. Die Kartoffeln wurden auf einen dicken Draht gefädelt, der in den Schornstein gehängt und oben am Rand befestigt wurde. Die Kartoffeln waren gut durchgebacken, nur hatten sie eine Schicht Ruß, die man zwar abkratzte, aber trotzdem bekam man beim Essen schwarze Hände und einen schwarzen Mund. Aber die Russen waren mir trotzdem dankbar dafür. Gekocht waren die Kartoffeln besser, aber es gab zu viele, als dass man sie alle hätte kochen können, und ich hatte ja auch nicht die ganze Lokomotive zu meiner Verfügung.

Eine andere Möglichkeit, an Feuer zu kommen, war, es von einer Glühlampe abzunehmen. Im Tunnel leuchteten Glühlampen mit zweihundert Watt. Sie waren in Fassungen an die Wand geschraubt. Wir rissen ein Stück Futter aus einer Jacke und legten es auf eine Glühlampe. Nach ein paar Minuten begann der Stofffetzen zu schwelen und es entstand Glut, in die hineingeblasen wurde, und damit zündeten wir die Zigaretten an. Bei dieser Methode knallten die Glühlampen durch, aber das interessierte uns nicht. Es wurden neue eingesetzt. Weil es mit dem Feuer so schwierig war, kaufte ich mir für zwei Laibe Brot ein Feuerzeug, das im Lager hergestellt worden war, und das ich nach drei Tagen ganz offiziell wegwarf, und zwar so, dass es keiner mehr finden konnte, weil ich es in einen Steinhaufen geworfen hatte. Es genügte, dass die Jungs nur einmal ein Feuerzeug bei mir gesehen hatten. Drei Tage lang tat ich nichts anderes, als allen Feuer zu geben, die mich nach Feuer fragten. Feuerzeuge hatten die Kapos und die Blockältesten, aber die bat kein Muselmann um Feuer, zu mir aber kamen alle. Als hätten sie sich verabredet. Wenn so ein Schafskopf sah, dass einer rauchte, dann sprach er nicht den an, sondern kam zu mir und fragte nach Feuer! Am dritten Tag, als ich ein bisschen schlechte Laune hatte, und mich zum x-ten Mal einer um Feuer bat, gab ich es ihm und warf das Feuerzeug weg. Mehrere Jungs suchten es, konnten es aber nicht finden – und ich hatte wieder meine Ruhe.

Manchmal schaute ein SS-Mann bei uns rein, der fürchterlich schielte. Keiner fürchtete sich vor ihm, obwohl er oft zuschlug. Allein sein Aussehen belustigte uns. Einmal sah ich, wie er einen jungen Mann schlug, der aber weglief und nicht darauf wartete, weiter geschlagen zu werden. Er hatte auf seinen Spaten aufgestützt dagestanden. Der SS-Mann stand vor ihm und schaute zur Seite, sah ihn aber. Ich schaute hin und sah, wie der Junge nicht einmal mit der Wimper zuckte, weiter so stehenblieb, wie er stand, und mit beiden Augen zur Nase schielte, so dass nur das Weiße seiner Augen zu sehen war. Da schlug ihn der SS-Mann. Ein anderes Mal bekam Oschka von ihm aufs Maul zur allgemeinen Freude des SS-Mannes, Oschkas und aller, die das gesehen hatten. Als der SS-Mann in den Tunnel gekommen war, hatte Oschka in einer Rauchwolke gestanden. Als er den SS-Mann wahrnahm, verschwand die Zigarette. Sie hatte so an seiner Zunge oder seinen Lippen geklebt, dass er das Stück Zigarette in seinem Mund versteckte. Der SS-Mann trat an Oschka heran und fragte, warum er rauche, der aber antwortete nicht, schaute ihn nur mutig an und schüttelte den Kopf, dass er nicht rauche. Sagen konnte er es nicht, weil er die Zigarette im Mund hatte. Der SS-Mann schaute sich seine Hände an, schaute sich um, ob nicht irgendwo eine Kippe lag, und weil er nichts fand, ging er weiter. Da ließ Oschka die Zigarette wieder raus und zog mit ganzer Kraft, damit sie nicht ausging. In diesem Moment drehte der SS-Mann sich um und sah Oschka wieder in einer Rauchwolke. Er kam zurück, blickte auf seine Hände und schlug ihm ins Gesicht. Da fiel Oschka die Kippe heraus, die er wieder geschafft hatte, im Mund zu verstecken. Oschka stolperte und rannte weg, froh über diesen Witz. Der SS-Mann schaute auf die Kippe, zeigte zufrieden mit dem Finger darauf, dass er sie doch gefunden hatte, und wir, die wir diese Szene beobachtet hatten, lachten auch über beide. Wir versuchten, uns das schwere Leben angenehmer zu machen.

Wenn wir Nachtschicht hatten, und Fliegeralarm war, wurden wir in die Tunnel gescheucht und die SS-Männer standen dann an den Ausgängen. Das wurde deshalb gemacht, damit keiner floh, während das Licht gelöscht war. Wir saßen dann in den Tunneln in absoluter Dunkelheit. Die Zeit vertrieben wir uns mit Singen. Die Russen sangen im Chor. Auch Oschka wurde gebeten, allein etwas zu singen. Er sang gut, hatte eine schöne Stimme und ein umfangreiches Repertoire. Wenn alle sangen, war Oschka der Vorsänger, der den ers-

ten Teil des Liedes solo sang. Das Singen brachte uns einander näher und war der Ursprung unserer wirklich großen und ehrlichen Freundschaft, die bis zum Kriegsende anhielt.

Als zum ersten Mal nachts das Licht gelöscht wurde und die Jungs sangen, wurde nach ein paar Liedern ein Mann namens Iwan gebeten zu pfeifen. Iwan redete sich schüchtern heraus, aber schließlich pfiff er. Er pfiff zwei oder drei Lieder. Als er fertig war, gab ich ihm ein paar Zigaretten, und denen, die gesungen hatten, gab ich auch welche. Als der Alarm aufgehoben wurde, rauchten wir alle ordentlich eine.

In unserer Gruppe war ich am besten situiert. Erstens, weil ich als Pole Pakete bekommen durfte, zweitens weil ich ein alter Häftling war, der im Lager gut organisiert war, na und drittens, weil ich mit dem Musizieren und anderen Tricks verdiente. Nie rauchte ich eine Zigarette ganz auf. Wenn ich mir eine Zigarette anzündete, interessierte sich keiner dafür, wenn ich aber die Hälfte aufgeraucht hatte, liefen schon zwei, drei Jungs auf Schritt und Tritt hinter mir. Sie wussten, dass ich ihnen den Rest gebe. Wenn ich sah, dass einer auf meine Kippe aus war, warf ich sie nie auf den Boden. Wenn ich das gemacht hätte, hätte sie nur einer aufheben können, so aber gab ich den Rest einem in die Hand und sagte, dass sie sie zusammen aufrauchen sollen. Ich kam täglich auf vierzig bis fünfzig Zigaretten – und ich selbst rauchte nicht mehr als zwanzig Stück. Und da waren die Zigaretten, mit denen ich für verschiedene Dienste bezahlte, und die, die ich meinen Schützlingen gab, noch nicht dabei. Manchmal gab ich auch den Kapos welche, damit meine Schützlinge bei der Arbeit in Ruhe gelassen wurden.

Nachts arbeitete es sich ruhiger als am Tag, weil nicht so viele Kapos dabei waren. Auch Chasiński und die SS-Männer waren nicht dabei. Es waren nur die Wachposten und der Kommandant der Wachposten da. Nachts durften wir eine halbstündige Erholungspause machen. Nach der Pause wurden wir wieder gezählt und arbeiteten bis zum Morgen. Eines Tages, oder eher eines Nachts stellte sich nach der Pause heraus, dass einer fehlte. Wir wurden dreimal durchgezählt – einer fehlte. Wir wurden alle in den Tunnel getrieben, um den Fehlenden zu suchen. Wir durchsuchten alles – er war nicht da. Als wir uns wieder aufstellen sollten und sich alle Sorgen machten, was wird, wenn wirklich einer geflohen ist – sah ich ihn. Er schlief ruhig unter einer Bank, direkt am Tunneleingang. Im Vorbeigehen gab ich ihm einen Tritt. Er wachte auf und stellte sich ins Glied. Ich wusste selbst nicht, wer das war. Ich hatte ihn diskret geweckt, mit einem Tritt, damit niemand sieht, wer gefehlt hatte, weil er sonst ordentlich Prügel bekommen hätte. Und so wusste es niemand und am Ende waren wir nicht sicher, ob nicht falsch gezählt worden war.

Ein anderes Mal erzählte mir Oschka, dass im Seitentunnel jemand im Wagen schlief. Ich schaute nach – tatsächlich. Wir schoben den Wagen aus dem Tunnel, koppelten ihn an die Wagen mit Sand an und die Lokomotive fuhr ihn zur Aufschüttung. Wir fuhren alle mit, um zu sehen, wie er aufwacht. An dieser Stelle war die Aufschüttung etwa acht Meter hoch. Als wir den Wagen umkippten, war ein fürchterlicher Schrei zu hören. Der Mann wusste nicht, wohin er flog und was mit ihm geschah. Erst als er unten gelandet war und unser Lachen von oben hörte, kam er zu sich und verstand, was mit ihm geschehen war.

So einen Spaß machten wir uns, damit keiner während der Nachtschicht schlief, weil er damit andere und sich selbst der Gefahr aussetzte, Prügel zu beziehen, wovon man leicht umkommen konnte. Schließlich hatte der Trottel so fest geschlafen, dass er nicht gehört hatte, wie wir den Wagen über die Weiche gefahren hatten. Die Bewegung und das Rasseln der Wagen beim Ausladen hatten ihn nicht geweckt, dann wäre er auch zum Sammeln nicht wach geworden, wo dann einer gefehlt hätte. Und ein anderer, der ihn gefunden hätte, wäre nicht so vorgegangen wie ich bei dem, der unter der Bank geschlafen hatte, sondern hätte Lärm geschlagen, dass sich der Gesuchte gefunden hat, und dann wären Schläge fürs Schlafen und für die beanspruchten Nerven des Kommandanten der Wachposten sicher gewesen.

Während der Schichten am Tage hatten wir andere Unterhaltung. Ein regelmäßiger Spaß war es, einen unter die Pumpe zu ziehen, die an der Strecke stand, die wir zur Arbeit gingen. Jeden Tag wurde ein anderer gebadet. Das machten wir voller Humor und mit Freude.

Kurz vor dem Tunnel standen einstöckige Häuser, in denen Zivilbevölkerung wohnte. Drei Meter vor den Häusern war Stacheldraht, hinter dem Wachposten standen. Mir ist eine alte, weißhaarige Frau in Erinnerung geblieben, die in einem der Häuser wohnte. Sie stand oft am Fenster und schaute zu, wie wir arbeiteten. Sie war immer traurig. Sie lächelte nur, wenn einer von uns ihr direkt in die Augen sah. Wir lernten uns kennen und verstanden einander, obwohl wir kein einziges Wort miteinander gewechselt hatten. Wenn ich am Stacheldraht entlangging, schaute ich in ihr Fenster oder ihre Tür. Wenn sie mich sah, lächelte sie und wir machten beide mit dem Kopf eine unbedeutende Bewegung, mit der wir uns grüßten. Ich machte das diskret, damit der SS-Mann, der Wache hielt, es nicht bemerkte und die anderen Häftlinge es nicht sahen. Alle mochten sie für ihre klugen Augen, die uns mit Erbarmen und Mitgefühl ansahen.

Ein Häftling erzählte mir, er habe sie einmal in unserem Lager im Jourhaus gesehen, wohin sie zum Verhör bestellt worden war. Er hatte gesehen, wie SS-

Männer sie zum Verhör führten, weil sie angeblich auf irgendeine Weise Häftlingen geholfen haben sollte. Er verständigte sich mit ihr auch per Blick und sagte, sie habe vor dem Verhör mit den Häftlingen gesprochen. Nach dem Verhör war sie verstummt und sprach nur noch mit den Augen. Mir gab das eine gewisse Genugtuung.

Ein großes Ereignis war für mich eine Begegnung mit Stefan Krukowski. Irgendein Häftling kam zu mir und sagte, dass ich schnell zur Rampe kommen solle, weil dort mein Freund aus Mauthausen sei. Er war in Begleitung von SS-Männern mit dem Auto gekommen und hatte den Jungs Tabak gegeben, damit sie mich suchten. Ich rannte zur Bahnrampe, die nicht weit weg vom Tunnel war. Als ich die Rampe erreichte, fuhr der Lastkraftwagen schon an. Ich rief Stefan, den ich hinten auf der Ladefläche sah. Das Auto hielt und Stefan stieg aus. Wohlgenährt und elegant gekleidet. Das Auto mit den SS-Männern wartete und wir unterhielten uns. Stefan war Kapo in der Wäsche- und Uniformenkammer für die SS – so wie Heniek B. in Gusen. Nur dass Stefan – wie ich nach dem Krieg von ihm erfuhr – durch seine Schläue und seinen Einfallsreichtum dahin gekommen war, und nicht dank Unterstützung und der Verkettung gewisser Umstände, wie Heniek B. Das Gespräch war kurz. Stefan sagte:

„Ich habe dem Fahrer gesagt, dass mein Bruder hier ist, und ich habe dich suchen lassen, denn ich wusste nicht, wo du arbeitest. Ich habe in Mauthausen die, die aus Gusen waren, nach dir gefragt. Sie haben mir gesagt, dass du tot bist, aber ich habe ihnen nicht geglaubt und dich hier suchen lassen. Wir sind gekommen, um an der Rampe Uniformen abzuholen."

Ich erzählte ihm, dass es eine Zeit gegeben hatte, da ich es schwer hatte, aber jetzt konnte er nach meinem Aussehen beurteilen, wie es mir ging. Und das Wichtigste war, dass wir lebten; jetzt würden wir wohl bis zum Ende durchhalten.

Stefan wurde in Mauthausen König der Prominenten genannt. Er hatte sich sehr gut organisiert und den Menschen viel geholfen – er hat auch jetzt viele Freunde aus dem Lager –, aber seinen besten Freund nannte er mich und für mich war Stefan auch der beste Freund, den ich bisher im Leben hatte.

Er hatte, wie er mir selbst erzählte, den jetzigen Ministerpräsidenten Józef Cyrankiewicz ernährt. Zu fünfundzwanzig Prozent hatte er ihn ernährt, zu fünfundsiebzig hatte ihm jemand anderer geholfen. Nach dem Krieg, als Stefan mit einer Delegation der Demokratischen Partei[32], für die er nach dem Krieg arbeitete, beim Ministerpräsidenten war, sagte dieser:

32 Stronnictwo Demokratyczne. (Anm. d. Übers.)

„Wir kennen uns wohl."

„Möglich", hatte Stefan geantwortet und stellte sich woanders hin.

„Wenn er mich nicht erkannt hat", sagte mir Stefan, „muss ich ihn auch nicht erkennen."

Stefan hatte Charakter – barfuß, aber in Sporen – und er hatte recht.

Ich sprach damals nicht länger als fünf Minuten mit ihm, weil sein Chef winkte und rief:

„Komm, Stefan!"

Wir küssten uns auf die Wangen. Stefan gab mir ein paar Packungen Tabak und Zigaretten, die er aus seiner Jackentasche hervorgeholt hatte. Ich wollte sie nicht nehmen, aber er drückte sie mir in die Hand und sagte, das sei übrig geblieben von dem, was er verteilen wollte dafür, dass sie mich suchten. Als das Auto anfuhr, rief er noch:

„Machs gut! Auf Wiedersehen in Freiheit!"

„Auf Wiedersehen in Freiheit!", rief ich zurück.

„Nicht mehr lange", rief er noch.

Das war im Juli 1944. Das nächste Mal sahen wir uns erst in Freiheit, in Warschau.

Eine große Abwechslung waren für mich die Fliegeralarme am Tage. So ein Alarm dauerte ein bis drei Stunden. Wir wurden dann alle in die Tunnel gescheucht. Wenn Alarm ausgerufen wurde, kletterte ich auf ein Gerüst und legte mich mit der Jacke unter dem Kopf auf das Brett. Ich nutzte den Alarm, um mich zu erholen. Obwohl sich die Bedingungen verbessert hatten, hatte ich nicht aufgehört, jede günstige Gelegenheit zum Ausruhen zu nutzen. Trotz des Gemurmels unten schlief ich in Ruhe auf meinem Brett, und die unten schauten hinauf und fragten sich, ob ich runterfallen würde oder nicht. Vor allem dann, wenn ich mich von einer Seite auf die andere drehte. Das Brett war hart und es war kalt im Tunnel, aber immerhin hatte ich geschlafen. Es kam nicht zu Fliegerangriffen, die Flugzeuge flogen nur über uns hinweg. In den Tunneln brannte Licht. Aber es kam vor, dass wir den Lärm der Bomben hörten, die Linz bombardierten, das vierundzwanzig Kilometer entfernt war. Dann ging in den Tunneln das Licht aus. Stasiek, verschwinde bei Fliegeralarm aus den Tunneln! Hier stürzen schon ohne Fliegeralarm die Decken ein und erschlagen die Menschen. Wenn nur eine einzige Bombe fällt, wird das ein „Familiendrama". Hierher können die fliehen, die die Tunnel nicht kennen. Vielleicht war es da sicher, wo die Wände und die Decke bereits mit Steinen befestigt waren – aber weiter drinnen ganz bestimmt nicht. Wenn alle in den Tunnel flohen, rannte ich, sobald die Sirene aufheulte, zur Aufschüttung und setzte mich zwischen die Loren oder unter eine Kipplore. Wenn Fliegeralarm ausgelöst wurde, nahm die Lokomotive alle draußen stehenden Waggons mit und brachte sie so weit wie möglich vom Tunneleingang weg. Angenehm war es hier. Sonne, Luft und – die Flugzeuge der Alliierten, die in Wellen kamen und Linz bombardierten. Die Explosionen waren zu hören und es waren sogar kleine Rauchwolken der Explosionen zu sehen. Es war eine Freude, das mit eigenen Augen zu sehen. Nur einmal hatte ich Angst. In der Nähe, an der Donau, war die Artilleriesperre und die Flugzeuge mussten über diese Sperre fliegen. Am Himmel stand weißer und schwarzer Qualm von den Explosionen. Ringsherum flogen Splitter von Geschossen der Flugabwehrartillerie. Ich zählte damals über tausendzweihundert Flugzeuge – weiter zählte ich nicht, obwohl sie weiterhin flogen. Sie flogen gruppenweise – ich weiß nicht mehr wie viele, aber es waren wohl sechzehn in einer Gruppe. Alle waren weiß und in jeder Gruppe gab es ein schwarzes Flugzeug. Bis heute weiß ich nicht, wozu das schwarze da war. Ich sah damals fünf abgeschossene Flugzeuge. Eines wurde in der Luft zerfetzt und ein ganzer Flügel fiel nicht weiter als hundert Meter von mir entfernt zu Boden. Aus einem anderen sprang die Belegschaft mit Fallschirmen heraus. Dieses Flugzeug wurde hinter dem Lager getroffen und in der Nähe der Fallschirmspringer explodierten mehrere Geschosse der Flugabwehrartillerie. Auf eines schoss sogar ein Wachposten hinter mir mit dem Gewehr. Ein Flieger landete zwischen den SS-Baracken. Schon als er Dutzende Meter über dem Boden gewesen war, hatte er die Hände gehoben – aber die SS-Männer schossen trotzdem auf ihn. Als er fast mit den Füßen den Boden berührte, fuhr eine ganze Serie aus dem Maschinengewehr von SS-Mann Killermann über ihn hinweg. Der Flieger lebte noch. Er wurde in unser Revier gebracht. Morgens kam er zu Bewusstsein und sprach sogar ein wenig mit einem Arzt, einem Häftling, der Englisch konnte, aber eine Stunde später starb er.

Ein Flugzeug wurde einen Kilometer entfernt vom Lager zerfetzt und fiel auf das Gelände, das von meiner Stelle aus vollständig zu überblicken war. Verschiedene Teile und Papiere fielen auf den Boden ... und Menschen mit ungeöffneten Fallschirmen. Ich sah ihren letzten Weg zur Erde. Später sah ich nur ihre Beine in Lederschuhen, die unter den Decken hervorstanden, als sie mit einem Wagen am Tunnel vorbeigefahren wurden. Stefan Krukowski erzählte mir später in Warschau, dass alle Flieger, die damals eingefangen wurden – das heißt, die, die mit Fallschirmen absprangen, insgesamt etwa ein Dutzend – innerhalb weniger Tage in Mauthausen zu Tode gebracht wurden, indem man ihnen befahl, pausenlos Steine aus dem Steinbruch über die teuflischen Treppen zu schleppen.

Bei uns wurde immer erzählt, dass die Amerikaner mit den Bomben das Ziel sehr genau treffen. Einmal hörte ich ein Pfeifen, ein Krachen und es knallte eine Bombe nach der anderen auf die Wiese im Lagerbereich, immer näher in meine Richtung. Da bekam ich Angst. Sie zielen gut, dachte ich, wenn sie schon einen Kilometer vor dem Lager mit den Bomben zu werfen beginnen. Ich war sicher, dass eine Gruppe die Rüstungsindustrie im Lager bombardieren wird und von den Baracken gab es unzählige. Ich wusste nicht, wohin ich fliehen sollte. Ich ließ mich von der Aufschüttung auf die Straße gleiten und legte mich in einen kleinen Graben an der Fahrbahn. Um mich zu verletzen, hätten die Bomben genau die Fahrbahn treffen müssen, denn auf der einen Seite war die Aufschüttung und auf der anderen ein Berg. Als ich von der Aufschüttung hinunterlief, dachte ich mir, dass jetzt der Wachposten auf mich schießen könnte, weil ich mich während des Fliegeralarms hier bei der Wachpostenlinie aufhielt. Ich schaute, ob der Wachposten die Absicht hatte zu schießen, und sah, wie er auf den Berg floh. Sein Gewehr fiel ihm hinunter, er lief ein paar Schritte zurück, schaute nach oben, winkte ab und lief weiter – und das Gewehr ließ er zurück. Als ich nach einer oder zwei Minuten wieder auf die Aufschüttung kletterte – weil es hier gefährlich war wegen der Nähe zu den Wachposten –, sah ich Flieger mit Fallschirmen, und der Wachposten, der eben selbst noch weggerannt war und dabei sein Gewehr verloren hatte, schoss nun auf die Flieger. Offensichtlich schoss er nur, um sich selbst Mut zu machen nach der Angst, denn die Fallschirmspringer waren viel zu weit weg, als dass man sie hätte mit einem Gewehr treffen können. Größere Chancen hatten die, die mit Flugabwehrkanonen schossen.

Die Bomben, die ich gesehen hatte und die mir solche Angst gemacht hatten, waren wahrscheinlich von einem angeschossenen Flugzeug abgeschossen worden. Das war der Luftangriff, den wir am heftigsten durchlebten. Diejenigen, die in dieser Zeit in den Tunneln saßen, sahen nichts und hörten nur die Explosionen. Glücklicherweise ist keine Decke eingestürzt. Die Jungs sammelten später lauter Papierchen auf, Patronen von den Maschinengewehren aus den Flugzeugen, aus denen sie Feuerzeuge bauten, und das Plastikglas der Flugzeugscheiben, aus denen sie sich Zigarettenspitzen bastelten.

Wie ich bereits erwähnt habe, waren ukrainische SS-Männer im Lager, die Dienst als Wachposten versahen. Die Wachpostenlinie bestand immer abwechselnd aus einem Deutschen, einem Ukrainer, wieder einem Deutschen und wieder einem Ukrainer. Die Deutschen trauten den Ukrainern nicht und sie hatten damit wohl recht. In unserem Lager wussten auch wir von dem Hass der Ukrainer gegen die Deutschen. Wir kannten Fälle, in denen es zu kollektiven Schlägereien unter der SS gekommen ist. Es bildeten sich zwei Lager: Ukrainer und Österreicher gegen Deutsche und Rumänen. In Polen erfuhr ich dann, wie unrühmlich sich Formationen ukrainischer SS-Männer verhalten haben. Im Lager konnten wir nichts Schlechtes über sie sagen. Wenn jemand schlecht über sie sprechen konnte, dann nur die Deutschen. Sie warnten einander vor den Ukrainern, dass diese auf Deutsche schießen, wenn sich einer der Wachpostenlinie näherte.

Einmal, während einer Nachtschicht, als die Sonne schon aufzugehen begann, rief ein Wachposten, der hinter dem Stacheldraht über unserem Eingang saß, laut dem nächsten zu:

„Iwan! In diesem Moment beginnen unsere »Katjuschas« schon zu spielen!"

Er rief das auf Russisch, weil sie fast überhaupt kein Deutsch konnten.

Ein anderes Mal verteilte Kapo Sęp – der, den ich zusammengeschlagen hatte – nach der Ausgabe des Mittagessens Nachschläge – und er gab nur den Deutschen etwas. Da begann ein Russe zu schimpfen, dass alle arbeiteten, deshalb müssten auch alle Nachschlag bekommen. Sęp legte die Kelle weg und schlug ihm mehrmals ins Gesicht. Der ging weg und schimpfte weiter, nun aber auf Russisch. So etwas wäre bis 1943 nicht möglich gewesen – er wäre mit Sicherheit umgebracht worden. Der Wachposten, der vor dem Eingang saß, fragte Sęp in gebrochenem Deutsch, wofür er den Häftling geschlagen hatte.

„Das ist meine Sache, nicht deine!", antwortete Sęp.

„O, job twaju matj!"[33], rief der Wachposten und riss sein Gewehr von der Schulter, und Sęp verschwand blitzschnell im Tunnel.

Eines Tages schob ich allein eine Lore – einen fremde Lore, in der Zementsäcke lagen. Ich schob sie in die Kurve und sie entgleiste mir. Ich beschloss, sie allein zurück auf die Gleise zu stellen. Ich holte einen dicken Holzklotz und eine lange Stange. Den Klotz legte ich quer auf die Gleise ganz dicht an der Lore; ein Ende der Stange steckte ich unter die Lore, und das andere drückte ich nach unten; ich drückte sie mit meinem ganzen Körpergewicht fast bis auf den Boden und zog sie zur Seite. Schon stand die Lore mit einer Seite auf dem Gleis. Das passierte gleich neben dem Stacheldraht, hinter dem ein Wachposten stand, ein ukrainischer SS-Mann. Er schaute interessiert zu, wie ich es allein schaffte, die Lore aufs Gleis zu stellen, und schließlich hielt er es nicht aus und begann mir zu raten, was ich machen soll – auf Polnisch. Als ich die Lore dann auf das Gleis gestellt hatte, lobte der SS-Mann mich, dass ich ein Schlitzohr und ein *molodjez*, ein Prachtkerl, sei. Ich antwortete ihm und wir begannen uns zu unterhalten. Wir sprachen länger als eine Stunde miteinander. Er fragte

33 Russisch: *О, ебь твою мать*. Deutsch: Fick deine Mutter. (Anm. d. Übers.)

mich nach den Bedingungen und dem Leben im Lager und erzählte selbst von seinem Leben. Er fragte mich, was das für Leute seien, die im Lager waren, und wofür sie sitzen. Anfangs hatte ich Angst, ihm alles zu sagen, was ich dachte und sagte, dass wenn ich ihm etwas sage, er später auf mich zeigen und man mich umbringen würde.

„Wenn du Angst hast, dann sag nichts", antwortete er. Und damit kriegte er mich, wie man in Warschau sagt. Ich erzählte ihm alles, was er wollte.

Über ihn erfuhr ich, dass er Pole aus der Nähe von Lwiw war, dass er beim russischen Militär war, in Gefangenschaft geraten und nach Gusen als Wachposten überstellt worden war.

„Und wie bist du hierhergekommen?", fragte ich.

„Und du, wie bist du hierhergekommen?", antwortete er.

„Sie haben mich eingefangen und eingesperrt."

„Mich auch, nur auf dieser Seite des Stacheldrahtes und mit einem Gewehr. Ich weiß selbst nicht genau, wie das passiert ist", sagte er weiter. „Im Kriegsgefangenenlager wurden mehrere Dutzend von uns ausgesucht und in ein anderes Lager gebracht, wo wir mit Stöcken statt mit Gewehren trainierten. Und später hat uns keiner irgendetwas gefragt, wir bekamen Uniformen und wurden in verschiedene Richtungen verschickt. Ich bin hier gelandet."

„Kannst du nicht fliehen?", stellte ich die mutige Frage.

„Es ist schwierig zu fliehen", antwortete er. „Wenn sie einen kriegen, machen sie einen fertig."

Ich war gerissener als er. Ich sah, dass sich ein SS-Mann näherte – der Kommandant der Wachposten. Er war noch weit weg, aber ich wollte den, mit dem ich mich unterhielt, nicht gefährden; wir sagten einander „Machs gut!" und ich schob meine Lore weiter. Als ich zurückkam, war der kontrollierende SS-Mann schon nah, aber ich ging so vorbei, als wäre der dort stehende Wachposten Luft für mich, ich schaute nicht einmal in seine Richtung. Ich habe ihn nie wieder gesehen.

Ein anderes Mal wollte im Lager ein Blockältester Kowalewski – den Händler – in den Stacheldraht jagen. Kowalewski wollte nicht. Der Blockälteste schlug ihn, konnte aber nicht hinter ihn auf den verbotenen Streifen am Draht treten. Wenn jemand auf diesen Streifen trat, musste der Wachposten schießen. Der Blockälteste wollte ihn dafür dorthin treiben, dass er vor seinem Block Handel betrieben hatte, und als er erwischt wurde, sich die Zigaretten nicht wegnehmen ließ. Der Wachposten, der hinter den Drähten stand, sagte auf Russisch:

„Hab keine Angst, komm näher und bleib stehen, und wenn er dich weiterscheuchen will, dann schieße ich auf ihn."

Das ging am Waschraum auf der Giebelseite vor sich. Der Blockälteste stand an der Ecke des Waschraumes und hatte Angst hervorzukommen. Wenn er sich ein bisschen vorbeugte, schoss der Wachposten, aber er traf nicht, und Kowalewski rief er zu, dass er wegrennen soll, und zeigte auf die andere Seite des Waschraumes. Kowalewski lief weg und dem Blockältesten verging die Lust, ihn weiter zu jagen.

Eines Tages erschoss ein ukrainischer SS-Mann einen Deutschen, der in der Nähe der Wachpostenlinie Blumen pflücken wollte.

„Was willst du?", hatte er auf Russisch gefragt.

„Blumen pflücken", hatte der andere auf Deutsch geantwortet.

Da hatte der Wachposten mit der Hand gezeigt, dass näher bei ihm schöne Blumen wachsen, und dabei hatte er ganz ruhig auf Russisch gesagt:

„Komm her, ich werde dich befreien."

Als der Deutsche näherkam, schoss der Wachposten. Er verletzte ihn nur, und der Deutsche stürzte und schrie laut.

„Was? Du schreist?", fragte der Wachposten. „Na, du wirst mir hier nicht weiter auf Deutsch herumschreien!" – Er schoss zum zweiten Mal ... und da war der andere tot.

Ein anderes Mal wurde, als wir zum Appell gingen und schon vor dem Platz auf das Signal zum Abmarsch warteten, der Prügelbock aus Block 3 auf den Platz gestellt und ein junger Russe darauf festgeschnallt. Er war vielleicht siebzehn Jahre alt. Offensichtlich war er aus dem Lager geflohen und eingefangen worden – und wir wussten das nicht einmal. Sie schlugen ihn und ein SS-Mann fragte ihn auf Russisch, wie er rausgekommen war. Wenn er es sagte, würden sie ihn nicht schlagen und ihm nichts tun.

„Bringt mich um, ich sage nichts!", antwortete der Junge.

Das ging ein paar Meter von mir entfernt vor sich, so dass ich alles genau sah und hörte. Der, der fragte, war kein Russe, sondern ein Deutscher, der Russisch konnte. Als sie den Jungen mit dem Ochsenziemer schlugen, brüllte der vor Schmerz; da schlug ein anderer SS-Mann ihm gleichzeitig mit beiden Fäusten auf die Schläfen. Die Schläge betäubten ihn. Er hörte auf zu schreien. Da hörten sie auf zu schlagen und wieder fragte ein SS-Mann:

„Sag nur, wie du rausgekommen bist, und wir werden dich nicht weiter schlagen und dir nichts tun. Zeig uns nur, auf welchem Weg du rausgekommen bist."

„Bringt mich um, ich sage es nicht!", antwortete der Junge gleichbleibend und wieder begann ein Zyklus: Schläge, Schreie, Schläge auf die Schläfe und wieder die Frage und die gleiche Antwort: Bringt mich um – ich sage es nicht.

Schließlich hörten sie auf zu schlagen und ein SS-Mann brachte ihn ins

Krematorium, aus dem er nie wieder herauskam. Wir vermuteten, dass er mit Hilfe und dem Wissen der russischen Wachposten aus dem Lager gekommen sein musste, denn was sonst hätte ihn davon abhalten sollen zu sagen, wie er rausgekommen wa?.

Einige Wochen vor Kriegsende wurden alle ukrainischen SS-Männer festgenommen. Sie wurden in einen Block gesperrt, der von SS-Männern bewacht wurde – und dann wurden sie in den Puff gebracht, aus dem vorher die Prostituierten weggebracht worden waren. Sie hatten innerhalb einer Nacht die gesamte deutsche SS-Belegschaft liquidieren und das Lager öffnen wollen. Zwei Kameraden hatten sie fast im letzten Moment vor der Aktion verraten. Als wir an diesem Tag morgens aufstanden, durften wir die Blocks nicht verlassen. Erst etwa eine Stunde später wurde uns erlaubt rauszugehen. Zwei oder drei Tage vor der Befreiung sah ich selbst, wie sie aus dem Puff herausgeführt wurden. Sie verließen das Lager, umringt von einer großen Gruppe SS-Männer mit Maschinengewehren. Für keinen von uns war es ein Geheimnis, dass sie alle erschossen wurden.

Zu dieser Zeit freundete ich mich mit einem Kameraden von Oschka an – er hieß Loschka und war aus Stalingrad. Er war Zirkusartist von Beruf und Hobby- und Bedarfs-Taschendieb und Falschspieler. Insgesamt – ein guter, herzensguter Junge mit Charakter. Er rasierte mich kostenlos. Er vollführte wirklich artistische Zirkustücke und niemand verstand beim Zuschauen, wie der Trick gelang. Vor dem Krieg war er in Zirkussen aufgetreten. Was den Taschendiebstahl betraf, wusste ich davon nur aus seinen Erzählungen, und gesehen habe ich ihn nur einmal „bei der Arbeit“, auf dem Handelsplatz. Immer wenn wir uns trafen, fragte einer den anderen, ob er Zigaretten habe, und immer gab der, der welche hatte, dem welche, der keine hatte.

Einmal trafen wir uns auf dem Handelsplatz und Loschka fragte mich, ob ich Zigaretten hätte. Ich dachte, er brauche welche, deshalb sagte ich, dass ich im Block welche hätte, und dass er mit mir mitkommen solle, dann würde ich ihm welche geben. Da gab er mir vier Päckchen mit jeweils zehn Stück.

„Zehn Zigaretten reichen mir. Ich habe im Block welche, und du hast nachher vielleicht nichts mehr zu rauchen.“

Da zeigte er mir, dass er in seinen Taschen noch viele Päckchen hatte. Er zeigte auf die handelnde Menschenmenge und sagte:

„Schau mal, wie viele Trottel hier sind.“

Am großartigsten aber war er beim Kartenspielen. Er zeigte Zirkus-, Artistik- und Kartentricks. Er gewann im Lager gegen alle Spieler und schließlich wollte keiner mehr mit ihm spielen. Das, was er beim Kartenspielen gewonnen hatte, brachte er in die Stube. Die Zigaretten behielt er für sich, den Rest teilte und verteilte er unter den Russen – seinen Bekannten und ihm Unbekannten. Als keiner mehr mit ihm Karten spielen wollte, „nahm" sich ein Blockältester seiner an. Er ernährte ihn, kleidete ihn ein, ließ ihn nicht zur Arbeit gehen, und im Gegenzug brachte Loschka ihm in freien Momenten bei, wie man Karten spielt. Einmal zeigte er mir und Adam, wie er spielt. Er zeigte es uns ganz offen. Er gab die Karten und sagte, was er gab, und gab so, dass wir verlieren mussten. Es half auch nicht, dass wir selbst die Karten mischten und selbst abhoben. Loschka sagte zu mir:

„Stasiek, ich mag Leute, die Karten spielen, nicht. Die setzen sich zum Spielen hin und wissen nicht, ob sie gewinnen oder verlieren. Wenn ich mich zum Spielen hinsetze, dann weiß ich, dass ich ganz bestimmt gewinne."

„Und wenn du einem begegnest, der ein besserer Falschspieler ist als du?", fragte ich.

„Ja, es gibt bessere Falschspieler als mich, nur dass ich gegen so einen nicht spielen würde. Bevor ich mich zum Spielen setze, stehe ich lange dabei und schaue zu, wie sie spielen. Es reicht, dass ich sehe, wie jemand die Karten hält, dann weiß ich, ob ich gegen ihn gewinne."

Wenn es im Lager brenzlig wurde, floh Loschka gleich ins Revier. Er rief bei sich eine lokale Entzündung hervor, wegen der er im Revier aufgenommen wurde. Diese Methode kannten nur er und Oschka. Loschka brachte sie auch mir bei – im Namen der Freundschaft –, bat mich aber, sie niemandem zu zeigen, denn wenn das mehrere Leute machen, dann fällt im Revier auf, dass es absichtlich gemacht wird. Nur einmal verriet ich einem ganz jungen Russen, wie man das macht, weil dessen Kapo ihn umbringen wollte dafür, dass der Junge sich nicht knacken ließ und nicht seine „Braut" werden wollte. Er war zwei Wochen im Revier, und als er entlassen wurde, kam er in einen anderen Block. Der Kapo war nicht sein Kapo bei der Arbeit gewesen, sondern der Stubenälteste.

Eines Morgens, als ich von der Nachtschicht zurückkam, stellte ich fest, dass aus meiner Truhe gestohlen worden war. In den Blocks gab es keine Spinde, deshalb kaufte sich, wer konnte, und wer etwas hatte, das er darin aufbewahren konnte, eine Truhe, die an das Bett angepasst war. Es gab Leute, die gehört hatten, dass in der Nacht jemand an meiner Truhe geraschelt hatte. Einer war leise auf das obere Bett geklettert und hatte gesehen, wie mein Nachbar – ein Russe – von der Truhe zurückgesprungen war. Er hatte mir Brot und Margarine gestohlen, und Oschka einen Napf mit Quark, den dieser in meiner Truhe aufbewahrte. Dieser Russe war zur Frühschicht zur Arbeit in den Tunneln gegangen. Ich fluchte, was das Zeug hielt, und versprach, ihn umzubringen, wenn er von der Arbeit zurückkommt. Oschka und Loschka baten mich, ihn nicht anzurühren.

„Schau mal, du krepierst durch diesen Verlust nicht vor Hunger, und ihm rettet das auch nicht das Leben. Und wenn du ihn schlägst, werden alle sagen: Der Pole schlägt einen Russen."

Ich gab ihm recht, und die Wut war mir auch schon vergangen. Ich beschloss, ein Vorhängeschloss aus der Lagerproduktion zu kaufen.

Als ich abends in den Block kam, sah ich, dass Oschka und Loschka den, der aus meiner Truhe gestohlen hatte, beiseite genommen hatten und ihn fragten, ob er es war.

„Nein, ich habe nichts genommen", antwortete er.

„Gib zu, dass du etwas genommen hast, und gib meinen Napf zurück", sagte Oschka, „dann schlagen wir dich auch nicht."

„Nein, ich habe nichts genommen", sagt er hartnäckig.

Rums, rums! Rums, rums! Schon hatte er zweimal von jedem eine bekommen.

„Hast du was genommen?"

„Habe ich nicht."

Rums, rums!

„Hast du was genommen?"

„Habe ich nicht."

Rums, rums! Loschka griff nach einem Schemel. Und da verließ ich den Block. Ich mischte mich nicht in ihr Gespräch ein. Da schlug nicht der Pole einen Russen, sondern die Russen erledigten die Sache untereinander. Da verstand ich, warum sie mich gebeten hatten, ihn nicht anzurühren. Sie wollten nicht, dass ich unter den Russen Feinde habe.

Eine Zeitlang half ich Oschka. Einmal kam er zu mir und sagte, dass er nichts mehr von mir nehmen würde, weil er im Revier einen Kameraden, einen Arzt habe, der ihm helfen werde, und dass ich das Essen, das ich ihm gegeben hatte, jemandem anderen geben soll. Später brachte er mir Milch in einer Flasche und ärgerte sich, wenn ich sie nicht nehmen wollte, und dann gab ich ihm nichts mehr und er brachte mir auch keine Milch mehr. Da wohnte ich bereits in Block 12, in dem die Steyr-Arbeiter wohnten. Zu Steyr kam ich im August 1944.

Mit Oschka und Loschka traf ich mich später noch oft. Zu Silvester 1944 sprach ich mit Oschka, und da sagte er schüchtern, dass er Hunger habe, und zu Neujahr ungern hungrig bleiben würde.

„Oschka, du hast Hunger? Warum hast du mir vorher nichts gesagt? Wo ist denn dein Arzt?", schüttete ich ihn mit Fragen zu.

Es stellte sich heraus, dass der Arzt schon fast drei Monate zuvor nach Gusen II versetzt worden war und Oschka keinerlei Unterstützung hatte, und mir das nie gesagt hatte. Oschka wartete vor dem Block, und ich ging hinein, nahm einen Laib Brot und schaute mich um, woher ich ein Messer bekommen könnte, um den Laib in zwei Hälften zu schneiden. Neben mir standen vier Franzosen, die bereits ihre Portionen Brot gegessen hatten, und auf dem Bett lag ein freies Messer.

„Kann ich bitte kurz das Messer haben, ich will das Brot durchschneiden", wandte ich mich an sie und streckte die Hand nach dem Messer aus.

Da rülpste der, der am nächsten stand, machte eine dumme Grimasse und schubste mich mit einem heftigen Stoß mit dem Ellenbogen weg. Schlecht hast du es getroffen, dachte ich mir und haute ihn mit der offenen Hand auf den Hinterkopf, so dass er mit der Rübe an das obere Bett knallte. Und da begann der Radau. Einer von ihnen warf einen schweren Holzschuh nach mir. Ich fing den Schuh wie einen Ball im Tor und schickte ihn so zurück, dass der nur so aufstöhnte. Alle vier bekamen was ab – und ich schnappte mir das Messer, schnitt das Brot durch und trug einen halben Laib Brot und ein Stück Margarine für Oschka hinaus. Die Franzosen machten so einen Lärm, dass der Blockälteste aus der *kapówka* kam und mich fragte, was das für ein Geschrei dort am Ende der Stube sei.

„Weiß ich nicht. Die Franzosen schreien herum", antwortete ich und rannte aus dem Block.

Von diesem Tag an half ich Oschka wieder – bis zum Tag der Befreiung.

Zum Schluss gab ich ihm noch einen Mantel und Zigaretten, damit er sich lange an seinen Genossen, den Polen, erinnert. Ich werde ihn auch nie vergessen, weil er mir wirklich ein Freund war, der bereit war, alles für mich zu tun.

In den ersten Augusttagen 1944 beschloss ich, den Tunnel zu verlassen und zu Steyr arbeiten zu gehen. Andere rieten mir davon ab, weil man dort zwölf Stunden täglich arbeiten müsse, in zwei Schichten und auch sonn- und feiertags. Ich antwortete ihnen darauf, dass es dort leichter sein würde, nicht zu arbeiten, weil da mehrere tausend Menschen tätig waren und dass ich entsprechende Bekanntschaften habe. Weil der Tunnelbau und Steyr zur Rüstungsindustrie gehörten, konnte man sich von keinem der Arbeitsplätze einfach abseilen. Man musste das über einen Aufenthalt im Revier erledigen, weil man nach der Aufnahme ins Revier automatisch aus dem Verzeichnis des bisherigen Arbeitsplatzes gestrichen wurde. Ich sorgte dafür, dass ich wegen meines Blinddarms zur Beobachtung ins Revier kam. Doktor Gościński sollte mich untersuchen. Er sagte mir, wie ich mich während der Untersuchung verhalten soll, dass ich so tun soll als würde es schmerzen, wenn er mir mit der Hand oberhalb der Leiste auf den Bauch drückt. Am nächsten Tag ging ich hin. Zum ersten Mal seit 1941 – dreieinhalb Jahre war ich nicht dort gewesen.

Ich konnte mich noch gut an die damaligen Untersuchungen mit der Faust erinnern.

Wie anders aber sah das jetzt alles aus! Der Arzt hielt seine Sprechstunde im Bad ab. Alle Kranken und ich, nackt ausgezogen, warteten in dem warmen, großen Baderaum. Wir warteten lange, bis die Untersuchungen begannen. In dieser Zeit starben drei Schwerkranke im Warteraum, bevor der Arzt sie zu Gesicht bekam. Der Arzt empfing in einem anderen, kleinen Raum. Doktor Gościński untersuchte unter Mithilfe von Sanitätern, und ein SS-Arzt stand hinter ihm und schaute nur zu. Als ein paar Häftlinge untersucht worden waren, wurde mir ein Zeichen gegeben, dass ich kommen soll. Ein paar Formalitäten und dann die Untersuchung. Bevor er mich berührte, zischte ich schon vor Schmerzen und krümmte mich.

„Mach keinen Quatsch!“, sagte Doktor Gościński. „Ich habe dich noch nicht einmal berührt und schon tut dir was weh.“

Der SS-Mann verstand kein Polnisch, so dass er mir die ganze Zeit sagte, wie ich mich verhalten soll. Schließlich schrieb er auf: „Beobachtung“, und wies mich an, in Block 27 zu gehen, den chirurgischen Block.

„Aber humple ein bisschen“, sagte er zum Abschluss.

In Block 27 ging es mir gut. Dort kümmerte sich der junge Arzt Genek Pięta um mich, der der Schutzgeist dieser Station war. Die Betten waren mit weißer Bettwäsche bezogen und die Kranken bekamen bessere Verpflegung als die, die wir im Lager erhielten. Sie hatten nur ein Problem mit mir, weil ich pausenlos herumlief. Schließlich war ich gesund, an ständige Bewegung und an Nervenkitzel gewöhnt – und hier war die ideale Ruhe. Ich konnte nicht lange liegen.

„Entweder bist du krank und liegst“, schimpfte Pięta, „oder du bist gesund und gehst wieder an die Arbeit.“

„Ich bin sehr krank“, antwortete ich, „aber was kann ich dafür, dass ich nicht liegen kann. Sei nicht böse, mein Lieber, lange werde ich hier nicht bleiben, zumindest wirst du dich später erinnern, dass Grzesiuk bei euch war. So einen wie mich hat es hier noch nicht gegeben, gibt es nicht und ... wird es nicht geben.“

Heute bin ich schon das siebte Mal im Sanatorium und die Ärzte haben noch immer ein Problem mit mir. Ich laufe herum, sogar schwer krank, nach einem Pneumothorax. Ich bin schon am vierten Tag nach der Operation aufgestanden, obwohl mir absolute Bettruhe für sechs Wochen verordnet wurde.

Nach einer Woche wurde ich in Block 32 verlegt. Das war der Block, in dem Karl massenweise Muselmänner erledigt hatte. Diese Zeit war inzwischen vorbei. Zu diesem Zeitpunkt war das der Block für Rekonvaleszenten. Schmutzig war es hier, wie in allen anderen Blocks, das Futter dasselbe wie im Lager, aber wir arbeiteten nicht.

Am nächsten Tag abends kam irgendein Russe an die Absperrung. Ich sah ihn nicht, weil die Revier-Blocks mit einem Zaun umgeben waren, aber ich hörte, wie er rief:

„Grzesiuk, wer ist Grzesiuk?"

Ich ging an den Zaun und antwortete ihm, dass ich Grzesiuk bin.

„Wie ist deine Nummer?", fragte er.

Als ich ihm meine Nummer gesagt hatte, rief er: „Nimm das, das lässt dir Oschka schicken!" Und er warf ein kleines Päckchen über den Zaun. Darin waren zwei Päckchen Tabak und Zigarettenblättchen.

Der liebe Oschka, er muss wohl zwei Tage lang kein Brot gegessen haben, um diesen Tabak zu bekommen; oder er hatte ihn auf andere Weise organisiert. Ich weiß es nicht, weil ich ihn nie danach gefragt habe. Das schickte sich nicht. Ich habe mich nur bei ihm bedankt und gesagt, dass er mir sehr geholfen hat, weil ich nichts mehr zu rauchen hatte. Ich sagte ihm das, damit er sich freute und damit er wusste, dass ich mich auch gefreut hatte.

Als ich aus dem Revier entlassen wurde, ging ich zu Steyr arbeiten.

Zu dieser Zeit wurde uns angeboten, mit der ganzen Kapelle nach Gusen II zu wechseln. Man versprach uns, dass wir dort sehr gute Bedingungen haben werden. Ich lehnte kategorisch ab. Jedem alten Häftling waren schlechtere Bedingungen, die ihm bekannt und vertraut waren, lieber als gute, die aber unsicher waren. Die alten Häftlinge widersetzten sich immer einem Lagerwechsel, denn wenn man in ein anderes Lager kam, war man dort „neu" und wurde den schlimmsten Arbeiten zugeteilt, man musste sich neu organisieren und oft starb man bald, während man unter seinen vorherigen Bedingungen bis zum Kriegsende durchgehalten hätte. Um im Lager zu sterben, brauchte es nicht viel Zeit. Außerdem ging ich nie und nirgendwo freiwillig hin. Wenn es mir schlecht ging, musste ich mir nie vorwerfen, dass ich von allein dorthin gegangen war. Obwohl mir bessere Bedingungen versprochen wurden, klagte ich nicht über die Bedingungen, die ich hatte, und ich wollte sie nicht gegen bessere, aber unsicherere tauschen. Nach Gusen II ging die Zigeuner-Kapelle, die den Wettstreit mit uns nicht mehr aushielt.

In einem Päckchen bekam ich ein Foto meiner Schwester Krysia. Sie hatte es in die Zuckerpackung gelegt. Kurz darauf erhielt ich von ihr Fotos, auf denen sie mit meinem Freund Broniek Figiewicz drauf war. Ich erhielt auch Fotografien von meinen Cousinen. Bevor ich diese Fotografien bekam, hatte ich ihnen in Briefen für die Fotografien gedankt. Sie hatten es verstanden und mir welche geschickt. Wenn solche Briefe, ohne dass etwas herausgeschnitten wurde, abgeschickt wurden, deutete dies darauf hin, dass die Briefe weniger kontrolliert wurden. Und bei uns kamen auch Briefe an, bei denen nichts herausgeschnitten war. Davor hatte man oft einen Brief nur als Rahmen des Briefes erhalten. Die Anrede und die Unterschrift waren geblieben, den Rest hatte die Kontrolle herausgeschnitten.

Die Fotografien brachten mir die Freiheit ein bisschen näher. Bisher waren die Fotografien, die in Briefen geschickt wurden, nie ausgehändigt worden. Es gab Fälle, dass jemand gerufen und ihm das Foto gezeigt wurde, wenn ihm ein großes Familienfoto in Postkartenformat geschickt wurde. Er durfte es fünf Minuten lang ansehen. Dann wurde es ihm weggenommen und er wurde weggescheucht. Die Fotografien wurden einem nie ausgehändigt.

Im Frühjahr 1944 holte mich Heniek B. in die linke Lagerorganisation, die **damals „Widerstandsbewegung" im Lager genannt wurde. Die Arbeit in der Organisation sollte darin bestehen, edlen Menschen zu helfen, nationale Antagonismen zu liquidieren, die zielgerichtet von der Lagerleitung angestachelt wurden, und in der Verbreitung von Nachrichten über die Situation an der Front. So sah das in der Theorie aus. Und in der Praxis? In der Praxis hat es in den Lagern überhaupt keine Widerstandsbewegung gegeben. Alles Gerede von einer Widerstandsbewegung waren Mumpitz, Träumerei und Hirngespinste dummer leerer Schädel, die Organisation spielen wollten. Sage mir jemand, worin dieser Widerstand bestanden haben soll! Die vom Lager sprechen darüber, schreiben darüber in Zeitungen und Büchern, aber nirgendwo habe ich bisher gelesen, worin dieser Kampf bestand und was das für ein Widerstand war. Hilfe für andere Häftlinge? Die edelsten Menschen starben an Hunger und an Schlägen, weil sie im Leben unbeholfen waren und nicht vorbereitet auf harte Bedingungen. Wenn ihnen jemand half, dann entschied eine persönliche Bekanntschaft mit jemandem darüber, mit dem man diese harten Bedingungen durchlebte, und dieser Kamerad bekam später eine bessere Arbeit und hatte die Möglichkeit einem anderen Kameraden zu helfen, der diese Hilfe brauchte. Über diese Hilfe entschied der Zufall, ob man jemandem gefiel und der einem half, aber das waren persönliche Kontakte. Anderen wurde im Gegenzug zu Dienstleistungen geholfen. Es wurde geholfen, weil formale Handelsverträge geschlossen wurden, dass nach der Entlassung jemand dem, der ihn ernährt hatte, sein Haus, seine Mühle oder sogar seine Fabrik überschreibt. Nie aber habe ich gehört, dass die Widerstandsbewegung sich um jemanden gekümmert hätte, der diese Hilfe gebraucht hätte. Im Lager mussten Menschen sterben und es starben die Schwachen und Unbeholfenen. Und niemanden kümmerte es, ob Wissenschaftler oder Verbrecher starben. Es** hat nie die sogenannte organisierte Hilfe gegeben. Es gab nur individuelle Hilfe. Jemand half jemandem im Gegenzug für etwas oder selbstlos, fest oder zeitweise, je nach Laune des Spenders.

Die Abschaffung von Antagonismen. Es interessiert mich, wer auf organisierte Weise die Verfolgung der Russen durch die Polen liquidiert hat. Ein Großteil der polnischen Intellektuellen verhielt sich den Russen gegenüber nicht so, wie sie sich gegenüber Häftlingen hätten verhalten sollen, die ihnen gleich waren. „Du Bolschewik", wurde als Beleidigung benutzt und in dieser beleidigenden Form war es überall zu hören. Deshalb bereiteten sich die Russen, die nicht klug und logisch dachten, sondern Rowdies waren, auf eine Abrechnung mit den Polen vor, zu der es am Tag der Befreiung kommen sollte. Die Beseitigung dieses Zustandes war nur eine Reaktion auf solche Fälle nach eigenem Ermessen und eigenen Ansichten, aber es gab in dieser Richtung keinerlei organisierte Aktionen. Jeder war der, der er war – ein individueller Mensch. Es gab Menschen, die öfter ihr Leben riskierten, um andere zu retten, aber sie machten das für ihr eigenes Gewissen, weil sie eben so einen Charakter hatten, und nicht etwa eine Organisation, eine Widerstandsbewegung oder anderer ähnlicher Schwachsinn. Wenn ich die Gelegenheit hätte, würde ich den Genossen Cyrankiewicz, den Ministerpräsidenten der Volksrepublik Polen, fragen, worin seine Rolle bestanden hat und was er als Vorsitzender der Widerstandsbewegung in Auschwitz und in Mauthausen getan hat. Worin dieser Widerstand bestanden hat und wie man Widerstand geleistet hat. Welche Ergebnisse es gab und was für Verluste die Deutschen durch diese Widerstandsbewegung bei Material, Ausrüstung und Leuten zu verzeichnen hatten. Der Spaß mit der Widerstandsbewegung setzte die Menschen nur zusätzlich der Gefahr aus, getötet zu werden. Zwei Wochen vor Kriegsende wurden nach mehreren Tagen Morden zwei alte Häftling dafür getötet, dass ein SS-Mann sie dabei erwischt hatte, wie einer dem anderen durch ein Fenster der SS-Baracke, in der der eine arbeitete, einen Zettel mit der skizzierten Situation an der Front auf einer kleinen Landkarte reichte. Schließlich arbeiteten viele Häftlinge für die SS und hatten alle neuesten Informationen. Sie brachten auch Zeitungen ins Lager, die im ganzen Lager gelesen wurden, und die Nachrichten wurden von Mund zu Mund weitergegeben und verbreiteten sich wie ein Lauffeuer. So sah im Grunde jede Widerstandsorganisation in den Konzentrationslagern aus. Die Bürger jeder Nationalität hatten angeblich ihre eigene Widerstandsbewegung und ihren eigenen Kampf. Wer schlau war, überlebte ohne „den Widerstand". Ein Schafskopf starb sogar mit einem größeren „Widerstand".

Ideeller Anführer der Organisation war Jerzy Piwiński, ein bekannter linker Aktivist, ermordet im Sommer 1944 unter Beteiligung von Lagerfaschisten, und der Mann, mit dem ich ständigen Kontakt hatte, war Janusz Tarasiewicz aus Warschau. Wir spazierten oft über den Appellplatz und diskutierten über Politik, und Janusz führte lange Gespräche mit mir, in denen er mir die Grundlagen des Marxismus darlegte. Einmal sagte er mir nach so einer Lektion, dass eine Gruppe russischer Rowdys im Lager sich darauf vorbereite, Polen abzuschlachten, wenn der Krieg zu Ende ist.

„Du", sagte Janusz, „du kennst viele Russen und lebst gut mit ihnen zusammen, deshalb haben wir dich ausgesucht, dass du die Organisation der russischen Kommunisten ausfindig machst. Wir müssen uns mit ihnen verständigen, um das zu verhindern."

Zu dieser Zeit hatte ich mich mit einem Russen angefreundet, der „Onkel Wanja" genannt wurde. Er saß fünfundzwanzig Jahre in deutschen Lagern und Gefängnissen. Ich schreibe es wörtlich, denn die Ziffern mag mancher nicht glauben. Fünfundzwanzig Jahre – von 1920 oder 1919 bis 1945. Er war in deutscher Gefangenschaft gewesen. Er brachte einen Wachmann um und floh aus dem Lager. Er floh mit einem Kameraden, der mit ihm zusammen in Gusen war. Irgendjemanden hatten sie noch ermordet, um an Kleidung und Bargeld zu gelangen und am nächsten Tag wurden sie im Hotel in Linz aufgegriffen. Die Todesstrafe wurde ihnen in eine lebenslange Haftstrafe umgewandelt. Wanja war heiter, er war geistig vollkommen klar und genoss Autorität unter den Mithäftlingen, und auch unter den kriminellen Blockältesten und Kapos wegen seines langen Aufenthaltes in Gefängnissen. Außerdem war er mit so manchem zusammen in verschiedenen deutschen Gefängnissen gewesen. Er half vielen Russen. Er war ein guter Organisator. Einer seiner Kameraden war schon ein bisschen verwirrt. Er saß stundenlang da und schaute auf einen Punkt, sagte zu niemandem etwas und rauchte nur Zigaretten.

In den ersten Freiheitstagen begegneten wir uns in Linz. Wir freuten uns über das Treffen, und Wanja führte mich an eine Straßenecke, zeigte auf ein teilweise durch Bombardierungen zerstörtes Haus und sagte:

„Schau mal, Stasiek, in diesem Hotel haben sie mich vor fünfundzwanzig Jahren eingeschlossen."

Nach ein paar Gesprächen mit Wanja spürte ich, dass er die Person war, die ich suchen sollte. Es stellte sich heraus, dass ich es richtig getroffen hatte. Eines Abends spazierten wir über den Appellplatz und im Gespräch sagte ich ihm, dass russische Rowdies sich darauf vorbereiten würden gegen die Polen vorzugehen, wenn der Krieg zu Ende ist.

„Das ist schlecht, Wanja, die Leute haben nicht so viele Jahre im Lager überlebt, um zu sterben, sobald sie freikommen. Denn wenn wir das wissen, lassen wir uns nicht so einfach umbringen. Dann bereiten wir uns entsprechend darauf vor. Und im Lager gibt es mehr Polen und die verstehen es auch sich zu schlagen."

„Ich weiß davon", antwortete Wanja. „Das organisieren ..." und hier nannte er zwei mir bekannte russische Ganoven. „Aber denk nicht darüber nach. Dazu wird es nicht kommen. So lange Wanja lebt, wird es solche Geschichten im Lager nicht geben. Und weißt du, warum das so ist?", fragte er.

„Ich weiß", antwortete ich. „Die Polen, vor allem die mit Funktionen und in Positionen bei verschiedenen Kapos und ihren Gehilfen, plagen die Russen so, wie uns die Deutschen plagen. Nur dass die Russen sowohl von den Deutschen als auch den Polen gequält werden. Aber von diesen Polen in Positionen darf man nicht auf das gesamte polnische Volk schließen. In meinem Verständnis sind das gar keine Menschen, sondern blutsaugende Tiere, die ohne Not morden, nur aus Vergnügen am Morden, und die müssen nach der Befreiung beseitigt werden. Jeder, egal welcher Nationalität, der auch nur einen einzigen ermordeten Menschen auf dem Gewissen hat, muss beseitigt werden."

Da stellte Wanja mir eine interessante Frage:

„Weißt du, was Organisation ohne Organisation ist?"

Ich wusste es nicht.

„Organisation ohne Organisation ist zum Beispiel ein bisschen Wohlwollen der Polen für die Russen. Wenn ein paar russische Muselmänner Lieder singen, sie nicht mit Schlägen auseinanderzutreiben. Stehenbleiben, zuhören, eine oder zwei Zigaretten geben. Andere Russen werden das sehen und dann die Polen anders betrachten. Unser Volk ist in der Lage, für jede Kleinigkeit dankbar zu sein, für jedes winzige bisschen Wohlwollen."

Wanja hatte recht. Ich selbst hatte mich in der Praxis, im Zusammenleben mit ihnen davon überzeugen können, dass das, was Wanja sagte, wahr war. Nach diesem Gespräch machte ich Janusz mit Wanja bekannt und schon war der Kontakt hergestellt.

Wie im Alltag das Verhältnis mancher Leute, denen ihre Pakete zu Kopf gestiegen waren, zu den Russen aussah, soll das folgende Beispiel zeigen:

In Block B, aus dem wir von Block 12 umgezogen waren, schlief in der Nähe meines Bettes ein Major der Roten Armee. Einer der wenigen, die vom ersten Transport der russischen Kriegsgefangenen überlebt hatten. Ein intelligenter, sehr kultivierter Mensch. Neben ihm hatte sein Bett eine polnische Beamtenseele – denn wegen seiner Unverschämtheit kann ich ihn nicht anders nennen –, dem die Pakete, die er von zu Hause erhielt, zu Kopf gestiegen waren und der glaubte, mit jedem Kilogramm auch an Geist zuzunehmen. Er ließ keine

Gelegenheit aus, seinem Nachbarn zuzusetzen. Ich hörte seine Sticheleien und seinen Spott, aber ich sagte nichts. Schließlich hielt ich es nicht aus. Als wir uns morgens anzogen, laberte er unaufhörlich:

„Oder bei euch in Russland; *Towarischtsch*, Genosse. Das ist das Gleiche, wie wenn man bei uns gesagt hat: Kollege. Ich bin mit meiner Frau oder Verlobten unterwegs, und da kommt irgendein Penner, besoffen, vollgerotzt, und sagt zu mir: Wie geht es dir, Kollege?"

Da mischte ich mich ein:

„Hör mal", sagte ich, „wenn du nicht selbst ein Penner bist, wird kein »Penner« zu dir sagen: »Wie geht's dir, Kollege?« Und wenn du ein Penner bist, wird es dir egal sein, weil du dann genauso einer bist wie er."

Daraufhin lachte er künstlich und sagte:

„Sie sind alle gleich, aufs Maul müssen sie kriegen, die Arschlöcher!"

Da packte es mich. Ich trat nah an ihn heran und fragte ihn noch ruhig:

„Wer bist du eigentlich? Ein Intellektueller oder ein Schurke? Wenn du ein Intellektueller bist, können wir miteinander diskutieren, und wenn du ein Schurke bist ... dann bin ich ein besserer Schurke als du und pass auf, du verfluchter Hurensohn, sonst lösche ich dich aus!" – Und mit diesen Worten verpasste ich ihm einen Kopfstoß.

Er fiel zwischen die Betten und knallte so gegen die Wand, dass es rumste. Ich griff mit den Händen ans obere Bett, zog mich hoch und als er aufstehen wollte, trat ich ihn mit den Füßen. Er fiel wieder gegen die Wand und sprang dann aber schnell auf das obere Bett und hielt sich für schlau. Ich zog meine Jacke aus und stellte mich an die Tür, um nochmals zuzuschlagen, wenn zum Sammeln zur Arbeit gerufen wird und er rausgehen würde. Ich wartete ein paar Minuten, aber er kam nicht herunter; ich ging ans Ende der Stube, um zu schauen, was los ist. Dort wurde mir gesagt, dass er durchs Fenster geflohen ist. Wenn das so ist, dann heißt das, dass er sich fürchtet. Das genügte mir schon und abends stänkerte ich nicht mehr mit ihm.

Nicht alle Polen hatten ein so unangebrachtes Verhältnis zu den Russen. Es gab viele, die ihnen halfen. Besonders schlecht verhielten sich die Dummköpfe mit Funktionen und ein Teil der Intellektuellen war gehässig.

Ein anderes, nirgendwo von jemandem aufgegriffenes Problem im Lager war die Sexualität unter Männern. Dieses Thema existierte in allen Konzentrationslagern und Kriegsgefangenenlagern. In Lagern für Männer gab es überall Päderastie, so wie es in Lagern für Frauen sexuellen Verkehr unter Frauen gab. Dieses Thema wird in Büchern und in Presseartikeln dezent verschwiegen und wenn jemand etwas flüstert, dann nur im Zusammenhang mit einem bestimmten Menschen, dass der angeblich … oder dass der angeblich … mit diesem und jenem. Dabei waren diese Dinge von Anfang an da. Bereits in Mauthausen haben sich mir die Augen dafür geöffnet. Ich hatte beobachtet, dass die deutschen Funktionshäftlinge, die gesund und wohlgenährt waren, sich mit jungen Männern umgaben und sich um sie kümmerten. Diese jungen Männer schliefen nie mit den anderen Häftlingen zusammen.

In Mauthausen hatte es keine *kapówka* gegeben, deshalb hatte die Aristokratie ihren mit Schränken abgegrenzten Schlafbereich im Essensraum, und dort wohnten auch die vom Schicksal Auserwählten, die sich der Gunst der „Herren" erfreuten. Ich werde hier keine Namen nennen. Weder Namen der „Herren" noch Namen der „Damen". Es ist eine nicht anzuzweifelnde Tatsache, dass viele junge, attraktive Männer auf diese Weise im Lager „Karriere" machten und Arbeitsplätze in guten Arbeitsgruppen bekamen; niemand schlug sie, öfter schlugen sie jemanden, sie waren gut gekleidet und hatten ausreichend zu essen. Im ersten Zeitraum waren deutsche Funktionshäftlinge „Herren", das heißt die, die kräftig und gesund waren und sich bereits mehrere Jahre im Lager aufhielten. Später waren auch die Polen und Spanier „Herren", die von Anfang ihres Aufenthaltes im Lager an eine gute Arbeit bekommen hatten, bei der sie ausreichend Essen erhielten. Sie waren gesund und wohlgenährt und fühlten sich als erste von jungen Männern angezogen.

Solange Chmielewski Kommandant war, das war bis Mai 1942, wurden diese Dinge streng geheim gehalten, weil er diese Art Verbrechen verfolgte und schrecklich bestrafte. So manches Mal standen die „Herren" und die „Damen" vor dem Tor. Im Jahr 1941 standen zwei Gruppen zwei Tage lang vor dem Stacheldraht, in einer bestimmten Entfernung voneinander. Die eine Gruppe waren Kapos und Blockälteste, in der anderen standen junge Männer, gut genährt, hübsch gekleidet und gutaussehend.

Chmielewski bestrafte besonders schlimm die „Herren". Sie wurden für zwei, drei Stunden an den Händen aufgehängt, geschlagen und in die Strafkompanie versetzt. Als im Jahr 1942 der Puff gebaut und Prostituierte hergebracht wurden, besuchten die „Herren" den Puff, aber das hinderte sie gar nicht daran, im Block ihren „Jungen" zu haben, denn in den Puff durfte man nur manchmal, seinen Jungen aber hatte man immer. Wer besser situiert war, hatte zwei oder drei. Das Thema Päderastie wurde in dem Zeitraum, als Pakete geschickt werden durften, größer. Durch die Pakete gab es mehr Prominente und die suchten auch nach Vergnügung.

Es gab viele, denen „die Scham und die Würde" nicht gestatteten, den Puff zu besuchen, aber das hinderte sie nicht daran, „ihren Jungen" zu haben, den sie „uneigennützig" ernährten. Weil es im Lager dunkel war und die Leute zu zweit in einem Bett schliefen, konnten sich die Männer entsprechend zusammentun.

Ich kannte Fälle, in denen zwei junge Männer sich zusammentaten, die zusammen schliefen und zusammenlebten. Hier gab es nicht Mann und Frau. Jeder von ihnen war mal der Mann, mal die Frau. Es kam zu riesigen Liebesdramen, bei denen die „Herren“ mit Messern aufeinander losgingen, dafür dass der eine dem anderen die „Dame“ ausgespannt hatte. Im Jahr 1944 erstach Kapo Robert, ein Deutscher, einen anderen Kapo, seinen Rivalen, mit einem Messer und ging selbst in den Stacheldraht.

Ernstere Liebeskonflikte waren uns gut bekannt, zumindest den alten Häftlingen. Ab 1944 trat dieses Phänomen massenhaft auf und war fast öffentlich. Abends, nach der Arbeit und sonntags spazierten über die Lagerstraßen und den Appellplatz viele verliebte Paare. Er – meistens im fortgeschrittenen Alter, wohlgenährt, voll unausgelebter Energie; „sie“ – ein junger, hübscher Mann, rundlich, rotbäckig und gut gekleidet. Sie hatten unterschiedliche Nationalitäten. Hier entschied nicht die Zugehörigkeit zu einer Nationalität, sondern die entsprechende Menge an Essen, wie lange man im Lager war und – das war wichtig – wie lange es einem schon gut ging. Meistens waren das welche, die schon lange saßen und die schon seit längerer Zeit gute Bedingungen hatten. Das heißt nicht, dass das alle taten, aber es ist eine Tatsache, dass es viele von denen gab, die offen damit umgingen, andere weniger offen, und wieder andere taten dies trotz guter Bedingungen überhaupt nicht.

Wenn wir sonntags in einem Block spielten, kam es vor, dass sich das Musizieren vom Zuhören in eine Tanzveranstaltung verwandelte. Das war in den Blocks möglich, in denen weniger Leute wohnten, weil dort in der Mitte der Stube ein bisschen mehr Platz war. Irgendwie verbreitete sich im Fluge die Nachricht, dass getanzt wird, und es kamen „Gäste“. Paarweise kamen sie – er und „sie“ – und es wurde leidenschaftlich getanzt. Wir nannten dieses Feiern „Schwulen-Tanz“.

Nie war meine Kapelle für so eine Veranstaltung engagiert worden, aber das waren auch Schlitzohren. Der Blockälteste bestellte Musik, bezahlte, und wenn wir zu spielen begonnen hatten, kamen die „Schwulen“ zusammen. Einmal kam ein Paar – zwei Deutsche –, von denen der eine geschminkt und als Frau gekleidet war. Das war nicht ernst gemeint, das war nur Spaß, für den „Schwulen-Tanz“. Der als Frau Verkleidete umwarb die Männer, reizte sie mit Rundungen, die künstlich vergrößert worden waren. Er sprach mit dünner, schriller Stimme. Er forderte zum Tanzen auf. Das war der typische deutsche Verbrecher-Humor. Das ekelte mich an. Die Kameraden aus dem Orchester empfanden es genauso. Wir schauten verwundert und wussten nicht, was daran lustig war. Ich betrachtete das widerliche Lachen auf den Gesichtern der Deutschen, die zuschauten und an dieser Feier teilnahmen. Sie war erst zu Ende, als ein erregter Junggeselle den Rock hochzog, und andere begannen, kräftig auf den nackten Hintern zu klatschen. Ein Aufheulen, Lachen, Freude … und „das Fräulein" rannte in die *kapówka*, um sich wieder Männersachen anzuziehen und sich zu waschen.

In diesem Zusammenhang kam es zu verschiedenen komischen Geschichten. Im Prominentenblock 1 klirrte eine Falle, die für einen eventuellen Dieb aufgestellt war. Das Licht wurde eingeschalten und unter dem Tisch saß ein hübscher, junger Mann. Es war klar, dass es kein Dieb gewesen war, der in der Dunkelheit getastet und den Spind angefasst hatte. Das Glöckchen war schlecht angebracht und löste den Alarm aus. Er war nur in Unterhosen und einem Seidenunterhemd. Alle wachten auf und schauten neugierig zu. Der Blockälteste fragte ihn, was er hier wolle.

„Spaß haben", antwortete der ohne Aufregung.

„Mit wem?", fragte der Blockälteste.

„Mit dem da", er zeigte auf den Erstbesten.

„Ach, du Glückspilz, so einer bist du also, Sohn einer …!" Der auf dem Bett sprang auf.

Alle brachen in ein großes Gelächter aus. Auch der Blockälteste und der Junge lachten, weil der, auf den er gezeigt hatte, ein alter, hinkender und vertrockneter Mann war. Der Junge wollte nicht preisgeben, zu wem er gekommen war. Manche luden ihn zu sich ins Bett ein – aus Spaß –, vielleicht aber hätten viele von ihnen ihn wirklich reingelassen. Als der Blockälteste ihm erlaubte zu gehen, ging er mit einem Lächeln und mit Würde. Den Jungen hatte das überhaupt nicht verschreckt.

In Block 3 hatte der Blockälteste eines Abends einen Bettentausch vorgenommen. Diesen Tausch hatte er bereits nach dem ersten Läuten angeordnet und jemand hatte es nicht geschafft jemand anderen über diesen Wechsel zu informieren. Wer – das wussten wir. In der Nacht höre ich Henio Urbaniaks Stimme, ein Schlitzohr aus Łódź.

„Wer ist hier?"

Taps, taps, taps – ich hörte, wie jemand leise durch die Stube in Richtung Tür rannte. Und Henio sagt laut:

„Irgendeine Schwuchtel, so ein Sohn einer H…", und so weiter. „Schade, dass ich ihm keine mit dem Bügel übergezogen habe. Knutschen wollte er."

Wir wussten, dass dieses Versehen durch den Bettentausch entstanden war.

So einen Bügel habe ich einmal benutzt. Im Jahr 1945 schlief in Block A, in dem ich damals wohnte, im oberen Bett neben mir ein junger Mann, und

ich schlief in der Mitte. Nachts kam oft jemand zu ihm und ich merkte, was sie dort machten. Das machte mich wütend. Als er wieder einmal kam – das war ein Stubenältester, ein Deutscher mit eckigem Gesicht –, nahm ich den Bügel, das heißt die Latte zum Glattstreichen der Betten, legte mich quer auf meinem Bett auf den Rücken, trat mit ganzer Kraft gegen die äußere Seitenlatte des oberen Bettes und zog schnell meine Beine wieder zurück. Die Seitenlatte flog hinaus, das obere Bett brach durch und fiel neben mir auf das Bett, in dem keiner schlief. Als ich mit der Bügelkante einmal zuschlug und noch einmal nachlegte, jaulte der Kerl auf und rannte weg. Der Junge war verwundert, scheinbar schlaftrunken fragte er, was passiert sei.

„Was passiert ist? Geh zum Stubenältesten und schau, ob er Striemen auf dem Kreuz hat. Wenn ja, dann weißt du, was passiert ist. Das ist von meinem Bügel."

Auf der anderen Seite des Ganges schlief unten ein junger Mann. Ich schlief in der Mitte, Kwiatkowski unten, und oben der Geiger. In dieser Nacht konnte ich lange nicht einschlafen. Ich hörte es nicht, aber ich spürte, dass jemand im Gang war. Vielleicht stahl ein Dieb Schuhe, die unter dem Bett standen. Ich griff mit der Hand zu und hatte ihn erwischt. Ich hielt ihn am Hemd fest ... ein Seidenhemd, also war es kein Dieb.

„Wer ist hier?", fragte ich.

Niemand antwortete.

„Adam", rief ich halblaut.

„Wieso Adam?", fragte jemand auf Deutsch vom Gang.

„Willst du Krach schlagen, oder was?" Ich lachte, ließ ihn los und sagte: „Mach weiter."

Er ging weg. Eine halbe Stunde später spürte ich wieder, dass er im Gang ist, aber nun störte ich sie nicht mehr.

Auf Kwiatkowski war Stieglitz scharf, unser Blockältester. Aber Adam war ein altes Schlitzohr. Er hatte ihm deutlich gesagt, was er davon hielt. Dass er sich dafür nicht eigne, dass er sich dafür jemand anderen suchen solle, aber nicht ihn – keine Chance.

„Stasiek", sagte Adam einmal zu mir. „Stieglitz ist heute betrunken, da wird er sicher in der Nacht kommen und sich mit mir »unterhalten« wollen. Ich werde mich mit ihm schlagen und Radau im ganzen Block machen."

Wir kamen zu dem Schluss, dass das nicht gut wäre. Wir schliefen am Ende der Stube, unten, mit den Köpfen zueinander. Ich riet ihm, dass er auf die Bretter zwischen die Betten sein Paket mit dem Essen stellen und aufpassen solle. Wenn er spürte, dass Stieglitz kam, sollte er mit dem Kopf

oder der Hand das Paket hinunterwerfen. Wenn es mir auf den Kopf fällt, würde ich mich mit ihm unterhalten.

Das Paket fiel herunter.

„Adam", sagte ich zu ihm, „morgen spielen wir im Revier. Dort waren wir schon lange nicht mehr."

Adam antwortete und ich hörte, wie jemand leise wegging. Diese wirksame Methode wandten wir viele Male an, bis er endlich verstand, dass es bei uns nicht die entsprechenden Bedingungen gab.

In den bereits beschriebenen Fällen nenne ich absichtlich keine Namen und Nationalitäten – das hat für das Problem als solches keine Bedeutung. Unser Junge für die Arbeit und das Aufpassen war Mundek, „Onkel Stock", ein Mann von gut dreißig Jahren, etwa ein Meter neunzig groß. Wir wollten keinen jungen Mann, damit uns niemand dieser Dinge verdächtigte. Trotzdem fiel mir in den letzten Monaten meines Aufenthaltes im Lager auf, dass auch mir junge Männer zu gefallen begannen. Ich zeigte das nicht, aber ich fühlte es. Dabei waren erst zwei Jahre vergangen, seitdem sich für mich die Bedingungen im Lager verbessert hatten. Sie begannen mir zu gefallen und da kann man nichts machen. Ich weiß nicht, wie das bei mir ausgesehen hätte, wenn ich noch zwei Jahre unter den gleichen Bedingungen gesessen hätte.

Einmal, als ich in den Tunneln arbeitete, stritt ich mich mit einem Kameraden, der mir erklärte, dass diejenigen schuld wären, die geben und nicht diejenigen, die nehmen. Ich wurde wütend. Ich beschimpfte ihn und sagte, dass jemand, der viel Essen hat, es anderen geben und sie nicht in sein Bett holen soll. Denn wenn so jemand kommt, dann nicht, weil er dabei Vergnügen empfindet, sondern nur, weil er Angst hat zu hungern. Und die überflüssige eigene Energie soll er lieber bei schwerer Arbeit loswerden, von der es überall genug gibt. Hier erzählte ich ihm von meiner „verrückten" Arbeit bei der Bearbeitung der Steine.

„Leb' dich bei der Arbeit aus, dann musst du dich nicht mehr entladen und kannst Schwächeren helfen."

Und bitteschön! Ein paar Monate nach diesem Gespräch erwischte ich mich selbst dabei, dass mir Jungs zu gefallen begannen.

Das war – in meinem Verständnis – keine Perversion, sondern das natürliche Bedürfnis, sich sexuell auszuleben. Es gab auch Perverse, aber die Mehrheit der „Herren" sah, nachdem sie freigekommen waren, Jungs nicht einmal mehr an. Ihre ganze Energie richteten sie auf Frauen aus. In diesem Moment hatte ich den witzigen Gedanken, dass viele gläubige Menschen denken, dass Priester „in Reinheit" leben, im Zölibat. Unmöglich. Die Natur gestattet ihnen das nicht. In Gusen war ein Priester, der nicht nach Dachau

deportiert worden war. Heute ist er auch Priester. Wir wussten, dass er seine „Fräulein“ hatte. Einer erzählte mir im Lager, wie der Priester ihn erobern wollte. Ein anderer erzählte Kwiatkowski, dass das erste Mal ihn dieser Priester angetastet hatte. Und jetzt war ihm alles egal. Leben musste man und wenn er diesen Priester in Freiheit erwischte, würde er ihn töten, weil der seine schweren Bedingungen ausgenutzt hatte, den Hunger und die Unerfahrenheit aufgrund seiner Jugend.

Und jetzt muss man auch sagen, wer die „Fräulein“ waren und wie es kam, dass es so viele von ihnen gab. In der ersten Zeit rekrutierten sie sich aus denen, die vor Hunger in ein solches Leben einwilligten. Einerseits sah so jemand das harte Leben des grauen Häftlings, andererseits wurde ihm gezeigt, wie er leben könnte, wenn er einwilligt. Es ging hierbei um junge Männer, die noch nicht allzu viel Verstand hatten. So viel, wie ein siebzehn- bis neunzehnjähriger Junge haben kann. Bei solchen Jungen war ein harter, entschlossener Charakter schwer zu finden. So einen traf ich erst 1944, von ihm werde ich später erzählen.

Wenn ein neuer Transport ins Lager kam, schauten sich die alten Päderasten – die Funktionshäftlinge – „Ware“ für sich an. Ein Funktionshäftling rief so jemanden zu sich, gab ihm zu essen und befahl ihm, sein Bediensteter zu sein, sein „Schwung“, wie man im Lager sagte. Zu den Pflichten eines solches „Schwungs“ gehörte es, für seinen Brotgeber das Bett zu bauen, sein Essen zu holen, seine Schuhe zu putzen und andere Dienste zu erledigen. So ein Junge wurde von seinem Herrn gut eingekleidet, gut gefüttert und arbeitete entweder gar nicht oder ging zu einer leichten Arbeit, unter einem Dach, wo ihn niemand schlug und quälte. Wenn ein „Aristokrat“ so einen „Schwung“ zu sich nahm, rief er ihn nach ein paar Tagen nachts zu sich ins Bett oder ging selbst zu ihm. Wenn der Junge nicht Bescheid wusste – wenn er damit das erste Mal im Leben zu tun hatte –, willigte er nicht ein und am nächsten Tag arbeitete er nicht mehr bei ihm. Dann schickte ihn der Blockälteste oder Kapo zur Arbeit. Dort wussten die Kapos, dass sie ihn schulen sollen. Und sie gaben es ihm, und zwar ordentlich. Nicht, dass sie ihn umgebracht hätten, aber so, dass der Junge halbtot war und den Eindruck hatte, dass sie ihn jeden Moment umbringen können. Nach ein paar Tagen befahl ihm sein „Herr“ wieder, ihm zu dienen, gab ihm zu essen und schickte ihn nicht zur Arbeit, und zeigte ihm auch noch Güte und Mitgefühl – aber schließlich konnte er ihn nicht im Block behalten, wenn er nicht sein „Schwung“ war. Nach drei Tagen sagte er ihm wieder, er solle nachts in sein Bett kommen – und der Junge tat es. Auf der einen Seite war ihm gezeigt worden, wie das Leben eines grauen Häftlings aussah, mit dem Hunger, der Kälte, der Arbeit, den Schlägen und der Gefahr, jeden Moment umzukommen, auf der anderen Seite – Faulheit oder leichte Arbeit, voller Bauch, Wärme, hübsche Kleidung, keine Schläge; und das alles für eine Kleinigkeit, nämlich ab und an mit seinem „Herrn“ zu schlafen, dem er all diese Bequemlichkeiten zu verdanken hatte. Schlimmer war, dass diese Jungen unter diesen guten Bedingungen patzig wurden; sie waren unantastbar für andere Häftlinge, denn hinter jedem stand ein Beschützer, der jeden umbrachte, der es wagte, seinen Liebling zu berühren oder auf andere Weise zu verletzten. Häufig waren es Fälle, dass so ein wohlgenährter Scheißer andere Häftlinge ins Gesicht schlug, oft alte Menschen. Es stiegen ihm seine Kraft und der Mut gegenüber schwachen Kameraden zu Kopf, die nicht das Glück hatten, achtzehn Jahre alt zu sein, eine glatte Fresse und einen wohlhabenden „Herrn“ zu haben.

Mir drohte das nie, ich war schon zu alt und – das war das Wichtigste – hässlich. Nie flog jemand auf mich. Einmal, im Jahr 1944, drückte mein Hallenleiter mich an sich und küsste mich auf die Wange, was mich in eine fabelhafte Stimmung versetzte. Nach viereinhalb Jahren Aufenthalt im Lager stellte sich heraus, dass ich noch jemandem gefallen kann.

In den späteren Jahren, den Paketjahren, als dieses Prozedere beinahe offen gehandhabt wurde, war es unterschiedlich. Es gab solche, die wirklich aus Hunger mitmachten. Es gab solche, die hätten nicht schlecht leben können, aber sie wollten sehr gut leben. Und es gab viele, die es aus Neugierde taten. Wie Affen. Sie wussten, dass andere es taten, und wollten auch. Ich kannte einen jungen Mann, der das machte, obwohl er eine gute Arbeit hatte und viele Pakete von Zuhause bekam. Als ich ihn fragte, warum er das macht, antwortete er, weil es ihm Vergnügen bereitet.

Ein anderer antwortete, als wir ihn ansprachen:

„Was schadet es mir, schließlich macht er mir kein Kind.“

Es entstand auch der Typ der männlichen Prostituierten. Die hatten nicht ihren festen „Herrn“. Sie gaben sich einmalig hin, für eine bestimmte Bezahlung in Form von Essen oder Zigaretten.

Und jetzt will ich von einem erzählen, der hart blieb. Ein Russe. Ich weiß nicht einmal, wie er hieß. Ich nannte ihn „Patzan“[34]. Er arbeitete in den Steyr-Werkstätten. Er war klein, ein hübscher Junge, nur ungepflegt war er. Die Jacke reichte ihm bis zu den Knien, die Ärmel hatte er hochgekrempelt, die Hose unten war mehrmals umgekrempelt und die Mütze fiel ihm ins Gesicht. Ein verdammt lebhafter Bengel und ein Schlitzohr. Auf alles hatte er eine Antwort parat. Wir arbeiteten in einer Halle, nur dass ich selten zur Arbeit ging. Wenn

34 Russisch: *пацан*, Deutsch: Junge, Kerl. (Anm. d. Übers.)

wir uns nach der Arbeit zum Rückmarsch aufstellten und ich „Patzan" vorbeirennen sah, rief ich ihn zu mir und machte neben mir Platz. Dann war es lustig. Er quatschte jeden Kapo und SS-Mann lustig an. Einmal stand er neben mir und hinter mir stand Maciek Sitek aus Warschau. „Patzan" reichte mir bis zur Brust und Sitek war fast einen Kopf größer als ich.

„Oh, der ist aber klein!", wunderte sich Sitek, als er „Patzan" sah.

Der schaute hinauf, um sein Gesicht zu sehen und sagte mit riesiger Begeisterung:

„Schau mal, was für ein großer Mann! Der kann eine Stute im Stehen ficken. Und was für eine Fresse – man kann eine ganze Woche lang draufscheißen und trotzdem scheißt man sie nicht zu."

Maciek fiel nichts ein, was er ihm hätte antworten können.

Als ich einmal mit „Patzan" durchs Lager ging, zog er mich am Ärmel in eine Seitenstraße und sagte:

„Komm hier entlang, da ist Scheiße im Anmarsch."

„Wo?", fragte ich.

„Na dort", antwortete er und zeigte auf zwei SS-Männer, die in unsere Richtung liefen.

Ich ernährte ihn bis zum Schluss. Und das hatte so begonnen:

Sein Arbeitsplatz war gegenüber von meinem, in der zweiten Maschinenreihe.

Als ich ihn einmal ansah, fiel mir auf, dass er angespannt in die Maschine schaute und dann seinen Finger ins Getriebe steckte. Er schrie, kam mit dem zerquetschten Finger zu mir gerannt und fragte:

„Wohin damit?"

„Geh zu Donecker, der macht dir einen Verband."

Er rannte hin und kehrte nach einer Weile mit einem dick verbundenen Finger zurück. Am nächsten Tag kam er nicht zur Arbeit. Später ging ich nicht und als ich wieder hin musste, war „Patzan" wieder da. Ich ging zu ihm und fragte ihn, warum er den Finger in die Walze gesteckt hatte.

„Ich habe ihn nicht reingesteckt, die Maschine hat mich reingezogen", antwortete er.

„Quatsch nicht! Ich habe dich angesehen und gesehen, wie du ihn reingesteckt hast."

„Aber sag es bloß niemandem", bat er geheimnisvoll.

„Aber warum hast du das gemacht?"

„Schau mal", antwortet er ernst, „ich bin klein, ich bin fünfzehn Jahre alt und bin schon länger als zwei Jahre im Lager. Mit mir wird keiner irgendeinen Handel oder andere Tricks machen. Wenn ich auf die Angebote der Päderasten eingehen würde, hätte ich alles, was ich wollte, aber ich habe das nicht gemacht und werde das auch nicht machen. Und wenn ich krepieren sollte – ich mache das nicht!", sagte er nachdrücklich.

„Und was hattest du davon, deinen Finger ins Getriebe zu stecken? Du hast dir den Finger gebrochen", sagte ich und zeigte auf seinen deformierten Finger.

„Oh, schau mal, ich war für ein paar Wochen im Revier. Und weil ich so klein bin, hat man mir dort viel zu essen gegeben – und schau mal, wie jetzt meine Schnauze aussieht. Siehst du, wie gut ich aussehe?"

„Und wenn du wieder abnimmst?", fragte ich.

„Schau mal, wie viele Finger ich noch habe", antwortete er und zeigte mir seine Hände mit gespreizten Fingern.

Der Knirps tat mir leid. Er kämpfte gut um sein Leben – ihm musste geholfen werden.

„Willst du eine Suppe?", fragte ich ihn.

„Will ich, gib her."

„Dann komm jeden Tag nach der Arbeit zu Block B, Stube B, auf der rechten Seite ganz am Ende – zu dem da." Ich zeigte ihm Tomaszewski, der in der Halle Maschinenausrichter war. „Ich sage ihm Bescheid, er wird dir jeden Tag eine Schüssel Suppe geben."

„Gut, ich komme", antwortete „Patzan". „Und nach drei Tagen sagst du mir, dass ich nachts in dein Bett kommen soll, was?"

„Nein, »Patzan«, sowas habe ich nie gemacht und werde ich auch nicht machen."

„Na ja, wir werden sehen", antwortete er mir streitlustig.

Offensichtlich konnte er sich nicht mehr vorstellen, dass man Essen bekommen konnte – und das von einem Menschen mit anderer Nationalität und auch noch uneigennützig.

Er erzählte mir später, dass er bei den Partisanen gewesen war. Er erklärte mir, wie man mit einem Holzkeil Züge zum Entgleisen bringen kann. Wie sie Gleise rausgerissen hatten. Er bewies viel Wissen und Kenntnis in diesen Dingen. Er war Meldegänger gewesen. Das erzählte er mir. Ich sah ihn selten, weil ich mehr im Lager war als bei der Arbeit, und abends gab ihm Tomaszewski das Essen. Manchmal ließ ich für ihn ein Stück Brot oder eine bessere Kleinigkeit aus einem Paket übrig, wie ein paar Bonbons oder ein Stück Kuchen. Einmal traf ich ihn im Lager, das war, als er die „Scheiße" im Anmarsch bemerkte. Ich kam auf die Idee, ihn zu Janusz Zakulski in die Bekleidungskammer zu bringen. Janusz kannte ihn schon aus meinen Erzählungen.

„Wir müssen ihn schön einkleiden", sagte ich.

Janusz suchte schöne Kleidung heraus, aber „Patzan“ lehnte ab. Er wollte sie nicht. Auf unsere verwunderte Frage, warum er sie nicht nehmen wolle, lachte er und antwortete mit einer Gegenfrage:

„Was denkt ihr denn über solche, die schön angezogen herumlaufen? Wenn er jung ist, dann denkt ihr, dass er von irgendeinem Päderasten ausgehalten wird. Ich will nicht, dass jemand so über mich denkt. Weißt du, was ich will? Ich will nur, dass ich nicht hungrig bin und dass mir nicht kalt ist.“

„Na, dann such dir selbst etwas aus.“

Er suchte gute, aber bescheidene Kleidung aus, einen Pullover und Schuhe.

Endlich hatte er Kleidung in seiner Größe.

Einige Male kam Iwan, der Ukrainer, der im Tunnel so schön gepfiffen hatte. Er brachte Holz zum Verkauf, für das ihn die Blockältesten mit einer Suppe bezahlten. Wenn ich ihn allein traf, gab ich ihm eine Schüssel Suppe und sagte ihm, er solle das Holz jemand anderem verkaufen, dann verdiene er sich noch eine Schüssel. Adam Kwiatkowski aber fand einen anderen Iwan; er war rothaarig, stämmig und sehr stark. Mir gefiel seine Kraft. Vier von uns konnten zusammen nicht einen Tisch mit einer Metallplatte verschieben, und er kroch unter den Tisch, hob ihn hoch und lief ein paar Meter damit. Er wusste nicht, wie er sich für das bisschen Essen, das ich ihm gab, dankbar erweisen sollte, deshalb brachte er mir, wenn ich bei der Arbeit war, immer vor dem Mittagessen und dem Feierabend ein Gefäß mit heißem Wasser, ein Stück Seife und ein Handtuch. Ich weiß nicht, wie er das organisiert hat, und ich weiß nicht, wer ihm gesagt hatte, wie spät es ist, aber wenn Iwan Wasser brachte, war es klar, dass in fünfzehn Minuten Mittagspause oder Arbeitsschluss ist. Er konnte auch nicht verstehen, wofür ich ihm zu essen gab. Aber während „Patzan“ schlau, intelligent und ein Schlitzohr mit Fantasie war, war Iwan nur stark und dachte nicht viel nach. Ein Hohlkopf – aber ehrlich und ergeben. **Wenn ich ihm gesagt hätte, er solle jemanden umbringen, hätte er es aus Dankbarkeit für das Essen getan.**

Einmal wachte ich morgens auf und Iwan saß neben meinem Bett. Er war von der Nachtschicht zurück und hatte gewartet, bis ich aufwachte.

„Was willst du, Iwan?“, fragte ich.

„Gib mir deine Schuhe mit den Schäften, dann schneide ich dir Filzeinlagen zu. Ich habe ein Stück groben Filz für dich besorgt.“

Nachdem er mir die Einlagen gemacht hatte, fragte er mich, ob ich Wäsche zu waschen hätte.

„Nein. Die Unterwäsche wäscht mir jemand anderer, den ich dafür bezahle.“

„Aber ich würde gern etwas für dich tun“, sagte Iwan hartnäckig. Und er ging enttäuscht, weil ich nichts von ihm wollte.

Das Organisieren bekam den Organisatoren oft nicht gut. Durch unglückliche Umstände starben zwei mir bekannte Deutsche. Einer von ihnen war ein sehr guter Kerl, der lange Zeit Steinmetz gewesen war. Wir nannten ihn „Amerikaner", weil er einige Wochen vor Beginn des Krieges im Jahr 1939 aus Amerika nach Deutschland gekommen war, um seine Familie zu besuchen. Als der Krieg begann, ließ man ihn nicht zurückkehren. Vor Wut zerschlug er ein Porträt von Hitler und anderen Würdenträgern. Die Familie meldete dies den Behörden und so landete er im Konzentrationslager. Er wurde von allen für sein Wohlwollen, das er den Menschen entgegenbrachte, gemocht. Wer immer etwas brauchte, das er nirgendwo bekommen konnte, wandte sich an ihn. Der „Amerikaner" organisierte es. Eines Tages wurde bei Steyr bemerkt, dass ein Stück eines Transmissionsriemens fehlte. Jemand hatte von dem ganzen Riemen zwei Meter abgeschnitten. Als wir von der Arbeit ins Lager gekommen waren, wurden wir vor dem Stacheldraht aufgestellt und die SS-Männer führten Leibesvisitationen durch. Der „Amerikaner" hatte diesen Riemen um sich gewickelt und wurde damit erwischt. Er wurde im Jourhaus im Bunker eingesperrt. Ein kleines Fenster ging von diesem Bunker aus auf den Appellplatz. Er wurde zusammen mit einem Strick eingesperrt, an dem er sich erhängen sollte. Zwei Wochen saß er dort ohne Essen und ohne Wasser. Den Schlüssel zu seinem Bunker hatte Lagerkommandant Seidler bei sich. Er kam einmal täglich, fragte ihn, ob er noch lebe und wann er sich erhänge, bot ihm eine Zigarette an und ging wieder, um am nächsten Tag das Gleiche zu wiederholen. Und der „Amerikaner" lebte. Er lebte, weil die SS-Männer ihm nachts Essen und Schnee ins Fenster warfen. Wir auch. Wenn wir morgens auf den Ausmarsch zur Arbeit warteten, warfen wir Schneebälle in sein Fenster. Die SS-Männer sahen das, aber sie sagten nichts und der „Amerikaner" winkte uns mit der Hand. Durch das Fenster konnten wir nur sein Hand sehen. Eines nachts stürzte der Kommandant betrunken in die Zelle des „Amerikaners" und hängte ihn am Rand der Pritsche auf. Er band den Strick an die Pritsche, legte ihm die Schlinge um den Hals und hielt ihn selbst an den Beinen, so dass er ganz in der Luft hing.

Im zweiten Fall verkaufte ein Häftling, ein Deutscher, einen elektrischen Motor nach draußen. Angeblich hatte er ihn einem zivilen Chauffeur verkauft, der uns Materialien brachte. Die SS-Männer deckten den Skandal auf. Dieser Deutsche wurde auf dem Appellplatz erhängt in Gegenwart aller Mitarbeiter von Steyr. Am schlimmsten war, dass wir lange auf dem Platz warten mussten, bevor sie so freundlich waren ihn zu erhängen, und draußen war es kalt. Die Wartezeit vertrieb ich mir, indem ich mit Tadek Izraelewski aus Warschau im Duett Lieder sang. Ich weiß noch, dass wir damals lustige Lieder sangen, *Madagaskar* und *The Lambeth Walk*. Schließlich wurde er hergeführt. Er konnte kaum gehen, wurde von SS-Männern gestützt. Sie erhängten ihn an der kleinen Teppichstange – so sah dieser Galgen aus. Ich weiß nicht, warum sie es nicht an dem Galgen gemacht haben, an dem sie am 13. Mai 1942 den Russen erhängt hatten. Der Kandidat stieg auf einen kleinen Schemel, legte sich selbst die Schlinge um den Hals und war erledigt. Er schaukelte nur ein bisschen und berührte dabei mit den Füßen fast den Boden, und der Kommandant schaute ihm die ganze Zeit in die Augen. Er stand so nah, dass sein Gesicht fast das Gesicht des Häftlings berührte. Offensichtlich wollte er von Nahem sehen, wie in erhängter Mensch stirbt. Ich sah alles genau, weil ich nicht weiter als acht, neun Meter vom Galgen entfernt stand.

In Halle 13 empfand ein alter, zitternder ziviler Meister Sympathie für mich. Sympathie, die meinerseits mit Zigaretten gefördert wurde. Wenn ich in der Halle war und ein bisschen arbeiten wollte, tauchte der Meister auf, schob mich von der Maschine weg und arbeitete selbst. Ich ging dann spazieren. Wenn ich zurückkam, steckte ich ihm ein paar Zigaretten in die Jackentasche. Der Opa verlor blitzartig die Lust am Arbeiten und lief schnell aus der Halle – er ging rauchen. Der Alte hatte nichts zu rauchen und von mir bekam er etwas, aber er musste sich die Rauchwaren mit Arbeit verdienen. Später gab ich ihm keine Zigaretten, sondern russischen Tabak, so genannten Weizendunst. Wenn er an meine Maschine trat, wusste ich, dass der Alte rauchen wollte, aber keinen Tabak hatte. Die linke Tasche seiner Arbeitsschürze war immer leer. Sie wartete auf Tabak. Ich trug diesen Tabak mützenweise bei Zisler – dem Kantinenvorsteher – hinaus. Ich hatte ihn bekommen, um ihn zu verteilen, deshalb enthielt ich auch dem Meister den Tabak nicht vor. Er bekam jeden Tag eine oder zwei Handvoll Tabak, und ich konnte machen, was ich wollte.

Als ich bei Steyr arbeitete, erfuhr ich, dass menschlicher Kot essbar ist. An einem Sonntag wurden im Büro Lebensmittel gestohlen, die Marian Bochat gehörten, und der Dieb hatte, um ein Andenken zu hinterlassen, in den leeren Marmeladeneimer gemacht, in dem das Essen gekocht wurde. Jemand hatte wohl etwas gesehen. Tatsache ist, dass der Dieb am Montag gefasst wurde. Das war ein junger Mann vom Lande, den ich kannte, weil er zuvor stellvertretender Kapo in den Steinbrüchen gewesen war und die Leute oft seinen Knüppel auf dem Rücken gespürt hatten. Als er gefragt wurde, warum er in den Eimer gemacht hatte, antwortete er, dass jemand ins Büro gekommen war als er rausgehen wollte. Er war so erschrocken, dass er erwischt wird, dass er sofort musste und keinen andere Wahl hatte, als in den Eimer zu machen, denn auf den Fußboden zu machen, das hätte er sich nicht getraut. Es befragten ihn Kapos und SS-Männer. Der Tod hing schon in der Luft. Da meldete sich Bochat.

„Ich würde ihn das auffressen lassen."

Das gefiel den SS-Männern und sie befahlen ihm, seinen Kot aufzuessen. Der Mann nahm den Kot in die Hand, aß und musste sich nicht einmal übergeben. Er aß alles auf und sie ließen ihn laufen. Er war nicht einmal geschlagen worden.

Dafür verprügelte ein Oberkapo, den wir „Frosch" nannten, Mundek Tomaszewski. Er schlug ihn fürchterlich mit einem großen Franzosen, einem Schraubenschlüssel. Er schlug Mundek dafür, dass er sich in der Halle eine Zigarette gedreht hatte. Wir haben unheimlich viel gelacht, weil Mundeks Gesicht so lustig deformiert war. Seine Stirn war rechts geschwollen und der Kiefer links. Schlimmer war, dass Mundek nicht gehen, nicht aufstehen und sich nicht bewegen konnte. Mit viel Mühe brachten wir ihn ins Revier, wo ich schon vorher bei Kameraden organisiert hatte, dass er geröntgt wurde. Ich dachte, er hätte gebrochene Rippen. Zum Glück stellte sich heraus, dass es nur eine sehr starke Prellung war. Ich sorgte noch dafür, dass er für eine Woche von der Arbeit befreit wurde und alles ging gut aus.

Ich hatte erfahren, dass nach dem langen Zeitraum der Winterruhe im Lager eine Jagd auf Drückeberger, die nirgendwo arbeiteten, stattfinden würde. Ich ging zu Janusz, aus dem Versteck im Magazin holten wir einen halben Liter selbstgebrannten Schnaps hervor, den wir von Meistern für Zigaretten gekauft hatten, und so ausgerüstet gingen wir zu Oberkapo „Frosch", um für mich vom nächsten Tag an einen besseren Arbeitsplatz zu organisieren.

„Ich würde gern eine Arbeit haben, weg von der Herstellung, von den Meistern, von den Hallen, von den Maschinen und von schlecht hergestellten Teilen, für die man getötet werden kann, weil man der Sabotage verdächtigt wird."

„Gibt es bei uns denn so eine Arbeit?", fragte „Frosch" verwundert.

„Gibt es – die Transportgruppe."

„Dann stell dich morgen dorthin, ich sehe dich dann schon."

Am nächsten Morgen stellte ich mich nach dem Befehl „In Arbeitsgruppen aufstellen!" in die Transportgruppe. Da kam das nächste Kommando „In Arbeitsgruppen aufstellen" und die Transportgruppe teilte sich in kleinere Gruppen auf. Bevor es aber dazu kam, rief „Frosch" mich aus dem Glied, rief den Kapo der gesamten Transportgruppe (einen Zigeuner) zu sich und sagte ihm, dass er mich zum Kapo einer Transportgruppe machen soll.

„Ich will nicht Kapo sein", sagte ich schnell, überrascht von der „schönen" Beförderung.

„Was willst du dann sein?“, fragte „Frosch“.

Inzwischen hatte sich die Transportgruppe bereits in kleinere Arbeitsgruppen aufgeteilt, darunter war eine kleine Gruppe, bei der ein Kamerad aus der gleichen Stube Kapo war, ein junger Mann aus Poznań.

„Da, zu ihm will ich“, sagte ich und zeigte mit dem Finger auf ihn.

„Frosch“ wies ihn an, mich in seine Gruppe aufzunehmen, mit der Bemerkung, ich sei außerprogrammmäßig, aber es gehe ihn nichts an, was ich mache, weil ich nicht verpflichtet sei zu arbeiten. Es ginge nur darum, dass ich einer Arbeit zugeteilt sein muss.

Und so begann das freie Leben. Ich lief herum, wo ich wollte; ich machte, was ich wollte. Wenn ich nichts Interessantes zu tun hatte, ging ich mit der Gruppe mit. Die Gruppe – das waren acht Arbeiter, der Kapo und ich. Die Muselmänner am Wagen mochten es, wenn ich mit dem Wagen ging, weil sie rauchen konnten – denn ich gab ihnen immer etwas – und weil ich für sie arbeitete. Ich schob den Wagen nicht, weil das nicht notwendig war. Aber ich trug die schweren Kisten mit Einzelteilen, die wir für die weitere Bearbeitung auf unserer Ladefläche in die Halle im fertiggestellten oberen Tunnel brachten. In dieser Halle arbeiteten andere Leute. Das Kistentragen bot mir ein neues Feld für einen wahrscheinlich nicht ungefährlichen Schwindel. Die Kisten holten wir aus den Hallen, in denen die jeweiligen Teile hergestellt wurden. Sie befanden sich in den Depots in den einzelnen Hallen. Ein Teil dieser Einzelteile kam nicht auf den Wagen, sondern zu Kameraden, die daran arbeiteten. Die versteckten so eine Kiste gut und nahmen sich jeden Tag eine bestimmte Anzahl Einzelteile heraus, die sie brauchten, um die Norm zu erreichen. Die Norm mussten sie schaffen und das erforderte ganztägige intensive Arbeit. Wenn man so einen geheimen Vorrat hatte, konnte man langsamer arbeiten, herumgehen, sich ausruhen, und vor dem Feierabend aus der unter dem Tisch versteckten Kiste das herausnehmen, was fehlte, um die Norm zu erreichen. Vormittags ging ich immer zu einer Stelle, wo der „Schwung“ von „Frosch“ Mittagessen kochte. Jeden Tag gab ich dort eine bestimmte Menge Produkte ab und dann gehörte ich zu diesem Mittagessen. Um nicht die Lagersuppe essen zu müssen. Und das war auch die Bezahlung dafür, dass ich frei herumgehen konnte. Das Essen wurde immer so vorbereitet, dass es noch vor dem Mittagessen im Lager fertig war, weil wir wussten, dass wir es, wenn wir uns verspäteten, nicht so bald essen würden. Die Luftangriffe störten. Der Fliegeralarm begann täglich mit großer Genauigkeit kurz vor zwölf. Wir flohen dann in die Tunnel. Ein paar Mal blieb ich in dem Raum, in dem wir uns Mittagessen kochten. Das war eine kleine Bude, die zwischen den Hallen aufgestellt war. Doch das hatte nicht viel Sinn, weil man riskierte, von einem SS-Mann erwischt zu werden – und es war langweilig.

Als es schon schön warm geworden war, ging ich jeden Tag nach dem Alarm in die Wachtürme für die nächtlichen Wachposten, die ringsherum um die Werkstätten standen, um zu schlafen.

Wenn ich nicht arbeitete, versuchte ich, während des Alarms nicht in die Tunnel zu gehen, weil das so weit weg vom Lagertor war und man den ganzen Weg rennen musste und später im Laufschritt wieder in den Block zurück musste. Das war eine große Anstrengung. Wenn von meiner Bande nur ich nicht arbeitete, versteckte ich mich bei Janusz Zakulski. Er blieb auch ohne Erlaubnis, aber er konnte das machen, weil er den Schlüssel zum Magazin hatte, und deshalb als Letzter rausgehen musste, um das Magazin abzuschließen. Im Magazin hatten wir Ruhe und durch das Fenster schauten wir den vorbeifliegenden Flugzeugen zu, denn ihre Fluglinie verlief jeden Tag genau über unserem Lager. Eine ernsthafte Beschäftigung im Magazin während des Fliegeralarms war das Organisieren von Zivilkleidung aus dem Magazin, das unter der Kontrolle eines SS-Mannes stand – dem Chef der Bekleidungskammer. Es gab eine Zeit, in der Adam Kwiatkowski auch nicht arbeitete. Dann versuchten wir, im Block zu bleiben. Wir blieben aber nur dann, wenn auch jemand in der *kapówka* blieb. Wir versteckten uns unter den Betten und wenn das Lager dann leer war, krochen wir hervor und schauten durch die Fenster den vorbeifliegenden Fliegergruppen zu in dem Glauben, dass das Lager nicht bombardiert werden wird. Einmal ging Stieglitz aus der *kapówka* Lagergeld verloren, so genannte Prämienscheine. Ich war sicher, dass er sie beim Kartenspiel verloren hatte und den Anschein erwecken wollte, es sei Diebstahl gewesen. Und zwar machte er das recht dämlich, weil er die Haspe vom Spind abgeschraubt hatte, an der ein Vorhängeschloss war, aber der Schwindel war leicht zu sehen, denn die Schrauben von der Haspe waren von innen an den Schrank geschraubt gewesen. Wie konnte man die Haspe von dem Spind abschrauben, der mit einem Vorhängeschloss verschlossen war, ohne das Schloss aufzubrechen? Und wenn das Schloss ausgerissen gewesen wäre, hätte man die Haspe nicht abschrauben müssen. Wir waren damals zu sechst in der Stube. Mich und Adam rührte Stieglitz nicht an, aber die anderen vier wurden ordentlich mit dem Ochsenziemer geschlagen, weil angeblich einer von ihnen gestohlen haben sollte. Das war notwendig, um die entsprechende und glaubwürdige Atmosphäre eines Diebstahls zu schaffen, denn die Prämienscheine, für die die Leute Zigaretten erhalten sollten, waren von allen im ganzen Block konfisziert worden. Ob sie verloren gegangen waren, gestohlen wurden oder ob es ein Diebstahl des Blockältesten an den Häftlingen war – für die Menschen hatte es nur eine Bedeutung: Keiner bekam da-

mals Zigaretten. Seit diesem Tag lief ich in die Tunnel, wenn Alarm war. Einmal, als die Sirene aufheulte, riss Adam, anstatt zu fliehen, die Gitarre vom Nagel und begann die Tonart zu suchen, in der die Alarmsirene heulte. Endlich fand er sie: F-Dur. Er legte die Gitarre aufs Bett und erst dann rannten wir in die Tunnel. Als wir von den Tunneln zurückkamen, kroch ich unterwegs zwischen einen Bretterstapel, um mein kleines Geschäft zu erledigen. Als ich in Ruhe mit den Brettern „redete", schlug mir von hinten jemand ins Gesicht. Ich machte eine Vierteldrehung und knallte mit voller Wucht meinen Kopf nach hinten. Treffer. Ein Schrei des Getroffenen. Ein Sturz. Und in dem Moment, als ich mit dem Kopf zustieß, sah ich auf dem Ärmel den Kapo-Winkel. Ohne mich umzusehen, rannte ich was die Beine hergaben zwischen die Bretterstapel, so dass der, der mich geschlagen hatte, nicht wusste, wen er geschlagen hatte, und ich wusste auch nicht, wen ich geschlagen hatte. Ich wusste nur, dass es ein Kapo gewesen war, der gern aufs Maul gab, denn ich spürte noch seinen Schlag im Gesicht.

Es kam ein Transport mit Juden aus Częstochowa ins Lager. Sie wurden nicht herzlich begrüßt. Sie waren verängstigt und kannten das Lager nicht. Das nutzten andere Häftlinge aus und nahmen ihnen die Schuhe weg, denn alle hatten schöne Schuhe an den Füßen. Blitzschnell verbreitete sich das im Lager und es fanden sich welche, die selbstgemachte Holzbretter an den Füßen hatten und sie gegen Schuhe eintauschen konnten.

Es gab auch welche, die an Ort und Stelle Holzschuhe herstellten, das heißt Bretter mit Schnüren, und sie für die gaben, die sie weggenommen hatten. Die SS-Männer mischten sich ein, schlugen ein paar und nahmen ihnen die Schuhe weg, und allen wurde angekündigt, dass die, die den Juden die Schuhe wegnehmen, erledigt werden. Sie wurden verschiedenen Arbeitsgruppen zugeteilt; sie unterschieden sich von den anderen Häftlingen nur darin, dass sie einen gelben Winkel trugen. Behandelt wurden sie so wie die anderen Häftlinge. Einer von ihnen arbeitete mit Adam Kwiatkowski in einer Gruppe. Ich erinnere mich nicht gut, was vorgefallen war, aber Adam sagte mir, dass dieser Jude erledigt werden sollte. Zu diesem Zwecke wurde er für die Nachtschicht eingeteilt und in der Nacht würde ihn der Kapo, „General" genannt, erledigen. Adam bat mich, etwas zu tun, damit er nicht zur Nachtschicht geschickt wird. Mit Hilfe von Janusz Zakulski und Marian Bochat gelang es mir. Wie sich die Zeiten geändert hatten! Jetzt musste man, um einen Juden umzubringen, so viel Aufwand betreiben, wie einen speziellen Grund zu suchen, und dazu ihn extra in die Nachtschicht überstellen, und es genügte, es nicht zu der Überstellung kommen zu lassen, um ihm so das Leben zu retten.

Drei Tage später, als ich in die Halle kam, um mit Adam zu sprechen, bohrte der Jude sich mit einer Nagelfeile im Mund herum. Er rief mich und drückte mir etwas in die Hand. Ich schaute, was er mir gegeben hatte, und das war eine Goldkrone von seinem Zahn.

„Nimm das", sagte er, „du hast mir das Leben gerettet."

Ich gab es ihm zurück und sagte, dass ich das nicht brauche, dass er es lieber verkaufen soll, dann bekommt er mehrere Laibe Brot dafür. Er hatte kein Glück bei uns. Abends sagte mir Adam, dass er ihm auch die Goldkrone hatte geben wollen, aber Adam hatte das Geschenk ebenfalls nicht angenommen.

Kurz vor Kriegsende wurden einige Häftlinge für den Volkssturm[35] mobilisiert. Das waren Deutsche – überwiegend Kapos und Blockälteste und die Kräftigen und Wohlgenährten, die verschiedene Funktionen hatten. Sie wurden in sandfarbene Uniformen gesteckt und mussten auf dem Appellplatz militärische Übungen absolvieren. Etwa in den ersten Apriltagen 1945 verließen sie das Lager. Unter ihnen waren viele Verbrecher: Blockälteste und Kapos. Am Tag der Befreiung des Lagers ermordeten die Häftlinge alle Verbrecher, und von denen, die zum Volkssturm abkommandiert worden waren, wurden einige in Freiheit eingefangen, der Rest entwischte uns.

Mit dem Volkssturm floh auch „Frosch", auf den die Häftlinge es abgesehen hatten. Seinen Platz nahm Oberkapo Donecker ein. Das war ein richtiges Vieh. Ich hatte vor keinem Kapo und Blockältesten Angst, aber vor diesem einen Verbrecher fürchtete ich mich. Wenn ich ihn von Weitem sah, nahm ich für alle Fälle lieber einen anderen Weg, um nicht mit ihm zusammenzutreffen. Das war ein belesener Mensch, er kannte sich mit ernster Musik aus, angeblich war er Arzt. Er war riesig, leicht gebeugt, mit den Händen reichte er fast an die Knie und er hatte einen seltsamen Gang. Die Füße stellte er mit den Schuhspitzen nach innen auf und er hatte fürchterliche, den Menschen durchbohrende Augen. Einmal kam ich, um mit Tomaszewski zu sprechen. Während wir uns unterhielten, spürte ich hinter mir eine Gefahr. Ich schaute mich um: Donecker. Er stand da und schaute mich an. Dann kam er zu mir und fragte mich mit leiser, durchdringender Stimme:

„Wo arbeitest du?"

„In der Transportkolonne", antwortete ich.

„Und was machst du hier?"

„Ich bin gekommen, um mit meinem Kameraden zu sprechen."

„Hau ab", sagte er leise, und zeigte mit dem Finger auf die Tür.

---

35 Tatsächlich wurden diese Häftlinge in eine sogenannte Bewährungskompanie der „Kampfgruppe Oberdonau" eingezogen, eine in den letzten Kriegswochen eigens gegründete SS-Formation. (Anm. d. Übers.)

Wortlos verließ ich die Halle. Ich hatte Angst vor ihm … so war es eben. Ich hatte gesehen, wie er mit einem Lächeln auf den Lippen gemordet hatte. Er hatte ein langes Metallstück genommen, aus dem Gewehrläufe gemacht wurden, und langsam, ruhig und methodisch zugeschlagen. Schließlich tötete er entweder mit einem entsprechend gezielten Schlag oder der Geschlagene starb innerhalb weniger Stunden. Erst in den letzten Momenten seines Lebens gefiel er mir. So, wie er mit einem Lächeln gemordet hatte, so starb er auch mit einem Lächeln. Andere baten, flehten, wehrten sich. Er nicht. Er schaute sich die Menschen an, die ihn führten – und lächelte. Auf dem Weg gab er seinen Bekannten seinen Füllfederhalter, seinen Bleistift und seine Uhr und er zuckte nicht einmal mit dem kleinen Finger zu seiner Verteidigung, als er getötet wurde.

Eine Zeitlang arbeitete ich nicht, aber zwei Wochen vor Kriegsende musste ich wieder zur Arbeit gehen. Auf dem Sammelplatz entdeckte Donecker mich. Er trat an mich heran, und fragte, wo ich so viele Tage gewesen war.

„Im Lager", antwortete ich.

„Was hast du da gemacht?"

„Nichts."

Er schlug mir zweimal ins Gesicht und sagte:

„Dann wirst du jetzt arbeiten."

Er rief Bochat und befahl ihm, mich zur Arbeit in Halle 3 einzuteilen. Bochat sagte mir, dass er im Moment nichts für mich tun könne, weil Donecker selbst überprüfen werde, wer in Halle 3 ist. Er sprach nur mit dem Hallenleiter und dem Hallenschreiber. Schließlich war ich eine im Lager bekannte Person. Ich sagte ihnen, dass ich das auch honorieren werde, wenn alles klappt.

In Halle 3 wurden Gewehrläufe gebohrt. Eine Arbeit in Öl. Die Kleidung der Leute, die in dieser Halle arbeiteten, war vollgesogen mit Öl. Vom Öl bekam man Pickel auf der Haut, Pusteln, Geschwüre und nach einem oder zwei Monaten waren die Schwächeren von dieser Arbeit erledigt. Eine Person bediente zwei bis drei Maschinen. Ich wurde einer Maschine zugeteilt, an der ein Italiener arbeitete. Meine Aufgabe war es, den Halleneingang zu beobachten, ob Donecker kommt, und wenn er kam, stellte ich mich an die Maschine. Als ich mich das erste Mal an die Maschine stellte, sang ich mit Humor laut einen Tango, genau genommen zwei Sätze aus diesem Tango: „Es kommt die Zeit, da wir uns wieder begegnen, dann kehrt das zurück, was zwischen uns war!" Und die Zeit kam. Zwei Wochen später begegneten wir uns – und das war unsere letzte Begegnung.

Als ich vor mich hin sang, schauten mich die Jungs an, als wäre ich verrückt, dass ich so eine miserable Arbeit bekommen und auch noch Lust hatte zu singen. Mit dem Italiener hielt ich gleich zusammen. Ich gab ihm täglich ein Stück Brot und meine Mittagssuppe – denn ich aß erst abends im Lager besseres Essen, das ich mir in der Küche von Kazio Bodych organisierte.

Dieses Stück Brot und die Suppe hielten ihn am Leben, denn gerade in diesen letzten zwei Wochen bekamen wir fast überhaupt kein Brot, und zum Mittagessen erhielten wir nur einen dreiviertel Liter Suppe, die aus Wasser und einem Dutzend getrockneter Kohlrübenstücke bestand. Die Menschen starben damals massenweise. Im Krematorium kam man mit dem Verbrennen der Leichen nicht hinterher, deshalb wurden sie mit großen Lastkraftwagen weggebracht. Die Ladung wurde mit einer Plane zugedeckt und es war nur zu sehen, dass der Inhalt des LKWs wie Gelee wackelte.

Ein paar Tage vor der Befreiung beobachtete ich, wie in der Halle ein junger Mann starb. Am Vormittag hatte er noch an der Maschine gestanden. Plötzlich hörte er auf zu arbeiten und setzte sich an die Wand. Eine Stunde später lag er bewegungslos am Boden. Alle paar Minuten ging ich hin, um nach ihm zu schauen. Sein Atem wurde immer schwerer und unregelmäßiger. Am Nachmittag war er schon bewusstlos und abends wurde er als Leiche ins Lager getragen.

Abends machten sich welche über einen Muselmann lustig, dass er betrunken sei. Er wartete am Bett auf sein Stück Brot, das andere in dieser Zeit zuschnitten. Er hielt sich am Bett fest und wankte wie ein Betrunkener. Seine Augen waren auch die eines Betrunkenen – tot, ausdruckslos, sie schauten gedankenlos auf einen Punkt. Er war Grund für die Fröhlichkeit anderer Häftlinge – weil er angeblich betrunken war, fragten sie ihn, wo er den Wodka herhatte und sie sagten, er solle aufpassen, denn wenn er erwischt werde, würde man ihn dafür verprügeln, dass er betrunken sei. Dabei starb dieser Mensch im Stehen. Bevor wir schlafen gingen, war er schon tot.

In den ersten Tagen schaute Donecker mehrmals täglich in Halle 3 rein, um zu prüfen, ob ich da war und an meiner Maschine stand. Einmal kam er sogar in die Halle und stand eine Stunde neben meiner Maschine. Da musste ich arbeiten. Eine Stunde genügte und meine Kleidung war vollkommen nass vom Öl. Aber was konnte mir Donecker anhaben? Abends holte ich mir bei Janusz saubere, neue Kleidung und Unterwäsche. Im Bad gab ich zwanzig Zigaretten und man ließ mir heißes Wasser ein. Ich badete, zog saubere Unterwäsche und saubere Sachen an und wieder konnte mir Donecker nichts anhaben. In Halle 3 arbeitete ich – eigentlich arbeitete ich nicht – die letzten zwei Wochen meines Lageraufenthaltes. Ich hatte mich schon so daran gewöhnt, dass wenn mich jemand fragte, wo ich arbeite, ich ihn darauf hinwies, dass man mich fragen müsse, wo ich *nicht* arbeite.

„In den Tunneln habe ich nicht gearbeitet, und derzeit arbeite ich nicht in den Steyr-Werken. An mir bleibt keine Arbeit kleben, und selbst werde ich mich nicht um Arbeit reißen“, sagte ich. „Es genügt, dass ich zuschaue, wie andere arbeiten, und schon knackt es mir im Kreuz. Ich kann mir einfach nicht vorstellen, was wäre, wenn ich selbst arbeiten müsste. Bei dem Wort »Arbeit« wird mir ganz schlecht.“

Was das Bad betrifft, muss ich noch hinzufügen, dass ich außer zum allgemeinen Baden des ganzen Blocks zusätzlich baden ging, wobei ich für das Einlassen von Wasser mit ein paar Zigaretten bezahlte. Ich konnte mir das leisten. Außerdem trug unsere ganze Bande jede Woche unsere Decken und Sachen zum Entlausen. Die ganze Bande – das waren alle, die zusammen musizierten und in einer Ecke in der Stube zusammen wohnten, das heißt: Adam Kwiatkowski, Zygmunt Piwowarski, Czesiek Palacz, Mundek Tomaszewski und ich. Wir gaben ein paar Zigaretten und unsere Kleidung wurde durch eine spezielle Maschine gezogen. Man steckte sie auf der einen Seite rein und ein paar Minuten später kam sie auf der anderen Seite wieder heraus. Es gab wieder Läuse im Lager, aber nicht in den Mengen wie 1941. Im Lager war eine Maschine aufgestellt worden zum Dampfen von Kleidung und Decken und die Blocks ließen sich nacheinander entlausen. Es wurden häufige Kontrollen durchgeführt und wenn bei jemandem Läuse festgestellt wurden, musste dieser zwei Stunden im Block unter einer geliehenen Decke sitzen, und seine Decken und Kleider wurden zur Entlausung gebracht. Die Maschine arbeitete Tag und Nacht. Am Tage dampfte sie Decken und nachts Kleidung, und die Menschen schliefen nackt unter den Decken im Block. Das war nicht dasselbe wie die Begasung in den Jahren 1941 und 1942. Jetzt wurde nicht mehr allein dafür gemordet, dass jemand Läuse hatte.

Die schlimmsten Dreckfinken und verlausten Menschen waren die Franzosen und die Italiener. Es kam vor, dass der Blockälteste anderen befahl, die Franzosen und Italiener in einem Fass mit einem Schrubber zu schrubben. Es gab wenige Franzosen, die sich täglich wuschen. Die Italiener waren, obwohl sie Schmutzfinken waren, dennoch feine Kerle, gute Kameraden, immer ein Lied auf den Lippen. Die Franzosen? Das waren Viecher. Französisch zu essen bedeutete, sein Brot im Abort zu essen während man auf der Toilettenbrille saß. Niemand anderer gestattete sich diesen Luxus, gleichzeitig zu essen und ... das andere. Sich als nächstes den Arsch auf Französisch abzuwischen bedeutete einfach, ihn mit der Hand im Toilettenbecken abzuwaschen. Die Lagertoiletten hatten keine Wasserbehälter oben, sondern hinter dem Rücken einen Knopf. Wenn man draufdrückte, lief das Wasser so lange, wie man den Knopf drückte. Die Franzosen mach-

ten es so, dass sie mit der einen Hand den Knopf drückten und mit der anderen Wasser aus dem Toilettenbecken schöpften und sich wuschen. Kultur bedeutete, dass der Arsch sauber sein muss. Wenn ein Pole jemanden, der die Toilette betrat, fragte, ob er nicht ein Stück Papier hätte, rieten die ihm, wenn sie keins hatten, er soll sich auf Französisch abwischen.

Im Lager waren die friedlichsten Menschen zum Zusammenleben die Jugoslawen. Beliebt waren die Griechen. Gute Kameraden waren die Spanier. Die Italiener waren – trotz des Schmutzes und der Läuse – prima Jungs. Nur die Franzosen waren selbstsüchtig, missgünstig und egoistisch. **Nicht nur im Verhältnis zu anderen Nationalitäten, sondern auch untereinander. Wenn draußen Matsch war und man nicht mit den Schuhen voller Matsch in die Stube hineingehen durfte, und wenn dann ein Franzose mit einem Stück Lappen seine Schuhe in der Pfütze abgewaschen hatte, gab er diesen Lappen niemandem, nicht einmal einem anderen Franzosen. Er warf ihn in die Abwässer. Ein Volk, von dem man sagt, es sei ein hoch kultiviertes Volk mit schönen historischen Traditionen. Ein Volk, für das man viel übrig haben konnte, wenn man es nicht kannte. Aus der Nähe betrachtet war das nur ein Haufen lebensunfähiger, verlauster, selbstsüchtiger, egoistischer Schmutzfinken. Vielleicht hatte der hohe Lebensstandard aus ihnen komplette Tölpel gemacht, Menschen mit schwachem Charakter, unfähig unter schweren Bedingungen zu leben.** Schließlich hatte ich vor dem Krieg keinen einzigen Franzosen aus der Nähe gesehen und sie waren für mich genauso gut wie jedes andere Volk, man kann mich also keiner bestimmten Vorurteile verdächtigen. Laffitte begründet in seinem Buch *Die Lebenden* den Hass gegen die Franzosen mit politischen Motiven: die Tschechen wegen München; die Polen, weil die Franzosen sich nicht um den Korridor streiten wollten; die Spanier, weil Frankreich während des Bürgerkrieges in Spanien neutral geblieben war. Meiner Meinung nach waren die Gründe für die Unbeliebtheit der Franzosen keine politischen Fragen, sondern ihr Verhältnis zu ihrem Umfeld, zu den Mithäftlingen, sowohl zu ihren Landsleuten als auch zu anderen Nationalitäten. **Laffitte hatte Schwachsinn geschrieben, als er die französische Solidarität im Konzentrationslager Mauthausen so schön beschrieben hat. Ich glaube nicht, dass die Franzosen in Mauthausen anders waren als in Gusen.**

Für sein selbstsüchtiges Verhalten hat so mancher von mir Prügel bezogen. Als ich in der Transportgruppe arbeitete, arbeiteten bei diesem Wagen ein Vater und ein Sohn – Franzosen. Einmal gelang es dem Sohn, eine große Menge Gurkenschalen irgendwo zu ergattern, die er sich unters Hemd steckte. Wie der Vater ihn anflehte, wie er winselte! Er lief ihm mit ausgestreckter Hand hinterher, bat ihn um ein paar Schalen, aber das Söhnchen schnauzte ihn wütend an und rannte vor ihm weg auf die andere Seite unserer Ladefläche, während er die Schalen weiter aß. Schließlich gab er seinem Vater ein paar Schalen. Der aß sie auf und bat ihn wieder. Der Sohn schubste den Vater so weg, dass der stürzte, und dem Sohn machte das gar nichts aus. Als ich mir das ansah, staute sich in mir Wut auf, aber ich sagte nichts. Erst als der Vater stürzte, hielt ich es nicht mehr aus. Ich donnerte dem Sohn ein paar Mal auf die Fresse, zerrte an seinem Hemd und nahm ihm mit Gewalt zwei volle Hände Schalen weg, die ich seinem Vater gab. Interessanterweise schaute er danach nicht mich wie einen Verbrecher an, sondern seinen Vater.

Als ich einmal auf mein Paket wartete – man wurde alphabetisch aufgerufen –, wollte ich eine rauchen, hatte aber keine Zigaretten. Deshalb stopfte ich mein Pfeife und sah mich nach Feuer um. Ich sah an der Seite einen Mann mit Zigarette stehen. Dick, mit einem Bauch, gut gekleidet. Es war ein Franzose, ein Uhrmacher, der im Lager die Uhren der SS-Männer und Häftlinge reparierte und auf diese Weise gut verdiente – und außerdem bekam er Pakete. Ich ging zu ihm und fragte ihn höflich auf Deutsch nach Feuer. Er fauchte mich wütend an und quatschte irgendwas. Ich verstand das Wort „pipe“ und „bien cigarette“ – Pfeife und gute Zigarette. Er wollte von seiner guten Zigarette kein Feuer für eine einfache Pfeife geben. Er drehte sich mit der Seite zu mir.

„Bestimmt ein Franzose“, sagte ich laut.

Ich schaute – ja, auf dem Winkel stand der Buchstabe „F“.

„Gib mir Feuer“, sagte ich jetzt auf Polnisch zu ihm.

Er fauchte wieder – da schlug ich ihm mit der Faust in den Bauch. Er musste aufstoßen. Ich ging weg, aber dann konnte ich ihm das nicht durchgehen lassen. Wieder ging ich zu ihm und wieder bat ich um Feuer. Er verweigerte es mir – wieder bekam er eine Bombe in den Bauch. Er begann mich anzuschreien, und noch zwei andere gingen auf mich los und fuchtelten mit den Händen vor meiner Nase herum. Einen stieß ich mit dem Kopf, den anderen mit der Faust und der verzichtete darauf, mich anzugreifen. Ich wollte noch einmal um Feuer bitten, aber da sie so viel Geschrei gemacht hatten, kam es an der Paketausgabe auch zu Geschrei, dass wir ruhig sein sollten, weil man nicht hören konnte, wer aufgerufen wurde, sein Paket entgegenzunehmen. Das Rindvieh hatte gewonnen – er hatte mir kein Feuer gegeben.

Die Franzosen griffen immer als Haufen an. Sie sprangen auf mich zu, fuchtelten mit den Pfoten und kreischten wie Gänse. Aber sobald einer von ihnen ordentlich auf den Rüssel bekam, beruhigten sie sich sofort. Ich hatte viele ähnliche Situationen mit ihnen. Für ihre unbegründete Missgunst allen gegenüber zahlte ich mit der Faust, wenn mir einer über den Weg lief.

Ich fragte mich so manches Mal, wo die französischen Halunken waren. Wenn sie auch im Lager waren und ich auch mit ihnen zu tun hatte – na, dann wäre ich allein mit zehn von diesen gefährlichen französischen Halunken fertig geworden.

Als wir einmal von der Arbeit ins Lager zurückkehrten, lief vor mir ein Mann, der lange, langsame Schritte machte. Das war ein großer und gut gebauter Kerl. Seine Art zu marschieren störte mich beim Gehen. Ich blieb an seinen Beinen hängen, weil wir dicht hintereinander gingen. Ich schubste ihn leicht mit der Hand am Rücken, eigentlich schubste ich ihn gar nicht, sondern berührte ihn nur, damit er wusste, dass ich mit ihm sprach, und ich sagte, er solle gleichmäßiger gehen. Ich schaffte es nicht, zu Ende zu reden, als er maunzte und mit Schwung mit der Hand nach hinten schlug – er wollte mir ins Gesicht schlagen. Ich schlug seine Hand weg, mit der anderen ihm zwischen die Augen, setzte mit dem Fuß in den Hintern nach und da beruhigte er sich. Dafür begannen andere, die neben mir gingen, zu schimpfen und herumzuschnauzen. Einer bekam meinen Ellenbogen in die Seite, der andere einen Tritt gegen den Knöchel, aber das Durcheinander war perfekt. Ich hörte, wie Mundek Tomaszewski, der ein paar Schritte hinter mir ging, sagte:

„Klar, da wo Stasiek ist, da gibt es Rabatz."

Als wir ins Lager gekommen und gleich hinter dem Tor die Menschen in ihre Blocks gegangen waren, griffen sie mich an. Der, der mich hatte schlagen wollen, kam auf mich zu, und die drei anderen kamen von der anderen Seite. Als ich sah, dass Streit unvermeidbar ist, zog ich den Stärksten – denn er war am gefährlichsten – am Revers seiner Jacke zu mir, stieß ihn mit dem Kopf und schubste ihn gleichzeitig von mir weg. Er flog nach hinten, fuchtelte mit dem Armen, um das Gleichgewicht wieder zu finden. Dann fiel er mit dem Rücken auf den Kapo der Hundertschaft, die als nächste durch das Tor kam, und der legte fluchend mit der Faust nach, so dass der Typ hinfiel. Als die anderen das sahen, zogen sie sich zurück und knurrten aus sicherem Abstand „Polaco specialist". Dabei hatte ich gedacht, dass sie mich verprügeln würden. Oder ein anderer Fall: Ich stellte mich in die Reihe und wartete auf den Ausmarsch zur Arbeit. Ein paar Reihen weiter vorn stand mein Kamerad. Ich berührte einen vor mir, und sagte auf Polnisch, weil ich nicht wusste, wer und welche Nationalität vor mir stand:

„Lass uns die Plätze tauschen."

Er machte Platz. Der zweite, der dritte und der vierte machten Platz. Der fünfte schüttelte auf meine Bitte hin, die Plätze zu tauschen, mich wütend ab und bewegte sich nicht von der Stelle. Ich gab meiner Bitte Nach-

druck mit einer vielsagenden Bewegung und stellte mich dichter an ihn heran. Für alle wäre das vollkommen verständlich gewesen und alle machten Platz, denn was war das für ein Unterschied, ob man hier stand oder eine Reihe weiter hinten. Der wollte einfach nicht rücken.

„Bestimmt Franzose", sagte ich zu meinem Kameraden, von dem mich nur noch eine Reihe trennte. Ich schaute über die Schulter. Es stimmte, ein Franzose. Ich bat ihn noch einmal, jetzt, damit er es verstand, bat ich ihn auf Deutsch und sagte, dass hier mein Kamerad steht.

„Kamerad, Kamerad", antwortete er wütend. „Alle sind Kameraden", sagte er und blieb stehen.

„Du willst nicht?", fragte ich süßlich. Dann warte mal, dann werde ich dich beiseiteschieben.

Ich stand hinter ihm, deshalb griff ich ihn mit meiner rechten Hand von der linken Seite, packte ihn an der Jacke auf der Brust und zog ihn zu mir, wobei ich gleichzeitig mit dem Kopf zustieß und ihn wegschubste. Das war das gleiche Kunststückchen wie bei dem, der mich am Tor angegriffen hatte. Er flog aus der Reihe und landete ein paar Meter weiter auf dem Hintern, und ich stellte mich an seinen Platz und als er anfing zu schreien und mich auf Französisch zu beschimpfen, erklärte ich ihm ganz ruhig auf Polnisch:

„Ich habe dich höflich gebeten, du Hornochse, dass du mit mir tauschst, und weil du nicht wollest, musste ich ein bisschen unhöflicher werden. Du kannst nur Groll gegen dich selbst haben, dass du so missgünstig bist."

Und weil er sich beruhigte, befasste ich mich mit dem Gespräch mit meinem Kameraden.

Ein anderes Mal gingen wir mit dem ganzen Block zum Appell hinaus. Es musste gleichmäßig marschiert werden. Vor mir ging einer seitwärts und rief jemandem anderen, der aus einem anderen Block von der nächsten Straße auf den Platz lief, etwas zu. Ich schubste ihn leicht mit der Hand und sagte, dass er jetzt auf den Platz gehen soll, wie es sich gehört, sonst kann es sein, dass seinetwegen der ganze Block exerzieren muss. Solche Übungen dauerten an die zwei Stunden, nach dem Appell. Das, was eben gewesen war, war nicht einmal ein Vorfall gewesen, sondern nur eine ganz höfliche Bemerkung, ohne Boshaftigkeit, auf Polnisch – weil ich nicht wusste, wer vor mir ging. Erst als wir stehen blieben, sah ich, dass es ein Franzose war, aber ich achtete überhaupt nicht auf ihn. Andere fragten ihn etwas, und er zeigte mit dem Daumen der linken Hand auf mich und sagte mit verächtlichem Ton und entsprechender Grimasse: „Pologne, Pologne ...". Das ärgerte mich, aber noch sagte ich nichts. Kurz darauf sagt er wieder etwas und zeigt wieder auf mich, wobei er auf die gleiche Weise sagt: „Pologne, Pologne". Ich drohte ihm mit dem Finger meiner rechten Hand, machte eine vielsagende Bewegung mit dem Kopf und sagte auf Polnisch: „Na, du, ich zeig dir gleich mal Pologne, dann lasse ich dich bluten." Da zischte er in dem gleichen verachtenden Ton „Pologne, kültür". Da hielt ich es nicht mehr aus, ich stieß nur einmal mit dem Kopf zu und legte einmal mit der linken Faust nach. Er blutete, und zwar ordentlich. Da merkte ich, dass der SS-Mann schon unseren Block zählte – und der verrieb sich das Blut auf der Fresse. Wenn der SS-Mann ihn sieht, dachte ich, knallt er mir eine. Er wird einfach eine Gelegenheit haben zu schlagen. Aber dazu kam es nicht. Einen Moment später schaute der Blockälteste vom Ende aus über die Reihe und fragte, was passiert war.

„Uno Polako", sagte ein Spanier.

„Ich war es", sagte ich.

„Wofür?", fragte Stieglitz.

„Sag ich dir im Block."

Doch im Block fragte er gar nicht danach.

Aber es waren auch Menschen mit Charakter unter ihnen. Da war einer, er hieß Joseph – oder wurde so genannt, ich weiß ja nicht, ob die Franzosen solche Vornamen haben. Er konnte Polnisch sprechen. Im Gegensatz zu den anderen war er sehr kollegial, er war kein Dreckfink und er wurde von allen sehr gemocht. Ich fragte ihn, warum die Franzosen eine so widerliche Natur haben. Er erklärte es mir auf verschiedene Weisen, aber das überzeugte mich nicht. Ich bin der Meinung, dass das ihre nationale Eigenschaft ist. Gute Lebensbedingungen vor dem Krieg – damit kann man das nicht erklären. Die Polen im Lager entstammten auch größtenteils der Intelligenzija, die keine schlechten Lebensbedingungen hatten, und sie waren nicht so. Es überzeugte mich mehr, dass der Egoismus bei ihnen die Folge dessen war, dass viele Familien nur ein einziges Kind hatten. So ein Einzelkind wurde verwöhnt, es fehlte ihm im Leben an nichts und es bekam immer alle seine Launen und Gelüste erfüllt. So jemand konnte sich später nicht an das Leben in der Gruppe, im Kollektiv, anpassen. Er war immer auf die maximale Befriedigung nur seiner eigenen Bedürfnisse und Begehren eingestellt. Wer weiß, vielleicht hatte Joseph hier auch ein bisschen recht. **Einmal fragte er mich, ob ich an die Hölle glaubte.**

„Joseph", sagte ich, „wo findest du eine schlimmere Hölle? Wer weiß, vielleicht wenn sie dir hier ins Lager noch deine Frau und deine Schwiegermutter herbringen würden. Ja, dann wäre die Hölle noch schlimmer."

Ein anderer Franzose, dem Stasiek M. und ich halfen, war Robert. Er war ein Bekannter von M. Aber als M. und ich uns trennten, hörte er auf ihm zu helfen. Ich hielt die Hilfe aufrecht und ernährte ihn bis zur Befreiung. Ich habe nicht viel mit ihm gesprochen. Nur so viel, wie wir uns auf Deutsch verständigen konnten, und ich war in dieser Sprache nie gut. Einen Monat vor der Befreiung gestand er mir als Vertrauensbeweis, dass er ein französischer Jude sei, dass dies aber niemand wisse und er im Lager als Franzose sitze. Ein paar Tage nach diesem Bekenntnis verließ er Gusen. Damals verließen alle Franzosen Gusen. Es wurde erzählt, dass das Internationale Rote Kreuz sie angeblich übernehmen und nach Frankreich bringen sollte. Irgendetwas musste da dran sein, weil sie irgendwelche Lebensmittelpakete bekamen, in denen verschiedenes Essen war, darunter Schokolade und Zigaretten. Aber als ihnen die Pakete ausgegeben wurden, mussten sie sich auf dem Appellplatz aufstellen und den anderen Häftlingen war es verboten, mit ihnen Kontakt aufzunehmen. Wie zum Trotze begann es heftig zu regnen und sie mussten den ganzen Tag im Regen stehen. Viele saßen auf dem Boden in Pfützen, und es waren welche dabei, die im Wasser lagen und das letzte Mal vor dem Tode Schokolade aus den Paketen aßen, die im Regen und im Matsch neben ihnen lagen. Am Nachmittag waren viele von ihnen schon tot und es war schlimm zu sehen, dass der Tod sie kurz vor der Abfahrt geholt hatte. Erst abends wurden sie durch das Tor hinausgebracht. Wohin sie gingen und wer sie mitnahm, weiß ich nicht, weil es mich überhaupt nicht interessierte. Wozu? Das gab uns sowieso nichts und es lohnt sich nicht, über unangenehme Dinge nachzudenken. Es gehörte nicht zu den angenehmen Dingen zuzusehen, wie andere abreisten, und wir blieben mit einem ungewissen Schicksal zurück – und das bei dem Terror, der in den letzten Wochen zunahm, und bei dem Hunger, der immer schlimmer wurde.

Die letzte Zeit im Lager wohnte ich in Block A. Ich war dorthin verlegt worden, weil ich mich mit Stieglitz angelegt hatte. Stieglitz war von Block B zu Block D überstellt worden und hatte beschlossen, unsere ganze Gruppe in seinen Block zu holen. Als wir in Block D umgezogen waren, begann er, die gleichen Methoden anzuwenden, derer sich der Blockälteste in Block 3 bedient hatte. Er wollte, dass wir ihm alles gaben. In den ersten Tagen gab ich ihm im besten Glauben alles, worum er mich bat. Aber dann überspannte er den Bogen und von dem Tag an bekam er nichts mehr. Er hatte mich um einen Mantel gebeten, also brachte ich ihm abends einen zivilen Mantel, aber mit einem Streifen-Fenster auf dem Rücken. Als Stieglitz das sah, fragte er mich vorwurfsvoll, was ich ihm da gebracht hätte. Er hatte doch einen vollständig zivilen Mantel gewollt, ohne Fenster.

„Stieglitz", sagte ich ganz ruhig zu ihm, „wenn du einen Zivilmantel willst, dann musst du dafür einen Liter Wodka geben, und zwar Vorkasse, sonst gebe ich ihn dir nicht. Ich traue dir nicht. Du gibst mir hier einen Liter, im Lager. Denn auf der Arbeit bekomme ich vom Meister zwei und einen halben Liter."

Von da an begann er mich zu schikanieren, und ich stellte mich quer.

Ich spürte, dass es zu einem größeren Krach kommen könnte, weil ich keine Angst vor ihm hatte und ich hatte das Gefühl, dass ich mit ihm fertig werden würde. Er ging auch nicht aufs Ganze. Ich erzählte Janusz Zakulski die ganze Geschichte und wir machten ab, dass wir uns in einen anderen Block verlegen lassen müssten. Wir entschieden uns für Block A, weil dort Zimmermann Blockältester war, Januszs guter Bekannter. Ich zog um in Block A, aber besuchte meine Jungs. Adam sagte mir eines Tages, dass ich nicht mehr zu Block D kommen sollte, weil Stieglitz angekündigt hatte, dass er mich umbringen würde, wenn ich den Block betrete. Ich wollte extra hingehen und schauen, wie Stieglitz mich umbringen würde, aber Adam bat mich, nicht reinzukommen, weil so ein Krawall ein schlimmes Ende nehmen könne. Wenn ich ihn verprügelte, könnte sich ein Kapo einmischen – das wieder könnten meine Jungs nicht aushalten und würden sich auch einmischen. Daraus könnte ein ernsthafter Streit entstehen und das Kriegsende sei nicht mehr weit. Die nahende Freiheit war zu spüren. Die Front war nah. Es musste schlimm stehen, wenn sie unsere Verbrecher in ihre Armee holten.

Himmler kam nach Gusen. Für die Zeit, die er sich im Lager aufhielt, wurden wir alle in die Blocks gescheucht und es war uns nicht einmal erlaubt, aus den Fenstern zu schauen. Ich war damals in Block D und stand einen Meter entfernt vom letzten Fenster in Richtung Appellplatz und sah diesen Oberverbrecher. Klein, mit einer Feldmütze, mit Brille. Es wurden der Lagerälteste und die Bibelforscher auf den Platz gerufen – das waren die mit den violetten Winkeln, die nicht zum Militär wollten. Es wurde ihnen angeboten, sie frei zu lassen, wenn sie einwilligten, zum Militär zu gehen. Sie lehnten ab. Am nächsten Tag wurde bekannt gemacht, dass sich jeder, der will, bei seinem Schreiber als Freiwilliger zum Volkssturm melden kann. Es meldeten sich vor allem Deutsche. Einer unserer Bekannten, Zislers „Schwung", meldete sich. Er war aus Poznań. Er hieß Edek, sein Nachname war halb deutsch. Als wir ihn verwundert fragten, warum er das gemacht hat, antwortete er, er habe sich gemeldet, weil er Deutscher sei und sich als Deutscher fühle, weil seine Mutter gebürtige Deutsche sei.

Für den Volkssturm wurde ein Teil derer genommen, die sich gemeldet hatten, aber das waren nur Deutsche. Und wir nahmen von diesem Tag an Edek nicht mehr wahr. Wir boykottierten ihn. Es meldete sich noch ein Kamerad, den Adam und ich ernährten – Henio Krajewski aus Warschau, den wir „Knirps" nannten, weil er so klein war. Mit Henio war das so:

Nachdem bekannt gemacht worden war, dass man sich freiwillig melden konnte, kam er zu uns in den Block und fragte, was wir davon hielten. Wir sagten ihm mit ernsthafter Miene, dass wir uns gemeldet hätten, weil man nicht wisse, ob sie uns nicht alle umbringen würden. Und bei der Armee hätten wir Gewehre, mit denen wir im richtigen Moment auf die Deutschen schießen könnten. Es sei leichter zu fliehen oder in Gefangenschaft zu gehen. Henio hörte zu, schüttelte den Kopf und ging fort. Ein paar Minuten später kam er zurück und sagte nur: „Ich habe mich gemeldet." Hätte er nur ein Wort gesagt, hätten wir ihn aufgeklärt, dass wir nur Spaß gemacht hatten. Aber er hatte nichts gesagt, sondern hatte sich einfach gemeldet. Er sagte uns, dass er nicht vorgehabt hatte sich zu melden, aber wenn seine Kameraden sich meldeten, dann meldete er sich auch. Er war bereit, mit seinen Kameraden durch die Hölle zu gehen. Schnell liefen Adam und ich zu Władek Cybulski aus Katowice (er lebt und wohnt in Katowice), um ihn von der Liste streichen zu lassen. Wir kamen rechtzeitig. Die Liste war noch nicht abgegeben worden. Streichen konnte er ihn nicht, deshalb musste er die ganze Liste noch einmal abschreiben, aber ohne Henio. Cybulski war der Blockschreiber in Block 7. Er sagte uns, dass er sich gewundert habe, als er gesehen hatte, dass so ein toller Junge wie Henio sich meldet, aber er habe nichts sagen dürfen. Erst wir konnten das dumme Missverständnis aufklären.

Als ich in Block A zog, nahm ich meine Truhe und meine eigenen Decken mit, die ich mir selbst organisiert hatte, weshalb ich das Recht hatte, sie mitzunehmen. Ich bekam ein Bett, das nicht innerhalb der Block-Aristokratie stand, aber relativ dicht dran war – vorn in der Stube, worüber ich überhaupt nicht froh war. Ich mochte es nicht, für die Leute sichtbar zu sein – es war immer besser, ein bisschen hinten oder in der „goldenen Mitte" zu sein. Aber der Blockälteste war der Meinung, dass er mich auf diese Weise auszeichnete. Ich warf meinen Kram aufs Bett und selbst ging ich noch einmal weg, um etwas zu erledigen. Als ich wiederkam, war das Bett bereits gemacht und alles ordentlich aufgeräumt. Es stellte sich heraus, dass das Heniek Sadłowski aus Wołomin bei Warschau – ungebeten – gemacht hatte. Als ich morgens aus dem Waschraum kam, war mein Bett schon gemacht und vor dem Bett standen meine geputzten Schuhe. Als ich mein Frühstück gegessen hatte, schnappte er sich meine Schüssel und lief zum Waschraum, um sie zu spülen.

„Wenn du dich so anbietest, dann mach es. Dann soll es so sein", sagte ich zu ihm.

Ich übertrug ihm auch die Ausgabe von Essen an meine Kameraden, denen ich half, denn hier hatte ich ja „Onkel Stock" nicht. Ich sagte ihm nur, dass er niemandem etwas auf eigene Faust geben sollte. Wenn er jemanden hat, dem er was geben will, dann sollte er es sagen und wir geben ihm was, nur dass ich Bescheid wissen wollte. Heniek Sadłowski war vierundzwanzig Jahre alt. Er gefiel mir, weil er lustig war und ein Schlitzohr, das mit allen Wassern gewaschen war. Allein die Art, wie er seine Dienste angeboten hatte, hatte darauf hingewiesen. Das war eben ein Schlitzohr. Er hatte sofort erspürt, dass man sich hier ernähren lassen kann. Denn er hatte sowohl gesehen, dass ich eigene Decken hatte, als auch die Truhe, die gut aussah, die Schuhe mit Absätzen und die gute Kleidung. Das sagte er mir später. Er wusste, dass ich jemanden brauchen werde, deshalb wartete er nicht, bis ich mich umschauen würde, wer mir passt, sondern bot als Erster seine Unterstützung an. Und diese Unterstützung war gut. Ich konnte ihm jede Sache übertragen und wusste, dass er sie gut erledigen würde. Das einzige, was ich ihn nicht machen ließ, war, meine Schuhe zu putzen. Er lachte über meine Einstellung zum Putzen meiner Schuhe, aber das saß nun einmal in mir und das ist bis heute so.

Er war ein guter Gehilfe und ich konnte es nur bereuen, dass ich ihn nicht vorher gekannt hatte. Am Tag der Befreiung kletterte er, sobald der Strom von den Stacheldrähten genommen worden war, als einer der Ersten über die Drähte und organisierte aus der SS-Küche einen Rollschinken und Brot. Er brachte mir das und sagte, dass er nun endlich auch etwas zu essen organsiert hat. Ich sah ihn noch in Linz. Er hatte sich gut organisiert. Allerdings weiß ich nicht, ob er nach Polen zurückgekommen ist oder nicht. Ich habe ihn nicht gesucht, aber wenn ich wüsste, dass er im Land ist, würde ich mich gern mit ihm treffen.

Mundek Tomaszewski hatte sich für mich um einen neuen Mann bemüht, dem geholfen werden musste. Das war Bernard Domański, der Bruder von Kazio Domański, einem Warschauer Bühnenkünstler. Zumindest sagte er das selbst und ich konnte das nicht überprüfen. Er sagte, dass seine künstlerische Spezialität der Tanz sei – das Steppen. Er erzählte mir von verschiedenen Unterschieden beim Steppen und von seinen Auslandsreisen in der Vorkriegszeit. Er saß wohl erst seit dem Warschauer Aufstand, aber es ging schon zu Ende mit ihm. Er hatte geschwollene Beine wie Ballons und einen fürchterlich geschwollenen Penis. Ich scherzte, dass man ihn so retten müsse, dass die Schwellung zurückginge, aber nur an den Beinen. Der Rest könne bleiben, dann könnte er in Freiheit eine zweite Karriere machen, wenn er nicht mehr tanzen kann. Ich half ihm intensiv im letzten Zeitraum mehrere Monate lang und er überlebte, aber am Tag der Befreiung verlor ich ihn aus den Augen. Ich half ihm nicht aus Mitleid, sondern aus Wut auf Tadek F. Domański hatte nämlich – als Tomaszewski ihn zu mir gebracht hatte – erzählt, dass er bei F. gewesen war und um Hilfe gebeten hatte. Er kannte ihn nicht persönlich, aber weil sie aus der gleichen künstlerischen Branche waren und beide dem Künstlerverband angehörten, hatte er gehofft, F. würde ihm helfen. Und F. sagte ihm, dass er solchen wie ihm nicht helfe. Es sei schade um das Essen, weil er sowieso bald sterben werde, deshalb sei es besser, das Essen jemandem zu geben, dem es hilft zu überleben. Ist das zynisch? Ja. Und ist das wahr? Die reinste Wahrheit. Es hatte keinen Zweck, sentimental zu sein. Das war die nackte Wahrheit. Aber trotzdem brachte mich etwas dazu, ihm zu helfen und F. zu zeigen, dass Domański doch nicht sterben würde, und dass das Essen, das er bekam, doch nicht vergeudet war.

Zwischendurch sagte ich F. mehrmals kurz:

„Und Domański lebt."

„Noch", antwortete er mir. „Aber er wird sterben. Schade um das Essen."

Er starb nicht, aber er war doch noch sehr krank. Möglicherweise erhielt er nach der Befreiung die richtige Behandlung, Ernährung und Pflege, die es ihm erlaubten, gesund zu werden.

Wir alten KZler eigneten uns nicht als Pfleger. Ich half ihm, aber wenn er eines Tages gestorben wäre, dann wäre es mir wohl nicht schade um den Menschen, sondern um das Futter gewesen, das ich unnötigerweise in ihn investiert hatte. Obwohl dieses Essen nicht gut war – aber es war das einzige Essen, das uns gegeben wurde.

Im Lager herrschte wieder Hunger. Es gab Hungerrationen und weniger Pakete, weil aus Frankreich und einem Teil der polnischen Gebiete keine Pakete mehr kamen. Nach dem Warschauer Aufstand waren noch Pakete aus Schlesien und aus dem Gebiet um Poznań gekommen. Ich hatte noch Pakete von Szubert erhalten. Die letzten beiden Pakete erhielt ich im Februar 1945, nachdem die Rote Armee Schlesien schon besetzt hatte.

Nie im Leben habe ich so viel Holz gegessen, das uns in dieser Zeit im Brot gegeben wurde. Es waren ganze Späne drin.

„Unergründlich sind Gottes Wege, wie auch die chemische Zusammensetzung des Lagerbrotes unergründlich ist", sagte Seweryn Glinicki einmal.

Wir sagten, dass der, der das Rezept für dieses Brot erfunden hatte, eine hohe Auszeichnung bekommen müsse dafür, dass das Brot nicht auseinanderfiel; aber wenn man es durchschnitt, fiel morsches Holz heraus. Wenn man ein paar Mal auf die Oberfläche klopfte, fiel das Brot heraus und man hatte nur noch die Rinde in der Hand.

Einmal sah ich, wie aus der Küche eine riesige Trage mit Kartoffelschalen durch das Tor getragen wurde. Sie wurde von vier Männern getragen, und daneben lief ein SS-Mann mit einem dicken Knüppel in der Hand. Mitten auf dem Appellplatz machten Muselmänner sich bereit zum Angriff auf die Trage. Es kam ein großer Haufen Leute zusammen. Der SS-Mann schlug pausenlos, aber keinem machte das etwas aus. Da winkte der SS-Mann ab und ging zurück zur Küche, und die, die die Trage trugen, warteten an der Seite, um die jämmerlichen Überreste der Trage zurück in die Küche zu bringen. Als die Menge auseinandergegangen war, war auf dem Platz nur die zerbrochene Trage zurückgeblieben.

Die Kartoffeln, die auf verschiedenste Weisen ergattert wurden, buken die Muselmänner in Knochenresten, die im Krematorium anfielen. Es gab viele Leichen und weil das Krematorium mit dem Verbrennen nicht hinterherkam, wurde der Prozess verkürzt. Auf diese Weise wurden die Knochen nicht ganz verbrannt, weshalb in der Asche ganze Stücke glühender Knochen waren. In diesen Knochen buken sich Muselmänner ihre Kartoffeln.

Eine Flucht gab es noch, oder vielleicht war das nicht einmal eine Flucht, sondern ein Unfall. Der, der fehlte, war wahrscheinlich in irgendeiner Ecke eingeschlafen, und als er aufgewacht war, kehrte er allein ins Lager zurück. Er war Russe. Nach dem Appell standen die Russen bereits eine Stunde auf dem Platz und die SS-Männer hatten schon angefangen, auf dem Arbeitsgelände zu suchen. Plötzlich wurde der „Flüchtige" durch das Tor gebracht und durch den Übersetzer ließen die SS-Männer ausrichten, dass die Russen ihn selbst bestrafen sollten.

Es gab welche, die aus der Reihe sprangen und ihn zu schlagen begannen. Alle schauten der Szene angewidert zu. Ich war sicher, dass sie ihn umbringen würden. Als sie ihn näher an die Blocks geschleppt hatten, brodelte es wieder auf. Da griffen andere Russen ein. Sie rissen ihn denen aus den Händen, die ihn umbringen wollten, und damit endete der Vorfall. Die, die ihn geschlagen hatten, waren wohl dreißig Leute gewesen. Die anderen Russen sahen das und fluchten, spuckten aus, winkten resigniert ab, und einen sah ich, der weinte und schlug sich mit den Fäusten ins Gesicht, wobei er etwas in diesem Sinne rief:

„Was für eine Schande, so etwas zu tun!"

Im März passierte mir wieder eine komische Geschichte. Als ich die Straße zwischen den Blocks entlangging, sah ich zwei junge Männer, die auf ihrer zivilen Kleidung nur aufgemalte Streifen hatten und keine eingenähten Streifen-Fenster. Ich stoppte sie und fragte, ob sie lebensmüde seien.

„Wollt ihr, dass sie euch umbringen? Warum habt ihr keine eingenähten Fenster in eurer Kleidung?"

„Na, schauen Sie mal, wir sind erst gestern hierhergebracht worden und wir wussten nicht, dass wir ein Fenster haben müssen."

Als ich „Sie" hörte, wusste ich, dass sie neu im Lager waren.

„Bleibt so stehen", sagte ich zu ihnen. Und ich drehte sie mit den Rücken zur

Baracke, weil ich sah, dass zwei SS-Männer kamen, und ich nicht wollte, dass denen auffiel, dass sie keine Fenster hatten, denn im besten Falle hätten sie dafür ordentlich Prügel bezogen.

Das waren sehr höfliche junge Männer im Alter von achtzehn Jahren. Ich fragte sie, woher sie kamen und wie lange sie im Lager waren. Ich erfuhr, dass sie aus Schlesien stammten und in den ersten Februartagen, als die Deutschen Schlesien verlassen hatten, deportiert worden waren.

Ich brachte sie zu den Schneidern und bat sie, ihnen Fenster einzunähen, weil es mir schade um die Jungs war.

„Ich nähe nicht", sagt der, der die Fenster einnähte. „Der Termin zum Einnähen ist lange vorbei."

„Aber sie sind doch erst gestern nach Gusen gekommen", erklärte ich ihm, „und diese Kleidung haben sie in Mauthausen bekommen. Woher hätten sie wissen sollen, was man machen muss, wenn sie erst ganze zwei Wochen im Lager sind?"

„Oh, entschuldigen Sie, es ist schon fast ein Monat", berichtigte der eine mich höflich.

Wir brachen alle in ein herzliches Lachen aus. Das entwaffnete sogar den Schneider und dann nähte er ihnen ohne Widerrede die Fenster ein.

Im August und September 1944 fieberten wir mit dem Warschauer Aufstand mit. Voller Spannung beobachteten wir die Vorgänge in Polen. Wir litten mit Warschau und den Warschauern mit. Wir waren mit dem ganzen Herzen bei der kämpfenden Warschauer Bevölkerung. Die Nachrichten hatten wir aus dem Radio und der deutschen Presse. Es kam die Nachricht, dass Aufständische nach Mauthausen gebracht worden waren, und am nächsten Tag kamen welche nach Gusen. Das war der erste Transport vom Aufstand. Als für sie in Block 20 und 21 Unterkünfte vorbereitet wurden, liefen alle dorthin, um mehr Einzelheiten über den Aufstand zu erfahren, und die Warschauer wollten wissen, wie die Lage dort war, wo ihre Familien lebten, zu denen sie den Kontakt verloren hatten.

Das war wie ein Schlag ins Gesicht und enttäuschend. Es stellte sich heraus, dass die Leute bis Wien ohne Eskorte gefahren waren. Erst in Wien hatte die SS den Transport geschlossen und die Waggons umstellt. Es war einer dabei, der dem Transport mit einem Personenzug nachgejagt war, weil er aus dem Waggon geklettert und ihm der Transport weggefahren war. In Mauthausen war einer von dem Transport in den Stacheldraht gegangen, weil man ihm sein Gold und den Schmuck weggenommen hatte, den er bei sich hatte. Sie waren ins Bad geführt worden. Sie mussten sich in einem Raum ausziehen, und verließen das Bad durch eine andere Tür und dort wurde ihnen die Lagerkleidung ausgegeben. Der Dummkopf konnte den Verlust nicht verkraften und nahm sich im Stacheldraht das Leben. Ich ging auch hin und wollte ein bisschen nach meiner Tatrzańska-Straße fragen, wo meine Mutter und meine Schwester wohnten. Auf dem Weg traf ich Janek Koperski aus Warschau, aus Czerniaków, und ich sagte zu ihm, dass ich hin will, um etwas über meine Pfarrgemeinde zu erfahren.

„Geh lieber nicht hin“, sagte er, „denn du wirst dich nur ärgern und bringst noch jemanden um. Das sind keine Aufständischen – das sind Rindviecher. Du hast keine Ahnung, was die erzählen. Oder gut, geh hin und überzeuge dich selbst.“

Ich ging hin. Anfangs hörte ich verschiedenen Gesprächen der Leute zu, und das, was die aus Warschau erzählten, war etwas in diesem Sinn:

„Denkt ihr denn, dass man uns genauso behandeln wird wie euch? Wir sind hierher zur freien Arbeit gekommen, und weil sie keine Unterbringung für uns hatten, haben sie uns nur für ein paar Tage hier untergebracht; wir werden Bauernhöfen und Fabriken zugeteilt.“

Und so ging es weiter.

Ein anderer rief wütend:

„Ich wollte zur Landarbeit fahren und jetzt bin ich im Lager gelandet. Den Aufstand wollten sie, die Hurensöhne!“

Da hielt ich es nicht mehr aus. Ich ging zu dem, der so herumgebrüllt hatte, und fragte ihn ruhig, wie lange er sitzt.

„Zwei Wochen“, antwortete er mir wütend.

„Und da hegst du Groll gegen die Aufständischen? Und ich, der ich schon viereinhalb Jahre sitze, gegen wen soll ich Groll hegen?“

In diesem Moment kam ein anderer „Aufständischer“ aus dem Block, zog meinen Gesprächspartner weg und sagte:

„Komm, unterhalte dich doch nicht mit diesen Verbrechern.“

Blitzschnell schlug ich zu, ohne nachzudenken, ohne irgendeinen Gedanken.

Als er stürzte, sprang ich zu ihm, um ihn zu treten, und wer weiß, ob ich nicht zum Verbrecher geworden wäre, wenn mich nicht ein Bekannter weggezogen und gesagt hätte:

„Komm, hör auf, lass das Vieh in Ruhe, wozu sollst du ihn schlagen, ihm wird das Schicksal einen Arschtritt verpassen.“

Ich ging, aber ich zitterte am ganzen Körper – ich wollte weinen, dass so ein ungehobeltes Vieh uns nach allem, was wir durchgemacht hatten, Verbrecher nannte.

Abends erfuhr ich, dass in der Zeit, als sie noch auf dem Appellplatz standen, nachdem sie nach Gusen gebracht worden waren, einer aus dem Glied getreten war und sich an den Lagerältesten, Rohrbacher, gewandt und auf Deutsch zu ihm gesagt hatte, dass unter ihnen viele seien, die der deutschen Armee beitreten wollen würden. Rohrbacher gab ihm aufs Maul, trat ihn in den Hintern und scheuchte ihn zurück ins Glied. Mit einem Wort – sie machten sich unbeliebt. Mit ihrem Verhalten verstellten sie sich den Weg zu den letzten Resten an Gefühlen, die den alten Häftlingen geblieben waren. Keiner gab ihnen etwas und keiner half ihnen.

Schlimmer noch. Die polnischen Kapos und die polnischen Funktionshäftlinge begannen sie zu schlagen und zu plagen, sowohl bei der Arbeit als auch im Block. Sie sollten merken, was ein Konzentrationslager ist. Sie sollten die „bessere Behandlung“ kennenlernen, sie sollten die „Verbrecher“ kennenlernen. Erst die Polen, die unter den Häftlingen Autorität genossen, appellierten an die Leute, dass sie sie nicht schlagen und behelligen sollen.

„Gebt ihnen nichts, aber quält sie auch nicht“, sagten sie, „denn es schauen so viele andere Nationalitäten auf uns.“

Und das Argument mit den Nationalitäten überzeugte die Menschen. Später fanden sich unter ihnen kluge und edle Menschen, denen geholfen wurde, aber das waren die persönlichen Angelegenheiten einiger Häftlinge, und keine allgemeine Sympathie, die wir gespürt hatten, bevor es zur persönlichen Begegnung mit ihnen gekommen war.

Eine vollkommen andere Reaktion gab es bei den alten Häftlingen, als aus Warschau Jungen im Alter von vierzehn bis sechzehn Jahren gebracht wurden. Diese Jungen wurden in Block 16 bei Zisler untergebracht. Er bat uns oft zu kommen und für die Jungs zu spielen, und er bezahlte uns dafür gut. Jeder alte – gut situierte – Häftling hielt es für eine Ehrensache, sich um einen Jungen zu kümmern und von ihnen überlebten fast alle. Wenn einer starb, dann nicht des Hungers oder weil er geschlagen worden war, sondern eines natürlichen Todes, wegen irgendeiner Krankheit. Ich habe von solchen Fällen nicht gehört. Eine Zeitlang nur gab ich einem Kleinen zu essen. Ich machte ihm sofort bewusst, was ihm von Seiten der Päderasten drohte. Ich nenne seinen Namen nicht, weil der Junge überlebt hat – aber ich hörte auf, ihn zu ernähren, weil es nicht mehr notwendig war. Er hatte von allem ausreichend, weil sich einer vom Blockpersonal um ihn „kümmerte“, der ihm alles gab.

An dem Tag, nachdem der erste Transport mit den „Aufständischen“ gekommen war, wurde eine kleine Gruppe von sechsunddreißig Maurern aus Mauthausen gebracht.

Janek Koperski sagte mir, dass unter ihnen einer aus Czerniaków sei. Wir gingen hin. Janek sah sich um, schließlich zeigte er auf einen und sagte, dass das der sei. Ich schaute ... und erkannte ihn. Es war Wacek Rulski, ein Mann, der wesentlich älter war als ich. Er hatte lange Jahre in dem gleichen Haus wie ich gewohnt, war aber ausgezogen, als er schon ein erwachsener Mann war, und ich war damals um die fünfzehn Jahre alt gewesen.

„Rulszczak!“, rief ich ihn.

Er kam zu mir, begrüßte mich, aber ich sah, dass er mich nicht erkannte. Ich sagte ihm, wer ich bin. Wir sprachen ein paar Minuten vor dem Block und weil ich mehr Fragen hatte, schlug ich ihm vor, mit mir zu Janusz Zakulski zu gehen. Janusz sollte auch hören, wie es in Warschau während des Aufstandes war. Denn nachdem er festgenommen worden war, war seine Familie aus Bydgoszcz ausgesiedelt worden und nach Warschau gezogen.

„Aber ich bin mit meinem Kumpel hier“, sagte Rulski.

„Dann nimm ihn mit“, sagte ich.

Er rief seinen Bekannten, der neben uns stand, und wir gingen zusammen ins Magazin. Das war die Czerniaków-Solidarität. Er spürte, dass er etwas zu essen bekommen würde, und deshalb hatte er seinen Kameraden gerufen – damit der auch etwas bekam. Es gelang ihnen. Sie hatten das große Los gezogen. Von diesem Tag an half ich ihnen. Ich gab ihnen Essen, Zigaretten und Kleidung. Ich bezahlte die Kapos, damit sie ihnen eine gute Arbeit gaben und sie nicht schlugen. Damit sie mehr Suppe bekamen, sorgte ich dafür, dass sie aus der Küche von Kazio Bodych täglich einen Eimer voll Essen erhielten. Als ihnen einmal ein Blockältester den Eimer nicht geben wollte, ging Bodych zu ihm in den Block und machte Krach. Zu dieser Suppe gab ich ihnen drei Mal in der Woche Brot. Der Kamerad von Wacek Rulski hieß Zygmunt Skoczek und war auch aus Czerniaków. Wir haben bis heute Kontakt zueinander und sowohl Rulski als auch Skoczek sind mir sehr dankbar für die Unterstützung, die ich ihnen im Lager geleistet habe. Von den sechsunddreißig Maurern haben angeblich nur sie überlebt. Das sagten sie selbst, weil sie alle in einer Gruppe gearbeitet haben. Wacek Rulski war einmal schon fast tot. Eine Wand war über ihm zusammengebrochen. Er wurde ins Lager getragen, nackt ausgezogen und im Waschraum auf den kalten Fußboden gelegt. In den Waschräumen und in den Aborten wurde im Winter geheizt, damit die Rohre nicht platzten, aber der Betonboden war kalt. Abends kam er zu Bewusstsein und ging nackt in seinen Block. Es wurden ihm Kleider gegeben, aber statt langen Unterhosen erhielt er einen sommerlichen Damenslip. Er ging ins Revier, wo man ihm den Kopf verband, und dann kam er zusammen mit Skoczek zu mir, um sich zu beklagen.

Bei mir war an diesem Abend die Unterwäsche ausgewechselt worden. Ich nahm zwei neue Hemden und Unterhosen, und die Jungs zogen sich vor dem Block im Schnee um.

Einige Wochen vor Kriegsende bekam ich an der Pobacke unter der Haut am Knochen ein Geschwür. Der Spaß mit dem Geschwür dauerte fast zwei Wochen; alle drei, vier Stunden musste ich es mit einer Nadel aufstechen, die ich bei mir im Jackenrevers trug. Als ich das nach dem Krieg einem Arzt erzählte, wunderte der sich, dass ich dabei keine Blutvergiftung bekommen hatte. Ich setzte mich mit der einen Pobacke auf einen Schemel, nahm einen Spiegel und stach die Nadel in die schmerzende Stelle, und dann drückte ich das Geschwür aus. Eine blutige Flüssigkeit lief heraus. Wenn ich es ausgedrückt hatte, schmerzte es ein bisschen weniger und ich konnte gehen. Morgens konnte ich mich nicht bewegen, weil ich es nachts nicht ausdrückte, aber wenn ich es aufgestochen und ausgedrückt hatte, ging es mir wieder besser. Einmal stützte ich mein Bein an einer kleinen Mauer ab und machte irgendetwas an meinem Schuh, als ein vorbeigehender Kamerad mich an der schmerzenden Pobacke packte und sie nach oben zog. Vor Schmerz schlug ich blind zu und erst dann schaute ich, wer das war. Ich entschuldigte mich, aber ich hatte das Gefühl, vor Schmerz ohnmächtig zu werden. Das war so etwas wie 1941 gewesen, als ein SS-Mann mir gegen mein großes Geschwür am Bein getreten hatte. Schließlich half an einem Sonntag auch das Aufstechen nicht mehr. Es kam nichts heraus. Als mich mein Kamerad morgens rasierte, wurde mir schlecht und ich schob seine Hand mit dem Rasiermesser weg, weil ich glaubte, ohnmächtig zu werden. Abends sollten wir spielen. Ich wollte die Jungs nicht im Stich lassen, deshalb ging ich mit, eigentlich brachten sie mich hin, weil ich stark nach vorn gebeugt lief. Ich konnte mich nicht aufrichten, weil auf meiner Pobacke eine faustgroße Kugel herausgekommen war, und da drauf noch ein blauer Zapfen so groß wie eine Walnuss. Ich spielte und ich sang, aber mir wurde schwarz vor den Augen vor Schmerz. Abends legte ich einen großen Verband mit Ichthyol an, aber der Schmerz ließ mich in keiner Position schlafen. Ich machte einen Termin beim Arzt, den ich am Montagmorgen besuchen sollte. Erst morgens schlief ich ein. Als ich aufwachte, spürte ich, dass ich schwamm. Das Geschwür war geplatzt und es hatte sich eine große Öffnung gebildet, aus der Eiter floss, aber weil ich nun schon den Termin beim Arzt hatte, ging ich hin. Als der Arzt einen Blick darauf geworfen hatte, schickte er mich ins Ambulatorium. Dort zog ich meine Hose aus, legte mich auf die Liege und die Operation begann. Es operierte Bernard Drahejm – derzeit ist er Kreisarzt in Koło. Für die Narkose war Jurek Kalinowski zuständig. Obwohl er nur ein Bein hatte, kletterte er auf meinen Nacken und drehte mir die Arme so nach hinten, dass ich meinen Hintern nicht bewegen konnte – das war die Narkose. Eine andere gab es nicht. Sie schnitten bei vollem Bewusstsein. Ich guckte zu, was Bernard machte – und er nahm eine Schere mit kurzen Schneiden zur Hand. Er schnitt einmal, zweimal, und beim dritten Mal schrie ich. Jetzt in die andere Richtung – einmal, zweimal und wieder schrie ich beim dritten Mal.

„Was lachst du denn?“, spotteten sie. „Hat es gekitzelt? Wenn jemand Lust hat, gekitzelt zu werden, dann schick ihn zu uns.“

Für sie war das lustig. Aber ich schaute, was Bernard weiter machte. Und jetzt nahm er einen kleinen Löffel. Jurek verstärkte wieder die „Narkose“ und als Bernard den Löffel ins Geschwür zu drehen begann, dachte ich, dass ich toll werde vor Schmerz – aber dieses Mal schrie ich nicht. Sie hatten mich beschämt. Als er dann die Tampons reindrückte, hielt Jurek mich nicht mehr fest, und ich lag allein ruhig da. Das war nichts mehr im Vergleich zu den Schmerzen vorher. Nach ein paar Tagen war alles gut.

Die letzten Tage im Lager vergingen unter dem Zeichen von Hunger und Terror. Es gab Tage, an denen wir nicht einmal ein Stück Brot bekamen. Ich hatte weiterhin so viel, dass es für mich genügte und ich zumindest ein bisschen denen geben konnte, die ich ernährte. Es starben massenweise Menschen an Hunger. Deshalb verstärkten die Deutschen aus Angst vor einem Aufstand den Terror. Das bedeutete nicht, dass gedankenlos geschlagen oder gemordet wurde. Nein. Bei der Arbeit hatten wir absolute Ruhe. Die Kapos spürten das nahende Kriegsende und wollten bei den Häftlingen lieber keinen Missfallen erregen. Schließlich war der Krieg schon in Deutschland. Die Russen in Deutschland, die Alliierten in Deutschland. Aber die SS-Männer ermordeten Menschen für die kleinsten Vergehen, die dazu hätten führen können, dass Gehorsam und Disziplin unter den Häftlingen durcheinander geraten. Sie brachten sie öffentlich um, bei der Arbeit, so dass es alle sahen. Sie brachen sie am Jourhaus um, nach dem zweiten Läuten, wenn Stille herrschte und das Licht gelöscht wurde. Das erste Mal führten sie die Hinrichtung vor dem Eingangstor durch und wir sahen durchs Fenster alles im Licht von den Stacheldrähten. Wenn wir beim Abendappell Leute sahen, die vor dem Jourhaus standen, wussten wir, dass sie nach dem langen Läuten umgebracht werden.

Nach dem ersten Tag, als ich durch das Fenster beobachtet hatte, wie mehrere Personen fertiggemacht wurden, wurden die nächsten hinter der Küche umgebracht. Ob sie in den Stacheldraht gejagt wurden, ob sie in den Stacheldraht geworfen wurden, ob dort nur auf sie geschossen wurde – das wusste man nicht. Wir sahen nur durch das Fenster, wie die SS-Männer die, die vor dem Tor standen, nacheinander hinter die Küche brachten, und zu hören waren Gewehr- und Pistolenschüsse. Einmal, als nur einer vor den Tor stand, kamen sie offensichtlich zu dem Schluss, dass es sich nicht lohnt, mit ihm bis zum Abend zu warten. Ein SS-Mann rief einen Lagerpolizisten. Von denen gab es mehrere im Lager, unter anderem Willi – der, mit dem ich zusammen ins Lager gebracht worden war. Willi kam zum Tor gerannt. Ich beobachtete alles von Anfang bis Ende. Der SS-Mann sagte etwas, und er nickte dem Delinquenten zu und sie gingen zusammen den Pfad zwischen der ersten Blocklinie und dem Stacheldraht entlang, ans andere Ende des Lagers. Ich wollte ihnen nicht hinterhergehen, deshalb rannte ich vor, die erste Durchgangslinie entlang, zwischen den Blocks. Ich spürte, dass sie ihn umbringen würden, und ich wollte sehen, wie sie es machten. Als ich bereits bei der letzten Querstraße war, schaute ich hervor und sah, dass sie stehengeblieben waren: Willi rauchte eine Zigarette und unterhielt sich mit einem anderen Lagerpolizisten – und neben ihnen stand vollkommen ruhig der, der umgebracht werden sollte. Willi gab ihm die Hälfte seiner Zigarette, die der in Ruhe aufrauchte. Das war ein hochgewachsener Mann im Alter von etwa sechsundzwanzig Jahren, barfuß, ohne Mütze und ohne irgendwelche Zeichen an den Sachen. Er war ganz in Sträflingskleidung, was man in Gusen schon selten sah – ohne Nummern und Winkel –, deshalb vermutete ich, dass er Deutscher war. Die ganze Zeit hindurch sagte er kein einziges Wort. Als sie aufgeraucht hatten, gingen sie weiter zur Ecke der Absperrung am Block 25. Ich und ein paar andere standen bereits an der Giebelseite zwischen den Blocks 25 und 26. Da befahlen Willi und der andere ihm, in den Stacheldraht zu gehen. Er ging ruhig los, blieb zwischen den Stacheldrahtverhauen stehen und schaute sich um. An dieser Stelle hätte der Wachposten schon schießen müssen, aber der, der im Eckturm saß, schoss nicht, sondern schaute nur neugierig zu. Als der Delinquent stehen blieb, machten die Polizisten Geschrei, rannten näher heran, taten so, als würden sie vom Boden Steine aufheben, die sie werfen wollten, und er ging weiter mit vollkommener Gleichgültigkeit zwischen die Verhaue und schaute sich wieder um.

„Es ist kein Strom auf den Drähten“, meldete sich ein Wachposten mit österreichischem Dialekt.

Der Kandidat zum Fertigmachen fasste mit den Händen einen Draht an. Er wurde steif und seine Hände bogen sich nach oben – aber er stand.

„Schieß!“, brüllte ich dem SS-Mann im Turm zu und der zielte in Ruhe mit seinem Gewehr.

Als er anlegte, versteckten wir uns hinter der Barackenecke. Er schoss – und ich sah, wie etwas vom Boden absplitterte. Ich sprang über den Graben und schaute mir den, der an den Drähten stand, aus der Nähe an.

„Schieß noch mal!“, rief ich.

Jetzt nahm er die Automatik. Wir versteckten uns wieder hinter der Ecke, als er eine Serie losließ. Danach knickten dem am Draht die Knie ein, und sein Kopf rutschte an den Pfahl gelehnt nach unten. Als er mit dem Kopf den zweiten Draht berührte, qualmte es aus seinem Kopf. Ende. Es gab nichts mehr zu sehen. Wir gingen auseinander.

Block A befand sich gegenüber vom Puff und am nächsten beim Tor. Eine halbe Stunde, nachdem das Licht gelöscht worden war, hörte ich Schreie und Beschimpfungen vom Tor her. Als ich hinausging, standen an den ersten beiden Fenstern von der Seite des Blockeinganges schon Kapos und Blockälteste. Sie erkannten mich, sagten aber nichts, also konnte ich in Ruhe alles beobachten, was vor dem Tor stattfand. Drei Leute mussten, umringt von SS-Männern, vor dem Tor Gymnastik machen – das heißt, Kniebeugen, und dann mit dem Gesicht zum Boden liegend mit den Armen den gesamten Körper hochstützen. Eine bekannte Methode. Misshandeln und dann umbringen. Das Gleiche wie das Duschen mit kaltem Wasser, bevor man mit dem Kopf nach unten in ein Fass gesteckt wurde, oder das, was Sęp mit mir in den Tunneln hatte machen wollen, als er mir die Keilhaue in die Hand gedrückt hatte. Mit Arbeit entkräften und dann umbringen. Als die „Gymnastiker" keine Kraft mehr hatten, sich mit dem Händen hochzudrücken, hoben die SS-Männer mit Geschrei und Tritten einen vom Boden auf und warfen ihn so in den Stacheldraht, dass er dortblieb. Sie schnappten sich den zweiten, aber der war noch stark genug, um sich zu wehren. Ein SS-Mann warf ihn in den Stacheldraht. Er fiel nur auf den Verhau und berührte die Drähte, die unter Spannung standen, nicht. Er rappelte sich hoch und rannte am Appellplatz entlang. Der Wachposten im Wachbalkon über dem Tor schoss, traf aber nicht. Als ich ihn schon aus den Augen verloren hatte, knallte ein zweiter Schuss und ich hörte das lange Jaulen eines verletzten Menschen. Die SS-Männer rannten hin und kurz darauf schleppten sie ihn zurück, indem sie ihn an den Beinen über den Platz zogen. Am Tor packten sie ihn an Armen und Beinen, holten Schwung und warfen ihn in die Drähte. Als das Gezerre mit dem Zweiten begonnen hatte, war der Dritte weggelaufen und niemandem war seine Flucht aufgefallen. Als er an meinem Fenster vorbeigelaufen war, hatte ich laut flüsternd gerufen:

„Lauf weg und versteck dich!"

Er sah uns entsetzt an und rannte weiter zwischen die Baracken hindurch. Als sie den Zweiten erledigt hatten, fiel ihnen auf, dass ihnen der Dritte weggelaufen war. Ich weiß nicht, wo und wie sie ihn schnappten, aber sie brachten ihn zurück. Mit dem hatten sie keine Probleme mehr. Sie stellten ihn vor das Tor und gingen ein paar Schritte zurück, und der Wachposten aus dem „Taubenschlag" über dem Tor schoss. Dieses Mal traf er beim ersten Schuss. Als er umfiel, warfen ihn die SS-Männer, so wie den davor, noch in die Drähte.

Der Zweite, der weggerannt war, lag noch im Verhau und jammerte laut. Der Kommandant ging hin und gab jedem mit seiner Pistole noch einen Kopfschuss. Einen Moment später brachten sie noch einen, auf den ebenfalls der Wachposten schoss. Den warfen sie nicht mehr in den Draht, nur der Kommandant schoss dem Liegenden in den Kopf und bei der Gelegenheit schoss er auch dem Zweiten in den Kopf, der wieder gejammert hatte. Der nächste wurde gebracht. Ein großer, gut gekleideter Mann. Er ging ein paar Meter vom Tor weg, blieb mit dem Gesicht zum Stacheldraht stehen, streckte die Hände aus und ohne mit den Beinen in den Verhau zu gehen, mit einem Sprung, so wie man ins Wasser springt, warf er sich nach vorn und packte mit den Händen den Stacheldraht. Nach drei Minuten schoss ihm der Kommandant noch in den Kopf und schoss noch einmal auf den Zweiten, weil der wieder gewimmert hatte. Er wollte nicht sterben. Der Wachposten aus dem „Taubenschlag" hatte ihn einmal angeschossen, er war in den Draht geworfen worden, und der Kommandant hatte ihm noch drei Mal in den Kopf geschossen, bevor er so freundlich gewesen war, mit dem Jammern aufzuhören und zu sterben. Von den weiteren Exekutionen, die täglich stattfanden, hörten wir nur noch die Schüsse von hinter der Küche, aber der Terror hielt an bis die SS das Lager verließ.

Ein paar Tage vor der Befreiung wurde angewiesen, die Blocks zu durchsuchen. Ich wollte den Block verlassen, aber es wurde gerufen, dass man nicht rausgehen dürfe. Ich schaute mich um und sah, dass in jedem Durchgang SS-Männer standen. Das sah nicht gut aus. Mal sehen, was das wird. In diesem Moment stürzten acht SS-Männer in die Stube. Mit Geschrei jagten sie uns alle aus dem Block und ließen uns vor den Fenstern antreten. Ich stand vor einem Fenster, durch das ich mein oberes Bett sehen konnte. Es stellte sich heraus, dass die SS-Männer die Betten genau durchsuchten. Sie suchten in den Truhen und in den Strohsäcken. Ich erstarrte. In der Truhe hatte ich einen neuen Anzug – einen grünen Anzug aus Tennisstoff – ohne eingenähte Fenster. Ich hatte ihn mir schon für die Freiheit vorbereitet. Aber jetzt, wenn sie ihn fanden – in Zeiten des verstärkten Terrors – töteten sie einen wegen Fluchtgefahr. Ich sah zu, wie sie ein Bett nach dem anderen kontrollierten. Schließlich sah ich, wie sich ein SS-Mann an mein Bett machte. Ich sah, wie Hemden, Hosen und ein Jackett auf den Boden flogen. Ich atmete auf. Es war ihm nichts aufgefallen. Als wir wieder in den Block gelassen wurden, schnappte ich mir von der Mitte der Stube meine und Henieks Sachen und warf sie auf mein Bett. Die SS-Männer hatten Waffen gesucht, und andere Dinge hatten sie nicht beachtet. Den Anzug gab ich einen Tag vor der Befreiung Heniek B.

Eine große Freude war es für mich bei der Flucht der Bevölkerung zuzuschauen – wie sie die Straße am Lager entlanggingen mit ihrem Hab und Gut auf Handwagen, auf Schubkarren oder auf Kinderwagen. Da musste ich an die

Wanderungen der Menschen in Polen im Jahr 1939 denken. Weniger angenehm war der Anblick von Kriegsgefangenen, die vorbeigeführt wurden, aber da wussten wir schon, dass es nur noch ein paar Stunden waren. Ein paar Stunden. Und was weiter? In den Tunneln wurden zwei Eingänge mit einer Dicke von drei Metern mit einer Betonmauer zugemauert, und am dritten Eingang wurde ein Stahltor angebracht. Es verbreitete sich die Nachricht, dass sie uns in den Tunneln alle umbringen wollten. Es wäre nicht schwierig gewesen, die Leute in den Tunnel hineinzuscheuchen, und wenn die Luft knapp wird, den Eingang zuzuschütten. Dann ersticken alle, bevor sie es schaffen, den Eingang aufzubuddeln. Offensichtlich hatte jemand auch diese Idee gehabt, deshalb wurden die beiden Eingänge zugemauert. Das ließ sich leicht machen, weil an diesem Tag niemand arbeitete. Es wurde angekündigt, dass jeder, der nicht in den Tunnel geht, umgebracht werde. Es wurden sogar die leicht Kranken aus dem Revier hinausgescheucht. Es war nicht schwer, die Schwerkranken auf andere Weise zu töten. Wir saßen vier Stunden in den Tunneln. Ein paar waren schon ohnmächtig geworden vom Luftmangel. Sobald es stickig geworden war, hatte ich mich zum Ausgangskorridor geschoben. Vor dem Eingang standen SS-Männer mit Maschinengewehren, die auf den Tunnel gerichtet waren. Von hinten wurde in Richtung Ausgang gedrängelt, weil die Luft knapp war. Wir hielten sie zurück, weil wir ausreichend Luft hatten und vor der Nase einen nicht allzu angenehmen Anblick: ein Maschinengewehr. Schließlich wurde der Fliegeralarm aufgehoben und wir durften die Tunnel verlassen. Dann ging die Nachricht um, dass dies ein fiktiver Alarm gewesen war, und zwar, um uns alle umzubringen, nur dass dies aus ungeklärten Gründen nicht gemacht worden war. Angeblich war der einzige verbliebene Eingang jetzt vermint, nur dass es zu keiner Explosion kam. Die Leute sagten untereinander, dass wir jetzt bei Fliegeralarm immer zu den Tunneln rausgehen, aber nicht in diese hineingehen, und wenn wir spüren würden, dass etwas schief läuft – dann gehen wir als ganze Masse in den Draht. So viele tausend Menschen gegen eine Gruppe SS-Männer, die mit Gewehren oder mit automatischen Pistolen in Abständen von fünfzig Metern hinter einem einfachen Zaun mit Stacheldraht standen. Für uns war das eine Kleinigkeit. Wer umkommt, der kommt um – aber ein Teil wird gerettet. Die SS-Männer wussten Bescheid über die Stimmungen und obwohl von diesem Tag an ständig Fliegeralarm war, scheuchte uns niemand mehr in den Tunnel. Es wurde ständige Verdunkelung eingeführt. Im Lager durfte das Licht nicht eingeschaltet werden – aus diesem Grund war auch die Nachtarbeit zu Ende, aber am Tage arbeiteten alle normal. **Als die ständige Verdunkelung eingeführt wurde, war sie Grund für noch einen, den vorletzten Krach. Der letzte war in der Halle am 4. Mai, als ich** dort einen Deutschen verprügelte. Das war der vorletzte. Nachdem ich Brot erhalten hatte, ging ich mit meiner Schüssel Kaffee holen, mit dem ich zu meinem Bett zurückwollte. Auf der Seite im Gang, auf der mein Bett stand, standen die Leute an und wenn sie das Abendessen gefasst hatten, gingen sie in den anderen Gang, damit keiner zweimal Abendessen holte, weil es bereits stark dunkel war und die Menschen hungrig waren. Als ich schon fast an meinem Bett war, bestand ein Russe darauf, mich nicht durchzulassen.

„Lass mich durch", sagte ich zu ihm, „mein Bett ist hier und ich will meinen Kaffee dort abstellen."

„Das interessiert mich nicht", antwortete er. „Ich lasse dich nicht durch."

„Du lässt mich nicht durch?", fragte ich und war schon böse. „Dann schiebe ich dich beiseite."

Ich stellte meine Schüssel auf den Tisch, der daneben stand, stieß den Typen zwei Mal mit dem Kopf und schob ihn beiseite. Ich ging zurück zu dem Tisch und sah, dass meine Schüssel weg war. Ich schaute mich um und sah, wie ein Muselmann meinen Kaffee trank. Ich nahm ihm die Schüssel weg, aber als ich sah, dass fast kein Kaffee mehr drin war, drückte ich ihm die Schüssel wütend in die Pfote und sagte, er solle den Rest austrinken. Er war deshalb gar nicht beleidigt und trank alles aus. Ich ging an der Seite entlang zum Kessel und nahm mir wieder zwei Portionen Kaffee. Ich umkreiste die Stube, um wieder zu meinem Bett zu kommen, und da war ein neues Hindernis. Ich stieß mit dem Gesicht auf irgendjemandes ausgestreckten Arm, der sich leicht an der Decke abstützte.

„Was ist das hier?", fragte jemand auf Deutsch. Ich erkannte an der Stimme den Kapo des Stubenpersonals. Ich sagte ihm, dass ich mit meinem Kaffee zum Bett will, und er schlug mir ins Gesicht.

„Du willst mich nicht durchlassen?", sagte ich laut auf Polnisch. „Dann warte mal, gleich schiebe ich auch dich weg."

Ich stellte wieder meine Schüssel auf den Tisch. Ich packte den Deutschen am Schlafittchen und während ich wiederholte „Was ist?" knallte ich ihn mir wohl an die fünf Mal auf den Kopf. Ich stieß nicht kräftig zu, aber so, dass er es doch spürte. Er erkannte mich und begann zu schreien:

„Du, Kapellmeister! Du, Kapellmeister!"

„Na? Hast du mich erkannt?", sagte ich auf Polnisch. „Du hättest mich lieber vorher erkennen sollen."

Dieses Mal trank mir niemand mehr meinen Kaffee weg. Weil der Deutsche aber noch schrie, rief ich vom Bett aus:

„Halt die Fresse, die Leute wollen schlafen."

So war ich eben, dass ich immer Polnisch sprach, wenn ich sauer war. Es genügte mir, dass ich es gesagt hatte, und ob mich jemand verstand, das war nicht mehr meine Sorge.

Ein paar Tage vor Kriegsende wurde in Gusen II eine große Anzahl Muselmänner umgebracht, die schwächsten. Offensichtlich wollten die Deutschen nicht, dass die Befreier die schwachen, von Hunger ausgezehrten Menschen sahen. Diese Geschichte von Gusen II kenne ich nur aus Erzählungen. Die Muselmänner wurden nackt in einem Block gesammelt und in der Nacht wurde gemordet. Die Leichen wurden zu uns gebracht und weil im Magazin beim Krematorium kein Platz war, wurden sie im Waschraum hoch aufgestapelt. Es wurden mehrere Waschräume belegt und Wachposten der Lagerpolizei aufgestellt, damit da niemand hineinging. Die Waschräume wurden abgeschlossen. Beim Vorbeigehen sah ich nur, wie unter der Waschraumtür pfützenweise Blut herauslief. Die Kapos hatten sie mit Stangen und Hämmern ermordet. Die, die die Ermordeten aus der Nähe gesehen hatten, sagten, dass die meisten mit einem Schlag auf den Hinterkopf getötet worden waren, weil sie zerschlagene Schädel hatten.

In den letzten drei Nächten schliefen alle kräftigeren Häftlinge in Kleidung und in jeder Stube wurde Wache gehalten. Jeder hatte auch ein Messer, einen Knüppel oder ein Brett aus dem Bett bereitgelegt. Etwas, womit man sich hätte im Fall der Fälle wehren können. In der letzten Nacht, bevor die SS-Männer das Lager verließen, war am Tor lange ein Radau zu hören. Angeblich wollte Kommandant Seidler mit einer Gruppe betrunkener SS-Männer, die bis an die Zähne bewaffnet waren, ins Lager, um noch einmal „Spaß zu haben". Angeblich wollten sie die alten Häftlinge umbringen, weil die am meisten gesehen hatten und am meisten wussten. Gestört wurden sie vom stellvertretenden Kommandanten Beck, der mit einer Gruppe Leuten sie nicht hineinließ. Er sagte, dass er das Tor schließen würde und sie nicht mehr rauslassen würde, wenn sie reinkämen. „Drinnen werden sie schon mit euch aufräumen", sagte er. Doch sie kamen nicht rein, aber alle Häftlinge warteten in wachsamer Anspannung. Wir gingen davon aus, dass die SS-Männer nicht in Ruhe abziehen würden, sondern zum Abschied noch einen guten Witz für uns bereithielten. Wir wussten nur nicht, worin dieser Witz bestehen würde. Werden sie von den Wachtürmen schießen? Werden sie uns von Flugzeugen bombardieren, schießen sie uns vielleicht mit der Artillerie ab? Hinzu kam, dass am 2. Mai auf dem Hügel über den Steinbrüchen damit begonnen wurde, schwere Geschütze aufzustellen. In der Nacht gaben sie mehrere Salven ab. Dann gab es ein paar schwere Explosionen und Ruhe. Morgens sahen wir, dass die Geschütze umgekippt waren und dass keine Belegschaft bei ihnen war.

Am 3. Mai verließen die SS-Männer um zehn Uhr morgens das Lager, das von der Wiener Polizei übernommen wurde. Das waren alte Opas, die zu uns „Sie“ sagten und Zigaretten über den Stacheldraht warfen. Am gleichen Tag wurde beim Abendappell festgestellt, dass fünf Häftlinge fehlten. Oh, sie liefen herum, oh, sie zerbrachen sich den Kopf. Sie wussten nicht, was sie machen sollten. Schließlich winkte ihr Kommandant ab und sie gingen in ihre Blocks.

Am 5. Mai ging niemand zur Arbeit. Vor siebzehn Uhr wurde Appell gemacht. Als wir uns zum Appell aufgestellt hatten, hörten wir einen unglaublichen Schrei in Gusen II. „Wird wieder gemordet?“, dachte ich. Die SS-Männer waren doch schon vorgestern weggegangen. Es kam mir noch nicht in den Sinn, dass das schon die Freiheit war. Die Leute aus Block A standen gleich neben dem Lagertor. In einem bestimmten Moment hörte ich, wie ein Meldegänger am Tor auf Deutsch zu einem Blockältesten sagte:

„Einer ist schon da.“

Noch wusste ich nicht, was das war. Erst einen Augenblick später sah ich einen amerikanischen Panzer mit einem weißen Stern und amerikanische Soldaten, die durch das Tor kamen. Die Freiheit! Die so lange ersehnte Freiheit war endlich gekommen! Die Freiheit, an die ich schon im Herbst 1940 aufgehört hatte zu glauben. Denn im Herbst 1940 hatte ich mir noch vorgemacht, dass sie mich vielleicht entlassen, dass sie mich nur für ein paar Monate eingesperrt hatten – und aus den paar Monaten waren ein paar Jahre geworden. Ich hatte nicht geglaubt, dass ich die Freiheit noch erleben werde.

Als ich den Panzer und die Soldaten sah, verlor ich das Gefühl für die Wirklichkeit. Mir wurde schwindlig, irgendwie wurde mir süß im Hals, ich spürte, dass mir die Tränen hinunterliefen – und ich schrie. Ich schrie, was meine Lungen hergaben. Ich schrie so, wie alle Menschen schrien, die auf dem Appellplatz standen. Inzwischen war die polnische Flagge auf den Fahnenmast hochgezogen worden, der auf dem Appellplatz stand, und danach die Flaggen anderer Völker.

Das war der 5. Mai 1945, siebzehn Uhr. An diesem Tag vollzogen die Häftlinge noch an den Verbrechern, die das Leben anderer Häftlinge auf dem Gewissen hatten, Selbstjustiz. Am nächsten Tag gingen wir nach Linz und am 9. Juli 1945 bin ich nach Polen zurückgekommen. Ich kehrte zusammen mit Janusz Zakulski zurück. Wir quetschten uns einfach heimlich in einen Transport, der nach Polen fuhr.

Ab August 1945 begann ich eine ehrliche Arbeit und arbeitete bis 1959. Wegen meiner Tuberkulose, wegen der ich seit 1947 in Behandlung bin, hörte ich auf zu arbeiten. Janusz Zakulski hat ebenfalls Tuberkulose und kann seit 1949 nicht mehr arbeiten. Auch Adam Kwiatkowski ist krank und viele andere Kameraden hat die Tuberkulose schon aus dem Kreis der Lebenden genommen.

Der 5. Mai ist Feiertag der Gusener. Jedes Jahr findet am 5. Mai in Polen ein Treffen der ehemaligen Häftlinge des Konzentrationslagers Gusen statt, an dem an die zweihundert Personen teilnehmen. Es kommen Kameraden aus ganz Polen, um ein paar Stunden gemeinsam zu verbringen. Diese Feierlichkeit beginnt immer um siebzehn Uhr, genau um die Zeit, um die das Tor geöffnet wurde. Die Kameraden, die in Warschau leben, treffen sich am 5. jedes Monats im Café oben im „Bristol". Wer Zeit und Lust hat, kommt an diesem Abend dorthin und trifft dort immer ein gutes Dutzend Kameraden aus Gusen an. Es gab so viele Konzentrationslager, aber die Häftlinge von keinem Lager sind in Freiheit so miteinander zusammengewachsen wie die ehemaligen Häftlinge von Gusen.

Zum Abschluss meiner Erinnerungen möchte ich die Worte meines Kameraden Stanisław Nogaj anführen. Er hat einmal etwas in diesem Sinne gesagt: „Die, die nicht selbst im Lager waren, dürfen die, die dort waren, nicht richten." Ja, Nogaj hatte recht. Was kann jemand über das Leben im Lager wissen, der nie dort war? Er ist bereit, jeden für einzelne Handlungen zu richten, ohne sich über die allgemeinen Bedingungen des animalischen Überlebenskampfes im Klaren zu sein. So mancher der verbrecherischen Häftlinge genoss in Freiheit Achtung und Ansehen als guter, kultivierter Mensch und wenn er nicht ins Lager gekommen wäre, wäre er sein ganzes Leben so gewesen. Wer nicht im Lager war und etwas über das Lager erzählt bekommt oder etwas darüber liest, halte sich zurück mit eigenen Urteilen über die Menschen und die Vorfälle, denn mit seinem Urteil kann er diese Menschen verletzen.

Anhang

Der Kompositionswettbewerb in Block Nummer 1

Sommer 1944. Das Konzentrationslager Gusen unterschied sich in nichts von anderen „Vernichtungslagern“, wie Konzentrationslager allgemein genannt werden. Obwohl sich die Bedingungen im Vergleich zu der Zeit bis 1943 verbessert hatten, gab es im Lager noch immer Hunger und Mord. Die, die in der Zeit danach ins Lager gekommen waren, sagten, dass sie in der Hölle gelandet seien. Für die alten Häftlinge waren die aktuellen Bedingungen das Paradies. Die meisten Sonntage vergingen ohne größere Schikanen. Alle durften tun, was sie wollten: angezogen im Bett liegen, durchs Lager spazieren, Kameraden in anderen Blocks besuchen. Nur Block 1 und 2, die Blocks der Lager-Aristokratie, die sogenannten Prominenten-Blocks, waren nicht zugänglich für den durchschnittlichen grauen Häftling, der verächtlich „Muselmann“ genannt wurde. Das Recht, in diese Blocks zu gehen hatten nur die wenigen Prominenten, die in Muselmann-Blocks wohnten. Der Passierschein für diese Blocks war eine wohlgenährte Fresse und schöne, saubere Kleidung.

Die Bewohner der Prominenten-Blocks waren Häftlinge, die unter den SS-Männern arbeiteten: Im Krankenrevier, in der Küche, in den Magazinen, in der Kantine, als Friseure und Schneider, und die Häftlinge, die in der Lagerkommandantur arbeiteten, in der Kanzlei, im Büro für Bauprojekte – denn so eins gab es auch, oder in einer anderen kleinen privilegierten Arbeitsgruppe.

Diese Menschen waren immer schön und warm angezogen, sie waren nie hungrig und waren bei der Arbeit und im Block keinen Schlägen ausgesetzt. Es war eine große Sensation, wenn einer von denen von einem SS-Mann aufs Maul bekam. Viele von ihnen haben mit Köpfchen gute Funktionen erhalten, sprich dank der Qualifikationen, die sie besaßen. Bei vielen war es genau das Gegenteil. Bei manchen entschieden der Zufall und die Umstände. Wer ein Talent hatte, bemühte sich, für sich zu werben und es für eine gute Stelle im Lager zu verkaufen. Denn eine gute Position, das war der Prominenten-Block Nummer 1 oder 2 und alle mit der Arbeit und dem Block verbundenen Privilegien.

Die Mehrheit der Prominenten schaute mit Verachtung auf die schmutzigen, abgerissenen und hungrigen Muselmänner. Die von ihnen, die mehr zu essen hatten, als sie selbst aufessen konnten, halfen anderen uneigennützig oder gaben etwas für die Dienstleistungen, die sie erhielten. Ein normaler Anblick waren Menschen, die für eine Schüssel, die sie am Nachmittag erhalten hatten, abends die Schuhe ihrer Gönner putzten oder deren private Wäsche zum Waschen erhielten.

Der Traum eines alten Häftlings war es, einen Arbeitsplatz zu bekommen, durch den er zum Bewohner einer dieser Blocks wurde, denn damit war fast schon gesichert, dass man das Lager überleben würde. Die Zeit im Lager war nicht für alle Häftlinge gleich. Die gemeinsame Eigenschaft war nur die Zeit auf dem Kalender. Die Prominenten hatten es leichter, ein Jahr zu überleben, als die Muselmänner eine Woche.

Sonntag. Die Häftlinge, die in den Rüstungsbetrieben arbeiteten, gingen zur Arbeit, so wie an jedem anderen Tag und so wie an jedem Sonntag. Die Mitglieder des Orchesters der Warschauer sorgten dank ihrer Bekanntheit, die sie im Lager genossen, dafür, dass keiner von ihnen an diesem Tag zur Arbeit musste, obwohl von sechs Kapellenmitgliedern fünf in den Rüstungsbetrieben von Steyr arbeiteten. Jetzt sammelten sich alle, um zu besprechen, in welchen Block sie abends nach dem Abendessen spielen gehen.

„Bisher hat sich noch keiner mit einer Bestellung gemeldet, also gehen wir entweder zum Block der Minderjährigen oder in einen der Muselmänner-Blocks“, antwortete ich auf die Fragen der Kameraden.

„Wir müssen uns schnell entscheiden, denn wenn wir ins Lager gehen, werden uns die Leute fragen und müssen informiert werden“, meldete sich Maciek, unser Schlagzeuger, zu Wort.

„Wer uns hören will, findet uns von allein“, entgegnete ich. „Aber wenn sich bis jetzt keiner mit einer Bestellung gemeldet hat, schlage ich Block 16 vor, den Jugend-Block. Sollen die »Knirpse« ein bisschen Unterhaltung am Sonntag haben, und es wird nicht passieren, dass der Blockälteste nicht an die zweihundert Zigaretten abdrückt. Schließlich arbeitet er in der Kantine, er hat viele Zigaretten, und er mag uns und wenn er uns bestellt, zahlt er am besten.“

„Wo spielt ihr heute, Jungs?“, fragte Józek, der in der Küche arbeitete und in diesem Moment in unserer Ecke in der Stube auftauchte.

„Ich lese euch mal ein hübsches Gedicht vor“, sagte er, als ich ihm gesagt hatte, dass wir in der Sechzehn spielen: „Hört mal:

Halte die Uhr diese grausame Zeit an
Schlafen sollen die elenden, aber lebendigen Lumpen.“

Das Gedicht war lang und handelte von der Brutalität des Lagerlebens. Es erzählte von einem Menschen, der sich nach der Freiheit sehnte und der nachts in den elektrisch geladenen Stacheldrähten den Tod suchen ging. Die schweren Lebensbedingungen hatten ihn zerbrochen:

„Dann ein Schuss."

„Für den Arsch ist so ein Gedicht", sagte ich laut und unterbrach Józek beim Lesen. „Sag lieber, was für ein Idiot solche Gedichte schreibt und für wen. Genau, für wen, denn wer, das kann ich mir schon denken. Bestimmt einer aus eurem Block – ein wohlgenährter Prominenter, der meint, dass es so aussieht, als ob er einer von den »lebendigen Lumpen« ist, wenn er so ein Gedicht schreibt."

„Was denn, gefällt dir etwa diese Kunst nicht?", fragte Józek provokativ.

„Sie gefällt mir sehr, aber ich bin wohlgenährt, und außerdem kennst du mich so viele Jahre und weißt, dass mich nichts zerbrechen kann. Aber dein Dichter soll dieses Gedicht mal einem Muselmann aufsagen, der gerade erst drei Monate im Lager sitzt, da verbürge ich mich nicht dafür, dass so ein Schafskopf sich das nicht zu Herzen nimmt und nachts nicht in den Stacheldraht geht. Schreibt ruhig solche Gedichte, aber besser ist, ihr legt sie beiseite und veröffentlicht sie in der Freiheit, damit die, denen es gelungen ist, nicht ins Lager zu kommen, aus dieser Kunst unser Leben und unsere Bedingungen kennenlernen."

„Ich finde aber, dass diese Kunst gebraucht wird", blieb Józek hartnäckig bei seiner Meinung, „sie erinnert die Menschen daran, wo sie sich befinden und unter welchen Bedingungen."

„Man muss wohl nur eure Prominenten daran erinnern, denn die ganzen Auftritte, die Poesie-Wettbewerbe, die Konzerte – all das findet im Prinzip nur in Block 1 oder 2 statt. Und was haben die Muselmänner davon?", fragte ich jetzt schon wütend. „Schau dir mal »Onkel Stock« an. Muss er daran erinnert werden, wo er sich befindet? Ihn hat gestern Kapo »Frosch« mit einem großen Franzosen daran erinnert. Er hat ihn dafür geprügelt, dass er sich in der Halle eine Zigarette gedreht hat."

Alle sahen »Onkel Stock« an und prusteten los wegen seines lustig deformierten Gesichtes. Der Kapo hatte ihn so geschlagen, dass seine Stirn links und sein Kiefer rechts geschwollen waren. Dazu kamen ein blaues Auge und der geschwollene Mund. Wir vermuteten auch, dass er gebrochene Rippen hat, weil er sich nicht bewegen und nicht richtig atmen konnte.

„Hört auf zu lachen, verdammt nochmal. Ich meine es ernst", bat „Onkel Stock" und lachte schief, was uns nur noch mehr zum Lachen brachte. „Ihr wisst doch, dass ich nicht lachen kann."

„Und was sagst du nun?“, fragte ich Józek.

„Nichts.“

„Dann sage ich dir, wer das alles im Lager braucht. Die schönste poetische und literarische Kunst ersetzt dem Muselmann nicht die zusätzliche Suppe täglich, und geistige Nahrung ist erst dann gut verdaulich, wenn man sie mit vollem Magen aufnimmt. Aber jede Ware braucht Renommee. Schau dir Tadek an. Ein Sänger, der in ganz Polen bekannt ist. Wer wäre er im Lager, wenn er nicht singen könnte? Deshalb singt er. Aber er singt nur in den Prominenten-Blocks und bei den SS-Männern, denn nur an denen liegt ihm. Warum geht er nicht mit einem lustigen Lied in die Muselmann-Blocks? Weil sie ihm keinen Nutzen bringen. Diese Künstler haben einer wie der andere ihrer Kunst ein gutes Renommee verschafft. Jemandem hat das gefallen und er hat dem Kerl eine gute Funktion gegeben, so dass er jetzt ein bisschen aus Langeweile komponiert und um seine Beliebtheit aufrecht zu erhalten. Aber ihre Romantik ist nur eine Fressnapf-Romantik, also eine üble Romantik. Einer von euren Prominenten hat mich davon zu überzeugen versucht, welche große Rolle die Fußballspiele für den durchschnittlichen Häftling spielen. Dass angeblich der Fußball die Blockältesten und Verbrecher-Kapos restlos beschäftigt, und sie deshalb weniger morden. Nicht alle Verbrecher spielen Fußball und die Spiele finden nur sonntags statt, was sie nicht daran hindert, in der gesamten verbliebenen Zeit zu morden. Wir spielen auch in unseren Blocks, um für unser Renommee zu sorgen, und zusätzlich spielen wir, um zu verdienen, weil es dann einfacher ist, mit den Bewohnern eures Blockes jedes Geschäft zu machen, und zusätzlich fallen immer ein paar Zigaretten für uns ab. Aber schließlich können wir nicht immer nur in Block 1 und 2 spielen, deshalb spielen wir auch in den Muselmann-Blocks, in denen wir mit keinerlei Protektion und Beziehung rechnen. Fallen ein paar Zigaretten für uns ab, ist es gut, wenn nicht, ist es auch gut. Aber es steht wohl niemandem mehr ein bisschen Unterhaltung und Humor zu, als eben diesen hungrigen und abgerissenen Menschen, von denen schon viele auf den Tod warten, viele stehen schon an der Grenze des Aushaltbaren und des Zusammenbruchs.

Amüsiert euch ruhig weiter. Schreibt Lieder und Gedichte, spielt Fußball, veranstaltet Konzerte ernster Musik, und wir werden weiter ebenso für die Prominenten als auch für die Muselmänner spielen. Und jetzt ich gehe ins Lager, vielleicht kann ich ja etwas zu futtern organisieren, schließlich habe ich Leute zu ernähren und zu kleiden.“

Ich verließ den Block und überlegte, wo ich vorbeischauen und was ich holen könnte. Ich beschloss, zu Heniek in Block 1 zu gehen. Wenn er von zu

Hause ein Paket bekommen hat, ist schon Brot für mich da, oder eher für meine Schützlinge, denen ich half. Ich ging in Richtung Block 1. Vor dem Waschraum stand eine große Gruppe Muselmänner. Sie warteten auf eine Gelegenheit, eine Suppe oder einen Zigarettenstummel zu ergattern. Oft wurde in den Blocks zusätzliches Essen ausgegeben und so mancher gab, wenn er Essen herausbrachte, um es einem Bekannten zu geben, der aber nicht da war, dem das Essen, der als Erster mit einer sauberen Schüssel herbeisprang. Die Waschräume und Toiletten standen parallel zu den Blocks, abgetrennt durch eine Straße, und auf dieser Straße stand die große Gruppe der Notleidenden, jeder mit einer Schüssel unter dem Arm. Vor dem Block durften sie nicht stehen, weil an den Giebelseiten der Blocks Wachmänner saßen und aufpassten, dass kein Muselmann weiter geht. Die Wachmänner waren Bewohner von Block 1, die sich beim Dienst abwechselten.

Ich war wohlgenährt, deshalb hatte ich freien Eintritt in die für Muselmänner „verbotene Zone". An diesem Tag war es heiß, deshalb hatte ich nur Shorts an und an den Füßen Holzpantinen.

Ich ging in Stube A und blieb an der Tür stehen, um zu schauen, was hier los war. Und da war tatsächlich etwas los. Ein Teil der Blockbewohner saß auf Schemeln an Tischen, die in der Mitte der Stube standen. Andere, für die es keine Plätze mehr gegeben hatte, lagen in den Betten und schoben ihre Köpfe hervor, um gut zu sehen, was in der Mitte der Stube los ist. Und da sang Tadek Faliszewski, ein Sänger aus Warschau, in Begleitung eines Akkordeons. Er sang einen mir unbekannten Tango banalen Inhalts. Als er fertig war, applaudierte das Publikum, dann gab es eine kleine Pause, in der Tadek an einen Tisch herantrat, der an der Seite stand, und an dem ein paar Prominente saßen. Er kam mit einem Zettel in der Hand in die Stubenmitte zurück, ein zweiter Zettel wurde dem Akkordeonspieler ausgehändigt. Stille, und kurz darauf singt Tadek wieder. Ich lauschte – was war das? Wieder ein mir unbekanntes Lied, aber der Text war der Gleiche. Als er als nächstes eine Polonaise sang und der Text wieder der Gleiche war, schob ich mich in den hinteren Teil der Stube, um Heniek zu finden und in Erfahrung zu bringen, ob er Brot hatte, das er nicht brauchte. Heniek war mein Kamerad, mit dem ich vom ersten Tag an zusammen im Lager saß und der mir wegen unserer alten Bekanntschaft und vielen gemeinsamen Erlebnissen uneigennützig half. Er war Kapo in der Wäschekammer der SS. Leider bekam ich dieses Mal nichts von ihm, weil er in letzter Zeit kein Paket erhalten hatte.

„Was ist denn hier bei euch los?", fragte ich und deutete mit dem Kopf in

Richtung Tadek, der inzwischen ein anderes Lied sang, aber der Text war immer noch der Gleiche.

„Siehst du das nicht?", antwortete er spöttisch. „Die Hornochsen amüsieren sich. Sie haben einen Kompositionswettbewerb ausgerichtet. Einer hat den Text geschrieben, ein paar andere verschiedene Melodien und nun singt Tadek, und die Kommission muss entscheiden, wer den ersten Platz belegt. Sie langweilen sich, deshalb müssen sie etwas tun."

„Egal, sollen sie sich amüsieren, ich ziehe weiter. Ich will noch zur Küche. Kazio müsste mir einen halben Kessel Futter geben und vorher will ich noch zur Kammer und ein paar Socken für den Küchenchef, einen SS-Mann, organisieren. Kazio hat mich darum gebeten. Er bekommt bei seinem Chef dann mehr Begünstigungen und ich werde mehr Futter für meine Jungs haben."

„Gut, dass du das sagst", sagte Heniek erfreut. „Ich brauche auch etwas für meinen. Versuch, für mich zwei Seidenhemden zu bekommen und wenn möglich, einen Seidenpyjama, denn in letzter Zeit ist mein Chef aufmüpfig geworden, deshalb muss ich ihm mit etwas das Maul stopfen. Ich kann dafür Rasierseife geben, Seife zum Wäschewaschen, Handtücher und ein Laken. Na, du weißt schon, alles, was ich in meinem Magazin habe, und wegen dem Brot komm morgen. Wenn ich kein Paket bekomme, dann gebe ich dir zwei Laibe von unserem Brot."

Als ich vor den Block trat, dachte ich mir, dass ich besser schauen gehe, was vor der Küche los ist und ob schon Essen rausgestellt wurde, denn die Bekleidungskammer rannte mir nicht davon, hier aber musste man den Moment abpassen, wenn die Kessel für die Blocks herausgegeben wurden, und schauen, wann Kazio das Zeichen gab, heranzutreten und den Kessel zu holen, der für mich oder eher für meine Schützlinge bestimmt war. Und später würde ich noch einen Marmeladeneimer mit Spezialessen für mich und meine Kameraden vom Orchester aus der Küche holen. Denn Kazio war der Portier in der Küche und Betreuer vom Orchester der Warschauer.

Ich ging in Richtung Appellplatz. Ich ging langsam auf der von der Sonne aufgeheizten Straße und hinter mir ging jemand, der mit einer Gießkanne die Straße mit Wasser begoss. Ein paar Mal begoss er meine Beine, aber ich schaute mich nicht einmal um. Schließlich war es heiß und ich war nur in Shorts und in Holzpantinen. An der Giebelseite der Baracke, gleich neben dem Appellplatz, saß auf einem Schemel im Schatten ein Wachmann. Das war Czesiek, der seit Beginn seines Aufenthaltes im Lager in Henieks Gruppe arbeitete, das heißt in der Wäschekammer der SS, und bei verschiedenen Auftritten mit Gesang geglänzt hatte. Ein paar Meter entfernt von der Baracke, bereits auf dem Appellplatz, stand eine Gruppe Muselmänner. Sie warteten auf eine Gelegenheit, einen Zigarettenstummel zu ergattern, denn in diese Richtung trug aus Block 1 niemand Essen heraus. Wenn ein Prominenter mit einer Zigarette zwischen den Zähnen zum Appellplatz spazierte, sonderten sich von der Muselmann-Gruppe einer oder zwei ab und liefen ihm hinterher, bis er den Stummel wegwarf. Dann stürzten sich die Muselmänner auf den Zigarettenstummel und wer schneller war, hob ihn auf. Wenn der Prominente kultivierter war und sich nicht vor Muselmännern ekelte, gab er die Kippe einem Muselmann in die Hand, und wenn die Kippe größer war, sagte er, sie sollten sie sich teilen.

Bevor ich an der Giebelseite ankam, war der mit der Gießkanne schon an mir vorbeigegangen. Jetzt war er neben den Muselmännern, denen er Wasser über die Füße goss. Als die langsam schlurfend zu fliehen begannen, rief Czesiek, der vor der Baracke saß, ermunternd:

„Mach sie nass! Mach sie nass!"

Da schwenkte der die Gießkanne und begoss die Muselmänner. Die Muselmänner bewegten sich langsam, weil sie keine Kraft hatten zu fliehen. Und der lief ihnen hinterher und begoss sie, so wie Czesiek es ihm geraten hatte.

„Was machst du für einen Blödsinn, du Hohlkopf!", rief ich laut. Er blieb stehen und schaute, wer da so höflich zu ihm sprach, und ich kam näher und sagte laut und wütend: „So ist es im Lager. Jetzt fühlst du dich wichtig. Du hast Spaß und gießt Wasser über Muselmänner. Und morgen bei der Arbeit wird jemand Wichtigerer als du auch Spaß haben und dir die Fresse polieren."

„Ach ja? Du vielleicht?", antwortete er provokativ, „na, dann komm, versuch es."

Na, Junge, da hast du dich aber geirrt, bei mir fängst du schnell was ein, dachte ich. Ich drehte mich in seine Richtung und ging mit normalem Schritt und normaler Miene auf ihn zu. Als ich vor ihm stand, gab ich ihm mit einer plötzlichen Bewegung einen Kopfstoß. Der Trottel flog nach hinten, stolperte ein paar Meter und fiel hin. Er rappelte sich hoch und rannte mit erhobener Gießkanne auf mich zu. Als ich zum Schlag bereit war, schnellte ich nach vorn und knallte ihm wieder eine mit dem Kopf, und der Trottel fiel lang hin. In diesem Moment war Czesiek schon bei mir und brüllte:

„Wofür schlägst du ihn denn?"

„Dafür, dass er die Muselmänner nass gemacht hat", antwortete ich ruhig, als wäre überhaupt nichts geschehen, obwohl ich schon Feuer gefangen hatte für die weitere Schlägerei.

„Er hat sie nass gemacht, weil ich ihm das gesagt habe. Wozu stehen sie vor dem Block herum, so dass ich ihretwegen hier sitzen muss, statt im Block dem Wettbewerb zuzuhören?“

„Sie haben auf dem Appellplatz gestanden und dort dürfen sie stehen. Dem Hornochsen wird das ein Lehre sein, dass man sich Muselmännern gegenüber nicht so aufführen darf. Er hat darum gebeten und er hat es bekommen“, fügte ich hinzu und war froh, dass ich ihm die Nase und die Fresse nicht aufgeschlagen hatte.

„Achso?“, fragte Czesiek spöttisch. „Hast du schon vergessen, wie du selbst Muselmann warst? Wie du so herumgelaufen bist wie sie?“ Während er das sagte, machte er eine zitternde Bewegung, die die Muselmänner mit den Schultern machten, um sich ein bisschen aufzuwärmen, wenn ihnen kalt war.

„Nein, ich habe es nicht vergessen“, antwortete ich ihm langsam und fügte provokativ hinzu: „Damals konnte mich jedes Rindvieh wie du oder der da“, ich deutete mit dem Kopf auf den Gießer, „schlagen oder schubsen. Aber ich lasse mich jetzt nicht mehr schlagen und anderen erlaube ich es auch nicht.“

„Na ja. Du hast Glück, dass du nicht auf mich gestoßen bist, ich hätte dir schon gezeigt, wie man sich prügelt“, sagte Czesiek wieder prahlerisch.

„Wirklich? Na, dann mach bloß eine Bewegung“, rief ich und nahm eine wachsame und kämpferische Haltung ein. „Du brauchst nur zu zucken, du Trottel, und ich verdresche dich so, wie dich wohl lange keiner mehr verdroschen hat. Na, zeig mal, was du drauf hast!“

„Warte nur, irgendwann stößt du noch einmal auf mich“, fauchte Czesiek und ging zu seinem Schemel zurück.

„Du kannst mich jetzt haben“, spottete ich, „wozu auf eine Gelegenheit warten, eine bessere kommt nicht. Oder geh in den Block und hol dir Hilfe. Nur dass jetzt keiner kommt. Alle sind beschäftigt. Sie amüsieren sich beim Kompositionswettbewerb. Oh, ihr Hornochsen, ihr Hornochsen“, sagte ich ihm Weggehen, „es geht euch zu gut. Für dich Wettbewerbe und für die Muselmänner ein Wasserguss und was auf den Kopf.“

Ich ging zur Küche. Es stellte sich heraus, dass die Kessel mit der Mittagssuppe gerade herausgestellt wurden. Ich schnappte mir zwei Bekannte und sagte ihnen, dass sie mit mir anstehen sollen. Ein paar Minuten später wurden die Kessel schon in die Blocks getragen. Im richtigen Moment gab mir Kazio, der die Kessel den Blocks zuteilte, ein Zeichen, dass wir kommen sollen. Die Jungs gingen mit und gleich darauf trugen sie einen Kessel Suppe in unseren Block. Ich öffnete den Deckel, der Kessel war fast voll.

Das wird ein Fresschen für die Jungs. Jeder erhielt fast zwei Liter Suppe. Das war ein guter Sonntag. Und vor dem Abendessen musste wieder der richtige Moment abgepasst werden, um aus der Küche einen Kessel mit süßem Kaffee zu holen, den wir einmal in der Woche sonntags von Kazio bekamen. Ich bat einen Kameraden aus dem Orchester, dass er denen, die sich melden, Suppe austeilt, und ich selbst ging zu Janusz. Janusz war Leiter der Bekleidungskammer für Häftlinge. Die Tür zur Kammer war verschlossen, aber als ich unser abgemachtes Zeichen ans Fenster klopfte, wurde ich hineingelassen.

Der Sonntag war der beste Tag zum „Organisieren“ im Magazin. Die Schuster, Schneider und das ganze Gesindel einschließlich des SS-Mannes, der hier Chef war, hatten frei, und den Schlüssel hatten nur der Chef und Janusz. Kein Mitarbeiter kam in dieser Zeit und selbst wenn er kam, konnte er nicht hereinkommen. Man musste nur aufpassen, dass der Chef einen beim Organisieren nicht erwischte, denn sonst bedeutete das das Grab, beziehungsweise Krematorium.

Ich sagte Janusz, was ich heute brauchte und für wen.

„Gut“, antwortete er, „aber geh und stell auf der Strecke ein paar deiner Jungs auf, sie sollen aufpassen, dass uns der Alte nicht überrascht.“

Ich ging zurück in den Block und als ich ein paar Minuten später zum Magazin zurücklief, standen auf der Strecke vom Appellplatz zum Magazin ein paar vertraute Kameraden in gewissen Abständen, deren Aufgabe es war, uns zu warnen, falls der „Alte“ das Lager betreten sollte.

Kurz darauf öffneten wir mit dem nachgemachten Schlüssel die Tür zum Zimmer des Chefs und dann zum Magazin mit ziviler Kleidung und Wäsche, das sich am Giebel der Baracke hinter dem Zimmer des Chefs befand. Unter Einhaltung aller Vorsichtsmaßnahmen suchten wir die Sachen heraus, die wir brauchten. Wir nahmen viel mehr, als ich brauchte, damit wir diese Aktion nicht zu oft machen mussten. Das, was gleich hinausgetragen werden sollte, legte ich auf einen gesonderten Stapel, und die anderen Teile versteckten wir in Stapeln alter Muselmann-Kleidung, die für die Masse der grauen Häftlinge bestimmt waren.

Zu den Sachen, die für Kazio und Janusz bestimmt waren, legte ich noch mehrere Paare Socken für mich und die Kameraden aus dem Orchester, zwei Paar Lederschuhe auf Holzsohlen und Hosen für meine Schützlinge und mit dem ganzen Zeug begab ich mich in meine Baracke, mir voran ging der letzte Kamerad der von mir aufgestellten Posten. Er ging jetzt vor mir und riss die Augen auf, um von Weitem schon zu sehen und mich zu warnen, falls zufällig irgendein SS-Mann gekommen wäre. Dann im Block teilte ich alles unter den Kameraden auf. Und zwar deshalb, damit im Falle einer zufälligen Durchsuchung nicht alles an einer Stelle gefunden wurde. Jeder hatte das Recht, seine eigene Unterwäsche zu haben, die er im Paket bekommen hat, aber das ganze Zeug einschließlich der Schuhe und Hosen hätte schon auffallen können. Jetzt musste ich mich noch darum kümmern, dass aus der Küche der Eimer mit Essen für das Orchester und der Kessel mit warmem Kaffee geholt wurden, und danach brachte ich Heniek die von ihm bestellte Wäsche in Block 1. Vor dem Block war alles so wie vorher, das heißt, die Muselmänner mit Schüsseln und die Wachposten an den Giebelseiten des Blockes, und im Block lief das Vergnügen weiter. Der Kompositionswettbewerb war offensichtlich schon abgeschlossen, denn jetzt sang Czesiek, wobei er herumbrüllte, als würde ihm jemand die Haut abziehen. Als ich vorbeiging, um zum Ende der Stube zu gehen, warf ich ihm einen hasserfüllten Blick zu, weil ich noch immer an die Szene mit den Muselmännern eben denken musste.

„Das ist also die Aristokratie“, dachte ich. „Sie amüsieren sich allein und dem »Pöbel ist der Zutritt verboten«.“

Abends gingen wir mit der ganzen Band in den Block der Jugendlichen spielen. Die Jungs begrüßten uns enthusiastisch, waren froh, dass sie einen angenehmen Abend haben werden. Bereits auf dem Weg hatten sich uns Muselmänner angeschlossen und betraten zusammen mit uns den Block. Als wir zu spielen begannen, kamen alle, die unsere Musik durch das offene Fenster hörten, in die Baracke. Das Konzert der Warschauer war für alle kostenlos. Leichte Tanzmelodien, die wir spielten und gleichzeitig sangen, wechselten ab mit folkloristischen und militärischen Liedern. Das heißt, es liefen *Die Schildwache*, die *Warschawjanka*, *Polnische Blumen*. Als der Blockälteste uns bat, die Marseillaise zu spielen, spielten und sangen wir auch *Gdy naród do boju*[36]. In den Pausen bot „Piekutoszczak“ etwas dar – unser geborener Humorist und Komiker, ein typischer Vertreter Warschauer Vorstädte, der lustige „düstere“ Monologe rezitierte. Die Stube war dicht mit Menschen gefüllt, die gekommen waren, um uns zuzuhören. Unter den Gästen waren auch Kapos, Blockälteste und Prominente aus Block 1 und 2. Das waren die, denen unser Repertoire gefiel und die sich nicht davor ekelten, unter Muselmännern zu stehen. Ab und an bat einer der Prominenten, dass wir seine Lieblingsmelodie spielen, und zahlte mit zehn bis zwanzig oder sogar fünfzig Zigaretten, je nach seiner Laune und Möglichkeiten. Wenn jemand um eine Melodie bat und nichts gab, spielten

36 Dt.: Wenn das Volk zum Kampfe zieht. (Anm. d. Übers.)

wir sie auch. Unter den Zuschauern war ein Italiener, der uns um Erlaubnis bat, singen zu dürfen.

„Singe, Hauptsache schön."

Er sang mit unserer Begleitung. Das war wirklich schön.

„Sing weiter."

Da war noch ein zweiter Italiener, ein Laiensänger.

„Sing bitte. In dieser Zeit ruht sich unser Sänger aus, der schon ein bisschen müde ist. Wir spielen und singen für alle. Wer will und kann, darf mitmachen."

Schließlich gab der Blockälteste ein Zeichen, dass es Zeit war, zum Schluss zu kommen, weil es schon einmal geläutet hatte, was wir nicht gehört hatten. Die Gäste aus den anderen Blocks gingen. Die Stubenbewohner machten ihre Betten zum Schlafen bereit und wir packten die Instrumente ein. Der Blockälteste gab uns zweihundert Zigaretten und erklärte, er sei heute nicht vorbereitet gewesen, weshalb er uns nicht mehr geben könne. Aber selbst das war gut. Wir waren gekommen, um zu spielen, und hatten gar nicht mit Einnahmen gerechnet. In unserem Block kamen wir nach dem zweiten Läuten an, das heißt, nachdem das Licht im Block gelöscht worden war, und im Gehen sangen wir leise mehrstimmig. In den dunklen Fenstern der Baracken zeigten sich Gesichter von Muselmännern, die uns winkend grüßten.

Es ist das Jahr 1958. Zu dem verabredeten Treffen im Café ist eine große Gruppe ehemaliger Häftlinge des KZ Gusen zusammengekommen. Ein Teil der anwesenden alten Häftlinge waren Bewohner der Prominenten-Blocks. Zu unserem Treffen kam auch Czesiek, der in dieser Zeit dienstlich in Warschau war. In einem gewissen Moment höre ich, wie Czesiek zu einem Kameraden sagt:

„Ich suche derzeit Materialien zusammen, weil ich die Absicht habe, ein Buch über die andere Seite des Lagerlebens schreiben. Aus den bisherigen Büchern geht hervor, dass sich im Lagerleben alles nur darum gedreht hätte, wie man eine Schüssel Suppe organisiert und Arbeit vermeidet, dabei hat man schließlich im Lager nicht nur das gemacht. Keiner beschreibt das schöne dichterische und literarische Schaffen. Ihr erinnert euch schließlich an die lyrischen Wettbewerbe, es gab auch einen Kompositionswettbewerb ..."

„Vergiss bloß nicht, über deine Rolle bei diesem Wettbewerb zu schreiben", meldete ich mich laut. „Ich erinnere mich an diesen Wettbewerb. Deine Teilnahme bestand damals darin, dass du an der Giebelseite des Blockes beim Appellplatz aufgepasst hast, dass sich kein Muselmann dem Block nähert, sonst hätte er womöglich gehört, wie sich die Prominenten amüsieren."

„Na, erzähl keinen Quatsch", sagte Czesiek aufbrausend. „Du weißt doch, dass wir unter den SS-Männern gearbeitet haben, und so ein Muselmann uns hätte Läuse reinschleppen können."

„Hast du deshalb gesagt, sie sollen mit Wasser begossen werden, um ihnen Sauberkeit beizubringen?", fragte ich ironisch. „Wenn du willst, dann beschreibe deine Wettbewerbe und das schöne künstlerische Schaffen. Ich sage aber, dass dieses Schaffen nur Unterhaltung von Wohlgenährten für Wohlgenährte war, und das, was die Kapelle der Warschauer gemacht hat, war, auch wenn es vielleicht nicht das künstlerische Niveau nach eurem Maßstab hatte, dennoch Unterhaltung für alle Prominenten und Muselmänner."

Bartosz Janiszewski, *1986.
Warschauer, Autor der ersten Biografie von Stanisław Grzesiuk „Grzesiuk. Król życia" [Grzesiuk. König des Lebens], war viele Jahre unter anderem für die Wochenmagazine *Newsweek Polska* und *Wprost* als Journalist tätig, Drehbuchautor für Filme und Serien, arbeitet unter anderem für HBO, TVN und Sony.

Antje Ritter-Miller, *1975
Studium der Polonistik und Philosophie in Berlin, Warschau und Wrocław; seit 2006 als Verlegerin, Herausgeberin des Magazins *polenplus* und als freiberufliche Übersetzerin tätig; hat unter anderem die Biografie *Non Fiction* über Ryszard Kapuściński übersetzt; lebt in Berlin und Stankowice.